戦前期週刊誌の文学と視覚表象

『サンデー毎日』の表現戦略

荒井真理亜
副田賢二
富永真樹
中村　健
［編］

青木康晋／天野知幸／尹芷汐／小澤純／五島慶一
西山康一／原卓史／松村良／三浦卓／渡邊英理

文学通信

戦前期週刊誌の文学と視覚表象

『サンデー毎日』の表現戦略

◉目次

○戦前期『サンデー毎日』のアウトライン　6
はじめに――戦前期週刊誌をめぐる研究史と問題の所在　[副田賢二]　12
序章　『サンデー毎日』の読書環境と文学に関する編集方針について　[中村 健]　20

第1部　週刊誌メディアの誕生とその展開

第1章　『サンデー毎日』の起源・創刊時の大阪毎日新聞社の雑誌戦略　[荒井真理亜]　50
第2章　芥川龍之介と『サンデー毎日』――菊池寛を補助線に　[五島慶一]　92
第3章　第四次『新思潮』の〈物語〉をリロードする
――久米正雄『風と月と』と週刊誌メディア　[小澤 純]　146

第4章　一九二〇年代の『サンデー毎日』文壇ゴシップ欄と「作家」像
——『文芸時代』同人を例に　〔三浦　卓〕　170
第5章　薄田泣菫と『サンデー毎日』——文学場における編集者の位置　〔西山康一〕　232
◆『サンデー毎日』表象史　1922〜1927　243
【家庭／生活】／【文壇／文学者】／【震災／復興】／【怪奇／狂気】

第2部　週刊誌における「文学」の生成／消費と作家たち——

第1章　耽綺社のメディア戦略／メディアの耽綺社戦略——『サンデー毎日』を中心に　〔原　卓史〕　258
第2章　子母澤寛の股旅物におけるテクスト・挿絵の関係と洗練のプロセス
——週刊誌における文学と表象表現の一定型　〔中村　健〕　291
第3章　『サンデー毎日』と新感覚派——『文芸時代』同人たちの週刊誌との関わり　〔松村　良〕　332

◆『サンデー毎日』表象史　1927～1931　354
【天皇／皇族】／【表象としての「女性」】／【「猟奇」と「性」】

第3部　「見ること」の場としての『サンデー毎日』

第1章　戦前期『サンデー毎日』表紙論――「週刊誌的レイアウト」の構築と表象の消費　〔副田賢二〕　364

第2章　『サンデー毎日』と「雪岱調」――小村雪岱美人画に見出されたもの　〔富永真樹〕　423

コラム①　植村俊と『サンデー毎日』の視覚表象空間　〔副田賢二〕　453

◆『サンデー毎日』表象史　1932～1940　461
【女優／美人画】／【モードとしてのモダニズム的デザイン】／【「戦争」と〈前線／銃後〉】

第4部　戦後週刊誌の展開とその表象

第1章　GHQ占領期における『サンデー毎日』――ヒューマン・インタレストと親和的「アメリカ」　〔天野知幸〕　480

第2章　週刊誌メディアと中上健次――『朝日ジャーナル』と『週刊朝日』を中心に　［渡邊英理］　502
コラム②　「旅」物語の消費――『週刊朝日』の連載旅行記「新日本名所案内」　［尹芷汐］　523
◆『サンデー毎日』表象史　１９４１〜１９５１　531
【記憶の反転／断絶と「アメリカ」】／【「成長」する「戦後日本」】
週刊誌メディアの現場から
元『週刊朝日』編集長・青木康晋氏　講演・インタビュー　541

第5部　データベース篇

『サンデー毎日』の表象空間・その視覚表象データベース　566
戦前期『サンデー毎日』特別号の視覚表象データベース（１９２２〜１９２６）
戦前期『サンデー毎日』表紙データベース（１９２２〜１９２６）
おわりに　621
執筆者プロフィール　625
索引（人名・作家名／小説・評論・映画のタイトル／雑誌・新聞名）　638

◆戦前期『サンデー毎日』のアウトライン

メディア状況	社会状況・事件
『旬刊朝日』創刊(2.25–3.25) 『週刊朝日』創刊(4.2)	ワシントン海軍軍縮条約署名(2.6) 日本共産党結成(7.15)
『文藝春秋』(1.1)『アサヒグラフ』(1.25)『エコノミスト』(4.1)創刊 〔米〕『Time』創刊(3.3)	関東大震災(9.1–) 甘粕事件(9.16) 虎ノ門事件(12.27)
全国選抜中等学校野球大会開催(4.1–5)	皇太子裕仁・良子成婚(1.26)、排日移民法成立(5.26)
『キング』創刊(1.1) JOAKがラジオ放送開始(3.22)	普通選挙法公布(5.5) 治安維持法施行(5.19)
改造社『現代日本文学全集』刊行開始(12.3)	朴烈事件死刑判決(3.25) 大正天皇崩御・昭和天皇皇位継承(12.25)
宝塚少女歌劇レビュー初演(9.1)、岩波文庫刊行(7.10)	第一次山東出兵(5.28–) 芥川龍之介自殺(7.24)
昭和天皇即位の礼ラジオ中継実施(11.10)	三・一五事件(3.15) 張作霖爆殺事件(6.4) 秩父宮・松平節子成婚(9.28) 昭和天皇即位の礼(11.10)
小林多喜二「蟹工船」(『戦旗』5・6月)	日本プロレタリア作家同盟成立(2月) 昭和天皇関西行幸(5.28–6.5) 飛行船ツェッペリン伯号来日(8.19–23)
『モダンTOKIO円舞曲　新興芸術派作家十二人』刊(春陽堂　5月)	ロンドン海軍軍縮条約発効(10.27) 霧社事件(10.27–11.19)
日本初の本格的トーキー映画『マダムと女房』(五所平之助監督)公開(8.1)	満洲事変(9.18–1932.2.18)

▌図１　1922.4.2 創刊号 表紙

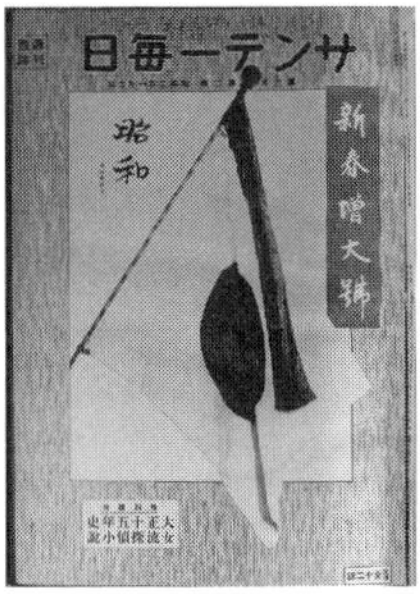

▌図２　1927.1.2 表紙

▌図３　1935.10.7 目次・井上靖「紅荘の悪魔たち」

年	『サンデー毎日』関係事項
1922	・『サンデー毎日』創刊（4.2）。大泉黒石「幻想家と車掌」（4.30）、芥川龍之介「長崎小品」（6.4） ・特別号「小説と講談」（7.10）。「創作」「探偵小説」「講談落語」が多数の挿画と共に掲載。 ・特別号 秋季臨時増刊 こどもの生活（10.5）、コオナン・ドイル「悪魔の足」連載開始（11.19–12.24）
1923	・吉井勇「夜烏物語」（1.14–4.15）、白井喬二「日本阿房宮」（4.1–6.3）、薄田清「幻滅」（9.2–10.7）、前田曙山「情熱の火」（10.14–12.16）、平田禿木「人形の家」（11.25–12.9） ・白井喬二「日本阿房宮」（4.1–6.3）、前田曙山「情熱の火」（10.14–12.16）など、大衆文学作家による連載も始まる。一周年記念号（4.1）、関東震災号（9.16）、帝都復興号（9.23）
1924	・二周年記念号（4.6）、夏季運動号（8.3）、震災一周年　帝都復興号（9.7）、奮闘努力号（11.2） ・白井喬二「新撰組」前篇（5.25–12.28　金森観陽画）、牧野信一「渚」、芥川龍之介「桃太郎」（7.10）
1925	・横光利一「馬鹿と馬鹿」、泉鏡花「道陸神の戯」（1.1　小説と講談号）、「新撰組」後篇（1.4–6.28）、國枝史郎「名人地獄」（7.5–10.25　堂本印象画）、白井喬二「元禄快挙」（11.29–26.3.21　金森観陽画） ・「日本の楽土・台湾の近況」（2.8）、「今日の満蒙」特輯（5.3） ・「新知識遊戯クロス・ワード・パヅル」（3.1）、「クロス・ワード・パヅル新題 一千名入選特別大懸賞問題」掲載（6.7）、クロス・ワード・パヅルの掲載は翌年初頭まで続く。 ・本社主催 大大阪記念博覧会案内号（3.15）、大毎野球団渡米号（3.22）、今日の満蒙 本社大連支局開設記念特別号（5.3）、金子金次「ラジオはかうして聴く」（4.12） ・「太平洋の大海戦　英国海軍専門家の未来戦記」（8.30）、「英国記者の日米戦争未来記」（9.6）
1926	・江戸川乱歩「湖畔亭事件」（1.3–5.2　名越國三郎画）、葉山嘉樹「躄の話」（3.20） ・夏季特別号「小説と講談」刊行（7.1）。以降「小説と講談」号表紙は多色刷カラーの絵画となる。 ・本誌懸賞募集「大衆文芸」乙種当選 白河白幽子「海豚」（1.9　名越國三郎画）、同 甲種入選 角田喜久雄「発狂」（7.18）、「東大、京大、早大、慶大 四大学選抜学生創作」掲載（7.1） ・9.12号以降、従来の「演芸のページ」が「映画と演芸のページ」になる。特輯「聖上御不例」（12.26）
1927	・新春増大号（1.2）の表紙に「諒闇の誉」と題。特輯「先帝崩御と新帝践祚」 ・「大正十五年史」掲載開始（1.2–4.24）、特輯「最初の明治節を迎へて」（11.6） ・本誌第二回懸賞募集「大衆文芸」甲種当選作　山口海旋風「レジデントの時計」（1.23） ・坪田譲治「正太の夢」（4.10）、國枝史郎「怪しの館」、佐藤春夫「フイリツプ風短篇」、大佛次郎「昼間の月」（6.15）、芥川龍之介「機関車を見ながら」、田山花袋「病妻」、幸田露伴「養魚記」（9.15） ・「戦争小説」として櫻井忠温「先陣争ひ」、川田功「死ぬる日」掲載（9.15　小説と講談号） ・海洋号（7.31）、臨時増大号 日本八景紹介号（8.7）、怪談号（8.21）、美人号（10.16）
1928	・六周年記念増大号（4.1）で「六周年記念五大懸賞」企画開始、「作者名をあてる懸賞」開始（4.8–5.6） ・臨時増刊「普選記念 総選挙画報」（3.5）、「スポーツ画報」「済南事変画報」刊行（5.1） ・「怪奇小説」として菊池幽芳「井の底の人魚」連載（5.27–10.14） ・臨時増刊「新作大衆文藝」（7.20）刊行開始。B５判。以降、5・11月に年2回刊（1940.5.1まで） ・耽綺社同人合作「白頭の巨人」連載（10.21–12.16　青木瀧三郎画）
1929	・「サンデー毎日表紙画懸賞募集規定」掲載（1.20–2.3） ・空中涼味号（7.14）、「懸賞入選事実小説集」（7.28）、特輯 事実怪談（8.18） ・家庭衛生号（11.24）、特輯 芝居とキネマ号（12.1）
1930	・新春特別号「創作と講談」（1.1）の表紙画が「懸賞募集 表紙画入選作品」の一等入選作品になる。 ・通常号の特輯号が急増。映画小説号（「映画小説集」掲載　2.9）、帝都復興記念号（3.2）、緑蔭号（6.1）、猟奇実話号（6.15）、日本百景号（8.3）、八頁増大 世界怪奇譚号（8.17）、観艦式記念号（10.26）
1931	・3.1号以降、表紙は多色カラー刷の女性（女優）像が主流になる。 ・創刊一〇年記念企画が3月に発表、4月に記念増大号（4.5）が発刊される。小説、映画シナリオ、新国劇脚本、表紙絵、表紙用写真、和歌俳句の読者応募企画が行われる。 ・林不忘「刃傷未遂」（小村雪岱画）、川端康成「女を売る女」（3.10　春季特別号）、甲賀三郎「盲目の目撃者」（探偵小説　6.14–8.2　岩田専太郎画）、子母澤寛「弥太郎笠」（8.9–10.11　小田富彌画） ・サンデー・グラフ「満洲事変画報」（10.4）、在満同胞慰安号（12.27） ・臨時増刊 新作「大衆文芸」（11.10）に「大衆文芸講座」（千葉亀雄、加藤武雄、直木三十五、森下雨村、牧逸馬、林唯一、大佛次郎、佐々木邦、平山蘆江、岩田専太郎、子母澤寛）掲載。

メディア状況	社会状況・事件
チャールズ・チャップリン来日(5.14–6.2) 本山彦一逝去(12.30)	第一次上海事変(1.28–3.3)、「満洲国」成立(3.1) 五・一五事件(5.15) 大日本国防婦人会発足(12.23)
城戸事件(10.27–) 満洲電信電話株式会社設立(8.31)	小林多喜二殺害(2.20)、ナチス・ドイツ成立(3.24)
日満無線電話開通(8月)	溥儀満洲国皇帝即位(3.1) 東郷平八郎死去(5.30) 室戸台風近畿地方直撃・関西風水害(9.21)
『ホーム・ライフ』創刊(8月)	ナチス・ドイツ再軍備宣言(3.16)、溥儀来日(4.6)、第二次大本事件(12.8)
『サンデー毎日』が千葉賞創設(1.5) 〔米〕『Life』創刊(11.23) 『時事新報』、『東京日日新聞』に合併(11.25)	二・二六事件(2.26–29)、ベルリンオリンピック(8.1–16)、日独防共協定締結(11.25)
朝日新聞社神風号亜欧横断飛行(4.6–5.21) 『週刊朝日』臨時増刊「明治・大正・昭和三聖代名作展」刊行(4–6月)	死なう団事件(2.17) 盧溝橋事件(7.7)から北支事変(支那事変・日中戦争)拡大 南京占領(12.13) 人民戦線事件(12.15、1938.2.1)
『写真週報』創刊(2.16) 『中央公論』3月号掲載の石川達三「生きてゐる兵隊」発禁(2.18)	岡田嘉子ソ連亡命(1.3) 国家総動員法施行(5.5) 武漢作戦(6.11–10.27) 漢口攻略戦従軍ペン部隊出発(9.11,14) 重慶爆撃開始(12.4)
陸軍美術協会結成(4.14) 毎日新聞社ニッポン号世界一周飛行(8.26–10.20) 映画法施行(10.1)	ノモンハン事件(5.11–9.16) ドイツ軍ポーランド侵攻、第二次世界大戦に拡大(9.1)
『大阪朝日新聞』『東京朝日新聞』が『朝日新聞』に統合(9.1)	大政翼賛会発足(10.12) 紀元二千六百年式典(11.10–14)

図 4　1937.5.30「サンデー毎日の夕」画報

図 5　1938.12.4 見て来た戦線（絵筆の従軍）

図 6　1939.4.20 表紙

年	『サンデー毎日』関係事項
1932	・直木三十五「戦争と花」(1.1　名越國三郎画)、戦争小説号(3.6)、日支事変忠勇美談集号(6.1) ・「新女性Ｘ線」シリーズ(2.7–4.17)、特輯 春のエロチシズム(2.21)、特輯 春色五人女(4.17) ・10.30号の2–8頁が空白。掲載禁止対象は「入選作・大衆小説」の「Ｋ医学士の場合」(久米徹) ・「血と涙の農村実話」(6.26)、入選実話「この眼で見た怪奇」(9.11)
1933	・1月と10月を中心に、増大号の刊行回数が増加。 ・伊藤痴遊「維新前後の陶庵公」(1.1–1.29　小村雪岱画)、直木三十五「富貴は討たず」(1.2　中村大三郎画)、武林文子「殺人特急」(2.5–2.26　吉田貫三郎画)、清谷閑子「不死鳥」(3.5–9.3　岩田専太郎画)、邦枝完二「夏姿團十郎」(6.4–10.1　小村雪岱画)、川口松太郎「愛情流転」(10.8–12.31　寺本忠雄画)、新興キネマ上映「映画小説」入選発表(表紙にも掲載)(7.30)
1934	・秋の映画号(10.1)刊行。以降1940.7.15まで「映画号」が通常号とは別に春と秋の年2回刊行。 ・吉川英治「松のや露八」(6.3–10.28　石井鶴三画)、竹田敏彦「第二の判決」(8.5–9.30　林唯一画)
1935	・「日露戦争三十周年記念特輯」(3.10)サンデー・グラフ「御来訪の満洲国皇帝陛下」(4.21) ・海音寺潮五郎「恥を知る者」(1.6–2.24　鴨下晁湖画)、吉川英治「遊戯菩薩」(6.2–9.29　小村雪岱画)、土師清二「餓鬼奉公」(10.7–12.30　中村貞以画)、北村小松「毒虫」(11.3–12.29　宮本三郎画) ・特輯「新人大衆文芸傑作集」(6.2)、「千葉亀雄氏を悼む」(木村毅、海音寺潮五郎　10.13)、第17回大衆文芸入選作 井上靖「紅荘の悪魔たち」(10.27　山名文夫画)、「大衆文芸を語る座談会」(大佛次郎、菊池寛、川口松太郎、木村毅、吉川英治、阿部眞之助、久米正雄、辻平一)(11.1) ・『ホーム・ライフ』発刊(8月–)、『サンデー毎日』編集部員がその編集にあたる。
1936	・片岡鐵兵「日影月影」(1.5–3.29 一木弴画)、白井喬二「阿地川盤獄」(3.1–8.30　小村雪岱画) ・「防空を語る」(町田敬二「防空施設と国民的訓練」)掲載(7.19) ・千葉賞長篇大衆文芸 現代物一等入選作 金聖珉「半島の芸術家たち」(8.2–9.20　岩田専太郎画) ・サンデー・グラフに映画記事が増加。サンデー・グラフ「特別大演習観艦式」(11.15)
1937	・千葉賞 時代物一等入選作 大衆小説 井上靖「流転」(1.3/10–2.21　堂本印象画) ・創刊十五周年 記念特別号(4.1)「あの頃の思出を語る」(薄田泣菫、長谷川伸、白井喬二、角田喜久雄、海音寺潮五郎)、「本誌出身作家集」(神保朋世、林唯一、鈴木朱雀、河野鷹思、鴨下晁湖、山名文夫、中村貞以)掲載。創刊十五周年記念 特別増大号(4.4)に社告「本誌創刊十五周年に際して」、「本誌創刊十五周年を迎へて」「十五周年記念長篇大衆文芸募集規程」掲載。 ・第二増大号(8.15)に夏本草二「北支事変の展望」、「北支素描」、「北支事変特集画報」掲載。 ・臨時増刊 支那事変皇軍武勇伝(9.25)、臨時増刊 続皇軍武勇伝 附 銃後美談(11.15) ・一龍齋貞山の講談「柳生旅日記」(10.3–12.31)の連載始まる。 ・10.24号以降、1941.8.24号までの通常号表紙上に「皇軍慰問品」としての同誌送付説明文が入る。
1938	・「支那事変一周年回顧」(7.3)、第二増大号　皇軍慰問特輯号(10.16)、十二月四日増大号　第二皇軍慰問特輯号(12.4)に「弾雨の下で　戦線からの報告書」(濱本浩、吉屋信子、徳永進)掲載。 サンデー・グラフ「靖国神社御参拝の天皇陛下」(5.15)「戦火愈々拡大」(10.30) ・海音寺潮五郎「柳沢騒動」(9.4–12.25)
1939	・新年特別倍大号(1.1/8)に「古今　戦争画譜」(岩田専太郎、小村雪岱、林唯一、吉田貫三郎)、1.15号に「古今　戦争画譜２」(松野一夫、鈴木朱雀、木村荘八、石井鶴三)、第三皇軍慰問号(2.5) ・創刊一〇〇〇号記念特別号(4.20) ・川口松太郎「三味線武士」(1.1/8–5.28　岩田専太郎画)、白井喬二「地球に花あり」(4.2–11.26　田村孝之介画)、第五回大衆文芸入選作 大庭さち子「妻と戦争」(10.1　岩田専太郎画)、北村小松「渡洋爆撃隊」(11.5–12.31　飯塚玲兒画)
1940	・10.6号以後、戦時体制版のB5判になる。11.3号以降、題字の下に「新体制規格版」と入り、表紙下枠外に標語が入る(1941.4.6まで) 。この号以降、見開き頁に扉絵が掲載される(1941.7.27まで) ・「明日の大衆文学を語る座談会」(石川達三、尾崎士郎、菊池寛、木村毅、高須芳次郎、柳田泉、上泉秀信〔大政翼賛会文化部副部長〕、司会久米正雄)掲載(12.15)

メディア状況	社会状況・事件
李香蘭、日劇に出演(2.11) 『科学朝日』創刊(11月)	独ソ戦開始(6.22) 東條英機内閣総理大臣就任、組閣(10.18) 真珠湾攻撃・マレー半島上陸、太平洋戦争開戦(12.8)
『中央公論』『改造』廃刊命令(7.10) 映画『ハワイ・マレー沖海戦』公開(12.3)	シンガポールの戦闘、陥落(2.8–15) ドーリットル空襲(4.18) ミッドウェー海戦(6.5–7) ガダルカナル島の戦い(8.7–43.2.7)
『大阪毎日新聞』『東京日日新聞』が『毎日新聞』に統合(1.1)	アッツ島の戦い(5.12–19) サイパン島陥落(7.9) 東条内閣総辞職(7.18)
新聞夕刊廃止(3.6)	B-29爆撃機による日本初空襲(八幡空襲)(6.15) 東京空襲(11.24–45.5.26)
アニメ映画『桃太郎　海の神兵』公開(4.12)	硫黄島の戦い(2.19–3.26) 広島に原子爆弾投下(8.6) 長崎に原子爆弾投下(8.9) 終戦(8.15)

図 7　1939.4.20 一千号の足跡

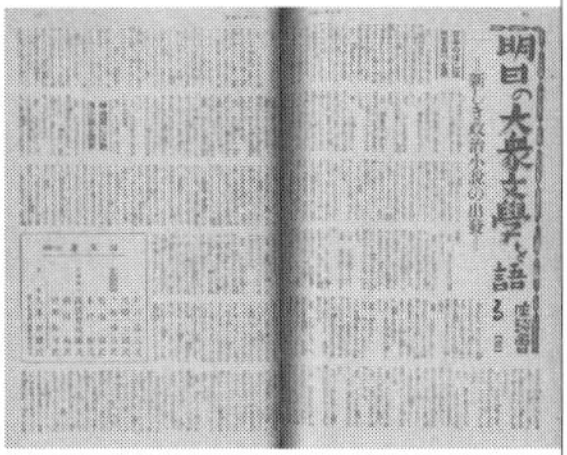

図 8　1940.12.15 明日の大衆文学を語る

図 9　1941.1.5–12 東亜共栄圏風俗画報

年	『サンデー毎日』関係事項
1941	・新年特別倍大号（1.5/12）から表紙年月日表記の横に「紀元二千六百一年」と皇紀が記載（11.30まで） ・12.7号以降、表紙に戦時標語が入る。オフセット印刷「帝国の共栄圏工作と米英の妨害」、カラー地図。「南方圏の鳥瞰」（12.7）。下田將美「最後の勝利へ進め」（12.21）、徳富蘇峰「興亜の暁鐘」（12.28）
1942	・「支那事変五周年特集」（7.12）、「軍航空と民航空」座談会（9.20） ・「作家と画家の見て来た南方」座談会（北村小松、石川達三、丹羽文雄、山口蓬春、猪熊弦一郎）
1943	・「南方文化戦士として」掲載開始（1.17–3.21　井伏鱒二、今日出海、火野葦平、上田廣、富澤有為男、柴田賢次郎、神保光太郎）、「海軍記念特集」に釈迢空「海洋の歓呼」（長歌）（5.23） ・2.7号以降、『週刊毎日』に改題（1945.12.23まで） ・海野十三「前進基地」（5.2–5.30　林唯一画）、窪川稲子「妙な見合ひ」（6.6　伊藤熹朔画）、海音寺潮五郎「赤穂浪士伝」（6.6–7.25　木下大雍画）、火野葦平「みづうみ」（9.5–12.26　柳瀬正夢画）
1944	・大木惇夫「決戦新春頌」、徳富蘇峰「皇国必勝の大道」（1.2/9）、特輯「女もかく戦つてゐる」（4.16） ・4.23号以降、1944.12.17号まで表紙タイトル周辺に「時局雑誌」と表記。 ・藤沢桓夫「若い樹々」（1.2/9–5.28　田村孝之介画）、第三三回 決戦国民文芸入選作 三好一知「弾性波動」（6.18　松野一夫画）、久生十蘭「内地へよろしく」（7.2–12.24　田代光画） ・「ガダルカナル戦詩集」（本社特派員松村益二が吉田嘉七の詩を紹介　8.27）
1945	・「決戦念頭の賦」（佐佐木信綱、釋迢空、土屋文明）、「科学対談」（八木秀次、富塚清）（1.7） ・堤千代「飛行雲」（1.7–4.29　嶺田弘画）、邦枝完二「花卍」（5.6–8.12　岩田専太郎画） ・表紙に単色の表紙画と「草莽の言葉」と題した記事（石川達三「悲しむべき告白」）が掲載（5.27） ・表紙に木戸政治「聖諭に応ふるの道」の記事（8.12）、終戦の詔勅・玉音放送への言及あり。 ・表紙画なし（9.2）。表紙題字下に「「ポツダム宣言」特輯号」と見出し。表紙全面に「座談会　ポツダム宣言内容の検討」（鶴見祐輔、芦田均、市川泰治郎）の記事掲載。 ・次号から、再び表紙は全面表紙画に戻る（9.9/16）

【図 1、2、4、5、8、9】は大阪公立大学杉本図書館所蔵
【図 3】は大宅壮一文庫所蔵
【図 6、7】は副田賢二所蔵

はじめに――戦前期週刊誌をめぐる研究史と問題の所在

副田賢二

【1】……「中途半端」で読み捨てられた媒体としての週刊誌

週刊誌というメディアは、文学的な小説や評論を掲載する場としての月刊総合誌や文芸誌、連載長篇小説を継続的に、時事・文化記事を即応的に掲載する日刊新聞に比べて、いわば「中途半端」な言説・表象の場と見なされてきた。戦前・戦後の日本社会や世論、そして文学の在りように大きな影響力を持った月刊総合雑誌と文芸誌については、『近代日本文学誌　本・人・出版社』（早稲田大学出版部、一九八八年）や『雑誌探索』（朝日書林、一九九二年）などの紅野敏郎の一連の仕事、永嶺重敏『雑誌と読者の近代』（日本エディタースクール出版部、一九九七年）など、明治期から戦時下までの長い期間を対象に膨大な量の研究が展開され、文学とメディアとの相関関係の構造が詳細に解明されてきた。また、月刊の大衆娯楽雑誌についても、佐藤卓己『『キング』の時代　国民大衆雑誌の公共性』（岩波書店、二〇〇二年）に代表される近代国民国家の形成とその共同性の確立の観点から研究が進展し、日刊の新聞についても、山本武利『近代日本の新聞読者層』（法政大学出版局、一九八一年）や本田康雄『新聞小説の誕生』（平凡社、一九九八年）など、八〇年代以降様々な形で研究対象とされており、それらのメディアは文学・文化・歴史研究の資料・史料としても重視されている。

そのように明治期から存在し、「文学」の権威化、制度化、そして「国民」の共同性の創出に深く関わった月刊誌や新聞に対し、大正中期に出現した新たな大衆的／娯楽的雑誌メディアとしての週刊誌『サンデー毎日』『週刊朝日』は、メディア史的位置付けが不明確なまま、曖昧に「読み捨て」される場として扱われてきた。また、同じ週刊誌メディアでも、出版社系週刊誌が隆盛を誇った一九五〇年代以降に比べて、新聞社系週刊誌しか存在していなかった戦前期週刊誌のメディア空間は、文学研究の視座から顧みられることはなかった。そこでは「週刊誌に掲載されたテクスト」が発掘され論じられることはあっても、「そのテクストを掲載した週刊誌」という場自体が対象化されることはほとんどなかった。

【2】……週刊誌をめぐる研究史

そこでまず、週刊誌をめぐる研究史全般を概観したい。先述したように、戦前期の文学テクストを対象とした日本文学研究では月刊誌と新聞が重視され、週刊誌掲載テクストやコンテンツは軽視されてきた。近代日本文学研究の最盛期に刊行された日本近代文学館・小田切進編『日本近代文学大事典』（全六巻　講談社、一九七七〜七八年）の「第五巻　新聞・雑誌」では、月刊誌の『文芸春秋』や月刊文芸誌『文学界』の項目が九段にわたるのに対し、週刊誌『サンデー毎日』は三段と一六行、『週刊朝日』も四段弱しか記述が割かれていない。また、『サンデー毎日』の項目執筆者は同誌の元編集者である野村尚吾であり、週刊誌研究に携わる文学研究者が不在であった当時の様相が窺える。特に『サンデー毎日』については「大衆文学」作家の登竜門という面が強調されてきたが、そのレッテルゆえに、その誌面の実態や多様な掲載コンテンツに関する考察が欠落してしまう傾向が強かった。

また、近代出版・雑誌メディア研究の領域では、まず、週刊誌研究会編著『週刊誌――その新しい知識形態』(三一書房、一九五八年)が、週刊誌というメディアの特質を自立的に論じた初めての研究書であり、現在の研究水準でも有効な重要な視座を示している。また、野村尚吾『週刊誌五十年』(毎日新聞社、一九七三年)や『週刊朝日の昭和史』全五巻(朝日新聞社、一九八九～九〇年)など関係者の証言記録として価値の高い書籍も存在しており、社会現象として週刊誌を検証した尾崎秀樹・宗武朝子『雑誌の時代』(主婦の友社、一九七九年)も特筆されるが、それらの書籍を踏まえて、その後週刊誌研究が学術的に豊かに展開されたという訳ではない。また、高橋呉郎『週刊誌風雲録』(文春新書、二〇〇六年)も戦後週刊誌編集の内部証言として重要なものだが、分析や研究を行ったものではない。

そのような状況の中で、週刊誌に関する重要な研究は、主に表象文化研究の領域で展開された。特に、柏木博の表象・雑誌メディア研究が特筆される。「肖像のフェティシズム――『週刊朝日』の表紙を読む①・②」(『月刊百科』、平凡社、一九八六年五、一〇月)は、読み捨てられるメディアとしての週刊誌の表紙をめぐる表象とその消費の問題を正面から論じた貴重な論考であり、先に『月刊百科』に連載された「戦争のグラフィズム――対外宣伝雑誌『FRONT』の表現」(同、一九八五年二月、六月)とともに、『肖像のなかの権力　近代日本のグラフィズムを読む』(平凡社、一九八七年　後に講談社学術文庫、二〇〇〇年)に収録された。同書は、週刊誌・月刊誌・対外宣伝誌といったジャンル上の差異を超えて、雑誌メディアにおける表象とそのイデオロギーを考察する上での普遍的視座を提示した画期的な研究であった。また、柏木の『欲望の図像学』(未来社、一九八六年)所収の「意味の専制――『写真週報』」(初出「写真週報のグラフィズム」(『R　vol.1 no.2』、一九八四年五月))は、プロパガンダ・メディアとしての週刊誌『写真週報』

の機能と表象のメカニズムを考察している。以後『写真週報』に関しては、復刻版『フォトグラフ・戦時下の日本』(大空社、一九八九~九〇年『補遺編』全三巻は一九九五年刊)が刊行、研究書も、保阪正康監修・太平洋戦争研究会『「写真週報」に見る戦時下の日本』(世界文化社、二〇一一年)、玉井清編著『『写真週報』とその時代(上)戦時日本の国民生活』(慶應義塾大学出版会、二〇一七年)、同『『写真週報』とその時代(下)戦時日本の国防・対外意識』(同、二〇一七年)など多くの研究成果が蓄積されているが、それらは「週刊誌メディア研究」というよりも「プロパガンダ雑誌メディア研究」の色彩が強い。また、一九二三年一月二五日創刊の東京朝日新聞社の週刊グラフ誌『アサヒグラフ』は、その災害や社会情勢報道、美術や皇族表象など様々な角度から研究が加えられ、データベース化も進んでいるが、週刊誌メディアとしての本質的な機能や消費の問題がそこで検証されている訳ではない。

また、山川恭子編『戦前期『サンデー毎日』総目次　上・中・下巻』(ゆまに書房、二〇〇七年)、同『戦前期『週刊朝日』総目次　上・中・下巻』(同、二〇〇六年)は、戦前期週刊誌研究の基盤となる貴重なデータベースであり、その資料的価値は高い。本書に掲載した一連の研究の多くも、これらの総目次のデータを参考にして進められたものである。ただ、この基礎的なデータベースの整備を踏まえて、量的な分析からさらに質的な分析に展開する段階までに、週刊誌研究全体が深化し、発展しているという訳ではない。

また、山岸郁子「「文壇」の喪失と再生――「週刊誌」がもたらしたもの――」(『文学』、二〇〇四年一一月)や日比嘉高「プライヴァシーの誕生――三島由紀夫「宴のあと」と文学、法、ゴシップ週刊誌」(『思想』、二〇一〇年二月)、一九五〇年代の『週刊朝日』や高度経済成長期の週刊誌を含めた「〈雑-誌〉の猥雑性」(大澤聡「「編輯」と「綜合」研究領域としての雑誌メディア」p.44)を対象化した吉田則昭・岡田章子編『雑誌メディアの文化史　変貌する戦後パラダイム』(森話社、二〇一二年)、女性週刊誌のスキャンダル・ジャーナリズムとその「女性」表象に焦点を当てた井原あや『〈スキャンダラスな女〉を欲望する　文学・女性週刊誌・ジェンダー』(青弓社、二〇一五年)など、二〇〇〇年代以降は週刊誌に関する本格的な研究論文や書籍が多く生まれるが、その考察対象は戦後週刊誌が中心である。塩澤実信著・小田光雄編『戦後出版史――昭和の雑誌・作家・編集者』（論創社、二〇一〇年）のような雑誌メディアと作家・編集者などの関係性のネットワークをめぐる研究や資料も、戦前期週刊誌研究では断片的にしか存在しない。また、月刊総合誌・文芸誌や新聞を中心化せず、雑多な雑誌・出版メディア、そして日記でのテクストの生成と消費の様相を対象化した、和田敦彦編『職業作家の生活と出版環境――日記資料から研究方法を拓く』（文学通信、二〇二二年）は、榛葉英治という作家を軸としてテクストの生成／消費の現場の様相を照らし出す。その戦略的視点は興味深く、そこでは週刊誌を含めた多様な雑誌メディアとの交錯の様相も対象化されているが、やはり戦後の言説空間を対象とした研究である。

【3】……週刊誌の表現戦略と視覚表象という視座

そもそも、大正期から昭和戦前期を対象とする近代日本文学研究には、未だに様々な「作家神話」が息づいており、「作家」とその「主要作品」をめぐる強固な意識のフレームを相対化することは簡単な作業ではない。よって、そのフレームから局外化された領域を戦略的に取り込み、既存の研究的認識が抱える自明性を挑発する作業が欠かせない。その意味で、従来顧みられてこなかった戦前期週刊誌の、特にその表現戦略と視覚表象という視座からの考察は、そのような研究史上の陥穽を乗り越える一つの方法となると考えられる。本書は、『サンデー毎日』を中心にした膨大な量の戦前期週刊誌の調査とそこで作成した様々なデータベースという量的な研究成果を基盤として、その表現戦略とコンテンツの内実を多様な角度から質的に分析し、戦前期週刊誌メディアの多角的な解明を目指すものである。そこでは文学テクストや「文壇」「作家」をめぐる問題も多く扱うが、「文学」という制度的概念に対して常に相対化の視点を保ち続けることを意識している。

文化構造とその消費が世界的に多様化し、分散しつつある現代の社会のなかで、今後の文学・メディア研究は、研究対象を区画化／特権化し、その内部に閉じこもるような姿勢のままでは、もはや有効な視座を提示することはできないだろう。貪欲な大衆の大量消費メディアとして、同時代の言説空間の内部で浮遊していた戦前期週刊誌への研究史的欠落を意識した上で、本書では、創刊一〇〇周年を超えて、その歴史的意義と評価を問われている一九二二年創刊の週刊誌『サンデー毎日』の、創刊から被占領期までの誌面における表現戦略に、様々な角度から考察を加えた。そこでの「文学」や「作家」のあり方のみならず、その誌面に展開された視覚表象とレイアウトの考察を中心に、雑多な表象と言説の場としての『サンデー毎日』のメディア空間の様相を、同時期の『週刊朝日』への考察も加えつつ、様々な角度から検証し、その同時代的意義とメディア史的特質を明らかにする。

【4】……本書の構成と各章の概要

最後に、本書の構成と各章の概要、その読みどころについて述べておきたい。

巻頭では、雑誌メディアとしての全貌があまり知られていない戦前期『サンデー毎日』の刊行から一九四五年までの歴史のアウトラインを、その時代ごとの象徴的な誌面図版とともに示した。「はじめに」では、戦前期週刊誌をめぐる研究史と本書の問題意識を示し、「序章」では、『サンデー毎日』をめぐる判型や流通、編集側の方針と読者層の様相を、同時代の他の雑誌と比較しつつ示し、そこでの「文学」の発信／受容の実態を概観した。

「論文篇」の**第1部「週刊誌メディアの誕生とその展開」**は、第1章で、『サンデー毎日』創刊時の大阪毎日新聞社の戦略を、週刊誌というメディア形態の起源となった創刊以前の様相を踏まえて考察した。第2章では、一九二〇年代の『サンデー毎日』における芥川龍之介の姿を、菊池寛を補助線に、小説テクストや書翰、関係者証言を多角的に分析して照らし出した。第3章は、久米正雄における週刊誌メディアの意味とそこでの創作の力学を、同時代の『週刊朝日』『新思潮』とともに考察した。第4章では、一九二〇年代の『サンデー毎日』の文壇ゴシップ欄とその「作家」像について、『文芸時代』同人を例に論じた。第5章は、『サンデー毎日』の初代編集長であった薄田泣菫の編集者としての側面を考察した。

第2部「週刊誌における「文学」の生成／消費と作家たち」は、第1章で、耽綺社の週刊誌におけるメディア戦略を、一九二〇年代後半の『サンデー毎日』を中心に考察した。第2章では、子母澤寛の股旅物におけるテクストと挿絵の関係を、週刊誌における文学と視覚表象の一定型として分析、考察した。第3章は、『サンデー毎日』における作家横光利一を含めた『文芸時代』同人の活動と表現戦略を中心に論じた。

第3部の「「見ること」の場としての『サンデー毎日』」は、第1章が、「週刊誌的レイアウト」の構築と表象の消費の様態を、表紙絵とレイアウトにおける「女性」と「戦争」表象を中心に論じた。第2章では、『サンデー毎日』掲載の小村雪岱の挿絵に焦点をあて、その「美人」画と「雪岱調」に見出されたものの内実について、雪岱の他の雑誌での仕事とも比較しつつ考察した。また、一九三〇年代以降の『サンデー毎日』視覚表象の場で重要な役割を果たした植村俊について、その挿絵やカット画の機能を論じたコラムを掲載した。

第4部「戦後週刊誌の展開とその表象」は、第1章で、アジア・太平洋戦争戦時下から敗戦、ＧＨＱ占領期における『サンデー毎日』の様相とそのイデオロギーを、ヒューマン・インタレストと親和的「アメリカ」の視点から考察した。第2章は、『朝日ジャーナル』と『週刊朝日』を中心に、作家中上健次の表現戦略を、同時代の司馬遼太郎にも言及して考察した。また、『週刊朝日』の連載旅行記「新日本名所案内」に注目し、週刊誌における「旅」をめぐる物語の消費とそこでの作家たちの表現戦略を論じたコラムを掲載した。

なお、各部の最後には、その時代ごとの『サンデー毎日』の視覚表象やレイアウトの様相を様々な図版で示した『『サンデー毎日』表象史』を掲載し、戦前期『サンデー毎日』の実態を、視覚的にイメージ化してもらうことを目指した。

さらに、元『週刊朝日』編集長の青木康晋氏の講演及びインタビューを掲載し、転換点にある現在の週刊誌メディアをめぐる状況とそのジャーナリズムの本質について考察した。

第5部「データベース篇」は、『サンデー毎日』の視覚表象空間のデータベースを掲載した。『サンデー毎日』特別号の視覚表象データベース（一九二二～二六年）、創刊から一九二六年までの『サンデー毎日』表紙データベース（一九二二～二六年）を掲載、その特徴を解説している。これらの論文や講演録、データベースは、近代日本の雑誌メディアの歴史性への視点を示すとともに、今後の週刊誌メディアのゆくえを考える上でも、有意義なものであるだろう。

序章

『サンデー毎日』の読書環境と文学に関する編集方針について

中村　健

本章は、社史・資料・先行研究を参照しながら、戦前期の『サンデー毎日』の流通や読書環境、文学の編集について焦点をあて、同誌における文学の発信——受容の実態を概観するものである。[1]　概観するにあたって、『サンデー毎日』を中心に見ていくが、これから見ていくように『サンデー毎日』と競合誌『週刊朝日』は、ともに毎日・朝日新聞の流通圏の中で読まれており、編集方針に違いはあるものの、よく似た環境下にあったと考える。そこで、適宜、『週刊朝日』の情報も交えながら、稿を進めていきたい。

【1】……『サンデー毎日』の流通

『サンデー毎日』は一九二二（大正一一）年四月に創刊した。判型はタブロイド判（新聞の半分のサイズ、現在の週刊誌の約二倍の大きさ）、二四頁、グラビア四頁、定価一〇銭であった。『大阪毎日新聞』日曜版附録を前身とし、創刊時はロータリー・フォト・グラビア印刷機を使って印刷された。「「どんな人にも面白く読まれ、どんな方面のことも書いてある」を目標[2]」に、小説や実用・文化・娯楽記事が中心の柔らかい誌面を展開した。

本誌に加え、季刊の特別号「小説と講談」（のちに〇〇特別号と改題）、年二回刊の臨時増刊「新作大衆文芸号」などを発行、人気を博し、多くの大衆文芸作品を世に送った。のちに用紙統制の関係で判型が一九四〇（昭和一五）年一〇月からB5判になった。

競合誌『週刊朝日』は、二月に『旬刊朝日』として「旬間／インサイド／経済旬報」の三部構成で創刊され、『サンデー毎日』の創刊を受けて同じ四月に週刊に移行した。判型は『サンデー毎日』とほぼ同サイズで[3]、「新聞に対する週刊誌の第二報主義」（『朝日新聞出版局史』朝日新聞出版局、一九六九年）をとりニュースの週報、記事解説と、「後年『週刊朝日』のキャッチフレーズとなった「茶の間の図書館」」（『朝日新聞出版局史』）に象徴されるように、さまざまな読物、記事をとりまぜた硬い誌面を展開した[4]。

『週刊朝日』が編集において『サンデー毎日』と大きく異なるのは、半年に一回、五〇音順の事項分類による記事索引がついた点である[5]。『週刊朝日』の保存用のバインダーも販売されており、索引と一緒に保存すると、過去の記事を検索することができ、情報の検索装置を有した編集をしている。

また『サンデー毎日』『週刊朝日』は新聞社系週刊誌としては知られているが、報知新聞社の『写真報知』も週刊で刊行されており、新聞社系週刊誌に含むことができるだろう[6]。

『サンデー毎日』の発行部数は創刊時には三四万部、その後一九二二（大正一一）～一九二三（大正一二）年は一五万～二二万部となっている。[7] 一方、『週刊朝日』は創刊時三五万部だった。なお、小林昌樹『雑誌新聞発行部数事典』（金沢文圃閣、二〇一一年）によると『サンデー毎日』一九四一年一〇月一二日号は三二万七一三五部、『週刊朝日』一九四〇年六月二三日号は三八万部とあり、戦前期は三〇万部台で推移しあまり部数に増減がなかったのではないかと考える。なお、大正期に一五 - 三〇万部という部数は、同時期の婦人雑誌並みの部数であり、[8] かなり部数が多いといえる。ただし、昭和に入ると、各出版社の雑誌の多くがさらに部数を増やしていく。例えば、『主婦之友』は一九三一年には六〇万部、一九三四年には一〇〇万部を突破し一九四一年には一八〇万部になっている。[9]

雑誌王国の講談社の雑誌の場合は、一九二七年の新年号は、『キング』一二〇万部、『講談倶楽部』一六万部、『婦人倶楽部』一五万部、『少年倶楽部』三〇万部、『現代』六万部であるが、各雑誌の最高発行部数は、『講談倶楽部』一九四二年新年号の五六万部、『婦人倶楽部』一九四二年新年号の一一〇万部、『少年倶楽部』一九三六年新年号の七五万部、『現代』は一九二五年新年号の一一万部となっており、新年号という特別に部数が多い月での比較だが、数十万部増加している。[10]

『サンデー毎日』の場合は、創刊時にそれなりの部数を発行し、途中の一九二九年の世界恐慌による不景気の影響を受け、廃刊の危機に見舞われたものの、全社支援体制のもと、新妻莞学芸課長により立て直しが図られ、[11] 以後持ち直し、部数に大きな変化を見せなかったのが特徴である。山岡抱一「週刊朝日　サンデー毎日　どちらがよく売れるか」（『話』一九三五年五月号）には、二誌について、部数が多いものの、固定読者が非常に少ないと見立てている。

作家の井上靖は一九三六年から一年間『サンデー毎日』の編集部に在籍していたが、その時のことを次のように振り返る。

それは兎も角として、サンデー毎日編集部は、ひどくのんびりしたところであった。サンデー毎日が週刊誌であることは、現在も昔も変らないが、その頃は競争というものは殆んどなかった。対抗誌として週刊朝日一冊があったが、お互いに競争などというせちがらい気持は持たず、向うは向うこちらはこちらで、それぞれ勝手なことをやっていたようである。サンデー毎日で大衆文芸を募集すれば、週刊朝日の方は事実小説を募集し、何となくお互いに相手のやっていることを邪魔をしないようにする空気があった。

（中略）

サンデーの発行部数など気にかける者は一人も居なかった。

それでいて、よくしたもので、サンデー毎日の売行きは、常に少しずつ上昇している風であった。特に物凄く跳ね上がることもあった。編集会議の時、それが話題に上ることもあったが、たれもその理由や原因をとやかく口にする者はなかった。読者の気紛れにすべてを押しつけていたし、実際にまたその通りに違いなかった。[12]

井上の述懐にある「のんびりとした」という言葉は、安定した部数のなか『週刊朝日』と共存する状況を表している。

読者への流通であるが、『サンデー毎日』『週刊朝日』は新聞販売店から新聞と一緒に配達されることが多く、新聞流通圏内の発行物といえる。[13]配達に際して、新聞購読者に見本が配られていた。[14]新聞の配達以外には、駅の売店で売られていた。[15]

一九二四（大正一三）年、毎日新聞社（『大阪毎日新聞』以下『大毎』・『東京日日新聞』以下『東日』）と朝日新聞社（『大

阪朝日新聞』・『東京朝日新聞』）が日本雑誌協会に加盟した際の協定を見ると販売方法の詳細がうかがえる。「新聞販売特約店は、その分担区域内の新聞購読者の申込みある場合、自社の雑誌に限り配達販売することができる」が「新聞販売業者の店頭に陳列して販売すること」は禁止されている。また、東京市内のみ立売りが可能で東京以外での立売りの販売が禁止されている。[16]

読者の地域ごとの分布を見るためには『サンデー毎日』の懸賞企画の当選者が県別に発表されているので参考になる。それらを見ると、関西圏が多く、台湾、朝鮮、中華民国などの外地にも広がっている。このように懸賞の当選者の記事は、発行部数や読者の分布や言説の流通圏を考える場合の資料となる。京都市役所社会課「調査報告NO．1常傭労働生活調査1［大正一三年一〇月―一二月調査］」に収録の「統計電NO．26」[17]には、どの職業の労働者がどの新聞をとっていたかという調査結果が記されている。調査対象の新聞としては、「大阪毎日」「大毎、サンデー毎日」「大阪朝日」「大朝、週間《ママ》朝日」「大毎、大朝」「京都日日」「大毎、京都日日」「大朝、京都日日」など一六項目である。注目する点としては、『サンデー毎日』と『週刊朝日』は、新聞とセットで分類されている点である。「大毎、サンデー毎日」の場合（大毎と一緒に購読）は、その割合は全体の一・六％である。「大朝、週刊朝日」は〇・八％である。どちらも運転手、車掌が読者になっている。ちなみに、「大毎」単独は三三・六％、「大朝」単独は二一・九％であり、読者の職業も広い。[18]

【2】……『サンデー毎日』の読まれ方

2—1　読書の風景

『サンデー毎日』には読む姿の写真や絵が掲載されている。判型が現在の週刊誌の二倍のサイズであるため、

図1　「サンデー毎日　表紙になるまで」（『サンデー毎日』小説と講談号5巻1号、1926年1月1日号）

図2　高畠華宵画「日曜」（『サンデー毎日』小説と講談号6巻15号、1927年4月1日号）

膝に載せたり、両手で持ったりして読んでいる【図1・2】。

『サンデー毎日』の創刊一周年記念号（一九二三（大正一二）年四月一日号）では、懸賞企画「サンデー毎日が日常生活に役立った実例」を掲載し、実例として、料理の腕が上がった、禁煙をした、乳児の命を救った、職場の外の回覧雑誌をやめた例などがあがっている。しかし、この企画は『サンデー毎日』の多面的な性格のうち実用雑誌に焦点をあてた読書像を知る企画であるため、より全体的な読書像を見るには、競合誌である『週刊朝日』の創刊五年を記念企画として一九二七（昭和二）年二月〜三月に三回（二月二七月号、三月六日号、三月一三日号）にわたって掲載された「週刊朝日と私」をとりあげたい。この企画は、読者に「週刊朝日をこれ〱の理由で読んでゐるとか、どういふ点が面白いとか、どういふ記事か良かつたとかいふことを、四百字以内」に投稿を呼びかけたものだ。掲載され

表1 「週刊朝日と私」から見える読書像

①好きな記事		②長所		③読む場所		④保存方法	
文芸作品	12	雑誌の観点から	14	家（家族）で読む	22	製本して保存する うち4が家族で読む	5
政治・政界記事	11	新聞との比較	10	列車で読む	3		
本当にあった事	9	価格が安い	7	職場で読む	2	切り抜いて保存する	1
育児相談	8						
地方色	7						
童話	3						
そこばくの言	3						

た回答数は八四で、その居住地は、近畿二六（うち大阪府一二）、九州一三、外地八、中部七、北陸七、関東七（うち東京都五）、四国七、中国六、東北二、北海道一となっている。なお職業はすべての回答に記載されているわけではないが、教師、軍人、サラリーマンなどの記載があった。

回答は自由記述で、回答の一例をあげてみよう。「月刊諸雑誌のそれよりも、内容において質的にも量的にも豊富であり、芸術味の多分に盛られた、それでゐて週刊といふ常に新らしさが私を引きつけます。家族の者の誰にも好んで読まれる読物として、最上のものであると私は思ひます。」（「週刊朝日と私　その一」『週刊朝日』一九二七年二月二七日号）とある。

この回答から分析の要素を抽出するならば、**【表1】**の②長所のうち「雑誌の観点から」にあたる要素が抽出できる。さらに、月刊誌と比較し、月刊誌よりも質量ともに得というコメントも導き出される。また、後半部分は③読む場所として、「家（家族）で読む」という要素が抽出できる。筆者で「好きな記事」「長所」「読む場所」「保存方法」の四点に絞って回答を整理したのが**【表1】**「週刊朝日と私」から見える読書像である。

①好きな記事は、文芸作品が一番支持を集めているが、政治記事や育児相談も同じぐらいの支持があった。「地方色」「そこばくの言」は人気の連載記事名であり、読者は文芸作品だけを好んでいるのではないことがわかる。

②長所は、回答をメディアに関する部分に絞って採取した。他の雑誌と比較した感想を述べた回答が一四人で、うち月刊誌は読み切れないが『週刊朝日』は読み切

れるという趣旨の回答が三人、月刊誌より読む内容が豊富であるという趣旨の回答が四人、そのほか「月刊誌より待たなくてよい」「連載がキングや講談倶楽部のよう」という声もあった。また価格の安さをあげた回答が七人あったが、うち五人が他の雑誌と比べて安いとあげていた。新聞と比較した感想は一〇人で、新聞と一緒に読むという趣旨の回答が三人。新聞を補うため読むという趣旨の回答が二人。新聞の代わりに読むという趣旨の回答が二人であった。

これらの回答から『週刊朝日』は月刊誌に比べて「価格が安く、刊行が早く、適当な量と内容の情報を得られる媒体」という姿が浮かび上がる。

③読む場所としては、家で家族で読むという声が多かった。これは本書第4部の元『週刊朝日』編集長の青木康晋氏へのインタビューでも、「『週刊朝日』『サンデー毎日』は家のリビングに置いても問題ない雑誌で、私が編集長の時にもそれを意識して作っていました。」という発言[19]があり、創刊時から現代まで同じ読者像を維持していた。

④保存方法では、綴じて保存する声が四人あったが、これは先述したように『週刊朝日』は『サンデー毎日』と異なり、索引などの検索装置をもちアーカイブの要素を有していたが、その機能が活用されている証である。

ここから、週刊誌は、月刊誌とは異なる魅力をもつ雑誌である一方、新聞とは一緒に読むように親和性があり、さらに家族で読むメディアであり、そのなかでも文芸記事は読者にアピールするものであったことがわかる。[20]

2―2　作家・芸能人の読み方

今あげたのは一般人における『サンデー毎日』の読書スタイルであるが、文芸／芸能関係者の読み方は、もう少し実利的な読書となる。海音寺潮五郎（作家）、片岡千恵蔵（俳優）、横山エンタツ（漫才師）の事例を紹介しよう。海音寺潮五郎は、随筆「当選して風邪をひいた話」で『サンデー毎日』のデビューのきっかけとなった懸賞募集「大衆文芸」について書いている。[21]

京都に転任したのは昭和三年であったが、その翌年のことだ。当時新聞拡張のために販売店がくばっていたサンデー毎日をひらくと、今でもつづいている懸賞小説の募集広告が出ている。当選作品もでていた。ぼくはその作品を読み、

「これくらいなものなら、おれにも書けそうだ」

と女房に言った。

「書いて下さい。お金がなくてこまっています」

「書いてみようか」

この文章には、すでに述べたように『サンデー毎日』は、「新聞拡張」のための見本であり、新聞と同じ場所に置いてあり、「家族が読む」メディアであったことが余すことなく記されている。さらに、筆力のある読者にとっては、『サンデー毎日』の投稿は自らの創作意欲を満たすとともに一時的な経済力を得る魅力的なメディアとして映った。海音寺同様、作家志望の登竜門として認知されていく。なお、懸賞は文芸の募集の「大衆文芸」がよく知られているが、文芸以外にも映画シナリオ、新国劇や宝塚など劇団のシナリオ、表紙絵・写真、漫画など幅広く企画をおこなっている。

俳優の片岡千恵蔵は、日ごろから映画になりそうな作品情報を、彼の周囲から得るように心がけていた。『サ

ンデー毎日』に連載された子母澤寛「弥太郎笠」は、片岡千恵蔵主演・稲垣浩監督で映画化されたが、事務所の人から『サンデー毎日』連載の「弥太郎笠」を脚本にすすめられ、片岡自身も第一回から読み、日活に話をして映画化の運びとなった[22]。

今、片岡の例を出したが、『サンデー毎日』連載小説や読切小説は、映画会社から注目されていた。編集部は各映画会社とタイアップしてシナリオの懸賞募集をした。また映画会社も作者・表題・回数が映画会社の企画と一致するような場合は『サンデー毎日』が連載予告を出す前から、映画化の契約を申し込んできた[23]。このように、映画関係者には映画化の「原石」として、読まれていたのである。

秋田實『私は漫才作者』（文芸春秋、一九七五年）pp.46–56には、サンデー毎日編集部から秋田に本紙連載の菊池寛の「貞操問答」の漫才読物（二〇枚）を依頼されたくだりがあり、「エンタツさんは大感激して、その号をたくさん買い込み、方々に配った」とある。この号は横山エンタツ／杉浦エノスケ「二人漫談　貞操問答」『サンデー毎日』一九三五年二月一七日号と思われる。このように、掲載誌はプレゼントとしても使われていた。

2―3　戦場の『サンデー毎日』

戦時下になると『サンデー毎日』は戦地にも流通するようになる。読者は『サンデー毎日』を陸海軍の恤兵部を通して戦地へ送ることができた[24]。一九三八年頃から巻末には、送付方法とともに差出人の住所氏名欄を記入する欄が設けられた【図4】。

『サンデー毎日』は、一九三八年から「皇軍慰問号」と題した特別号[25]を発行し、戦地への流通をより意識するようになる。

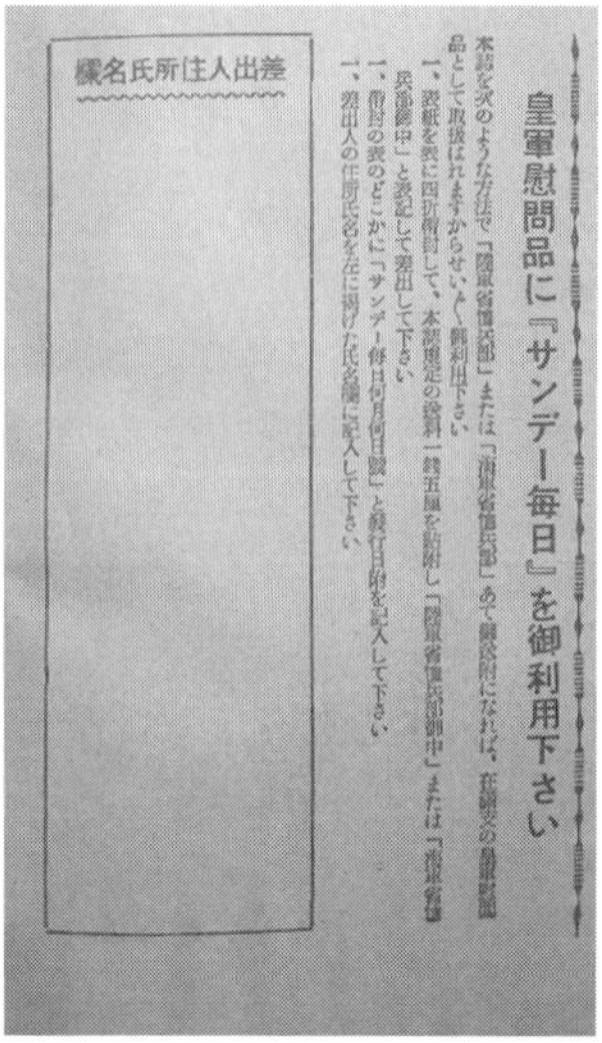

▌図4　通常号の巻末に掲載された『サンデー毎日』を慰問品として送付する際の説明と記載欄（『サンデー毎日』1939年12月24日号）

▌図3　戦地で『サンデー毎日』を読む姿（「佐野周二の陣中だより」『サンデー毎日』夏季特別号19巻29号、1940年6月10日号）

【3】……文学の編集方針について

ここからは、同誌の文学作品の編集方針について見ていきたい。同誌において文学作品が集中的に掲載されるスペースは次の三点である。

①本誌の巻頭の連載小説

②季刊で発行される特別号（特サン）「小説と講談」「創作と講談」「〇〇特別号」

③大衆文芸を公募する懸賞「大衆文芸」とその入選・佳作を集めた臨時増刊「新作大衆文芸号」である。

本章では、①について、連載小説[26]のフォーマットについて焦点をあて、週刊誌の連載の特徴を見てみたい。②については、特別号（「小説と講談」「創作と講談」「〇〇特別号」）には、人気作家の小説の他に漫画や演芸ものなど幅広い読物が収録されていることから、『サンデー毎日』が考える文学を含む読み物の種類について見てみたい。③は新人の作品を集めた企画なので、新人の起用方針について見ていきたい。

3―1　連載小説

週刊誌の連載小説のスタイルを確立した作品としては『サンデー毎日』一九五一年八月一二日号から連載された源氏鶏太「三等重役」の読切長編や『週刊朝日』の吉川英治「新・平家物語」の数年にわたる長編作品が知られる。[27]

ただし、この二作品はB５判になってから生まれたスタイルである。

戦前のタブロイド判週刊誌の連載小説のフォーマットは、『サンデー毎日』の白井喬二「新撰組」の成功に端を発する、巻頭に大判の挿絵とともに掲載するスタイルである。[28]

週刊誌の連載は、新聞の連載小説の一週間分相当の分量を一度に掲載するため、作家と挿絵画家に大きな負担を強いた。

新聞連載は一回あたり原稿用紙三～四枚であり、連載ごとに次の連載へ興味を持続させるために工夫をするため、コンパクトな場面展開やスピード感ある展開をもたらした。連載時の構造は、単行本になっても維持され、同じような展開をもつ長編小説として成立することとなった。しかし、週刊誌の連載は、この新聞連載の一週間分相当の分量をどのような構造で展開するか、例えば、一回の連載に、数回の山をもった構造とするのか、連載一回ごとに一つの大きな山を作り、次回につなげるのか、など最適な構造が見えていなかった。

大佛次郎、子母澤寛、大竹憲太郎他「本誌創刊二五周年を迎えて　あの頃、その頃の思い出話　ＯＢ同人の座談会」『サンデー毎日』一九四七年四月臨時増刊二五周年記念特別号にある大佛次郎と岩田専太郎のやり取りを紹介しよう。

大佛　連載ものを書いていると、一週間たつのは早いね、週刊は日刊よりやりにくいですね。

岩田　絵かきはもつと忙しい、大阪へ送るのだから、その原稿が出来るのが締切ギリギリで、その日に大阪へ送らなければならない。オートバイか自動車で飛んでいく時間が十五分として残つた時間が一時間と何分というですからね、いやが応でも一時間そこらで描かなければならない。新聞ならたとえギリギリでも一枚だが、週刊の方は三枚位いる、時計を見ると一時間何分、それを三つに割つて、表でオートバイがエンジンをかけながら待つている。最後の一枚になると十五分位ということになる。十五分で兎に角描かなければ間に合わない、忙しいものだつた。

大佛の「日刊よりやりにくい」という感想は、大佛が週刊誌のフォーマットにあった最適の構造を模索していたなかでの苦労を示す言葉だろう。白井喬二「新撰組」の連載終了後に続く連載は中断となった作品が目立つ。白井喬二「元禄快挙」、三上於菟吉「日光山覆滅記」、下村悦夫「幽鬼流尺八伝奇」は、いずれも疲労や病気を理由に中断している。このことから、巻頭掲載の初期は、巨大な誌面に週単位でコンスタントに作品を提供することが非常に難しかったと理解してよいのではないだろうか。「同人雑筆」『サンデー毎日』一九二八年六月二四日号には、読者から「本誌掲載の長篇小説が折に尻切れトンボになるのは怪しからん」という投書があったことが紹介されているが、編集面において、連載の安定供給が課題となっていたことを物語る。その解決策として連載期間の短縮があったことが考えられる。『サンデー毎日』では読者から長編小説を募集していたが、その募集規程を見ていくと、一九三一年の長編大衆文芸賞は一回を二〇枚として連載二五回分以内（『サンデー毎日』一九三一年三月一日号、p.16）であったが、五年後の千葉賞では、一回の枚数は同じ二〇枚だが、連載八～九回分と枚数が

短くなっている。【29】

連載期間を半年（二五回）から四半期（九回＝約三か月）にすることにより、長編と読切短編の間の中編の長さの連載小説が標準となっていく。

また、連載小説は、時代小説が多かったが、やがて時代小説と現代小説が一本ずつ掲載されるようになった。この組み合わせは、新聞の朝刊に現代小説、夕刊に時代小説を掲載してきた伝統を引き継いでいる。さらに一九三七年一〇月三日号からは講談の一龍齋貞山「柳生旅日記」の連載開始、時代小説、現代小説、講談の三種の連載が掲載されるようになった。

先に、週刊誌の連載の型を作った作品として源氏鶏太「三等重役」と吉川英治「新・平家物語」をあげたが、この二作は、週刊誌の作品構造の解決策を示した連載ともいえる。吉川英治は「新・平家物語」の連載の方法として「一回々々を、短編のつもりで書き、その一連を以て、中篇をなさしめ、いつかは砂粒の凝結も、ビルを成そうというほどな遠い希望の仕事です【30】」と記した。この言葉には、読切を積み上げる形の長編構想が芽生えている。そして、より明快に読切の連作長編の形をとったのが源氏鶏太「三等重役」である。これは出版社系週刊誌の成功事例となった『週刊新潮』でも実践され、柴田錬三郎「眠狂四郎無頼控」につながる。

では、タブロイド判週刊誌時代の連載に、この読切連載の祖型となる連載があったのだろうか？　講談の神田山陽「大塩捕物帖」（画：鴨下晁湖、一九三八年五月八日号～同年六月二六日号）を皮切りに旭堂南陵「浪速百人斬」（画：山口草平、一九三八年七月三日号～同年八月二八日号）、桃川若燕「大久保彦左衛門御意見日記」（画：鈴木朱雀、一九三八年九月四日号～同年九月二十五日号）など講談の連載に読切による連載の原型を見ることができる。

読切連載とは別の方法も模索された。さらに遡るが「道行篠の宿」（一九二六年八月～一二月、連載一五回）は、一つのストーリーを複数の著者が書き継いでいく連作長篇である。一人で毎週は大変であるので、複数の著者をた

表2　書誌事項

誌名	期間	判型	頁数
小説と講談	1922(大正11)年7月10日号–1929(昭和4)年9月10日号	タブロイド判	48
創作と講談	1930(昭和5)年1月1日号–1930年3月20日号	タブロイド判	48–56
○○特別号―誌名の表記は○○には新春、春季、夏季、秋季が入る。	1930年6月10日号–1932(昭和7)年1月1日号	タブロイド判 B5判	56 176–280
	1932年3月10日号–1941(昭和16)年10月1日号	B5判	176–280

てリレー方式で書き継ぐ方法であるが、この作品だけの試みとなり、後続の連載にこの方法は引き継がれなかった。

3―2　特別号における文学と読み物

『サンデー毎日』特別号（特サン）は一九二二年七月〜一九四一年一〇月まで季刊で発刊された**【表2】**。時事ネタを中心にした本誌とは異なり、文芸、漫画、演芸、映画など戦前期の大衆文化コンテンツに特化した編集をしている。大正期においては、本誌が部数で苦戦するのに対し、この特別号は増刷がかかるほど売れた。[31]

3―2―1　大衆文学に対する意識

『毎日新聞百年史』は、大正末期から興隆した「大衆文学」の成立に『サンデー毎日』が大きな役割を果たすとともに、特別号が大きな意味をもったことをわざわざ紙幅を大きくさいて書いている。『サンデー毎日』『週刊朝日』、どちらも大衆文学作品を多く掲載したが、この記述に見るように『サンデー毎日』は自らジャンル形成に関与した意識を持った点が特徴である。長くなるが『毎日新聞百年史』の記述を引用したい。

大正十五年七月一日付の「サンデー毎日」夏季特別号「小説と講談」は「サンデー毎日」の歴史にとって大きな意味をもっている。表紙は岩田専太郎の筆になるオフセット極彩色、四十数ページに大家の創作、新講談、探偵小説のほか、四大学の代表的学生の創作や映画ストーリーを掲載したが、特に一般募集した大衆文芸当選者を発表、その当選作二編を載せたのである。この号から「サンデー毎日」（特サン）が、新人登竜門として人気を集め、また、常に新鮮な読物を世に放ち、魅力にあふれた内容は雑誌界を支配したのである。さらに、「大衆文芸」の位置を確定的なものにしたのも、この号である。

これより先、三月、懸賞小説募集の社告に「大衆文芸」という生まれて間もない言葉を使って、その発端を作ったが、それまで「サンデー毎日」の誌上でも、新講談、新文芸とか、通俗小説あるいは講談文芸などといって、必ずしも内容と一致しない呼び方をしていた。しかし、このようにして、ついに「サンデー毎日」が「大衆文芸」というジャンルを確立した功績は特記しておかねばならない。[32]

このように毎日新聞は、特別号が「大衆文芸」というジャンル名の確立と作家の輩出を担ったメディアとしたことを自覚的に述べている。ちなみに「小説と講談」では、大衆文学作品には角書の形でジャンル名が記され、当初は新講談と付されていたのが、**【表3】**で示したように一九二六年から一九二七年にかけて変遷していく。一九二六（大正一五）年一〇月一日号では「新講談」→次の一九二七（昭和二）年一月一日号では「読物文芸」→その次の号の一九二七（昭和二）年四月一日号は「大衆読物」となる。その後、「大衆読物」は「大衆小説」となり、「大衆小説」は一九三一（昭和六）年一月一日号の子母澤寛「紋三郎の秀」（画：金森観陽）や直木三十五「平六成功奇談」（画：岩田専太郎）まで角書きとしてついている。このように「大衆文芸」におけるジャンルの名称の変化は、一九二六（大正一五）年の秋から一九二七（昭和二）年四月までの半年の間に進行したといえよう。

また、特別号の誌名は「小説と講談」というように、文学と大衆文学の相克を意識したタイトルであるが、一九三〇年に雑誌名から消え、ただの「特別号」となった。この変化は一九三〇年頃には、文学／大衆文学といっ

表3　角書に見る大衆文学のジャンル名の変遷

項番	ジャンル名	年月	根拠
1	新講談	1926（大正15）年10月1日号	長谷川伸「身替り飴屋」、額田六福「唐人お吉」など
2	読物文芸	1927（昭和2）年1月1日号	国枝史郎「染吉の朱盆」、長谷川伸「人かど松」、三上於菟吉「獣心」
3	大衆読物	1927（昭和2）年4月1日号	長谷川伸「音吉重作」、吉川英治「増長天王」など

た文芸上のジャンルの相克にジャーナリズム的な話題性がなくなったことを示していよう。

また「小説と講談」では、一九二七年ごろから巻頭・巻末に人気作家による長めの読切作品を「特別長編読物」「長編特別読物」「特別読物」などのジャンル名を角書として掲載した。この掲載作品は、各号の目玉となる小説であり人気作家と人気画家が起用された。「特別長編読物」と角書が付された最初の作品は白井喬二「沈鐘と佳人」（画：金森観陽）「小説と講談」春季特別号一九二七年四月一日であるが、巻頭に読切の長編を配置するという編集をした作品はいつからかという観点で見るならば、その前年の三上於菟吉「女妖正体」（画：岩田専太郎）「小説と講談」夏季特別号一九二六年七月一日が最初である。このときは「長編特別読物」などの角書は付されていない。しかし、この号は先述したように『サンデー毎日』が大衆文芸を強く打ち出すようになった転機の号である。そこで、巻頭に読切長編を掲載するという編集スタイルはこの号から始まったと考えてよいのではないだろうか。続くのは、国枝史郎「染吉の朱盆」（画：小田富彌）「小説と講談」新春特別号一九二七年一月一日で、「長編伝奇」の角書があり、長編という語が登場する。そして、先の白井喬二「沈鐘と佳人」へと続き、一九四一年までこの編集は続く。ちなみに掲載された作品は一一一作、起用された作家は四二名、挿絵画家は三五名である。【表4】は二回以上起用された作家である。[33]

川口松太郎一一回を筆頭に、長谷川伸、大佛次郎、土師清二、海音寺潮五郎と続く。彼らは当代の人気作家であるがゆえの起用と考えられるが、一方で、人気作家でも吉川英治が三回と少なく、吉川は『サンデー毎日』とは縁が薄いといえよう。

海音寺潮五郎はこの後3―3で触れる「大衆文芸」出身の代表的な作家であり、『サンデー毎日』ゆかりの作家である。一方、四回には本紙連載でヒットを飛ばしたり『サンデー毎日』の連載であったりと毎日新聞とゆかりのある作家名が見える。「新撰組」で巻頭小説のスタイルを作った白井喬二、本紙の毎日新聞と専属契約を結んだ時期もある林不忘／牧逸馬、[34]本紙に連載した「南国太平記」が大当たりした直木三十五、「江戸役者」があたった邦枝完二などである。

【表5】は、二回以上起用された画家を回数順にあげたものである。起用が岩田専太郎に集中しており、存在感が際立つ。なお岩田が担当していない年は、一九三〇、一九三二、一九三三、一九四一年のみである。二回には、『サンデー毎日』ゆかりの画家の名前が見える。名越国三郎は、『サンデー毎日』専属の画家である。金森観陽[35]は、白井喬二の「新撰組」を担当した挿絵画家である。

3―2―2　演芸

特別号では文学において純文学と大衆文学が常に並立的に掲載されてきたのに対して、演芸はその時期によって、主として掲載されるジャンルが異なっている。なお、大正期の主となる演芸ジャンルは講談と落語であったが、講談・落語はいわゆる書き講談・落語を掲載しており、この時期の講談は、演芸よりは文芸に含む方が適切ではないかと考える。ここでは一九三〇年代によく掲載される漫才について触れたい。カラーセクションのページが設けられると、漫談や漫才、コントなど様々な演芸ジャンルが誌上掲載された。このカラーセクションには、「笑い」を主とした短い落語、講談、漫画なども掲載されていくようになる。「3―2―1」で大衆文学の呼称の変化について触れたが、演芸においても、角書にフォーカスすると漫才の成立に伴う呼称の変化を特別号と本誌

▌表４　巻頭の読切長編を担当した作家の起用回数

作家名	回数
川口松太郎	11
長谷川伸	9
土師清二	8
大佛次郎	8
海音寺潮五郎	5
菊池寛	4
三上於菟吉	4
邦枝完二	4
白井喬二	4
直木三十五	4
林芙美子	3
吉川英治	3
村松梢風	3
北村小松	3
丹羽文雄	3
小島政二郎	2
片岡鉄兵	2
下村悦夫	2
牧逸馬	2
里見弴	2
佐々木味津三	2
国枝史郎	2
林不忘	2

▌表５　巻頭の読切長編の挿絵を担当した挿絵画家の起用回数

画家名	回数
岩田専太郎	26
堂本印象	9
小村雪岱	9
矢野橋村	7
宮本三郎	6
小林秀恒	6
小田富彌	4
林唯一	4
木下大雍	3
志村立美	3
木村荘八	3
富永謙太郎	2
苅谷深隍	2
名越国三郎	2
金森観陽	2
石井鶴三	2
伊東深水	2
鴨下晁湖	2

▌表６　角書にみる漫才のジャンル名の変遷

項番	ジャンル名	年月	根拠
1	掛合万歳	1930(昭5)年6月10日号	「誌上ナンセンス大会」 河内家一春・浮世亭出羽助「紅屋の娘」など
2	掛合噺	1933年8月6日号	横山エンタツ・花菱アチャコ「掛合噺　三原山」
3	万才(萬歳)	1935年1月1日号	横山エンタツ・アチャコ「耳と目」など
4	二人漫談	1935年2月17日号	横山エンタツ・杉浦エノスケ「二人漫談　貞操問答」
5	漫才	1936年1月1日号	紙上漫才コンクール

の誌面で追うことができる【表6】。

掛合万歳という語が「夏季特別号」一九三〇年六月一〇日号の「誌上ナンセンス大会」に登場したのを機に、以後、モダン**掛合万歳**（横山エンタツ・花菱アチャコ「洋行」、林田十郎・芦の家雁玉「半弓」、河内家一春・浮世亭出羽助「野球」「小説と講談新春特別号」一九三一年一月一日号）↓**掛合噺**（横山エンタツ・花菱アチャコ「掛合噺　三原山」『サンデー毎日』一九三三年八月六日号）↓**万才（萬歳）**（横山エンタツ・アチャコ「耳と目」、林田五郎・柳家雪江「芽が出る」「新春特別号」一九三五年一月一日）↓**二人漫談**（横山エンタツ・杉浦エノスケ「二人漫談　貞操問答」『サンデー毎日』一九三五年二月一七日号）↓**漫才**（紙上漫才コンクール「新春特別号」一九三六年一月一日号）へとジャンル名が目まぐるしく変化する様子を追うことができる。なお、同誌は、世間的には一九三三年頃から漫才という表記[36]が現れても「万才」を使っていたようである。

演芸について中丸宣明は次の指摘[37]をしている。

エンタツ・アチャコ流はたちまち広がり、多くのコンビを生み、漫才の「黄金時代」が現出する。上方では漫才が笑いの演芸を制覇する。落語は追いやられるのみであった。また、時代は本格的なラジオ・レコードの時代を迎えていた。漫才もその主要コンテンツとして、不特定多数の聴衆へと送り出された。その聴衆たちは「大衆文学」を支えた読者たちと重なるものであった。

このように演芸の観客は、先の大衆文芸の受容層と重なっており、文芸と演芸は特別号の重要なコンテンツであったといえよう。神保喜利彦は「特に『キング』は東京漫才に強く、『サンデー毎日』は上方漫才に強かった。両者は今となっては貴重な資料である。[38]」と『サンデー毎日』の特徴を指摘する。

3―2―3　漫画

漫画家がお題（例：健康法、モダーン、空中時代など）についてリレー掲載するパターンが多く、漫画漫文という形式にあたると考える。起用された漫画家としては、和田邦坊、堤寒三、田中比佐良、吉岡鳥平、前川千帆、小寺鳩甫、池田永一治などがあげられる。

このうち、和田邦坊は『東京日日新聞』の社員として本紙にも連載をしたが、『サンデー毎日』でも漫画を中心に挿絵を書いた。

さて、朝日新聞の『アサヒグラフ』『東朝』の「正ちゃんの冒険」、『読売新聞』の日曜付録「読売サンデー漫画」の宍戸左行「スピード太郎」、『報知新聞』の麻生豊「ノンキナトウサン」のように、新聞には「漫画史」に残る作品が連載された。麻生豊「ノンキナトウサン」は各紙に連載され、『サンデー毎日』に「ノンキナトーサン」として一九二九年に連載された。しかし、『大毎・東日』『サンデー毎日』を初出とする作品で今あげたようなビッグヒットは出なかった模様である。

3―2―4　映画

映画に関する記事としては次のようなものがある。映画のカットを挿絵のように配列した映画小説、映画のあらすじを映画のカットを挿絵のように配して紹介する誌面上映や映画物語（例：名作「忠次旅日記」を活字化した伊藤大輔「国定忠次」）。グラビアの頁には映画の各場面を配置した映画紹介がある。読者から募った小説を映画化し映画小説の形式で発表した懸賞入選「新興キネマ上映『映画小説』」（一九三三年九月一五日）や、「キネマ俳優戸籍しらべ」（一九二六年一〇月一日号）のような人物名鑑的な企画、俳優が参加する座談会がある。これらの企画の表象表現は挿絵ではなく、映画の場面のカットなど写真を使用している。ただし、俳優に小説を書かせる「俳優小説」（一九二七年一月一日号）は、作家の写真と挿絵画家による挿絵で構成されている。

このうち映画小説・誌面上映・映画物語の制作方法について『サンデー毎日』編集部に在籍した作家・井上靖が次のように述べている。

私は入社すると、すぐ趣味の頁と映画物語の頁を受け持たされた。

（中略）

映画物語は、映画会社から廻って来る映画の梗概を、社内のたれかにやわらかく書き直してもらった。原稿料が出るので、この仕事はたれにも受けがよく、書く希望者は常に沢山あった。勝手に会話を入れて来る原稿もあって、本物の映画の筋とは大分変ってしまう心配もあったので、私は時々渡辺均氏にこれでいいかどうか伺いを立てた。[39]

このように記事は社内の各記者が映画の梗概をもとに各人の裁量で作成された。また、『サンデー毎日』は、特別号だけでなく本誌も含め掲載作品の映画化を積極的におこなっていた。創刊月（四月）の記念企画[40]で映画にまつわる企画を見るならば、創刊五年（一九二六年五月九日号）の沼田蔵六「悲恋　心中ヶ丘」（画：小田富彌）は四社競作での映画化、創刊六周年（一九二八年四月一日号）では、映画小説村田実「地球は廻る」を掲載する。創刊七周年になると映画俳優が七福神の扮装で本誌の表紙に登場し俳優名をあてる「七福神持物あて」、創刊一〇年（一九三一年四月一日号）では、阪急宝塚グランドで日活・松竹対抗の野球大会を開催する。

3―3　新人作家と「大衆文芸」

『サンデー毎日』は新人作家を懸賞「大衆文芸」で数多く発掘した。発案者は北尾鐐之助で、『サンデー毎日』一九二六（大正一五）年三月七日号に最初の募集がでた。最初は編集同人四・五人で採点をしていたが、千葉亀雄が選者になってからは、千葉自ら応募作すべてに目を通し入選者を決めた。その視点は、術の巧拙より新しい題材に取り組む作品を評価し、ジャンルとしての大衆文芸の範囲を広げた。しかし、千葉は、一九三五年一〇月四日に五八才で死去し、その後は木村毅が後をついだ。

入選作は本誌に掲載され、選外佳作は臨時増刊「新作大衆文芸号」（年二回発行）に掲載した。選評は千葉亀雄が書いた。雑誌掲載にあたっては、有名画家の挿絵をつけたり、映画化をしたりと編集で工夫した。主な入選者は、海音寺潮五郎、井上靖、村上元三、山岡荘八、山手樹一郎、源氏鶏太など数多く、新人作家の有力な登竜門として知られた。賞金は当選作で二〇〇円、選外佳作は五〇円。作品は映画化されることが多かったが、当選作の版権は毎日新聞社が所有するため映画化料金は毎日新聞社のものとなったが、選外佳作の場合は作者に渡すことになっていた[41]。

映画化の事例以外に、入選作品が舞台化される例もあった。「三原山晴天」（第一三回　昭和八年下半期）が選外佳作、ユーモア小説「初恋物語」（第一四回　昭和九年上半期）と推理小説「紅荘の悪魔たち」（第一七回　昭和一〇年下半期）で入選と複数の入選歴をもつ井上靖は、「前回の第一三回の募集に「三原山晴天」を応募し、幸にもサンデー毎日の『新作大衆文芸』に収録され、大阪の劇団「享楽列車」で上演されたのでこれに力を得て、今度「初恋物語」を応募したところ入選しました[42]」と述べている。

この時の井上靖はまだ京都大学に在学中であった。「三原山晴天」を上演した劇団「享楽列車」は山口俊雄・月形龍之介・五月信子・金剛麗子らによって一九三三年に結成された劇団である[43]。井上はまだプロの作家になる前に、この懸賞への投稿を通じて自作が他のメディアで表現されていく経験をした。

このように投稿者は、その一部であるが、懸賞「大衆文芸」の入選によって経済的なインセンティブを得たり、メディアを横断して作品が展開する経験をしたりするなど、文学の商業性と相対することとなった。

しかし、一方で、課題も抱えていた。山岡抱一「週刊朝日サンデー毎日　どちらがよく売れるか」（『話』一九三五年五月号）では、関西での売れ行きが多く、小説や読み物の書き手が「大阪の注文は有名な作家であればいゝので、いくらうまくても新進で名が知れないやうなのは困るらしい。だから東京側で、清新ないゝ小説を載せようとしても仲々《ママ》うまく行かない。これはサンデーの方に特に甚だしいやうだ」と述べている。

同誌で編集長をつとめ、『文芸記者三〇年』の著作で知られる辻平一は、「サンデー毎日の普通号には連載小説が載っていて、新人の短編に誌面をさく余裕はない。小説を中心に盛った特別号も、当時は年に四回しか出ていなかった。年に十人の新人が当選するが、この特別号にもよくよくのことでないかぎり、新人の作品は掲載できない。ただ、一、二回当選したからといって、この新人のものをのせるのは相当な冒険でもある。つまり、まだ商品価値は少ないし、いい材料をたくさん持っているか否かも不明なのだから」と新人を優遇しない事情を述べている。『サンデー毎日』が新人への誌面提供が少なく、「大衆文芸」の当選者からも〝生みっぱなしで育ててくれない〟という不満がたまった。そこで、一九三四年に池善一、市橋一宏、鹿島孝二、左文字勇策、番伸二が編集委員となり『新興大衆文芸』が創刊され、五号続いた。【44】

【4】……まとめ

このように、週刊誌は、総合的な誌面作りをしていたため文学にさく誌面は少なかった。編集面からみると、文学コンテンツを掲載する場合は、話題になるように編集していた。その例として連載は巻頭に掲載したり、映画化を念頭においたり、新人作品も懸賞企画と連動するなど話題づくりが欠かせなかった。一方で書き手は、誌面の広さと週単位での脱稿に苦労した。また、新人は掲載機会の少なさなどの苦労があった。

以上、本章では一節で流通、二節で読書のスタイルについて概観し、三節で連載小説と「特別号」、懸賞「大衆文芸」をとりあげ、『サンデー毎日』の文学に対する編集方針を見てきた。

注

1 本書に収録の各論文のもととなった研究会等でフロアから寄せられた質疑で多いのが、『サンデー毎日』の流通や読者環境に関する質問であった。管見の限り先行文献にまとまったものがない。

2 毎日新聞130年史刊行委員会『「毎日」の3世紀　新聞が見つめた激流130年』別巻（毎日新聞社、二〇〇二年）p.204

3 ほぼ同サイズと書いたのは、『朝日新聞出版局史』（朝日新聞出版局、一九六九年）p.44に『週刊朝日』は四六四倍判とある。一方、『サンデー毎日』は例えば『「毎日」の3世紀』別巻（毎日新聞社、二〇〇二年二月）p.204で型はタブロイド判とあるが、「夏季特別号」一九三〇年六月一〇日号の編集後記には四六四倍判と記載している。

4 拙稿「サンデー毎日」『江戸川乱歩大事典』（勉誠出版、二〇二一年）pp.721–722

5 杉村楚人冠がロンドン視察を踏まえ、一九一九（大正八）年八月に索引と長期保存に耐えうる『東京朝日新聞縮刷版』を刊行した（前掲注3の『朝日新聞出版局史』p.28）。『週刊朝日』の索引もその流れを引いていると考える。

6 江戸川乱歩は、『写真報知』を週刊誌としてあげている（「D坂」と「心理試験」　余技時代　大正一二・三年度（『探偵小説四十年』（桃源社、一九六一年））。またレファレンス協同データベース管理番号 D1203020917４（https://crd.ndl.go.jp/reference/detail?page=ref_view&id=1000108688　二〇二四年二月一五日確認）に詳しい。

7 野村尚吾『週刊誌五十年』（毎日新聞社、一九七三年）p.45

8 木村涼子『〈主婦〉の誕生　婦人雑誌と女性たちの近代』（吉川弘文館、二〇一〇年）p.54には、『主婦之友』は一九二三年三〇万部、一九二四年二二万部とある。

9 前掲注8

10　社史編纂委員会編纂『講談社の歩んだ五十年　昭和編』（講談社、一九五九年）pp.43-46

11　前掲注7野村尚吾『週刊誌五十年』pp.80-83

12　井上靖「サンデー毎日記者時代」『サンデー毎日』一九六一年四月二日号のち『井上靖文庫』二六（新潮社、一九六三年）など全集にも収録。引用は『井上靖文庫』二六による。

13　岩川隆『ノンフィクションの技術と思想』（PHP研究所、一九八七年）p.116、海音寺潮五郎「当選して風邪をひいた話」（『東京新聞』一九五九年二月一五日付）初出、のち『日、西山に傾く』（東京美術、一九七二年）所収。

14　前掲注13の海音寺潮五郎「当選して風邪をひいた話」

15　「週刊朝日と私　その一」『週刊朝日』一九二七年二月二七日号には「T市の駅の構内で「週刊朝日」（そのころ「旬刊朝日」）を売り子から求めて以来、私は一回も欠かさず「週刊朝日」を読んでゐる者であるが」とある。また「週刊朝日と私　その一」の別の記事には「私は学校へ行く途中、汽車や電車の中で週刊朝日を読んでゐる紳士、婦人を見受けることがしばしばであります。」とある。また、山岡抱一「週刊朝日サンデー毎日　どちらがよく売れるか」（『話』一九三五年五月号）は、部数が多いものの、「固定読者が少ない」と見立て、読書は「旅行する時の汽車電車の中で読むことが多い」と推論をたて、山岡は、その推論を確かめるため東京市内の駅の売店に聞いている。

16　橋本求『日本出版販売史』（講談社、一九六四年）p.428

17　京都市役所社会課「調査報告NO．1　常傭労働生活調査1［大正一三年一〇月－一二月調査］」（京都市役所社会課、一九二五年）p.50、復刻版は近現代史料刊行会編集『日本近代都市社会調査資料集成五　京都市・府社会調査社会調査報告書［Ⅱ］－一』（近現代資料刊行会、二〇〇二年）に収録されている。

18　新藤雄介「昭和初期の役人日記における読書と政治的志向」（『日記文化から近代日本を問う――人々はいかに書き、書かされ、書き遺してきたか』笠間書院、二〇一七年）は、東京に住む公務員の日記を分析した論考だが、その公務員の読書状況について、『文学時代』『改造』やプロレタリア雑誌とならび『サンデー毎日』があり、雑誌の中では『サンデー毎日』を一番読んでいる事例をあげている。『サンデー毎日』の読書層を考える上で、知識層へのアピールはあったと考える。

19　本書収録の元『週刊朝日』編集長・青木康晋氏の講演・インタビューおよび青木康晋「休刊した『週刊朝日』に見る日本の週刊誌文化の一〇一年」（『東日本国際大学紀要』二九巻一号、二〇二四年三月）。

20　拙稿「大正期『週刊朝日』にみえる索引的編集から読み物への変化」（『日本出版学会会報』一五二号、二〇二二年四月）

21　海音寺潮五郎「当選して風邪をひいた話」（『東京新聞』一九五九年二月一五日付）初出、のち『日、西山に傾く』（東京美術、一九七二年）所収。

22　「弥太郎笠」を中心に千恵蔵と語る」（『映画教育』五一号、一九三二年五月）

23 大佛次郎、子母澤寛、大竹憲太郎他「本誌創刊二五周年を迎えて　あの頃、その頃の思い出話－ＯＢ同人の座談会」(『サンデー毎日』一九四七年四月臨時増刊二五周年記念特別号)

24 前掲注７　p.166

25 第一皇軍慰問号一九三八年一〇月一六日号が最初で、第四皇軍慰問号一九三九年七月二日号まで出た。

26 『サンデー毎日』の連載小説については、毎日新聞130年史刊行委員会『「毎日」の３世紀　新聞が見つめた激流130年』別巻（毎日新聞社、二〇〇二年）pp.381–385に「サンデー毎日連載小説一覧」として一九二三（大正一二）年から二〇〇一（平成一三）年までの連載小説があげられている。

27 『週刊誌』（三一書房、一九五八年）p.31は、「新・平家物語」を「週刊誌における小説の占める位置を高める役割をはたし、週刊誌は小説に多くの頁を裂き、読者は小説を欠くべからざるものとして週刊誌の中にみるようになった」と評価する。源氏鶏太「三等重役」については辻平一『文芸記者三十年』(毎日新聞社、一九五七年）pp.91–98が詳しい。

28 拙稿「白井喬二「新撰組」と『サンデー毎日』の関係性の検証と意義：戦前週刊誌の巻頭に関する一考察」(『出版研究』四二号、二〇一二年三月)、拙稿「大衆文学のトップランナー：大阪系新聞社に見る大佛次郎」(『おさらぎ選書』二〇集、二〇一二年五月)

29 「募集規定」(『サンデー毎日』一九三六年一月五日号）p.3は「四百字詰原稿用紙百六十枚乃至百八十枚以内、たゞし本誌連載用として、約二十枚を一回分」とある。

30 吉川英治「新・平家物語　第一〇回　梗概に代へて」『週刊朝日』一九五〇年六月四日号

31 前掲注７p.30およびp.45。なお競合誌『週刊朝日』も同じ一九二二（大正一一）年七月から、『サンデー毎日』特別号と同様に文芸に特化した編集の特別号を季刊で刊行し始めた。

32 毎日新聞百年史刊行委員会『毎日新聞百年史　一八七二－一九七二』毎日新聞社、一九七二年、p.532

33 なお分析にあたって本書収録の『サンデー毎日』特別号視覚表象データベースのデータをもとにした。また、一九三三（昭和八）年九月一五日号の長谷川伸「那須東介闇の旅」(画：石井鶴三)、昭和九年一月一日号の佐藤八郎「三色旗ビルディング」(画：吉邨二郎)、昭和九年三月一〇日号の北村小松「船箪笥綺譚」(画：岩田専太郎)、昭和九年六月一五日号の川口松太郎「神戸っ子」(画：岩田専太郎）は、巻末に掲載された長編でありながら「特別長編読物」などの名称が付されていないが、「特別長編読物」としてカウントした。

34 毎日新聞社社史編纂委員会編『毎日新聞七十年』毎日新聞社、一九五二年、p.509

35 金森観陽（かなもり・かんよう）一八八四年～一九三二年。挿絵の代表作は、石井鶴三らと連作で担当した『大阪毎日新聞』の「大菩薩峠」、『サンデー毎日』では「新撰組」である。一九三二年四月一八日兵庫県西宮市の自宅で病臥ののち没。補注参照のこと。

36　井上宏「ラジオ時代の演芸」大阪府立上方演芸資料館『上方演芸大全』創元社、二〇〇八年。「しゃべくり漫才の誕生」日本芸術文化振興会運営サイト「文化デジタルライブラリー」〈TOP〉寄席の歴史〉漫才の歴史：しゃべくり漫才の誕生 https://www2.ntj.jac.go.jp/dglib/contents/learn/edc20/rekishi/manzai/index3.html 二〇二三年一〇月三〇日確認。

37　中丸宣明「漫才と落語 - 大衆芸能としての出発」（『コレクションモダン都市文化六七　漫才と落語』ゆまに書房、二〇一一年）

38　神保喜利彦『東京漫才全史』筑摩選書（筑摩書房、二〇二三年）p.121。同書 p.122 では、漫才速記と漫才の発展や普及の関係について触れている。

39　前掲注12

40　拙稿「『サンデー毎日』における創刊記念企画について」（『戦前期『サンデー毎日』研究成果報告資料集』二〇二〇年、非売品）

41　辻平一『文芸記者三十年』毎日新聞社、一九五七年、のち辻一郎編『花にあらしのたとえもあるぞ　辻平一の八十年』（私家版、一九八二年）p.49 に所収。

42　「入選者の言葉　筋の構成に焦点をおいたユーモア小説を　澤木信乃氏」（『サンデー毎日』一九三四年四月一日号）

43　「金剛麗子」の事項『日本映画人名事典　女優篇　上巻』（キネマ旬報社、一九九五年）

44　前掲注41　辻一郎編『花にあらしのたとえもあるぞ』（私家版）一九八二年、pp.38-40

補注　金森観陽は富山市生まれ。一三歳で尾竹越堂に日本画を学び、一八九九（明治三二）年に尾竹一家とともに大阪に移る。尾竹越堂、北野恒富らと大阪絵画春秋会を組織し、巽画会大阪支部結成、大正美術会へ参加し絵の研鑽に努め、一九一八（大正七）年の第位一二回文展に「南蛮来」、一九三〇（昭和五）年の第一一回帝展に「うら庭」、一九三一（昭和六）年の第一二回帝展に「清正」が入選した（「作家解説　金森観陽」大阪中之島美術館・東京ステーションギャラリー・毎日新聞社編集『図録　大阪の日本画』大阪中之島美術館、毎日新聞社、二〇二三年）。大阪は、大阪朝日新聞、大阪毎日新聞の本社があり、北野恒富、坂田耕雪、武部秋畦、野田九浦ら大阪在住の画家は新聞社の社員となって新聞小説の挿絵を担当していた。新聞社の仕事は画料の高さが魅力であった（田中晴子「大阪の新聞連載小説の挿絵について—野田九浦を中心に　北野恒富、矢野橋村」大阪中之島美術館・東京ステーションギャラリー・毎日新聞社編集『図録　大阪の日本画』大阪中之島美術館、毎日新聞社、二〇二三年）。このように大阪には新聞社の挿絵の仕事があり、金森も大阪毎日新聞社と仕事をした。その代表作は、石井鶴三らと連作で担当した『大毎』の「大菩薩峠」、『サンデー毎日』では「新撰組」である。他に『大毎』夕刊の前田曙山「孔雀の光」の仕事があるが、この三作は、『大毎』が講談に代わる新しい読物として企画した大衆文学作品である。金森はその挿絵を担当したことになる。新しいコンテンツにおいては新しい画風が求められるが、彼の画風が新しさを表すものとして作家や編集部に認められていたのだろう。『サンデー毎日』での仕事をみて見よう。白井喬二「新撰組」をあげたが、白井の作品は他にも読切長編「兵学大講義」、連載「元禄快挙」、

「小説と講談」では「特別長編読物」が付された最初の作品は白井喬二「沈鐘と佳人」がある。やはり白井作品とは縁があるといえよう。また、他の作家の作品としては、『講談雑誌』の編集長だった生田蝶介の連載「妖説天草丸」がある。

短編では、博徒を題材にした作品が多い。長谷川伸「ばくち馬鹿」（『サンデー毎日』一九二三年一二月三〇日号）「一宿一飯」（「小説と講談」一九二九年一月一日号）、子母澤寛「紋三郎の秀」（新春特別号一九三一年一月一日号）では若くさわやかな風体で描くが、神田伯山「後の野狐三次」（「創作と講談」一九三〇年一月一日号）や一龍斎貞山「近江文次」（秋季特別号一九三〇年九月一〇日号）の講談ものの博徒では渋い表情で描くなど、作品にあわせた挿絵を描きわけている印象である。

先に金森は『大毎』において、大衆文学導入時の挿絵を担ったと書いたが、『サンデー毎日』でも新企画の作品の最初を担うことが多い。例えば、耽綺社の最初の企画の挿絵も担当しており、土師清二、長谷川伸、国枝史郎、小酒井不木、江戸川乱歩「残されたる一人」（『サンデー毎日』一九二七年一二月一八日号）や六周年記念五大懸賞「小説の作者名をあてる懸賞」の「高町小屋の人々」（『サンデー毎日』一九二八年四月八日号）がある。

金森の挿絵の特徴は、代表作の白井喬二「新撰組」に見られるように、登場人物は、手足が長く細身で全体的にひょろっとした印象で描かれている。人物の表情はやわらかく、明るくユーモラスな感じである。同時期に人気を博した小田富彌のような陰影の富んだ表情や、岩田専太郎のようなモダンで妖艶という個性とは対照的で、ユーモラスで明るく優しい雰囲気を漂わせている。

子母澤寛「天狗の安」（新作大衆文芸号一九三二年五月五日号）の挿絵は晩年のものであるが、「新撰組」の挿絵とは異なる画風で、生首、女性の折檻などエロ・グロ・ナンセンスの要素を押し出した挿絵を描いている。このように、強い個性で挿絵の潮流を引っ張るのではなく、新しい画風や変化を取り込みながら作品に応じた挿絵を描いたといえよう。

彼についての同時代評を紹介しよう。「金森氏は筑波、国観兄弟と共に尾崎越堂の門に学んだ人で人物画、特に歴史画を得意とし、その筆致は「新撰組」の挿絵によつても知らるゝ如く、近頃の邦画のやうな上滑りのしたものでなく、真面目な情熱を湛へた、しかも雄健なものである」（「観陽画会」『サンデー毎日』一九二五年三月二二日号 p.16）とあるのは、白井喬二「新撰組」の連載中に掲載された『サンデー毎日』の記事である。画家・山口草平は「君の晩年の仕事は本職よりも寧ろ挿絵に成功してゐたとおもふ。サンデー毎日で評判になつた白井喬二氏の新撰組の挿絵を描いてその才筆を認められ、方々から依頼が多くあつたようだ。殊に大毎紙上に載せられた中里介山氏の大菩薩峠の挿絵には相当努力を払つていたゞけいゝ作があつた。」（山口草平「金森観陽君」『上方』一三八号、一九四二年六月）と評する。谷崎潤一郎『細雪』には、「故金森観陽の筆に成る橋立の景色の一と襲ねに黒儒子の帯を収めた妙子は」と金森のデザインした帯のことが出てくる。

【付記】本章で引用した『サンデー毎日』の誌面の図版はすべて大阪公立大学杉本図書館所蔵のものである。

第1部　週刊誌メディアの誕生とその展開

第1章

『サンデー毎日』の起源・創刊時の大阪毎日新聞社の雑誌戦略

荒井真理亜

【1】……はじめに

『サンデー毎日』は、大阪毎日新聞本社新築記念事業の一つとして、【1】一九二二年四月二日の日曜日に創刊した【図1】。それに先立つ同年二月二五日の日曜日には、大阪朝日新聞社より『週刊朝日』の前身である『旬刊朝日』が発刊されている。

『戦前期『サンデー毎日』総目次』および『戦前期『週刊朝日』総目次』を作成した山川恭子（二〇一三）は、「『週刊朝日』が『中央公論』や『改造』といった総合雑誌のような誌面づくりを目指す一方で、『サンデー毎日』は

図1 『サンデー毎日』1922年4月2日（創刊号）〔大阪公立大学杉本図書館蔵〕

家庭記事や文芸作品を中心に据えた、「柔らかい」誌面づくりを目指して創刊されたと言っていいだろう」と述べている。[2]

「柔らかい」誌面づくりは『サンデー毎日』の特徴としてしばしば指摘される点である。しかし、それは記事選択の問題に留まらないだろう。『サンデー毎日』の特徴を考える上で、記事とともにある視覚表象は看過できない。

実際、雑誌にはジャンルの異なる様々なコンテンツが併存する。この点について大澤聡（二〇一二）が、雑誌メディアは「送り手のみならず受け手にも選択＝編集権があるというコミュニケーションモデルを典型的に表して」おり、隣りあって掲載される一見無関係なテキスト同士は「多声的に響鳴し、そのつどなんらかの意味を生成する」として、「見るべきは目次に代表される誌面構成である」と論じている。[3]

しかし、『サンデー毎日』では隣り合って掲載されるテキスト同士だけでなく、テキストと視覚表象も「響鳴」しているし、さらにそれらが頁や誌面を飛び越えて結びつき、「なんらかの意味」を生成する。その実態を捉えるためにも、本章は『サンデー毎日』の起源から誌面構成を考えていきたい。『サンデー毎日』と『大阪毎日新聞』の本紙や附録との関係を整理することで新聞社系週刊誌の誌面構成の特徴を指摘し、明治期の週刊誌との比較によって『サンデー毎日』の雑誌戦略を分析する。さらに、大正期の『サンデー毎日』における視覚表象の位置づけを考察し、併存する記事との相関から誌面上で起こっている「響鳴」の実相を明らかにする。

【2】……『サンデー毎日』の成立

2—1 日曜附録から週刊誌へ

『サンデー毎日』創刊時の編集は、大阪毎日新聞社の学芸部が担当した。「大阪毎日新聞 東京日日新聞 職員録（大正十一年九月五日現在）」によると、学芸部は次のような構成であった。【4】

部長　薄田淳介
副部長　深江彦一
部員　北尾鐐之助　名越国三郎　石割松太郎　毛利宮彦　大原武夫　渡辺均　上田慶治郎　芥川龍之介
　　大野木繁太郎　前田三男　大石泰蔵　野村治輔　相良徳三　山田正佐　大橋敏郎　河瀬守二
準社員　小塩義郎　尾関岩治
嘱託　多田北嶺

『サンデー毎日』発刊当時、『大阪毎日新聞』には学芸欄がなく、学芸部は「大阪毎日日曜附録」を編集していた。「大阪毎日日曜附録」は、一九二一年一月二日の日曜日に第一年第一号が発行された【図2】。判型はタブロイド判で、全一六頁である。大阪毎日新聞社では「日曜の週刊新聞を発行する計画は大正八・九年ころから幹部の間にあった」らしい。【5】ただし「日曜の週刊新聞」というから、「大正八・九年ころ」に幹部の間で計画されていたのは「大阪毎日日曜附録」のことだろう。一九二一年一月の時点では新聞の附録を発行する計画はあったが、雑誌の刊行は未定だったようだ。また、一九二一年一月の大阪毎日新聞本社支局長会議で副主幹の奥村信太郎が「日

図2 「大阪毎日日曜附録」1921年1月2日（第1年第1号）〔関西大学図書館蔵〕マイクロフィルム

図3 「ロート・グラビュア・セクション・大阪毎日新聞日曜附録」1921年10月7日〔関西大学図書館蔵〕マイクロフィルム

曜付録は、薄田（淳介＝学芸部長）、河野（三通士＝外通部長）、深江（彦一＝後に編纂課長）君と私とが担当しております」と述べている[6]。「大阪毎日日曜附録」を編集していた薄《すすき》田泣菫《だきゅうきん》と深江彦一が、『サンデー毎日』の発行にも関わっているのである。

さらに、一九二一年一〇月七日の日曜日より、「ロート・グラビュア・セクション・大阪毎日新聞日曜附録」（以下「グラビュア・セクション」）が発行されている【図3】。判型はそれまでの日曜附録と同様にタブロイド判だが、全四頁で記事がなく、写真のみが掲載された。

大阪毎日新聞社では、一九一八年頃、アメリカのウェベンドルフ社にロータリー・フォトグラファー印刷機二台と製版機械その他を発注していた。それらが一九二一年五月に到着し、さらにアメリカから技師のジョン・スプリングステッドを招聘して、グラビア印刷が可能になった。その間に、大阪朝日新聞社が国産の輪転機でグラビア印刷に成功し、一九二一年二月より「朝日グラフィック」を発行したため、それに対抗して大阪毎日新聞社でも「グラビュア・セクション」

に先がけて「大阪毎日日曜附録」を発行することになったのである。[7]

「グラビュア・セクション」が発行された一九二一年一〇月七日以降、「大阪毎日日曜附録」と「グラビュア・セクション」とが交互に発行されるようになる。『毎日新聞百年史』に『サンデー毎日』はこの「ロート・グラビュア・セクション・大阪毎日新聞日曜付録」から発展したとあるように、[8]『サンデー毎日』は記事中心の「大阪毎日日曜附録」と写真のみの「グラビュア・セクション」を一冊にまとめたものだといえる。『サンデー毎日』の判型は附録と同じタブロイド判で、創刊号はグラビア印刷の表紙やグラビア頁も含め、全二八頁であった。こうして附録から週刊誌が作られたわけだが、一九二一年より前から『大阪毎日新聞』には附録があった。

2―2　新聞紙と週刊誌の連続性

『大阪毎日新聞』は一八八八年一一月二〇日より発行が開始された。[9]そして、一八八九年二月一五日より附録を発行するようになる。その前日の一四日に掲載された社告には「明日より添ふる附録は読者宜しく之を保存して一本となすの労を吝むこと勿れ」とあり、読み捨てられる新聞に対し、附録は冊子にして所蔵されることが期待されていたことがわかる。つまり、『大阪毎日新聞』の附録は単なる新聞の添え物ではなく、最初から独立した書物となる可能性を有していたということである。このことは「大阪毎日新聞日曜附録」を発展させる形で『サンデー毎日』が創刊されたことと無関係ではないだろう。加藤秀俊（一九五八）は週刊誌をめぐる文化問題として、第一に「一週間」という生活時間の感覚が根付いたことで週刊誌が迎えいれられたこと、第二に週刊誌が雑誌の消耗品化の第一歩であったこと、第三に週刊誌が大衆のもった最初の読書習慣と関係していることを挙げている。[10]この問題を『サンデー毎日』にあてはめてみると、第一の点について、『大阪毎日新聞』では明治期から曜日によって特集ページを設けており、新聞読者層には早くから「週」の意識が根づいていたので、『サンデー毎日』が受け入れられる下地は十分に整っていたといえる。第二の点について、加藤は「少なくとも保存すべきものであって、新聞紙のように消耗されていいものではない」雑誌が「週刊誌形式をとるとき、完全な消耗品となる」と指摘している。確かに『サンデー毎日』はタブロイド判で書架に並べにくいし、号数が多いゆえにかさばり、保存に適しているとは言いがたい。しかし、附録から発展したことを考慮すると、その出発においては保存されることが期待されていたと推察される。第三の点については、『サンデー毎日』の読者の読書行為は新聞を読む習慣と無関係ではないといえる。なぜなら、『サンデー毎日』は本紙や附録と完全に切り離されて存在していたわけではないからである。

『サンデー毎日』創刊号には発刊の辞などは掲載されていないが、冒頭に掲げられた「現代生活の充実と節制と」に次のようにある。

> 近頃よく文化生活といふ言葉を聞きますが、中には文化生活とはどんなことを申すのか一向内容がはつきりして居ないのを見受けるやうです。思想的生活にも物質的生活にも現代文化の高潮に棹さす事をさういふのならば、文化生活こそは現代人にとつて、まことに意義のある生活で、誰もが辿らなければならぬ、誰もに辿らさなければならぬ生活だと思ひます。（中略）生活の精神的方面の充実と、そして物質的方面の節制ある訓練と、これが現代に生きる私どもの生活に対する二大標語であります。

この論説は、『サンデー毎日』の趣旨を表している。**章末【表1】**は創刊号の細目であるが、その内容は社会や家庭生活に関するものと趣味に関するものに大別することができ、創刊号が「精神的方面の充実」と「物質的方面の節制」という二つのテーマで編まれていることがわかる。

しかし、同様のコンテンツはすでに『大阪毎日新聞』の本紙や附録に現れている。たとえば、『サンデー毎日』創刊号には西川一草亭[11]の「挿花の自然」が掲載されているが、「大阪毎日日曜附録」一九二二年一一月二七日（第一年第四六号）にも西川一草亭による「装飾芸術としての挿花は『必要な一点を掴め』」がある。後者にはさらに「飽くまでも『自然』と『個性』とを尊重せよ そして南画や光琳風な色彩を研究したい」というリード文がついており、同じ文章ではないが、『サンデー毎日』と同様のテーマで書かれた記事だとわかる。

また、『大阪毎日新聞』一九二〇年八月八日には、高浜虚子が「別府【七】耶馬溪、道後」という旅行記を寄せており、小出楢重が〈別府海地獄温泉〉の挿画を描いている【図4】。『サンデー毎日』一九二二年五月二一日（第

図4　高浜虚子「別府【七】耶馬溪、道後」、小出楢重〈別府海地獄温泉〉（『大阪毎日新聞』1920年8月8日）〔関西大学図書館蔵〕マイクロフィルム

図5　水島爾保布「海地獄〔別府小品〕」『サンデー毎日』1922年5月21日（第1年第8号）〔関西大学図書館蔵〕

一年第八号）にも水島爾保布が「海地獄（別府小品）」という題で、記事と挿画を載せている【図5】。執筆者や画家は異なるものの、『サンデー毎日』にも本紙と同様の旅行記があり、同じ体裁でよく似た絵が添えられている。

このように、『大阪毎日新聞』の本紙や附録に掲載されていた家庭、流行、ゴシップ、オトギバナシ、考え物（クイズ）、相撲、スポーツ、芝居、映画、美術などの記事のほか、創作（小説）・講談・落語・戯曲・詩歌などが『サンデー毎日』にも存在する。

ほかにも、同じ画家の作品が本紙、附録、『サンデー毎日』に掲載されている。太田喜二郎[12]の〈田家早梅〉（『大阪毎日新聞』一九二〇年一月五日）、〈湖北の秋〉（「大阪毎日日曜附録」一九二一年一〇月九日）、〈緑蔭〉（『サンデー毎日』一九二二年六月四日）である。

『サンデー毎日』は『大阪毎日新聞』にあったコンテンツを「精神的方面の充実」と「物質的方面の節制」という二つのテーマで抽出して作られた雑誌だといえるが、共通する記事や視覚表象によって、本紙や附録と『サンデー毎日』の連続性が読者に印象づけられる。それは新聞の読者を週刊誌の読者として取り込む戦略であったと考えられる。

2―3　新聞紙と週刊誌の相互補完

新聞社系週刊誌の役割の一つとして、紙幅の都合で本紙には載せられなかった内容を詳報し、新聞の情報を補完することが挙げられる。しかし、草創期の『サンデー毎日』は本紙や附録の趣味や家庭生活に関するコンテンツを移す形で作られており、社会的な出来事の報道を主たる目的とする本紙との差異化をはかっている。『サンデー毎日』にも時事的な話題がないわけではないが、「精神的方面の充実」と「物質的方面の節制」というテーマで編まれているとするとやはり本紙を補完する機能は弱いといえる。さらに『サンデー毎日』の視覚情報が新聞の情報によって補完され、見て取れる以上の意味を持つという事例も認められる。

『サンデー毎日』創刊号の表紙には「平和博覧会と上野広小路の賑ひ」の写真が用いられており、その裏面のグラビア頁には八点の写真が掲載されている【図6】。各写真には「御旅館に充てらる丶赤阪《ママ》離宮」「英国皇太子乗御の新造列車展望室」「四月二三両日陸軍士官学校に開かれる台覧乗馬会の婦人愛馬家」「高橋首相の姪御達です／真喜子さん（一四）／喜美子さん（一〇）／美代子さん（八ツ）／栄子さん（六ツ）」「平和博御巡視の同博総裁閑院宮殿下」「台覧乗馬会に出る松井慶四郎男令嬢貞子さん（十三）」「ノートルダム怪像の玩具品と帝劇の女優森律子」「尾崎氏の令嬢達です」というキャプションがついている。

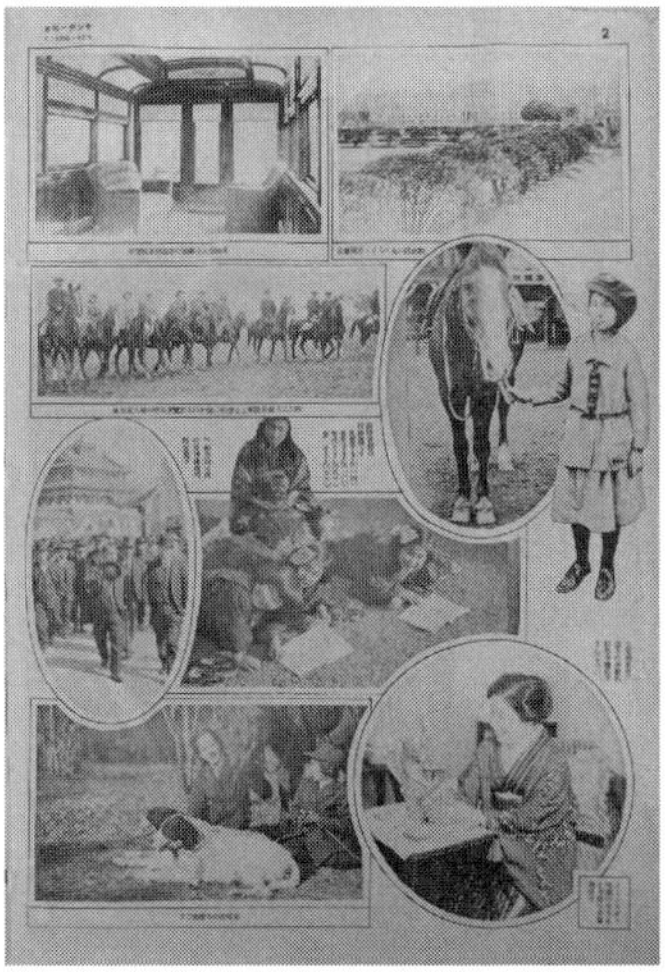

図6『サンデー毎日』表紙裏 1922年4月2日（創刊号）〔大阪公立大学杉本図書館蔵〕

　これらのキャプションから、グラビア頁には当時の行事や出来事に関する写真が集められていることがわかる。平和記念東京博覧会は一九二二年三月一〇日から七月三一日まで上野公園で開催された。英国皇太子（のちのエドワード八世）は一九二二年四月一二日に来日し、五月一〇に帰国の途についている。また、一九二二年四月二、三日に全国乗馬大会が開かれ、摂政宮が台覧した。ところが、『サンデー毎日』創刊号にはこれらの写真に関する記事がない。『サンデー毎日』だけでは行事や出来事の詳細がわからないのである。

　一方、『大阪毎日新聞』には平和博覧会や英国皇太子の来日、全国乗馬大会などに関する記事がある。一九二二年二月二七日に掲載された「平和博覧会と本社の施設」では、「毎日の紙面には博覧会の景況を記事に写真に巨細漏れなく報道する為めに本社は平和博臨時支局を不忍池畔の最も地の利よき無極亭に設け三月一日より出張事務を開始する」と告知されている。以後、博覧会の様子を伝える記事が続く。英国皇太子の来日に関する報道も多い。三月六日には「英皇太子と摂政宮殿下 御同列で平和博へ」という見出しで英国皇太子が平和博覧会に出席する予定であることが報じられているし、三月二五日には「英皇儲殿下を迎へる 赤阪《ママ》離宮の設備成る」として英国皇太子を迎える準備が整いつつあることを知らせている。また、四月三日には「馬上凛々しく摂政宮の御親閲 全国乗馬大会の第一日」という記事があり、翌日の紙面には「全国乗馬大会に台臨の摂政宮殿下」に続く「後藤東京市長」と「山梨（陸相）」の写真と、その下に「大会に参加した松井慶四郎男の令嬢と令息」の写真が掲載されている。「松井慶四郎男の令嬢」は『サンデー毎日』のグラビア頁に登場する「貞子さん」と同一人物であろう。このように、『サンデー毎日』創刊号のグラビア頁は本紙の報道によって補足されるのである。注目したいのは、創刊号が発行された時点では英国皇太子はまだ来日していないし、「台覧乗馬会」も開催されていないことである。グラビア頁の写真はこれからの出来事や催しを予告している。その詳細を知りたいと思う読者は後日『大阪毎日新聞』から情報を得ようとするだろう。『サンデー毎日』のグラビア頁は読者の欲望を喚起し、読者を新聞へ誘導する役割を果たしている。

　このようなグラビア頁のあり方を考えると、「高橋首相の姪御達」や「尾崎氏の令嬢達」も、つい時事ニュースと関連づけたくなる。一九二一年一二月二六日から一九二二年三月二五日まで第四五回帝国議会が開かれ、野党が提出した統一普通選挙法案が否決されたことなど、『大阪毎日新聞』では連日議会の様子が報じられている。首相の高橋是清や普通選挙の実現を訴える尾崎行雄は時の人だった。「ノートルダム怪像の玩具品と帝劇の女優森律子」も同様のことがいえる。「帝劇」については、『大阪毎日新聞』一九二二年三月一日に「帝劇も「女親」改作問題で 劇作家協会の大憤慨」とあり、三月三一日に「帝劇平あやまり 新聞に謝罪広告まで出す筈で 例の脚本改作問題は鳧」と報じられている。また『サンデー毎日』創刊号の「文壇近頃の事」でも「「女親」改作問題」

が取り上げられている。『サンデー毎日』創刊時に帝国劇場は山本有三の「女親」の改作問題で注目されていたのである。これらの写真は当時の出来事との関係を直接表すわけではないが、やはり『大阪毎日新聞』の報道を連想させるものなのである。

創刊時『サンデー毎日』は『大阪毎日新聞』の読者に配付されていた。『大阪毎日新聞』と『サンデー毎日』は多くの読者を共有していたのである（本書序章参照）。『大阪毎日新聞』と『サンデー毎日』が紙面／誌面を超えて互いに情報を補い合い、相関していることがわかる。

【3】……『サンデー毎日』前史

3―1『サンデー毎日』の起源

新聞紙と週刊誌との相関を考えるとき、それぞれの発行に関わった人物の存在を忘れてはならないだろう。

実は明治期にも大阪毎日新聞社の関係者たちが雑誌の発行に携わっていた例がある。一八九一年一〇月に『大阪文芸』という雑誌が発刊している。『大阪文芸』は大阪文芸会の機関誌で、大阪毎日新聞社が出版した雑誌ではない。しかし、大阪文芸会には木内愛渓《きうちあいけい》や久津見蕨村《くつみけっそん》ら大阪毎日新聞の関係者が多数参加していた。[13]『大阪文芸』は一八九二年二月一日（八号）をもって廃刊し、同年一〇月一二日より『大阪文芸雑誌』が発刊された。[14]『大阪文芸』が発刊する半年前の一八九一年四月に、西村天囚をはじめ大阪朝日新聞の関係者が中心となって浪華文学会を発足、機関誌『なにはがた』を創刊している。明治期に大毎と大朝の関係者たちがそれぞれ文学会を組織し、競い合う形で雑誌を発行したことは、両新聞のライバル関係が雑誌の発展に寄与していることの証左であり、そのような事情は大正期の『サンデー毎日』と『週刊朝日』の創刊まで続いている。[15]

さらに一八九三年五月には『大阪文芸』の後身として『この花草紙』が創刊した。発行兼編集人は高木《たかぎ》利太《とした》である。『大阪文芸』と異なる点は、寄稿者を大阪毎日新聞社の関係者に限定したことである。『大阪文芸』には論説、小説、随筆、伝記、歴史談、史伝、記文、院本、脚本、人情話、落語、漫筆、謡曲、狂言、俄、漢文、和文、英詩、和歌、長歌、俳諧、唱歌、和訳などが掲載されており、その内容は多岐にわたっている。それに対し、『この花草紙』は『大阪文芸』の雑多な性格から脱却し、小説の質を高めることに主眼をおいた。[16]

明治期に大阪毎日新聞社が発行した雑誌としては『広告大福帳』（一九〇四年一月より月刊、のち『大福帳』と改題）などがあるが、『毎日新聞百年史』はこれらの先例を挙げ、「後年、大阪毎日新聞が日曜特集やサンデー毎日を発行し、独特の性格で成功を収めるのも、先駆をなすこのような好見本があり、編集同人がこの伝統を生かしたからだということができる」と述べている。[17] 確かに『サンデー毎日』が創刊された一九二二年に、かつて『この花草紙』を発行した高木利太は大阪毎日新聞社の専務取締役を務めていたし、『大阪文芸』や『この花草紙』の寄稿者の一人であった菊池《きくち》幽芳《ゆうほう》は編集顧問であった。しかし、すでに大阪毎日新聞社の重鎮であった高木や菊池が『サンデー毎日』の企画や編集に直接関わったとは考えにくい。では、『サンデー毎日』を構想し、企画を具体化したのは誰だったのか。

『サンデー毎日〈五〇周年記念号〉』で、阪本勝と尾関岩二が「創刊のころ」と題し、対談している。「そこで、本当の『サンデー毎日』の〝生みの親〟は誰やろ」と問う阪本に、尾関は「そりゃむろん薄田泣菫だ。その前の毎日年鑑から婦人見学叢書、文化大学叢書、サンデー毎日叢書、後の婦人宝鑑……出版の新しいプランには、全部あの人が一枚噛んでいたもの」と答えている。[18]

尾関が『サンデー毎日』の「生みの親」だという薄田泣菫（一八七七―一九四五）は、明治期に象徴派詩人として活躍した。一九一二年に大阪毎日新聞社に入社し、学芸部に配属された。『大阪毎日新聞』に書いた「茶話」

が好評を博し、随筆家として知られる。一九一九年には学芸部長となり、大阪毎日新聞社の様々な企画に携わった（本書第1部第5章参照）。泣菫は一九一六年頃よりパーキンソン病の症状が現れ、病魔と闘いながら勤務を続けていた。尾関は「泣菫さんの隣が副部長の深江彦一。彼がほとんど一人で、日曜付録版の編集を片付けていた……。」と回想している。[19] 泣菫は一九二三年一二月より休職しているので、『サンデー毎日』創刊時には病気が進行していた可能性が高い。そのこともあって、深江彦一が「日曜付録版」だけでなく『サンデー毎日』の編集実務を担っていたと想像される。[20]

しかし、尾関のいうように『サンデー毎日』の「生みの親」が薄田泣菫であれば、泣菫がどのような週刊誌を構想していたかは興味深い。

3—2 週刊誌の原型

先に挙げた一九二一年一月の奥村信太郎の発言に「アメリカあたりの日曜雑誌号は小型四十八ページ、画報号は普通八ページで、その内容も非常にやわらかい社会面そのままのものである。本社の付録も社会面の延長といったようなごくやわらかいものとして漸次改善してゆきたい。」とある。[21] これは「日曜附録」について述べたものだが、「社会面の延長といったようなごくやわらかいもの」という編集方針は『サンデー毎日』にも引き継がれる。さらに『毎日新聞百年史』では「「サンデー毎日」の行き方はアメリカのサンデー・トリビューンの日曜新聞からとったもの」だとされている。[22]

日本における週刊誌の歴史について、鳥井守幸（二〇〇四）は週刊誌の「原型は明治期につくられた」として、一九〇八年創刊の『サンデー』が「日本における週刊誌の嚆矢」であり、それに続くものは一九一七年創刊の『週だという。さらに『週刊朝日』と『サンデー毎日』について次のように述べている。

短命に終わった『サンデー』『週』につづいて誕生した『週刊朝日』（『旬刊朝日』改題）『サンデー毎日』は，ともに新聞社発行の総合週刊誌でありながら，記事内容はニュアンスを異にしていた．『週刊朝日』はイギリスの新聞，ロンドン・タイムス週報を原型とし，1週間のニュースダイジェストとしての機能を中心とした．これに対して『サンデー毎日』は，アメリカの新聞，サンデー・トリビューン日曜版を参考にして，文芸・家庭色が強いものとなった[23]．

確かにこれまで『サンデー毎日』はアメリカの新聞「サンデー・トリビューン日曜版」を参考にして作られたと考えられてきた。しかし、『サンデー毎日』の「生みの親」とされる薄田泣菫は、『サンデー毎日』の編集方針について次のように語っている。

> 「週刊雑誌。どんな内容をどんな風に扱つたものかな。」
>
> 私達は頭の中で、いろんな計画を立てたり、消したりした。週間《（ママ）》といへば誰もが一番先きに思ひ浮かべるのは、何といつても英国の「タイムス」週報であらう。わが国の出版界でもこれまで週刊雑誌は、出るには出たが、そのいづれもがなにほどか「タイムス」の週報を取容れたもので、殆ど悉くがさしたる発展をも遂げないで、文字どほりの三号雑誌でその影を潜めてしまつた。それは何に因づくものだらうか。いふまでもなく彼我国情の相違にもとづくもので、人も知るやうに世界の各方面に多くの植民地をもつてゐて、そこで家をもち、生活をしてゐる英人達が、本国からの日刊新聞の送達を受ける頃は、日数も大分経つて、ニュースはかなり旧くなつてゐるので、そんな嵩高で、おまけに気の抜けたやうなものを目にするよりも、自然週

報式の、政治、経済、社会といつたやうな各方面についての要約した文字を読んで、それですませてしまふことになる。つまり、かういふ事情が、タイムス週報などを発達させた大きな原因の一つとなつてゐることを忘れてはならない。

「うちの週刊雑誌は、そんな真似をしてはならない。やつぱり清新な読物と、すぐにも実行できる家庭知識と、そして娯楽と……」

私達の意見はかういふ点では大抵皆同じだつた。わが新しい週刊雑誌が、その読者層に大衆を獲得しなければならぬ立前にある以上、それはもつとものことだつた。[24]

薄田泣菫はじめ大阪毎日新聞社は、日本と英国とでは週刊誌に求められる役割が異なることを認識しており、『サンデー毎日』を発展させるために海外の週刊誌とは違う行き方をしなければならないと考えていた。つまり、『サンデー毎日』は単なる外国雑誌の模倣ではないということだ。泣菫のいうように他国とは異なる編集方針で大衆を週刊誌の読者として取り込むことを目指していたのであれば、大阪毎日新聞社が『サンデー毎日』を発刊するにあたり日本の週刊誌をまったく意識していなかったとは考えにくい。

図7 『サンデー』1908年11月22日（創刊号）〔同志社大学人文科学研究所蔵〕

3—3 『サンデー』

『サンデー』は一九〇八年一一月二二日より太平洋通信社が発行していた週刊誌である【図7】。管見に入ったのは第一号から第二六八号までである。[25]

『サンデー』について、柳田邦夫（一九八六）は「日本初の週刊誌と目されているのは一九〇八年（明治四一）創刊の『サンデー』（太平洋通信社）で、ルポタージュ、評論、実話物語、小説、詩、セックスものなど、今日の週刊誌の原型がほとんど入っていた」と解説している。[26]

『サンデー』第一号を見ると、国際情勢や国内の政治に関する論説や記事、小説、詩、随筆、劇評、スポーツ記事、彙報などがある。視覚表象としては写真、風刺画、挿画、絵画が掲載されており、カットも多用されている。記事の内容や誌面の構成を見ても、確かに後の『サンデー毎日』に通ずるものがある **章末【表2】**。

『サンデー』の第一号に掲げられた「発刊の辞」には次のようにある。

社会の進歩につれて新聞紙の進歩も顕著なり、され共唯惜しむ可きの一事は余りに報道の迅速ならんことを競争する結果、往々にして事実の真相を誤まり、多くは片々の記事を列ねて、其間の秩序と統一とを欠き、為に読者をして大勢に通ぜざらしむるに至る、我儕週報の発刊は聊か以て此欠陥を補遺せむとするの趣旨に出づ、（中略）於是乎週報は特に日刊新聞と相俟つて社会の明鏡たると同時に、其保存を永久にして時代歴史の索引に便ならしむるもの也

新聞紙は速報が求められるので事実の真相を誤ったり、紙幅の都合で詳細を書けなかったりする場合がある。そのような新聞紙の欠陥を補遺することが『サンデー』の目的であるという。したがって、娯楽的な要素はあっても、『サンデー』の主眼は新聞で報道されたニュースの詳報、つまり論説や解説にあったとみてよいだろう。

『サンデー』の論説を担当したのは、朝比奈知泉《あさひなちせん》である。朝比奈知泉（一八六二―一九三九）は、一八九一年より

『東京日日新聞』の社説を執筆し、翌年に主筆となり、一九〇四年に退社した。なお、『大阪毎日新聞』と『東京日日新聞』が合併するのは一九一一年である。「発刊の辞」で「日刊新聞と相俟つて社会の明鏡たる」とあるように、『サンデー』もまた新聞紙と関係の深い週刊誌だったといえる。

看過できないのは、『サンデー』一九〇九年二月一四日（第一二号）に薄田泣菫の随筆「女乞食」が掲載されていることである。また、一九〇九年一一月二一日の「一周年紀念号」（第五二号）には『大阪毎日新聞』が広告を出している。つまり、薄田泣菫はじめ大阪毎日新聞社の関係者が、『サンデー』を先行する週刊誌として意識していた可能性は否定できないのである。

3―4 『週』

『サンデー毎日』が発刊される五年前、すなわち一九一七年九月二九日に創刊されたのが『週』である。[27]『週』にも論説や時事ニュースだけでなく、小説、短歌や俳句、お伽話、新講談などが連載されており、『週』もまた『サンデー毎日』につながるコンテンツを有していることがわかる。鳥井守幸（二〇〇四）は、『週』について「『サンデー』よりは、硬派調でクォリティーマガジンの雰囲気をもっていた」と述べている。[28]『週』第一年第一号に掲げられた「創刊の辞」には次のようにある。

日本は全体に於て又其各方面に於て、現在如何なる状態に在るか、如何に考慮し、実行し、計画し、希望しつゝあるか。而して世界、殊に現下の大戦は如何に進行しつゝあるか、是れ何人も常に速に知らん事を欲する大なる問題である。なぜなら、人として国民として、完全なる生活を営まんがためには、此智識が絶対に必要だからである。「週」は即ち此問題に答へんが為めに生れたのである。

他の語を以て現せば「週」は其名の示す通り週より週へと絶えず生きたる現代社会の歴史を書きつゞり行く忠実なる歴史家である。

又思ふに現代人の生活は目まぐるしい程多忙である。何人も毎朝緩々と新聞紙を読んでをる余裕はない。けれ共一週に一日、或は半日位の閑暇はあるであらうし、又あらなければならない。此時徐に「週」を閲して平生の卒読乱読から来た脳中の雑駁な印象を訂正し、其記憶を整理すると共に、此機会を以て感興饒なる思想の別天地に悠遊し、併せて精神的休養を取るといふ事は確に現代人に取つて意義ある生活の一様式である。

是が「週」の生れた大なる理由である。

『週』は新聞紙を読んでいる時間のない読者に向け、週間ニュースの簡潔に伝えるダイジェスト版として発行された。『サンデー』との違いは、『週』が文芸を重視していることである。『週』第一年第一号には田山花袋の小説「銀盤」が掲載されているが、そこには次のような説明がある。

日本は今日如何なる文学を産しつゝあるか。それは決して欧洲文学の翻訳でなくして、世界に誇るべき意義と特色とを備へた国民的文学であると考ふる我社は、今日我文壇の権威と目せらるゝ諸家に交渉して、特に短篇小説の起稿を請ひ、得るに従つて順次本紙上に紹介することゝした。読者は是に依つて傑出した現代作家の何人なるかを知り、是に依つて現代文芸の思潮を察し、又是に依つて現代文章の典型を見る事が出来るであらう。そして是れを短篇に限つたのは成るべく今から一年以内に、目的の諸家を網羅したいと思ふからである。

「世界に誇るべき意義と特色とを備へた国民的文学」をできるだけ多く読者に提供したいという編集者の熱意が窺える。田山花袋の「銀盤」は第一年第五号まで連載された。ほかに「今日我文壇の権威と目せらるゝ諸家」として作品が掲載されているのは、徳田秋声、正宗白鳥、小山内薫、谷崎潤一郎、上司小剣《かみつかさしょうけん》、泉鏡花である。第二年第一一号からは「現代世界の作家」と題し、英国ウエルスや露国アルツイバーセフの翻訳小説が載せられたが、第二年第一五号でこの企画は終わっている。

先の『サンデー』にしても『週』にしても文芸を雑誌の売りの一つにしようと試みたようだが、それを読者にとって魅力的なコンテンツとして充実させ、継続させるのは容易でなかったということだろう。

3—5『サンデー毎日』の文芸

先行する『サンデー』や『週』のように、多様なコンテンツを有しながらも、『サンデー毎日』は一九二二年七月一〇日発行の第一年第一六号より季刊で「小説と講談号」を発行するなどして、文芸を拡充していく。その方向性は『大阪毎日新聞』においてすでに示されていたといえる。浦西和彦（二〇一四）は、『大阪毎日新聞』における文芸の充実は薄田泣菫の功績だと述べている。

大阪では演劇、講談、浄瑠璃、文楽などが庶民の文化の中心であって、東京の文壇を根幹とする近代文学には背をむけていた。薄田泣菫が一九一二年に入社するまでは「大阪毎日新聞」に東京の文学者達が寄稿するようなことは殆どなかったし、その小説を文芸時評欄などを新聞に設けて紹介するようなことはなかった。それを一転させたのが泣菫である。[29]

その泣菫が「以前大阪である文芸雑誌を編輯してゐた」ときの経験から『サンデー毎日』を発刊するにあたり「一つ気懸りなことがあつた」として、次のように語っている。

ほかでもない、雑誌は読物その他の材料について、その大半を東京方面の寄稿家に俟たなければならない。ところが多くの文筆業者の中には、ジヤーナリズムに理解の浅い人達があつて、原稿締切の期日には後れる。どうかすると、こちらに貰ふやうに約束してあつた原稿が、とんでもない職業敵の手に渡つてゐるやうな場合がないとも限らない。〔30〕

泣菫が編集していた「ある文芸雑誌」とは、一九〇〇年一〇月から一九〇三年一月まで金尾文淵堂より発行された総合文芸雑誌『小天地』である。泣菫は、一八九九年に同じく金尾文淵堂から発行されていた『ふた葉』の新体詩欄を担当し、一九〇〇年に『ふた葉』の後身である『小天地』の編集責任者となっている。『小天地』は大阪で発行されていた雑誌にもかかわらず、泉鏡花、柳川春葉《やながわしゅんよう》、徳田秋声、永井荷風、田山花袋、島崎藤村ら東京で活躍する文学者たちが多数寄稿した。〔31〕その舞台裏では原稿を集める編集者の苦労があったのである。

泣菫は『小天地』や『大阪毎日新聞』の編集を経験し、文芸の充実が『サンデー毎日』の運命を左右すると考えていたのではないだろうか。「そんなわけで近く創刊する週刊雑誌が、皆の期待するやうに清新な、興味の豊かな読物を種切れもなく続々と集め得るかどうかといふことに対して、少くとも私だけは確かに弱気だつた」と明かしている。〔32〕

【4】……『サンデー毎日』の視覚表象

4—1　視覚表象の多義性

薄田泣菫の編集者としての功績をもう一つ挙げるとすれば、それは紙面／誌面における視覚表象の充実である。「趣味の普及と理想の実現」を目指した『小天地』は、海外の名画を大附録にして画家や作品の紹介記事を載せたり、新進の洋画家たちを起用し表紙や挿画を描かせたりして、美術の普及に力を入れていた。[33]『大阪毎日新聞』でも泣菫が入社した一九一二年頃からしばしば美術作品の写真や小説の挿画ではない絵画が掲載されるようになる。満谷国《みつたにくに》四郎《しろう》や丹羽《にわ》黙仙《もくせん》といった『小天地』で活躍した画家たちが『大阪毎日新聞』や『サンデー毎日』に絵を載せているのはやはり泣菫との関係からであろう。

『大阪毎日新聞』の視覚表象もまた『サンデー毎日』に引き継がれている。『サンデー毎日』には挿画、絵画、漫画、地図、図解、玩具絵、判じ絵、カット、写真などがあり、視覚表象は実に多様である。しかし、いざ『サンデー毎日』の視覚表象を整理しようとすると、分類の難しさに気づく。本章では記事と直接的な関係がある絵を〈挿画〉、記事とは直接的な関係がない絵を〈絵画〉として区別し、この二つの視覚表象から『サンデー毎日』の誌面で起こっている事象を明らかにしていく。

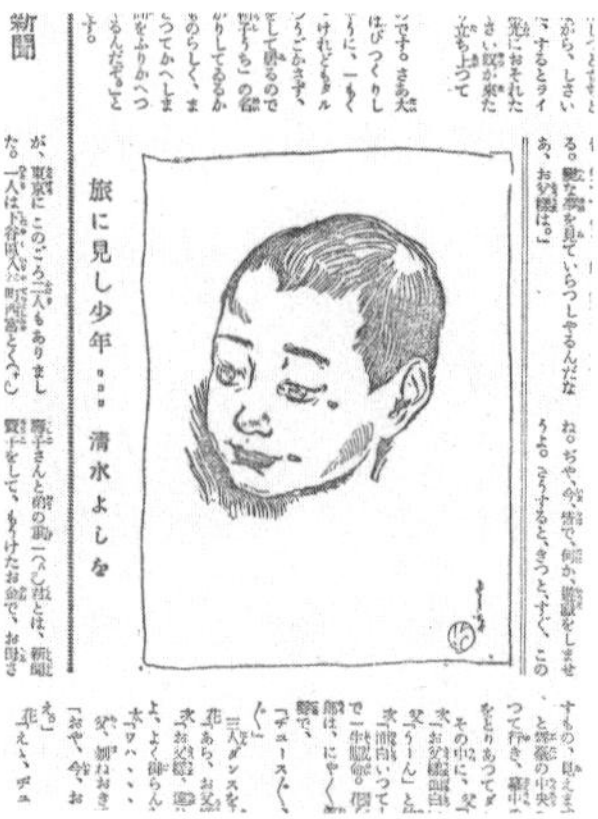

▌図8　清水よしを〈旅に見し少年〉『サンデー毎日』1922年6月18日（第1年第12号）〔関西大学図書館蔵〕

『サンデー毎日』一九二二年六月一八日（第一年第一二号）には、清水よしを[34]〈旅に見し少年〉が掲載されている【図8】。先の区別でいえば、清水よしを〈旅に見し少年〉は〈絵画〉とい

図 10 伊東深水〈涼風〉『サンデー毎日』1922 年 6 月 18 日（第 1 年第 12 号）〔関西大学図書館蔵〕

図 9 「こどものしんぶん」『サンデー毎日』1922 年 7 月 2 日（第 1 年第 14 号）〔関西大学図書館蔵〕

える。ところが、同年七月二日（第一年第一四号）ではまったく同じ絵が縮小されて、「こどものしんぶん」という記事のカットに用いられている【図9】。このような再利用は頻繁に行われるわけではないが、編集の都合で視覚表象の担わされる役割やその位置づけが変わっていることがわかる。

また、画家や編集の意図とは関係なく、誌面構成のなかで視覚表象の持つ意味や位置づけが揺れている例もある。『サンデー毎日』一九二二年六月一八日（第一年第一二号）には、伊東深水《いとうしんすい》の[35]「私から見た夏の婦人美」という文章が掲載されている。注目したいのは、「私から見た夏の婦人美」と同じ誌面、しかも伊東深水の文章の中に本人による絵が置かれていることである【図10】。絵には〈涼風〉という題がつけられていて、記事とは関係のない画のようだ。しかし「私から見た夏の婦人美」には「それから二十四五の痩型の婦人には格子縞や斜の傍線が曲線美を非常によく現してそれは実にいゝものです、殊に粋な水々しい丸髷など結ひ上た美人にでも着せたら定めしよく似合ふ事でせう」とあり、一方、絵には

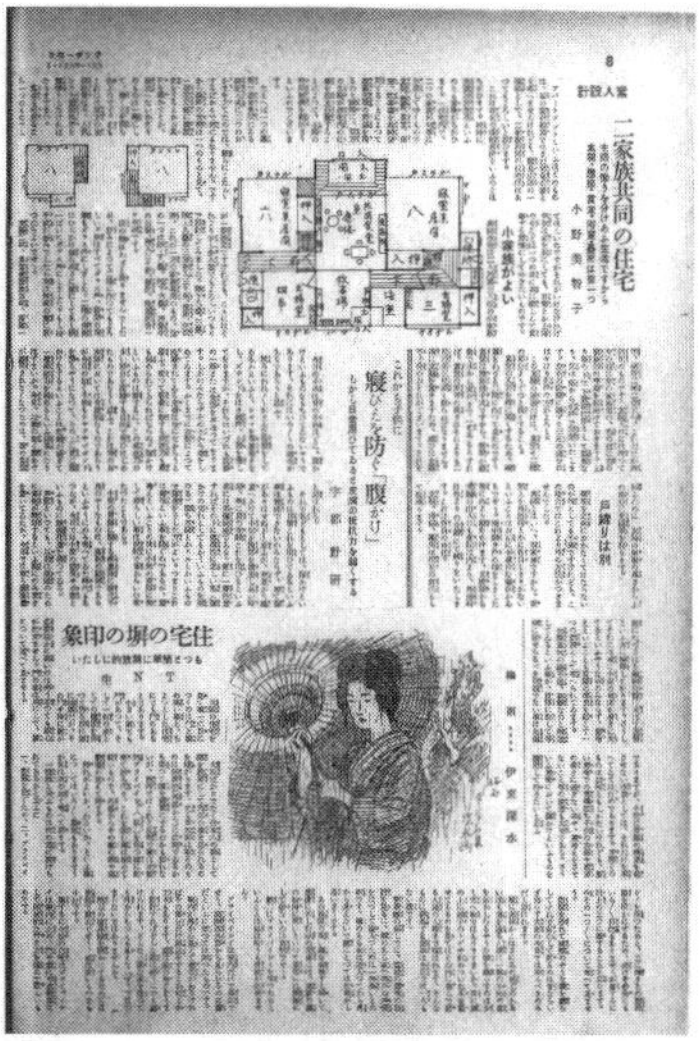

図11　伊東深水〈梅雨〉『サンデー毎日』1922年6月11日（第1年第11号）〔関西大学図書館蔵〕

図12　伊東深水〈夏の女〉『サンデー毎日』1922年6月25日（第1年第13号）〔関西大学図書館蔵〕

格子縞の帯を締め、丸髷を結った痩せ型の女性が描かれていて、絵と文とを関係づけて読むこともできる。まさに絵と文が響き合っている好例だといえる。

　ところが、この前号、すなわち一九二二年六月一一日（第一年第一一号）には伊東深水による〈梅雨〉と題した絵が掲載されていて、格子縞の着物を着て丸髷を結った痩せ型の女性が描かれている【図11】。また、先の〈涼風〉が掲載された次の一九二二年六月二五日（第一年第一三号）にも、伊東深水が〈夏の女〉という題で市松模様の着物を着た女性を描いている【図12】。ということは、〈涼風〉は〈梅雨〉や〈夏の女〉との連作であり、〈挿画〉ではないという見方もできる。つまり、〈涼風〉は「私から見た夏の婦人美」の〈挿画〉として見ることも可能だし、記事とは直接関係しない独立した〈絵画〉として鑑賞することもできるだろう。このように『サンデー毎日』の視覚表象は、読者によってその位置づけや意味が生成されていくのである。

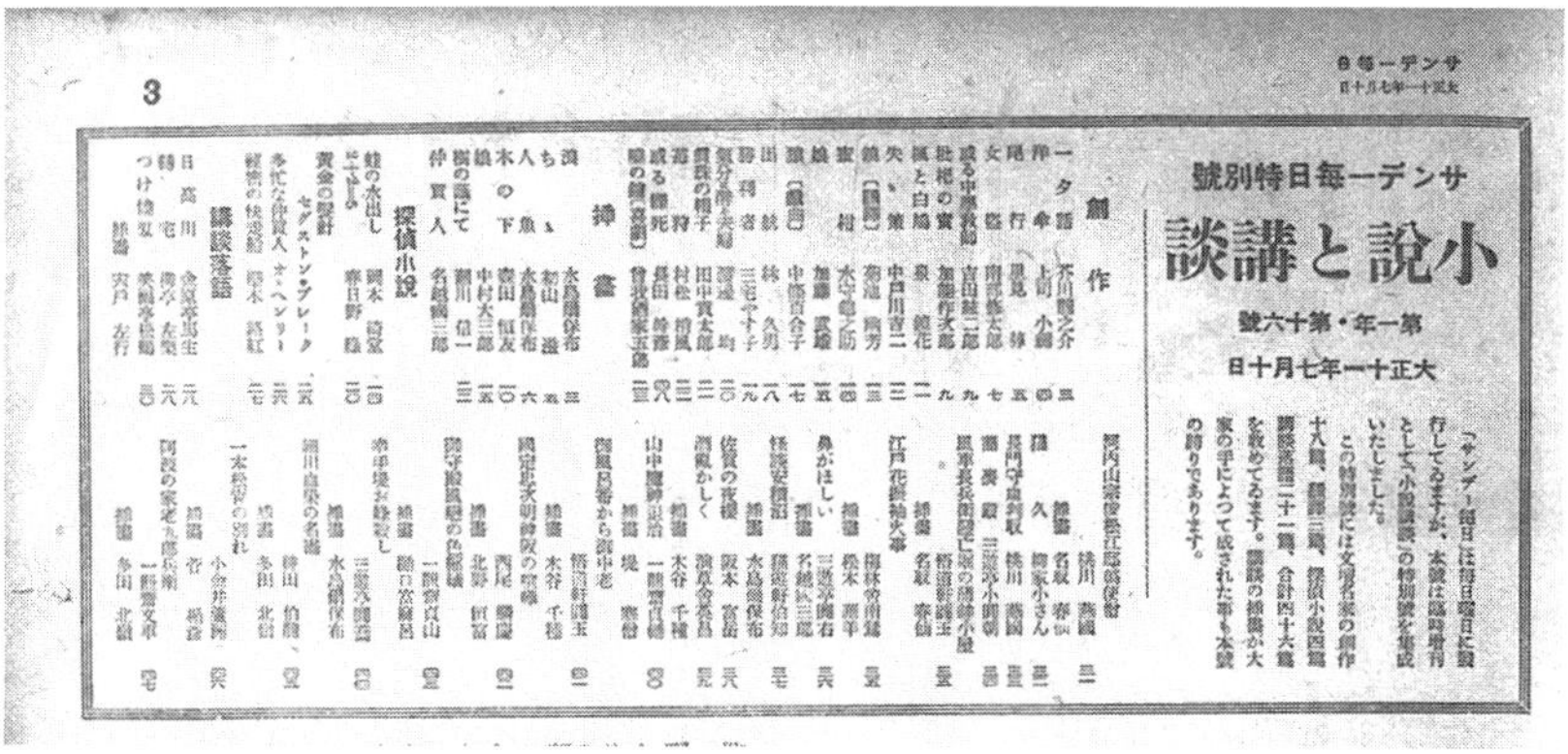

図 13　『サンデー毎日』目次 1922 年 7 月 10 日（第 1 年第 16 号）「小説と講談号」〔関西大学図書館蔵〕

4―2「小説と講談号」の目次

『サンデー毎日』に多くの挿画を描いた岩田専太郎[36]が誌面における挿画の扱いについて、次のように回想している。

紙面が大きく、したがって、さしえもはでに使用されていたので、たしか故直木三十五氏の作品で、大阪落城か何か出てくる絵の時、戦争場面をまる一日かかって描いて、大いにハリキッていたら、本になってみると、寸法も小さく、製版と印刷とには、再現力にリミットがあるものか、いつもの一時間ぐらいで描く絵と、いっこう変りばえがしていないので、ガッカリしたのを思い出す。[37]

岩田のいうように、視覚表象は編集の都合で誌面での位置や大きさなどが決められる。誌面の調整に視覚表象は有用なのである。特にタブロイド判の『サンデー毎日』は文字で埋めつくされると読みにくい。誌面に視覚表象が入ることで読者の目を引くし、視点を定めやすいので文章を目で追いやすくなる。

このような事情がよくわかるのが、「小説と講談号」である。読み切りの小説や講談は他の記事に比べて文章が長くなり、文字が誌面を占める割合が多いからである。さらに一つの作品が数頁にわたって掲載される。これは一面または見開きで記事が完結する新聞の紙面構成と異なる点である。先に挙げたように、最初の「小説と講談号」は『サンデー毎日』一九二二年七月一〇日（第一年第一六号）である。判型はタブロイド判、表紙はグラビア印刷で、全五二頁である。目次は「創作」「挿画」「探偵小説」「講談落語」の項目で分類されている【図13】。実はこの目次からも〈絵画〉と〈挿画〉の区別の曖昧さが見て取れる。「挿画」として、水島爾保布〈浪〉、初山滋〈ちゝ〉、水島爾保布〈人魚〉、森田恒友〈木の下〉（画題は〈樹の下〉）、中村大三郎〈娘〉、瀬川信一〈樹の蔭にて〉（画題は〈樹陰にて〉）、名越国三郎〈仲買人〉が挙げられている。また目次によると、「挿画」に括られている絵以外に、「講談落語」にも「挿画」があり、宍戸左行、名取春仙、松本華羊、名越国三郎、水島《みずしま》爾保布《におう》、木谷千種、堤寒僧（寒三）、北野恒富、樋口富麻呂、多田北嶺、菅楯彦が講談と落語の登場人物や場面を描いている。画家たちの多彩な顔ぶれを見ても、この号の視覚表象の豊富さがよくわかる。

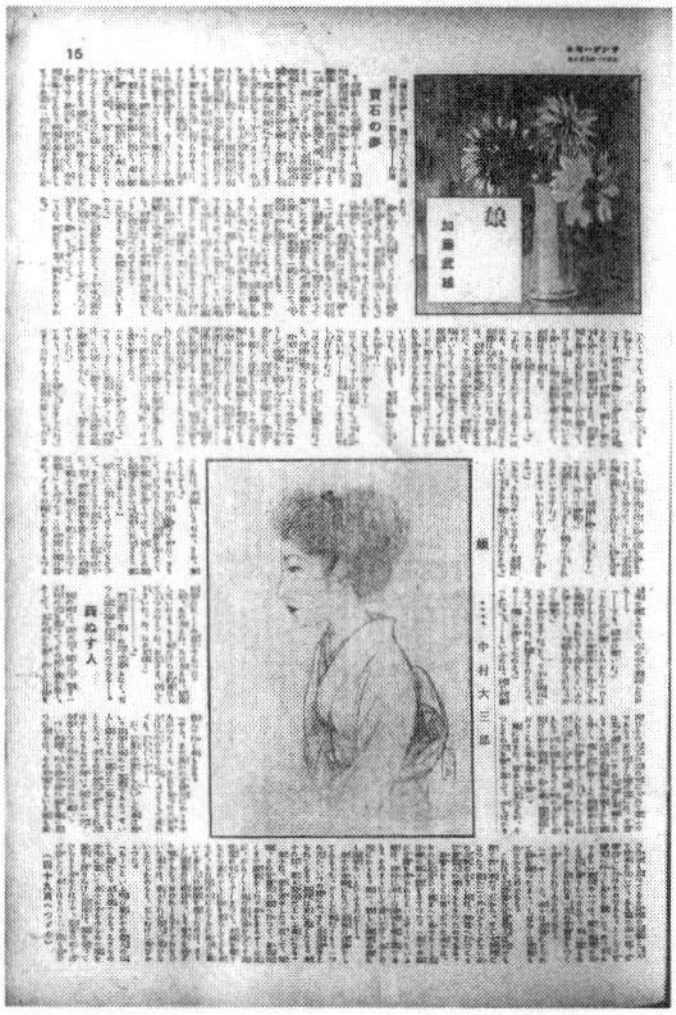

図14　加藤武雄「娘」および中村大三郎〈娘〉『サンデー毎日』1922年7月10日（第1年第16号）〔関西大学図書館蔵〕

目次において、「挿画」に括られている絵は作品に直接的な関係がない〈絵画〉、「講談落語」に挙げられている画家たちの絵は作品に直接的な関係がある〈挿画〉として別立てにされているようだ。確かに、目次で「挿画」に括られている絵のうち、水島爾保布〈浪〉と〈人魚〉、初山滋〈ちゝ〉、森田恒友〈樹の下〉は、同じ頁に掲載されている文章との直接的な関係は見いだせない。しかし、瀬川信一〈樹蔭にて〉は村松梢風の小説「苺狩」の一場面を絵にしていて、画題の下にも「苺狩」と記されているし、名越国三郎〈仲買人〉はオ・ヘンリーの邦訳「多忙な仲買人」の登場人物たちが会話する様子を描いており、絵の横にその会話の内容が引用されている。したがって、この二点はやはり〈挿画〉と考えるべきであろう。

一方、中村大三郎〈娘〉は加藤武雄の小説「娘」が掲載されている頁の中央に置かれている【図14】。絵には横向きの和装女性の上半身が描かれており、画題が小説のタイトルと同じであるため、絵と小説の内容とを結びつけようとしてしまうのも致し方ない。しかし、中村大三郎の〈娘〉は〈挿画〉ではないだろう。加藤武雄の「娘」は、作者が冒頭で「「宝石の夢」と「藷ぬす人」との二部相俟って全き一篇を成す」と断っているように、伯爵令嬢のT子が父親に結婚したい相手がいることを打ち明ける物語と、甘藷を盗んで捕らえられたお栄が自分を弄んだ金十に復讐するためだったと自白する物語からなる。「宝石の夢」ではT子の様子が「錦紗縮緬の袷羽織の片袖が、華美な模様を波立たせて、その端が座褥の縁をかくしてゐる」と説明されている。中村大三郎の〈娘〉は袷羽織を着ていないので、小説の場面を描いたものではないことがわかる。しかし、T子の「髪を七三に分けてゐる。斜めに此方に向けられた顔は、柔かに新月を描いた眉と、長い睫毛を刷いた瞼と、恰好のいゝ鼻と、赤い小さな唇と、而して揉上のあたりからすんなりとのびた匂やかな頬とを見せてゐる」という描写は、中村大三郎の描いた〈娘〉のイメージと重なる部分もある。さらに「宝石の夢」は「老伯爵は、暫くの間、言葉もなく、ぢつと娘の顔を打成つたのである——。」で終わるため、中村大三郎の絵を老伯爵の視線で眺める読者もいるかもしれない。このような誌面構成は様々な解釈の可能性が開かれる一方で、絵と文との関係を複雑にしている。

また、同号には目次にはない視覚表象も複数存在する。そのうち、伊東深水〈真昼〉は本来なら目次で取り上げられていてもよい絵だろう。〈真昼〉は桃川燕玉《ももかわえんぎょく》の講談「長門守血判取」が掲載されている頁の中央に置かれているが、講談の内容とは関係ない絵なので〈絵画〉に分類することができる。〈真昼〉には横になって書物の

図15　伊東深水〈真昼〉『サンデー毎日』1922年7月10日（第1年第16号）〔関西大学図書館蔵〕

頁をめくる和装女性が描かれている【図15】。真昼に寛ろいだ様子で書物を読む女性の表象は、まるで『サンデー毎日』の読み方を示唆しているようだ。

『サンデー毎日』においては、新聞にはなかった目次に視覚表象の情報を載せる際、〈絵画〉や〈挿画〉の扱いをめぐって混乱が生じている様子が窺える。つまり、目次に示された誌面構成は〈絵画〉によって攪拌されている。

4―3 「小説と講談号」の〈絵画〉

大正期、すなわち一九二二年七月一〇日（第一年第一六号）から一九二六年一〇月一日（第五年第四三号）までに「小説と講談号」は一七冊発行されている。一七冊に掲載されている視覚表象の総数は一四六二点で、その内訳を示すと〈絵画〉二九九点、〈カット〉八三点、〈挿画〉三一四点、〈写真〉七六六点（うちグラビア頁の写真は四九一点）であった（本書データベース篇参照）。

大正期の「小説と講談号」における絵と文との関係について、次の三つの傾向を指摘できる。[38]

・「創作」には〈絵画〉は入るが、〈挿画〉は入らない。
・「探偵小説」や「翻訳」には〈挿画〉が入るが、〈絵画〉が入ることもある。
・「講談」や「落語」には〈挿画〉が入るが、〈絵画〉が入ることもある。

「小説と講談号」において「小説」と「講談」は区分されている。さらにいえば、目次で「創作」と「探偵小説」

が別立てになっていたように、「小説」といってもいわゆる純文学的な作品と探偵小説や翻訳小説とを区別している。さらに絵と文の関係に注目すると、「小説と講談号」の「創作」は〈挿画〉がないことで、他の作品と差別化されているように見える。ところが、「創作」にしばしば挿入されている〈絵画〉は、ジャンルを問わず様々な作品の中に置かれている。そのため、〈挿画〉の有無による「創作」とその他の作品との差別化は曖昧になってしまう。

読み切りの短篇小説や講談落語のなかに内容とは関係のない〈絵画〉が挿入される事例はすでに『大阪毎日新聞』にある。例えば、薄田泣菫が文芸の編集をしていた一九一三年一月二日には谷崎潤一郎の短篇小説「恐怖」が一面を使って掲載されているのだが、その中央に島成園[39]と上村松園[40]の〈絵画〉が置かれている。「恐怖」は「鉄道病」を患っている主人公が徴兵検査を受けるため電車で京都から大阪に向かうという内容で、島成園の和装女性がしゃがんでいる絵や上村松園の巫女を描いた絵との関係は見いだせない。

図 16 厨川白村訳「小説 老婆（普仏戦争惨話）」および名越国三郎〈三つ巴春の壽〉『大阪毎日新聞』1915 年 1 月 1 日〔関西大学図書館蔵〕マイクロフィルム

また、一九一五年一月一日発行の『大阪毎日新聞』でも、同じ紙面に厨川白村訳「小説 老婆〈普仏戦争惨話〉」と、名越国三郎の〈三つ巴春の壽〉が掲載されている【図16】。「老婆」はギ・ド・モーパッサン（一八五〇—一八九三）の「ソヴァージュばあさん」を訳したもので、息子の戦死を知った老女の復讐劇である。一方、〈三つ巴春の壽〉には振袖を着た三人の女性が描かれている。初春を感じさせる華やかに着飾った女性たちが描かれた名越の絵は、「老婆」の悲惨な内容とは全く異なる世界を表現している。

そもそも判型が大きい新聞は一つの面に無関係なコンテンツが複数存在するのが常態である。このような新聞の編集方法が「小説と講談号」の誌面構成に踏襲されていると思われるのだが、先述したように、新聞に掲載さ

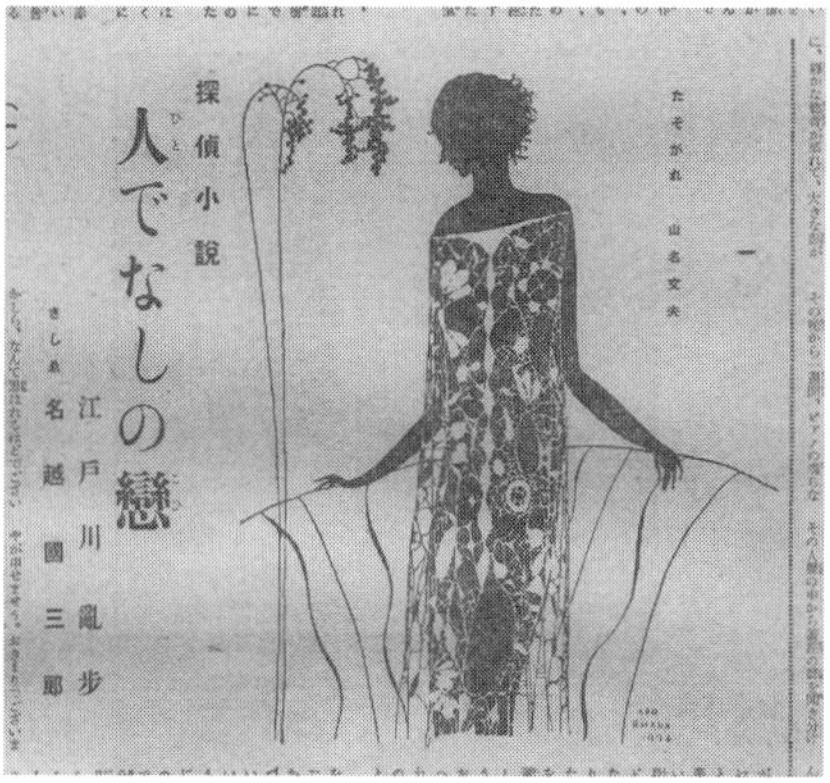

17-1（14 頁）

17-2（15 頁）

17-3（16 頁）

17-4（17 頁）

▌図 17-1 〜 6　江戸川乱歩「人でなしの恋」および名越国三郎の挿画、勝田哲〈いでゆ〉『サンデー毎日』1926 年 10 月 1 日（第 5 年第 43 号）〔大阪公立大学杉本図書館蔵〕

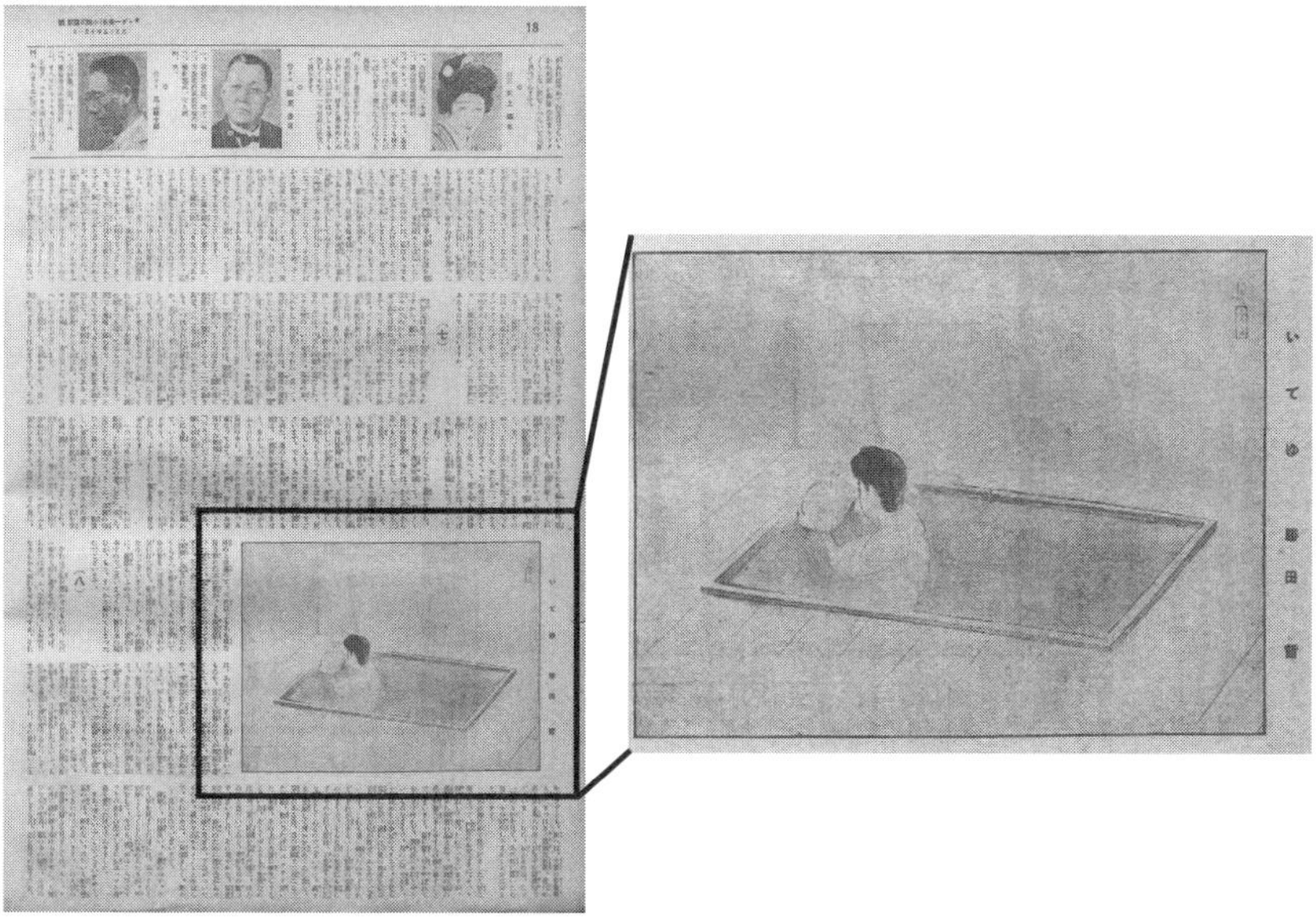

17-5（18 頁）

17-6（19 頁）

れる作品は一つの面に収まっているのに対し、「小説と講談号」の小説や講談は複数頁にわたって掲載されることが多い。そのため、一つの作品に〈挿画〉と〈絵画〉が混在するようなことが起こる。一九二六年一〇月一日（第五年第四三号）には江戸川乱歩の小説「人でなしの恋」が六頁にわたって掲載されている。〈挿画〉は大阪毎日新聞社の社員であった名越国三郎が描いているのだが、四点ある名越の〈挿画〉の間に勝田哲の〈いでゆ〉と題した〈絵画〉が挿入されている【図17―1〜6】。

「人でなしの恋」は新婚の妻が夫の不貞を疑い、その相手をつきとめるという内容である。名越の〈挿画〉は黒と白のコントラストによって、新婚生活の影、妻の疑念や不安、悲劇の顛末が表現されており、作品世界の不穏な空気を伝えている。ところが、まさに夫の恋人の正体がわかるという緊張感が高まった場面に、湯に浸かる人の後ろ姿が描かれた勝田の〈絵画〉が置かれるのである。実は名越はこの謎が解ける場面を〈挿画〉に描いている。【図17―4】しかし、その〈挿画〉はそれより前の場面、すなわち妻が夫の不貞の証拠を押さえようと蔵の中を捜索する場面に入れられている。〈挿画〉には「「拝領」と記された箱。何であらうと思つて、そつと取り出して、それを開いて、中の物を一目見ますと、ハツと私は何かの気に打たれました」というキャプションが付いている。夫の秘密が箱に隠されていることが〈挿画〉とキャプションによって示唆されている。このような〈絵画〉と〈挿画〉の配置は誌面の調整によるものだと推測され、そこに特別な意図があるとは考えにくい。しかし、〈挿画〉が小説の展開を先取りし、箱の中身へと読者の興味を誘発する形となっている。

【5】……おわりに

「人でなしの恋」の例において注目すべきは〈絵画〉と〈挿画〉とが同列に並べられていることである。

〈いでゆ〉を描いた勝田哲（一八九六―一九八〇）は日本画家である。東京美術学校（現・東京芸術大学）で西洋画を学んだが、のちに日本画に転じ、一九二五年、山元春挙に入門した。〈いでゆ〉が「小説と講談号」に掲載されたのは、勝田が日本画を本格的に学び始めた時期と重なる。

一方、「人でなしの恋」の〈挿画〉を描いた名越国三郎（一八八五―一九五七）は挿絵画家として知られる。大阪毎日新聞社の社員で、『大阪毎日新聞』や『サンデー毎日』の挿画を担当していた。

当時の画家たちの仕事について、『サンデー毎日』にも寄稿している石井鶴三[41]は、「タブローを作る事は真面目な仕事でさしえなど描くのは不真面目な仕事だというような事が言われ易い」と述べている。タブローを作る仕事すなわちファインアートの制作に対し、挿画を描く仕事すなわちイラストレーションの制作は「不真面目な仕事」と見られていたということだ。石井鶴三は「さしえといふものが」「何か絵画として一段低いもののように思われ易い」という[42]。この石井鶴三の言によれば、ファインアートが専門の画家（勝田哲）と、イラストレーションが専門の画家（名越国三郎）に対する評価にはやはり格差があったものと推察される。しかし、専門の異なる画家たちの作品が同等に掲載されているのが『サンデー毎日』の誌面なのである。

さらに、石井鶴三は新聞や雑誌に掲載される絵の格差についても、次のように述べている。

> 挿絵というのは、本来は、新聞雑誌とかその他の書物に挿まれる絵という意味でありましょう。だから、その絵の種類には、人物画もあり、風景画もあり、静物画もあり、歴史画もあり、物語画もあり、といったように種々雑多なものがあるべきはずです。（中略）
> 挿絵本来の意味は右の如くでありますが、それから転じて、いまは或る種の絵に対して挿絵の名を以て呼ばれるようになりました。それは文学の作物等より題材を得て描かれた絵に対してです。（中略）

さて挿絵は、文学の作物等より題材を得て描かれるものであるところから、文学の説明の如く、つまり、文学の附属物の如く考えられたり、従って、他の絵画に比べて、何か一段低級な作物であるかの如く考えられたりされ勝ちであります。が、それは明かにまちがいであります。[43]

「新聞雑誌とかその他の書物に挿まれる絵」のなかでも、〈挿画〉は「文学の附属物」のように見なされ、〈絵画〉に比べて「一段低級な作物」であるかのように見られていたというのである。このような〈挿画〉と〈絵画〉の評価の相違を考慮すると、『サンデー毎日』における画家たちの活躍は興味深い。たとえば、名越国三郎や岩田専太郎は「小説と講談号」に〈絵画〉も〈挿画〉も描いている。通常号まで視野に入れると、「小説と講談号」には〈絵画〉しか描いていない初山滋が通常号では〈挿画〉を描いているし、「小説と講談号」には〈挿画〉しか描いていない鰭崎英朋が通常号では〈絵画〉を描いている。

〈挿画〉と〈絵画〉が同等に置かれ、画家たちが〈挿画〉も〈絵画〉も載せるようになると、画家の立ち位置は意識されにくい。美術品を所有したり普段から展覧会に足を運んだりすることのない『サンデー毎日』の多くの読者は、既存の評価に関係なく絵を見ることができる。そうして、絵と柔軟に結びつけながら文を読むことができる。

大澤聡（二〇一二）は、一九三〇年代以降の「綜合雑誌」の流行について、次のように述べている。

誌面内部に多様性が確保される。バラエティに富んだコンテンツが並ぶ。この点で「綜合」は説明できる。幅広い読者層へのリーチするための戦術だ。「綜合雑誌」の流行がそれを象徴している。（中略）たとえば人物評論記事。そこでは、政治や経済、外交、芸能などあらゆるジャンルの著名人が文化領域に包摂される。

究極的には、文壇人と等価に扱われた。多彩な領域の人物がジャーナリズムに回収され、なべて文化的な消費材と化す。複数領域の平準化が進行していた。[44]

一九三〇年代以降の「総合雑誌」と同様のことが、すでに一九二二年に発行された『サンデー毎日』でも起こっている。しかし、『サンデー毎日』の場合、誌面内部の多様性は雑誌特有の特徴というより、『大阪毎日新聞』から引き継がれた性格であった。そのような新聞との連続性や情報の相互補完によって、『サンデー毎日』は大衆を読者として拡大していったのである。先行する週刊誌とは異なり『サンデー毎日』が短命で終わらなかった要因の一つとして、誌面の多様性を支える執筆者の安定的な確保が挙げられる。特に、新聞社の人脈を生かし、「小説と講談号」を季刊発行するなどして文芸を充実させた功績は大きい。そして、文芸と視覚表象の関係に注目したとき、『サンデー毎日』における視覚表象のダイナミズムが見えてくる。『サンデー毎日』の視覚表象は誌面のなかで、あるいは誌面を超えて、他のコンテンツと結びつき、目次による誌面構成を攪拌する。しかし、〈絵画〉と〈挿画〉が同等に扱われることで多様な解釈を引き出していくように、『サンデー毎日』の視覚表象は文字情報を補足し、誌面を装飾するというだけでなく、文学や美術における既存の枠組や位置づけを揺さぶり、大衆による新たな評価を生み出す可能性を秘めていたのである。

注

1　一九二一年一二月三一日、大阪市北区堂島大通に新社屋が落成した。『大阪毎日新聞』一九二二年三月一日にはその記念事業として、日刊英字新聞、週刊点字新聞、週刊サンデー毎日、西部通信連絡部設置、満州朝鮮巡回診療が挙げられている。

2　山川恭子「解説」（黒古一夫監修・山川恭子編『戦前期『サンデー毎日』総目次　下巻』ゆまに書房、二〇一三年）p.272

3　大澤聡「「編輯」と「綜合」　研究領域としての雑誌メディア」（吉田則昭・岡田章子編『雑誌メディアの文化史』森話社、二〇一二年）

pp.42–47

4 大阪毎日新聞社編纂『大正十二年度 毎日年鑑』（大阪毎日新聞社、一九二二年）p.513

5 毎日新聞百年史刊行委員会編『毎日新聞百年史』（毎日新聞社、一九七二年）p.529

6 注5と同じ。p.529

7 島屋政一編『大阪毎日新聞社大観』（大阪出版社、一九二四年）pp.144–147、野村尚吾『週刊誌五十年』（毎日新聞社、一九七〇年）p.11を参照。

8 注5と同じ。p.529

9 『大阪毎日新聞』の前身は『大阪日報』である。『大阪日報』は一八七六年二月二〇日創刊で、一八八二年二月一日に『日本立憲政党新聞』と改題、一八八五年九月一日より再び『大阪日報』となった。

10 加藤秀俊「まえがきにかえて」（週刊誌研究会『週刊誌―その新しい知識形態―』三一書房、一九五八年）pp.11–13

11 西川一草亭（一八七八―一九三八）は生花の去風流七代家元で、津田青楓の兄である。一九二三年に「サンデー毎日叢書第一編」として『生花の話』を大阪毎日新聞社より刊行している。

12 太田喜二郎（一八八三―一九五一）は、東京美術学校出身で黒田清輝に師事した洋画家である。ベルギーに留学し、印象派の画家エミール・クラウスに学んだ太田は点描表現によって農村風景を描き画壇で注目されたが、一九一七年頃より平明な洋画へと画風を変化させた。写実的ではあるが光のコントラストを生かした太田の作品は印刷との相性がよかったのかもしれない。

13 拙稿「明治期の大阪の雑誌―「文芸」細目―」（関西大学『国文学』九一号、二〇〇七年三月）pp.225–246参照。

14 浦西和彦・増田周子・荒井真理亜編『大阪文藝雑誌総覧』（和泉書院、二〇一三年）pp.585–586参照。

15 野村尚吾は「二大新聞社の競争激化から、期せずして週刊誌が誕生した」と述べている。注7野村著書と同じ。p.15

16 注14と同じ。pp.588–589

17 注5と同じ。p.527

18 阪本勝・尾関岩二「対談　創刊のころ」（『サンデー毎日〈五〇周年記念号〉』第五一年第二〇号、一九七二年四月二五日）p.223。なお、尾関は誌名を考えたのが奥村不染（信太郎）だと聞いていたようだが、薄田泣菫は当時専務だった高木利太の提議だったと記している（薄田泣菫「創刊当時のサンデー毎日〈あの頃の思ひ出　本誌十五周年に際して〉」『サンデー毎日』第一六年第一六号、一九三七年四月一日）p.66

19 注18と同じ。p.224

20 薄田泣菫も「私はきめられた欄に筆を取《ママ》る外は、誰彼見境なく手の空いたらしい同僚ととりとめのない雑話を交したり、または隣室の書庫に入つて、埃だらけな本をさがしたりするぐらゐが能で、雑誌の実務に至つては少しも知らなかつた」と回想しており、「肝腎の実務にあたつて編輯整理の仕事にたづさはつてゐたのはF氏（引用者注・深江彦一）その他五六氏であつた」という（薄田泣菫「創刊当時のサンデー毎日〈あの頃の思ひ出 本誌十五周年に際して〉」（『サンデー毎日』第一六年第一六号、一九三七年四月一日）p.68

21 注5と同じ。p.529
22 注5と同じ。p.529
23 鳥井守幸「Ⅳ 週刊誌と写真週刊誌」（植田康夫編著『新現場からみた出版学』学文社、二〇〇四年）p.45
24 注20と同じ。pp.66–67
25 『サンデー』の第一〜一〇号は同志社大学人文科学研究所で、第三〜二六八号は国立国会図書館で閲覧した。なお、後者はデジタルである。
26 柳田邦夫「週刊誌」（『日本大百科全書11』小学館、一九八六年）p.449
27 『週』の第一年第一号〜第二年第四六号（第一年第九号、第二年第二六〜二八、三四号は欠号）は日本近代文学館でマイクロフィルムを閲覧した。
28 注23と同じ。p.45
29 浦西和彦「薄田泣菫と泣菫宛て書簡について」（倉敷市編著『倉敷市蔵 薄田泣菫宛書簡集 作家篇』八木書店、二〇一四年）p.xii
30 注20と同じ。p.67
31 西山康一「『小天地』小説欄掲載作品の梗概」、掛野剛史「『小天地』総目次」（西山康一・掛野剛史・竹本寛秋・荒井真理亜・庄司達也『小天地 復刻版 別冊』琥珀書房、二〇二二年）pp.78–144 参照。
32 注20と同じ。p.68
33 拙稿「『小天地』の美術」 注31と同じ。pp.46–62 参照。
34 清水良雄（一八九一—一九五四）は洋画家である。一九一八年、『赤い鳥』創刊にあたって表紙絵・口絵・挿画を担当し、童画家としても知られる。一九二七年には、同じく『サンデー毎日』に絵を描いていた武井武雄や初山滋らと日本童画家協会を結成した。
35 伊東深水（一八九八—一九七二）は日本画家である。鏑木清方に師事し、浮世絵の伝統を受け継いだ美人画で知られる。なお、一九二二年の平和博覧会で伊東深水の「指」が二等銀賞となっている。
36 岩田専太郎（一九〇一—一九七四）は挿絵画家である。伊東深水に学び、博文館の『講談雑誌』に挿画を描く。一九二六年から『大阪毎日新聞』に連載された吉川英治「鳴門秘帖」の挿画を担当し、名声を得た。
37 岩田専太郎「コマ絵から」（『サンデー毎日〈創刊三十五年記念増大号〉』第三五年第一七号、一九五六年四月一日）pp.81–82
38 本書「戦前期『サンデー毎日』特別号視覚表象データベース」参照。
39 島成園（一八九二—一九七〇）は日本画家である。父と兄も画家で、絵は独習した。一九一二年、文展に初入選。その後、北野恒富や野田九浦に師事した。美人画で知られ、京都の上村松園、東京の池田蕉園と並び称された。

40 上村松園（一八七五―一九四九）は日本画家である。鈴木松年、幸野楳嶺、竹内栖鳳に師事した。一九九〇年、第三回内国勧業博覧会で初受賞。優雅な美人画を得意とした。

41 石井鶴三（一八八七―一九七三）は彫刻家、洋画家である。父は日本画家の石井鼎湖で、洋画家の石井柏亭は兄にあたる。洋画を小山正太郎に、彫刻を加藤景雲に学んだ。東京美術学校彫刻科を卒業、一九四四年に同校の教授となる。中里介山「大菩薩峠」や吉川英治「宮本武蔵」などの挿画を担当し、挿絵画家としても活躍した。

42 石井鶴三「さしえ画家として」（『中央美術』九巻七号、一九二三年七月）、引用は『石井鶴三全集　第二巻』（形象社、一九八六年）p.286によった。

43 石井鶴三「挿絵及び挿絵室に就いて」（『春陽会雑報』二号（第六回展覧会）、一九二八年）、引用は『石井鶴三全集　第四巻』（形象社、一九八六年）pp.71–72によった。

44 注3と同じ。pp.53–54

表１　『サンデー毎日』第１年第１号（創刊号）大正11年４月２日発行　細目

ページ	ジャンル	タイトル	執筆者・制作者・撮影者	備考
表紙(1)	写真	平和博覧会と上野広小路の賑ひ	（無署名）	キャプションあり。
2	写真	御旅館に充てらるゝ赤阪離宮、英国皇太子乗御の新造列車展望室、四月二三両日陸軍士官学校に開かれる台覧乗馬会の婦人愛馬家、高橋首相の姪御達です、平和博御巡視の同博総裁閑院宮殿下、台覧乗馬会に出る松井慶四郎男令嬢貞子さん、ノートルダム怪像の玩具品と帝劇の女優森律子、尾崎氏の令嬢達です	（無署名）	8点あり。
3	カット	（無題）	（無署名）	蛾と蝋燭。
	論説	現代生活の充実と節制と	（無署名）	
	絵画	坐れる女	アレキサンダー・アルキペンコ	
	絵画	二人の女	アレキサンダー・アルキペンコ	
	記事	童謡を作る　子供の心もち	本居長世	
	目次	目次		
4	記事	きれいに見えてもきたない生活	森本静子	
	記事	二重生活からのがれるために　洋式三十五坪の新住宅	（無署名）	
	写真	黒と白との華やかな化粧室—Ｈ氏の洋式新住宅—、南の陽を受けた夫人室—Ｈ氏の洋式新住宅—	（無署名）	2点あり。「二重生活からのがれるために　洋式三十五坪の新住宅」に挿入。
5	小説	《少女小説》叔母さんのお人形	ＡＢＣ子	
	カット	（無題）	（無署名）	盆栽。「《少女小説》叔母さんのお人形」の題字カット。
	絵画	京の春—まる山—	梶原ひさ子	
	挿画	（無題）	（無署名）	2点あり。和装の少女二人と犬、走ってくる和装の少女二人。「《少女小説》叔母さんのお人形」の挿画。
6	カット	（無題）	（無署名）	風船で浮かぶ子供とそれを見上げる二人の子供。《こどものページ》の題字カット。
	記事	スケートから得る平衡の快味	（無署名）	
	写真	（無題）	（無署名）	新築本社前にてスケートで競争する子供たち。「スケートから得る平衡の快味」に挿入。
	小話	よねちやん帰る〈事実のおはなし〉	（無署名）	
	カット	（無題）	（無署名）	鉢植えの花のキャラクター。「よねちやん帰る」の題字カット。
	漫画	オモチヤのオンドリ	（無署名）	
	埋め草	（無題）	（無署名）	母と子の会話。
	募集	童謡を募る〈懸賞募集〉	（無署名）	
	カット	（無題）	（無署名）	動物と子供たちの影絵。「童謡を募る」の題字カット。

ページ	ジャンル	タイトル	執筆者・制作者・撮影者	備考
7	おとぎ話	仙人〈オトギバナシ〉	芥川龍之介	
	挿画	「権助は静かに青空を踏みながらだんだん高い雲の中へ昇つて行つてしまいひました。」	(無署名)	「仙人」の挿画。
	記事	アメリカのおひなさま	(無署名)	
	挿画	(無題)	(無署名)	人形。 「アメリカのおひなさま」に挿入。
	クイズ	考へもの新題	(無署名)	
	挿図	(無題)	(無署名)	2点あり。 図形、池の絵。 「考へもの新題」の図解。
8	記事	素人設計　小住宅の研究	小野美智子	
	挿図	(無題)	(無署名)	2点あり。 間取り。 「素人設計　小住宅の研究」の挿図。
	記事	こどもの洋服	(無署名)	
	挿画	(無題)	(無署名)	木の実を採る４人の子供。 「こどもの洋服」の挿画。
	小説	《少女小説》叔母さんのお人形	ＡＢＣ子	5頁の続き。
	おとぎ話	仙人〈オトギバナシ〉	芥川龍之介	7頁の続き。
9	記事	水をこぼさぬお台所	間瀬八重	
	絵画	京の春―をどり妓―	梶原ひさ子	
	記事	木の芽の香と色〈これからの食べ物〉	一戸伊勢子	
	カット	(無題)	(無署名)	葉。 「木の芽の香と色〈これからの食べ物〉」の題字カット。
10	記事	私の最初の子〈或る親の記録一〉	鳳梨子	
	写真	「私の最初の子」周作君とそのおつかさん	(無署名)	「私の最初の子」に挿入。
	記事	この春の流行界雑感	(無署名)	
	カット	(無題)	Beean	弦楽器を弾く民族衣装の女性。 「この春の流行界雑感」の題字カット。
11	記事	結核の話1　それは謎であつた	有馬頼吉	
	記事	肺結核と気づいた時に迷はぬこと無理をせぬこと	松田毅	
	記事	足を締めよ　よき子供靴	小西善太兵衛	
	挿図	子供の足のための悪い靴(右)と足の発達を助けるよい靴(左)	(無署名)	「足を締めよ　よき子供靴」の挿図。
12	記事	夫婦相互の思想	三宅やす子	
	記事	ラ・ポルカ・クリオラ　最近巴里で流行の新舞踏	(無署名)	
	挿図	(無題)	(無署名)	楽譜。 「ラ・ポルカ・クリオラ　最近巴里で流行の新舞踏」に挿入。
	挿画	(無題)	(無署名)	舞踏会の様子。 「ラ・ポルカ・クリオラ　最近巴里で流行の新舞踏」に挿入。
	挿図	(無題)	(無署名)	ステップの図解。 「ラ・ポルカ・クリオラ　最近巴里で流行の新舞踏」に挿入。
	埋め草	二人のロイド・ジヨージ	(無署名)	

13	記事	鮒の乗つ込と釣場所	上田尚	
	記事	挿花の「自然」	西川一草亭	
	埋め草	日米英の冬	（無署名）	
	イラスト	（無題）	（無署名）	ボールで遊ぶ熊。 「楽屋裏から」のカット。
	記事	楽屋裏から	（無署名）	
14	小説	尚公爵　秘密探偵小説	イー・ビー・オツプンハイム作、春日野緑訳	
15	記事	禽獣の舞踊と植物の舞踊	山田耕作	
	絵画	春宵曲	名越国三郎	
	小説	尚公爵　秘密探偵小説	イー・ビー・オツプンハイム作、春日野緑訳	14頁の続き。
16	記事	野球を七回試合にするの可否	（無署名）	＊全然賛成論として山根斎・大田清一郎・島津保雄のコメントあり。
	記事	硬球のスコアリング	T・H・生	
17	論説	産児調節か　生み放題・死に放題か	山川菊栄	
	記事	私の最初の子〈或る親の記録一〉	鳳梨子	10頁の続き。
	写真	表現派の彫刻「踊る女」	ウヰリアム・ワアウア	
	記事	顔の条件五つ	（無署名）	
18	記事	露国文芸界	（無署名）	
	カット	（無題）	（無署名）	男性。 「露国文芸界」の題字カット。
	記事	文壇近頃の事	（無署名）	
	記事	ゴシツプ	（無署名）	
	カット	（無題）	（無署名）	花。 「ゴシップ」の題字カット。
19	小説	牡蠣船	田中貢太郎	
	挿画	（無題）	Kuni（名越国三郎）	和装の女性の立ち姿。 「牡蠣船」の挿画。
20	記事	第四十五回の論戦を顧みて	（無署名）	
21	記事	第四十五回の論戦を顧みて	（無署名）	20頁の続き。
	記事	《時事週報》	（無署名）	
22	記事	《時事週報》	（無署名）	21頁の続き。
	記事	アフリカの架空地名	（無署名）	
	埋め草	（倫敦の霧）	（無署名）	
23	広告			
24	記事	《経済週報》	（無署名）	
	記事	《日誌》	（無署名）	
25	記事	《経済週報》	（無署名）	24頁の続き。
	挿図	三品定期綿糸先限高低表、北浜鐘新株高低表、堂島定期米先限高低表、北浜大新株高低表、横濱定期生糸先限高低表	（無署名）	5点あり。 グラフ。
	記事	当座帳	（無署名）	
26	広告			
27	広告			
裏表紙	広告			

▌表2　『サンデー』第1号　明治41年11月22日発行　細目

ページ	ジャンル	タイトル	執筆者・制作者・撮影者	備考
表紙	絵画	（無題）	（無署名）	和装の女性。 記事の見出しあり。
表紙裏	風刺画	（無題）	ＴＭ（森田恒友）	公債をめぐる争い。
1-20	カット	（無題）	（無署名）	ヘッダーに「サンデー　第一号」の題字とカットあり。
1	論説	東漢史に比す可き清廷の変	（無署名）	
	記事	発刊の辞	（無署名）	
	論説	来る可き議会	（無署名）	
	論説	独帝失言問題	（無署名）	
	記事	正伝訛伝	（無署名）	
2	記事	特別大演習	（無署名）	
	カット	（無題）	（無署名）	獅子の面。 《最近の世界》の題字カット。
	写真	伏見宮殿下、奥大将、乃木大将、福島中将、統監部員之観戦	（無署名）	「特別大演習」に挿入。
3	記事	特別大演習	（無署名）	2頁の続き。
	記事	清廷の愁雲	（無署名）	
	写真	光緒帝、醇親王	（無署名）	「清廷の愁雲」に挿入。
4	記事	敗れたる武雷安	白蛇	
	挿画	演壇上のブライアン	（無署名）	「敗れたる武雷安」に挿入。
5	記事	敗れたる武雷安	白蛇	4頁の続き。
	記事	美人西太后	（無署名）	
	挿画	其面影（其一）、（其二）	（無署名）	「美人西太后」に挿入。
6	時評	「ディスカバー」と「クリヱート」	内田魯庵談	
	カット	（無題）	（無署名）	人魚。《文学》の題字カット。
	写真	内田魯庵氏と其書斎	（無署名）	「「ディスカバー」と「クリヱート」」に挿入。
	随筆	霜の朝	相馬御風	
7	詩	そらごと	与謝野晶子	
	絵画	龍田姫	渡部審也	
	記事	傍若無人録	長刀生	
8	記事	国家を賊する横濱正金（一）	（無署名）	
	写真	横濱正金銀行	（無署名）	「国家を賊する横濱正金（一）」に挿入。
9	記事	国家を賊する横濱正金（一）	（無署名）	8頁の続き。
	漫画	（無題）	（無署名）	3点あり。 日本橋通りの昨今、桂屋の店頭、自然流の諸体に現はれたる人物。
	広告			
10-11	写真	大観艦式	（無署名）	見開き。6点あり。 大観艦式、第一艦隊司令長官伊集院中将、第二艦隊司令長官出羽中将、軍令部長東郷大将、海軍大臣斎藤中将、第三艦隊司令長官富岡中将
12	小説	男	小栗風葉	
	カット	（無題）	（無署名）	男性の面と手。 「男」の題字カット。

13	小説	男	小栗風葉	12頁の続き。
	挿画	(無題)	石井柏亭	遺体の検分場面。「男」の挿画。
14	小説	夜叉美人(1)〈露国探偵実譚〉	白雲流水楼主人	
	カット	(無題)	(無署名)	女性の横顔。 「夜叉美人(一)」の題字カット。
15	小説	夜叉美人(1)〈露国探偵実譚〉	白雲流水楼主人	14頁の続き。
	挿画	(無題)	(無署名)	椅子に座る二人の紳士。「夜叉美人(一)」の挿画。
	記事	広告趣味	五軒町人	
16	カット	(無題)	(無署名)	鳥。 《演芸》の題字カット。
	記事	歌舞伎座の十一月興行	古城	
	写真	焼香場の舞台面	(無署名)	「歌舞伎座の十一月興行」に挿入。
	挿画	猿之助の柴田勝家、八百蔵の斎藤内蔵助、梅幸の鬼女　猿之助の綱	(無署名)	3点あり。 「歌舞伎座の十一月興行」の挿画。
17	記事	歌舞伎座の十一月興行	古城	16頁の続き。
	挿画	訥弁の保名　芝翫の葛の葉、松助の庄司、菊三郎庄司の妻	(無署名)	「歌舞伎座の十一月興行」の挿画。 16頁の続き。
	記事	稽古の二日目	伊原青々園	
	挿画	児太郎の草刈童、團右衛門の須勘平と高麗蔵の悪右衛門、芝翫の葛の葉	(無署名)	3点あり。 「稽古の二日目」の挿画。
	記事	芸界　鈍託集	二丁庵	
18	カット	(無題)	(無署名)	蝙蝠。 《運動界》の題字カット。
	記事	『野球界の新曙光』東京倶楽部成る	(無署名)	
	記事	戸塚原頭の殺闘	(無署名)	
	写真	東京野球倶楽部員諸氏	(無署名)	「戸塚原頭の殺闘」に挿入。
	広告			
19	記事	買はれたる流行記者	大島都武伎	
	カット	(無題)	(無署名)	キューピッド。 「買はれたる流行記者」の題字カット。
	紹介	新刊紹介	(無署名)	
	広告			
20	記事	《日誌》	(無署名)	
	カット	(無題)	(無署名)	眼鏡をかけた洋装の紳士。 《日誌》の題字カット。
	写真	酉の市の夜景、浅草大鷲神社鳥居前の雑閙、七五三の祝い	(無署名)	《日誌》に挿入。
	広告			
裏表紙裏	漫画	(無題)	(無署名)	芝居を見物する西洋人たち。
裏表紙	漫画	(無題)	(無署名)	歌舞伎座十一月興行。

第2章 芥川龍之介と『サンデー毎日』――菊池寛を補助線に

五島慶一

【1】……初めに

一九二二（大正一一）年四月の『サンデー毎日』創刊時、大阪毎日新聞社には芥川龍之介と菊池寛が特別契約社員として在籍していた。編集部内での二人の位置については、例えば次のような回想的証言がある（以下、この章での傍線はすべて引用者によるもの）。

芥川龍之介は『サンデー毎日』の編集にタッチしたわけではない。それどころか、芥川は東京在住で、二ヵ月か三ヵ月に一度、大毎本社に顔を出した程度だという。

（中略）

「社友の菊池寛や芥川龍之介が大阪に来ると、いつも歓迎の宴会が盛んに行われるのが習慣になった。それを悪用して、部員の中には歓迎会費を仮出して、一時しのぎをやるのがいた。精算しないからあとで差引かれるけれども、それを口実に仮出して、急場をしのぐわけですが、部長は知っていても印を押してくれた」と創刊から編集に従事していた尾関岩治が語っている。[1]

正確に言えば、創刊の時点で芥川（及び菊池）の身分は「社友」＝準社員ではない。中略部分でも触れられている通り、[2] 一九一八（大正七）年に社友として大毎に入った芥川は翌年社員へと契約・身分変更を行っているが、[3] これもよく知られている通り、以上一連の経緯にはほぼ同時期に学芸部部長に就任するところとなった薄田《すすき》泣菫《だきゅうきん》の意向・引きによるところが大きい。[4] 更に、後に詳述する通り菊池を毎日新聞社に最初に繋げたのは他ならぬ芥川であり、一九一九（大正八）年の社員昇格時には菊池との同時入社扱いであった。

それから三、四年、もはや押しも押されもせぬ文壇代表作家へと成長した二人の存在が大阪毎日新聞社、特に『サンデー毎日』編集部内で示した重みを考える材料として先の引用は興味深いが、ここでは芥川・菊池の側からの同誌への接し方、また彼らがそこに寄せた作品が同時代的に持ったであろう効果を、実際の誌面及び寄稿履歴から考える場としたい。

【2】……芥川・菊池と毎日新聞社

2―1　入社まで

まずは少し時間を遡って、芥川の入社の経緯を改めて確認し、それ以降の芥川と大阪毎日新聞社との関係を見ておきたい。既述の通り、一九一八（大正七）年に芥川が社友となるべく段取りを付けたのは当時学芸部副部長であった薄田泣菫であるが、彼はその少し前から「大毎の夕刊紙上に新進作家の小説を載せる企画を立てて若手の作家を登用していた[5]」という。実際、これ以前に芥川は同紙夕刊に単発で「道祖問答」（一九一七（大正六）年一月二九日）、連載として「戯作三昧」（同年一〇月二〇日～一一月四日）を寄稿しているが、どちらも『東京日日新聞』（以下、『東日』）には載らない『大阪毎日新聞』（以下、『大毎』）単独企画であり、更に後者に関しては連載前の九月二〇日附で芥川から泣菫宛に執筆受諾の返事が送られている（因みに、確認されている限りこれが芥川から初めての泣菫宛書翰である）ことなどからも、先の『社史』の記載は裏書される。続く「そして、それら若手の中で泣菫がもっとも将来を期待していたのは芥川だった」という記述も、（芥川側から確認できる範囲では）翌年一月から始まった芥川の社友就任への交渉（というより相談）が、芥川にとって有利な条件[6]の下で早期に妥結したことから首肯できるところである。

芥川の社友就任は、契約上は恐らく一九一八（大正七）年三月からのことと思われる。泣菫との間で大詰めの交渉が行われていたのが同年二月で（注6参照）、三月二九日には規定の五〇円が芥川の手に渡っていたことが、次に引く同日附泣菫宛芥川書翰からわかるからだ。

それから今朝為替で五十円頂きましたが、あれは例の件の纏つた結果ですか或はこの前の原稿料ですかどち

らとも判然しないから伺います（中略）
久米は伊藤博文を主人公にした小説を書くさうです谷崎君や豊島は何を書くか判然しません　五月の末か六月の始僕は江田島へ出張しますその時は多分大阪でお目にかかれるだらうと思ひます

この時期入金の可能性がある原稿料としては同年五月一日〜二二日『大毎』夕刊に掲載（二日〜二二日の『東日』にも）した「地獄変」に対するものがあるが、同じ書翰内で芥川はその原稿遅滞に対する詫びを述べているなどその時点で同作が未完遂であったこと、またこの直後すなわち翌月六日附久米正雄宛芥川書翰に「僕も幸大阪毎日がきまつたので　さう筆の労働をしなくても生活には困るまい」とあることから、文中の五〇円は社友としての報酬と考えられる。

ただ、この書翰でより注目すべきは引用中段の記載である。ここからは芥川が久米正雄、谷崎潤一郎、豊島与志雄ら東京在住の〈文壇〉作家（と仮に呼ぶ）と泣菫を結ぶ役を果たしていたことが窺われる。実際、久米はこのあと一九一八（大正七）年一〇月七日〜一九日に「牡丹縁」を、谷崎は同年五月二三日〜七月一一日に「白昼鬼語」を、豊島は同年八月二日〜二二日に「猟人の群」を、それぞれ『大毎』夕刊に発表している。このうち、前二作に関しては『東日』にも掲載された。また、谷崎潤一郎に関しては芥川の社友契約が纏まる少し前、すなわち同年二月九日〜一九日掲載（『東日』にも）の「少年の脅迫」が同紙初連載として存在するので、初めに彼をそこに導いた者として芥川の功績を認めうるかは時期的に微妙——泣菫が他の伝手によって依頼をかけたという可能性もある[7]のだが、短期間に二本の連載原稿を獲得した裏には、一定程度芥川の存在・役割を考慮してもよいかと思われる。

庄司達也は「芥川龍之介と大阪毎日新聞社——一九二四年一月「馘首事件」考」（『湘南文学』第五五号、二〇二〇年三月）他で「芥川は原稿執筆の他にも、他の作家たちを執筆者として泣菫に紹介する（或いは、もっと積極的に「勧誘する」と云って良いかも知れない）役割を期待されていたと云う事ができる」と指摘する。庄司は主に翌年の芥川「社員」就任後の状況を見据えて述べているようだが、そうした状況あるいは役割は一九一八（大正七）年の「社友」時あるいはその前夜から見受けられるのである。というのは、久米に関しては既に同年二月二二日附で、「大阪毎日より君に至急十五六枚の短篇原稿を乞ひ来る　僕の顔を立てると思つて引き受けられたし」と記した葉書が芥川から送られているからだ。

更にそうした流れの中で、しかも今回は明確に芥川の側からの提起として菊池と泣菫あるいは大阪毎日新聞社を繋ぐ線が引かれるのである。すなわち、一九一八（大正七）年七月二二日附書翰で、芥川は泣菫に宛て「菊池寛と云ふ男は僕の友だちなのですがその中に何か一つ毎日に書かせて見ませんか　そんなに悪いものは書くまいと思ひます」と友人を売り込んでいる。結局このときは彼が時事新報社に社会部記者として勤務していた都合から寄稿は実現しなかった【8】ものの、翌年の菊池の芥川との同時入社に繋がる種はここに播かれたと言ってよい。

芥川が大阪毎日新聞社学芸部所属の特別契約社員として入社したのは一九一九（大正八）年三月、この時菊池も東日の編集局社員として雇用されている。尚、菊池の所属に関してはこれまで曖昧に処理されてきたような観があるが、『社史』の記載を中心に毎日新聞社の記録を統合・勘案して先述の通り定めた。まず、上巻の六一三頁には次の通りある。

菊池は新聞向きの大衆的な小説を書く作家だった。そこが泣菫の狙いだった。また菊池は当時、時事新報社の記者から作家として立とうとしていた時でもあった。

2人の人事はたいした障害もなく進んだ。菊池には当初、社会部勤務という話があったが、菊池がこれを拒否し、最終的にはこの年3月から芥川は大毎、菊池は東日の社員になることが決まった。辞令は芥川が3

月8日付、菊池が3月23日付で出ている。2人の待遇は、出社を免除し、年に何回か小説を書く、他の新聞には執筆しない、原稿料はなく、月額報酬130円であった。破格の待遇といえる。

引用冒頭部、芥川と共に第四次『新思潮』で出発し、その時点で「無名作家の日記」（『中央公論』第三三年第七号、一九一八（大正七）年七月）「忠直卿行状記」（同誌、同年第一〇号、同年九月）などを発表していた菊池をそのように意味づけるのはどうかと思うが、ここではひとまず措いて事実の抽出に努める。波線部は一九一九（大正八）年二月八日附泣菫宛芥川書翰からひとまずは裏付けることができる。それを見ると、菊池の拒否を受けて、あるいはそれを先取って社＝泣菫側から彼にとってより好ましい待遇が用意された模様である。引用文には菊池の新たな、即ち決定した所属先の記載がないが、庄司前掲論では、（現）毎日新聞社所蔵の社籍簿調査の結果として「編集局社員」としての雇用であったとする。そこで改めて『社史』の別巻を参照すると、第二章「経営関係」の中に「社内機構の変遷」の節があり、各時期ごとの組織系統図が掲げられている。菊池入社時に該当するのは「大阪毎日新聞社、再び株式会社に変更後の1919（大正8）年12月」のもの。「12月」とあるのは一〇月に東日の政治部に地方課を設置するという微修正があったためで、他の部分に関しては同年三月一日の「株式会社大阪毎日新聞社」の正式発足以来変更はないと見てよい。

その時点で組織はまず大きく「本社（大阪）」と「東京支店」に分かれ、更に前者は「編集主幹」と「営業局長」に、後者は「編集主幹（編集局）」と「理事（営業局）」に分かれるものとされる。「学芸部」は大阪本社（大毎）と東京支店（東日）のどちらにも「編集主幹」内の一部署としてあるが、「編集局」の文字は「東京支店」すなわち東日の方にしかない。しかもそちらには「編集主幹（編集局）」の下部組織（役職）に「編集局書記」が置かれているが、「本社（大阪）」の方にはそれがないのである。[9]「編集局」を手掛かりにして、菊池は「東京支店」＝東日所属と結論付ける所以である。

但し、先に引用した『社史』の記載、実は幾つか誤りと思われる記載がある。中西靖忠・注8前掲論文には次のようにあるのである。

毎日新聞社（大阪）に残る記録によれば、入社は大正八年三月二十三日、「特別契約ニヨリ編集局社員トシテ採用、社会部勤務、月五拾圓となっている。条件として挙げられることは

一、毎日出勤ヲ免除スル事　但シ本人ノ意志ニヨリ出社スルハ何等差支ナク寧ロ其多キヲ希望ス
一、今後本社ヘノ寄稿ニ対シテ文壇批評雑筆等ハ俸給以内トシ創作ハ其都度相当ノ原稿料ヲ支給ス
一、今後他ノ新聞ニ寄稿スルコトヲ許サス　但シ雑誌ヘノ投稿ハ随意トスル事

以上

参考　普通賞及び《ママ》特別賞ヲ給セザルモ毎年半期月俸二ケ月分ニ相当スル額ヲ特別手当ノ名義ノ下ニ支給スル事

要は、先に『社史』が引く特別契約社員としての待遇・条件、特に「原稿料はなく、月額報酬１３０円」という部分は芥川に対するものであって、菊池のそれではなかったということである。しかも菊池は編集局社員としての採用ではあったが、名目上の所属は社会部であった。但し、それに関しては当初から話がついていたのであろう、その年のうちに学芸部に転属となる。そのあたりに関しても中西前掲論に記載があるので引き続き引用する。

（大正）八年八月　本月ヨリ臨時手当月弐拾参円給与
八年十月十日　学芸部勤務ヲ命ズ
八年十二月　本月ヨリ金弐拾円増俸　月七十円、臨時手当弐拾参円
九年九月　小説「真珠夫人」好評ニ付金五百円贈与
十一年十二月　本月ヨリ月俸九拾円給与
十三年八月十六日　事務ノ都合ニ依リ解雇

中西の参照する大毎の「記録」が具体的にどのようなものであるかは記されていない。論文冒頭に「毎日新聞（大阪）の社史編集室で、五通の菊池寛の書簡を見た。」云々とあるので、恐らくその場所で同時に見たものと推察されるが、前掲『社史』の記載がこれを踏まえていないことからすると、あるいは既に散逸してしまったのかもしれない。しかし菊池入社時の条件・待遇が月俸五〇円というところも含めて芥川が社友として同社に入ったときとほぼ同一であること、又何より、この後で引く一九一九（大正八）年二月一二日附の泣菫宛芥川書翰、引用冒頭に見える特別社員としての契約条件で、「僕も時折外の雑誌へ書いてよいかどうか」の「僕も」は先に見た菊池の条件を踏まえないと説明がつかない——逆に言えば、それがぴったり当て嵌まるところから、記載内容は信頼してよいだろう。更に言えば、後に見る通り、その後『大毎』『東日』紙面上で菊池は連載小説を軸とする活動が眼に着くのに対し、芥川の方は一九二二（大正一一）年一月一日〜二月一三日の『大毎』朝刊に連載した「江南游記」以後連載作が途絶え、雑纂的なものへと活動がシフトしていくのも、こうした契約条件の違いを視野に入れるとより合点がいくものに見えてくる。

さて、既に見た通り、芥川と菊池の間で辞令上は半月ほどのずれがあった。この点は、あるいは菊池の前職場

である時事新報社への配慮の結果であったかとも思われる。中西前掲論には、次のような「日付、消印は不明の封緘はがきと思われる泣菫宛の」菊池書翰が引用・紹介されている。尚、中西によれば、「毎日新聞（大阪）の社史編集室で」「写真に撮って保存してあ」ったものという[10]。

愈々今月限り退社することになりましたか《ママ》（行末）から三月より御契約下されば有難いと思ひます　が一寸御許しを願ひたいのは三月の初旬に私の原稿が時事新報に出ます之は前から頼まれて居たので一寸断りにくいのですが、匿名でありますから之丈は許して下さるやうお願ひします

菊池の断っている原稿とは、『時事新報』同年三月五日から一四日まで断続掲載された文芸時評「文壇は疲れてる」（全六回）のこと。「羊頭狗肉氏」の変名を用いたのは、菊池の気兼ねゆえか。しかし辞令上若干の日付のずれはともかく、大阪毎日新聞社において実質的には一括同時入社としての扱いであったことは、同月二一日附『大毎』の社告欄に「両文士入社　芥川龍之介氏／菊池寛氏」という記事が載ったことからもわかる（『社史』上巻pp.613–614）。

新興文壇の双璧として最近の創作界に盛名を馳せたる芥川龍之介、菊池寛両氏は今回本社に入りて各得意の創作に従事する傍、文芸批評の筆を執りて斯壇に雄飛すべし、芥川氏は東京帝大英文科の出身、最近まで横須賀機関学校の教職にあり、菊池氏は京都帝大英文科の出身、相前後して共に創作界に入り、着想の清新、表現の生気ある点に於て共に一躍して大家の列に入りし人、今後創作に、批評に、この若き両作家が轡をならべて文壇に馳駆する雄姿の華やかさは、ひとり本紙を通じてのみ観らるべきなり

どこか、これより三〇年前、尾崎紅葉と幸田露伴が読売新聞社に同時入社したときの事を想起させるような書きぶりである。そのときも紙上社告（一八八九（明治二二）年一二月二三日）にて喧伝がなされているが、あるいはそれが意識された告知文であったのかもしれない。今回の記事では「文壇」という語が目立ち、彼らの文壇作家としての価値を、社として利用・消費しようとしているかのように文面からは受け取られるが、これは一面芥川の意図に適うものでもあった。即ち、入社への条件交渉を重ねる中で、泣菫に宛てて次の通り何度も「文壇」「文芸欄」に言及しているのである。

僕も時折外の雑誌へ書いてよいかどうか　これを前以て申し上げて置かうと思つて忘れたのですが　もしいけないとなると所謂文壇なるものと余り縁が切れすぎて作家としての僕の為のみならず社員としての僕にも損ではないかと思ふのです

（一九一九（大正八）年二月一二日附）

菊池と二人で月評をかくと云ふ件につき　東日と大毎とに同時に文芸欄を作る事は出来ませんか　もし大阪のあなたと東京の我々とが連絡をとつて東西の文芸欄を維持して行けば今の日本の文壇のオオソリティになれると思ふのですが如何ですか　この件は細目に亘つていろいろ御相談する必要があると思ひますが　先文芸欄を作れるか否かを先決問題として伺ひます　勿論さうなれば菊池も僕も時々東日の社へ出たり寄稿を依頼に行つたりしてもよろしい（同前）

今の東日の紙面では文芸欄を設ける事も無理かとは思ひますが出来るなら設けると好いと思ひます　大毎だけ設けても好いやうなものだがやつぱり東京の新聞にないと文壇との関係が密接にならないのでいけません（同二月二〇日附）

文芸欄の出来る事を私も菊池も望んでゐます（同三月八日附）

更に入社後の動きとしては、次のようなものも確認できる。

二十九日　晴
午後社へ顔を出し松内氏と文芸欄の打合せをする。畑を訪ねたがゐなかつた。（中略）月評を書き出す。
三十日　晴
午後畑耕一来る。（中略）菊池来り三人で文芸欄拡張の話を少しする。

「我鬼窟日録」と題された芥川の日記中、一九一九（大正八）年五月の記載の一部である。尚、同じ材料で「「我鬼窟日録」より」と題して一九二〇（大正九）年三月に雑誌『サンエス』第二巻第三号に発表されたものがあるが、ここでは生前未発表の原版から引用した。松内（則信）は当時東京日日新聞社会部長、畑耕一は同社記者。[11]よってここでの話柄は『東日』に関わるものと判断される。四月三日、「日日文芸欄」が新設された旨が、『社史』別巻に記載されている。[12]尚、入社直後に芥川は、新設された東日文芸欄に劇評「有楽座の「女殺油地獄」」を掲載する事となる。[13]

だが、ここで確認しておきたいのは芥川の態度の方である。即ちその身は東京に置きながら大阪毎日新聞社社員となる／なった芥川が、相変わらず東京を中心として成立・推移していた〈文壇〉を強く意識し、その中枢に存在する作家としての身の振り・社への貢献を果たそうとしていたことが看て取れる。正にそのような芥川の意識、一方で社から彼への（淡い？）期待の眼差しは、後の『サンデー毎日』創刊・初期動向にも反射してくるものと思われる。

前提部分でもう一つ考えておきたいのが、社との関係に於ける芥川にとっての菊池寛の位置である。菊池入社に関して関口安義は次のように記し、その記述（前提）を『社史』も利用している。

これまでの芥川伝の多くは、入社の折、龍之介が仲間の菊池寛を一緒に社員にしてくれるよう自ら交渉したとするが、菊池をも入れようとしたのは、薄田の発想であった。龍之介は自分自身のことで当初は精いっぱいであり、人のことなど考えている余裕などなかった。薄田の方は、芥川龍之介一人の人事より菊池寛を含めた方がやりやすかったためかも知れない。（中略）龍之介は薄田と菊池の間を取り持った程度の関係である。

薄田は菊池寛を買っていた。前年七月には芥川を介し、菊池に原稿を依頼するということもあった。が、その時は菊池の方が、時事新報社の記者であることを理由に断っている。薄田はせっかくの機会なので、菊池をなんとしても時事新報社から引き抜きたかった。[14]

確かに、菊池も社員にという案自体は、ある程度の人事決定権を持ったであろう泣菫側から持ち出されたものかもしれない。現存資料から見る限り、澤本知彦が示す、次のような展開が最も当を得ているのではないかと推察される。
芥川の申し出を快く了承した泣菫は、さらに、今度こそ菊池も書けるのではないかと考え、芥川に菊池も社に誘うようにと打診している。一年前にはまだ文壇的地位を確立していなかった菊池寛とのやり取りを泣菫は忘れずに覚えていたのである【15】。

だが、先の関口論引用部の発想は、傍線部が先にその一部を引いた一九一八（大正七）年七月二二日附泣菫宛芥川書翰の明らかな誤読であることが端的に示すように、菊池を社に結び付ける働きにおいて芥川の存在を不当に軽く見過ぎている、あるいは相対的な比率から言って泣菫の役割を重く位置づけ過ぎていると言えよう。

そのような見方は、庄司前掲論が主問題としている一九二三（大正一二）年末から翌年頭にかけての芥川の所謂「馘首事件」にも反映している。結論として言えば、それは実質的に社内組織変更に伴う芥川の身分異動に過ぎなかったのだが、従来、過去の私を含めて多くの芥川研究者はそこに過剰な、あるいはズレた意味を附与してきたと言わざるを得ない。自省を込めてここに改めて整理を行っておきたい。

2—2　芥川の身分変更

まず、その時期の組織改編に関しては『社史』別巻に次のように記されている。

出版関係の仕事が増えてきたため23年11月「出版部」を営業局の一部として独立させ、部長をおき、事務の統一整理が図られた。さらに同年12月、学芸部を廃止して編集局に置かれた編纂課にサンデー毎日その他

> の定期刊行物（エコノミストを除く）の編集を移す。学芸部の持っていた小説講談や、絵画、音楽など芸術に関するものは社会部に移された。（p.205）

事業歴の一環として一連の記述になっているが、恐らく業務拡大を企図した「出版部」の独立と、後段の事例は別の意味合いを持つ。『社史』上巻「芥川龍之介と毎日新聞」の項（以下、ページのみの記載はすべてそこから）には、学芸部の廃止は、パーキンソン病悪化のため一九二三（大正一二）年一二月二八日附で出された（彼にとってこれが実質的引退となる）「泣菫の休職に伴うものと思える」と記されている（p.608）。先の引用に記された同月中の措置は、関連の緊急避難であろう。そのことは、野村尚吾によって次のように纏められた初期『サンデー毎日』の歴代編集長とその肩書からも窺うことができる。

一九二二（大正一一）年四月（創刊）　薄田淳介（泣菫）（学芸部長）
一九二三（　同一二）年二月　深江彦一（編纂課長）
一九二六（　同一五）年一月　北尾鐐之助（同）
同年　六月　千葉亀雄（学芸部長）
一九二七（昭和二）年一二月　伊藤金次郎（学芸部編纂課長）

深江彦一（彦市）は泣菫が学芸部長として創刊以降『サンデー毎日』を差配していたときに副部長であった者。「のちに初代の編纂課長となるが、薄田とともに、主動的な役割を果たし、昭和七年には東日の社会部長となった」。北尾も同じ時期の学芸部員として泣菫の元で働き、「編纂課長をやったが、表紙用の写真の業績をかわれて、大毎写真部長になったように、のちにはカメラマンとして広く知られた」という。[16] つまり、三代目まではいずれも泣菫の元で初期から働いていたメンバーであり、北尾などはある意味編集長としては〈繋ぎ〉であったと見られなくもない。次の千葉亀雄が『サンデー毎日』誌面に大変革を齎すことになるが、それについては今は措き、その時点では学芸部が復活していたことに留意したい。一九二三（大正一二）年一二月の休職後、泣菫は（名目上の）復職・再休職を経て一九二八（昭和三）年五月三一日附で「休職満期に付き解雇」（p.608）されるが、その翌日附で「学芸部事務」を嘱託され終生その地位にあったという（p.597）。即ち学芸部廃止は一時的な措置であったのである。

このとき、「「学芸部」特別契約社員の芥川は、一般の社員とは待遇が異なり職場が廃止されると、他の職場への人事異動はなく、自然解雇の形になる。」（p.608）実際、一九二三（大正一二）年一二月末附での解雇が社籍簿にも記録されていることが、六〇六頁には見える。尤もこれは既に見た通り純然たる社内組織編制上の問題であり、引き続き同社において芥川という存在が求められていたことは、翌年一月一日附で今度は客員社員を任じられたこと、しかも、その時の所属がどこであったかは不明ながら、『社史』が引く社籍簿に拠れば報酬月額一六〇円とあり、一九一九（大正八）年の特別契約社員としての加入時よりも上がっているところからも分かる。

しかし、この一連の経緯を指して芥川が一九二四（大正一三）年一月一一日附（年月推定）小穴隆一宛書翰の中で、しかも背景の説明抜きに「馘首事件」[17] と呼んだ事で、そこに「大阪毎日新聞社内では、入社前に比して紙上で目立った実績をあげない芥川への不満があったものと思われる。」という憶測を呼び（宮坂覺「注解」『芥川龍之介全集』第二〇巻、岩波書店、一九九七年）、更にこの書翰の記述を根拠に同全集第二四巻（一九九八年）所収年譜（同氏編）の同年一月の項で「10日頃　大阪毎日新聞社とトラブルが生じ（入社後、目立った仕事がないことに不満が生じたか）、社（東京日日新聞社か）を訪れ事情を説明する。」と記されたことで、何かそこに重大な問題が実在したかのように多くの芥川研究者にこれまで考えられてきたのではないか。『社史』の「芥川龍之介と毎日新聞」の項も、同年譜の記載を引きつつその発想を踏襲するが、そこには背景として、芥川を大阪毎日新聞社に呼び入社後もその庇護者になった泣菫の存在（そのこと自体は否定しないが）を、社と芥川の関係を考える上で過剰に意識し過ぎた結果ではないかと推察する。つまり、ここに見られるのは、〈泣菫あっての芥川であったが、あるいはだからこそ、その後ろ盾を失ったことで急に社内での立場が悪くなったのではないか〉という邪推である。実はこの調査に取り掛かる前の私も漠然とそのように考えていた。だが、「馘首」直前の芥川の関西方面旅行、その際に出された以下の書翰の文句からは、そのような関係悪化やトラブルの影を微塵も感じさせない。

「僕は京都へ行き一週間ばかり遊んで来るつもりです」（一九二三（大正一二）年一二月一五日附　石黒定一宛）

「やつと仕事も片づいた故けふの夜大阪へ参らんと存じてゐます大阪で思ひ出し候へども大阪毎日のサンデイの随筆にちよつと君の事を書いた、活字になつたらよんで下さい」（同一六日附　室生犀星宛）

「明日社へ行き明後日小山内植村などにあひ、ついで故明後日はちよいと奈良の博物館へ参り、（中略）なるべく気楽にぶらぶらしてゐやうと思つても人が来ては方方ひつぱりまはす故さほど気楽にならず、」（同二二日附、芥川〔自宅〕宛）

そもそも、入社後の芥川にはそこまで「目立った仕事がない」と言えるだろうか。確かに、入社前の条件交渉で「一年百二三十回の短篇を書く」とぶち上げて[18]おきながらのその後の紙面への小説連載状況を見ると――特に前記数字に関して芥川が意識したであろう師匠・漱石の実績と比すとそのように言いたくもなるが、先に庄司前掲論を引きつつ述べた通り、社において芥川に期待された役割の一つは、その前の社友時代から続く他の文壇作家たちの「勧誘」にあったわけだし、更にこれも前述したように芥川の「文壇」意識からの（更に勧誘した菊池とタッグを組んでの）『東京日日新聞』への文芸欄創設などは、彼の実績として認めてよいだろう。実際、同欄創設後——特に初期には割と頻繁に——書評・雑感・劇評などを寄稿している。中でも、一九二〇（大正九）年一〇月一五日『東京日日新聞』に「市村座劇評」を書くに当たっては、主治医である下島勲に宛てた同月一一日附書翰の中で「これから劇評を書く為いやな芝居を見に参ります」と記しており——実際、文章の中で舞台のことも酷評している——明らかにそれが〈職務〉の一環であったことが分かる。

それ以外でも、次に纏めたように小説以外での紙面上・関連の仕事も存在するし、更に後述する通りその意識から来たと思しい『サンデー毎日』掲載作をも視野に入れれば、芥川の社に貢献する実績が余りなかったということは決してないと思うのである。

○芥川『大阪毎日新聞』（『大毎』）『東京日日新聞』（『東日』）掲載作（社員契約以降）

一九一九（大正八）年

「（有楽座の）女殺油地獄」　四月一一日『東日』「日日文芸欄」／一二日『大毎』「毎日文壇」欄
「鑑定」　五月一三日『東日』「日日文芸」欄
「大正八年六月の文壇」　六月三日～一〇日（八日休載）『東日』／
　　　　　　　　　　　同　四日～一三日（八～一二日休載）『大毎』「毎日文壇」欄
「後世」　七月二七日『東日』「日日文芸」欄
「路上」　六月三〇日～八月八日　『大毎』夕刊
「窓」　一〇月一五・一六日『東日』「日日文芸」欄

「龍村平蔵氏の芸術――十五、十六日両日日本橋倶楽部に於て作品の展覧を開く――」　一一月一六日『東日』
「本年度の作家、書物、雑誌」　一二月一日『東日』「日日文芸」欄
　※「文壇総勘定」全七回のうちの第四回（他の執筆者は加藤武雄、宮島新三郎、中戸川吉二、小島政二郎、菊池寛、畑耕一）
（「大正八年度の文芸界」　一二月五日刊　大阪毎日新聞社編纂・発行『毎日年鑑（大正九、一九二〇年版）』）

一九二〇（大正九）年

「山房の中」　一月一日『大毎』　※後、「漱石山房の秋」と改題
「明治座劇評」　一月一六日『東日』
「四月の月評」　四月八・九・一一・一三日『東日』「日日文芸」欄
「素盞嗚尊」　三月三〇日～六月六日『大毎』夕刊／～同七日『東日』
「新富座劇評」　六月一五・一六日『東日』「日日演芸」欄
「市村座劇評」　一〇月一五日『東日』「劇評」欄
「明治座劇評」　一一月一三日『東日』「劇評」欄
（「大正九年度の文芸界」　一一月二〇日刊　大阪毎日新聞社編纂・発行『毎日年鑑（大正十年）』）

一九二一（大正一〇）年

「奇怪な再会」　一月五日～二月二日『大毎』夕刊
「帝劇々評」　一月二〇日『東日』
「歌舞伎座劇評」　二月一五日『東日』「劇評」欄

「上海游記」 八月一七日～九月一二日『大毎』／八月二〇日～九月一四日『東日』

一九二二（大正一一）年

「江南游記」 一月一日～二月一三日『大毎』朝刊

（「憂鬱なるシヨオ――菊池寛へ――」 三月五日『東京日日マガジン』第一年第三号）

一九二三（大正一二）年

「知己料」 五月三〇日『東日』

一九二四（大正一三）年

「几董と丈艸と――『続晋明集』を読みて」 七月二一日『東日』「ブックレヴィユー」欄

「詩集 高麗の花」 一〇月六日『東日』「ブックレヴィユー」欄

一九二五（大正一四）年

「早春」 一月一日『東日』

「鏡花全集に就いて」 五月五・六日『東日』

「旅のおもひで（長崎、北京、京都）」 六月二〇・二一日『東日』

「微笑」 一〇月一五日『東日』「文芸」欄

一九二六（大正一五／昭和元）年

「文章と言葉と」　一月四日『大毎』
「虎の話」　一月三一日『大毎』
「「輪廻」読後」　三月八日『東日』「ブック・レヴィユー」欄
「猪・鹿・狸」　一二月六日『東日』「ブック・レヴィユー」欄

一九二七（昭和二）年

「或人から聞いた話」　一月三日『東日』／同四日『大毎』
※後、「或社会主義者」と改題
「獄中の俳人」　四月四日『東日』「ブックレヴィユー」欄
「本所両国」　五月六日〜二二日『東日』夕刊

更にこれは推測ながら、泣菫休職（実質退職）に伴う芥川の文芸部からの離脱（客員への異動）により、あるいはそれまでの契約上はあった、新聞紙上での長篇連載の義務が外れた可能性もある。そしてそれは、見方によっては芥川による長期連載読み物を、既に紙面＝読者・新聞社側が必要としなくなった結果とも考え得る。それから約一年半後の一九二六（大正一五）年六月、千葉亀雄を編集長に迎えた『サンデー毎日』が大衆文芸路線を大々的に打ち出すことは周知の通りである。それに先立つ時点で、社にとっての芥川の利用価値は、もはや〈実〉、即ち彼の手による長篇の作品ではなくて、純文系作家の第一人者という〈名〉となっていたのではないか。しかしそれは芥川にとっても奇貨であった。この後、『大毎』（『東日』）本紙上での長篇としては晩年の「本所両国」一作――のみならず、紙上への登場自体が一時は大きく減ったりしているものの、一九二五（大正一四）年以後は『東京日日新聞』を主舞台にレビュー・随想など作家の立場からする文章を多少は寄せているし、それ以上に『サンデー毎日』の方に〈文芸的な〉といってよい創作、すなわち小説・小品を一定数は残した。新聞社との関係は、契約内容・受容関係を変更しながら引き続いていたものと見てよいだろう。

契約の問題でもう一つ指摘しておくと、客員への身分変更に伴って、先にはもう一つ重要な条件であった他（社）新聞への寄稿禁止の制約も、そのときに消滅もしくは以降曖昧になった可能性がある。具体的には、その前後から芥川は『時事新報』に、以下の通り幾度か文章を寄せているのである。

「東西問答」　一九二四（大正一三）年五月八・九日

※末尾に「（筆記）」とあり全体が問答体なので、寄稿というよりもインタビュー的なものとも取れるが、「澄江堂主人」の署名もある。

「伊東から」　一九二五（大正一四）年四月一七日

※書翰体で文中に「芥川龍之介」と署名。しかも冒頭の「編輯者しるす」に拠って芥川の側からの紙面への掲載売り込みであったことが明示されている。

「好きな果物の話」　同年八月一・二日　※随想

実は未だ旧契約、即ち学芸部所属の特別契約社員の身分であった一九二三（大正一二）年六月五日～一三日に、芥川は『時事新報』夕刊に「思ふままに…」と題して全四回の断続的連載を持っている。[19] 但しこの時は「浅香三四郎」の変名を使っていた。それらは一部を除き自著『百艸』（新潮社）に収録されている。その時点で所謂〈身バレ〉しているわけだが、同著刊行は一九二四（大正一三）年九月、即ち既に新契約に移行していたときなので、そこはもうよいという判断だったのかも知れない。[20]

更に特筆しておきたいのは、一九二七（昭和二）年六月一五日『週刊朝日』に「素描三題」を発表したことである。その内容は『サンデー毎日』に廻してもよさそうな軽いエッセイであり、実際『週刊朝日』でも「随筆」欄に掲載されている。なぜライバル誌に、客員とは言え身分上未だ大毎社員であった芥川が寄稿することができたのか。参考までに同時期の『サンデー毎日』の芥川寄稿を見ると、「悠々荘」（新年号）「三つのなぜ」（四月一日号）「古千谷」（六月一五日号）と同年に三本あるが、それらの掲載はいずれも小説と講談号である（本章後掲の表１「芥川龍之介・菊池寛『サンデー毎日』寄稿作品一覧」を参照）。これは推測ながら、定期的に決められた枠以外に、文壇作家の雑記的文章などはもはや誌面に求められなくなりつつあったということなのかも知れない（大衆読み物への傾斜？）。

それから間もなく、定番の文学史ではある意味で〈近代の終焉〉とも言われる芥川の自死がやってくる。結論であるとは言え、やはりそこには重大な意味を見出したくもなる。因みにその丁度二月前に完結した「本所両国」が彼の生前最後の、そして「江南游記」（以上、どちらも書誌前掲）以来五年ぶりとなる本紙への連載作品であった。

2―3　中国旅行記連載（途絶）を巡る背景と菊池寛の働き

既述の通り、身分変更前の芥川による『大阪毎日新聞』紙上への最後の大型連載は「江南游記」であった。これは後に『支那游記』（改造社、一九二五年一一月）として一書に纏められる一連の紀行文の一部である。[21]周知の通り一九二一（大正一〇）年に芥川は大阪毎日新聞社の特派により中国大陸を旅行しており、帰国後の紀行執筆・寄稿は謂わば義務であった。ところが、内容的に「江南游記」を継ぐ「長江游記」は『大毎』（『東日』）紙上には載らず、前者の完結から二年半以上経った一九二四（大正一三）年九月に、「三年前の紀行など」を読者の目にさらす所以を「前置き」しつつ、他社発刊の雑誌『女性』に発表されるところとなる。尤も、当初予定あるいは約束としては「長江游記」は勿論、その後北京に至るまでの旅行記を『大毎』紙上に発表するはずであったこと、尚且つ（にもかかわらず）その計画が頓挫に向かう可能性の萌芽は、「江南游記」連載が終わりに近づいていた一九二二（大正一一）年二月中に、芥川から泣菫へ宛てて出された一聯の書翰から窺うことができる。

二月七日附

（前略）江南游記掉尾の原稿遅滞を来たし　御気の毒に存じます　さて同游記も廿九回を以て一段落をつきましたが　今度は長江游記へとりかかる前に一週間程息つぎをします　しますと云ふよりさせて下さい　一日四五枚書きつづけるのは中々楽ぢやありません　しかし読者退屈とあらば何時までも延期してよろしい　当方の考へでは長江游記、湖北游記、河南游記、北京游記、大同游記とさきが遼遠故これからはあまり油を売らず一游記五回乃至十回で進行したいと思つてゐます[22]

（年推定）二月十五日附（以下の短歌は一部のみ抜粋引用）

「甘酒」の終は近し然れども「支那旅行記」はやまむ日知らに
作者、我の泣く泣く書ける旅行記も読者、君にはおかしかるらむ
支那紀行書きつつをれば小説がせんすべしらに書きたくなるも
小説を書きたき心保ちつつ唐土日記をものする我は

二伸

一体ボクの游記をそんなにつづけてもいいのですか　読者からあんな物は早くよせと云ひはしませんか。（云へばすぐによせるのですが）評判よろしければその評判をつっかひ棒に書きます。　なる可く評判をおきかせ下さい　小説家とジヤナリストとの兼業は大役です

弱音を吐き、寧ろ腰が引けていた芥川に対して泣菫が何と返信したかは判らぬながら、紀行に関してもやはり泣菫あっての大毎への連載であったことがよくわかる。先には社員として芥川を新聞社に結びつける役割において泣菫の存在を過度に考えるべきではない、換言すればそれだけを以て芥川の社内での位置を割り出すべきではない――そこにはより上位での、ある意味経営的な判断が働いていた可能性があるということを述べたが、他面、編輯の現場に於て、端的に言って芥川に新聞をはじめとする同社の刊行物に何か書かせるという役割に於て泣菫の存在は非常に大きなものだったようである。それは例えば次の書翰に見る芥川の愚痴からもわかる。

拝啓　御すすめ難有く存候いろいろ時間の工めん致し候へ共四月はむづかしく五月にては如何に候やそうじて雑誌を書くには新聞を休まねばならず休めば薄田の田守やかましくでん報を打ち候間この頃は小生も進退谷まり居り候間何とぞお次手の節あまり原稿をはたらぬやう泣菫先生へ御説得なし下され度願上候　頓首
（一九二三（大正一二）年二月二七日附　与謝野鉄幹宛）

しかし、先に掲げた芥川の『大毎』『東日』紙上の一九二二（大正一一）年・一九二三（同一二）年の余りの寄稿の少なさを見ると、泣菫ならずとも「原稿をはた」りたくもなるだろう。因みにその間、一九二二（大正一一）年五月二八日附で、芥川が旅行先の長崎から泣菫に宛てて出した絵葉書には、次のような文言も見える。

拝啓　長崎へ参るの途大阪の社へよるべき所長江游記の稿未成らず恐縮の余り近づきがたし　長崎滞在中作る所の小品一篇、マガジンセクションの原稿にさし上げ候間御落手下され度、追つて帰京後はきつと長江游記にとりかかり申すべく候　以上

「マガジンセクション」は『サンデー毎日』のことで、ここでの原稿とは同年六月四日＝第一巻第一〇号に掲載した「長崎小品」である。創刊号の「仙人」に続く芥川二作目の掲載で、同号実質巻頭に配されている。彼は翌月一〇日号＝第一巻第一六号にも「一夕話」を寄稿している。同誌への芥川の寄稿動向と掲載内容については次節で詳述する。詳細に見ると実は必ずしも積極的であったとは言えない芥川の態度が見え隠れするのだが、しかし登場の履歴だけを外的に見れば、この時期の芥川としては新聞本紙よりも『サンデー毎日』の方に活動の足場を移していたということに結果的になろう。既述の通り、『大毎』・『東日』両新聞紙面への登場、特に小説・紀行という大型の連載だけを主に追って整理すると、新聞よりも雑誌の方で多く活動した芥川という、芥川研究者において何となく持ち越されて来たイメージが補強されると共に、そこから先述のような社との何かしらのトラブルの実在が想定されるのも無理はないが、やはり芥川の社との関係を考える上では、同社の刊行物としての『サンデー毎日』をも視野に入れることは不可欠、その重要性がここに改めて浮上するものと思われる。

実際、「長江游記」あるいはそれに相当する芥川による文章が『大毎』に載らなかったことで、先に見た一覧の通り同紙及び『東日』と芥川の間、少なくともその紙面上には暫く大きな懸隔を生むことになるが、やはりその間の空白をある程度埋めた、あるいはその分を補って余りある働きをしたのが、同じく特別契約社員であった菊池寛である。菊池は芥川と共に大阪毎日新聞社（但し東京支店即ち『東京日日新聞』所属）の特別契約社員となって

間もなくの一九一九（大正八）年四月三日〜一三日、『大阪毎日新聞』夕刊に「藤十郎の恋」を連載する。同作は連載終了後に自らの手で舞台用に脚色、同年一〇月に浪花座で中村雁治郎らによって上演された。更に、その折の台本を整理して表題作として収録する単行本（計五作品収録）を翌年四月に新潮社より刊行するなど、菊池は大衆的受容をも視野に入れたヒットメーカー、且つメディアの利用に長けたプロデューサーとしての片鱗を早くも示している。

初となった同作から以降の菊池の『大毎』『東日』掲載作に、芥川による両紙への小説連載履歴を重ねると以下の通りになる。[23]

○菊池寛『大阪毎日新聞』（『大毎』）『東京日日新聞』（『東日』）寄稿歴（一九二四（大正一三）年まで）

・「藤十郎の恋」『大毎』夕刊　一九一九（大正八）年四月三日〜一三日
・「四月の文壇」『東日』同年四月三日〜八日
・「時感三則」『東日』同年五月二六日
（芥川「路上」『大毎』夕刊　同年六月三〇日〜八月八日）
・「文壇動静――七月の雑誌を読む」『大毎』同年七月六・八〜一一日
・「友と友の間」『大毎』夕刊　同年八月一八日〜一〇月一四日
・「九月の文壇を合評す」『大毎』同年九月四・六・一〇・一二・一五・一八・二一・二五日
※芥川、南部修太郎、江口渙との談話会形式
・「十月文壇の諸事実」『大毎』同年一〇月六日〜一一・一三日
・「形」『大毎』一九二〇（大正九）年一月二日

（芥川「素戔嗚尊」『大毎』夕刊　一九二〇（大正九）年三月三〇日〜六月六日／『東日』〜同七日）
・「岩野泡鳴氏を悼む」『東日』同年五月一二日
・「真珠夫人」『大毎』『東日』同年六月九日〜一二月二二日
※新聞連載中より大評判となったため、早くも一九二〇（大正九）年一一月に、伊井蓉峰、喜多村緑郎、花柳章太郎らによって歌舞伎座で脚色上演され、大当たりをとった。また、一九二七（昭和二）年五月には映画化も。
（芥川「奇怪な再会」『大毎』夕刊　一九二一（大正一〇）年一月五日〜二月二日）
・「進転の機」『東日』一九二一（大正一〇）年三月一七・一八日　※　雑感
・「芝居雑感」『東日』同年七月七日
（芥川「上海游記」『大毎』同年八月一七日〜九月一二日／『東日』八月二〇日〜九月一四日）
（芥川「江南游記」『大毎』朝刊　一九二二（大正一一）年一月一日〜二月一三日）
・「伊勢へ！　伊勢へ！」『東日』一九二二（大正一一）年一月一九・二〇・二二日
※後に「日本十字軍」（『文藝春秋』一九二六（大正一五）年一一月）へ改稿
・「火華」『大毎』『東日』一九二二（大正一一）年三月二六日〜八月二三日
・「信康母子」『大毎』夕刊・『東日』一九二三（大正一二）年一月一七日〜二月一三日
・「陸の人魚」『大毎』『東日』一九二四（大正一三）年三月二六日〜七月一四日

菊池においても、単体では一九二一（大正一〇）年の寄稿の乏しさが目に着くが、そこは前年連載の「真珠夫人」大ヒットの余韻に加え、丁度その空白部分を芥川の連載小説「奇怪な再会」と「上海游記」、更に翌年頭からの「江南游記」が埋める形になっている。尚、「江南游記」後の今度は芥川の登場空白を埋めたのが菊池であることも、

表1　芥川龍之介・菊池寛『サンデー毎日』寄稿作品一覧　1934（昭和9）年まで

巻号	年月	芥川	菊池	注記　その他事項
1−1	1922(大11)4/2	「仙人」		
1−10	同　6/4	「長崎小品」		芥川作が実質巻頭
1−16	同　7/10	「一夕話」		小説と講談号　芥川巻頭
2−1	1923(大12)1/1		「小野小町」	小説と講談号　菊池巻頭
2−2	1923(大12)1/7	「書斎」		新春特別号、「第二　小説と講談」
2−13	1923(大12)3/20	「二人小町」		小説と講談号
2−17	1923(大12)4/15		「法律(小説)」	
2−29	1923(大12)7/5		「写真」	小説と講談号
2−43	1923(大12)10/5	「鸚鵡」	「石本検校」	小説と講談号　菊池巻頭
2−49	1923(大12)11/11		「雑記三つ」	
	1923(大12)12/28附			薄田泣菫、休職(学芸部長退任)→学芸部一時消滅　それに伴い、芥川も一時「解雇」となる(社史　p.608)
	1924(大13)1/1附			芥川、客員社員に身分変更(同)
3−1	1924(大13)1/1	「或敵打ちの話」		新春特別号／小説と講談号
3−2	1924(大13)1/6	「野人生計の事(随筆)」		実質巻頭
3−3	1924(大13)1/13	「野人生計の事(随筆)」	「雑記三つ」	
3−15	1924(大13)4/1	「第四の夫から」		小説と講談号
3−29	1924(大13)7/1	「桃太郎」		小説と講談号　小説欄に掲載
	1924(大13)8/16附		退社	庄司達也論文(本文参照)に拠る
4−19	1925(大14)4/26	「人及び詩人としての薄田泣菫氏」		泣菫「燕が来る(私の談話室)」と連続掲載
	1925(大14)5/16附			泣菫復職、出版部長に(社史 p.608)
	1925(大14)6/1附			泣菫、待命休職(同)
4−50	1925(大14)11/15	「滝田徹太郎君」		前号に続く追悼特集
5−2	1926(大15)1/3	「身のまはり」		
	1926(大15)4月		(報知新聞客員)	中西靖忠「菊池寛と新聞(下)」に拠る
6−1	1927(昭2)1/1	「悠々荘」		新年特別号／小説と講談号
6−15	1927(昭2)4/1	「三つのなぜ」		小説と講談号　小説欄に掲載
6−27	1927(昭2)6/15	「古千谷」		小説と講談号
	1927(昭2)7月	(芥川死去)		
6−34	1927(昭2)7/31	「或る旧友に送る手記」		特集「芥川龍之介氏のこと」中。冒頭泣菫「入社当時の芥川氏」も併載
6−41	1927(昭2)9/15	「機関車を見ながら」		小説と講談号
	1928(昭3)5/31			泣菫、休職満期により解雇(社史 p.597)
	1928(昭3)6/1附			泣菫、「学芸部事務」嘱託、以後1945年10月の死去まで同身分(社史 p.597)
7−27	1928(昭3)6/15		「母子」	小説と講談号
8−49	1929(昭4)6/23		「トーキー雑感」	特集「発声映画(トーキー)時代」中
9−41	1930(昭５)9/10		特集「八名家推薦小説」中、岡田禎子作「第四の排泄物」の推薦者として	秋季特別号
10−8	1931(昭6)2/15		「競馬法の改正」	
	1934(昭9)4月		菊池、東京日日・大阪毎日両社の学芸部顧問となる(1946年6月まで　『菊池寛全集』年譜〔大西良生編〕)	
13−27	1934(昭9)6/15		「亡友の事ども」	夏季特別号　「雑談三篇」中

ここからは瞭然である。この二人をセットで考えれば、社にとって不足はなかったと見てよいだろう。そもそも、入社告知の文面に見た通り、社として芥川（ら）に求めていたものが、連載小説という〈実〉よりも文壇作家という〈名〉（及びそこに付随する人脈）であった可能性は少なからずあった。芥川に対する月額一三〇円（それに若干の賞与）という報酬も、必ずしも冗費とは言えなくなるのではないか。因みにそれより一〇年以上前に朝日新聞社に入社し、求められた〈実〉に小説連載という形で見事に応え得るところとなった漱石の月給は、入社時で二〇〇円であった。一方の菊池は、新聞紙上でのある程度コンスタントな小説連載とその幾つかの大ヒットという〈副効用〉も齎したが、あるいはそれは「創作ハ其都度相当ノ原稿料ヲ支給ス」という、原稿料相当分込みであった芥川との契約形態（条件）の違いが結果したものかもしれない。

先の菊池の『大毎』『東日』掲載作一覧にて一九二四（大正一三）年分までを拾ったのは、同年八月一六日附で菊池が大阪毎日新聞社を退社したためである。これには少し補足すべき背景がある。まず、先に触れた芥川の「馘首事件」＝大毎学芸部廃止に伴う身分変更が起こったとき、芥川と共に自身も馘になったと思った菊池は、前出の大毎（『東日』所属）社員の畑耕一に宛てて次のような書翰（同年一月六日附）を送っている。

拝啓
芥川から聞きましたが、今度学芸部が廃止になり芥川も僕も解雇になつたとの事ですが、僕には何の御通知もないのは何うしたのですか。

この書翰は前掲庄司論によって紹介されるものであるが、本章がこれまで明らかにしてきたところと照らすと、これは菊池の――更に遡れば彼に通知をしたところの芥川の勘違いによるものと判断せざるを得ない。既に見た通り、菊池は大阪毎日新聞社において「東京支局」の「編集局」所属であった。大阪毎日新聞社（本社）学芸部所属の特別契約社員であった芥川は、所属先の学芸部廃止によって一時解雇の形となるが（それすら、同時に新たな契約が与えられるという、謂わば形式的なものであった）、菊池が直接その影響を被るということは、組織論理上はないのである。入社が同時であったからと言って――しかも既に見た通り、所属のみならず給与の形態も異なる契約であった「芥川が「馘首」された時には、その菊池もまた、共に、「解雇」されていると見る事が自然のように思われる」（庄司前掲論）という認識は前提から、あるいは改めて入社時の前提を踏まえた結果として改められねばならない。勿論そこに当事者間の心情的な影響が作用した可能性は考えられるとは言え、新聞社との関係の上で芥川の「事件」と菊池の退職はひとまず別に考えるべきだろう。そうでないと、菊池が一九二四（大正一三）年三月から七月にかけて両新聞紙上に「陸の人魚」を連載（詳細前掲）したことがそれこそ不自然に思われてしまう。菊池の退職は連載完結からほぼ一カ月後の日附を以てなされた。また、庄司前掲論はその部分で「芥川が「客員」として再雇用されたのに対して、菊池は「学芸部顧問」という肩書きでの再雇用であった。」と、契約上の切れ目なく再雇用された芥川と同様の扱いを菊池も受けたとも取れるような記載を残すが、事実はそうではなく、菊池が「東京日日、大阪毎日両社の学藝部顧問となる」のは一九三四（昭和九）年のことである。[24] その間に彼は『報知新聞』に「新女性鑑」（一九二八（昭和三）年五月五日～九月一八日）を、東京・大阪両『朝日新聞』に「不壊の白珠」（一九二九（昭和四）年四月二二日～九月六日）をそれぞれ連載している。因みに前者は連載翌年一一月に、後者は連載の年の一〇月に松竹蒲田よりそれぞれ映画化された。

一九三四（昭和九）年の顧問としての再契約は、いわば人気作家である菊池を「取り戻す」ために結ばれたとも考えられる。実際、その年七月二二日から翌年二月四日にかけて『大毎』『東日』に連載された「貞操問答」を皮切りに、菊池は次々と両紙に連載を持っている。その中には例えば、連載その年の六月に歌舞伎座にて脚色上映、更に一一月には松竹大船より映画化された「新道」（『大毎』『東日』一九三六（昭和一一）年一月一日～五月一八日）や、やはり連載終了直後の一九三七（昭和一二）年一〇月に日活多摩川・ＰＣＬ・新興大泉から映画化（三社競合）された「美しき鷹」（『大毎』『東日』同年四月一六日～九月一二日）などをも含む。[25]『社史』には次のような記載が見られるが、菊池においてはこの度もよくその期待に応えたものと言えよう。

33年、学芸部長に就任した阿部は弱体だった学芸欄立て直しのため、菊池寛、久米正雄、横光利一、吉屋信子、大宅壮一、高田保、木村毅といった文壇、論壇のそうそうたる人材を社友、顧問として迎え入れた。「オレは文芸のことは皆目わからねえ野蛮人だから、文壇を物色して、相談相手になりそうな連中を選んだ」といった阿部の言葉が残されているが、ともあれ、阿部部長の下で新生学芸面がスタートしたほか、将棋名人戦や囲碁本因坊戦も始まるなど東日学芸部は一時代を築いた。（『社史』上巻　p.814）

阿部とは、一九一一（明治四四）年に「東日」に入社し、京都支局長・大毎社会部長・東日政治部長などを歴任した新聞人・阿部真之助のこと。彼が大毎社会部長であった一九二六（大正一五）年、夕刊連載小説に当時はまだそこまで著名ではなかった吉川英治を起用、[26]同年八月から翌年一〇月まで連載された「鳴門秘帖」の大ヒットで一躍時の人へと押し上げたことでも知られるが、菊池の顧問招聘はこのような路線の上に（も）位置づけられるものであるのだろう。

【3】……芥川（・菊池）と『サンデー毎日』

ここからは、『サンデー毎日』に載った芥川作品とその内的傾向を分析し、そこに見られる同誌に対する芥川の態度を検討することとする。そしてそこでも有効な補助線となるのが平行する菊池の動向なのである。

3―1　芥川寄稿その一――流用作であった「仙人」「長崎小品」

芥川による『サンデー毎日』初寄稿は創刊＝一九二二（大正一一）年四月二日号に載った「仙人」であるが、同作は旧稿、即ち中国旅行の直前である一九二一（大正一〇）年三月、大阪に滞在していた芥川が『大阪毎日新聞』「日曜附録」に載せる予定で執筆したものの流用である可能性が、西山康一により示されている。[27] 数々の状況証拠を周到に示しながらも氏は断定を避けているが、これはまず間違いないものと見てよいと思われる。

一番の理由として挙げられるのが、同作冒頭の「皆さん。／私は今大阪にゐます、ですから大阪の話をしませう。」という読者への呼びかけと取れる文章である。芥川の伝記事実を参照すると、同作はやはり前述の時期に書かれたものと考えないと整合が取れない。仮にこれが発表に近い時期に執筆されたとした場合、その時芥川が大阪にいたという記録は（西山も指摘する通り）ないのである。因みに、その間の経緯は未詳ながら同作は結局『大毎』の日曜附録として出ることはなく、帰国後の一九二一（大正一〇）年九月八日附泣菫宛書翰[28]にて、芥川の方から原稿返却を申し入れている。その際の理由が「あの原稿を百円に買ふと云ふ編輯者が現れ」たためということだが、この編輯者が誰で、その後どのようなやり取りがあったのかは物証も無く伝記研究領域でも明らかにはされていない。ただ、どうやらその編輯者の下で活字化された形跡はないらしい（それと同定される芥川作が発見されていない）ことは芥川研究者の間での共通認識であり、前掲西山論では更に踏み込んで「泣菫は芥川がこの時期原稿があまり書けていないため、『サンデー毎日』創刊号用に返却せずに取り置いたとも考えられる。」と推察している。蓋然性の高い指摘である。

更に、芥川の掲載第二作となった「長崎小品」だが、実はこれも流用であり、もともとは一九二二（大正一一）年の五月、二度目の長崎旅行中であった芥川が滞在中大いに世話になった現地の素封家・永見徳太郎[29]の著書『阿蘭陀の花』（書誌後掲）のために、「序に換ふる小品」として永見邸の二階で書き下ろしたものである。[30]作中には永見所蔵の南蛮文物がモチーフとして多く用いられている。同作を『サンデー毎日』に送るに当たっては、同年五月二八日附泣菫宛芥川書翰に言及がある。先に挙げたものだが、文脈確認のため一部を再引用する。

長崎滞在中作る所の小品一篇、マガジンセクションの原稿にさし上げ候間御落手下され度、追つて帰京後はきつと長江游記にとりかかり申すべく候　以上

これだけ見ると、「長江游記」遅延の詫び・代替として芥川が主体的に『サンデー毎日』に向けて執筆、泣菫に宛てて送付したもののように見えるが、事実はそうではなく、前述の通り同稿はもともとが永見著書のために書き下ろされたものである。そのことは現在長崎歴史文化博物館が所蔵する同作原稿が明らかに示している。「永見本店」と印刷された罫紙に書かれたそれは冒頭タイトルとして「序に換ふる小品」と記され、かつ末尾には「大正十一年五月下浣　長崎夏汀書屋にて　芥川龍之介」とある。更にこの原稿には別紙として後日に書かれた永見自身のメモが附されており、そこには次のようにあるのである。

この「序に換ふる小品」の原稿ハ芥川龍之介氏が長崎の拙宅にて執筆のものにて、その頃サンデー毎日より切りと原稿の請求ありたるにより拙著「おらんだの花」に用ふるこれを「長崎小品」と改題の上同誌に送られしなり[31]

実際、一九二五（大正一四）年三月に四紅社から発行された『阿蘭陀の花』の巻頭には芥川の「序に換ふる小品」が、末尾記載を含めて原稿の形で収録されている。[32] 大きな異同として、作品末尾に現行初出、即ち『サンデー毎日』掲載本文にある「主客静かに硝子戸棚の前を去る。再びかすかにちゃるめらの音。」の一行がない事が挙げられるが、これは原稿にも見られないものであるため、『阿蘭陀の花』収録に際して削られたのではなく、寧ろもともと無かった部分を『サンデー毎日』掲載の為に追加したという順になるだろう。因みに、永見著書の『阿蘭陀の花』というタイトルも芥川が付けたものである。

もう一点、前掲の芥川書翰から看て取れるのが、芥川と同誌との距離感である。創刊から既に二ヶ月近くが経ち、しかも自らの作品がそこに載っていたにもかかわらず、『サンデー毎日』という固有名でなく「マガジンセクション」という言い方をしていることから、創刊以後も暫くの間、芥川の中で同誌の認知度及びそれに向けられる意識は余り高くはなかったと考えられる。前掲西山論の言う通り「仙人」が芥川による同誌のための新規起稿ではないという推察はここからも補強することができ、かつその転用に関しては主に泣菫側の計らいによって――芥川の頭越しに行われた可能性すら見えてくるのである。注30前掲真野友二郎宛芥川書翰には「長崎小品」掲載号に関して、「毎日マガジンセクションを御送り下すつたよしまだ落手しませぬが御礼申します」とあることも、そのような芥川の意識を裏書きするものだろう。因みに、芥川書翰中で明確に『サンデー毎日』に相当する言及が見られるのは、西山注27前掲論も指摘する通り一九二三（大正一二）年一二月一六日附の室生犀星宛が初めてである。そこにある「大阪で思ひ出し候へども大阪毎日のサンデイの随筆にちよつと君の事を書いた、活字になつたら読んで下さい」という言い回しは、例えば綜合雑誌『中央公論』や『改造』、或は文芸雑誌『新潮』などのメディア言及に比したとき、芥川の中での対象との距離を感じさせるものとなっている。

『サンデー毎日』創刊から当初ある程度の頻度で作品が載り、そのことが本紙の方では不調だった大阪毎日新聞社員としての芥川の位置をある程度救ったのではないかと先には述べたが、それは大部分結果的なものであって、必ずしも彼自身の意思・戦略的なものではなかったように見える。或いはそこに戦略が働いていたとすれば、それは芥川ではなくてやはり泣菫によって担われたものということだろう。泣菫の体調悪化、結果としての休退職と芥川の執筆動向には、以降も強い連動性があると考えられる。

3―2　芥川寄稿その二――「一夕話」「書斎」及び菊池・芥川による〈小町物〉競作

さて、ここまで見てきたところを踏まえると、芥川が明らかに『サンデー毎日』のために用意した原稿は同誌初の小説と講談号＝一九二二（大正一一）年七月一〇日号[33]に寄せた「一夕話」ということになる。これは同号の巻頭を飾ったが、書いた芥川の側から見ると「一夜漬」であったという[34]。宴席の場で語られる芸妓・酌婦の話題が物語の中心を為すという点からは、どこか彼の旧作「片恋」（『文章世界』第一二巻第一〇号、一九一七（大正六）年一〇月）を思わせる。因みにその時も「一日半」で仕上げたというから[35]、あるいは手に入った材料であったのかもしれない。

その「一夕話」に関して。大変洗練された趣味の持ち主で、物分かりのよい上に生活全般の面倒を見てくれるものの自身に対して情の薄い旦那を捨てて、「始末に終へない乱暴者」ながら「下品でも猛烈な」愛情を自分に対して見せてくれる下っ端の芸人の方に靡いた芸者「小ゑん」の心意気を是とする物語内容[36]は或は大阪の大衆読者に受けそうなものと考えられるが、しかし作中にその話をする者、かつその場でそれを聴いていると設定されている者たちと彼らのいる場所、即ち小説の〈枠〉部分にここでは目を向けてみたい。

小ゑんの物語を語るのは「和田」という大学病院の医師で、語られるのは「日比谷の陶々亭の二階」、聴き手として「円卓のまはりを囲んでゐるのは同じ学校の寄宿舎にゐた、我々六人の中年者」となっている。この構図は「一しよに大学を出た親しい友だちの一人」から、恐らく小説家と目される「自分」が話を聴くという枠組を持つ「片恋」を髣髴させるが、「一夕話」での「同じ学校」とは「医科」や「賄征伐」などが話題に出てくることから高等学校、それも芥川も出た第一高等学校であると考えられる。当時の高等学校はそこから大学への進学を前提とした機関であり、即ち和田を含む六名はいずれも高学歴の所有者、しかもその延長線上に「弁護士」や「銀行の支店長」「大学教授」など、現在は社会的高位にそれぞれ就いているらしいことが示される。そんな文字通りのオールドボーイズクラブの「一夕話」としてある女性の生き方が話題になるという小説の在り方そのものが、ある意味非常に〈文壇〉的なものであるということができよう。因みに、これより丁度三年前、芥川は『大毎』本紙に「路上」を連載、[37]全三六回のうちの三回を割いて、正にボーイズクラブとしての大学文科の同人雑誌仲間の茶話会にて、芸術がある種弄びものとして談じられる様を描いていた。

「一夕話」に次ぐ掲載作が「書斎」（書誌後掲）。これは後に「漱石山房の冬」と改題されて芥川の随想・小品集『百艸』（新潮社、一九二四年）以下に収録されたことから明らかなように、「わたし」＝芥川による漱石山房の思い出を専ら語ったものである。文中に漱石の名前は一切出て来ないため、初出形ではあるいは「わたし」と「先生」という、それぞれ無名・普遍化された主体に関する物語として読むことも原理的には不可能ではないが、しかしそこに記述されている事柄は余りに実在の漱石や当時大学生の「わたし」＝芥川の実態を前提としたものとなっているため、やはり具体・実在性を前提とし、あるいは予備知識を持たなければ面白みが無い、もっと言えば読み物として成立し難い内容ではないかと思われる。これを読む『サンデー毎日』の読者に果たしてどの程度の謂わば〈文壇知識〉があったのかは分からない[38]が、書き手の側からすれば例えばこれとほぼ同時期に博文館発行の青年向け綜合雑誌『寸鉄』第五巻第一号（一九二三〈大正一二〉年一月）に載せられた「漱石先生のお褒めの手紙」

などと同様に、かなり読者の側の〈文壇〉への知識、少くともそれに対する興味を前提にした表現となっている。やはり芥川の眼は、これらの作を書くに際しても〈文壇〉の側を向いていたようだ。話が前後するが、芥川は「路上」途絶に際して「あれは幸にして東京へ出ない」と後輩作家に述べていた。[39]ここでの「東京」は直接には『東京日日新聞』のことながら、当然そこには中央文壇が含意されていると見るべきであろう。『サンデー毎日』に対する態度もここから推し量られる。

芥川「書斎」掲載は第二巻第二号（一九二三（大正一二）年一月七日）であったが、その前号、即ち第二巻新年第一号には菊池寛の「小野小町」が掲載され、これが彼の『サンデー毎日』初寄稿となる。前年の創刊時には菊池は『大毎』（『東日』）本紙の方に連載を持っていたため、[40]暫く『サンデー毎日』にまで執筆する余地は無かったというところだろう。

菊地の「小野小町」は、九十九夜まで通い続けた深草の少将の情に絆された小町が、その日が美しい月夜という事もあって残る一夜を待たずに訪れた少将に会おうと言うも、彼の方は男の意地に明日まで通った上で会いたいと言う。それなら永遠に会わぬと強弁する小町に対して、実は自分は少将の下僕で、七十七夜まで自ら通っていた主人はこの頃脚気の気味ゆえにその後は自身が代参していたと白状する。それに憤った小町は少将への腹いせにその下僕と契ろうとするが、下僕は老齢と主人への恩を理由に逃げ出すという内容である。

短い中にも男女の意地、最後に二転三転する物語展開などを含み、比較的よく纏まった作とみてよいかと思う。その年のうち（六月）に帝国劇場で、守田勘彌らにより上演されたところから見ても、同時代反応は悪くなかったのではないか。素材的には人口に膾炙する少将の百夜通いを素材に、小町＝絶世の美女という基本線は壊さずに笑い話に仕立てられており、ある意味いかにも『サンデー毎日』向きの軽みを持った読み物となっていると言える。

恐らく同作に刺激されてだろう、それから三カ月後、芥川は同じ媒体の第二巻第一三号＝一九二三（大正一二）年三月二〇日（小説と講談）号に「二人小町」を発表した。デビュー後の彼の作品には稀な戯曲形式を採ったのは、あるいは戯曲を多く執筆し、また発表作が多く舞台化されてもいた菊池を意識した結果かもしれない。菊池作が明らかに狂言を意識した構成をとっているのに対し、芥川の方は謡曲的な雰囲気を纏う。

因みにその執筆・寄稿に際しては、やはり泣菫からの強い働きかけがあったことが推察される。芥川から彼に宛てた書翰中に次のような文言が確認されるためだ。

冠省度々御手紙いたゞき申訣無之候サンデイの小説は必書くべく候間御休心下され度候支那紀行も廬山まで書き居り、これも書き続けたく存候へども何分にも健康すぐれず、少し暖かにでも相成り候はゞ書き続けむと存居候

この書翰は「二月十八日」の日附を手掛かりに、一九二二（大正一一）年のものと全集では（現行最新のものに至るまで）扱われてきた。しかし、これは西山前掲論に指摘・提言がある通り、「サンデイの小説」という表現が見られる（既に指摘の通り、同年二月頃であれば、芥川は『サンデー毎日』のことを「マガジンセクション」と呼んでいる）ことや「長江游記」末段に関する言及があるところから、一年後の一九二三（大正一二）年に出されたものと見るべきだろう。

「二人小町」の内容は、前半では美貌と色香を武器に男性としての黄泉の使を誑かす悪女としての小野小町と玉造の小町をそれぞれに描き、後段は老衰を託つ彼女らとの会話の中で、黄泉の使いによる女性一般に対する批評が作の中心となっており、そこでは黄泉の使いの口から女性嫌悪・忌避の傾向が濃厚に表出されている。本論集の他の章でも触れられている通り、『サンデー毎日』は家庭婦人をも読者として意識した誌面編成をとっていた。

例えば「二人小町」が掲載されたものの二日前附で出た第二巻第一二号の一四ページには「食卓のつまみ物」[41]「今年のセル地」といった記事が載っている。芥川作の掲載は増刊「小説と講談」号であったとは言え、やはり読者としての女性らの目にはどのように映ったであろうか。少なくとも、菊池の作のようには「紙上喜劇」[42]として単純に楽しむことはできなかったのではないだろうか。

黄泉の使いが語る女性観は恐らく芥川本人のものと思われるが[43]、その内容はさておき、ここでも彼の眼あるいはその顔が『サンデー毎日』の実読者よりも文壇、即ちホモソーシャルな男性読者共同体の方により向いていたのではないかということを指摘しておきたい。

3―3　菊池「法律（小説）」「写真」――大阪への眼差し

その後半年ほど、『サンデー毎日』と芥川の縁は絶えることになるが、恰もその間を繋ぐかのように、菊池による小説・小品がほぼ三ヶ月間隔で誌面に登場する。第二巻第一七号（一九二三年（大正一二）年四月一五日）の「法律」、第二巻第二九号（同年七月五日）の「写真」である。このうち後者は一枚の写真を巡る私小説風の内容だが、そこに書かれている事柄は恐らく全て事実と考えられることから、随想として取り扱うのが適当だろう。現に例えば「私は、高等学校の途中で、学費が絶え、H氏の世話で学業を了へたのだが」とある「H氏」とは銀行・実業家の成瀬正恭のことで、文中にも出て来る彼の長男は菊池の友人で第四次『新思潮』同人の成瀬正一である。菊池が「H氏から、夫人の小伝を書いて呉れと頼まれた」こと、その結果「百部ばかり印刷された『H氏の夫人の面影』といふ本には、むくみがかかつた夫人の肖像が巻頭にのつてゐる」ことも、菊池著・発行の『至誠院夫人の面影』（一九二〇年四月）の序文・跋文、そしてその存在自体によって裏書される。

そこでここでは目次表記にも〈創作〉とある「法律」について検討することにしよう。同作は、末尾に〈作者〉

が顔を出し評言を加える、テーマ性を明確に打ち出した作品である。そこで語られる「天保年間の、市井の小事件」に対する温情ある「奉行の裁断」を是とすること、それに比して「現代の法律」が「人間の心のほんたうの働きとは、何時の間にか可なり隔たつてゐる」という発言は『サンデー毎日』読者にも多く共感されるものであったろう。

しかし、ここで着目したいのはそのような内容よりも寧ろ、あるいは在阪読者を想定したのではないかと思われる舞台設定に関してである。同作冒頭は以下の通りである。

天保三年三月廿六日のことである。大阪天満六丁目の裏店に住まつてゐたせんと云ふ老婆が、その早朝縊れて死んだ。

老婆はもと、堀江の生れで、堂島の裕福な商人の家に嫁いだのだが、その後いろ〳〵な不幸に見舞はれ、夫に死別れて、里へ帰ると里方の兄が行方を晦ますと云ふ有様で、零落の末が、この裏店に落込んで、露の命をつないでゐたのである。

哀れな老婆の身の上を表現する上で、大阪の地名が多く取り込まれている。ここで参照したいのが（結果的にながら）『サンデー毎日』初掲載となった芥川の「仙人」で、そこでは冒頭「皆さん。／私は今大阪にゐます、ですから大阪の話をしませう。」と始まりながら、続く文では「昔、大阪の町へ奉公に来た男がありました。名は何と云つたかわかりません。唯飯炊奉公に来た男ですから、権助とだけ伝はつてゐます。」とある。「大阪の町」と言いながら固有名は全く記されず、以後も実際の大阪と繋がる要素は作中に出て来ない。「一夕話」では「日比谷の陶々亭」をはじめ、「柳橋」や「浅草」の「六区」など、東京の実在の地名・固有名を入れて物語の立体化を図っていたのとは大きな相違である。そもそも、「権助」は上方ではなくて江戸での呼称である。[44]『サンデー毎日』の読者が多く住したと考えられる大阪という土地に対して、菊池と芥川の意識・認識の落差はかなり大きなものだったのではないか。

ところで、菊池は「法律」「写真」などを発表した一九二三（大正一二）年一一月、『わが文芸陣』を新潮社「感想小品叢書」第一編として刊行している。同書は「一、文芸論」「二、プロレタリア芸術論」「三、世相雑感」「四、身辺雑事」「五、小品及び旅行記」という構成で、「五」に「法律」「写真」「石本検校」が収録されている。[45]同シリーズの第八編が芥川『百艸』（一九二四〈大正一三〉年九月）であり、他の著者を見ても比較的文壇色が強い。文壇作家で（も）ある菊池がシリーズ筆頭に来ること自体には何ら不思議はないが、特筆したいのは翌年一二月刊行の、創作集であると思しい『貞操：他八編』にも「法律」「小野小町」「写真」「石本検校」は収録されたことだ。その発行元のプラトン社は大阪のクラブ化粧品本舗中山太陽堂が一九二二（大正一一）年に設立した新興の出版社で、同年五月から雑誌『女性』、一九二四（大正一三）年一月からは文芸誌『苦楽』を発行していた。後者の創刊号巻頭に掲載された「娯楽雑誌　苦楽　発刊　御挨拶」には以下のようにある（抜粋）。

講談はもう行詰つた。第一卑俗にすぎる。と云つて文壇小説では肩が凝るわりに面白く無いさういふ方に「苦楽」をお奨めしたい。

在来の通俗小説もあまりに愚劣である。もう少し文学的で、しかも興味の多い、面白くつて何か感じる物があつて欲しい、といふやうな方へ「苦楽」を御奨めします。

また、創刊に際しては関東大震災を機に大阪に移りプラトン社に入社した直木三十五（植村宗一）が同期入社の川口松太郎と共に共に編輯に従事したが、直木と言えば一九二三（大正一二）年一月の創刊から『文藝春秋』に毎号寄稿、大阪移住後も同誌に頻繁な寄稿を続けるのみならず、彼の立てた企画が多く同誌面で実現するなど、菊池との縁は浅からざるものがあった。[46] それに対し菊池と同じく以前から直木と親交のあった芥川の方は、プラトン社発行の雑誌『女性』『苦楽』に寄稿する事はあっても、同社から書籍を刊行することはなかった。

実は菊池自身も、震災の直後には極度の衝撃・絶望感から東京を去って大阪に赴こうという意向を示していた。次に引くのは地震発生から六日目の菊池が泣菫に宛てて記した書翰の一部である。

> 小生ハ幸にして何の被害もありませんでしたが、もう文芸芸術は、二三年は駄目です。それで、大阪へ行かうと思ってゐますから、どうかよろしく。都合に依つては、同志と一緒にサヌキへ帰って、武者小路氏にならって百姓をやらうと思ってゐます。（中略）とにかく、今の東京はたゞ喰ふことと寝ることが尤も大切なことです。そして、かうした生活に対しては、文芸などゝ云ふものがいかに、無用であるかと云ふことを感じます。（中略）逍《ママ》の既製文壇も天災の為には、破壊されてしまったと云ふ訳です。活字、印刷機の関係上、文芸出版は当分後を絶つたらうと思ひます。（一九二三（大正一二）年九月六日附）[47]

この後、彼の極悲観的な予測を裏切った首都復興の驚異的速度を背景に、ここに示された移住案は結局実行に移されることはなかったが、以上の経緯から抽出したいのは大阪という土地に対する菊池の馴染み具合と、（恐らくそれと表裏を為す）東京を中心とする既成文壇に対する諦めの速さ、そして以前から彼の中にあったと思われる〈中央文壇とそれ以外〉という線引きに対する意識の低さである。

もはや自明だろうが、今菊池に関して述べたどの事柄に対しても彼と対蹠的な位置にいたのが芥川である。旧稿で述べたことだが、芥川は大阪を常に〈外〉地としてあるもの＝アウェーと見做していたような観があるし、[48]実質的に全生涯をその地で送った東京[49]に対しては批判も含めて強い執着を、表現に措ても心情的にも終始示し続けた。そして、東京に対するその意識は〈文壇〉へのそれと強く――不可分に結びついていたことも言うまでもない。

3―4　芥川「鸚鵡」と菊池「石本検校」

芥川の認識、即ち彼の眼は余り『サンデー毎日』の読者層・居住圏を意識することなく東京に向いていたという可能性を前節で述べたが、それをよく示すのが、関東大震災直後の一九二三（大正一二）年一〇月五日＝第二巻第四三号に掲載した「鸚鵡」である。先の「一夕話」もそうであったが、この作でも東京の地名が、しかも他地のものには馴染みが薄いのではないかと思われる固有名が前作以上にふんだんに用いられている。

そもそもこの「鸚鵡」は、前月発生の関東大震災を素材にした芥川の「震災時文章」の一つである。「震災時文章」とは、論者が嘗て「関東大震災―芥川龍之介と東京・両国―」（『東京都江戸東京博物館紀要』第三号、二〇一三年三月）にて定めた用語である。地震発生時には既に著名作家であった芥川のもとには多くの関連文章執筆依頼が舞い込むが、それに応じて書かれた彼の作をこのように規定、分類を行った。「鸚鵡」の内容自体に関する詳細分析もそこで行っているのでここでは簡単な紹介に留めるが、震災という事象自体がかなりその土地の記憶に纏わるものである上に、同作はその物語の主体人物（伝聞を前面に出したスタイルのため、「主人公」感は薄い）が東京の各地を転々とする話であり、東京の地名＝固有名詞が多出する。大阪はじめ、東京あるいは京浜地区外在住の読者にとっては実感が摑みにくかったのではないだろうか。

尚、同時期すなわちこの年一〇月号にて、東京で発行されていた各種綜合雑誌・文芸雑誌では震災特輯を組んだものが多い。芥川や菊池も勿論そこに多くの文章を寄せているのだが、『サンデー毎日』の方では九月いっぱい四号に亙ってその問題を扱った後の今号はもはや全面的にそれを扱ったものではない。ここには地域差の問題に加えて月刊と週刊という、発行ペースの違いによって生じると考えられる雑誌面に流れる時間の差もある模様だ。この号でも、巻頭口絵が見開きで「内外活動俳優花形揃ひ」であるなど、東京を中心とする〈文壇〉＝同年一〇月号の同地発行主要雑誌が挙って「震災後問題」を扱うのとはもはや別の局面で、『サンデー毎日』の誌面は推移していたかのように見受けられる。

芥川「鸚鵡」が掲載された第二巻第四三号は小説と講談号であった。その創作欄筆頭には菊池の「石本検校」も載っており、結果的に両者競作の様相を呈している。その枠組としては江戸期を舞台とした歴史小説ながら、「石本検校」は殆ど全編が将棋の達人として設定された登場人物二人の誌上対局の様相を持つ異色の作品である。具体的には、前述の二人が作中に言う「盲目将棋」（実際の盤を用いず、指し手を口述することでお互いの頭の中だけで行われる対局）を行いつつ帰途を辿るという物語となっており、途中各登場人物の進行中の局面に対する感想や動作、あるいは往来の光景などが部分部分挟まれはするものの、叙述の大半を為すのは「七二王。」「四五歩。」「五二金左。」といったお互いの指し手のみの記述である。将棋を知らない、あるいは棋譜が読めない（読んでそこから盤面を再現できない）読者にとっては面白みも全くないものと推察されるが、しかし、この時期の『サンデー毎日』誌上では第一巻第三三号＝一九二二（大正一一）年一〇月二九日号以降、「詰将棋新題」もしくは「将棋と碁の新研究」がほぼ毎号掲載されていること、更にその延長線上に「『サンデー毎日』叢書」の第五編として木見金次郎著『詰将棋新題』（大阪毎日新聞社・東京日日新聞社、一九二三年七月）が刊行されていたなど、将棋は同誌における重要コンテンツの一つであった。

同作には次のような後記がある。

（この小説は「文藝春秋」九月号のために執筆せしもの也。然るに「文藝春秋」は、製本中、九月一日の大火に焼失して、再刊のほども覚束なし。今この小説を、サンデー毎日に発表するに当つて、多少の感慨なきを得ず。九月十四日）

確かに、自身が主催する『文藝春秋』でなら、このような勝手なものも発表できただろう。実際、菊池は同作を一部改訂の上、同年一一月（第一年第一一号）の『文藝春秋』末尾に再掲した。この事に関しては、彼が「編輯後記」で以下の通り弁明している。【50】

小説欄にのせた自分の「石本検校」は、「文藝春秋」がダメだと思つたので、サンデー毎日から催促を受くるまゝに、サンデー毎日に一度発表した。が、元来が「文藝春秋」にかいたものだから、のせたくてのせた。原稿料を二重に取る訳ではないから、一度よんだ方は、つまらない附録がついてゐると思つてほしい。

以上一聯の菊池の言から見ると、「石本検校」が『サンデー毎日』に（先に）掲載されることになったのは、震災という外的・突発的な要因の結果ということになる。しかし、そのように偶発的にそちらに廻るところとなった原稿が、芥川作などを押さえて「小説と講談」号の巻頭に配されたことは、その作が一定数以上の読者の心に響く可能性が編輯側で考慮された結果かと思われる。

更に、『文藝春秋』九月号焼失自体は事実だろうが、それをここに記すことは、こちらも結果的に同誌の宣伝・

菊池への同情喚起に寄与した可能性も考えられる。そのどこまでが計算されたものであるかは判らないにせよ、発信する作品の内容・それに附す言説の在り方ともに、対読者効果という面で菊池は見事な成果を収めているとみてよい。

「鸚鵡」において、一中節の師匠という、やや講談・歴史小説寄りの登場人物を中心に据えながら、しかしその内容において東京在住者＝作中の地名からその地理が脳内に復元出来る者でなければ面白くない、あるいはそもそも内容理解すらできないようなネタを持ってきてしまった、換言すればどうしようもなく中央〈文壇〉作家的なふるまいをとった芥川と、やはり検校と（プロの）将棋指しという、いかにも時代がかった人物を設定した上での徹底的な将棋ネタという、その意味では恐ろしく――ある意味芥川作以上に読み手を限定する可能性を持った物を発表しながら、しかしその限定の範囲がうまく実際の読者に当てはまり、結果としてそこにおいて〈選ばれた〉読者をほくそ笑ませるような効果を生んだであろう菊池の差がここでも際立つ。

振り返れば、一九一九（大正八）年の同時入社後、彼らがそれぞれ『大阪毎日新聞』本紙に掲載した作品からして、そのような結果あるいは傾向は出ていた。即ち入社翌月から連載開始された菊池「藤十郎の恋」（同年四月三日～一三日、夕刊）は、その後彼自らの脚色を経て同年一〇月、浪花座で中村鴈治郎らによって上演されたことは前述の通り。その間に出たのが芥川の社員就任後初掲載となる「路上」（書誌前掲）であり、こちらは師匠・漱石の「三四郎」（『東京朝日新聞』『大阪朝日新聞』一九〇八（明治四一）年九月一日～一二月二九日）を強く意識したことを窺わせる内容ながら、より高踏的・ボーイズクラブ臭を強く発散[51]した上、更に未完による連載打ち切りという不首尾に終わった。翌年に関しても、芥川「素戔嗚尊」（三月三〇日～六月六日、夕刊。『東京日日新聞』にも同七日まで連載）と、その後を承けて連載された菊池「真珠夫人」（六月九日～一二月二二日、『東日』にも同期間）を対比してみれば、両者の意識差・対読者効果は歴然、寧ろ差はより開いていることが認められる。

【4】……終熄——菊池退社・泣菫退任とそれ以降の芥川

先述した第二巻第四三号（小説と講談号）での芥川・菊池の〈共演〉後は、菊池の方に辛うじて時事エッセイ的な「雑記三つ」（第二巻第四九号、一九二三年一一月一一日）が確認されるのみで、[52] 彼らと『サンデー毎日』誌面との関りは沈静化する。あるいはこれは薄田泣菫の待命休職・学芸部長退任による学芸部の一時消滅という社の動きと連動するものかもしれない。

その後の彼らの『サンデー毎日』を巡る動向としては、芥川の方は一九二四（大正一三）年の客員社員への身分変更後は「或敵打ちの話」[53]（第三巻第一号）を皮切りに、新年号からの連続寄稿、更に小説と講談号への毎号執筆（前掲の表1　寄稿作品一覧を参照）など同年前半には活発な関与が見られるものの、菊池の方は芥川「野人生計の事（随筆）」の第二回が載った第三巻第三号（一九二四（大正一三）年一月一三日）にやはり随想「雑記三つ」を寄稿して誌面共演を果たすのが当面最後の執筆となり、同年八月には毎日新聞社を退職、以後『サンデー毎日』は勿論、『大阪毎日新聞』『東京日日新聞』両紙面からも長く離れることになる。

尤も、前述「雑記三つ」の内容は、主に近時大阪方面における自らの名前及び作品の思わぬ拡散・影響（無断使用など）に関するものと、先の「雑記」で記した京大教授の後任に関して、それに近年の「外国文学崇拝」に対する苦言からなる。前二つの項目は顚末上の必然から発表されたものと推察されるが、特に第一項目の文章からは菊池が（芥川と異なり）大阪の巷間や『大毎』の動向に気を配っていたことがよくわかる。更に退職により一旦は社と縁が切れる直前の一九二四（大正一三）年三月二六日～七月一四日の『大阪毎日新聞』『東京日日新聞』に「陸の人魚」の連載を遺しているのも流石である。

他方、一時期『サンデー毎日』誌上にて活発な活動を見せた芥川の方も、菊池退社を契機とするかのように第三巻第二九号（一九二四（大正一三）年七月一日）の「桃太郎」を中仕切りとして、その後同年後半から一九二六（大正一五・昭和元）年にかけての寄稿は大幅に減少する。尚、その間にあって第四巻第一九号（一九二五（大正一四）年四月二六日）に「人及び詩人としての薄田泣菫氏」を寄せたのは、社に対してというよりも泣菫個人に対する恩義・仁義からであろう。そうした意味では、結果的に生涯最後の年となった一九二七（昭和二）年に、遺稿として掲載された「或る旧友に送る手記」及び「機関車を見ながら」の二編を含め計五本もの作品を載せているのは社への最後の御奉公であると同時に、退職前最後の休職中であった泣菫への御恩返しであったように見えてくる。彼が休職満期により社を解雇されるのは翌年五月末日附のことであった（『社史』上巻　p.597）。因みにその翌月一五日の第七巻第二七号に、菊池が「母子」で以て誌面に復帰している。

ここまで菊池を参照項として主に芥川の側から見る社との関係、掲載作から見る彼らの意識などを探ってきた。菊池が『サンデー毎日』主要読者、及び彼らの住まう大阪という土地に対して見事な配慮――というのも妙だがそうした対象を十分意識して恐らく効果的な振る舞いを終始行った（これが後の社による呼び戻しに繋がる）のに対して、芥川の方は新聞本紙におけるのと同様に、〈文壇〉的余りに文壇的な――高踏な態度を保持し続けたと言えよう。前者の有用性は言うまでもない。しかし後者の方も、それは対読者反応において一見有効性を疑わせるようなものでありながら、あるいは少なくとも薄田泣菫学芸部長・初代編輯長のもとでの初期の『サンデー毎日』においては（編輯者としての彼の手腕に拠るところ大）、一定の有効性を持っていたのではないかという推察を最後に述べておきたい。

嘗て池田文庫所蔵の『サンデー毎日』を通覧した須田千里は、紹介記事の本編部分を次のように書き起こした。[54]

閲覧していて興味を惹かれたのは、創刊時から昭和二、三年頃まで、約六年程の間のことである。この時期には、芥川龍之介・泉鏡花・谷崎潤一郎・佐藤春夫・幸田露伴といった、文壇の有名作家の文章が比較的多く掲載されている。もちろん同じ時期には、大衆文芸の作家たちも活躍しているのだが、大正一一年から昭和二、三年に至る期間は、文壇作家の勢力がまだ強かった時代だったように思える。

そしてその文章は一部具体的な誌面分析を示しながら、最終的に「初期の『サンデー毎日』は、既成文壇の影を引きながら、次第に大衆文芸色を濃くしていったのである。」と締め括られる。〈その先〉の展開として、あるいは本書第1部第5章の西山康一稿や大衆文芸サイドから言及の章にて述べられるように、千葉亀雄が編輯長として就任するあたりから同誌に求められるものが抜本的もしくは漸次的に変わり、芥川が体現するような「「文壇」文学が教養としてのアウラを失い」(西山)、誌面から消滅していくという流れが描けるのかもしれない。ただ同時に「創刊時から昭和二、三年頃まで」の誌面においては、芥川の存在は主に泣菫に導かれる(操られる?)ことで、「文壇」文芸の夕映的「アウラ」を放っていた面もあるかと思われる。その残照を体現し同時に自らもそれに照らされながら、芥川はこの世からも永遠に撤退してしまった。一旦は社を離れその後も多方面に活躍する菊池のことはさておき、現場を離れた泣菫の眼にはその後の『サンデー毎日』がどのように映っていたのか、誌面とその編輯を巡る問題への興味は尽きない。

注

1　野村尚吾「創刊の前後」中「芥川龍之介と大毎」(『週刊誌五十年』毎日新聞社、一九七三年)pp.22-24

2　そこでも、「蜘蛛の糸」（『赤い鳥』第一巻第一号、一九一八（大正七）年七月）「奉教人の死」（『三田文学』第九巻第九号、同年九月）「枯野抄」（『新小説』第二三年第一〇号、同年一〇月）が『大阪毎日新聞』に発表されたなどといった事実誤認もしくは我田引水的記述が見られる。

3　更に後、一九二四（大正一三）年から芥川は同社「客員」となるが、そうした所属の実体に拘りなく、現場では当初から「社友」扱い・そのような認識であったのだろう。

4　一九一五（大正四）年一二月に学芸部副部長、一九一九（同八）年二月二八日同部長心得、同年六月一四日より同部長。（浦西和彦「薄田泣菫と泣菫宛て書簡について」（倉敷市『倉敷市蔵　薄田泣菫宛書簡集　作家篇』八木書店、二〇一四年））

5　無署名「芥川龍之介と毎日新聞」（毎日新聞130年史刊行委員会『「毎日」の3世紀―新聞が見つめた激流130年』毎日新聞社、二〇〇二年）上巻　p.609　以下、本章で同書のことは『社史』と記載する。

6　一九一八（大正七）年二月一三日附で、芥川は社友契約の条件を詳しく記し泣菫宛送付している。実質的には他新聞に執筆しないということだけを条件に月額五〇円が入るという内容であった。

7　西山康一・荒井真理亜「倉敷市蔵薄田泣菫文庫　薄田泣菫日記（大正七年一月）翻刻・解説」（『岡大国文論稿』第四七号、二〇一九年三月）に拠れば、幾つかの用務のために上京した泣菫が芥川に会ったのは同年一月一九日、この会見が芥川を社友に招くための相談であったという。あるいはその折に谷崎寄稿の話が出たという可能性も考えられなくはないか。

8　一九一八（大正七）年七月三一日附　泣菫宛芥川書翰に「菊池へ云つてやつたら新聞社へ出てゐるので新聞へは書けなからうとか云つて来ました猶当人から御返事申すだらうと思ひます」とある。菊池からは同月二九日附で泣菫宛返事が出された。その文面は中西靖忠「菊池寛と毎日新聞（上）―泣菫への四書簡を中心に―」（『高松短期大学研究紀要』第九号、一九七九年三月）、及び注4前掲書に翻刻されている。

9　他方、「内国通信部」「外国通信部」「海外通信機関」などは「本社（大阪）」の方にしかない。必ずしもそこまで見通したものかは分からないが、翌翌年の中国大陸派遣などを考えると、芥川を大阪本社所属としたのは結果的に便宜であったか。

10　一行目の「か《ママ》（行末）」は中西論翻刻表記のまま。倉敷市『倉敷市蔵　薄田泣菫宛書簡集　作家篇』（注4前掲）にも「大正8年2月中旬以降（封筒欠のため年月推定）」として翻刻されており、二行目「御許し」が「お許し」である以外は文面同一である。

11　赤塚正幸「注解」（『芥川龍之介全集』第六巻　岩波書店、一九九六年、二〇〇七年　第二刷）

12　「芥川、菊池寛の入社で「日日文芸欄」新設。菊池寛、大毎で「藤十郎の恋」連載開始」（「年表」　p.585）因みに、『大毎』の方では一八九九（明治三二）年一月一五日に「文学欄」を新設、翌年一月一九日には同欄を「拡張して文芸欄と改称」（同pp.558–559）とある。

13　『東京日日新聞』一九一九（大正八）年四月一一日。『大阪毎日新聞』にも翌日に「女殺油地獄」の題で「毎日文壇」欄に掲載。

14 関口安義『特派員　芥川龍之介―中国でなにを視たのか―』（毎日新聞社、一九九七年）p.64

15 澤本知彦「『大阪毎日新聞』と菊池寛の入社前後をめぐって―薄田泣菫の役割を中心に―」（『日本大学大学院国文学専攻論集』第一二号、二〇一五年一〇月）

16 ここまでの記述は、野村尚吾『週刊誌五十年』（毎日新聞社、一九七三年）に拠る。pp.20–21, p.364

17 但し、同書翰の前後の文の感じからは、芥川自身もそれほどその出来事を重く捉えているようには見受けられず、「事件」の為に「ちよいと社へ行く用もあつた」（文面続き）というのも、恰も日用的打ち合わせ程度のように受け取られる。

18 一九一九（大正八）年二月一二日附泣菫宛芥川書翰。この条件の出どころやその数字に落ち着いた経緯詳細は書翰からは明らかではないが、芥川の側にそれを前提にしている様は見える。

19 （一）＝「放屁」（五日）、（二）＝「「女と影」読後」（六日）、（三）＝「思ふままに」（八日）、（四）＝「ピエル・ロティの死」（一三日）

20 他に他新聞への登場ということでは、一九一九（大正八）年一一月九日『読売新聞』の「日曜附録」欄に、芥川も参加した短歌会「春草会」での詠草一首が久米正雄の歌一首と共に「春草会にて」の題のもと掲載されたこと、一九二六（大正一五）年一一月二九日『読売新聞』の「よみうり文芸　月曜附録」欄に載った「松岡君の創作モデル問題（2）久米との旧交回復のくさびに」があるが、前者は短歌一首のみでしかも再掲的なものであり、後者も久米による同（1）「創作態度の純真を要す」・松岡譲「沈黙の後に／『憂鬱な愛人』を執筆するに際して」と併載されたもので謂わばアンケート回答の類と考えてよく、『時事新報』への主体的寄稿とは別の性質のものと見てよいだろう。一九二七（昭和二）年二月二一日『帝国大学新聞』一九八号に「その頃の赤門生活」というシリーズ記事の第二七回として載った「真夏の卒業式に冬服で汗みどろ」なども同様。また、地方紙に掲載された講演録なども例外的なものとして考えてよい。

21 『支那游記』には「薄田淳介氏に」の献辞が付され、以下の作が収められた。「上海游記」「江南游記」「長江游記」（以上、各初出書誌別掲）「北京日記抄」（初出『改造』第七巻第六号、一九二五（大正一四）年六月）「雑信一束」（初出未詳。書き下ろし収録か）

22 本書翰からの引用は倉敷市『倉敷市蔵　薄田泣菫宛書簡集　作家篇』（注4前掲）に拠った。尚、封筒には「二月七日」、文面末尾には「二月十日」とあるのを同書では後者を芥川による錯誤と推察、現行全集でも七日附で採録されているため、ここではそれらに従う。

23 『菊池寛全集』（高松市菊池寛記念館、文藝春秋〔発売〕、一九九三〜二〇〇三年）掲載作から抽出、芥川作は前掲一覧を参照。

24 『菊池寛全集』（書誌前掲）附載「菊池寛年譜」（大西良生編）より。但し、そこには就任が四月とあるのに対し、中西前掲論では「のち、昭和九年三月から二十一年六月まで学部顧問（次いで客員）として再び入社」という『毎日新聞七十年史』（毎日新聞社、一九五二年）の記事を引く。終期は「菊池寛年譜」の記すところと合致するが、始期に一月ずれが見られる。更に『社史』別巻「年表」には同年五月一二日附で「東日学芸課を部に昇格」（p.607）とあるので、全集年譜の記載は細部で正確さを欠くのかも知れない。

25　この間の**菊池による『大阪毎日新聞（大毎）』『東京日日新聞（東日）』掲載作品一覧**は以下の通り。尚、これは本文前掲「菊池寛『大阪毎日新聞』（『大毎』）『東京日日新聞』（『東日』）寄稿歴（一九二四（大正一三）年まで）」を継ぐリストとなる。
・「貞操問答」『大毎』『東日』一九三四（昭和九）年七月二二日〜翌年二月四日
・「新道」『大毎』『東日』一九三六（昭和一一）年一月一日〜五月一八日
　※同年六月、歌舞伎座にて脚色上映。同年一一月、松竹大船より映画化
・「現代娘読本」『大毎』一九三六（昭和一一）年一〇月一三日〜一二月四日／『東日』夕刊　同〜一一月二八日
・「現代人妻読本」『大毎』一九三七（昭和一二）年一月六日〜四月三日／『東日』夕刊　同年一月五日〜三月二七日
　※以上二本は各回分量も少なめの連載エッセイ。
・「美しき鷹」『大毎』『東日』一九三七（昭和一二）年四月一六日〜九月一二日　※同年十月、日活多摩川・PCL・新興大泉から映画化（三社競合）
26　この時期に社会部長が連載小説を差配していたのは、泣菫休退職による学芸部一時廃止、社会部長による業務代行のためであった。また、阿部は当初、白井喬二の抜擢を考えていたが、人気作「新選組」連載を持つ『サンデー毎日』編集部が放出しなかったため吉川にお鉢が廻ったのだという。（『社史』上巻　pp.627–630, p.811 など参照）
27　西山康一「新発見の封筒が持つ可能性　実物により見えてくるいくつかの疑い」（『芥川龍之介研究年誌』第五号、二〇一一年七月）
28　『芥川龍之介全集』第一九巻（岩波書店、一九九七年→二〇〇八年　第二刷）では「七日」とあるが、倉敷市『倉敷市蔵　薄田泣菫宛書簡集　作家篇』（注4前掲）に拠れば封筒・本文ともに記載は「八日」のため、ここではそちらに従う。
29　一九二二（大正一一）年五月二四日附芥川道章宛芥川書翰に「一日に一食は必永見家にてしたたむる始末、今日などは朝夕共御馳走になる、その為永見家は殆小生の宿の如し」云々とある。
30　一九二二（大正一一）年六月六日附、真野友二郎宛芥川書翰参照。
31　この原稿とそれに附されたメモは、二〇二三年一〇月〜翌年一月に久留米市美術館にて行われた企画展「芥川龍之介と美の世界　二人の先達—夏目漱石、菅虎雄」にて展示、同展図録（発行　久留米市美術館、神奈川県立近代美術館）に写真掲載された。
32　尚、その際に署名が「芥川龍之助」と誤って記載された。これに対しては正誤表にて訂正が行われている。
33　小説と講談号に関しては、本書が紹介するデータベース、並びに同収録の中村論を参照。
34　一九二二（大正一一）年七月三〇日附渡辺庫輔宛芥川書翰中の自己言及より。
35　一九一七（大正六）年九月二〇日消印松岡譲宛芥川書翰に「ボクは文章世界で実際脂を絞られたよ　へんてこなものを書いて責をふさいぢやつた　いくら何でも一日半ぢや碌なものは書けない」とある。

36 注34前掲書翰に「僕は常にあの小ゑんの如き意気を壮といたし」云々とある。

37 『大阪毎日新聞』一九一九（大正八）年六月三〇日〜八月八日。『東京日日新聞』には載らなかった。芥川の大毎社員就任後初の連載小説であったが、作者都合により中絶。最終回掲載分末尾には「後篇は他日を期する事とす」と記されながら、結局続稿が書かれることはなかった。

38 同じ号には堂島裏二「文壇漫画」や衣笠生「文壇ゴシップ」が載り、これらは以前からの連載でもあったことから、少なくとも『サンデー毎日』の一定の読者にはそのような興味・知識があったと考えられるかもしれない。

39 一九一九（大正八）年七月一七日附、南部修太郎宛書翰。

40 「火華」『大毎』『東日』一九二二（大正一一）年三月二六日〜八月二三日。同年七月に花柳章太郎らによって浪花座で脚色公演、また、八月には松竹蒲田から映画化された経緯があり、一定以上の人気を誇ったものと思われる。

41 目次では「つまみもの」、本文見出しは「つまみ物」になっている。

42 目次に「二人小町（紙上喜劇）」とあるが、括弧内は目次のみの記載で本文表題にはなし。菊池「小野小町」の目次・本文表題にも同じく附されているので編輯側によるものか。

43 有元伸子は「小町変奏——近代文学にみる小野小町像の継承と展開——」（山根巴・横山邦治編『近代文学の形成と展開』和泉書院、一九九八年）において、「二人小町」を「ステレオタイプな女性神話の上にたった、徹底した女性憎悪（ウーマン・ヘイティング）の物語」であると断じ、「菊池がコミカルに描いた女性の男性不信の劇「小野小町」に触発され」ながら「それを反転して、偏執なまでに強調して、男性の女性不信の劇を「書かざるをえなかったところに、作家の無意識の心理が現れ出ている」と推察する。

44 『芥川龍之介全集』第九巻（岩波書店、一九九六年→二〇〇七年　二刷）の「注解」（宗像和重）に「下僕を下男と云。京坂方言に久三と云。江戸の方言に権助と云」という喜多川守貞『守貞謾稿』巻の三の記載が拾われているほか、前田勇『江戸語大辞典』（講談社、一九七四年）にも「権助」の項に「下男・飯炊男の通名・異称。」として寛政年間の用例が引かれる。

45 「三、世相雑感」中に『サンデー毎日』第二巻第四九＝一九二三（大正一二）年一一月一一日号に寄せた「雑記三つ」から「銀座の夜」「厨川博士を悼む」だけを抜粋したものが、「雑記二つ」として収録されている。尚、同書「後序」には「大正十年以後に書いた創作以外の文章を蒐めて見たのである。」とあるが、すぐ次に紹介している『貞操‥他八編』（プラトン社、一九二四年）への収録状況から見ると、菊池の中での「創作」か否かの線引きもひどく曖昧なものであり、厳密さよりもとにかく〈売れること〉を優先する菊池の態度が髣髴される。

46 日本近代文学館編『日本近代文学大事典』第五巻（講談社、一九七七年）中「苦楽」（浦西和彦）の項。並びに植村鞆音『直木三十五伝』（文藝春秋、二〇〇五年）参照。

47 引用は倉敷市『倉敷市蔵　薄田泣菫宛書簡集　作家篇』（注4前掲）に拠った。

48　五島「芥川龍之介の故郷《ホーム》&異郷《アウエー》」(『芥川龍之介研究』第一四号、二〇二〇年七月)。尚、そこでは「仙人」が『サンデー毎日』創刊号に向けて書かれたものという前提で書いていたためその部分のみ修正の要があるが、同作の内容に対する読解認識に変更はない。

49　東京市京橋区入舟町(現・東京都中央区明石町)に生まれた芥川は、養家が東京府北豊島郡滝野川町字田端(現・東京都北区田端)に移ってからは、大学卒業後に海軍機関学校勤務のため鎌倉・横須賀に二年半ほど居住したのを除き、旅行以外では死ぬまで東京を離れることはなかった。
　因みに菊池の方は一高時代を芥川らと東京で過ごしているが、第四次『新思潮』同人中では独り京大に進学、又もともと高松出身で中学校時代までをその地で過ごしているため、関西への(心的)距離は比較的近かったか。

50　西井弥生子「「石本検校」の世界：菊池寛の将棋」(『青山語文』四七号、二〇一七年三月)に示唆を受けた。

51　その点を含めた「路上」の総体的意味づけに関しては、五島「「路上」論――索引のついたテクスト――」(『芥川龍之介研究』第四号、二〇一〇年四月)を参照されたい。

52　但し、その最後の項「厨川博士の後任」で、震災で亡くなった京都大学英文科教授・厨川白村(辰夫)の後任適格者として芥川の名を挙げ、且つ「「サンデー毎日」で、私が推薦して見たところが、何うなるものでもないが」と自嘲気味に述べているのは興味深い。

53　現行全集などには「伝吉の敵打ち」の題名で収められている。芥川には別に「或敵打の話」(『雄弁』第一一巻第五号、一九二〇年五月)があるため、こちらを変更したのかも知れない。

54　須田千里「初期『サンデー毎日』の作家たち」(『館報池田文庫』第一七号、二〇〇〇年一〇月)

【付記】この章の前半の内容に関しては、第一八回国際芥川龍之介学会ISAS上海大会(二〇二三年一〇月、於上海外国語大学)にて発表した。

　但し、その後大幅に修訂を施している。また、芥川・菊池の文章引用に際しては基本的に『芥川龍之介全集』(岩波書店、一九九五 - 一九九八年)『菊池寛全集』(高松市菊池寛記念館、文藝春秋〔発売〕、一九九三 - 二〇〇三年)に拠ったが、可能な限り雑誌・単行本の現物を参観、他の場合は適宜注記している。

第3章

第四次『新思潮』の〈物語〉をリロードする

——久米正雄『風と月と』と週刊誌メディア

小澤 純

【1】……はじめに

第四次『新思潮』創刊号（一九一六年二月）掲載の「鼻」を夏目漱石に激賞された芥川龍之介、『新思潮』時代の芥川への対抗心を赤裸々に綴った「無名作家の日記」（『中央公論』三三巻七号、一九一八年七月）等で文名を揚げた菊池寛の両作家が、一九一九年三月、それぞれ大阪毎日新聞社学芸部所属特別契約社員、『東京日日新聞』（以下、『東日』）編集局社員となって、同社の文芸欄の充実に寄与することとなった。前章（五島慶一氏執筆）に纏められている通り、同社学芸部長だった薄田泣菫は、両者を介して、例えば第二次『新思潮』出身の谷崎潤一郎、第三次『新思潮』の豊島与志雄、第三・四次『新思潮』の久米正雄をはじめとする中堅・若手作家の同社メディアへの執筆を期待したはずである。

一九二二年四月に創刊された『サンデー毎日』においても、徐々に「新講談」＝大衆小説へと軸足を移していくにせよ、いわゆる文壇との窓口として、芥川と菊池は文芸雑誌・総合雑誌とは異なる週刊誌読者への目配りを要請されていた。菊池は一九二四年八月に退社し、芥川は一九二七年七月に急逝するが、その後菊池は一九三四年に『大阪毎日新聞』（以下、『大毎』）『東日』学芸部顧問になる。注目したいのは、二人の盟友とも言える久米が、一九三八年に『東日』学芸部長に就任することだ。「文壇の大御所」となった菊池が文藝春秋社の切り盛りや日本文学振興会発足等で多忙な中、久米にも協力を仰いだと考えられよう。久米は戦時下において、主に新聞紙上で活躍していく。そして、アジア・太平洋戦争敗戦後から一年を経て、久米は、かつての漱石や第四次『新思潮』の仲間との交流を実名で描く「風と月と」を、『サンデー毎日』一九四六年一一月一七日号（二五巻四七号）から一九四七年三月二三・三〇日号（二六巻一二・一三号）まで連載する。この時期のことは芥川自身や彼の追悼文・回顧によって何度も取りあげられ、特に漱石と芥川の師弟関係については一般読者にまで流通していたはずだが、時を経て、その傍らにいた久米の立場からリロード（再読込）しようとするのである。本章では、久米が自らの文学史的な青春の一コマを戦後週刊誌メディアに活写する力学について探ってみたい。

【2】……「ヒューマン・インタレスト」の寵児

まずは、漱石の存命中までに「風と月と」の主要な時間軸が設定される背景を素描しておこう。久米は学生時代に新傾向俳句や社会主義的傾向のある戯曲で早々に名を揚げていたものの、卒業後の活躍および文学史的評価において、創作では芥川の二番手、文壇内の役職でも菊池の二番手のポジションとして語られることが多い。その屈折した道行きは小谷野敦『久米正雄伝――微苦笑の人』（中央公論新社、二〇一一年五月）に詳しいが、漱石没後に長女・筆子の婚約者に名乗りを上げたことで兄弟子の不興を買う。さらに久米が「一挿話」（『新潮』二七巻五号、一九一七年一一月）で「約束の出来かゝつてゐるE子」と書いた迂闊さが夏目家出入り禁止を招き、筆子は『新思潮』同人で久米の親友だった松岡譲と結婚する。いわゆる「破船」事件が、久米の作家としてのキャリアに多大な影響を与えたことは間違いない。例えば『東日』一九一七年一二月九日朝刊七面の「婿君は……漱石氏の愛嬢／好事魔多しと……久米君」は漱石一周忌に取材した記事だが、遺族の中央に筆子を配した写真を載せ、「一挿話」冒頭の引用まであり、久米の失恋はメディア上で拡散された。

時事新報社に勤めていた菊池が文芸部長の千葉亀雄に推薦し、久米は失恋をモチーフにした通俗長篇小説「蛍草」（『時事新報』一九一八年三月一九日〜九月二〇日）を発表して好評を得る。菊池は大阪毎日新聞社に移ってから、第四次『新思潮』同人が漱石に急接近していく様子や久米と松岡の失恋・得恋の経緯を雄吉（菊池がモデル）の立場から傍観者的に眺め思案する「友と友の間」を『大毎』夕刊（一九一九年八月一八日〜一〇月一四日）に連載し、最終回では「弱い淋しい傷き易い人間らしい心の持主」である久野（久米がモデル）への同情を示す。その後、久米は失恋事件の代名詞ともなった「破船」（『主婦之友』一九二二年一月〜一二月）を連載して読者人気を獲得し、村松梢風「久米正雄」（『新潮』四九巻五号、一九五二年九月）等によれば「クメル」という失恋を表す言葉まで流通した。一方、松岡はその連載中に自伝的短篇「耳疣の歴史」（『新小説』二七巻二号、一九二二年二月）で赤松（久米がモデル）の「それ迄の幾つともなくあつた恋愛事件を知悉してゐる」ことを仄めかし、自分が「先生の長女」と結婚するプロセスを明らかにするが、長篇で松岡側から「破船」事件を克明に描き直す「憂鬱な恋人」（『婦人倶楽部』

一九二七年一～四月、『婦人公論』一九二七年一〇月～二八年一二月）の連載までには、さらに五年のタイムラグがあった。

　では、まさに「破船」連載中の一九二二年四月二日に創刊された『サンデー毎日』はどのように「破船」事件を扱っていたのか。当初、「文壇近頃の事」というコーナーを定期的に設けていたが、創刊号の第一回には「久米氏対松岡氏」の見出しがあり、「久米正雄氏が一年一万円の原稿料で「主婦之友」に長編小説「破船」を書き、例の失恋問題を売物にして相手の松岡氏を叩き付けるのかと思へば、松岡氏は松岡氏で、「新小説」に「耳疣の歴史」を書いて応酬して居る。人間万事塞翁の馬だ」と評されている。興味深いのは、八月二〇日号（一巻二二号）にも同コーナーで「久米氏対松岡氏」の見出しが再び現れることで、記事には、「久米正雄氏が例の恋愛問題を材料とした長編小説「破船」の前篇を単行本として先頃出した。之に対して当の敵手である所の松岡譲氏は、之はその得恋問題を材料とした創作「耳疣の歴史」等を収めた短篇集「九官鳥」を引続いて出した。此二人の間は何処までも皮肉に出来てゐる」とあり、むしろゴシップと相互乗り入れした作品や書籍の宣伝がシリーズ化している。菊池の「無名作家の日記」は既に芥川が新進作家として注目されていたからこそ、山野（芥川がモデル）や桑田（久米がモデル）への露骨な嫉妬心を文壇の話題にできた。同様に、当事者二人とはほぼ等距離の芥川・菊池が、小説や随筆を定期的に発表する同誌にとっても、「破船」事件の話題は漱石山脈に連なる第四次『新思潮』派の〈物語〉の一部として有益であり、積極的に誌面に取り入れていたとも捉えられる。

　後年、『サンデー毎日』一九五一年四月一日号（三〇巻一四号）の神崎清「『名作モデル』五十年史」では、「日本の小説が、モデルそのものを売物にするようになったのは、大正期にはいって、久米正雄の「破船」あたりから、露骨な傾向を見せはじめたものであろう。商業的なジャーナリズムの発達にあおられ、作品の生命を支える力が、作家の精神ではなくて、実在のモデル人物への興味だという危険が生じてきたのである」と回顧されている。センセーショナルな「破船」事件ものを載せた『主婦之友』『婦人倶楽部』『婦人公論』といった女性雑誌の台頭とも切り離せないが、同時に、記事に登場する人物自体に焦点を当て娯楽として消費する週刊誌メディア特有の「ヒューマン・インタレスト」[1]とも親和性が高いだろう。

一九二二年六月一八日号（一巻二二号）の「文壇近頃の事」では「ちやんぽらの『人間』」の見出しがあり「久米正雄氏の編輯で新しく出直す」と伝えられているが、主義《イズム》を控えた雑多な中堅作家が集った文芸雑誌『人間』の中心的役割を、ちょうど『サンデー毎日』『週刊朝日』が軌道に乗り始めたタイミングで久米が担っているのは興味深い。久米はさらに、一九二三年一一月に創刊された文芸雑誌『随筆』の編集同人にもなり、『新思潮』派に留まらず、文壇内での交際の幅を広げている。日比嘉高が指摘するように、大正期に盛んになった文壇交友録といった〈私的領域〉は、そのまま「文壇」という〈公的領域〉の構成要素となり、さらに〈通俗〉へと回路を開いていく。[2] 久米は、その変容過程に巻き込まれたジャーナリズムの寵児ではなかったか。

短いゴシップを除き、久米が『サンデー毎日』で大きく扱われるのは、作家としての小説や随筆ではなく、「破船」事件の失恋とは対照的な「ヒューマン・インタレスト」に溢れた久米自身の結婚記事においてである。関東大震災後の一九二三年一二月二日号（二巻五二号）の「独身生活に別るゝ／最後の日は暮るゝ／「男だがやはり恥しい」と久米正雄氏は恥しげに語る」は、帝国ホテルでの「文壇的結婚——文婚（?）」を翌日に控えた久米を自宅に訪問する記事で、「如何にも幸福さうな顔を、明るい方に向けて語つた」内容が続く。同誌には式後の新婚旅行中に大阪ホテルで撮った写真が掲載されているが、おっとりとした表情の久米と落ち着いた表情の艶子夫人が並び、誌面で繰り返される「恥し」の二文字が巧まぬユーモアを醸し、婚前の取材内容と響き合う【図1】。久米は、震災という厳しい現実を前に「人間のいとなみを続ける」意志、夫婦が対等で「同じやうに楽しい生活」を分かち合う理想、父の事業の失敗のために妓籍にあった妻の「非常に純な処」に心打たれた逸話などを語り、記者は久米の「結婚の喜悦と共に幾分任侠的な気分を自ら楽む」姿を伝える。注目したいのは、久米が夫人について、「文

図1　1923年12月2日号（2巻52号）　大宅壮一文庫蔵

芸に対してそれ程の理解があるかも疑問」としながら「只彼女等の仲間では、割合に多く文芸書を読み、私の物などもよく読んでゐた事丈は知つてゐますが」と付け加えることである。記者は「文壇の寵児久米正雄氏」の「長い独身生活の最後の日」を惜しみつつ、「久米氏が震災後の婦人雑誌などに書くそう《ママ》な、小説の一場面がそのまゝ想像される。——幸福あれ——」と締め括ることからも、文芸雑誌・総合雑誌に書く「文壇」作家としてよりも、当時の女性雑誌に通俗長篇小説を連載する人気作家としてのイメージを重ねていることは明らかであろう。

久米は同時期、むしろライヴァル誌の『週刊朝日』に姿を現している。一九二五年六月七日号（七巻二五号）の「夏の草の葉会の作品／中形浴衣の情味／趣味のゆたかな浴衣」の浴衣写真入り記事では、小杉未醒や吉井勇に混じって「浴衣雑感」を書き、一九二七年五月二八日号（一一巻二四号）の間宮茂輔「文壇人のスポーツ—野球その他—」においても野球好きの久米が大きく取り上げられている。そして、同年八月七日号（一二巻六号）での特集〈芥川龍之介の死〉には久米の談話「死に近い冷たさだ」が松岡の「追憶二景」と共に掲載された。同年一一月二七日号（一二巻二三号）でも野球好きが買われたのか、「球話忙題—閑話球題子に与ふ—」でラジオの実況アナウンサーを論評する。様々なメディアで、スポーツ好き、麻雀好き、新しもの好きの久米の記事は散見されるようになる。一方、久米の『サンデー毎日』への小説執筆の機会は、芥川没後の一九二八年一月一日号〈小説と講談号〉（七巻一号）の「老車夫」まで訪れなかった。

【3】……「小説のふるさと」という自負

本章が「風と月と」を取り上げる前に整理しておきたいのは、まさに久米の結婚記事に見られた「幸福」な人物像が、以後の作家活動に持った意味である。久米はいわゆる純文学へのマニフェストを示した「「私」小説と「心境」小説」（『文藝講座』文藝春秋社、一九二五年一月、五月）において、「心境小説」とは「其時の「心持」」、「それを眺むる人生観的感想を、主として表はさうとした小説」であると説明する。そして、「私、心境小説」こそが、「此処から出て行つて、遂には又此処へ帰る小説のふるさと」であり、それ以外は「通俗小説」に過ぎないと断じた。「心境」とは「一個の「腰の据わり」」で、「人生観上から来ても、芸術観上から来ても、乃至は昨今のプロレタリア文学の主張の如き、社会観から来てもいゝ」が、「立脚地の確実さ」によって「常に間違ひなく自分であり得る」ような「心の据ゑやう」だと述べる。そこには、「破船」事件を文芸雑誌と女性雑誌で交互に書き継ぎながら、遂に久米自身の「心境小説」を書き上げたという自負もあったのではないか。

「「私」小説と「心境」小説」第一回と同年同月に発表された「墓参」（『改造』七巻一号、一九二五年一月）に注目したい。主人公の「私」（久野道雄）は、N先生の令嬢F子とは破談になり出入り禁止となった後も、先生の命日の夜に必ず墓参していた。F子（筆子がモデル）はM（松岡がモデル）と結婚し、その後の数年間にわたる「私」の「心持」が綿々と綴られていくが、活動写真館でのMとの遭遇を「敗者」（『中央公論』三三巻一三号、一九一八年一二月）に書き、Uの洋行見送りで再びMと出くわしたことを「和霊」（『改造』三巻四号、一九二一年四月）に書いた。「破船」の連載中にMが発表した「福疣の話」（「耳疣の歴史」がモデル）を読んでMの「小さい心境」を見て取り、「腹の定まつた安堵」も覚えた。震災後、婚約したT子（艶子がモデル）と一緒に外食している時にMと臨席することになるが、T子に

「あの人、私たちの恩人だつたんですもの」と伝えられ、「私」は「彼女の心持に、ぴつたり共鳴」する。今年の先生の命日では、「毎《いつ》もと違ふ墓参りの心持を、心中で先生に訴へ」、耳に直に囁きかける「あの事件の終りに相応しい」という声を聴く。

「墓参」の「私」は、「あの事件を題材にして、種々な長短篇を描き、割りに正直に、其時々の感想を披瀝して来た」と過去を振り返っているが、傷心した自らを描く「私小説」を入口に「心境小説」へと至ろうとする自己像を提示したと言えよう。[3] ここで注目したいのは、一九三〇年に平凡社から刊行された『久米正雄全集』における短篇小説の配置である。第八巻（一九三〇年五月）が初期短篇、第九巻（同年九月）が大正期半ばからの短篇を収めるが、第九巻の最後の五作品は、「夢現」（『新潮』二九巻六号、一九一八年一二月）、「敗者」、「帰郷」（『人間』一巻一号、一九一九年一一月）、「和霊」、「墓参」というように、「破船」事件を扱った短篇を発表順に配列しているのである。第九巻には「墓参」以後の短篇も収録されているが、前半部にまとめられ、「墓参」へと収斂する構成になっている。読者は、漱石周辺や第四次『新思潮』（あるいは『人間』）の面々とのドラマを追い、同時に、作者である久米の「心持」が「立脚地の確実さ」へと向かう〈物語〉を読むことになる。巻末で肯定的な現在へと至るが、見方を変えれば、「墓参」を発表した一九二五年初頭以降、久米には「心境小説」で扱うべき新たな「立脚地」が見当たらなくなったとも言えないか。

無論、時代の左傾化を注視した「万年大学生」（『改造』八巻一一号、一九二六年一一月）が中野重治「万年大学生の作者に」（『文芸戦線』三巻一二号、一九二六年一二月）によって素早く批判されたように、「昨今のプロレタリア文学の主張の如き、社会観から来」た「立脚地の確実さ」には躊躇する「心持」はあっただろう。[4] 同作の末尾で、「私」（久野）は、「不穏文書」を秘密出版した嫌疑で検挙されたらしい旧知の五百木を思い、「何かに憧憬しつゝ、失望しつゝ、彷徨しつゝ万年大学生を続けて来た彼が、そんな転向を取つ《ママ》ての心持は、私にも朧ろげ乍ら首肯《ママ》けられて来た」としつつ、「差し入れでもできるなら、してやりたいやうな気持を感じた」ものの、結局は、「それだけの熱意もない事は、やがて自分にも分つて来」て、「涙ぐましい例の微苦笑で、さし当り気持を和らげるより外ない」と断念する。芥川の〈保吉もの〉から借用した「柳川保吉」や菊池の〈啓吉もの〉から借用した「木村啓吉」といったキャラクター名が点綴されるが、両者は既にそうした連作から撤退している時期で、むしろ大正期の文壇交友録が通用しなくなってきたことを暗示する。[5]しかし久米は、「破船」事件のような通俗的興味がないままでは商品としての魅力に欠けることを承知の上で、五百木という過去からの懐かしい人物が見慣れない何者かへと変容する出来事をやり過ごすという「私」の振る舞いによって、漸く同時代的な「社会観から来」た「心境」の一端に微かに連なっていたのかもしれない。

久米が「私、心境小説」を書けなくなっていくのは、小谷野敦が前掲の『久米正雄伝』「第十一章　悲劇の昭和二年」で指摘するように、艶子夫人や子供に遠慮していった可能性や、あるいは自死した芥川から遺書・遺作を託された衝撃もあっただろう。加えて、「「私」小説と「心境」小説」で主張した「立脚地の確実さ」こそが五百木のような「心持」との接点を自ら排除していくことや、異なる「立脚地」を持つ新たな他者から常に揺さ振られ続けることを、「万年大学生」への批判を通して触知したためでもあったか。青年時代に中條（宮本）百合子との深い交流があり、学生時代に社会主義的傾向のある戯曲で認められた久米は、しかし同じ漱石山脈出身の江口渙のように社会主義陣営に合流することはなかった。ただ、『サンデー毎日』掲載の「老車夫」は、久米が住む鎌倉を舞台に、客の「人道主義」的な同情と信用を巧みに取り付けていく老車夫のしたたかさを、騙されたと悔しがる女性の夫である画家が、後援者からの画料の前借と重ねて、笑いながら擁護する短篇である。画家の妻が老車夫から受ける恐怖や猜疑、憐憫をはじめとした印象の推移と、結末における画家の機知に、僅かばかりではあるが、同時代への社会的関心の残滓が感じられる。

マルクス主義運動崩壊後の「文芸復興」期、久米は「純文学余技説――二階堂放話」（『文藝春秋』一三巻四号、一九三五年四月）において、文学は「生活者の余技」であり、「一つの存在理由のある生活者の、他から強要されずに「心境」を描いたものが、純文学」であると主張した。同時に、「現在の新聞は商品であり、指導性を持つにしても、もう社会大衆性を帯びて了つて、装飾としてより外には、純も不純も「文学」などは必要としてゐない」という認識は、久米自身が理想とする「心境小説」を書けない現状を反映してのことだったろう。同論では横光利一の文学観に共感を示しているが、新聞のみならず、週刊誌を含めたジャーナリズム全般への認識と思われる。一方では、いわば「立脚地の確実さ」の不可能性から出発した太宰治や高見順が、久米も選考委員を務める第一回芥川龍之介賞の候補者となって活躍し始めていく。しかし久米は新たな「心境」を表現することなく、鎌倉の名士として一九三二年より鎌倉町会議員当選（一九三六年に再選）、一九三六年一一月に鎌倉ペンクラブ初代会長、一九三七年には由比ヶ浜の鎌倉カーニバル実行委員長も引き受ける。そして一九三八年、『東日』学芸部長となり、同年七月には日本文学振興会常任理事、一九四二年には社団法人日本文学報国会の常任理事・事務局長に就任し、敗戦を迎える。

【4】……週刊誌読者と「風と月と」

敗戦後、『サンデー毎日』一九四六年一〇月二〇日号秋季特別号（二五巻四四号）に、目玉として久米の短篇「或る秋の夜のこと」が掲載された。この読み切りは、後に長篇小説「風と月と」の第一章として配置されることになる。挿絵は木村荘八で、同号には木村、美術評論家の大久保泰、フランス文学者の渡邊一夫の座談会「頽廃のエロチシズムを嘆く」も載り、多数の著作や翻訳があり永井荷風『濹東綺譚』（『東京朝日新聞』一九三七年四月一六日〜六月一五日）等の挿絵を担った木村の存在感を示している。グラビアは「芸術の秋」特集を組み、「世界文化の花三輪をスケツチする」のコーナーではアメリカ文学、ソ連演劇、フランス美術が取り上げられた。林芙美子「寝雪」、阿部知二「微笑」、大佛次郎「時雨の蝶」も並び、まさに芸術と読書の秋を盛り上げる誌面作りで、「或る秋の夜のこと」に「秋」が入っている点が呼応する。同作は二節で構成されるが、二節冒頭は、「それは秋だつた。たしか大正四年の、秋も深いころだつた。」である。従来、後に連載が始まる「風と月と」と共に伝記を補う二次資料として扱われることが多いが、本章では、週刊誌メディア掲載の機会を久米が積極的に活かした、「私、心境小説」の新たな実践と見立てて考察したい。

一節冒頭は、「私はその頃、本郷の宮裏と云ふ所に、素人下宿してゐた。」という飾りのない一文で始まるが、「本郷」という東京帝大の符号が添えられ、「その頃」を指示できる作者が語り手であると仄めかされる。ストーリーは、漱石山房に先に出入りしていた岡田（耕三）に連れて行ってほしいと頼み、さらに文学仲間の芥川を同行させることも許可されるというものだ。語り手のみ呼称がイニシャルのKで、同作ではまだ名前のみだが「芥川龍之介」も「夏目漱石先生」も実名で登場させており、「ヒューマン・インタレスト」を求める週刊誌読者への親切さがある。久米自身、昭和初期には改造社の円本全集の宣伝のために趣味の活動写真のカメラを持ち歩き、監督として芥川をはじめとする作家の動く姿を多く撮った経験もあり、いわゆる複製技術時代において作家がどう受け入れられていくのか、肌で理解していたところもあっただろう。[6]

三〇年を経た現在の「私」の視点から時系列が行き来することも本作の特徴だが、「その頃」から一〇年後、下宿の主人が後に生活苦で鎌倉の「私」を訪ねてきた際に、「あのころによくおいでになつた芥川さん。それからお終ひころに、ちよくちよくお見えになつた菊池さん。あの方が、いまの菊池カンさんとは、ねえ。」と、「御有名」になった「私」や仲間を懐かしむ場面に注目したい。この元主人の鎌倉訪問のタイミングは絶妙で、芥川はまだ存命であり、久米も「墓参」を執筆して松岡との問題も一区切りした頃、菊池は新聞連載小説が大当たりし、『文藝春秋』が勢いに乗り始めた頃だろう。元主人は、「私」より以前に下宿した著名な洋画家・片多徳郎が残していったスケッチを「私」に買い取ってもらう。片多は一九三四年四月に寺の境内で縊死し大きく報道されてしまうため、回想される作中時間での「私」と元主人が共有するしみじみとした感慨と、語り手の現在によって読者と共有される文学者・芸術家の度重なる自死への哀感が二重に迫る効果があったはずだ。

さらに注目したいのは、岡田が現在の漱石山房への不満として赤木桁平の存在を挙げ、「轡虫みたいに、ガチヤガチヤ喋る奴ばかりが、幅をきかせて」いると非難することだ。赤木は「夏目漱石論」（『ホトトギス』一七巻四号、一九一四年一月）をはじめ新進の文芸評論家として勢いがあったが、後に右傾化し本名の池崎忠孝で衆議院議員となり、敗戦後、戦犯容疑者として巣鴨プリズンに収監されていた。[7]本作は、「今から丁度三十年前の、或る夜のことだつた。」と締め括られるが、これから漱石に会いに行けることへの期待と、芥川が作家となる一つのきっかけを自分がセッティングしたという友情の記憶と、かつての文学仲間だった赤木の命運が劇的に交錯するようになっている。

一九四六年一一月十七日号（二五巻四七号）の目次には、久米正雄・木村荘八画「小説「風と月と」(1)」と掲げられ、本編のタイトルの柱には「――本誌秋季特別号所載『ある秋の夜のこと』に続く――」と注意書きが添えられた。同号から一九四七年三月二三・三〇日号（二六巻一二・一三号）まで、全一四回の連載が始まった。連載終了後すぐに、「或る秋の夜のこと」を含む一五章構成で、久米が社長を務めていた鎌倉文庫から単行本『風と月と』（一九四七年四月）が上梓されている。連載時には章タイトルが無い回や若干の異同もあったが、単行本に従えば以下の通りとなる。便宜的に章番号を振る。

一「或る秋のこと」、二「次の木曜日」、三「先客」、四「忘刻」、五「木曜会の人々」、六「山房余談」、七「月の出潮」、八「花やかな出発」、九「立春」、一〇「及第落第」、一一「プリムローズの徑」、一二「初日初夜」、一三「先生の手紙」、一四「春濃淡」、一五「風月相知」

タイトルが「風と月と」であるのは、一五章で芥川が漱石にもらった書き反古が「風月相知」だったからであり、一章で既に漱石・芥川・久米という本作の主要人物の紹介は済んでいたことになる。下宿の元主人のエピソードのように、三〇年間の過去から現在の記憶を語り手は自由に行き来できるはずだが、基本的には「或る秋」に漱石山房を訪れてから、第四次『新思潮』創刊号の掲載作を漱石が評価した後の「早春」くらいまで、つまり一九一五年一一月頃から一九一六年三月初旬頃までに〈物語〉の時間は限定されている。国語教科書や国語便覧、文学史にも必ず登場する逸話を中心に据えながら、漱石や芥川、菊池、松岡、成瀬正一や周囲の人々への追懐が静かに湛えられる。六章［初出『サンデー毎日』一九二一年一二月一五日号（二五巻五二号）］では例外的に、漱石の死後に公表された漱石書簡によって起こったトラブルへの悔いや、戦時下、松岡から漱石山房を保存したい思いをバーで聞き、「私」は文学報国会の国文学部会に保存を提案し奔走するが結局は空襲で山房が灰燼に帰してしまったことを悔やむエピソードが挟まる。しかし松岡との再会に関連付けて、「破船」事件については後の執筆活動も含め全面的に「私」が悪かったと吐露する長い記述があるのは、七章以降、漱石山房での青春時代に読者が集中していくための仕掛けであると考えられる。松岡とのこじれた関係性も、本作では漱石門下の絆によって小説中盤で修復されていくのである。

矢口進也『漱石全集物語』（青英社、一九八五年九月）や小谷野前掲書が纏めているように、一九四五年秋、大量の紙を保有する櫻菊会に久米が提案して、三〇年の著作権が切れようとしている漱石の全集出版計画が始まり、久米自身も岩波書店とのトラブルの渦中にいたことは見逃せない。久米は夏目家の肩を持ち、夏目伸六や内田百閒と櫻菊書院版全集の編集責任者となり、また、松岡や百閒と新設の「夏目漱石賞」の銓衡委員にも名を連ねている。櫻菊書院版は一九四六年五月から刊行を開始し、岩波書店版は一九四七年一月から後を追っており、「風と月と」連載中は共に刊行が継続していた。六章で漱石山房の保存案を岩波書店に持ちかけ、「事務的な返事」や「膠もないやうな一言」に「私」が意気阻喪する場面は、夏目家と岩波書店との争いに現在進行形で係わっているゆえの演出でもあったか。ただし「私」は、岩波にも事情があることを繰り返し述べ、岩波との関係が深い小宮豊隆の誠意も書き留めてバランスを保っている。

「風と月と」全一五章は、「私」の漱石への敬慕と芥川との友情に集約されるような構成になっている。一方、裕福な暮らしや大言壮語、恋愛にまつわる派手なエピソードは全て『新思潮』同人の成瀬が請け負い、「私」の慎ましやかな青春とのコントラストが笑いを誘う。成瀬は一九三六年に急逝しているが、伝記資料を読む限り、本作に明らかな誇張や虚構があることは確かだ。[8] 週刊誌読者へのサービスとして、中心的なテーマの周辺を彩る喜劇的要素を盛り込むキャラクターに設定されている。久米は、四章が掲載された『サンデー毎日』一二月一日号（二五巻五〇号）に「作者の言葉」を掲げ、「増刊号に「或る秋の夜のこと」を書いて以来、思はぬ旧知の人々から、意外なお誉め言葉やら、激励やら、又抗議やら貰つて」いることに触れる。続けて、「本名を使つたりして、その事実性を裏書した責任」は負うが、「時間的誤差や、事件の前後など」は「再整理された拵へもの」で、さらに「事件そのものさへ、作者の脳中の事実」であると大胆に嘯く。その意味では、成瀬の描写も許容範囲なのかもしれないが、「私の芸術的良心の許す限り、遠慮なく書いて、私の考をブチマケて見たい衝動に、今全身の血を駆られてゐる」と力説しているのには驚く。むしろ、「破船」事件も岩波とのトラブルも微温的な記述によって済ます本作において、どこにそこまで強烈な「私の考」の核心があったのか。

【5】……「心境小説」をリロードする

週刊誌メディアもまた、「純文学余技説」における認識に倣うならば、「純も不純も「文学」などは必要としてゐない」「商品」である。二社の漱石全集の宣伝広告が新聞をはじめとするジャーナリズムを賑わしているタイミングで、漱石と門下生の関わりの中でもとりわけ華やかな逸話の目撃者であった久米自身が、実名小説によって「ヒューマン・インタレスト」を満たしながら周知の名場面を再演していくこと。信頼性の高い堅実なコンテンツに、読者も安心して頁を捲ることができたはずである。

挿絵の木村も、五章［初出『サンデー毎日』一九四六年一一月二四日号（二五巻四九号）］のタイトルの柱には芥川の似顔絵を描き【図2】、漱石の命日が近い五章［初出『サンデー毎日』一九四六年一二月八日号（二五巻五一号）］では、柱の漱石だけでなく【図3】、「明治三十七年頃の小栗風葉氏方の有様を借り」てまで書斎風景を描く【図4】。また八章［初出『サンデー毎日』一九四七年一月五日・一二日号〈新年特集号〉（二六巻一・二号）］は手紙でしか登場しない菊池を「啓吉」として柱に登場させている。同号が興味深いのは、新年からの定期購読者に配慮したのか、「新しい読者の為に」という欄が小説の途中に設けられ、久米自らがこれまでの「此の追憶小説」の筋を説明していることだ。そして、誌面の文章が新仮名遣いになっている（ただし促音の「つ」はそのまま）。実は六章が載った一二月一五日号（二五巻五二号）では国語審議会漢字制限委員長の山本有三や石川達三が参加した座談会「「新かなづかい」と「漢字制限」」が巻頭を飾り、その誌面は既に新仮名遣いで、小説欄を除けば『サンデー毎日』は同号から逸早く新しい表記法を採用していたが、新年からは小説も統一されたのである。週刊誌が時代と同期していることを久米も実感したのではなかったか。一三章［初出『サンデー毎日』一九四七年三月二日号（二六

▌図3　1946年12月8日号（25巻51号）
大宅壮一文庫蔵

▌図2　1946年11月24日号（25巻49号）
大宅壮一文庫蔵

▌図4　1946年12月8日号（25巻51号）　大宅壮一文庫蔵

巻一〇号）」に登場する、漱石の有名な一九一六年二月一九日付芥川宛書簡まで新仮名遣いとなった。性急すぎると判断したのか、それとも主に三〇年前を舞台にした小説に相応しいと思ったのか、単行本『風と月と』では全編旧仮名遣いに再統一している。なお、本章での引用は単行本に拠りたい。

ところで、久米は「新しい読者の為に」において、「風と月と」は「追憶小説」であると紹介しているが、同作の中にも「私」に「追憶小説」と名指された小説があることには注意したい。第四次『新思潮』の創刊号に載せた「父の死」で、火事で天皇の御真影を焼いてしまった責任を取って割腹自殺する久米の父・由太郎の実話を扱っている。九章［初出『サンデー毎日』一九四七年一月一九日号（二六巻三号）］から引用する。

私の書いたのは「父の死」と題する、一種の追憶小説だつた。最初初めての小説であり、色々着想も沢山あるので、何を書かうか迷つたが、結局、自分の体験に基いた、謂はば「私小説」が、一番自信持て、一番書きいいやうに思はれて、それに取りかかつた。読み合せで、落第しないためには、又、発表されて文句が無ささうなのは、結局、さうしたものが、一番間違ひなさそうだ。――と云ふ計算もあつた。私の「私小説」「心境小説」への固執は、その処女作からあつたのだ。

さらに「私」は、父の自殺を「八歳の子の追憶として純粋に、批判無しに扱つた」発想が自然主義への反動と白樺派への接近から生まれた理路を開陳する。いわばこの三〇年の間に紆余曲折を経ながら積み重ねてきた、久米の「私、心境小説」観が折り畳まれている。

書き始める前は、あれこれとまだ迷ひ、書き出してからも、こんなものでいいのかと、不安ではあつたが、若い筆の滑りで、どんどん書いて行つて、書き上つて了ふと、さすがに是でいいんだ、泣いても笑つても、俺はこんな所だと云ふやうなふて腐れた度胸が出て来た。兎も角も、作品が完成された満足は、云ひやうの無い悦びとなつて、そこに在つた。

まさに「私」は、かつて「追憶小説」第一作を書きつつあった瞬間の感動を現在進行形の「追憶小説」の中に書き込むのである。読者は、後年に父の死の原因を批判的に捉えた「不肖の子」（『野依雑誌』一巻三号、一九二一年七月）を書いた「私」の過去も包摂した上で、改行無しに勢いよく書き進む「私」の創作への悦びを目の当たりにする。

この後の展開は、成瀬を中心に巻き起こるコメディを外して考えれば、この「父の死」の評価をめぐっての「私」の葛藤のドラマが中心に置かれることになる。一〇章［初出『サンデー毎日』一九四七年一月二六日号（二六巻四号）］の同人同士による合評会では、「皆が文句無しに肯定して呉れたのが、却つて張合がなかつた」が、芥川は「其心持を察」して、「久米の自然描写は群を抜いてうまい」と誉める。初期設定にあったKというイニシャルは既に忘れられていて、「私」＝久米本人であることが前面に出てくる。一三章の漱石の芥川宛書簡をめぐる場面では、実際の書簡通り、「久米君のも面白かつた。殊に事実だと云ふ話を聴いてゐたから、猶の事興味がありました」という文言を、あくまで間接的に受け取ることになる。ここでの芥川との真剣なやりとりが一つの山場であり、率直に喜びを伝えることを許してほしいと願い出る芥川に「初めて心を打たれて、一種の欣びとも悲しみともつかぬ感動」を覚えたり、「そのお互を思ひやる一生懸命さが、二人を互に諒解させ、感動させた」りするが、別れた後はやはり自らの中にある嫉妬のために手を執って喜び合えなかったことへの反省と自己嫌悪が起きる。

ただ、そうした青春の蟠りと波瀾を丁寧に描いたことで、最終章での芥川との対話場面にはより劇的な効果が生まれる。久し振りの木曜会を前に、芥川は手紙への挨拶もあるため別々に訪れるかどうかを「私」に相談するが、押し問答が続く裡に本音で語り始め、芥川は涙を浮かべ、「寧ろ、僕は僕自身の利己的根性を、堪らなく恥ぢてゐる」と告白し、「私」も「自身のもつと卑劣な感情を、彼よりもずつと胡麻化してゐながら、「正直で素直」に見える自身を、内心恥かしく感じて、心持はすつかり和み」つつ、さらに激情をぶつけ合うことで互いを認め合う。晩年の芥川は、「海のほとり」（『中央公論』四〇巻一〇号、一九二五年九月）をはじめ、一高・帝大時代の久米との絆を頻繁に文章に残しており、遡及的に「私」の三〇年後の「追憶」に影響を与えつつあった可能性もある[9]。

木曜会では、久米が勇気を出して話題の中心になる場面も描かれ、漱石から「父の死」について直接感想を聞く機会が訪れる。

私は、先生が何もかも、知つてゐたやうに感じて、心から頭を下げた。——もう凡ての嫉視めいた、羨望めいた感情は、雲散霧消して了つた。矢つ張り先生は、ちやんとよく読んでゐて呉れたのだ！……分つてゐて呉れたのだ……さうした感謝で、胸が一ぱいだつた。

「作者の言葉」にもあったように、本作の「事件そのものさへ、作者の脳中の事実」という可能性は確かにあるだろう。芥川とのやりとりも、漱石の言葉も、あくまで「追憶小説」の中の出来事である。しかし、「私の考をブチマケて見たい衝動に、今全身の血を駆られてゐる」という熱意の表明が『サンデー毎日』という週刊誌上であった事実を、看過することはできない。

本作の核心は、現在の「私」が、自ら書きつつある「追憶小説」の中で、「父の死」の評価をめぐるドラマを生き直すことだったのではないか。「「私」小説と「心境」小説」では、「「私」をコンデンスし」、「そして渾然と再生せしめて、しかも誤りなき心境を要する」のが「心境小説」なのだと訴えている。作家としての出発地点から貫いてあり得たかもしれない「立脚地の確実さ」を再創造するために、ジャーナリズム側からの要請＝「ヒューマン・インタレスト」を満たしつつ、敗戦後の再起への意志を潜ませた「心境小説」を企図していたのではなかったか。本作のクライマックスは、「鼻」を評価された後の芥川との忌憚のない対話と和解であり、「鼻」を評価した後の漱石からの救済である。文学史的事実は覆らないが、しかしそのすぐ傍らに、「私」の〈物語〉を並列させながら、あり得た「心境」を「追憶」の奥深くから紡ぎ出すことを自らに許すのである。換言すれば、「父の死」を「鼻」のようには評価されなかった「私」が、芥川との友情と漱石への敬慕によって、自らの青春時代のただ中に、かけがえのない「心境」を見出していたことを、創造的に「追憶」したのだ。

「此処から出て行つて、遂には又此処へ帰る小説のふるさと」――いわば過去と現在の「追憶小説」の多重化によって「心境」が磨き出される、新たな「私、心境小説」の方法と実践が、「純も不純も「文学」などは必要としてゐない」ような読者に向けて「ブチマケ」られたのである。

【6】……「父の死」の敗戦

とはいえ、『サンデー毎日』の大半の読者にとっては、「風と月と」は、あくまで漱石と弟子をめぐる有名な一挿話への「ヒューマン・インタレスト」を消費するためのコンテンツに留まった可能性は高いだろう。当時の『サンデー毎日』『週刊朝日』には、アメリカ式の学校教育や新しい学校制度の記事が多く掲げられていた。現在では旧弊でホモソーシャルな関係性として批判される、旧制高校・帝大出身者の〈物語〉の典型例を、久米もまた再生産し続けたとも捉えられる。[10] ただ敗戦後の読者にとっては、大正期の文化的雰囲気への憧憬と自らの青春へのノスタルジーを喚起させ慰めとなることもあっただろう。一旦は新仮名遣いで組まれた本文を、単行本でもう一度旧仮名遣いに直すという選択は、やはり久米が理想とした「心境小説」の生息地は既に過去にしかないことを、無意識の裡に表してしまっていたのではないか。「追憶小説」という命名には、そうしたアイロニーも潜む。ちなみに「風と月と」連載終了から約一か月後の『サンデー毎日』一九四七年四月一五日号〈二十五周年記念特別号〉（臨時増刊）の巻頭グラビア特集は「期待する人々」で、川端康成「三島由紀夫君」が載り、「若々しく光る人である」と三島を絶賛している。

漱石と芥川という鬼籍に入っている文学史上の偶像を〈物語〉の中心部に召喚しつつ、存命だった菊池寛を周縁化していることも、久米が掲げた「心境小説」の急所を雄弁に語っている。しかしそれでも、久米にとっては、敗戦後に、自らの青春を肯定的に語り直す必要があったのだろう。「作者の言葉」では、「死者に対しては、もう抗議が云へないので、甚だ不道徳であり、卑劣かも知れんが、それは死んだもの貧乏で、許して呉れるだらうと、私が考へられる程度まで、突つ込んで書かせて貰ふつもりである」とまで言い切った。一〇章の読み合わせの場面では成瀬が「鼻」を批判するが、狂言回しの力を借りた「私」の本音の声だったとも受け取れる。本作は、「私」が漱石からの高い評価を「私、心境小説」によって獲得し、王位を象徴的に芥川から禅譲してもらう〈物語〉としても読み得るのである。漱石も芥川も死んだからこそ、久米は「追憶小説」のただ中で、二人を生き生きと動かすことができた。芥川が大切にした漱石の「風月相知」の書は、現在では公益財団法人日本近代文学館に寄託されており、実物が文学館や美術館で展示されることもある。[11] そうした過去を蘇らせる空間もまた、週刊誌メディアとは異なる力学によって、様々な「配慮」を施された作家像を語り直す危うさを伴う。作家の死後、あらゆる遺物は、良きにつけ悪しきにつけ、第三者による「追憶」のための資源＝テクストとなる。

それにしてもなぜ、「私」＝久米は「父の死」にそこまで拘ったのか。どこかの時点で、「私、心境小説」の起源に「父の死」を据えたことは間違いない。しかし、久米は第三次『新思潮』の頃には、社会主義的傾向のある戯曲を発表していた。伊藤一郎は、こおりやま文学の森資料館に収蔵された「父の死」完成原稿を調査し、小説の末尾には、『新思潮』掲載までに削除したらしい「父を死なせずには置かなかつたこの怖ろしき理由を！」という一文が残されていた事実を取り上げ、「人命より天皇の写真を大切とする天皇制絶対主義的国家のあり方」への批判を意図した可能性を読み取っている。[12] さらに山岸郁子は、「父の死」末尾の草稿・入稿原稿・初出・初刊の異同を追い、「感動に包まれた出来事に異を唱える態度が段階的に消されていった」と分析している。山岸は、父の死を確認する母の姿が夏目漱石『心』（岩波書店、一九一四年九月）のKの自死を確認する場面に重なる点を指摘し、久米には漱石に近代天皇制への問題意識をアピールする意図があったものの、漱石は関心を示さなかったと推測する。[13] だとすればまさに、近代天皇制下において「殉死」した乃木希典、さらにその死をなぞるように自死した「先生」と同様に、「父の死」における実父の自死の意味は、敗戦後において決定的に揺らいでいたはずだ。敗戦後、天皇をめぐる制度は抜本的に変容し、一九四六年元旦には「人間宣言」もあった。奇しくも、鎌倉文庫からは『人間』が復刊し、高い評価を得ていくことになる。太宰治『人間失格』（筑摩書房、一九四八年七月）が「人間宣言」への反措定と捉えられるならば、[14]「風と月と」における「父の死」の再文脈化もまた、実父の「殉死」的価値の剥落をめぐって近代天皇制へと疑義を突き付ける絶好の機会となるかもしれなかった。漱石山脈をめぐる穏和な王位簒奪の〈物語〉に並行して、「人間宣言」後に近代天皇制の犠牲者となった実父を真摯に哀悼する〈物語〉を「ブチマケ」ても、敗戦を経た時代相は許容しただろう。

ただ、久米は長い作家活動において、この原稿用紙の最後の一文を復活させたことは一度もなく、「風と月と」においても、占領期を生きる年老いた「私」は、「父の死」を自分のルーツであると宣言しながらも、めまぐるしく変化する同時代の社会的な諸問題と交差させることはなかった。それでもなお、久米自身が一度は已むに已まれず綴ったであろう「心持」の痕跡、その旧い過去からの声が、今も文学館の収蔵庫にリロードの機会を待ちながら、安置されていることは忘れ得ない。

注

1 週刊誌研究会編『週刊誌――その新しい知識形態』（三一書房、一九五八年一二月）参照。同書の「ヒューマン・インタレスト」を『サンデー毎日』にも応用した論として、中村克明・山川恭子「戦前の社会における週刊誌メディアの位置――『週刊朝日』と『サンデー毎日』の目録データの分析より――」（『関東学院大学文学部紀要』一二〇・一二一合併号、二〇一〇年一二月）がある。なお、篠崎美生子「第五章「芥川」をつくったメディア」（『弱い「内面」の陥穽 芥川龍之介から見た日本近代文学』翰林書房、二〇一七年五月）は、『新潮』と『大阪毎日新聞』における「芥川」像を考察しており、週刊誌上での作家像を比較する上で示唆を得た。また、掛野剛史「【チュートリアルブック】ヒューマンインタレストとしての小説」（同編『ヒューマンインタレストとしての小説 菊池寛短篇アンソロジー』田畑書店、二〇二四年七月）によれば、菊池が紹介したアッシュマンによる小説の分類に「人間的興味《ヒューマンインタレスト》」があり、菊池自身の文学の特徴と見做されていく経緯を跡付けている。

2 日比嘉高『プライヴァシーの誕生――モデル小説のトラブル史』（新曜社、二〇二〇年八月）、特に「第3章 大正、文壇交友録の季節――漱石山脈の争乱Ⅰ」「第4章 破船事件と実話・ゴシップの時代――漱石山脈の争乱Ⅱ」を参照。

3 矢口貢大「愚痴から心境へ――近松秋江と久米正雄をめぐって――」（『論究日本文学』九四号、二〇一一年五月）が、「愚痴」から「心境」への転換点を「墓参」に探り、「私」小説と「心境」小説」の文脈を接続している。

4 鳥木圭太「「怒り」という感情の生成――中野重治「万年大學生の作者に」について」（『論究日本文学』八九号、二〇〇八年一二月）、藤井貴志「〈微苦笑〉イデオロギー――『微苦笑芸術』にみる久米正雄的主体の生成と分裂――」（『立教大学日本文学』九七号、二〇〇六年一二月）、同「〈文学〉の治安維持――久米正雄「万年大学生」論――」（『愛知大学国文学』五一号、二〇一一年一二月）

5 拙論「7 菊池寛〈啓吉もの〉と芥川龍之介〈保吉もの〉の間――新思潮派という〈物語〉に棲むキャラクター達」（井原あや・梅澤亜由美・大木志門・大原祐治・小澤純・尾形大・河野龍也・小林洋介編『「私」から考える文学史――私小説という視座』勉誠出版、二〇一八年一〇月）

6 山岸郁子「フィルムの中の作家たち――宣伝ツールとしての『現代日本文学巡礼』」（『文学』三巻六号、二〇〇二年一一月）参照。また本章は、巨視的には同氏の「事業としての〈文学〉――久米正雄と菊池寛が目差したもの」（『語文』一一三号、二〇〇二年六月）、「「文壇」の喪失と再生――「週刊誌」がもたらしたもの」（『文学』五巻六号、二〇〇四年一一月）、微視的には「「御真影焼失」の物語――久米正雄「父の死」」（『語文』八〇号、一九九一年六月）、「久米正雄「父の死」の方法――「読者」の回路へ向けて」（『日本近代文学』四八号、一九九三年五月）から多くの示唆を得ている。

7　佐藤卓己『〈近代日本メディア議員列伝6〉池崎忠孝の明暗――教養主義者の大衆政治』（創元社、二〇二三年六月）
8　関口安義『評伝成瀬正一』（日本エディタースクール出版部、一九九四年八月）
9　拙論「芥川文学の一人称複数〈僕等〉を読む――「海のほとり」の〈僕〉と〈M〉を基点に――」（『日本文学』七二巻一号、二〇二三年一月）
10　飯田祐子『彼らの物語――日本近代文学とジェンダー』（名古屋大学出版会、一九九八年六月）
11　寄託であるため、『芥川龍之介文庫目録　増補改訂版』（日本近代文学館、二〇二三年六月）には記載がないが、近年では「芥川龍之介と美の世界　二人の先達―夏目漱石、菅虎雄」展（久留米市美術館、二〇二三年一〇月二八日～二〇二四年一月二八日、神奈川県立近代美術館・葉山、二〇二四年二月一〇日～四月七日）に出品され、カラー写真版で本展図録に収められている。
12　伊藤一郎「久米正雄と芥川龍之介の青春」（『湘南文学』五一号、二〇一六年三月）
13　山岸郁子「久米正雄「父の死」を読む――表現の系譜をたどる」（『日本文学』六九巻七号、二〇二〇年七月）。論者も入稿原稿を調査したが、末尾に抹消線はなく、ゲラの段階まで近代天皇制批判の文言を残すかどうか迷ったと推測できる。
14　千葉一幹『失格でもいいじゃないの　太宰治の罪と愛』（講談社選書メチエ、二〇二三年二月）

第4章 一九二〇年代の『サンデー毎日』文壇ゴシップ欄と「作家」像
――『文芸時代』同人を例に

三浦 卓

【1】……はじめに

日本近代文学をめぐる様々なことを何らかの形で考えるときに雑誌を無視することはできないが、一方で『サンデー毎日』のような週刊の雑誌のことを考えるときに文学のことを無視できないこともまた確かである。一九二四（大正一三）年の発行部数減少を受けて、「小説と講談」の特別号の売れ行きが良好なことから通常号にも小説などを取り入れる方針を取り、白井喬二「新撰組」の連載（同年五月二五日号）へとつながっていくことは割とよく知られていることで今更強調するほどのことでもないが、雑誌の生き残りをかけた経営判断が文学と不可分に結びついている様子がよくわかる。特に、『サンデー毎日』は「新撰組」のような大衆文学の発火点であり本拠地として文学との関係が語られるのが常であるが（第3部第2章など参照）、実際に頁をめくってみると文学テクストそのものとの関わりのみではないことが見えてくる。そのひとつとして、作家そのものの身体やイメージにかかわる、いわゆる「文壇ゴシップ」が挙げられる。

日比嘉高は婦人雑誌のゴシップ等を分析する中で「ゴシップと実話への関心」を「この後一九三〇年代にかけて、加速度を増していく通俗文化全般の傾向だった」[1]としているが、一九二二（大正一一）年四月二日に創刊された『サンデー毎日』もこの流れとは無関係ではないであろう。

岡本昌雄は Patricia Meyer Spacks の『Gossip』（Alfred A. Knopf、一九八五）を紹介する中で、スパックスはゴシップの魅力を「窃視の悦び」（Voyeurism）、「共有された秘密の愉しさ」（Shared secrets）、「物語の喜び」（Story-telling）、「禁忌を犯す快感」（the shrill of the forbidden）とし、「ゴシップが力を持つのは、他者の経験を想像的に所有することを通じて得られる、支配するという幻想によってである」と締めくくっているとしている。[2] 本章が検討する一九二〇年代半ばの文壇ゴシップにももちろんこれらの要素を含む読者の欲望と大きな関わりがあることは間違いないが、「支配するという幻想」が第三者として安全圏から話題にするという野次馬的な立ち位置と不可分であることに鑑みると、時に執筆者当人が話題の中心ともなるこの時期の文壇ゴシップはこの限りではないだろう。また、新聞や雑誌などで不特定多数に公開されていることを考えたときに、「窃視」「秘密」なども文字通りではないはずである。これらのことも含め、文壇ゴシップの範囲を確定することは実は容易ではない。

一九二六（大正一五）年一〇月刊の相馬健作『文壇太平記』[3]は、巻末に置かれた「文壇ゴシップ、逸話」の末尾（小見出しが「文壇噂話」）で「文壇ゴシツプなどといふものは、政界の艶話などより、もっと罪深く、下品なものが多い」

「ゴシップはなかなか笑つてばかりすませることではない。それは衆愚をわけもなくとりこにしてしまひ、衆愚はそれをわけもなく信じてしまうから」などとゴシップに憤っている。しかし、書物を見渡した時に、例えば原稿料に関して「一枚の原稿料が、普通三円から十円、（中略）谷崎潤一郎氏は一枚三十円貰つたことがあるといふ」などと記述するなど、「罪深く、下品」ともいえる話題も数多くみられる。一方で、ゴシップの書き手としても知られていた武野藤介の回顧録的著書『文壇今昔物語――ゴシップ書いて30年――』[4]は、末尾に置かれた「僕の文壇ゴシップ論」でゴシップを「有名税」としつつ「気にするのは、肝の据わっていない証拠」などとゴシップの存在をその俗悪さも含めて正当化しているように見える。しかし、著書全体を見渡すと、確かに三宅やす子が晩年「若い燕」を作ったという話から始まる「好色ゴシップ帖」などもあるが、若い頃の川端康成との湯ヶ島温泉での思い出だったり、横光利一との夫妻ぐるみの近所づきあいだったりと、単なる交遊録的なものの方が多い。とくに交遊録の場合は執筆者も話題の中心にいるため、どうやら「文壇ゴシップ」が対象としているものは、スパックスの想定よりも広く取る必要がありそうである。

武野は「文学意欲の旺盛な時は必ず文壇ゴシップも盛んに行われて」いたと、文学場の盛り上がりのバロメーターと捉えていて、「大正十三年（一九二四年）から昭和二年にかけての数年間は、日本の文学が「近代」から「現代」へと転換していくきわめて重要な転換点であった」[5]『文芸戦線』や『文芸時代』が創刊された大正十三年は、まさに昭和文学（または現代文学）の始点となる、画期的な年だったと言えるだろう[6]」などとされてきた一九二〇年代半ばの文壇ゴシップを見ていくことに一定の意義はあるはずである。「3」で焦点を当てる『文芸時代』の創刊号の文壇ゴシップ欄「文壇波動調」の一項目目は「文壇の沈滞を説明することが出来る二つの変態がある。一つは翻訳の全盛で、他の一つは随筆の流行である」というものであるが、創刊号に数多く見られる版元である金星堂の広告の中に一二冊におよぶ「随筆感想叢書」のものもあり、作家のプライベートと近接しているという意味でゴシップとも親和性のある随筆の流行が体感されていたようである。この叢書に関して紅野敏郎は「「随筆感想叢書」は、新潮社の「感想小品叢書」と対になっているもので、大正文学の特質の一つとなっている私小説、心境小説のありようともからみあわせて考えていくべき要素をも持っている」[7]（傍点本文。以下同じ。）と述べているが、私小説の隆盛なども含め、〝文学作品〟を作家本人と完全に切り離しては考えにくい一九二〇年代の文学空間にとって文壇ゴシップは重要な一つの要素であった。そしてそれは同時代の通俗文化の一側面であったということになる。また武野が「ゴシップに文学批評を加味すべきものであるとの宿論は今も変わらない」などと価値づけしていることも見逃せない。書き手の誰もがそうであったのか、そこまでの価値づけが果たして可能なのか、慎重に検討が必要であるが、ただの悪趣味で下劣な欲望を満たすものとして片付けることもできなそうである。

武野の言葉でもう一点興味深いのが、ある種の書き手の倫理観を述べている以下の部分であろう。

> ゴシップは飽くまでも、「噂」だから、事実そのものだとは云い難い。そういう場合だってあり得る。が、勿論、事実無根で、根も葉も無いことを、ネツゾウしたゴシップは、その最も悪質なものだ。が、明治六年の新聞紙条約《ママ》以来、八年の新聞紙条約、十二年の新聞紙条約を経て、四十二年の現行新聞紙法に至るまで、新聞紙に関する法律は、次から次へ出て来て、ここに正誤規定なるものがある。文壇ゴシップもこの規定によればよろしかろう。

実は、先に挙げた『文壇太平記』は巻末の付録に「文士住所録」とともに明治二六（一八九三）年の「出版法」が付されている。新聞紙条例と出版法は同じではないが、「事実そのものだとは云い難い」と理解しながら書く場合もあるゴシップ記事は、しかし記事ゆえに法的制約（による自粛も含む）の範囲を意識されていたということは確認しておいてもよいであろう。

また記事の事実性に関して中山昭彦は文壇ゴシップ草創期の明治四〇年前後の短信欄について分析する中で、小栗風葉の代作問題に触れて「それ（代作の噂：三浦注）が事実であるかどうかといったこととは無関係に、むしろ新聞紙上における〝現実性〟といったものがあたりを覆い尽くすことになってゆく。実際にそれを見聞きしたことにおいて形成される〝事実性〟ではなく、むしろ〝反復〟の強度を生命線とする〝現実性〟の台頭。それが明治四十年前後の短信欄を中心とする新聞に生起している事態に他ならない[8]」と述べている。この前の部分には「多様な〝反復〟によって、いっそうイメージを強化することになってゆく」ともあるのだが、〝事実性〟とは無関係に〝反復〟されることでイメージが形成され流通していくというのは、これ以後の文壇ゴシップに関しても同様であろう。反復によって「イメージの強化」がなされるということは、現代の〝有名人〟と同様に作家としての知名度が上昇することでもある。反復することにより知名度が上がり、知名度が上がることにより反復される。しかしその場では事実性が法律の範囲内ながらも歪められることもあり、時にはイメージの先行がゴシップの対象を当惑させることもあったであろう。そのことも含め、文壇ゴシップが様々な欲望の交錯する場であることは間違いない。

辞書的な定義では「個人的な事情についての、興味本位のうわさ話」（『デジタル大辞泉』）というゴシップであるが、文壇ゴシップはそこに含まれる欲望を共有しつつも、出版されるという形式上の問題からくる法的な制約の下で、文士の趣味や文士同士の交遊からプライベートにおける醜聞、文士間に起こった摩擦に至るまで、文学者のパーソナルな部分への幅広い話題が対象となったものと捉えられる。時にはそこに「文学的」批評性も見られるかもしれない。文学者自身も取り上げられることを望んだり望まなかったりしただろう。私小説の隆盛なども含め、〝文学作品〟を作家本人と完全に切り離しては考えにくい一九二〇年代の文学空間を検討するためにも、文壇ゴシップは無視できない存在である。

なお、本章で「文壇ゴシップ」とは右で述べた総体を指すが、「文壇ゴシップ欄」は、『サンデー毎日』の「文壇近頃の事」「文壇楽屋咄」のように、共通したタイトルの下で短い文壇トピックが複数並べられて一つの記事となっている、それぞれの新聞・雑誌で定番化しているコーナーを指している。このような欄は簡易的な匿名批評の役割も果たしているが、本章はそれも含め「文壇ゴシップ」として扱う。また、本章は本書の性質に鑑み既発表論文の成果も積極的に反映している。そのため拙論「文壇ゴシップを随筆として書くこと――『サンデー毎日』の川端康成――」（『川端文学への視界』二〇一九年六月）および「文壇ゴシップとしての『文芸時代』／文壇ゴシップ誌としての『不同調』――一九二五年の文壇言説空間の中で」（『横光利一研究』二〇二四年三月）と大幅に重なる部分があることを断っておく。

【2】……初期『サンデー毎日』文壇ゴシップ欄の変遷

『サンデー毎日』創刊号（一九二二（大正一一）年四月二日）には、ＡＢＣ子「叔母さんのお人形」（少女小説）、芥川竜之介「仙人」（オトギバナシ）、イー・ビー・オツプンハイム／春日野緑抄訳「尚公爵」（秘密探偵小説）、田中貢太郎「牡蠣船」（小説）などさまざまなジャンルの文学作品が掲載されていた（ジャンル表記は誌面上のもの）が、のちに文壇ゴシップ欄として定着していくことになる「文壇近頃の事」（目次では「文壇近頃のこと」）は「露国文芸界」「ゴシップ」とともに一八頁に掲載されている【図1】。ただし、最初期の「文壇近頃の事」はどちらかといえば文壇時評的な比較的〈真面目〉な欄としてスタートしている。例えば、創刊号では「階級文学問題＝「女親」改

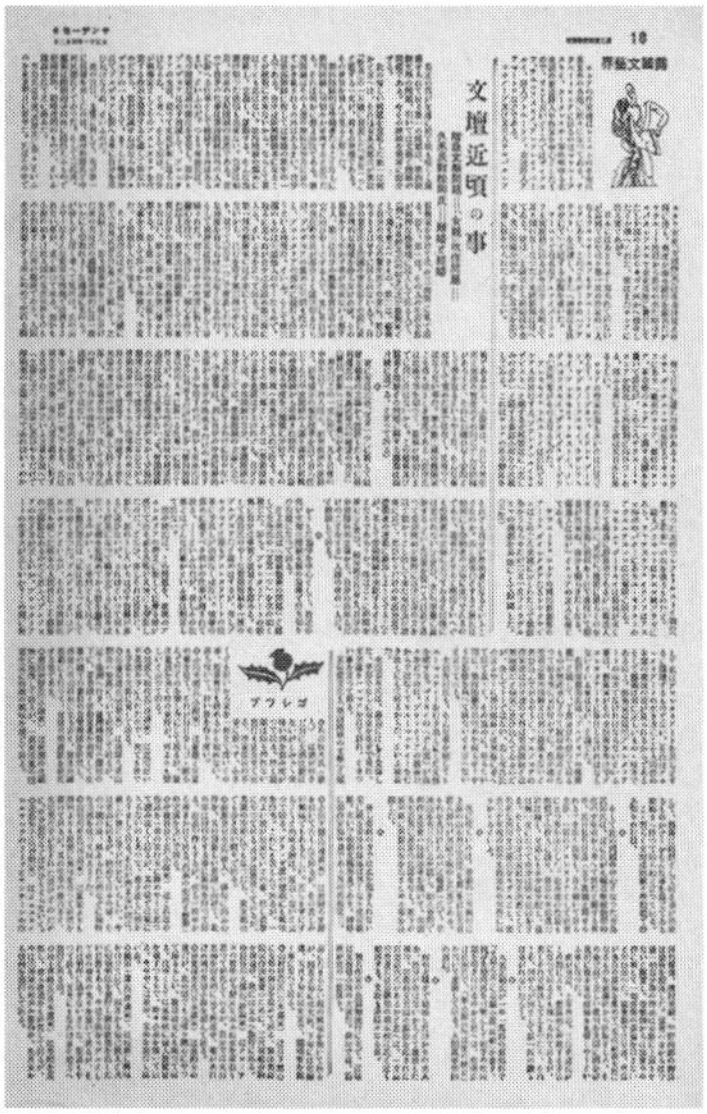
文壇近頃の事

▌図1　『サンデー毎日』創刊号　「文壇近頃の事」を含む頁　〔復刻版　三浦蔵〕

作問題＝久米氏対松岡氏＝離婚と結婚」と副題が付されていて、最後のほうに久米正雄・松岡譲のプライベートに関する「興味本位のうわさ話」的なゴシップも含まれる（第1部第3章参照）ものの、欄の大半は有島武郎「宣言一つ」をめぐる議論に割かれている。二号（一九二二年四月九日）に「文壇近頃の事」は無いが、三号（一九二二年四月一六日）でも「有島武郎氏が火蓋を切つた階級文学の問題は、その中心たる有島氏対広津和郎氏、或は有島氏対堺利彦氏の論争も、広津氏が「表現」の四月号に引続いて論駁する筈であつたのが休載し、堺氏も「前衛」四月号で、有島氏の財産放棄は結構な事だ、位で納まつてしまつた形」のように論争のその後を追っていて、〈真面目〉な傾向が確認できる。むしろ「興味本位のうわさ話」は左下の「ゴシツプ」欄に見ることが出来る。この欄は『大阪毎日新聞』や『サンデー毎日』の前身とも言えるその「日曜附録」（一九二二年一月二日〜）から引き継がれた欄で（第1部第1章参照）、もちろん文学者以外のゴシップも対象としているが、創刊号の一つ目の項目が「若山牧水氏（歌人）は酒が好きだ」と始まり、小川未明・徳田秋声・荻原井泉水・中條百合子が取り上げられている。一五項目のうち五項目が文学者であり、文学者に関するゴシップの需要が垣間見える**【表1】**。

　最初期においては「文壇近頃の事」は比較的〈真面目〉で、「ゴシップ」は作家の人となりや交友関係等の比較的やわらかいものが中心であるとひとまずはいえるが、久米や松岡のネタの例もあるように、両者の境界は明確ではない。とくに私小説なども含めて作家と作品を切り分けることが難しい場合の多い当時の文学状況ではな

表１　『サンデー毎日』の文壇ゴシップ欄の変遷

年	月日	出来事
初期の文壇欄の試行錯誤		
1922（T11）	4.2（1年1号）	目次は「文壇近頃のこと」と「露国文芸界」がセット。小見出しは「階級文学問題＝「女親」改作問題＝久米氏対松岡氏＝離婚と結婚」。「ゴシップ」も同ページにあり。
	4. 9（1年2号）	「文壇近頃のこと」は無し。「ゴシップ」は上司小剣のネタから。
	4.16（1年3号）	「文壇近頃の事」の表記に。小見出しは「「プロレタリア文学の問題」―「女親」改作問題の結着―近松とシユニツレルとハウプトマン」といったどちらかと言えば硬派なもの。同号の「ゴシップ」に近松秋江のことも。
	5.14	目次において「文壇近頃の事」「ゴシップ」は別（ページは同じ）
	5.21	目次において「文壇近頃の事」「ゴシップ」セットで表記
	6.25	目次において、また、別の表記。（ページも別）
	7. 2	目次に「ゴシップ」なし（→なんとなく消えていく）。また目次では「文壇近頃の事」は「楽屋裏から」（芝居系）とセット。
	7.16	「文壇のカメラ党」…記事の中でもゴシップよりのものも幾らかみられるように
	9. 3	目次において「文壇近頃の事」「最近の新進作家」とのセット →この年の9月期は「最近出版の文芸物」「九月の創作一覧」など、文芸界の動向の紹介に力を入れている。
	11.5,11.12 ほか	11月の「文壇近頃の事」は写真入り
	12.10	目次において「文壇近頃の事」「文壇ゴシップ」の2本立て。同ページだが、目次も別建て。
丸い傍点の登場		
1925（T14）	10.4	中河与一「日記」で人名に丸い傍点が使われる。 ※この号に「文壇近頃の事」なし。
	10.11	宇野浩二「随筆　鴨と熊」でも丸い傍点が使用。 「文壇近頃の事」にも丸い傍点あり。
「文壇近頃の事」から「文壇楽屋咄」へ		
1927（S2）	5.1	「文壇近頃の事」と「文壇楽屋鳶」が並立 ※「文壇楽屋」という言い回しは恐らくここから
	7.17	「文壇近頃の事」と「文壇楽屋咄」（初めて登場）が並立
	7.24	まだ「文壇近頃の事」
	7.31	「文壇楽屋咄」のみ ※これ以後「文壇近頃の事」なし

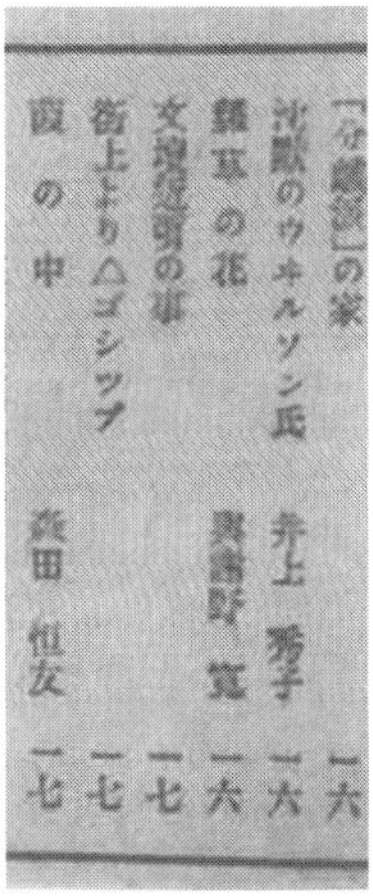
「分離派」の家 一六
沈黙のウヰルソン氏 井上 秀子 一六
雑草の花 與謝野 寛 一六
文壇近頃の事 一七
街上より△ゴシップ 一七
霞の中 森田 恒友 一七

図2 『サンデー毎日』1922年5月14日号 目次 〔大阪公立大学杉本図書館蔵〕

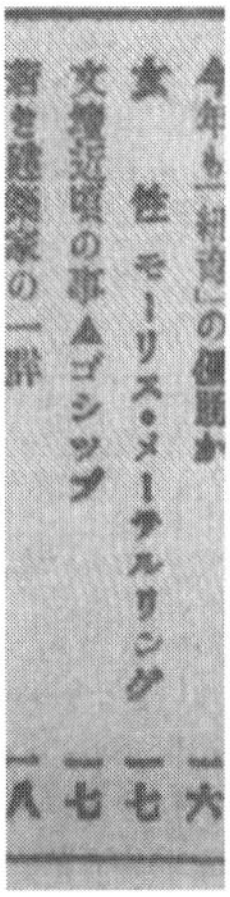
女性 モーリス・メーテルリンク 一七
文壇近頃の事▲ゴシップ 一七
若き建築家の一群 一八

図3 『サンデー毎日』1922年5月21日号 目次 〔大阪公立大学杉本図書館蔵〕

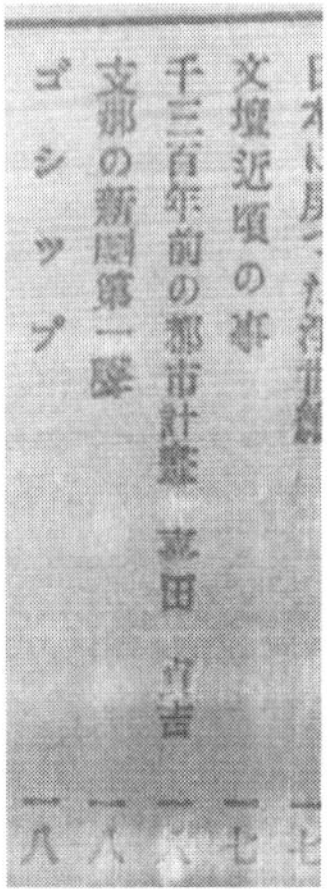
文壇近頃の事 一七
千三百年前の都市計畫
ゴシップ 一八

図4 『サンデー毎日』1922年6月25日号 目次 〔大阪公立大学杉本図書館蔵〕

おさらであろう。そのことが理由となるかはわからないが、創刊から三ヶ月間の両欄の立ち位置は若干不安定で、やがて「ゴシップ」はなんとなく消えていくことになる。【図2】は五月一四日号、【図3】は五月二一日号の目次で、両号とも「文壇近頃の事」と「ゴシップ」は同じ頁に掲載されているのだが、目次上では一四日号は両欄が別建てに、二一日号は▲をはさんでセットになっている。これは単にレイアウトの問題かもしれず、そもそも創刊号には「ゴシップ」が目次にはないなど、目次の構成に意味を見出すことはナンセンスなのかもしれない。しかし、この時期に別立てになったりセットになったりと安定しない両欄の目次立ては、その距離感を象徴しているようである。六月二五日号で両欄は別立て表記というだけではなく頁も別となり【図4】、翌七月二日号からは「ゴシップ」は見られなくなっていく。文壇ゴシップという観点でみれば、ここに至って「文壇近頃の事」に一本化されたということになる。

この七月二日号では「文壇近頃の事」は「劇団近頃の事」「新劇と旧俳優」「楽屋裏から」という演劇系の記事と同一頁に配置されている。また、七月二三日号や八月六日号では「劇団近頃の事」とは別頁となり、「何を描く？（季節の画室訪問記）」など絵画系の記事と同一頁に置かれている。「ゴシップ」というジャンル横断的な欄

図5　『サンデー毎日』1922年8月13日号の「文芸面」〔大阪公立大学杉本図書館蔵〕

図6　「文壇近頃の事」(『サンデー毎日』1922年9月10日号)〔大阪公立大学杉本図書館蔵〕

が消えたことと並行して、分野ごとに細分化された話題提供の形がみられるようになっている。そして、八月一三日号で「文壇近頃の事」は大川幹「現文壇の女流作家」「八月の創作一覧」「最近出版の文芸物」と同一頁に置かれ、ここに至ってはじめてページ丸ごと文芸関連の記事が並ぶに至る【図5】。誌面から文芸界の最新の動向に力を入れていることも見てとれ、名称は付いていないものの、実質的な「文芸面」の成立をここに見ることは可能であろう。

ここから一一月ごろまでの特徴として作家の肖像写真が積極的に使われていることが挙げられる。その八月一三日号でも神近市子の全身写真と三宅やす子・中條百合子の顔写真が使われている。また九月一〇日号【図6】では「文壇近頃の事」で話柄に上っている有島武郎の顔写真とともに、記事中で触れられている有島の近著「星座」のモデルであるという西川光二郎・文子夫妻の写真までもが掲載されている。

「文芸面」の中身を便宜的に〈真面目〉なものとゴシップを含む〈やわらかい〉ものと単純に二分して整理すると、この時期の誌面構成や「文壇近頃の事」の内容などでわりと〈真面目〉寄りに軸足を置いている中で、作家のビジュアル提示は〈やわらかい〉への欲望も常に存在しているということになるだろうか。「ゴシップ」欄が消えた後、七月一六日号では「文壇に於ける写真の流行」として多数の「カメラを手にする作家」を紹介する「文壇のカメラ党」という記事がみられる。また、「文芸面」の形が落ち着いてきた九月三日号では「最近の新進作家」という記事のなかでの新進作家たちへの質問項目に「目下製作して居られる物」という〈真面目〉よりの質問と「旅行の計画及び最近の動静」という〈やわらかい〉質問が同時に見られる。一年目後半の「文芸面」は初期からの〈真面目〉な面を残しつつ、「ゴシップ」の担っていた〈やわらかい〉面を個別ジャンルの中で引き受けながら、恐らく常に偶然性に左右されつつ、最適解を探るための試行錯誤が行われていたであろうことが誌面の揺れから見てとれる。前述した最初期の目次の組み合わせの揺れも試行錯誤の痕跡なのであろう。

その後「文芸面」では一一月一二日号からは堂島裏二「文壇漫画」が断続的に掲載されるようになり、一二月一〇日号には「文壇近頃の事」とは別に一回限りで「文壇ゴシップ」という記事が目次も別立てで見られる【図7】。号ごとに揺れがあるのであくまで印象であるが、バランスは少しずつ〈やわらかい〉に寄っていく傾向がある。

ちなみに、二年目以降も例外はありながらも最低一頁以上の「文芸面」は確保されていくことになるが、「文壇近頃の事」やその後継欄では作家の肖像写真は見られなくなる一方で、特別号である「小説と講談」では基本形となっていく。【図8】は一九二三（大正一二）年一月一日の小説と講談号であるが、多くの文学者の写真がグラビアとして掲載されている。図の頁ではそれぞれの写真に「徳田秋声氏と夫人はま子」（右上）、「泉鏡花氏＝「鵜狩」の作者」（左上）、「里見弴氏」（右下）、「近松秋江氏＝「通夜」の作者」（左下）とキャプションが付されているが、鏡花と秋江に関しては特別号で執筆した小説も同時に紹介されている点が注目される。【図9】は一九二五（大正一四）年一〇月一日の同号で、「昔を今に」という作品とともにその作者である上司小剣の肖像写真が添えられ

▌図 8 「現代文士の家庭」（『サンデー毎日』1923 年 1 月 1 日「小説と講談」号）〔副田賢二蔵〕

十一年度新聞小説総評　井東　憲　一六
文壇近頃の事
文壇ゴシップ　夜空生　一六

▌図 7 『サンデー毎日』1922 年 12 月 10 日号　目次 〔大阪公立大学杉本図書館蔵〕

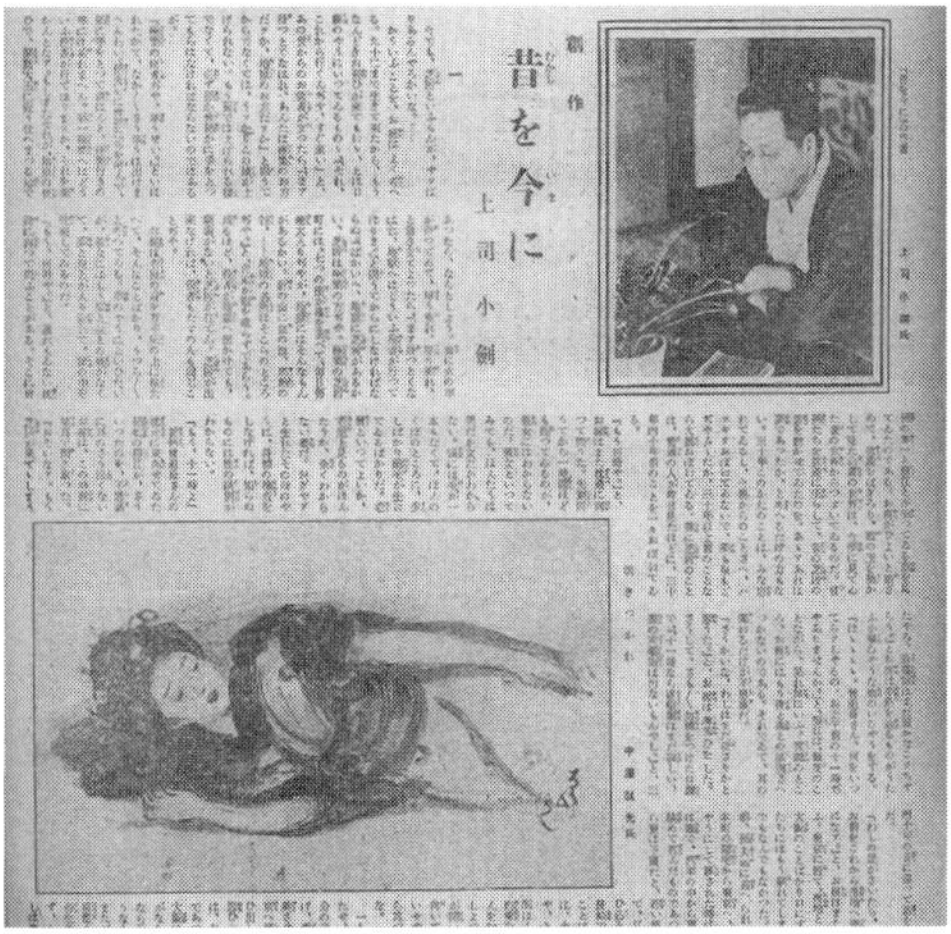
創作
昔を今に
上司小剣

▌図 9　上司小剣「昔を今に」（『サンデー毎日』1925 年 10 月 1 日「小説と講談」号）〔大阪公立大学杉本図書館蔵〕

ている。この号はほかの作品にも同様にそれぞれの作者の写真が付されている。

ここまで創刊当初の「文芸面」全般の変遷を概観してきたが、次の転換期として創刊四年目の一九二五年一〇月からの書式の変化を挙げることが出来る。【図10】は同年九月二七日号、【図11】は一〇月一一日号の「文壇近頃の事」であるが（一〇月四日号には同欄はない）、比較して気が付くことは一〇月からこの欄で登場する文学者の氏名に丸い傍点が付されるようになることである。「文芸面」ではすでに一〇月四日号の中河与一「日記」が同様の書式で書かれていて、これがこの面では最初である。「日記」と同号に掲載された武者小路実篤の随筆「質問される事」ではこの書式は採用されていないが、一〇月一一日号の宇野浩二の「鴨と熊」では採用されている。この頃になると「文壇近頃の事」は、今東光「落城篇」の中に出て来る裏切者の登場人物が中河与一や加宮貴一をもじっているという指摘（九月二七日号）や菊池寛の飼っているブルドックに関して（一〇月一一日号）など、作家の人となりや交友関係を伝える〈やわらかい〉記述が中心で、内容的にも文壇ゴシップ欄と言い切れるようになっている。「九月六日／朝、岩永眸君が来る」と始まる中河の「日記」も、とある展覧会を訪ねた際に「僕は友人の広津和郎と二人でそれを見に行つた帰りに、もう会場のしまる時間だつたので、鍋井、小出らを誘つて、丸善の前から銀座通の方へ歩いて行つた」という出来事を記述する宇野の「鴨と熊」も文学者の交遊を描くゴシップ的要素を持つ文章であり、丸い傍点はゴシップとそうでないものとを区別する記号ともなっている。この書式が果たした機能の一端に関しては川端康成の例で後述するが、文芸・文壇に関する同時代の文章の中で傍点を付していること自体はそう珍しいことではない。傍点の形は様々であるが、『国民新聞』『読売新聞』『早稲田文学』『新潮』など様々な媒体で見られ、『東京朝日新聞』では【図12】のように作者・作品名・雑誌名にそれぞれ別の種類の傍点が使用されている。それでも『サンデー毎日』で一九二五年の秋からゴシップ的な記述に限って使用

てしまつたら好いだらうと思ふが、さう單純にも行かないものと見ゐる。

文壇近頃の事

雜誌「苦樂」に今東光の「落城篇」といふ讀み物がのつてゐる。伏見城の落城について、甲賀侍の裏切によるといふのであるが、その裏切者の中に卑屈さうな中川、貴宮、お調子もの〻酒田など〻いふ侍をあげてゐる。そして「これらの節操」のないことを罵つてゐるが、文壇に通ずるものは中河與一を（中川）に、加宮貴一を（貴宮に）酒井眞人を（酒田）にもぢつたことを知るであらう。文壇もいよいよ物騒で、いつ何時裏切者にされたり、どこで斬殺されてしまふかわからない。

◇

この夏のことである、秋田に講演に

▌図10　「文壇近頃の事」（『サンデー毎日』1925年9月27日号）〔大阪公立大学杉本図書館蔵〕

にはならない。彼女の飼主は誰であつたか、それが藤森成吉なのだから、一寸面白いではないか。

◇

成吉は、はじめ、醜い彼の、執拗な戀を憎み、彼が來るとすぐ追つ拂つてゐたが、間もなく、その犬が菊池寛の飼犬と知つたので、その奇縁を感じて大いに粋をきかし、彼らの戀を祝福したといふ。

文壇近頃の事

◇

文藝春秋社には常に六七人の若い藝術家がその得意の藝術論を戰はしてゐないといふことがない」おまけに商人たちの出入などがあるので、いはゆる金山御殿も柴山伯の如く騒々しい。そこで御大の菊池寛は、別に近所に六十円とかする家を借りて、家族を引つれ、書齋もまたそこに移した。その家族の中にといふのは當たらぬかも知れぬが一匹のブルドックがゐる。このブルドックはかなり體の大きい勇敢な奴で、

◇

高木月斗の妻君が愛人と手を携へて鈴蘭さく北海道へ驅落した話はもう古くなつた。が近頃文壇ではさういふ事件が頻々として起こる。閨秀詩人として一時盛名を馳た高群逸枝も良人を振りすて〻若き詩人と姿をくらまし竹久夢二と蜜の如き戀を囁いた山田順子がすぐ彼の許を去つて、新らしい戀の相手に走る等々である。下馬評によると順子の新らしき愛人は足立欽一であるといふことだ。

▌図11　「文壇近頃の事」（『サンデー毎日』1925年10月11日号）〔大阪公立大学杉本図書館蔵〕

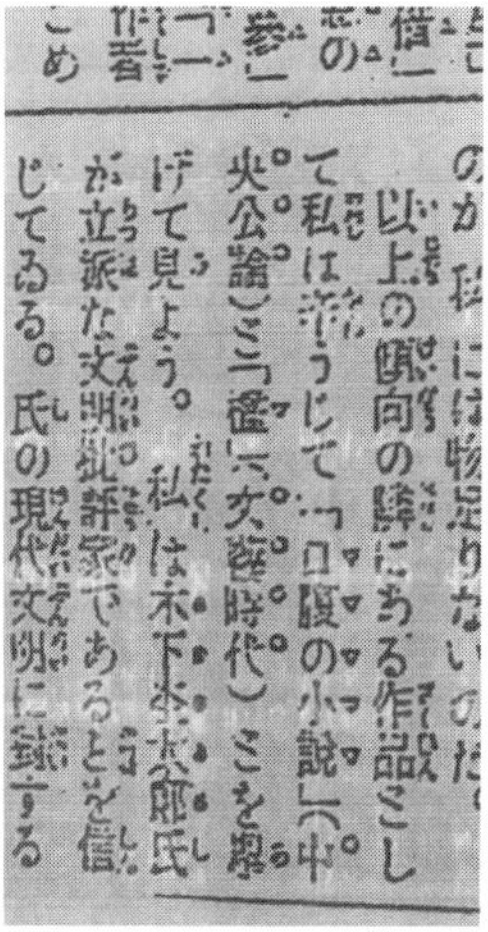

図 12　十一谷義三郎「あるべきもの(一)」(『東京朝日新聞』1925 年 4 月 7 日）〔引用は中島国彦ほか編『文藝時評大系　「大正篇」第 14 巻　大正 15 年・昭和元年』（ゆまに書房、2006・10）より、志學館大学図書館蔵〕

されるようになることは偶然ではないのかもしれない。

文壇を見渡した時、一九二五（大正一四）年は文壇ゴシップの年だったともいえる状況となる。各誌の一九二六（大正一五）年新年号での前年の振り返りなどでは、「ゴシツプ問題が漸く喧しいが是はゴシツプが文壇に於ける或る種の批評として、暗々裡に存在し出したからだ」（久袖黙太郎「仁丹語」『文芸春秋』一九二六年一月）、「作品の価値がゴシツプやジヤーナリズムに依つてではなく、批評家の権威ある批評に依つて定まる時代の来ることを希望してゐます」（森田草平「大正十五年の文壇及び劇壇に就いて語る」『新潮』一九二六年一月）、「党派的な争ひや、ゴシツプや、お祭騒ぎが文壇の中心興味となつて地方の文学青年を惹き付けてゐる事は事実である」（古屋芳雄、同前）など、立場は様々ながらも大正一四年の文壇の総括の中にゴシップに関する言及が目立つ。

この流れを生んだ要因のひとつとして同年七月に創刊した『不同調』を挙げることは可能であろう。『不同調』は『新潮』の過去の文壇ゴシップ欄「不同調」の名を付けて名物編集長であった中村武羅夫によって一九二五年七月に創刊された同人誌である。一九二二年一二月号で廃止されていた同欄に関して小田切進が「彼（中村武羅夫：三浦注）の手腕がとくに注目されたのはいわゆる訪問記事と、「不同調」欄での毒舌ぶりだった」[9]と述べているように、名付け自体がすでに攻撃性を備えていた。一九二五年中にはゴシップの発信地的なあり方を批判する声は同人たちにも届いていたようで、一九二五年一二月号では「ゴシップ非難の声が、漸く各方面で昂まつて来たやうだ」（野島辰次「ゴシップ停滞」）、「毒が多過ぎるの、下品だの、喧騒だのと、いろ〳〵非難する人もある」（中村武羅夫「不同調社にて」）などその声を認識している記述が複数見られる。次節でも少し触れるが、同人たちにもそのことを肯定しているような様子が見られ、ある種の文壇ゴシップ誌として一九二五年の文学言説空間で機能していたことは間違いないであろう。

その『不同調』の傍点の使い方が『サンデー毎日』の「文芸面」のそれと同じであり、この年の文壇ゴシップの主役ともいえる『不同調』からの影響を指摘できるかもしれない。もちろんこれは推測の域を出ないし、そもそも『不同調』の書式自体は『新潮』から引き継がれたものであるが、創刊四年目にしてはじめて採用された書式であれば、その年に目立った『不同調』に注目することは的外れでもないだろう。いずれにせよこの書式は後継の「文壇楽屋咄」にも引き継がれていくことになる。

文壇楽屋鳶

堤寒三

文壇近頃の事

図13　「文壇近頃の事」と「文壇楽屋鳶」の併置（『サンデー毎日』1927年5月1日号）〔大阪公立大学杉本図書館蔵〕

その「文壇楽屋咄」への移行は創刊六年目である一九二七（昭和二）年のことであるが、これが次の転換期である。最初期と同様に、これもある号を境に名称の変更が行われたというような単純な話ではない。

まず動きがみられるのは一九二七年五月一日号で、同号では「文壇近頃の事」が通常通りに掲載されているにもかかわらず、「文壇楽屋鳶」という記事が載っている【図13】。前者では『新潮』の値下げに触れて「何しろ新潮社の「世界文学全集」でもうけた金、いやこれからその幾倍もうけるかわからない金は莫大なもの」などと新潮社の「もうけ」への下世話な視線などがみられ、後者では米国から「十二年ぶり」に帰国した小島烏水の歓迎会の参加者を列挙するなど文学者たちの交流が話題になっており、いずれも文壇ゴシップ的な話題が中心となっているという点において両者に大きな差はない。文学者の人となりや交遊を記述したり、出版社も含めた文学界隈の金銭事情を話題にしたりする、つまり読者が目にする「作品」の向こう側で起きていることを話題にするという意味で「楽屋」という語は的確であるが、記事のタイトルとして「文壇楽屋」というフレーズが使用されるのはここが初出となる。

「文壇楽屋咄」の初登場は同年七月一七日号で、「文芸面」の見開き二頁の中で「文壇近頃の事」と並立している。翌週の七月二四日号では最後となる「文壇近頃の事」が掲載され（「文壇楽屋咄」は無い）、その翌週の三一日号には「文壇楽屋咄」が掲載され、その後定着していく。つまり、この一九二七年七月に「文壇近頃の事」から「文壇楽屋咄」へのバトンタッチがなされたということになる。なお、ここまでの流れで想像がつくことであるが、両者に内容面での差はほとんどない。例えば唯一並立した七月一七日号では、「文壇近頃の事」には「この間来朝した支那新興文壇の代表的作家だといはれてゐる田漢氏の日本遊学当時に交遊した佐藤氏は芥川竜之介、村松梢風氏等と共に築地小劇場の前衛座を案内したりして大いに旧交を温めた」といった話題が、「文壇楽屋咄」には「ある日のこと、竹久夢二君が友人某氏と二人で銀座を散歩してゐた。京橋のカフエーを出て銀座の東側を新橋の方へ近づいた時、（中略）上司小剣氏が飄然としてやつて来るのに会つた」といった話題が取り上げられていたりするが、両者とも「楽屋」的に文学者たちの交遊を記述していて、その内容や質的な差異を見出すのは困難である。この時点ではすでに話題の中心を示すシグナルとしての丸い傍点も定着していて、それも含めた「文壇楽屋咄」が『サンデー毎日』の文壇ゴシップ欄の型となった。

【3】……ゴシップとしての『文芸時代』／ゴシップ誌としての『不同調』

『サンデー毎日』における文壇ゴシップに関してそのプラットフォームの型の変遷を中心に概観してきたが、ここではさらに踏み入るために、文壇ゴシップの年ともいえる一九二五（大正一四）年に話題の中心の一角を占め、先述した『不同調』の攻撃先の一つでもあった『文芸時代』を例に進めていく。そのために、本節ではまず『文芸時代』と『不同調』周辺の文壇ゴシップや文壇ゴシップをめぐる言説について確認する。

一九二四（大正一三）年一〇月に創刊された『文芸時代』（同人は伊藤貴麿、石浜金作、川端康成、加宮貴一、片岡鉄兵、横光利一、中河与一、今東光、佐佐木茂索、佐々木味津三、十一谷義三郎、菅忠雄、諏訪三郎、鈴木彦次郎。ほかに犬養健、金子洋文、牧野信一が執筆グループ。一九二四年一一月から岸田国士、南幸夫、酒井真人が加入。一九二五年六月に今東光脱退、一九二六年三月に稲垣足穂・三宅幾三郎が加入）はその創刊自体がすでに文壇ゴシップの対象であった。例えば、同年九月二四日の『読売新聞』朝刊文芸面では、文壇ゴシップ欄ともいえる「晴雨計」において、四〇銭という安価な定価設定を「不景気の折それも尤もと親爺の心中を察しその利口さからか、それとも謙遜か、自信が無いのか」（署名：閑雲軒）と揶揄され、九月三〇日朝刊の同欄でも「奢る平家久しからず。一代の新人を集めて文芸黄金時代を造らんとした『文芸春秋』漸く分裂。集ふところの新人『文芸時代』てふ楯を掲ぐ。菊池寛心中甚だ面白からず」（署名：金色鳥）などとあり、創刊という出来事自体に意地の悪い視線が向けられていた。

『文芸時代』創刊をめぐって川西政明は「横光、川端を中心に新雑誌が発刊される噂が文壇に広まった。『文芸春秋』と『文芸時代』とは紛らわしい誌名である。菊池に若い作家が叛乱をおこした。叛乱の気配を察した菊池が、若い作家を切った。菊池が主体で若手が客体なのか、若手が主体で菊池が客体なのか、主客の区別が分らない文壇は揣摩臆測した[10]」とまとめているが、当然同人たちもこのような言説を野放しにはできなかったようで、例えば川端康成は同じ『読売新聞』の文芸面に一〇月三、五、七日朝刊の三回にわたって反論している。そもそも「文芸時代」創刊号自体が文壇ゴシップ的言説への反論からスタートしていた。川端は「取沙汰好きな世間は『文芸時代』の誕生を目して、新進作家の既成作家に対する挑戦だとか、既成文壇破壊運動だとか云つてゐるらしい。しかしそれは我々に取つて、第二第三以下の問題である。そんなものが第一の問題になつたならば、それは我々の堕落の第一歩である[11]」と、横光利一が「ただ此の雑誌が出れば文芸春秋に関する種々不愉快な憶測的噂が出るかもしれないと思つた。（中略）しかし、さう云ふことは、いつの場合でもただ形式に重きを置いて考へたがる人間の弱点的考察力のしからしめる所である。私達はと云ひたいが先づ私は、と云つてをく、その私は文芸春秋のために多大の恩恵を受けて来てゐる。それに何故に足蹴にするか。足蹴にするべき理由は少しもない[12]」などと述べている。

これらの反論からは『文芸時代』の創刊が文壇政治的な文脈でゴシップ的に把握されることへの嫌悪感が、〈文学〉への真摯さの主張とともに表現されている様子が見て取れ、このようなある種の潔癖さが『文芸時代』に流れる基本的な温度感ともいえる。しかし、その志向とはうらはらに、とくに創刊翌年の一九二五年は先述したように文壇ゴシップの年とも言える状況になった。

その中の重要なプレーヤーとして今東光《こんとうこう》の名前を挙げることは可能だろう。『文芸春秋』一九二四年一一月号に掲載された「文壇諸家価値調査表」を目にした今と横光に関して、川西は「二人は相談した。執筆者が直木であることは意見が一致した。当時の『文芸春秋』のこういうコラムの執筆者が直木であることは文壇の常識であった。そしてそうしたコラムの執筆を菊池が認めていることも文壇の常識であった。二人はそのことを承知で、反論を発表することを決定した[13]」とまとめていて、その後横光は川端の説得で取り下げた一方、今は菊池寛との対立を深め、『文芸時代』同人から抜けたうえで新潮系の『不同調』（一九二五年七月創刊）に参加すると同時に『文党』を創刊（一九二五年七月）したことも含め周知のとおりである。その今が『不同調』創刊号へ寄せた「童話的表現による新感覚派の印象」が「いよ〳〵文芸時代が出た。さうしたらちつとも大同団結をしてゐなかつた。また既成作家に挑戦する模様もなかつた。否むしろ、その弁明と、賞賛と、阿諛と、小さな抱負と、醜い野心と、下劣な嫉妬しか見ることが出来なかつた」といったものであれば、話題に火をつけたことは間違いない。

今や横光を激怒させた『文芸春秋』一九二四年一一月号の「文壇諸家価値調査表」は、**【図14】**のように具体的には「学殖」「天分」「人気」「性欲」などの九項目を一〇〇点満点で採点し、また「資産」「好きな女」の項目に一言が添えられ、芥川竜之介以下六八名の〝価値〟が一覧表として三頁にわたって掲載されたものである。今・横光のみならず、有島生馬・泉鏡花などすでに名の通っていた者から伊藤貴麿・金子洋文・川端・片岡鉄兵・佐々木味津三など『文芸時代』同人まで、直木三十三・菊池寛も含め多数採点されている。例えば今であれば学殖：八一、天分：六〇、修養：五二、度胸：八七、風采：九二、人気：四八、資産：不良性、腕力：一〇〇、性欲：九二、好きな女：女優、未来：七七のような形である。ちなみに「資産」「好きな女」に関して、川端は「文学士」「なんでも」、片岡は「月評」「妻君（人の）」、横光は「菊池寛」「娘」などとなっている。これだけ見れば二人の怒りも当然と言えそうである。実際、「文芸春秋の無礼」（『新潮』一九二四年一二月）で今は「腕力を言ひ、

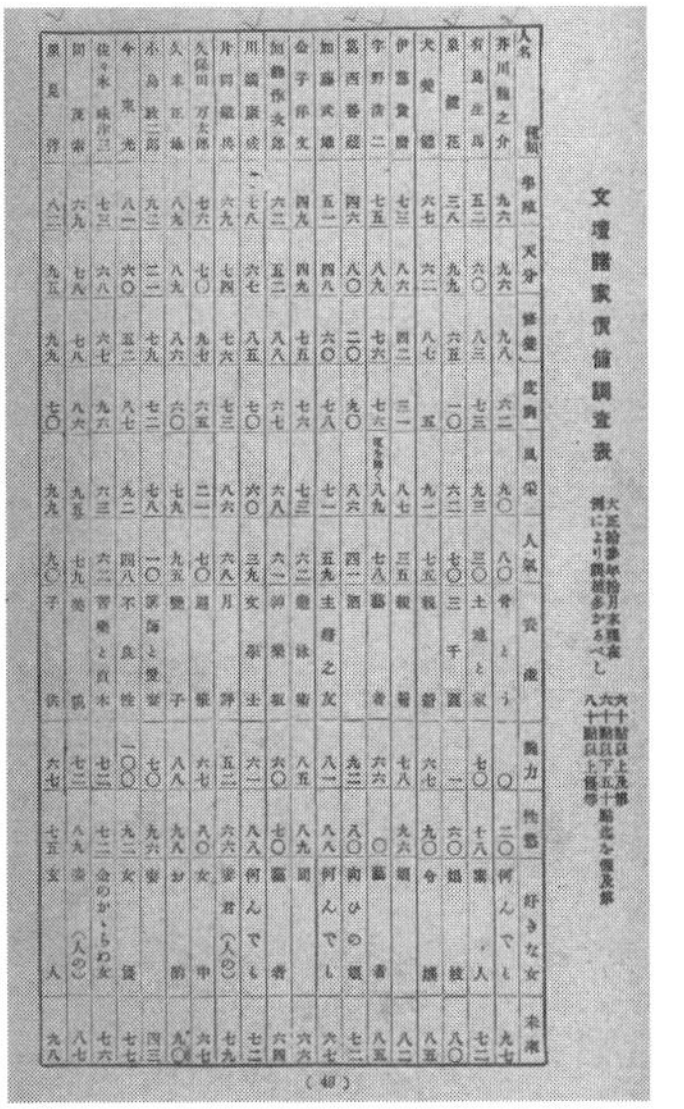
文壇諸家価値調査表

図14　「文壇諸家価値調査表」（『文芸春秋』1924年11月）〔国立国会図書館デジタルコレクション蔵〕

性欲に及び好きな女とは言語に絶する無礼ではないか」と憤っている。しかし、先に触れた相馬健作も「彼（菊池寛：三浦注）は「文芸春秋」を発刊して、乾分を集め、ゴシップ的興味を以て読者を吸収し、ゴシップ作家の集団的勢力をもつて敵を圧倒しようと企てた[14]」と述べているように、そもそも『文芸春秋』とはそのような雑誌であった。

小冊子の形で一九二三年一月に刊行された創刊号でも「倉田百三がいつ迄も死なない事」「菊池寛に蔵の建たない事」などのような記述がみられる「文壇七不思議」という埋め草が見られ、二月号には「文壇百人一首」が、そして三月号ではビジュアル面でも意匠をこらした「文壇新語字典」が掲載される【図15】。見開きで辞書と同様の体裁をとるこの記事は「ありましたけを【有島武郎】（名）売名術に巧なる人の異名」「げつぴょうし【月評子】（名）新聞の文芸欄及び雑誌を利用し毎月多少の小遣ひをかせぐ評論家を云ふ。例。小島徳弥、藤森淳三、直木三十二」といった調子で文壇と関わる人物や事項を毒を含んで皮肉に表現する、ある意味でゴシップらしいゴシップ記事であった。さらに四月号でもビジュアライズされた「文壇近頃阿呆番附」が掲載されている【図16】。行司に「いつか内務大臣になれると思つてゐる　島田清次郎」「今にも自分等の天下が来ると信じてゐる　プロレタリア論客」、横綱に「門前雀羅　南部修太郎」「「名声」の化物　三島章道」、前頭下位には「外国から名士を呼んでは馬鹿な金を使ふ　改造社」「法外な安い雑誌をこしらへて小遣をへらしてゐる　文芸春秋」等項目と一言コメントがセットとなり、それらが相撲の番付表を模して成形され、「文壇新語字典」と同様にちょっとした毒をはいている。ちなみに番付表形式は、例えば一九二四年九月号では「本邦翻訳業者番附」「文壇名家余技番附」「文壇近頃馬鹿番附」の三本が掲載されるなど、定番化していく。初年度の六月号には、すでに「漫画漫文」で人気を博していた岡本一平による文壇漫画「虻裳飛文士巷路」の掲載が始まり、創刊半年にして文壇ゴシップを表現する型が一通り揃うことになった。

文壇新語字典

▌図15 「文壇新語字典」(『文芸春秋』1923年3月)〔国立国会図書館デジタルコレクション蔵〕

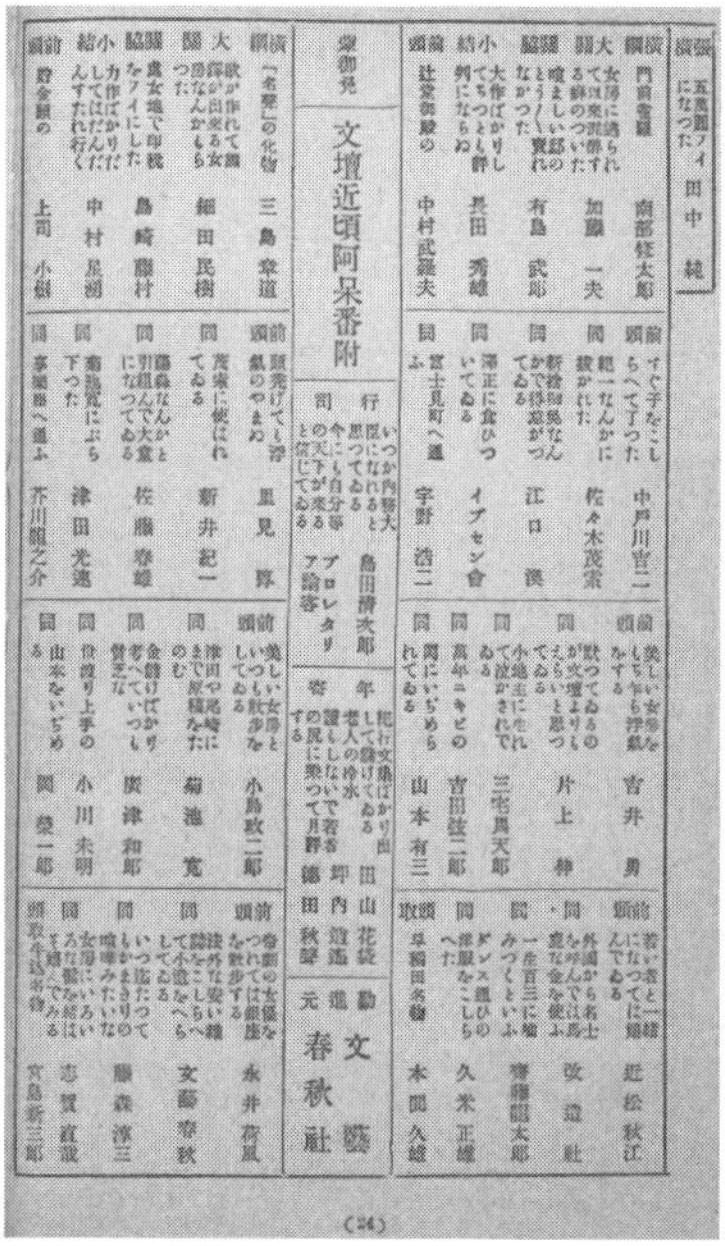
文壇近頃阿呆番附

▌図16 「文壇近頃阿呆番附」(『文芸春秋』1923年4月)〔国立国会図書館デジタルコレクション蔵〕

『文芸春秋』における文壇ゴシップを右のように確認した時、『文芸時代』のそれは、確かに「文壇波動調」という欄を持ち、一九二五年七月号からは須山計一による文壇漫画「新進絵評判」の掲載が始まるなど、型としては重なる部分も多い。しかし、同人たちがどのように弁明しようとも、殊に文壇ゴシップという観点から見るとその質あるいは対象の面でアンチテーゼともいえる様相を呈している。

「文壇波動調」は他誌の文壇ゴシップ欄と同様に短い文壇トピックが複数並べられていて一つの記事になっているが、それぞれの項目の最後に署名が付されている。例えば創刊号の項目の一つは次のようである。

　此雑誌は、出来るだけ挑戦を避け、応

戦に努力するやうにしたいものです。それで、斯うした六号雑文にも、匿名では、なるべく他人の誇を傷付けるやうな文章は控へようではありませんか。（若年寄）

まず目につくのはソフトな内容である。「応戦」はするが攻撃は避けるという立ち位置は、この手の欄ではなかなか見られないもので、少なくとも創刊号の二頁の攻撃性は低い。但し、勿論立ち位置に関する理念はこの限りではなく、右で見た（若年寄）の直後の項は「俺は不賛成だぞ。俺はそんな日和見主義は大嫌ひなのだ」（署名：旗下六騎）などとあり、同人の温度感を一元的に捉えるべきではない。それでも、翌号の冒頭の項に「佐佐木茂索の提議で、本欄も一切署名して書くことにした。片言隻句と雖も責任の所在を明らかにする為めだ。放漫な言説を慎しむ為めだ。その代り、かふ云ふ欄の面白味、妙味は無くなるものと覚悟しなければならない。（康成）」とあるように「面白味、妙味」を犠牲にしてでも匿名性を排除して同人が自らの名を背負って責任を引き受けつつ発信していく場が形作られたのは確かである。この後一九二五年四月号からなし崩し的に署名と匿名的な筆名が同居していくが、少なくとも創刊当初のこの選択は冒頭で見たある種の潔癖さを象徴しているように見える。

さらに注目したいのが、（若年寄）の項に（旗下六騎）が呼応している点である。（旗下六騎）の項はこの後「癪に障る奴は一々やり玉に上げるから、そのつもりで居て呉れ。編輯当番が沫殺したら―さア、どうしてやるかな」と続くのであるが、次の項がさらにこれを受けて「編輯当番は腰抜けではない」（署名：肝癪爆発抑制のため陥れるヒステリイ患者）と呼応している。このように誌上で同人同士が呼応し合うあり方こそが、「『文芸時代』的」ともいえる。一九二四年一一月号の「同人相互印象記」や一九二五年三月号の「同人寄せ書き」など同人が会席した際の寄せ書きを活字化して誌上公開する企画がある。それぞれ「十月六日田端自笑軒に於ける同人会席上の寄せ書き」「二月五日夜於風月食堂」と注釈が付されていて、読者に同人たちが一堂に会して食事などをしながら寄せ書きを回している様子を想像させる。後者は「芸術といふものは？」「新感覚主義について」「旧い芸術とは？」など穏当な問いに【図17】のような形で同人たちが答えていく形式を取っていて、例えば「芸術家の資格」という項には「この如き設問に答へざること。（索）／この如き設問に答へるにあたつて、躊躇すること。（幸夫）／須らく気取らざる可らず（きいち）」のように前の書き込みを受けるような受けないようなやり取りが続いていく。「人生の意義」の項では「「教へてくれ。」（横光）／「教へてやらう、痔をなほす事だ。」（味津三補筆）」のようなやり取りが見られるなど、同人たちのホモソーシャルとも言える仲の良さを印象付けている。なお、前号（一九二五年二月）の「編輯後記」で入院が伝えられていた佐々木味津三は「求めてゐるもの」の項でも「やつぱり痔の薬」と補筆しているが、同人自身の病状がすでに共有されているネタとしてオチの機能を果たしていることも同様の文脈に置くことは可能だろう。

同人寄せ書

藝術といふものは?

新感覺主義について

64

▍図17　「同人寄せ書き」（『文芸時代』1925年3月）〔復刻版、三浦蔵〕

同人である佐々木がネタとなることは、「文壇諸家価値調査表」に菊池や直木も含まれていたことを鑑みればよくあることのようにも見えるが、ゴシップの対象がほとんど同人のみという点でやはり『文芸時代』は特異である。文壇ゴシップの重要なギミックの一つである文壇漫画も、須山計一（なお初回は「須田計一」となっている。誤植と思われる）の「新進絵評判」が対象としたものは同人のみであった。一九二五年七月号の初回掲載の一番手は前号に脱退した今で【図18】、半裸で剣と楯を携えた今が『文芸春秋』『文芸時代』を背後にして力強く前進していく絵とともに「一つの城から他の城へ――でもすぐに離れてゆく荒きイシマエル今東光氏よ。その手は諸の人に敵し万人の手は彼に敵すべきかどうか知らぬが、新時代の為に戦へよ」という言葉が添えられている。前号の「編輯後記」に「編輯半ばに当番であつた今東光が突然文芸時代を脱退した」とあったような状況にもかかわらず、恰もエールを送るかのような扱いとなっている。翌八月号の横光は【図19】のようにモダニズム的筆致で一目ではわかりにくい、よく見ればピエロに扮している絵とともに「怪奇なマスクをした近代的道化役！／不可解なリズムの放射は人々の官能の花園で密集し「感覚」のバスと「象徴」のソプラノで観衆を石のやうに黙殺した」という言葉が付されている。勿論これは横光のみならず『文芸時代』を「新感覚派」へと導いたともいえる（ここでは同人各人の諸反応に関しては置いておく）創刊号に掲載された「頭ならびに腹」（『文芸時代』一九二四年一〇月）のパロディである。これらに通常の文壇漫画に見られるちょっとした皮肉や揶揄の影がないということだけでなく、読者が「頭ならびに腹」にまつわる文壇的諸現象をある程度把握していることを前提とした〝笑い〟が提供されていることが注目されるだろう。

　同号では片岡鉄兵が作成した「クロスワードパヅル」が出題され、翌一九二五年九月号では解答とともに当選者が発表されている。ここで興味深いのは【図20】にあるように当選者が住所とともに、石浜金作・片岡・加宮貴一など抽籤を担当した同人の名も含め載っていることであろう。当選者は呉のような地方在住の者から「本郷一高和寮四」という恐らく一高生と思われる人物までそれなりの幅がある。これを『文芸時代』のファンコミュニティを垣間見せるものとすると、抽籤することそのものに価値があるようなふるまいは同人がちょっとしたアイドルであったことを示している。比較的攻撃性が低く、対象が同人たち自身であり、そのホモソーシャルとも言える仲の良さを見せつける『文芸時代』は、文壇ゴシップの観点から見たときある種のファンクラブ誌的な一面を見せている若干内向きな雑誌であった。

図18　須田《ママ》計一「新進絵評判」（『文芸時代』1925年7月）〔復刻版、三浦蔵〕

図19　須山計一「新進絵評判」（『文芸時代』1925年8月）〔復刻版、三浦蔵〕

十字語正解當選者（總數三百八十一 正解二百五十六）

○

文藝時代に、私はクロスワード・パヅルの題を提供しておいた。一夜徹夜して眠いまぎれに作つたので、キイの書き方に、二三文法上の誤りがあつた。アポロウイと云ふ名詞を書くべき所にアポロヂヤイズと云ふ動詞を入れた。それ故「チーペスト・アポロヂヤイザズ」なんて、滑稽である。その他、他人の表現を盗み、自分の物のやうに使用すること」といふ意味を書いたつもりで、飛んだ文法上の間違ひをやつて居るのに氣が付いた。右の段々、この機會に云はせて頂きます。それから、横三十九のキイが印刷で落として居る。原稿にはエスコまテントと書いてあつたのです。それ故、横三十九の桝にはガイデッドと云ふ字をあてはめるべきだつたのです。（片岡鐵兵）

○

で右により三十九の鍵は條件付としてその他の正誤を統計しました。丁度締切の日に左記六人の闘人が集つたので抽籤で五人に賞をかけると豫告しましたがそれを増して一人づつに籤を引いて貰ひ左記六氏の當選者を得たわけです。

石濱金作抽籤
吳市古川町四十五　小野忍

片岡鐵兵抽籤
静岡縣濱名郡富塚村佐々木方　堀見宗男

加宮貴一抽籤
群馬縣佐波郡玉村町六ノ三八　島田千代丸

中河與一抽籤
神戸市若引町二ノ八七　出水春三

横光利一抽籤
赤坂區青山南町五ノ四五　御牧章二

南幸夫抽籤
本鄉一高和寮四　神山健夫

○

以上の六氏に金五圓の圖書券を贈呈しますその他この難解なクロスワードに熱察された方々の名を發表してその勞に酬いたいのですが紙面の餘裕がない爲見合せました。

82

図20　「十字語正解当選者」（『文芸時代』1925年9月）〔復刻版、三浦蔵〕

一方『不同調』であるが、一九二五年七月の創刊号では先述した今の「童話的表現による新感覚派の印象」が掲載された他、復活ともいえる「不同調」欄では全三一項目中『文芸春秋』へ一〇項、『文芸時代』へ一一項の攻撃的言辞が見られ（重複アリ）、佐佐木茂索という『文芸時代』と掛け持ちの同人はいたものの、少なくとも外部からは『文芸春秋』『文芸時代』への対抗誌として見られるであろうスタートを切っている。一九二五年九月号の「文壇放送局」では「片岡鉄兵は人気者だ。だがクロス・ワードにまで凝り出して人気を釣るにも及ぶまい」「文芸時代が余興物で読者を釣るやうになつちやお仕舞だね」と先に紹介した「クロスワードパヅル」を評した言があるなど、その後も節々に『文芸時代』を意識した記述が見られる。

刊行が進むにつれ表や番付、文壇漫画等『文芸春秋』と重なる企画も多く見られるが、『不同調』の方向性は創刊号の同人による寄せ書き企画「一題一答」の一題目を確認すれば十分かもしれない【図21】。いきなり「文壇で一番厭な奴は誰だ（出題者　堀木）」という問いから始まるこの企画が『文芸時代』のそれが穏やかであったのと比して刺激的であることは明らかである。この問いの回答は「この題を出した男（茂索）／佐佐木モサク（六朗）／中河与一と加宮貴一（今）」と続いていくが、他にも岸田国士、川端康成、近松秋江など様々な名前が挙がっており、署名付きで具体名を次々と繰り出すケンカ腰な様子が見られる。また、ここでも呼応は見られるが、ひとつ前の回答者である佐佐木茂索を「厭な奴」として挙げているように、「一人一党」が掲げられている雑誌らしく同人同士もケンカ腰である。創刊二号目にあたる一九二五年八月号の不同調子「文壇運命判断」は文士六五人が項目立てされ、それぞれに無署名で一言が寄せられているが、川端に対しては「悧巧巧過ぎて大成覚つかなし」「コーセイおそるゝに足らず」、横光には「来年は文壇から消えてなくなるヨコピカリ」、菅忠雄には「三十にして発心せざれば一生人に使はれる」などといった様子である。署名記事も匿名記事も始終この調子の『不同

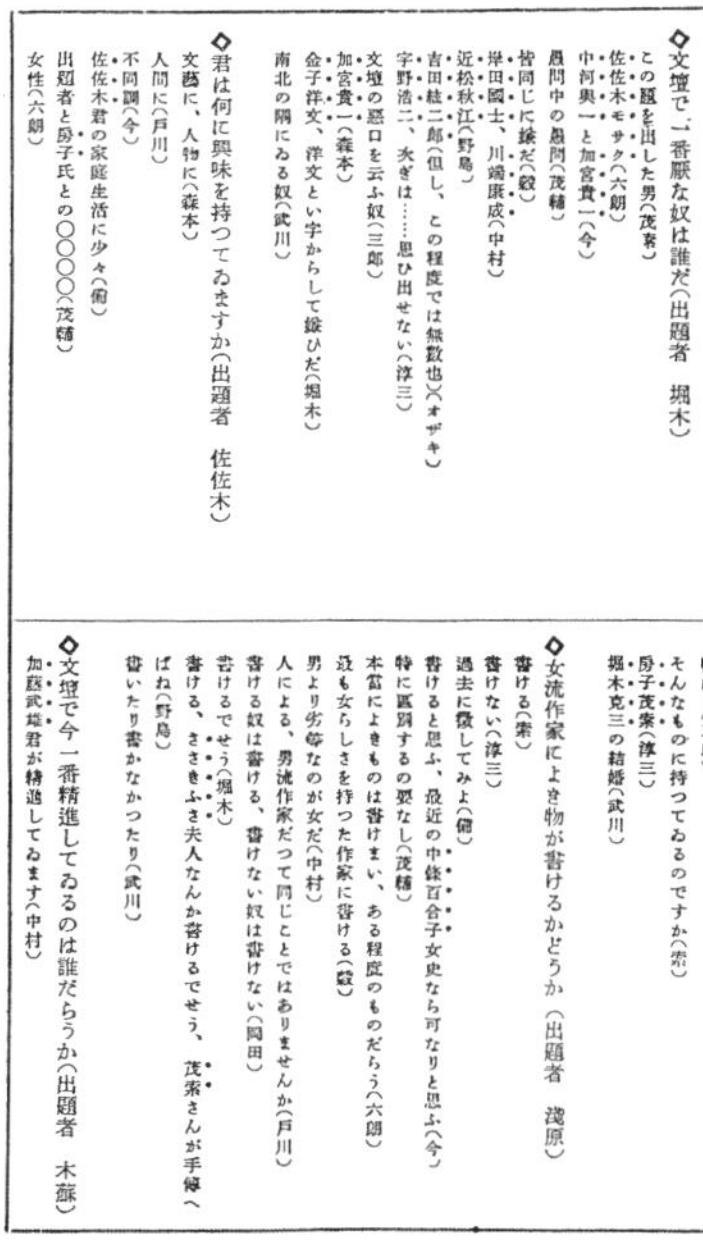

一題一答　同人

◇文壇で一番厭な奴は誰だ（出題者　堀木）
この題を出した男（茂索）
佐佐木モサク（六朗）
中河與一と加宮貴一（今）
愚問中の愚問（茂輔）
皆同じに嫌だ（穀）
岸田國士、川端康成（中村）
近松秋江（野島）
吉田絃二郎（但し、この程度では無数也）（オザキ）
宇野浩二、次ぎは……思ひ出せない（淳三）
文壇の悪口を云ふ奴（三郎）
加宮貴一（森本）
金子洋文、洋文とい字からして嫌ひだ（堀木）
南北の隅にゐる奴（武川）

◇君は何に興味を持つてゐますか（出題者　佐佐木）
文藝に、人物に（森本）
人間に（戸川）
不同調（今）
佐佐木君の家庭生活に少々（備）
出題者と房子氏との○○○○（茂輔）
女性（六朗）

△△△（穀）
女性です（中村）
騒に！（三郎）
そんなものに持つてゐるのですか（索）
房子茂索（淳三）
堀木克三の結婚（武川）

◇女流作家によき物が書けるかどうか（出題者　淺原）
書ける（索）
書けない（淳三）
過去に徴してみよ（備）
書けると思ふ、最近の中條百合子女史なら可なりと思ふ（今）
特に區別するの要なし（茂輔）
本當によきものは書けまい、ある程度のものだらう（六朗）
最も女らしさを持つた作家に書ける（穀）
男より劣等なのが女だ（中村）
人による、男流作家だつて同じことではありませんか（戸川）
書ける奴は書ける、書けない奴は書けない（岡田）
書けるでせう（堀木）
書ける、ささきふさ夫人なんか書けるでせう、茂索さんが手傳へばね（野島）
書いたり書かなかつたり（武川）

◇文壇で今一番精進してゐるのは誰だらうか（出題者　木蘇）
加藤武雄君が精進してゐます（中村）

64

▌図21　同人「一題一答」（『不同調』創刊号、1925年7月）〔復刻版、国立国会図書館東京本館蔵〕

調』は、仮想敵の一つといえる『文芸春秋』を超える全方位への攻撃性と下品さを有していたようにも見える。その点で今が同人として名を連ねていることは皮肉であったのかもしれない。

　先述したように、一九二五年が文壇ゴシップの年であったとすれば、それは『不同調』が存在したということと同義とも言える。前節で確認した一九二五年一二月号でのゴシップ誌的な様相への批判に対する反応を確認すると、野島辰次は「ゴシップが若し全然姿を消してしまつたなら、（中略）味気ないものになりはしないだらうか」としつつ「不同調」欄や「文芸春秋」欄を「ゴシップ扱ひする」ことを誤っているとして「明かに主張であり、時に攻撃であり、要するに短い評論と考ふべき」[15]と認識の変更を迫り、中村武羅夫は「毒の多いことも分つて居るし、少しく下品に堕して居はしないかといふやうな懸念をする部分が、ないこともないことは、認めても居る」などと指摘を認めつつ「今のところ「不同調」を、閑文字をつらねた風流雑誌にする必要も認めないし、強ひて毒舌や、ゴシツプから超然とした、「イギリス風の紳士」的雑誌にしようとも思はない」[16]と『文芸時代』をあてつけるかのように開き直っている。いずれにせよ自重するつもりのないことは翌一九二六年一月号で【図22】のように「ゴシツプ及び統計募集のこと」という形で「一般の読者諸氏」にもゴシップ等の提供を呼び掛けていることからも明らかであろう。ここに来て『不同調』はゴシップ誌として自己規定するに至っている。

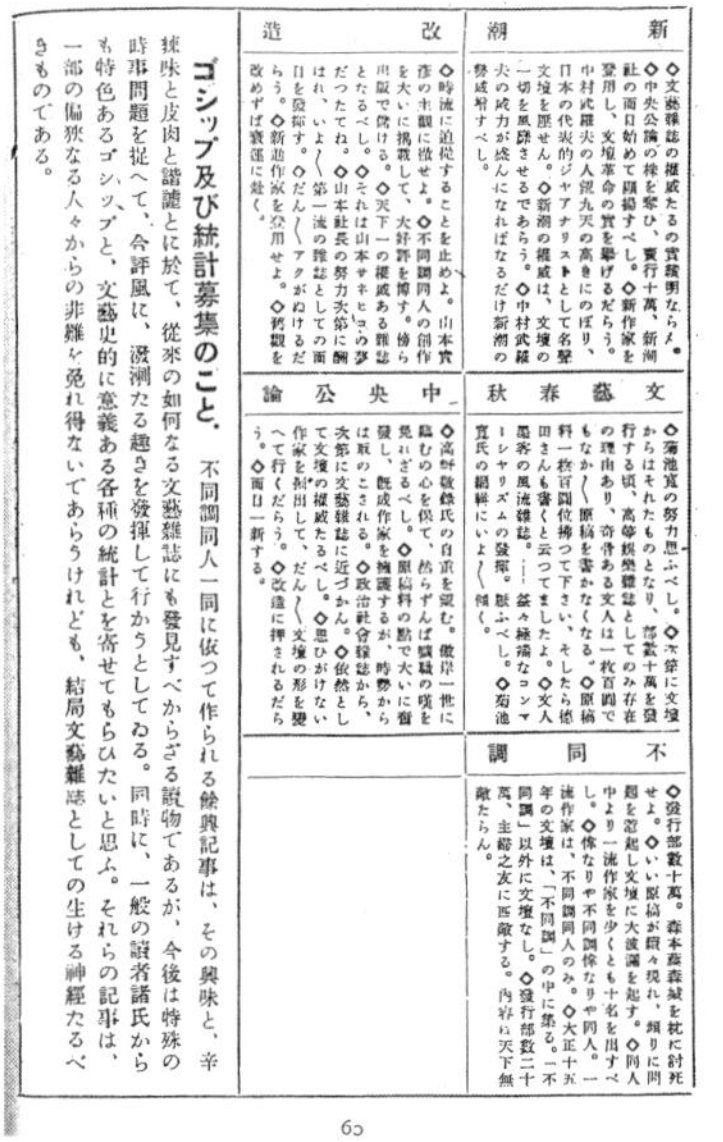

新潮

◇文藝雜誌の權威たるの實證明ならん。◇中央公論の梓を奪ひ、賣行十萬、新潮社の面目始めて顯揚すべし。◇新作家を登用し、文壇革命の實を擧げるだらう。◇中村武羅夫の人氣九天の高きにのぼり、日本の代表的ジャアナリストとして名聲文壇を壓せん。◇新潮の權威は、文壇の一切を風靡させるであらう。◇中村武羅夫の威力が盛んになればなるだけ新潮の勢威増すべし。

改造

◇時流に追從することを止めよ。山本實彥の主觀に徹せよ。◇不同調同人の創作を大いに掲載して、大好評を博す。傍ら出版で儲ける。◇天下一の權威ある雜誌となるべし。◇それは山本サネヒコの夢だつたてね。◇山本社長の努力次第に酬はれ、いよ〳〵第一流の雜誌としての面目を發揮す。◇だん〳〵アクがぬけるだらう。◇新進作家を登用せよ。◇舊觀を改めずば衰運に赴く。

文藝春秋

◇菊池寬の努力思ふべし。◇次第に文壇からはそれたものとなり、部數十萬を發行する頃、高等娯樂雜誌としてのみ存在の理由あり、奇骨ある文人は一枚百圓でもなか〳〵原稿を書かなくなる。◇原稿料一枚百圓位捧つて下さい、そしたら德田さんも書くと云つてましたよ。◇文人墨客の風流雜誌。――益々極端なコンマーシャリズムの發揮。厭ふべし。◇菊池寬氏の[illegible]にいよ〳〵傾く。

中央公論

◇高野敬録氏の自重を望む。傲岸一世に臨むの心を保て、然らずんば曠職の嘆を免れざるべし。◇原稿料の點で大いに奮發し、既成作家を擁護するが、時勢からは取のこされる。◇政治社會雜誌から、次第に文藝雜誌に近づかん。◇依然として文壇の權威たるべし。◇思ひがけない作家を拔出して、だん〳〵文壇の形を變へて行くだらう。◇改造に押されるだらう。◇面目一新する。

不同調

◇發行部數十萬。森本森城を枕に討死せよ。◇いい原稿が續々現れ、頻りに問題を惹起し文壇に大波瀾を起す。◇同人中より一流作家を少くとも十名を出すべし。◇偉なりや不同調偉なりや同人。◇一流作家は、不同調同人のみ。◇大正十五年の文壇は、「不同調」の中に集る。◇「不同調」以外に文壇なし。◇發行部數二十萬、主婦之友に匹敵する。內容は天下無敵たらん。

ゴシップ及び統計募集のこと。 不同調同人一同に依つて作られる餘興記事は、その興味と、辛辣味と皮肉と諧謔とに於て、從來の如何なる文藝雜誌にも發見すべからざる讀物であるが、今後は特殊の時事問題を捉へて、合評風に、潑溂たる趣きを發揮して行かうとしてゐる。同時に、一般の讀者諸氏からも特色あるゴシップと、文藝史的に意義ある各種の統計とを寄せてもらひたいと思ふ。それらの記事は、一部の偏狹なる人々からの非難を免れ得ないであらうけれども、結局文藝雜誌としての生ける神經たるべきものである。

65

図22 「ゴシツプ及び統計募集のこと」(『不同調』1926年1月)〔復刻版、国立国会図書館東京本館蔵〕

ここまで見てきた両誌の特性もまた、『サンデー毎日』の文壇ゴシップ欄などをも賑わせていくことだろう。例えば『サンデー毎日』一九二七(昭和二)年六月一九日号の「文壇近頃の事」には「文藝春秋の一派が小利口らしくちつとも酒を飲まぬのに反して、不同調の同人は豪傑らしく酒を飲む。球を突いてコーヒーを飲む横光利一、川端康成、池谷信三郎、片岡鉄兵。酒をあふつて喧嘩を売る岡田三郎、藤森淳三、尾崎士郎、武川重太郎。これは面白い対照だ」という記述がみられる。仲間内で「球を突いてコーヒーを飲む」者たちと「酒をあふつて喧嘩を売る」者たちの対比は、ここまで見てきた『文芸時代』と『不同調』の誌風と重なっており、このようなイメージが文壇外にまで広がっていた証左ともなるだろう。次節では、『文芸時代』の創刊(一九二四(大正一三)年一〇月)から廃刊(一九二六(昭和二)年五月)までの頃の『サンデー毎日』上での『文芸時代』同人を中心に確認していく。

【4】……『サンデー毎日』文壇ゴシップ欄での『文芸時代』同人

前節で取り上げた文壇ゴシップは同人誌の性格上書き手もその渦中にいて、時には喧嘩まがいの攻撃性を備えることもあったが、勿論文壇ゴシップはそのようなものだけではない。『文芸春秋』『新潮』のような文芸誌や

『文芸時代』『不同調』などの同人誌は書き手が同時にいつでもゴシップの対象になりえたし、『文芸時代』創刊をめぐるゴシップの例として先に引用した『読売新聞』は旅程や転居の情報までも含む作家の詳細な消息を報じる「よみうり抄[17]」を擁する文芸面の充実した新聞であった。しかし、『サンデー毎日』は文芸がバラエティーに富んだ誌面のひとつのコンテンツに過ぎず、対象とする読者もより広い週刊誌であり、そのような場では様相が異なるのは当然である。『文芸時代』が創刊した頃の『サンデー毎日』の文壇ゴシップ欄「文壇近頃の事」では、一九二四年九月二一日号で「文芸春秋の出店みたいな」『文芸時代』が近く創刊することに触れ、一〇月一九日号には「彼等は、しかしこの頃は、自分達が決して菊池寛に叛旗を翻すものではないといふ事を明かにする事にかゝり切つてゐる」とあるが、いずれも文壇の動向を第三者的に報告している程度である。むしろ、一九二五年三月一日号での「(佐々木味津三の痔病手術のトピックを受けて：三浦注)その味津三で思ひ出したが、つい先頃の事、『佐々木美津三』といふやうな曖昧な名刺を持つた青年が、大阪の某新聞社へ原稿を売りつけに行つて、一撃の下に追つ払はれた喜劇がある」や六月七日号での「わかれ話から、ついでにいふが、これは漸く最近結婚生活の成立した佐々木茂索と大橋房子。／『あなたが、もし私のいふ事をきかないやうな事があれば、私はいつでも別れてこの家を出る』／と房子夫人、なか〳〵の権幕で、例の『チヤメのメチヤ』振を発揮してゐるさうである」といった記事など、作家のプライベートが小話風に語られることが『文芸時代』同人に限らず多い。いわゆる「文学的営為」でもなく醜聞でもない作家個人の人間性を垣間見せるエピソードが好まれているようにも見える。

章末【表2】は『文芸時代』創刊の前の月から廃刊の翌月までの期間に『サンデー毎日』の「文芸面」で話題に挙げられた同人とその記事の内容を簡略化して整理したものである。この程度のものから言えることは限られるが、まず注目したいのは一九二四年一〇月一九日号の尾関岩二「源平に分かる丶文壇二党の人々　「文芸戦線」派とこれに対する「文芸時代」派」である。前節最後に取り上げた『不同調』同人との対比は『文芸時代』廃刊翌月のもので、創刊当初の比較対象は『文芸時代』の少し前の一九二四（大正一三）年六月に創刊され、同じ「文芸」という語を雑誌名に含む『文芸戦線』であった[18]。この記事の小見出しは「「文芸戦線」と「文芸時代」との対立」「佐々木味津三に対する前田河広一郎」「横光利一に対する金子洋文」「加宮貴一に対する中西伊之助」「その他の「文芸時代」派」「その他の「文芸戦線」派」となっていて、記事中にはそれぞれの雑誌が『種蒔く人』『文芸春秋』の流れを引いていることを押さえつつ、「「文芸時代」は川端康成、片岡鉄兵の二氏によつて編輯されてはゐるが、その中堅と頼むべき作家は佐々木味津三、横光利一、加宮貴一の三氏」などと述べられていて、同様に選定された『文芸戦線』同人の三名とそれぞれが比較されている。このような文学者たちのポジショニングの感覚は前節のように当事者同士を追っていても見えにくく、金子洋文が当然のように『文芸戦線』の側であることや、川端・片岡・今・中河らが「その他」の格下であることが当時の認識であったことなどを如実に見せてくれている。

格の問題で言えば、そもそも創刊当初の同人たちは「文壇近頃の事」で触れられること自体が少ない。川端や片岡は一九二四年九月二一日号で『文芸時代』の近日中の創刊を告げる中で編集担当として登場する程度だし、今などは同年一二月一四日号や翌一九二五年六月七日号などで菊池寛との関係悪化の文脈で触れられるぐらいである。『文芸時代』の創刊から半年ぐらいの期間で文学者個人のプライベートにも言及されるのは「格上」の佐々木味津三の先に見たような痔疾のこと（一九二五年三月一日号、三月二九日号）や大橋房子と結婚した佐佐木茂索（記事によって「佐佐木」「佐々木」の表記の揺れがあるが【表2】では記事の表記に従った）がこちらも先に見たように房子とセットで言及される（一九二五年四月一九日号、六月七日号ほか）ぐらいである。

その後一九二五年六月二一日号で中河が「中河与一このほど女児を産む。これで三人目である。創作の筆は中々に進まないが、子供ばかりはよく産む」と、九月二七日号で川端が「今年の二月に湯ヶ島へ行つたきり、東京へ出てこない川端康成は、毎日々々何をしてゐるのだらうかといふのが問題になつてゐる。巷説伝へられるところによると、大作にとりかかつてゐるとか、フラウが出来たともいふ話しだが、事実はさうでなくて、球ばかりついてゐるのだ、おかげで近頃は五十つくやうになつたので、客が来るとすぐ球つきに誘ひだし鼻息が中々荒いさうだ。川端にしては、近来の傑作」などとイジられたりはしているが、本格的にパーソナルな部分でゴシップの対象となってくるのは『文芸時代』の創刊から一年がたった一九二五年の一〇月以降に見える。例えば一〇月一一日号では中河の妻幹子が男性の好みを聞かれた際に「『我つま中河与一のやうな男性を愛する』と答へて編輯者をギヤツといはせた」という話題があり、また横光と今の妻が二人とも病気をしていてその看護に尽くす彼らを「涙ぐましい情景」と伝えるなど、同人たちの家庭の事情に深入りするようなものも見られるようになってくる。**章末【表3】**は一九二四年から一九二七年までの『文芸時代』同人による『サンデー毎日』上での執筆物を整理したものである。本章ではそれぞれの創作物には触れないが（第2部第3章参照）、ジャンルやタイトルに注目すると、その一九二五年一〇月から同人の執筆ジャンルが創作や小説から文壇の話題も含む身辺雑記的な記事へと変化していることがわかる。

　創刊から一年ほどたいして文壇ゴシップの題材とならなかったということは、前節で確認したような両誌の同人たちが喧々囂々するような熱量ほどには、ファンクラブ誌的に『文芸時代』を手に取るような文学愛好者以外には認識されていなかったことが見て取れる。知名度の上昇は文芸誌ではない場で目にするようになるかどうかなのであろう。一九二五年一〇月ごろまでに『サンデー毎日』を含む様々な場で名前が反復されたことが推測できそうである。しかし、こと『サンデー毎日』の誌面からそう結論付けることは簡単ではない。実はこの一九二五年一〇月は先述した文学者に丸い傍点を付す書式が始まった時でもある。つまり「文芸面」の編集方針の転換点のひとつであった。『サンデー毎日』と大衆文芸との関わりでしばしば言及される転換点としては『大阪毎日新聞』『東京日日新聞』の編集局に学芸部が復活して千葉亀雄が学芸部長に就任する一九二六年六月[19]があるが、それより以前の転換点が誌面からは見受けられる。このタイミングで『文芸時代』同人は『サンデー毎日』の「文芸面」から単なる文壇の動向におけるプレイヤーではなく、その人となりや交遊関係にも興味を持たれる対象となり、その交遊関係を書くことを依頼しようと思わせる存在に「格上げ」されたようにもうつる。

この転換点以後『文芸時代』同人に限らず目をひくのは、金子洋文「文壇将棋巡礼」（一九二五年一〇月二五日号）、佐佐木茂索「将棋・竹骨牌・競馬」、相田隆太郎「文壇囲碁無駄話」（ともに同年一二月一三日号）、南部修太郎「文壇球突物語」（一九二六年二月二八日号）、川崎備寛「麻雀一夕話」（同年六月二〇日）など文学者の娯楽に関する記事で、それぞれで『文芸時代』同人も誰かしら言及されている。もちろんこれは「文壇近頃の事」にも波及していて、例えば一九二六年二月二一日号では「この間、文士の撞球の持ち数について抗議やらお礼やらが大分あつた。そこで一通り各個人について聞いてあるいて正確なところを再報告に及ぶ」と読者の要請に応えて撞球のハンディキャップを聞いて歩いて報告している。また四月四日号では加宮貴一が「文壇近頃の話題」というレギュラー欄と近似したタイトルの文章を寄せているが、「もう満一年ほどになる。神田で「文芸時代」の同人会を開いた夜の帰途、岸田国士、中河与一、私などの発議で十人近い一隊が突然ぞろぞろとある撞球場へ雪崩れ込んだ事があつた」などと、まだゴシップ欄の話題にならなかった頃の同人たちの様子を少し詳しく回想したうえで「川端、石浜、横光、南などが急に撞球に熱心になり初めたのは、正直のところその夜が病みつきなのである」と当時の出来事を目下話題の中心となっていることと結びつけて事後的にゴシップの話題たらしめ、結果的に現在の同人たちの存在感を強めている。同人による身辺雑記の増加により交流のある同人たちの名前が幾度も反復され、それにより彼らの登場回数が増加していくのである。それは一九二六年一月二四日号や二月一四日号の「文壇近頃の事」で言及されていた佐佐木茂索・房子夫妻が赤倉へスキーに出かけたという話題が三月二一日号の片岡鉄兵「赤倉　スキー旅日記」で他の文学者も参加した旅行であったとその全貌が判明するような偶然性を帯びた伏線回収のような事態でも同様であろう。

さて、前節の最後で見たような『文芸時代』と『不同調』の対比的構図は、一九二五年の最後の号である一二月二七日号においてその一年を振り返る「ウシの一年」の一項目である尾関岩二「文壇　大作家も大作品も出なかつた　新感覚派から新人生派へ」で「今年の前半年はほとんど新感覚派で埋められたかのような感じがした。すべての人が新感覚派を是非した。しかしそれも片岡鉄兵が新潮会の合評会で、破れてからは新感覚派はまた問題ではなくなつた。／新感覚派が没落するころから、新人生派の主張が文壇にあらはれて来た」と『文芸時代』の没落が宣言されながらも、「文壇近頃の事」などではむしろ翌一九二六年以後のほうが話題に上っている。同年二月二一日号では『不同調』同人の結束の乱れと『文芸時代』同人の結束の堅さが対比されていて、さらに、先に見た「球を突いてコーヒーを飲む」と「酒をあふつて喧嘩を売る」との対比は翌一九二七年六月一九日で『文芸時代』廃刊の後であった。長期にわたって同様のネタが反復されていることが見て取れる。

文壇ゴシップのプラットフォームとしては、「文壇近頃の事」「文壇楽屋咄」のような文壇ゴシップ欄とともに文壇漫画の存在を忘れてはならないだろう。この時期の『サンデー毎日』で目立つ書き手として堤寒三を挙げることが出来るが、堤もまたたびたびこのネタを採用している。

堤寒三「文壇詰将棋新題」（一九二六年一〇月一〇日号、**【図23】**）は新聞や週刊誌にとっての重要コンテンツの一つである将棋とのコラボとも言える文壇漫画で、詰将棋を囲んで上部にだいぶカリカチュアライズされた菊池寛が着物のガラとなっている「王将」の文字とともに鎮座し、右に「飛将」とされる中村武羅夫が、左に「角将」とされる佐藤春夫が描かれる。堤はこの時期菊池をめぐる対立構造をしばしば採用している。例えば同年一〇月二四日号の「文壇漫画　文壇運動会」**【図24】**は文壇を運動会会場に見立て、そこでの作家たちの行動を描くこ

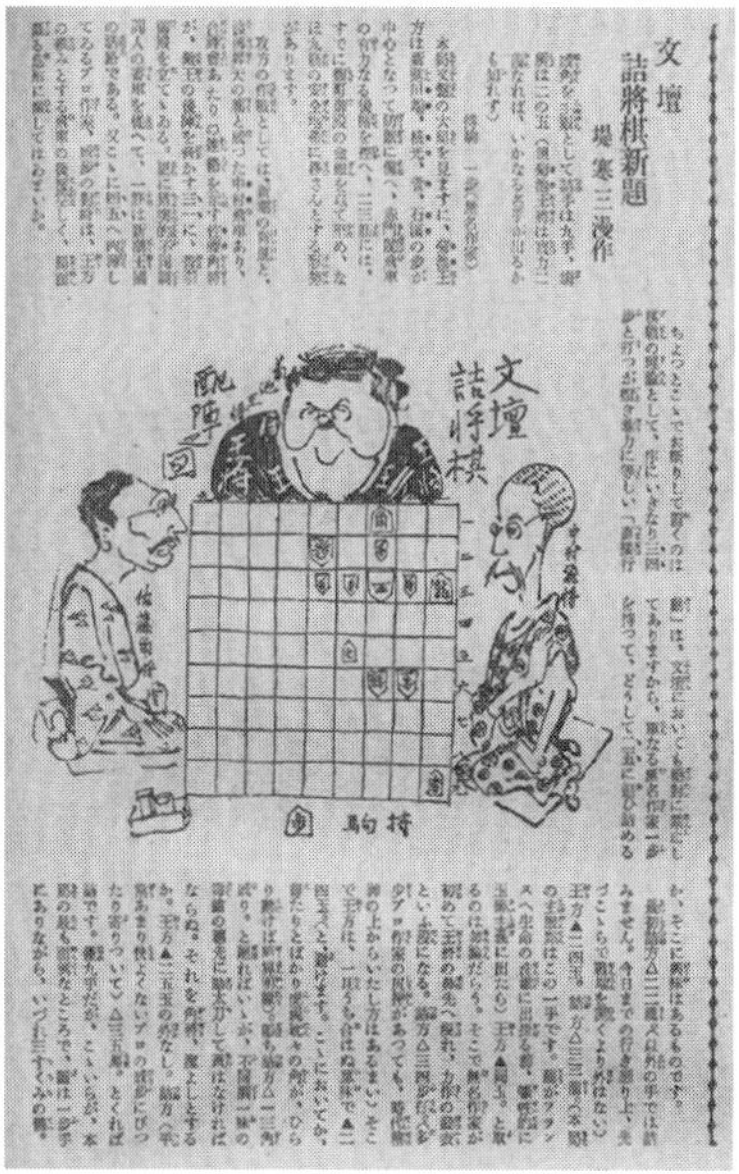

図23　堤寒三「文壇詰将棋新題」(『サンデー毎日』1926年10月10日号)〔大阪公立大学杉本図書館蔵〕

図24　堤寒三「文壇漫画　文壇運動会」(『サンデー毎日』1926年10月24日号)〔大阪公立大学杉本図書館蔵〕

とによってそれぞれのイメージを表現したもので、例えば上の方で「ゴルフ帰り」の久米正雄と片岡鉄兵が遠くから眺めていたり、芥川竜之介が担架で運ばれていたり、準備運動しているように見える横光利一が「ブヨハドコニデモイルナ?」とつぶやいていたり、といった様子である。この手の大きな画角で文壇を何かに見立てる漫画は堤に限らずよく見られ、例えば少し前の八月二九日号の堤寒三「文壇漫画」では「文壇時流二百十日頃」として嵐の中の街の様子に文壇をなぞらえている。その運動会の中で右下寄りの「入場料金審議所」(**【図25】**は拡大したもの)では、「佐藤(春夫)秩序係」が「イヤ、コレヲ無名作家ニ多ク分配シテミタイト言フンダ」と、「菊池(寛)企画係」が「君ノ分カラ減シテ見ロ　ソシタラ俺ダッテ少ナク取ツテモイヽ」と言い争っているように描かれている。ここで二人が言い争っている原稿料の配分に関してはこの時期

図25　24に同じ

話題になっていて、例えば「文壇詰将棋新題」と同じ号の「文壇近頃の事」では「一体近頃稿料が多過ぎるなんて我まゝをいひ出した佐藤春夫氏にしても、この前「文芸春秋」へ評判になつた「江戸城総攻め」を書いて、菊池寛氏へ稿料が多過ぎるといつて半分返した真山青果氏にしても、（中略）原稿料その他の金銭上のことで潔癖的な人は、ほとんど文学が好きで文壇が大嫌ひな人達であるらしい」などの記述がみられる。また、ここで菊池の右後ろに川端康成がセコンドのように配置されていることも興味深い。文壇漫画は登場人物たちの行動や配置で文壇での様々なイメージを可視化する試みであるとも言えそうだが、その時詰将棋という題材は対決の構図としてはわかりやすい。ここには次のような文章が付されている。

　本局文盤の対局を見ますに、菊池王方は新進川端、横光、菅、石濱の歩が中心となつて防御に備へ、赤門閥飛車の有力なる後楯を控へ、二三筋には、すでに麹町御殿の金銀を以て堅め、なほ九筋の安全地帯に移さんとする形勢があります。

　攻方の作戦としては、新潮の背景と、渡仏昇天の竜と成つた中村飛車あり、合評会あたりの連絡を示す佐藤角将が、敵王の後陣を脅かす三一に、音羽御殿を立てゝゐる。更に猪突的不同調同人の香車を従へて、一筋は新潮王国の活路である。又こゝに四五へ肉薄してゐるプロ作家、成歩の対峙は、王方の頼みとする飛車の後援空しく、局面頗る危殆に瀕してはゐまいか。

作家や建物を駒に喩えているが（【図26】は喩えられたものを書き込んだもの）、『文芸時代』（あるいは『文芸春秋』）同人を最弱で使い勝手の良い「歩」としたり、『不同調』同人を直線的に前にしか進めない「香車」とするなど、喩えられたものの〈格〉や〈性質〉を表象していて、そこには菊池対中村・佐藤（『文芸春秋』対『新潮』系）という構図も含め文壇ゴシップの要素が盛り込まれている。これは、「3」で確認したような当事者とは異なる者からは、『文芸春秋』と『新潮』の対立に『文芸時代』と『不同調』の同人がそれぞれ補佐しているという構図で把握されていたということで、勿論、実際はそれぞれに跨って書く者も多く、名指しされた当人が反論を掲載させてもらうようなこともしばしば見られるためそんなに単純ではないのだが、少なくとも外側からはそう見られていたということになるだろう。同時にこの詰将棋は実際に九手で詰むという遊戯性（但し、解説されている手順以外の詰みもある模様）も兼ね備えている。

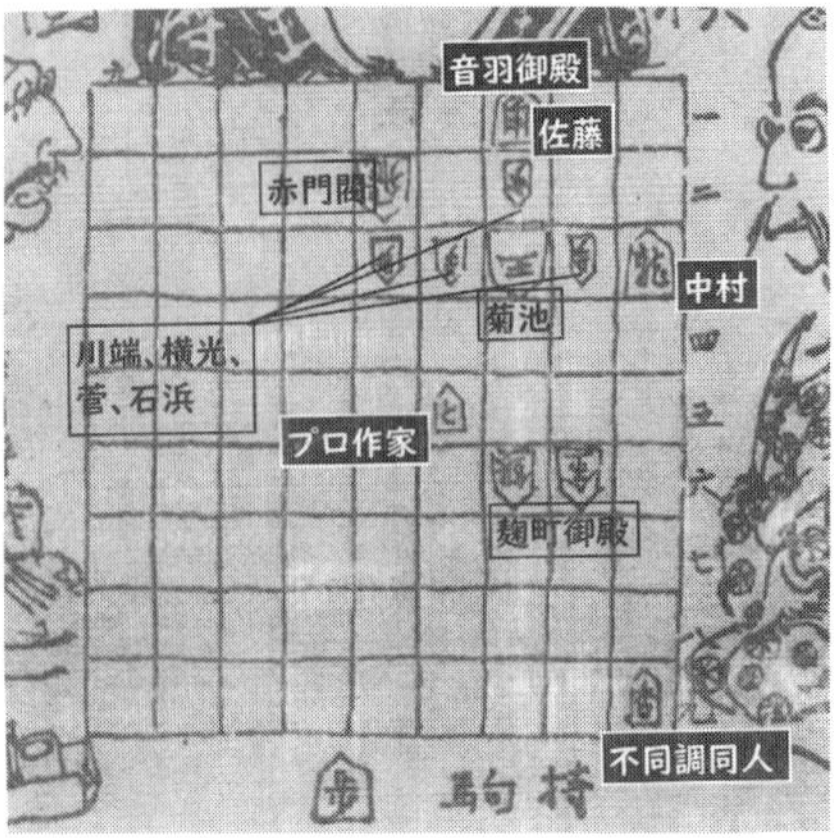

図26　23に同じ

翌年の一九二七（昭和二）年四月二四日号の堤寒二の「文壇漫画」も興味深い。この漫画は「今東光氏七態」として八コマにわたって今の様々な特徴を戯画化したものである。それぞれのコマのキャプションは、一段目右「今東光氏七態」左「舎弟ニ剣劇指南」、二段目右「愛妻愛撫」左「階級文学退治」、三段目右「東洋ノ学問精通」左「映画脚本提供」、四段目右「三分ノ侠気」左「ロイドヂヨージ　ムツソリニ　崇拝々々」となっていて、今の様々な面を表現している。この漫画が興味深いのは【図27】を見ればわかるようにその周りを今東光「日本近代文学に対する感想」が

日本近代文藝に對する感想
今　東光

▌図27　『サンデー毎日』1927年4月24日号の「文芸面」〔大阪公立大学杉本図書館蔵〕

囲んでいる点であろう。今の文章と今を話題にした漫画が同居することにより「しかしながら文学とは常に余裕から、もしくは余裕のあるところから生れて来るものだ。何故ならプロレタリア文学者といへども、意識の上においては、様々と調法なことをいつてはゐるもの丶、彼等の特殊な余裕が、矢張り彼等の文学を作成せしめてゐるではないか。（中略）／同時にいつ、いかなる場合と事情とを問はず支配者はインテリゲンチヤだ。レニンだつて「醒めた」といふ言葉を冠するインテリゲンチヤだ。少くとも労働者ではない」のような主張と漫画における「階級文学退治」という言葉が共鳴している。また、若干攻撃的な文章に対して、漫画から浮かび上がる文武に優れる愛妻家というイメージが意外な一面として今への好感をもたらすかもしれない。少なくとも今の執筆活動を追っているだけでは見えにくい、菊池とケンカした作家というだけではない面を見せてくれている。

　前節と本節を確認した時、例えば『不同調』に対する従来の「理論、実作ともに力弱く、主体性に欠け、結局アンチ・テーゼたるにとどまった」「同人たちの執筆も評論ならぬ雑文が多く、小説も読むべきものがない」[20]といった把握が同人や創作物への後付けのネームバリューのみを基準としていたのに過ぎないことがわかる。当時の『不同調』の存在を確認するためにさまざまなタイプの文壇ゴシップに注目することは有効であったし、そうであれば他も含め文壇史・文学史の読み替えを促すこともあるのではないか。

【5】……文壇ゴシップとしての随筆と作家像――川端康成を例に

最後に『文芸時代』の代表的な同人である川端康成を例に、文壇ゴシップや文壇ゴシップ欄が作家や作家像に作用する様相を観察したい。

新感覚派の一員として脚光を浴びた後の昭和初期の川端康成は、例えば大久保喬樹が「杉並から熱海、大森と転々としたこの時期（一九二八（昭和三）年頃：三浦注）、表向き華やかな日々の陰で、創作活動はあまり振るわなかった」[21]と述べるように、低迷期として把握されてきた。そこから、例えば大久保が「新聞掲載直後から大変な評判をよび、浅草再興の引き金となると同時に、それまで文壇内にとどまっていた川端の名を、広く一般世間にまで当代の流行作家として押し出すことになった」とし、小谷野敦が「ここで（『浅草紅団』の連載によって：三浦注）初めて川端は、一般の読書大衆に知られるようになったのである（なお「読者大衆」の間違いではない。純文学の読者は五千人程度しかいないと思われるので、一万人を超えると「読書大衆」の読物になる）[22]」と述べているように、一九二八（昭和四）年一二月から連載が開始された『浅草紅団』によって作家として安定したポジションを得たといったあたりが通説であろう。

そもそもある人物が「作家」であるということはそう簡単ではない。「新人賞」をめぐって〈作家権〉という造語をキーワードとして特集を組んだ近代文学合同研究会は、その論集の「論集を刊行するにあたって」で「この〈作家権〉は我々の造語であるが、それは決してメディアと新人作家との間で一方向的に授受される権利のみを指すものではない。この用語は、あくまで「作家」の誕生をめぐる様々な側面やその創出へのベクトルを多角的に捉えるための試みとして用いられるものであることを、了承戴きたい」[23]と述べている。「作家」の誕生をメディアが認定するという単線的なものでなく、その場に関わる様々な要素を勘案していく必要を主張した重要な提起であろう。ここでは「新人」をめぐる問題系として用語が使われているが、しかし、私たちは多くの雑誌などの「新人賞」受賞者の中に数多くのすでに埋もれてしまった名前を見てきている。この時、（ごく一部の）新人が生き残り、定着し、看板を張るまでに至る過程のダイナミズムにも同様の問題意識から捉えて行くことが出来るはずである。本節は「低迷期」とされる時期に川端の執筆が集中していて、文学以外の記事のほうが多く、読者層が小谷野のいうところの「読書大衆」にもつながるなど、様々なベクトルが交差する場である『サンデー毎日』でのこの時期の川端康成の一側面を考察してみたい。

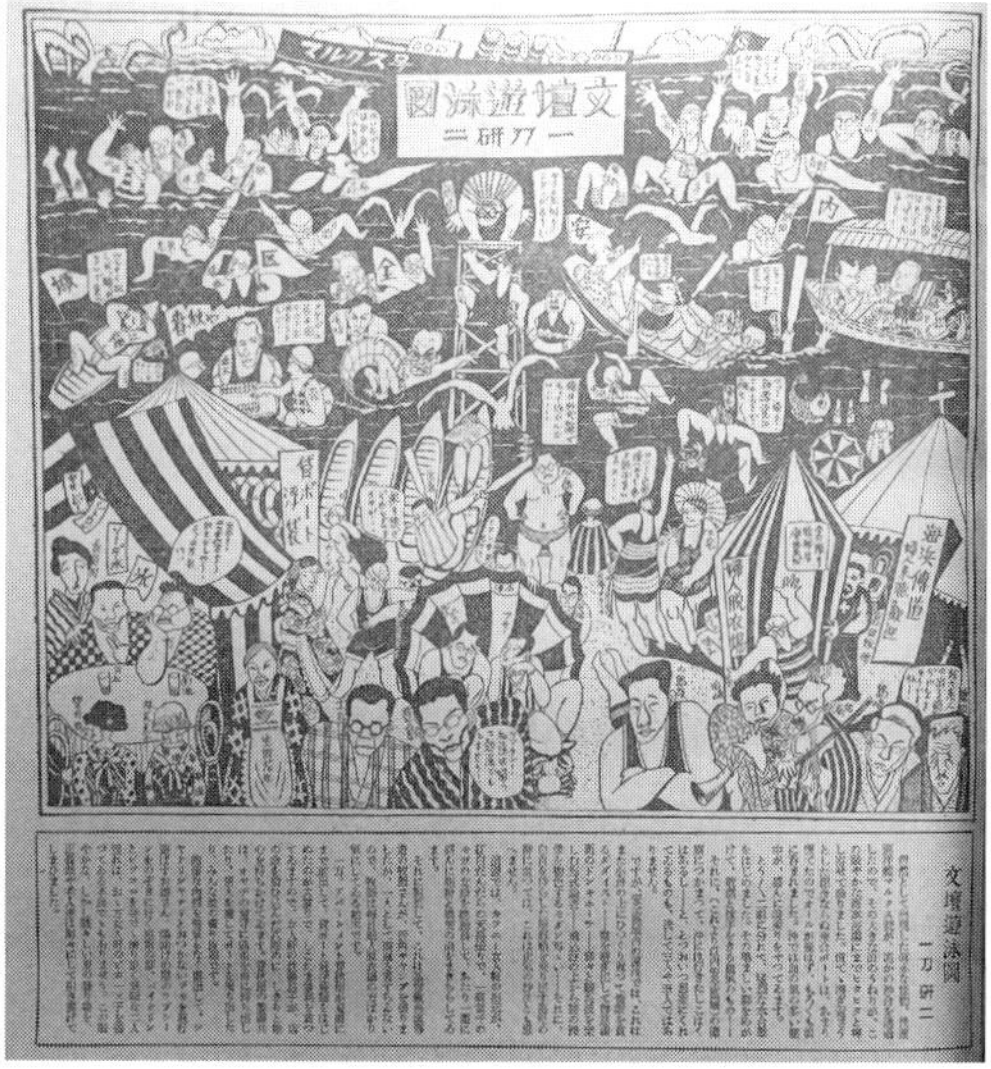

図28　一刀研二「文壇遊泳図」（『サンデー毎日』1929年7月14号）〔大阪公立大学杉本図書館蔵〕

ちなみに前節では一九二五年一〇月ごろから『文芸時代』同人への文壇ゴシップなどで言及されることが増加することを確認したが、その後の川端はそこまで順風ともいえない。例えば文壇漫画において前節で確認したように一九二六年一〇月一〇日号の堤寒三「文壇詰将棋新題」や同年一〇月二四日号の「文壇漫画　文壇運動会」ではその役割はともかく登場していたが、一九二九（昭和四）年七月一四号の一刀研二「文壇遊泳図」【図28】という海水浴場を文壇に見立てた漫画では横光、中河、片岡らは登場しているが、川端は見られない。この漫画では海に旗が付いた浮きが「内」「安」「全」「区」「域」の文字とともに手前の奥で分けられている。当然奥が危険区域なのであるが、そこにすら川端は描かれてもいない。

先の著書で大久保は「『浅草紅団』の成功を経て、川端康成は安定した作家生活に入っていく」具体例として「この時期の主要な作品としては『水晶幻想』（「改造」昭和六年一月）、『抒情歌』（「中央公論」昭和七年二月）、『禽獣』（「改造」昭和八年七月）などがあげられる」[24]と述べている。つまり作家として安定したことを、のちに評価を得る「純文学」的な小説に求めている。本節は確かに従来通り『浅草紅団』による川端のポジション上昇に関して裏付けることになる。しかし、それはイコール純文学的創作の好不調の問題とはならないであろう。

年表を確認すると（**章末【表4】**）、川端が『サンデー毎日』に初めて執筆したのは一九二六（大正一五）年七月四日号の「温泉場の事」で、一九二九（昭和四）年九月八日号の「誌上裁判　寺内大尉夫人の殉死事件」に「陪審員」として顔を見せているのを最後にひとたび途切れ、一九三一（昭和六）年まで一年以上開いていることがわかる。しかも、それ以降は小説での登場となる。ちょうどこの空白期が『浅草紅団』の執筆時期と重なるのであるが、少なくとも一時的に書かなくなったことは恐らくそのこととは無関係である。なぜなら、『浅草紅団』連載時期にも先ほど名前の挙がった『水晶幻想』を含め、小説を含む数多くの文章を発表しているからである。『浅草紅団』以前の『サンデー毎日』に寄せられた文章には文壇ゴシップ的要素を含むものが多く、しかも川端の窓口となっていたと思われる東京日日新聞文芸部の編集者沖本常吉宛の手紙[25]には金銭を無心する内容が多く残されているゆえに、「金銭のためにゴシップ的文章を書いていたが、『浅草紅団』で一定の地位を得たために書く必要がなくなった」といった物語が成立しそうである。しかし、いくつかの情報をつなぎ合わせていくと、やはりそう単純ではないようなのである。

この時期に掲載された文章の中からまず注目したいのは『文芸時代』廃刊直後の一九二七（昭和二）年六月

一五日の小説と講談号に掲載された「鹿と産婆」である。この小説自体は、金銭に苦労している作家が友人の手紙をきっかけに伊豆を訪ね、そこで噂話を聞くといった内容で、前年秋の川端の湯ヶ島滞在とも符合する私小説的な要素を含んだごく短い小説であるが、興味深いのはこの年の九月一八日号の「文壇楽屋咄」において、「文壇良妻をもつて羨望の的となる人少しとはしない。が川端康成氏がかつて本誌の夏季特別号に「鹿と産婆」を書いて、氏が夫人の名声は一時に聞えたものだ。といふのは（後略）」と言及されていることである。ここに取り上げられるということはゴシップの対象として認められていたということで、もちろんこれ以前も川端は前節で見たような文脈の中で、処女出版『川端康成短編集』上梓への祝福（一九二六年六月一三日号）、新居・新妻・新著「伊豆の踊子」など「新しづくし」（一九二七年五月一日号）、新感覚派VS不同調同人的文脈（一九二七年五月一五日号、同年六月一九日号）など、幾度か登場している。しかし小説が文壇ゴシップの元ネタとなっていること、しかも同一雑誌内であることは気にとめておくべきである。

文壇ゴシップとの距離の近さは、とくに「（随筆）」と付されて掲載された文章に顕著である。一九二八（昭和三）年二月五日号の「熱海と盗難」はそのようなものの一つで、熱海の自宅に梶井基次郎が泊まりに来ていた夜、就寝中に侵入してきた泥棒が、寝床でふと目を覚ました川端と目が合った時に「駄目ですか」と言ったことを梶井と笑いあったという有名なエピソードも含まれている随筆だが、ここで注目すべきなのはその内容ではなく「2」で確認した丸い傍点を使用した書式作法である。

「熱海と盗難」は「文壇楽屋咄」と同様に丸い傍点が使用されている。つまり「熱海と盗難」はやはり文壇ゴシップとして扱われていた随筆であった。同じく「（随筆）」と付されている同年一一月二五日号の「土地と人の印象」では、単に書式作法だけでなく、内容そのものでも「文壇楽屋咄」と相乗効果をもたらしている。「土地と人の印象」の中で、熱海の川端宅に林房雄と村山知義が訪ねてきたエピソードが「今年の三月、熱海の私の家

図29 『サンデー毎日』1928年11月25日号の「文芸面」（見開き）〔大阪公立大学杉本図書館蔵〕

へ林房雄君と村山知義君が突然やつて来た。例の共産党の大検挙の翌日だつた。若い文士の中でも「プロ芸」の中野重治君なぞが挙げられ、「前衛」の諸君も傍杖を食ふかもしれないとのことで、ちよつと身を隠しかたがた遊びに来たのだつた」と、三・一五事件翌日の様子として生々しく記述されている。一方、【図29】のように見開きで同時に目に入る「文壇楽屋咄」には岸田劉生・平林初之輔・林房雄・村山知義が飲んでいて二軒目に移る際に「岸田劉生餓鬼大将傍点ママとなつて音頭取り、一連これに和して讃美歌を合唱するさわぎ。いくら警戒線外でも折は折だ。忽ち警官の聞くところとなつてスハコソとばかりに四五人かけつけて検束にかゝる」といったエピソードが紹介されているのだが、ここで「村山、林の面々はなれたもの、スラリと身をかはしたかと思ふとうなぎの如くに逃走」と記述されている。事件は異なるものの、林・村山が「逃げる」という点で共通するエピソードが見開きの中で共鳴しているのは間違いない。しかも「土地と人の印象」では村山について「村山君が酒飲みだとはその時まで知らなかつた」と馴染みのなかったところから、二日間過ごした後には「この時ほど村山君が好きになつたことはない」と親しみを覚えた様子が記されるに至っている。逃走が「なれたもの」である村山のひととなりや川端との交流が描かれることにより、「文壇楽屋咄」と「土地と人の印象」が表裏を補完し合う記述となっている。表の印象と異なる裏の一面を垣間見ることがゴシップの一つの需要であるということに鑑みれば、まさにこれらはゴシップとして相乗効果が発揮されているといえるだろう。

　このような文章を執筆してきた川端康成の『サンデー毎日』誌上での位置付けを示しているものとして一九二九（昭和四）年九月八日号「誌上裁判　寺内大尉夫人の殉死事件」という企画ものの記事で「陪審員」として登場していることに注目してもよいであろう。野村尚吾によると、「誌上裁判」という企画は一九二九（昭和四）年に休刊に追い込まれそうになった『サンデー毎日』が「心機一転」した際の新企画の一つで「トピックを取り上げて、センセーショナルな扱いで、問題点を究明して、おおいに注視された」ということで、一九二九（昭和四）八月一一日号で第一回「「三十六人集問題」として、大谷家の処置は正しかったか？」、第二回が「カフェー撲滅すべきか」、第三回が「勝てるノラ松永秋子」、そしてここで俎上に載せる第四回とつづく。第二回には谷崎潤一郎、森戸辰男、第四回は川端とともに宮田修が登場するなど「とくに陪審員の顔ぶれが多彩で興味をそそる」とされている。[26] この第四回は、死去した寺内大尉の後を追った夫人の行動について、「被告」として山田順子、柳原燁子、渡瀬淳子、久松喜世子が考えを開陳し、「陪審員」として宮田と川端も意見を述べている。その紹介文で川端は「なほ陪審として、必ずしも思想界の新旧両面を代表する意味のみではないが、特に文壇の新鋭川端康成氏と、女子教育界の耆宿宮田修氏の出廷を煩はした」と「新旧」の「新」を代表する「文壇の新鋭」と評価されている。この年は先に確認した文壇漫画などに登場していない時期で、千葉亀雄による「新感覚派」命名から約五年経ってもいまだ「新鋭」であり続けさせられている川端康成が数多の「新鋭」から「陪審員」として選ばれた理由を特定することはもちろん不可能であるが、「殉死事件」というゴシップとの親和性が要因の一つであったことは十分考えられる。少なくとも掲載された文章からは、この時期の『サンデー毎日』において川端は『文壇ゴシップの書き手である新鋭作家』というポジションであったということは言えるであろう。

では、川端康成にとってこのポジションは否応なく巻き込まれたものだったのかというとそうでもなく、川端自身が積極的にこのポジションを利用していた節がある。そのことに加え、一九二九年に一旦執筆が見られなくなることもあわせて考えたいのだが、この際に注目したいのが編集者沖本常吉の存在である。

沖本に関しては、川端から沖本に宛てた手紙が一〇通『日本近代文学館』第一二五号（一九九二年一月）に紹介されていて、その内容は「御申越しの創作書かせていただきます」（大正一五（一九二六）年四月一〇日付）、「芝居とキネマの稿料、大急ぎでこちらへ戴けるやう」（大正一五年七月二七日付）、「サンデイ毎日の原稿を持参し稿料をいただきたいと思つてゐたのです」（昭和二（一九二七）年五月二日付）など、原稿に関するやり取り、それも金銭の無心といえるやり取りがほとんどである。その期間は、日付の判明しているものでは一九二六（大正一五）年四月一〇日から一九二九（昭和四）年九月二六日までとなっていて、川端の『浅草紅団』以前の『サンデー毎日』執筆時期と重なっている。

しかも、川端のどの文章についての手紙なのかも推測できるものが多い。例えば昭和三年九月一八日付には「こんなゴシップ風な随筆を書きましたのでお送りしてみます。お役に立てば幸甚です。／お使ひ下さるやうでしたらいつものことで汗顔ながら稿料のこと御配慮お願ひいたします」とあり、おそらくこれが「土地と人の印象」についてであることが時期と内容からわかる。また、「土地と人の印象」については約一週間後の昭和三年九月二六日付にも「あの原稿お役に立つやうでしたら、なるべく早く稿料いただきますやう」と稿料の催促をするとともに、「ああ云ふ「土地と人の印象」のもの材料残つて居ますので、もし御都合よろしければあと一二回書かせていただければ幸甚です」とアピールしている。

ここから見えてくるのは、『サンデー毎日』で執筆した随筆を川端自身が「ゴシップ風」と認識していたこと、そして稿料のためとはいえ積極的に売り込んで望んで書いていたということである。その意味で「文壇ゴシップの書き手である新鋭作家」というポジションを稿料獲得のために進んで利用していたといえる。書簡と掲載された文章を突き合わせると『サンデー毎日』と川端との窓口は沖本常吉が唯一であったと思われるのだが、沖本の履歴を見ると、『浅草紅団』以前の川端と『サンデー毎日』との関係が想像以上に属人的なものであったことが見えてくる。

野村尚吾が当時の個性的な編集者たちを紹介する中で、沖本について「篆刻の名手として知られた人で、「芥川竜之介全集」の奥付の検印に押してある「芥川竜之介」の印は、同氏が刻んだものだと、「同人雑記」で紹介している」[27]と述べているように、やはり抜きん出た特技のある編集者の一人だったようである。こののち一九三五年に郷土の津和野に戻り、以後何冊かの書籍を上梓している。例えばその一つ『幕末淫祀論叢』[28]の奥付の著者略歴には「一九〇二年島根県津和野町に生まれる。一九二四年文芸春秋社に入社。一九二六年〜一九二九年東京日日新聞社学芸部勤務。一九三五年帰郷し、民俗学・地方史の研究に当る」とあるが、注目すべきなのは東京日日新聞社学芸部に勤務していた時期と川端が『浅草紅団』以前に『サンデー毎日』に執筆していた時期が重なることであろう。しかも、その前の文芸春秋社時代のことについて『坂崎出羽守　津和野ものがたり　3』の「あとがき」に「話は大正十四年六月に遡るが、当時私は文芸春秋社といっても、東京市外雑司ヶ谷金山の菊池寛氏の自宅であるが、そこで編集手伝いの他に、菊池氏が代表者になっていた小説家協会と劇作家協会（現在合併して文芸家協会）の書記を勤め、夕方からは神田神保町の独逸語専修学校へ通っていた」[29]と勤務場所が菊池寛宅であったという証言も残している。このことからは東京日日新聞入社以前から川端と面識がなかったと言うほうが無理があるだろう。この時期の川端の『サンデー毎日』への執筆は沖本常吉という編集者との個人的な関係において行われていたと考えるのが自然であるし、一時期誌面にあらわれなくなることが沖本の退社と無関係ということはないであろう。

これらのことから勘案すれば、「読書大衆」にまで知名度があったわけではないが、新感覚派や「狂つた一頁」に関わって知られていないわけではないものの、こまめに原稿料を稼ぐ必要のあった川端と、入りたての駆け出し編集者として原稿をとってくる必要のあった沖本との、書かせてもらう／書いてもらうのバランスの中で、互いの需要が一致した、〈作家権〉をめぐる力学の交錯する場として『サンデー毎日』での一連の執筆を捉えることができるであろう。このバランスが「書いてもらう」に傾くのが『浅草紅団』ということになる。

一九二九（昭和四）年一二月の『浅草紅団』連載開始後、翌一九三〇（昭和五）年の川端テクストからいくつかのタイトルを拾い出してみても、「浅草」（『読売新聞』一月一八、二〇日）、「浅草は東京の大阪」（『大阪毎日新聞』一月二五日）、「新版浅草案内」（『改造』四月）、「浅草」（『日本地理大系』3大東京篇、四月）など、「浅草」という記号と結びつけられた作家として認知されていくことは既知のとおりである。『サンデー毎日』のライバル誌である『週刊朝日』も「真夏の盛装」（一九三〇（昭和五）年七月二〇日号）や「浅草日記」（一九三一（昭和六）年一月一六日号）などの挿絵に『浅草紅団』で川端とコンビを組んでいた太田三郎を起用している。『週刊朝日』ではこれより前の「質屋にて」（一九二九（昭和四）年一月一日新年特別号）の挿絵が国枝金三であったことを考えれば、東京朝日新聞社のつながりを利用して、人気に便乗したことは明らかであろう。

一方で恐らく沖本の退社によって執筆のなかった川端が『サンデー毎日』に再登場するのは一九三一（昭和六）

年三月一〇日春季特別号の「女を売る女」によってである。この再登場が注目されるのは、雑誌側の扱いであろう。この小説が掲載されたのは「読者の選んだ作家集」の「創作」欄で、この欄ではほかに竜胆寺雄、池田小菊、下村千秋が執筆している。誌面構成から見ても、また「編集室から」という編集後記にあたる欄で言及されていることからも、「創作」欄での執筆自体が人気の証明となっているように見受けられる。少なくとも形式的には読者に選ばれ、編集からも言及されるようになっていることに、川端の作家としてのネームバリューの高まりを明確に見ることができる。この後もいくつかの小説を寄せていることも含め、ここにはすでに「文壇ゴシップの書き手である新鋭作家」というイメージも、特定の編集者の伝手で書いているという状況もないであろう。ネームバリューのある作家に一雑誌が執筆を依頼したということであり、〈作家権〉をめぐる力学の変化は明白である。

もうひとつ確認しておきたいのは、『サンデー毎日』誌上には（少なくとも戦前には）最後の執筆となった[30]「浅草の姉妹」（一九三二（昭和七）年一一月一〇日臨時増刊新作大衆文芸号）である。【図30】のこの号の目次を見れば一目瞭然であるが、子母沢寛「新蔵兄弟」と特集号の二枚看板となっている小説で、長さもそれまでの掌編小説の延長線上のようなものとは異なる長さで、明らかに以前に寄せていたものとも、同じ号に掲載された他の作家たちの作品とも扱いが異なっている。しかも、子母沢の小説と「兄弟」「姉妹」で呼応しているように企画的な意図も見られ、宣伝効果を見込まれている様子がわかる。

子母沢は、野村尚吾によれば「子母沢が初めて『サンデー毎日』に小説を掲載したのは、社会部員だったころ」「国定忠治」が新聞に連載になったのは、昭和七年で、完結後退社して、作家として一本立ちになった[31]」ということで、おそらくまだぎりぎりで社員であったと思われる。「兄弟」「姉妹」の呼応が川端も含め編集側から求められたものなのか否かはわかりえないが、社員である子母沢が川端に合わせたと考えたほうが可能性としては高そうである。もしそうであればなおさら川端の扱いの上昇が感じられる。

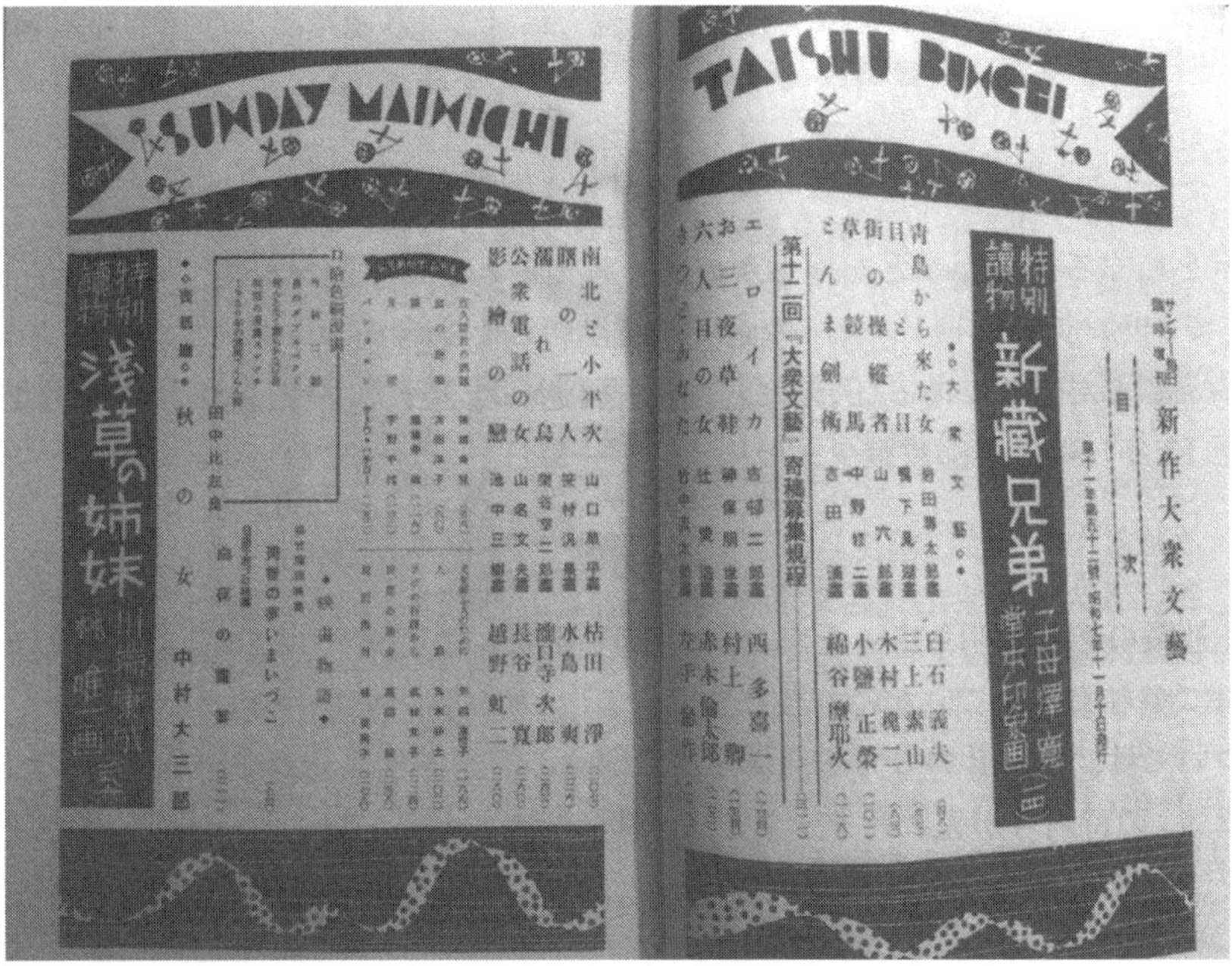

▌図 30 『サンデー毎日』1932 年 11 月 10 日臨時増刊新作大衆文芸号　目次〔大阪公立大学杉本図書館蔵〕

但し、そうであってもこの小説が「浅草の姉妹」と「浅草」の文字が入ったタイトルであることは改めて確認しておく必要がある。少なくとも「読書大衆」に対して看板作家であるためには「浅草」の記号が要請されているのである。しかもこの号はそもそも「新作大衆文芸号」と銘打たれている。恐らくここには前年に発表された「水晶幻想」も、同年に発表された「抒情歌」も関係ない。その意味で、『浅草紅団』後のポジションの上昇と生活の安定は、少なくとも初動の時点では「浅草」の記号を求める「大衆」の欲望とともにあったはずである。

本節の分析の中心となっていたのは川端によるゴシップ的随筆であったが、これが「文壇楽屋咄」のような無記名のゴシップ記事と異なり、書き手もゴシップの対象の一部である（例えば「熱海と盗難」は川端自身がネタの中心であった）という、構造的な差異を無視することはできないであろう。一方で当事者性を備えているという点では同じでも、話題としては「3」で見たような攻撃の応酬とも異なる文学者の人間性を垣間見せるものであったことも押さえておく必要がある。

このことを考慮に入れた上で自らゴシップ的な随筆を〝反復的〟に執筆することを、外側からやじ馬的に書く無記名なものと比較してみると、まず考えられるのはトピックに挙がるべき固有名との近さであろう。「熱海と盗難」のように自らがトピックの中心にいる時のみならず、「土地と人の印象」における林房雄、村山知義、「芥川竜之介氏と吉原」（一九二九（昭和四）年一月一三日号）での芥川竜之介などを直接知る存在であるということが、記名付きで反復されているのである。あの芥川竜之介の生前に付き合いがあったこと、話題のプロレタリア文学者をかくまう存在であること、そのような人々とのつながりが反復的に描かれることは、意識的であるか否かにかかわらず、川端の文壇登録者としての〝現実性〟を積み上げることになったはずである。トピックの内容と記名との二重の効果は、単に文壇ゴシップ欄に取り上げられる以上に、結果として「読書大衆」への認知度上昇に一役買っていたことは間違いない。

【6】……まとめにかえて

ここまで『サンデー毎日』の「文芸面」や『文芸時代』同人を軸として文壇ゴシップに関して色々と述べてきたが、何らかの形で一つの把握に収束させることは難しいし、すべきでもないだろう。さまざまなコンテンツが盛り込まれた『サンデー毎日』にとって文芸の話題はそのごく一部にすぎないし、読み飛ばす読者も多かったことだろう。それでも頁をめくる途中で目に入ってくるものでもあるし、見出しに興味を惹かれて少し読んでみるようなこともあったかもしれない。その意味で熱心な読者を想定してきた従来の文学史とは別の世界が見えてくることも十分ありえる。また『サンデー毎日』の雑多なものを併置する性質は、今の文章と漫画や川端の随筆と「文壇楽屋咄」のような意図通りとも偶然ともつかない出会いを生む。しかし、それをたまたま目にした熱心でない読者にとっては〝事実性〟を帯び、そのようなことの積み重ねが別の何かを形作ることもあるかもしれない。そのような点で少なくとも『サンデー毎日』の「文芸面」は編集の意図や読者の欲望や書き手の意向などには決して一元化できない、それらが複雑に錯綜する場であるとはひとまずはいえるだろう。本章はその中のごくわずかの部分から細い糸を引っ張り出したにすぎない。この場にはまだまだ多様な景色が待っているはずである。

注

1 日比嘉高『プライヴァシーの誕生　モデル小説のトラブル史』新曜社、二〇二〇年
2 岡本昌雄「たかがゴシップされどゴシップ――ゴシップという「真理」――」（『明治学院大学英米文学・英語学論叢』、二〇一一年二月）
3 相馬健作『文壇太平記』万生閣、一九二六年
4 武野藤介『文壇今昔物語――ゴシップ書いて30年――』東京ライフ社、一九五七年
5 安藤宏「解説　大正十四（一九二五）年の文学」（安藤宏編『編年体　大正文学全集　第十四巻　大正十四年』ゆまに書房、二〇〇三年）
6 亀井秀雄「解説　大正十三（一九二四）年の文学」（亀井秀雄編『編年体　大正文学全集　第十三巻　大正十三年』ゆまに書房、二〇〇三年）
7 紅野敏郎「大正期の「文芸叢書」(5)　金星堂の「随筆感想叢書」」（『日本古書通信』、一九九二年七月）
8 中山昭彦「〝作家の肖像〟の再編成――『読売新聞』を中心とする文芸ゴシップ欄、消息欄の役割――」（『文学』、一九九三年四月）
9 小田切進「解説」（小田切進編集・解題『新潮総目次・執筆者索引　マイクロ版　近代文学館1　「新潮」別冊』日本近代文学館、一九七七年）
なお、「不同調」欄の開始は小田切による略年表では一九〇九（明治四二）年一〇月号、本文では一九一六（大正五）年三月号となっている。
10 川西政明『新・日本文壇史3　昭和文壇の形成』岩波書店、二〇一〇年
11 川端康成「創刊の辞」（「新しき生活と新しい文芸――創刊の辞に代へて――」『文芸時代』、一九二四年一〇月）
12 横光利一「文芸時代と誤解」（「新しき生活と新しい文芸――創刊の辞に代へて――」『文芸時代』、一九二四年一〇月）

13　川西前掲書（注10）
14　相馬前掲書（注3）
15　野島辰次「ゴシップ停滞」（『不同調』、一九二五年一二月）
16　中村武羅夫「不同調社にて」（『不同調』、一九二五年一二月）
17　『文芸時代』創刊から廃刊までの時期の「よみうり抄」における同人の消息は宗像和重が「よみうり抄による新感覚派目録――大正13年～昭和2年――」（紅野敏郎編『新感覚派の文学世界』名著刊行会、一九八二年）にまとめている。
18　『文芸戦線』などのプロレタリア文学系の雑誌も文壇ゴシップにとって重要であるが、本章では言及する余裕のないことを断っておく。
19　野村尚吾『週刊誌五十年』毎日新聞社、一九七三年二月
20　日本近代文学会編『日本近代文学大事典』「不同調」の項（小笠原克一九七七記、引用は「日本近代文学大事典 増補改訂デジタル版（JapanKnowledge, https://japanknowledge.com, 参照二〇二三年一一月二六日）によった）
21　大久保喬樹『川端康成――美しい日本の私――』ミネルヴァ書房、二〇〇四年
22　小谷野敦『川端康成伝――双面の人』中央公論新社、二〇一三年
23　「論集を刊行するにあたって」（『近代文学合同研究会論集第1号　新人賞・可視化される〈作家権〉』二〇〇四年一二月）
24　大久保前掲書（注21）
25　沖本の手紙に関しては、後述するように『日本近代文学館』第一二五号（一九九二年一月）参照のこと。
26　野村前掲書（注19）
27　野村前掲書（注19）
28　沖本常吉『幕末淫祀論叢』マツノ書店、一九七八年
29　沖本常吉『坂崎出羽守　津和野ものがたり　3』津和野歴史シリーズ刊行会、一九七二年
30　この後川端の執筆がない理由はわかりかねるが、沖本の場合と同様に編集担当者の去就との連動などを想像することもできなくはない。本山彦一の死去を受けて会長に就任した城戸元亮が追い出された「城戸事件」（一九三三（昭和八）年一〇月）では、「城戸会長に殉じて部長、次長以下四十七名が退社し」、退社社員の名簿には長谷川海太郎（林不忘／谷譲次／牧逸馬）や梅谷松太郎（子母沢寛）の名もあったという（高木健夫『新聞小説史　昭和篇Ⅰ』国書刊行会、一九八一年）が、この時に四年ほど『サンデー毎日』を主宰していた新妻莞が退社している（ちなみに高木は林不忘の退社の要因を新妻に見ている）。学芸部の方針や空気感の変化なのか、担当編集などの問題なのかなどについて現時点で言えることはないが、偶然とも片付けがたい事件であるのは確かであろう。
31　野村前掲書（注19）

■表２　『サンデー毎日』「文芸面」で話題に挙げられた『文芸時代』同人（1924.9–27.6）

巻	号	年	月	日	頁	話題に挙がった『文芸時代』同人	記事名	記事執筆者	記事内容・備考
3	41	1924	9	21	11	片岡鉄兵、川端康成	文壇近頃の事		「文芸時代」が近く出る
3	43	1924	10	5	21	横光利一	文壇近頃の事		富ノ沢麟太郎の紹介の中で、同期として
3	46	1924	10	19	10	片岡、佐々木味津三	文壇近頃の事		「文芸時代」同人が菊池寛に反旗を翻したわけではないと盛んに主張していること／片岡が「世紀」の文芸欄を編集すること／佐々木の近著「二人の異端者」のこと
3	46	1924	10	19	22	多数	源平に分かるゝ文壇二党の人々　「文芸戦線」派とこれに対する「文芸時代」派	尾関岩二	両者の比較
3	51	1924	11	23	11	佐々木味津三	文壇近頃の事		少し前に掲載された佐々木「女性蔑視家」について
3	54	1924	12	14	10	今東光	文壇近頃の事		今が菊池にタテついた毒舌を「新潮」に書いている。
3	56	1924	12	28	10	同人全体／金子洋文	今年の文壇回顧　それは出鱈目の一年	渡辺均	抱負が抱負だけで消えてしまわないように望む
4	10	1925	3	1	10	佐々木味津三	文壇近頃の事		佐々木の痔疾の療養について／佐々木のパチモンが現れた件について
4	14	1925	3	29	10	佐々木味津三	文壇近頃の事		4月1日の「小説と講談」号の佐々木「へそ」について／佐々木の痔疾全快
4	18	1925	4	19	11	佐々木茂索	文壇近頃の事		大橋房子が佐々木茂索との「文壇的結婚」をした
4	25	1925	6	7	11	佐々木茂索、横光利一、今東光	文壇近頃の事		大橋房子と佐々木の家庭内での力関係について／菊池寛をめぐって今と横光の仲が悪化している。
4	27	1925	6	21	11	中河与一、加宮貴一、佐々木味津三、今東光	文壇近頃の事		中河女児を産む／加宮新たな商売を思いつくが立ち消え、二人目の子ができる／今が文芸時代脱退。『不同調』同人に。
4	28	1925	6	28	10	酒井真人、南幸夫	文壇近頃の事		酒井ら映画六合協会なるものを作る。／『文芸時代』が警視庁から叱られたのは、南の二つの作品が風俗を乱すかどありということ。村山知義も少々いけないとの事。
4	32	1925	7	19	11	今東光	文壇近頃の事		菊池寛と事をかまえて以降の今に関して

4	37	1925	8	23	23	同人全般、佐々木味津三	文壇近頃の事		同人、9月に松江から岡山へ講演旅行など。佐々木「通り魔」の映画化への評価。
4	38	1925	8	30	23	佐佐木茂索、佐々木味津三	文壇近頃の事		芥川の痩躯秀麗さを述べる際の比較対象としての茂索。／佐々木味津三、新日本主義を提唱。
4	39	1925	9	6	23	酒井真人	文壇近頃の事		酒井、村松正俊らと銀座のライオンで立回った
4	41	1925	9	20	23	中河与一、金子洋文	文壇近頃の事		中河幹子、与一の短歌の比較。／中河と金子のけんかについて
4	42	1925	9	27	23	今東光、中河与一、加宮貴一、酒井真人、川端康成	文壇近頃の事		今の『落城篇』に、中河・神谷・酒井のもじった登場人物がいる。／湯ヶ島に行ったっきりの川端は球ばかりをついているらしい。
4	42	1925	9	27	23	中河与一	新著評判『午前の殺人』中河与一	尾関岩二	当該書籍への書評
4	44	1925	10	4	23	加宮貴一	(写真)		加宮は料理上手、酒はいけない。ほかに菊池寛(p22)、岡田三郎。
4	45	1925	10	11	11	中河与一、横光利一、今東光	文壇近頃の事		中河夫妻の事／横光・今の妻への介護っぷりについて
4	46	1925	10	18	11	牧野信一	鴫と熊【前号のつゞき】	宇野浩二	牧野から聞いた話(ラスト)。
4	46	1925	10	18	11	佐々木茂索、今東光、川端康成、横光利一、中河与一、伊藤貴麿、十一谷義三郎	文壇近頃の事		佐々木時事新報をやめて目黒へ引っ越し。／今が神籤を引いた話／『文芸時代』の編集当番に関して
4	47	1925	10	25	11	佐々木茂索	文壇将棋巡礼	金子洋文	文壇の人達の将棋の巧拙で軽く触れられる
4	47	1925	10	25	11	岸田国士、十一谷(義三郎)	文壇近頃の事		岸田退院十一谷など慰問に。
4	49	1925	11	8	11	佐々木茂索	佐々木茂索とふさ子夫人		※写真付き 佐々木茂索は東京時事をやめて幸せを感じている
4	49	1925	11	8	10	佐々木茂索	鎌倉の秋　吉井勇氏の「墨水十二夜」に出てくる人たち	正岡蓉	正岡の友人の一人として
4	50	1925	11	15	11	加宮貴一	文壇近頃の事		菊池寛らと野球の早明戦に出かけた
4	51	1925	11	22	10	佐々木茂索	鼻のノートブツク　里見弴氏の芸境を賛美す	小島政二郎	※「感想」 佐々木茂索が『新潮』合評会で里見弴「蚊やり」擁護の陣頭に立っていたことに関して

巻	号	年	月	日	頁	話題に挙がった『文芸時代』同人	記事名	記事執筆者	記事内容・備考
4	51	1925	11	22	10	今東光、十一谷義三郎、佐々木味津三	文壇近頃の事		今東光の『痩せた花嫁』の会での羽太鋭治のふるまいについて／文化学院教師の一人としての十一谷義三郎／佐々木味津三の家庭の状況について
4	52	1925	11	29	10	川端康成、加宮貴一、石浜金作、横光利一、金子洋文	文壇近頃の事		撞球のこと
4	52	1925	11	29	10	十一谷義三郎	上京当日	片岡鉄兵	水森亀之助が十一谷『風騒ぐ』を評価していた
4	54	1925	12	13	10	金子洋文、佐佐木茂索	将棋・竹骨牌・競馬	佐佐木茂索	将棋、マージャン、競馬のこと
4	54	1925	12	13	10	今東光	文壇近頃の事		今の父武平について
4	54	1925	12	13	11	佐々木味津三、十一谷義三郎、横光利一	文壇囲碁無駄話	相田隆太郎	囲碁のこと
4	56	1925	12	27	7	片岡鉄兵、佐佐木茂索	文壇　大作家も大作品も出なかつた　新感覚派から新人生派へ	尾関岩二	※「ウシの一年」の一項目1925年の文壇における新感覚派の流行と没落に関して
5	3	1926	1	10	10	横光利一	文壇近事雑感	田山花袋	花袋が横光と活動写真の勉強をしたこと
5	3	1926	1	10	11	佐々木茂索	近頃身辺雑考活動写真賛美	佐々木味津三	味津三と茂索との間であった会話のこと
5	4	1926	1	17	11	酒井真人、菅忠雄、中河与一、鈴木彦次郎、石浜金作、横光利一	昏寒録	橋爪健	銀座で酒井・菅・菊池寛と行き会ったはなし／中河が相談役である演劇を見にいった話
5	5	1926	1	24	10	佐佐木茂索、横光利一、今東光	文壇近頃の事		佐佐木夫妻が赤倉にスキーに出かけた／横光の劇評について
5	5	1926	1	24	11	酒井真人	正月二日のこと	南幸夫	酒井が南を訪ねて来た時のこと
5	8	1926	2	14	10	佐佐木茂索、川端康成、石浜金作、菅忠雄、	文壇近頃の事		佐佐木の赤倉での出来事／湯ヶ島の川端を石浜や菅夫妻が訪ねた
5	9	1926	2	21	10	今東光、犬養健、牧野信一、(三宅幾三郎、稲垣足穂)、岸田国士、十一谷義三郎、南幸夫、石浜金作、鈴木彦次郎、金子洋文、佐佐木茂索、片岡鉄兵、加宮貴一、川端康成	文壇近頃の事		「不同調」の結束の乱れ、「文芸時代」の結束の堅さ／「文芸市場」での金子の動向／佐佐木茂索が宣伝する朝鮮五目について／撞球の持ち数について
5	10	1926	2	28	11	加宮貴一	文壇球突物語	南部修太郎	撞球について

5	13	1926	3	21	8	佐々木茂索、犬養健	文壇漫筆（近頃のいろへの問題）	斎藤竜太郎	※「感想」随筆の味を出せる若い人として佐々木、犬養の名
5	13	1926	3	21	9	横光利一、佐佐木茂索	赤倉　スキー旅日記	片岡鉄兵	赤倉のスキー旅行の日記
5	16	1926	4	4	8	岸田国士、中河与一、菅忠雄、南（幸夫）、鈴木（彦次郎、）、川端（康成）、諏訪（三郎）、横光（利一）、石浜（金作）	文壇近頃の話題	加宮貴一	１年ほど前に『文芸時代』の同人会の後に同人数人で撞球をした話
5	18	1926	4	18	8	鈴木彦次郎、川端康成、今東光、石浜金作	文壇人坐談印象記【井蛙洞漫筆】	伊福部隆輝	様々な文人と座談した際の伊福部の印象
5		1926	4	18	8	佐々木味津三	桜の春文士の評判	綿貫六助	佐々木の探偵物への期待
5	19	1926	4	25	9	金子洋文	桜の春文士の評判（続）	綿貫六助	金子の印象
5	20	1926	5	2	9	片岡鉄兵、佐佐木茂索	文壇近頃の事		文芸戦線社が文芸春秋社の隣に引っ越し、文芸春秋社もまた別に引越すなかで、片岡は？／開口次郎「母親」出版記念会のこと（佐佐木も参加）。
5	22	1926	5	16	9	佐佐木茂索、牧野信一、	文壇雑筆	川崎備寛	佐佐木、牧野は新進のなかですでに風格を備えている
5	23	1926	5	23	8	片岡鉄兵、加宮貴一、石浜金作	文壇近頃の事		片岡が文芸春秋社のあとに入って家を持つ／『文芸時代』同人の中でも特に球突に熱中する加宮、石浜
5	25	1926	6	6	8	今東光	文壇近頃の事		愛妻家である今東光について
5	26	1926	6	13	21	川端康成、今東光	文壇近頃の事		川端康成が「川端康成短篇集」を処女出版する。／『文党』の廃刊が決まったが今東光は旺盛に活動している。
5	26	1926	6	13	21	南幸夫	沸騰する麦酒	酒井真人	菊池寛宅で南と麻雀を習った
5	27	1926	6	20	9	佐佐木茂索、片岡鉄兵、菅忠雄、南幸夫	麻雀一夕話	川崎備寛	文士の新しい娯楽としての麻雀。『文芸春秋』社の麻雀会の参加者として登場。
5	27	1926	6	20	9	佐佐木茂索、今東光、牧野信一	文壇近頃の事		文学者の髪型に関して、佐佐木は「日本最初の断髪夫人房子氏の手前」涼しそう／「文党」廃刊的休刊に関する今の反応／「不同調」講演会の参加者としての佐佐木夫妻、牧野信一

巻	号	年	月	日	頁	話題に挙がった『文芸時代』同人	記事名	記事執筆者	記事内容・備考
5	28	1926	6	27	9	金子洋文、石浜金作、菅忠雄、加宮貴一、	文壇近頃の事		藤森清吉に戯曲が金子「息子」などとともに上演される／「文芸時代」合評会における石浜宛のラブレターに関する菅・加宮を含む同人たちの反応
5	30	1926	7	4	8	犬養健、片岡鉄兵	文壇近頃の事		（※目次では29号、表紙では30号）「不同調」講演会参加者としての犬養、「文芸春秋」講演参加者としての片岡
5	30	1926	7	4	9	川端康成、片岡鉄兵	文壇撞球技	朝野諄	文学者の撞球について
5	31	1926	7	11	14	横光利一、今東光	文壇近頃の事		横光の妻君子の訃報／今の夫人文子闘病のこと
5	33	1926	7	25	31	中河与一	切腹と映画	南幸夫	切腹の研究をしていることを中河に話した時の反応
5	34	1926	8	1	8	佐佐木茂索	文壇近頃の事		鎌倉の久米正雄宅で夏を過ごすために赴いた佐佐木が、「文壇鎌倉組」の野外演劇に協力させられた
5	36	1926	8	15	9	片岡鉄兵、横光利一、川端康成、金子洋文	文壇近頃の事		片岡が佐藤春夫らと「ゴシツプ速力妨害同盟」なるものを作ったこと。／片岡は横光・川端らの独身者と騒ぐはずだったが支障が出たこと／新潮合評会での金子について
5	38	1926	8	29	10	横光利一、佐々木味津三、佐佐木茂索、菅忠雄	文壇近頃の事		愛妻死去後の横光の住家が定まっていないこと／菊池寛「時の氏神」のモデルが佐々木味津三であるという噂／「新潮」合評会のあと茂索に叱られるのを心配する佐佐木房子が吉屋信子らに引き止められ朝まで麻雀をしたこと
5	38	1926	8	29	10	横光利一、菅忠雄、佐佐木茂索	逗子鎌倉の生活	川口松太郎	川口の逗子・鎌倉での文学者たちとの交流
5	38	1926	8	29	12	多数	文壇漫画	堤寒三	「文壇時流二百十日頃」文壇を二百十日頃の様子になぞらる
5	39	1926	9	5	10	今東光、菅忠雄	文壇近頃の事		「今東光」を旅館の主人が「いま」と読み間違えた／菊池寛の父の弔辞を書こうという者がいなかった時に候補の一人として挙げられた菅
5	40	1926	9	12	11	金子洋文	文壇近頃の事		「発売禁止防止同盟会」の出版法一部の改正問題で集まった委員の一人としての金子

5	41	1926	9	19	12	今東光、佐佐木茂索	文壇近頃の事		今、佐佐木が新聞に長編小説を書く
5	44	1926	10	3	15	佐々木味津三、鈴木彦次郎、中河与一、今東光、犬養健	文壇余技雑話	伊福部隆輝	文学者たちの碁、将棋、撞球、武道等について
5	45	1926	10	10	12	川端、横光、菅、石浜	文壇詰将棋新題	堤寒三	文学者などを詰将棋の駒に喩える
5	46	1926	10	17	12	佐々木茂索	文壇近頃の事		「三田文学」の文芸講演会の参加者の一人としての佐々木茂索
5	47	1926	10	24	11	多数	文壇漫画　文壇運動会	堤寒三	文壇を運動会の様子になぞらえる
5	48	1926	10	31	10	佐佐木茂索、片岡鉄兵	文壇近頃の事		「文芸春秋」主催で麻雀全国大会を開催することになり、佐佐木・片岡らも参加する
5	49	1926	11	7	12	片岡鉄兵、菅忠雄	文壇近頃の事		片岡鉄兵の結婚、その新居に菊池と訪れた菅
5	50	1926	11	14	11	岸田国士、横光利一	文壇近頃の事		菊池寛が岸田や横光も従えて新劇運動を起こして以来「文芸戦線」を背景に持つプロ派も「文芸春秋」の向こうを張って劇壇に割り込んできた。
5	51	1926	11	21	5	佐佐木茂索	文芸雑感	広津和郎	文芸春秋社の麻雀大会のレポート。優勝者である佐佐木にもたびたび言及。
5	51	1926	11	21	5	酒井真人	文壇近頃の事		※「(この項だけ渡辺均記)」 酒井の渡辺宛の手紙の一節を紹介。「何のことだか分る人には分つて面白いでせう」
6	2	1927	1	2	39	片岡鉄兵	文壇近頃の事		片岡の結婚式の様子
6	7	1927	2	6	6	岸田国士、金子洋文、加宮貴一	文壇近頃の事		文芸家協会の幹事の改選で岸田が就任、金子が留任した／加宮に三人目が生まれた ※抗議文含む(聚芳閣が六年五号の「文壇近頃の事」へ)
6	8	1927	2	13	10	横光利一	文壇近頃の事		「文芸時代」の解散で肩の荷を下ろした横光が「手帳」を創刊する
6	8	1927	2	13	11	岸田国士、佐佐木茂索、金子洋文	文壇将棋の話	鈴木氏亨	文学者たちの将棋の腕前や棋風について
6	11	1927	3	6	11	岸田国士、金子洋文	(なし)		※埋め草的記事 前年審議未了となった「著作権法改正法案」の改正運動に尽くす委員に選ばれた岸田・金子らは修正案提出のため衆議院出かけて行った。

巻	号	年	月	日	頁	話題に挙がった『文芸時代』同人	記事名	記事執筆者	記事内容・備考
6	12	1927	3	13	11	今東光	拾五人めの剣士	松本淳三	剣道に関して。今は強いだろうが負けないだろう。
6	14	1927	3	27	11	佐々木味津三、今東光、金子洋文	文壇雄弁家物語	井東憲	文学者の講演の特徴や技能について
6	17	1927	4	10	10	金子洋文	文壇近頃の事		金子がアメリカへ発ったことと、その裏事情
6	18	1927	4	17	14	片岡鉄兵、佐佐木茂索	文芸春秋社主催の新劇協会後援バザー		文芸春秋社主催の新劇協会後援バザーのレポート
6	19	1927	4	24	10	今東光	文壇漫画	堤寒三	「今東光氏七態」
6	19	1927	4	24	11	佐々木味津三	文壇近頃の事		馬場孤蝶を中心とする白鴎会の例会が開催され、佐々木が参加した際の佐々木と森下雨村とのやりとりなど
6	20	1927	5	1	11	横光利一、川端康成、片岡鉄兵	文壇近頃の事		横光が妻を迎え新居を構えた／川端も伊豆から上京し新居を構え、新妻、新著「伊豆の踊り子」と新しづくし／片岡も横光・川端のいる中央線沿線い転居
6	21	1927	5	8	12	金子（洋文？）	文壇漫画	堤寒三	「コムミユニスト連隊もこの大砲にはちよつと弱ったらしい」「テーゼ」と書かれた大砲の周りで様々な特徴を見せるプロレタリア文学系作家たち
6	22	1927	5	15	7	横光利一、川端康成、佐々木味津三、片岡鉄兵、岸田国士	文壇近頃の事		阿佐ヶ谷高円寺方面に集まった「文芸時代」の一派と馬込方面にあつまった論客の一派の対比
6	23	1927	5	29	10	岸田国士、佐佐木茂索、片岡鉄兵	文壇近頃の事		宝塚で上演された岸田「百三十二番地の貸家」が発表された当時の三宅やす子の反応／久米正雄が佐佐木夫妻や片岡などを引き連れて目黒の競馬場に出かけている
6	26	1927	6	12	10	佐佐木茂索	文壇近頃の事		佐佐木の鎌倉の家の応接室のテーブルの上に「長座無用」という標語を印した灰皿が置いてある
6	28	1927	6	19	10	横光利一、川端康成、片岡鉄兵	文壇近頃の事		文芸春秋の一派と不同調同人との人となりの比較
6	29	1927	6	26	11	菅忠雄、	文壇近頃の事		菅が臥せりがちなので滝田樗蔭の愛弟だった高野敬録が「文芸春秋」の編集を代わることになった

表3　『文芸時代』同人による『サンデー毎日』での執筆（1924–27）

①巻号	①特別号題	②発行年月日	③開始頁	④執筆者名	⑤ジャンル	⑥タイトル	⑦備考
3巻16号		1924.4.6	9	金子洋文	小説	蛇の戯れ	
3巻17号		1924.4.13	9	佐々木味津三	小説	母の上京	
3巻18号		1924.4.20	9	佐々木味津三	小説	母の上京	
3巻19号		1924.4.27	9	佐佐木茂索	小説	赴くまゝ	
3巻28号		1924.6.29	28	片岡鉄兵	小説	幼い日のために	
3巻29号	小説と講談号	1924.7.1	32	伊藤貴麿	創作	或る博士の死	
3巻29号	小説と講談号	1924.7.1	36	牧野信一	創作	渚	
3巻30号		1924.7.6	26	片岡鉄兵	小説	幼い日のために	
3巻42号		1924.9.28	11	佐佐木茂索	小説	莫迦なはなし	
3巻43号	小説と講談号	1924.10.1	8	伊藤貴麿	創作	痴女	
3巻47号		1924.10.26	27	佐々木味津三	小説	女性軽蔑家	
4巻1号	小説と講談号	1925.1.1	10	伊藤貴麿	創作	旋風	
4巻1号	小説と講談号	1925.1.1	14	横光利一	創作	馬鹿と馬鹿	
4巻1号	小説と講談号	1925.1.1	16	金子洋文	創作	櫛	
4巻7号		1925.2.8	3	加宮貴一	小説	恋文	
4巻15号	小説と講談号	1925.4.1	31	中河与一	創作	海兵挿話	
4巻15号	小説と講談号	1925.4.1	33	佐々木味津三	創作	へそ	
4巻33号		1925.7.26	26	片岡鉄兵	小説	最後の場面	
4巻38号		1925.8.30	22	佐々木味津三		猫と引越	
4巻43号	小説と講談号	1925.10.1	16	佐々木味津三	創作	奇妙な再会	
4巻43号	小説と講談号	1925.10.1	17	加宮貴一	創作	偶然と男と女	
4巻43号	小説と講談号	1925.10.1	24	金子洋文	創作	身投げ	
4巻44号		1925.10.4	23	中河与一		日記	
4巻47号		1925.10.25	10	金子洋文	文学界消息	「小さな町」	
4巻47号		1925.10.25	11	金子洋文		文壇将棋巡礼	
4巻47号		1925.10.25	11	佐々木味津三		私の生活	
4巻47号		1925.10.25	11	佐々木味津三	文学界消息	終日閑居	
4巻48号		1925.11.1	10	伊藤貴麿	感想	小説の滅亡	
4巻51号		1925.11.22	11	伊藤貴麿		私の生活	
4巻52号		1925.11.29	10	片岡鉄兵		上京当日	
4巻54号		1925.12.13	10	佐佐木茂策		将棋・竹骨牌・競馬	
4巻55号		1925.12.20	12	金子洋文		黒紋付時代	
5巻1号	小説と講談号	1926.1.1	24	南幸夫	創作	痩せた左手	
5巻3号		1926.1.10	11	佐々木味津三		近頃身辺雑考	
5巻5号		1926.1.24	11	南幸夫		正月二日のこと	
5巻13号		1926.3.21	9	片岡鉄兵		スキー旅日記	
5巻16号		1926.4.4	8	加宮貴一	文壇のページ	文壇近頃の話題	
5巻19号		1926.4.25	25	片岡鉄兵	小説	弁膜症の少年	

①巻号	①特別号題	②発行年月日	③開始頁	④執筆者名	⑤ジャンル	⑥タイトル	⑦備考
5巻20号		1926.5.2	8	金子洋文	文壇のページ	電車雑感	
5巻21号		1926.5.9	24	金子洋文	文壇のページ	電車雑感	
5巻25号		1926.6.13	21	酒井真人	文壇のページ	沸騰する麦酒	
5巻27号		1926.6.20	25	鈴木彦次郎	新進作家創作集	天衣無縫	
5巻29号	小説と講談号	1926.7.1	14	菅忠雄	創作	モダン・ガアル	
5巻29号	小説と講談号	1926.7.1	46	加宮貴一	創作	恋の猟人	
5巻30号		1926.7.4	8	伊藤貴麿	文壇のページ／随筆	三度死にかける話	
5巻30号		1926.7.4	27	川端康成	小説	温泉場の事	
5巻33号		1926.7.25	11、31	南幸夫	文壇のページ	切腹と映画	
5巻37号		1926.8.22	8	加宮貴一	文壇のページ	多武峰日記	
5巻40号		1926.9.12	10	佐々木味津三	文壇のページ	非文壇的随筆	
5巻41号		1926.9.19	10	菅忠雄	小説	此話とは	
5巻42号		1926.9.26	10	南幸夫	文壇のページ／小説	流れゆく	
5巻43号		1926.10.1	12	佐佐木茂索	創作	ピアノ	
5巻43号		1926.10.1	43	今東光	創作	比丘尼人形	
5巻53号		1926.12.5	10	佐々木味津三	文芸のページ／創作	弥次郎兵衛	
6巻2号		1927.1.2	28	佐佐木茂索		モダン・ガール評定	他に徳田秋声、三上於菟吉、鍋井克之、吉屋信子、ささきふさ
6巻4号		1927.1.16	10	片岡鉄兵	小説	我侭をいはない仲	
6巻19号		1927.4.24	10	今東光	文芸のページ	日本近代文芸感想	
6巻24号		1927.5.29	10	金子洋文	文壇のページ	悪童短編集	
6巻27号	小説と講談号	1927.6.15	24	川端康成	小説	鹿と産婆	附録に「大衆・新進文壇総まくり」
6巻27号	小説と講談号	1927.6.15	34	岸田国士	随筆と感想	旅のいざなひ	
6巻31号		1927.7.10	30	加宮貴一	小説	おちぶれた幸福	
6巻39号		1927.9.4	30	鈴木彦次郎	小説	夏日感傷図	
6巻42号		1927.9.18	30	横光利一	小説	滑稽な復習	
6巻43号		1927.9.25	5	酒井真人		指環と廿五年	
6巻46号		1927.10.16	14	菅忠雄	文芸のページ	鎌倉に住む文壇の人々	
6巻49号		1927.11.6	10	鈴木彦次郎	文壇のページ	秋のところどころ	
6巻51号		1927.11.20	11	酒井真人	文芸のページ	カフエの因果	

▌表4　川端康成・週刊誌関係年表

年	サンデー毎日	週刊朝日
1926(T15)	4.10沖本(常吉)宛、創作の執筆引き受け 7「**温泉場の事**」(7.4号)、〈狂った一頁(誌上封切)〉(7.11号) 7.27沖本宛　芝居とキネマの稿料要求	4「**春を見る近眼鏡**」(4.18号) 5〈『狂つた一頁』撮影日記〉掲載(5.30号) 10「**今日の扉**」(10.10号)
1927(S2)	4.22沖本宛　御用命の原稿 5.2沖本宛、『サンデー毎日』の原稿を持参したが留守、銀座を歩いたら疲れたのでそのまま帰る。 6「**鹿と産婆**」(「小説と講談」号、6.15) 9「文壇楽屋咄」で「鹿と産婆」がネタに(9.18号)	
1928(S3)	1.11サンデー毎日沖本宛、雑文書いたので送る。早急に稿料欲しい。泥棒に入られたせいではない。 1.27熱海より沖本宛、長くなりすまない、あたらしいもの書けず。 2〈**熱海と盗難**〉(2.5号) 3「**保護色の希望**」(3.18号) 5.29沖本宛　原稿の持ち込み(「女を殺す女」か?) 9.18沖本宛、ゴシップ風随筆書いた、頼む。 9.26沖本宛、家の者入院で困っているので頼む。ああいうものほかにもある。不要なら返却されたい。 10「**女を殺す女**」(10.14号) 11〈**土地と人の印象**〉(11.25号)	
1929(S4)	1〈**芥川龍之介氏と吉原**〉(1.13号) 8〈**仙石原―元箱根**〉(8.25号) 9〈**寺内大尉夫人の殉死事件**〉(9.8号)	1「**質屋にて**」(新年特別号、1.1)　※国枝全三絵 6〈**伊豆天城**〉(6.9号)
1930(S5)		7「**真夏の盛装**」(20日)　※太田三郎絵
1931(S6)	3「**女を売る女**」(春季特別号、3.10) 4「**舞踏靴(舞踊靴)**」(4.5号) 9「**騎士の死**」(秋季特別号、9.10)	1「**浅草日記**」(16日、浅草日記一一)　※太田三郎絵 9〈**海から帰って**〉(9.20号)
1932(S7)	7「**浅草に十日ゐた女**」(7.1号) 11「**浅草の姉妹**」(臨時増刊新作大衆文学、11.10)	
1933(S8)		4「**父となる話**」(4.2号) 10「**秋の女房**」〔→「秋風の女房」〈色鳥〉〕(10.2号)

小谷野敦、深澤晴美編『川端康成詳細年譜』(勉誠出版、2016.8)、「作品年表」(37巻本『川端康成全集　三十五巻』(新潮社、1983.2))、石川偉子「川端康成新資料について――「今日の扉」「浅草日記」および全集未収録作品一覧――」(『川端文学への視界28』2013.6)、「川端康成書簡(一)」(『日本近代文学館』第125号、1992.1.1)などにより作成。「　」は小説、〈　〉は随筆等。

第5章 薄田泣菫と『サンデー毎日』——文学場における編集者の位置

西山康一

【1】……薄田泣菫文庫の調査から

近年、文学研究の中でもメディア研究が盛んである。文学と関わりの深い新聞・雑誌等のメディアのみならず、出版文化全般を検討対象として、その置かれた状況や戦略性を浮かび上がらせる。文学が自律的に存在するという認識、あるいは作品を作者の思想や意図の反映とだけ捉える発想から解放され、むしろ政治・経済・文化等の様々なシステムやイデオロギーの絡まり合う状況の中で、文学を捉えるのが自明となった現在において、文学成立の場として新聞や雑誌ほか出版メディアの時代状況・戦略性に注目するのは、ある意味当然の帰結といえる。本書の出版もそうした機運を背景とし、またそこに一石を投じるものになることであろう。

一方、日本近代文学の学会誌『日本近代文学』ではこのところ、第一〇〇集の別冊として『近代文学研究における〈資料〉の活用』（日本近代文学会、二〇一九年五月）が出されたり、第一〇一集では「近代文学研究における〈資料〉の可能性」（同年一一月）という特集が組まれたりなど、「資料」の価値が再認識されつつある。稿者も勤務先が岡山ということで、この一〇年ほど倉敷市の薄田《すすきだ》泣菫《きゅうきん》文庫の「資料」（原稿・日記・書簡等の現物資料）を調査する機会を得、その重要性を肌で感じてきた。しかし、この資料研究と上記のメディア研究とは、現在のところ、多くの場合ほぼ別々に行われている。作品を作者による人的行為から切り離して検討する、近年の文学研究の動向を背景とした現在のメディア研究と、その人的行為こそを重視し、人為的痕跡から新たな事実・見解を提示する資料研究とは、そもそも相性が良くないのかもしれない。しかし、果して両者を接続することは不可能、あるいは誤った行為なのだろうか。メディア研究にとって資料研究に近づくことは、研究の後退を意味するのだろうか。編集者である薄田泣菫という一人の人間を両研究の接点に据えて、そうしたことについてこの場を借りて検討してみたい。

図　大阪毎日新聞社学芸部副部長の頃の薄田泣菫（大正７年５月 19 日撮影、倉敷市蔵）

まずは、薄田泣菫とその文庫の設立経緯について、簡単に紹介しておきたい。薄田泣菫は一八七七（明治一〇）年、岡山県浅口郡大江連島村（現倉敷市連島）に生まれた。明治三〇年代後半には「晩翠君去り藤村氏がかくれしこのかた泣菫、有明の二家、新体詩壇の覇者たる観ありし」（樋口龍峡「書簡一則（与謝野君《ママ》鉄幹に対へて文壇の近状を論ず）」『明星』（第二）第四号、一九〇二年四月）と、蒲原有明《かんばらありあけ》とともに詩壇の頂点に立つ者として称される。そのため、明治を代表する詩人としてのイメージが強いが、一方で彼には新聞（後述）や雑誌『小天地』の編集者としての仕事もある。特に大阪毎日新聞（以下「大毎」と略記）社では、一九一五（大正四）年には同社学芸部副部長、一九一九年には同部長を歴任。芥川龍之介・菊池寛を専属社員として獲得し、また自らもコラム「茶話」[1]を書いて人気を得るなど、大正期の同社隆盛の一翼を担う活躍を見せる。

　こうした泣菫の多面的な活動もあって、その死後、泣菫自身の肉筆資料（原稿・日記・メモ類など）のみならず、芥川龍之介や与謝野鉄幹・晶子、島村抱月ほか文学者や芸術家・知識人の書簡や原稿・写真等、総数約一七〇〇点の泣菫旧蔵資料が、遺族のもとに遺された。それらが二〇〇四年から二〇一〇年まで四度にわたり、泣菫の遺族らから泣菫の故郷倉敷市へ寄贈され、「薄田泣菫文庫」と名付けられた。詳細については、『倉敷市蔵　薄田泣菫宛書簡集』全三巻（八木書店、二〇一四年三月〜二〇一六年三月）、『薄田泣菫読本』（翰林書房、二〇一九年三月）等の研究成果を、またその調査の経緯については、庄司達也「産官学民が共同する「場」に関わって――『倉敷市蔵　薄田泣菫宛書簡集』全三巻完結」（『昭和文学研究』第七四集、二〇一七年三月）の報告を参照されたい。

　薄田泣菫文庫の調査・研究から、泣菫のみならず日本近代文学史に関わる様々な事実が浮かび上がってくるが、その中で稿者が注目するのは、編集者としての薄田泣菫の活動、さらにいえば文学場における編集者の果たす役割である。[2]それを検討するために、上記の『倉敷市蔵　薄田泣菫宛書簡集』（以下「書簡集」と略記）第一巻の解説で稿者が検討したことを、まずは簡単に紹介させてもらいたい。稿者が同書解説で取り上げたのは、広津《ひろつ》柳浪《りゅうろう》の泣菫宛書簡（一九一一（明治四四）年五月一七日付・同年六月四日付、ともに新出書簡）である。それらにより「夕霧物語」という、柳浪の年譜・先行研究でその名を確認することの出来ない柳浪作品の存在を明らかにした。当時、大阪で創刊したばかりの『帝国新聞』に、一九一一（明治四四）年七月四日〜一一月一〇日まで掲載されたこの作品は、その後歴史の中に埋没してしまったらしい。

内容的には、江戸時代に大阪新町の廓で盛名を馳せた名妓夕霧を題材とし、全編に新聞小説としての通俗的趣向を凝らした作品である（詳細は上記拙稿解説を参照されたい）。この作品を書いた頃の柳浪は、一般に「めぼしい作なく（『明治文学全集19　広津柳浪集』（筑摩書房、一九四五年五月）の年譜より）[3]、既に全盛期が過ぎ去り「柳浪の具体的な引退の幕は下ろされた」（紅野敏郎「「広津柳浪日記」（新資料）を読む」『定本広津柳浪作品集　別巻』冬夏書房、一九八二年一二月）後の時期とされる。確かに「夕霧物語」も、取り立てて良作でも、あるいは目新しいところがあるわけでもないが、この作品を通して「一般の読者に読ませるものと、研究的に読む人に見せるものとの二つ」（広津柳浪「時代の風潮と自然主義」『国民雑誌』第二巻第一三号、一九一一年一一月）をまさに使い分けて、自身の流行が過ぎ去った後の時期を、地方紙への通俗的な作品の寄稿により何とか生き延びていく、柳浪の姿が浮かび上がってくる。[4]

そして、この作品が興味深いのは、『帝国新聞』における掲載のされ方である。当初、柳浪はこの作品に自信が持てず、当時『帝国新聞』の文芸部長であった泣菫に相談し（上記書簡集中の柳浪宛五月一七日付書簡参照）、「蒼々園」という名で寄稿していた。ところが、『帝国新聞』ではそれを逆手にとる形で、この新聞小説の作者＝「東都の文壇で盛名嘖々たる某大家」を当てる懸賞イベントを企画する（「夕霧物語」第一回本文の後の懸賞募集記事より）。詳細は書簡集第一巻の拙稿解説を参照されたいが、このあざとさは、懸賞によって〈受け手〉としての読者の（限られた範囲だが）積極的な紙面参加を促し、それにより部数拡大を狙う、明治中期以降の新聞をめぐる状況を反映しているといえよう。[5]なお、この時期の『帝国新聞』では、これ以外にも「御児さま方への智慧くらべ」や「百美人投票」ほか次々に紙上イベントを繰り出しているが、それらは同紙主幹で、その「混々として尽きなかつた創意的の企画施設は、ドンなにか当時の新聞雑誌界に刺激を与へ、ドンなにか後来の記者達の参考に資したか分らぬ」（世捨人「国民新聞時代」『新聞及新聞記者』第六巻第八号、一九二六年四月）といわれる、結城礼一郎によるところが大きいと思われる。上記の作者当ての懸賞イベントは泣菫の担当であったろうが、泣菫はこの稀代のジャーナリストと一緒に仕事をする中で、編集に関していろいろと学んだに違いない（なお、泣菫と結城はこれ以前にも『国民新聞』で職場を共にしている）。

さらに、この懸賞イベントにおいて、読者参加の場として〈文学〉が紙面の中で用いられたことにも注目したい。この懸賞募集記事では「作者は誰か」を問いつつ、一方でそれが「文壇」の「某大家」であることを強調し、読者にそれを常に意識させ、掲載作品を読むことを求める。それは当時の新聞界において「文壇」という言葉がいかに価値を持ち出したか、すなわち〈文学〉が新聞社にとって投機の対象になっていたことを裏付ける。見方を換えていえば、その「文壇」あるいは〈文学〉の価値成立にこのような企画も一役買っていたこと、またそれを実行した泣菫が当時のそうした新聞界や〈文学〉をめぐる状況をよく理解していたということでもある。事実、「泣菫文集の後に」（『泣菫文集』大阪毎日新聞社、一九一六年五月）によれば、泣菫は当時京都帝国大学の教授だった上田敏を、『帝国新聞』の文芸欄担当として招聘している（その具体的なやりとりは、やはり書簡集第二巻「詩歌人篇」の上田敏書簡に窺える）。この帝大教員の招聘は、東の新聞界の雄『東京朝日新聞』が東京帝大の夏目漱石を起用し、文芸欄を創設したのならば、こちらは同じく東京帝大英文科出身で京都帝大の上田敏を――という意気込みすら見て取れるのではないだろうか。

【2】……編集者としての泣菫と初期『サンデー毎日』

さて、ここからは上記のことを踏まえつつ、泣菫の編集者としての活動と文学場との関係性を、創刊当初の『サンデー毎日』に焦点を当てて具体的に示していきたい。

泣菫は帝国新聞社を一九一一（明治四四）年に退社し、翌年大毎社に入社（正確には再入社）。上記したように学芸部長まで上り詰める。同時に、一九二二（大正一一）年に同社から出された『サンデー毎日』が、当初は学芸部預かりであったため、泣菫は『サンデー毎日』の初代編集長にもなっている。実質的な仕事は副編集長の深江彦一がやっていたようだが、[6]この二人は『帝国新聞』時代から一緒に仕事してきた間柄であり、共に大正期『大毎』の隆盛を支えた。深江の回想記では「薄田さんは私の先生」（深江彦一「古い皮袋に新しい酒」（『サンデー毎日』第三〇巻第一三号、一九五一年四月一日）より）とも語っており、二人は編集意識を共有していたと思われる。そして、この二人を中心とする学芸部が、当初『サンデー毎日』という週刊誌を編集したことは、『サンデー毎日』のみならず週刊誌や文学の歴史の中でも存外重い意味を持つように思う。

『サンデー毎日』というと、従来大衆文学との関わりばかりが強調されてきたが、創刊当初はそればかりではないことが近年の研究で明らかにされている。[7]そもそも「家庭のうちで主婦も子供もたのしんで読むことができ、同時に「社会の人」であるお父さんも読まずには過ぎれない」（『大毎』（一九二二年三月二八日朝刊）の『サンデー毎日』広告文より）ことを狙って作られた『サンデー毎日』には、創刊当初から主婦や子供をターゲットにした実用記事も多く見られる。そして、こうした主婦・子供層へのアピールは、既に『大毎』本紙において、泣菫たち学芸部が新たな購読者層を開拓するために、日曜附録ほかで手を替え品を替えやってきたことである。実際、泣菫も一九一五（大正四）年七月一一日～七年一〇月一四日まで、日曜附録で「オトギバナシ」という記事を連載している（なお、この「オトギバナシ」は新聞紙上では無署名であるが、薄田泣菫文庫に所蔵される『泣菫日記（大正七年一月）』の二五日の項を確認することで、それが泣菫によるもの（少なくとも執筆者の一人）であることがわかる[8]）。

ちなみに、当時同学芸部に属していた芥川龍之介も、『サンデー毎日』創刊号（一九二二年四月二日）に載せたのは、「小説」ではなく「オトギバナシ」と副題を付された「仙人」という作品であった。ただし、この作品については本誌創刊号のために書いたわけではなく、それ以前に『大毎』日曜附録用に書かれたものを、泣菫が取り置きしておいて創刊号にあてた可能性もある。加えていうと、日曜附録用ということで「小説」ではなくお伽噺の類の軽い「小語」をという指示が、泣菫から芥川へ前もってあった可能性もある（泣菫からそうした指示が出ることもあった事実は、全集掲載の形ではなく芥川書簡の現物資料を見ることでわかる）。[9] いずれにしろ、そこには『大毎』本紙の日曜附録等で、泣菫たち学芸部が購読者層の拡張のために実験的にやっていたことや編集意識が、やはりそのまま『サンデー毎日』に流れ込んでいることがわかる。

さらにいえば、家庭内で消費されるための一つの加工として、ある出来事や社会現象を客観的に記述するよりも、むしろそこに登場する一人物に焦点を当てて（時にキャラクターとしてデフォルメして）描き、いわば記事を〝血の通った〟ものにして読者の心をとらえようとする――週刊誌特有の「ヒューマン・インタレスト」の手法[10]が、やはり『サンデー毎日』にも窺える。が、それ自体もまた、泣菫が『大毎』本紙で、客観的な記事に対してヴァリエーションをつけるが如く、長年に亘ってコラム「茶話」でやってきたことである。[11] 加えて、『サンデー毎日』では常に誌面が盛り上がっていることをアピールするかのように、「日本五十景写真帖のための風景・風俗写真」（第一巻第一七号、一九二二年七月一六日）や「美しい婦人・可愛い子供を写した家庭人写真」（同巻第二〇号、同年八月六日）の懸賞募集、「子供の詩（童謡）」（同巻第二号、同年四月九日）や「女の生活における或る日の事」（同巻第三〇号、同年一〇月八日）等の原稿募集ほか、創刊当初から紙上企画を次々と打ち出している。興味深いことに、中には（だいぶ後の、泣菫が退職間際の休職中のことになるが）上記の泣菫が『帝国新聞』で行ったのと同様の、「小説の作者名を当てる懸賞」（『サンデー毎日』第七巻第一六号、一九二八年四月一日）といったものも見られる。[12] 大げさな言い方かもしれないが、泣菫らが『帝国新聞』の頃から培ってきたことが、編集意識における〝イズム〟のような形で、『サンデー毎日』の中にも脈々と受け継がれていることが、ここから窺えるのではないか。

そのように考えると、文学史的にも大きな意味を持つ『サンデー毎日』の特別号「小説と講談」における、その当初の形態についても、次のように捉えることも出来るのではないか――『帝国新聞』時代（またそれ以前から）、新聞における投機対象足りえる価値を「文壇」に見出し、それを踏まえて『大毎』では、従来の長編小説（講談・読物系）とともに、新たに夕刊一面で（客寄せの〝看板〟として）「文壇」作家の中・短編小説を並走させてきた。つまり、従来の固定客と新たな（文学を教養として求めるような）購読者の両方を獲得してきた、泣菫たち大毎学芸部の経験・編集意識の自ずと生み出した形が、「小説と講談」号だったといえるのではないか。実際、初期の「小説と講談」号を見れば、『大毎』本紙に掲載歴のある者（またその関係者）、特に「文壇」作家では『泣菫日記』（注8参照）や上記の泣菫宛書簡集に名前の見られる、泣菫が密に交流を持ってきた者も多く作品を載せている。一例をあげれば、最初の「小説と講談」号（一九二二年七月一〇日）に「猿」という作品を載せている中條百合子は、デビューして間もない頃から「文壇」で注目されてきた彼女の作品「三郎爺」をいち早く本紙夕刊一面に掲げ（一九一八年一月五日～一七日）、その掲載直後には上京中の泣菫が彼女を直接訪れてもいる（これについても上記『泣菫日記』で確認できる）――まさに泣菫たち大毎学芸部が期待し、自らの紙面に取り込んだ作家であった。[13]

しかし、この後、泣菫の病状（パーキンソン病）悪化もあるだろうが、一九二三（大正一二）年二月には編集長が深江に代わり、さらに一九二六年一月には大衆文芸懸賞企画を提案した北尾鐐之助に、そして同年六月には外部から招かれその企画実現に当った千葉亀雄が編集長になる。この間、『サンデー毎日』では徐々に実用記事が数を減らし、同時に誌面の中に「子供のページ」（お伽噺類もそこに入る）・「婦人のページ」といった区分け（コーナー）ができ、実用記事はそこに取り込まれていく（他にも「文芸のページ」「運動のページ」「演芸のページ」等のコーナーが併設される）。一方、「小説と講談」号では「小説」の割合よりも「講談」（大衆文芸）の割合が増え、[14]通常号においても白井喬二「新撰組」（第三巻第二三号～第四巻第二八号、一九二四年五月二五日～翌年六月二八日）をはじめとして大衆文芸を前面に押し出していく。こうした誌面の変化は、それまでの泣菫を中心とする学芸部のやり方・編集意識からの脱皮――従来の固定客は上記のそれぞれのコーナー等で何とか繋ぎ留めつつ、これまで信頼し投機し続けてきた「文壇」文学が教養としてのアウラを失いつつある時代を前に、今度は大衆文学を〝看板〟として掲げて投機していくことで、浮遊層も含めた新たな購読者を獲得していこうとする、変容するオーディエンスへの彼らなりの対応を意味するといえよう。

文学の成立する場を考えるためには、こうした編集者たちの活動や編集意識を把握しておくことが必要であろう。そのためには、活字化された編集者・作家たちの証言・回想記等だけでなく、書簡・日記・原稿類の現物資料も見ていくことが大事である。それは、以上の記述から明らかであろう。もちろん、証言・回想記のみならずこうした現物資料ですら、時に頭から信用してはいけない危険性に満ちていることも確かである。しかし、それにもかかわらず、これらのもたらす情報は現在、文学研究の中でこれまで以上に重要性を増しているように思われる。

近年、文学研究の中でも盛んに行われるメディア研究は、文学成立の場の新たな一面を確かに浮かび上がらせてきた。しかし、反面そこで実際に作品をメディアに取り上げ編成する編集者という存在――その人的活動やネットワーク、編集意識に注目すること（特にそれらをめぐる現物資料をも参照すること）は、従来比較的少なかったように思われる。様々な新聞・雑誌の紙（誌）面に表れた記事やそれをめぐる社会背景だけを分析し、当該メディアの〝戦略〟なるものを見出していく。そこに文学成立の場についての新たな知見や可能性が浮かび上がることも多々あるわけだが、時にふと何も人為的な意図や行為の確認されない場所にそれがあるかのように、すなわち〝戦略〟的な顔が存在するが如く勝手に描いているような不安を覚えることもある。混沌の顔に自分の都合のよい七孔を穿つ過ちを避けるためにも、紙（誌）面や社会背景の分析と同時に実際の編集者たちの活動・意識の検証を（現物資料をも参照しながら）、車の両輪の如くにして研究していく必要があるのではないか。

注

1 一九一五年二月二七日（『大毎』）～一九三〇年一月二六日（『サンデー毎日』）まで、『大毎』、『東京日日新聞』、『サンデー毎日』、『文芸春秋』ほかで掲載。初出未詳も多い（以上、薄田泣菫『完本　茶話』上・中・下（冨山房、一九八三年一一月～一九八四年二月）参照）。

2 むろん、同文庫の調査研究からは、詩人としての泣菫さらには日本近代詩歌史の新たな側面も浮かび上がってきている。それらについては、竹本寛秋「薄田泣菫『白羊宮』における句読点の戦略」（『西日本国語国文学』第五号、二〇一八年一〇月）あるいは上記『薄田泣菫宛書簡集』第二巻「詩歌人篇」の「解説」等を参照されたい。

3 この年譜に関しては、「率直にいって大正期以後はやや手薄の感がまぬがれないようである。柳浪が地方紙に寄稿したものはかなりあるのではないかとも想像される」（岡保生「柳浪年譜の問題二、三」『学苑』第三四九号、一九六九年一月）といった指摘もある。大正期だけでなく明治末期についても同様の指摘ができることは、この「夕霧物語」の存在が物語るところであろう。

4 この「夕霧物語」の存在は、当時の柳浪について「融通の利く質ではな」く「娯楽的な読み物」を書かなかったとする息子和郎の証言（『年月のあしおと』講談社、一九六三年八月）を相対化し、和郎の見ていなかった柳浪のもう一つの側面を提示する。その意味でも重要であろう。

5 山本武利『近代日本の新聞読者層』（法政大学出版局、一九八一年六月）等参照。

6 薄田泣菫「創刊当時のサンデー毎日」（『サンデー毎日』第一六巻第一六号、一九三七年四月一日）、深江彦一「古い皮袋に新しい酒」（同第三〇巻第一三号、一九五一年四月一日）等の証言による。

7 以下の記述は、野村尚吾『週刊誌五十年』（毎日新聞社、一九七三年二月）等の従来の研究とともに、中村克明・山川恭子「戦前の社会における週刊誌メディアの位置――『週刊朝日』と『サンデー毎日』の目録データの分析より――」（『関東学院大学文学部　紀要』第一二〇・一二一合併号下巻、二〇一〇年一二月）や、「戦前期『サンデー毎日』における女性性の機能――その身体イメージと「軍隊」との連関構造を中心に」（『近代文学合同研究会論集』第一〇号、二〇一三年二月）等の副田賢二の一連の『サンデー毎日』に関する論考、「『サンデー毎日』特別号「小説と講談」の変遷――戦前の週刊誌考」（『日本出版学会会報』第一三二号、二〇一二年二月）等の中村健の一連の同誌に関する論考ほかを参照している。

8 詳細は西山康一・荒井真理亜「倉敷市蔵薄田泣菫文庫　薄田泣菫日記（大正七年一月）翻刻・解題」（『岡大国文論稿』第四九号、二〇一九年三月）を参照されたい。なお、「オトギバナシ」は『サンデー毎日』でも継続して掲載されている。

9 前述の「仙人」のことも含めて、詳細は拙稿「新発見の封筒が持つ可能性」（『芥川龍之介研究年誌』第五号、二〇一一年七月）を参照されたい。

10　週刊誌研究会編『週刊誌　その新しい知識形態』（三一書房、一九五八年一二月）参照。なお、同書が指摘する週刊誌の特徴が、初期の『サンデー毎日』にも窺えることは注7の副田論文に指摘がある（ただし、『週刊誌　その新しい知識形態』では戦前戦後を問わず、週刊誌全体の特徴としてあげられている）。また、同書では「週刊誌のヒューマン・インタレストとは、政治問題や事件を「非政治化」して、大衆に伝達し、状況の全体像の把握を低下させ、判断力を減退させる働き」もあると、その問題点も指摘しているのは重要であろう。

11　「茶話」では政治家や経済人、学者、芸術芸能関係者ほか、あらゆる分野の著名人約一二〇〇名を取り上げ、その人物の人間味ある性格・行動を可笑しさや愛らしさとともに描く（名も無き人々も多く出てくるが）。中でも、たとえば大阪の飛田遊郭新設が新聞で問題になっている時には当時の大阪府知事大久保利武を取り上げたり（「ニック・カアタア」（『大毎』一九一六年五月三日、夕刊）、「鴉と府知事」（同、同年五月四日、夕刊））、松井須磨子が自殺した時には世に知られざる須磨子のエピソードを伝える（「あゝ須磨子」（『大毎』一九一九年一月七日、夕刊）、「須磨子の恋と芸術」（同、同年一月八～九日、夕刊））など、当時新聞で話題になっていた事件の〈裏側〉を人物の側から描く。それにより新聞記事と相補関係を築きつつ、紙面を〝血の通った〟ものにしていたといえよう。

12　ただし、作者宛の懸賞イベント自体は、泣菫の『帝国新聞』で行ったのが最初というわけではない（たとえば、尾崎紅葉『夏小袖』（春陽堂、一八九二年九月）では、書き下ろし初版本巻末に投票用紙が付され、作者名を当てる懸賞が行われている）。

13　なお、『サンデー毎日』創刊一五周年記念特別号（第一六巻第一六号、一九三七年四月一日）の特集「あの頃の思ひ出　本誌創刊十五周年に際して」に寄せられた、長谷川伸（「〝天正殺人鬼〟の頃」）や白井喬二（「自作を環りての回顧」）らの回想記を見ると、大衆文学については泣菫よりもむしろ、同編集部記者石割松太郎の手によるところが大きかったように思われる。編集サイドで担当者の分担のあったことが推測される。

14　注7の中村健論文参照。ただし、同論稿の分析対象は一九二二（大正一一）年～一九三〇（昭和五）年である。

【付記】本章は、先に『日本近代文学』（第一〇二集、二〇二〇年五月）「展望」欄に掲載された拙稿「文学場における編集者の位置――薄田泣菫文庫の調査に携わってメディア論と〈資料〉の接点を探る――」を、求めに応じ、本書に合わせて適宜改変し提出したものである。そのため、一部、論文というよりは「展望」的な書き方が残っている部分もあるが、御海容たまわれば幸いである。

『サンデー毎日』表象史　1922～1927

◆【家庭／生活】

『大阪毎日新聞』の日曜附録を原型として創刊された『サンデー毎日』は、創刊当初は「家庭雑誌」としての色彩が強く、その誌面には家族や子どもの「家庭」像、その理想的「生活」イメージが頻繁に表象されている。

※【図A～C、F～L】は大阪公立大学杉本図書館所蔵、【図D～E】は副田所蔵

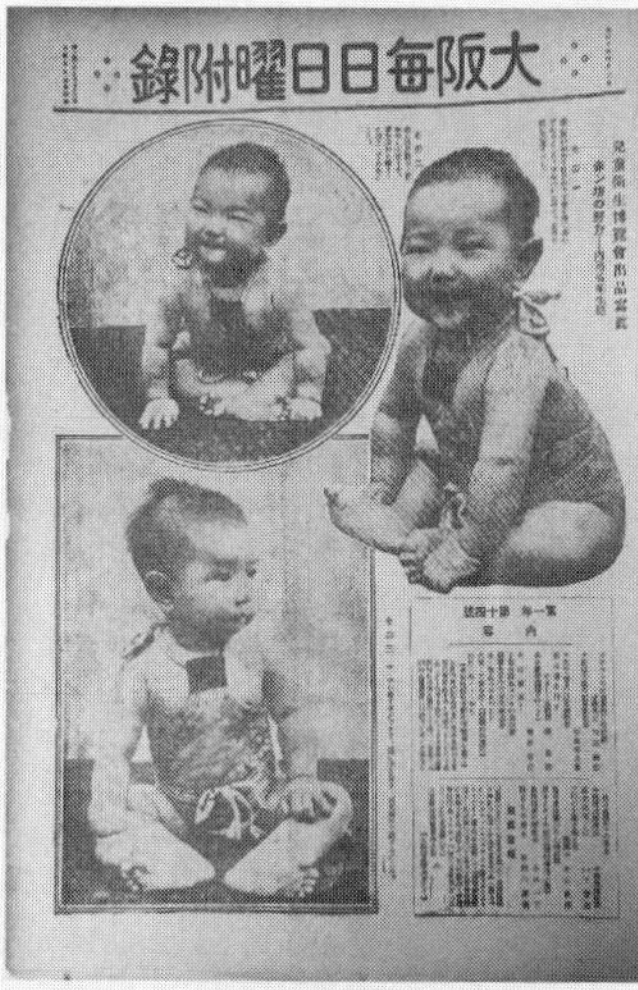

▍図 A　大阪毎日日曜附録 1921.4.3

▍図 B 『サンデー毎日』1922.5.7 表紙

▌図 E　1923.11.4 表紙

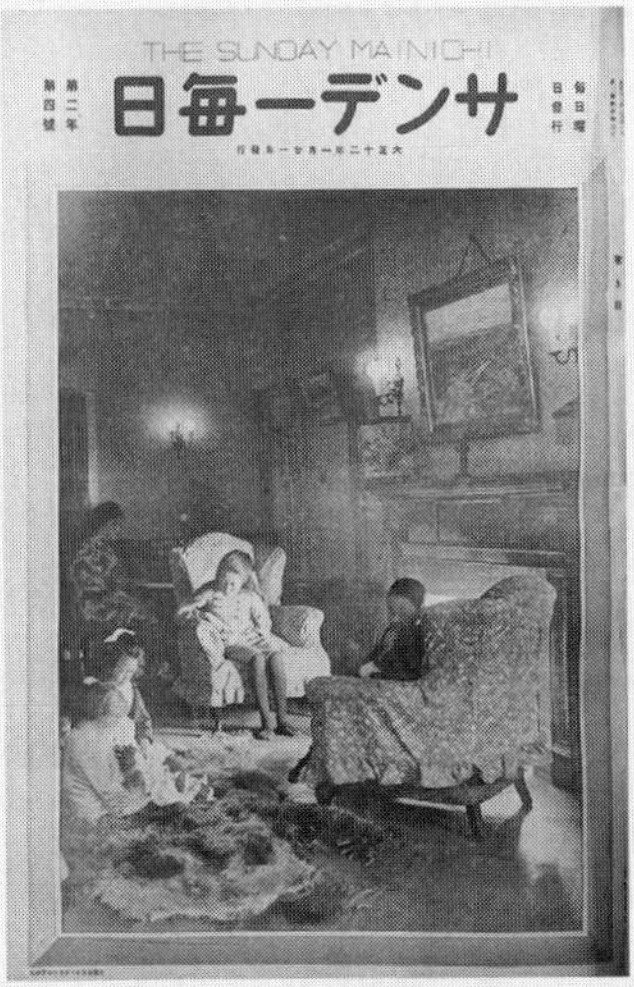

▌図 C　1923.1.21 表紙

▌図 F　1924.1.6 表紙

▌図 D　1923.3.11 表紙

▌図 I　1925.11.22 表紙

▌図 G　1924.1.20 表紙

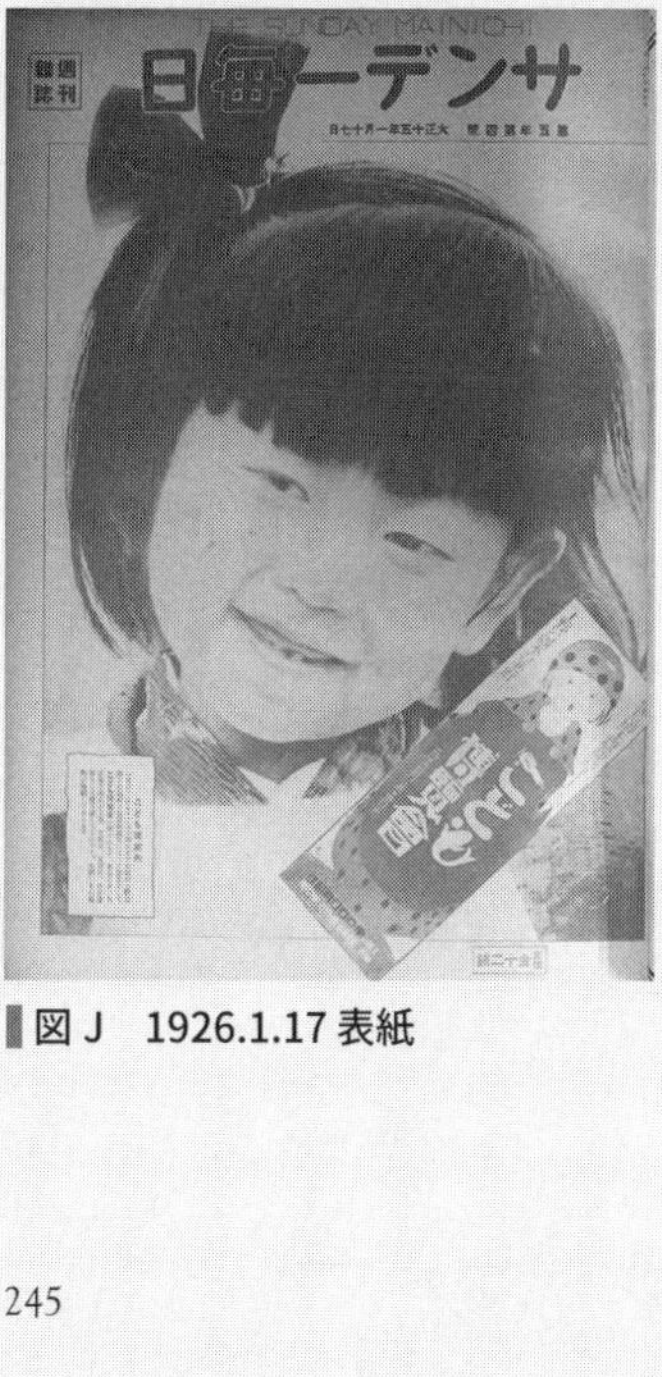

▌図 J　1926.1.17 表紙

▌図 H　1924.12.7 表紙

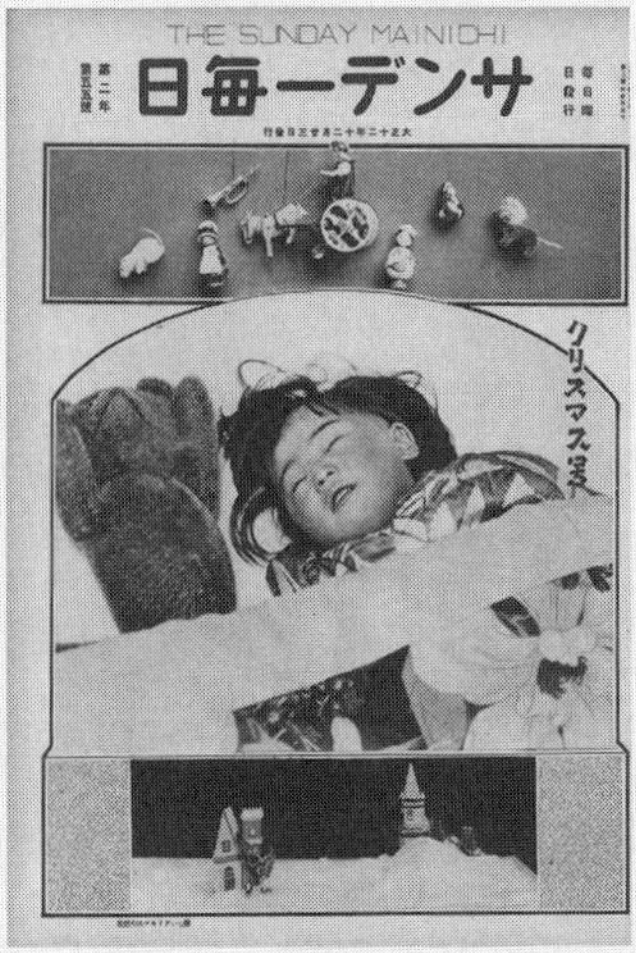

■図K　1923.12.23 表紙

■図L　1924.12.21 表紙

◆【文壇／文学者】

「大衆文学」の拠点として語られがちな『サンデー毎日』だが、その誌面には「純文学」系の文学者も多く執筆しており、そこで文壇の構造や文学者像が、活字の記事のみならず、写真や漫画で視覚的にトピックス化されることも多かった。

※【図A～G、I】は大阪公立大学杉本図書館所蔵、【図H】は副田所蔵

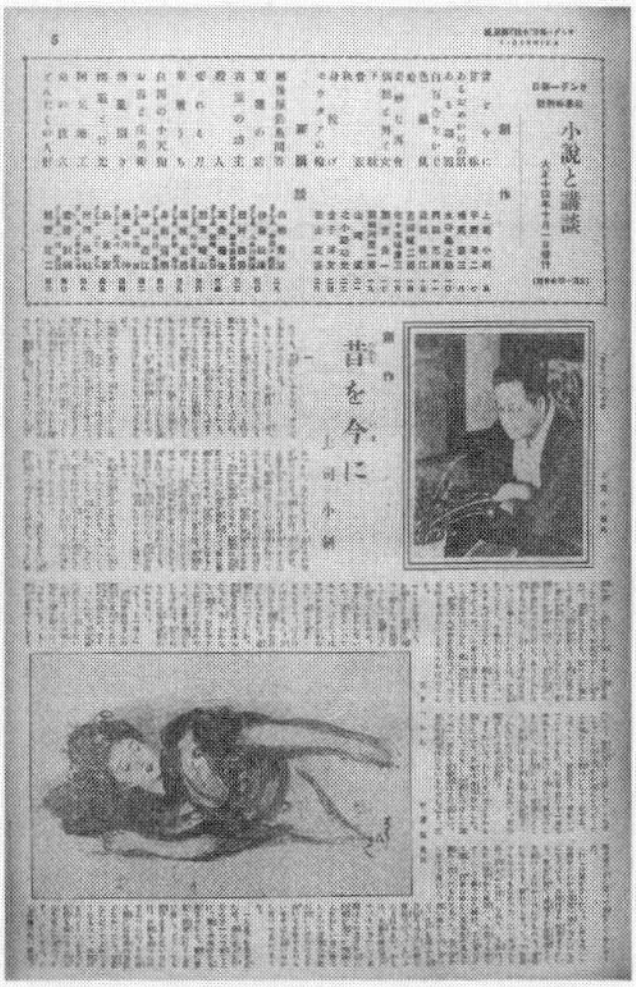
小説と講談
昔を今に

図 C　小説と講談 1925.10.1 目次、上司小剣「昔を今に」

新撰組

図 A　1925.1.4 白井喬二「新選組」

鴨と熊

図 D　1925.10.11 宇野浩二「鴨と熊」

馬鹿と馬鹿

図 B　1925.1.1 横光利一「馬鹿と馬鹿」

芥川氏の遺書

或る舊友に送る手記

芥川龍之介

芥川龍之介氏のこと

氏のこの頃の環境と文壇人の生活と

入社當時の芥川氏

▍図 G　1927.7.31 芥川龍之介関係記事

の著者と私

文壇近頃の事

▍図 E　1925.10.11 田山花袋写真、文壇近頃の事

現代文士の家庭

▍図 H-1　1923.1.1 現代文士の家庭

日本近代文藝に對する感想

今東光

▍図 F　1927.4.24 今東光「日本近代文芸に対する感想」、文壇漫画

図 H-4　1923.1.1 現代文士の家庭

図 H-2　1923.1.1 現代文士の家庭

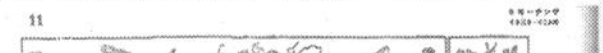

図 I　1927.1.30 漫画未来記

図 H-3　1923.1.1 現代文士の家庭

◆【震災／復興】

一九二三年九月一日の関東大震災は、東京・南関東に甚大な被害を与えた。大阪が拠点の『サンデー毎日』もこの未曾有の大災害を大きく報道するが、その「復興」も、被災直後から表象される。そこでは、「復興」が、被災後の現実とは乖離して記号として流通、消費される様相が窺えるが、その後、震災のことが継続的に報道されることはほとんどなかった。また、一九二五年五月二三日に兵庫県富岡市、城崎市を襲った北但大震災も、関西圏の大災害として報道、表象されている。災害報道のみならず、雑誌メディアにおける都市空間表象という面からも、それらの記事は興味深い。

※【図A～F】は副田所蔵、【図G～I】は大阪公立大学杉本図書館所蔵

図A　1923.9.9 表紙

図B　1923.9.16 表紙

▌図 E　1923.9.23 表紙

▌図 C　1923.9.16 裏表紙

▌図 F　1924.9.7 表紙

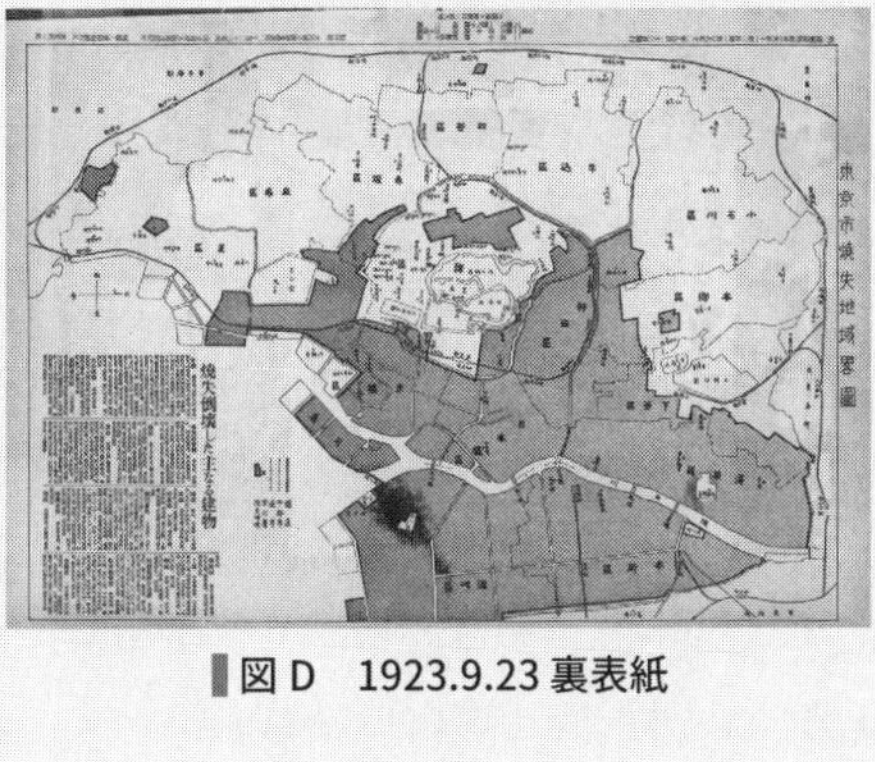

▌図 D　1923.9.23 裏表紙

図H　1925.5.31 表紙

図G　1924.9.7 震災一年後の東京

図I　1925.5.31 山陰東部の大震災画報

◆【怪奇／狂気】

関東大震災以後、『サンデー毎日』は同時代に流通する様々なトピックスを雑多に収集し、誌面を多様にレイアウトする傾向を強める。そこでは、「怪奇」や「狂気」をめぐる「猟奇」的なものを懸賞小説や特集記事で広く収集する志向が拡大し、そこに犯罪、医学、科学に関する記号が雑多に融合されることになる。

※【図A～H】は大阪公立大学杉本図書館所蔵

本誌懸賞募集・『大衆文藝』甲種當選
角田喜久雄作
發《はつ》狂《きやう》
『發狂』について
角田喜久雄
過去

▌図 A-1　1926.7.18 大衆文芸甲種当選 角田喜久雄「発狂」

▌図 A-2　1926.7.18 大衆文芸甲種当選 角田喜久雄「発狂」

図 D　1925.6.28 犯罪と千里眼

図 B　1927.1.1 三上於菟吉「獣心」

図 E　1927.7.24 水兵の幽霊

図 C　1926.7.18 松澤病院を訪ふ

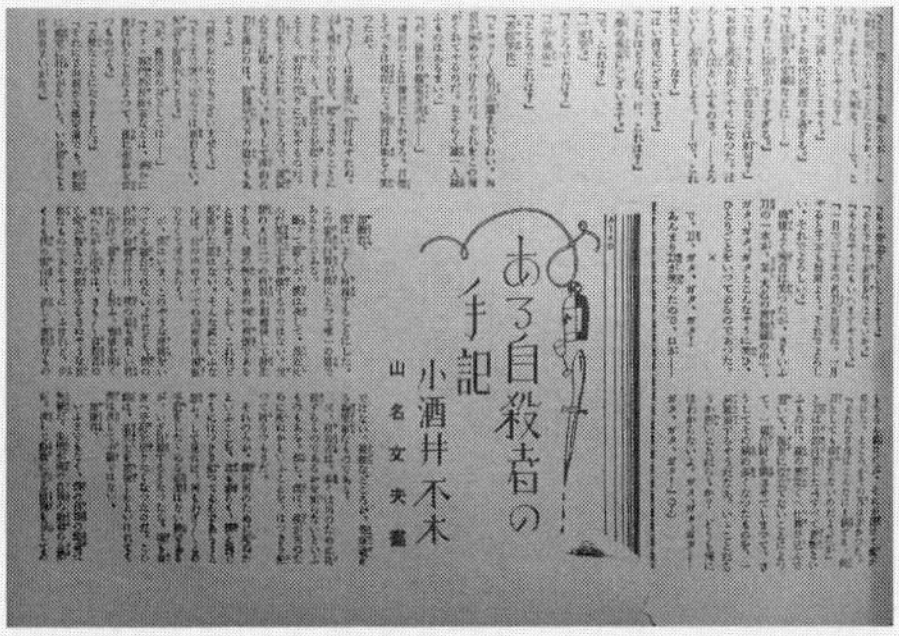

▌図 H　1927.9.15 小酒井不木「ある自殺者の手記」

▌図 F　1927.8.21 表紙

▌図 G　1927.8.21 怪談号

第2部　週刊誌における「文学」の生成／消費と作家たち

第1章 耽綺社のメディア戦略／メディアの耽綺社戦略——『サンデー毎日』を中心に

原　卓史

【1】……はじめに

大正時代の終わりから昭和時代のはじめにかけて、複数の作家たちが集まって一つの作品を執筆する連作や合作が試みられるようになった。それは、江戸時代の歌舞伎[1]とは異なり、アイディアを全員で出して全員で執筆していくものであった。西洋にもそのような例があり、それを模したものであった[2]。昭和時代のはじめに誕生した執筆者集団の名を耽綺社《たんきしゃ》という。土師清二《はじせいじ》、長谷川伸《はせがわしん》、国枝史郎、小酒井不木《こさかいふぼく》、江戸川乱歩の五名ではじめ、後に平山蘆江《ひらやまろこう》が加わった。こうした執筆者集団が形成されるきっかけとなったのは、一九二六年五月から一〇月にかけて、『新青年』誌上に六回にわたって発表された連作小説「五階の窓」であろう。第一回目を江戸川乱歩が担当し、以降、平林《ひらばやし》初《はつ》之《の》輔《すけ》、森下雨村《もりしたうそん》、甲賀三郎《こうがさぶろう》、国枝史郎、そして小酒井不木が解決編を担当した。平林初之輔が担当した時、「懸賞規定」が発表された。自殺か他殺か、他殺とすれば犯人は誰か、といったことをめぐって「解答」を書くことが求められたのである。

「五階の窓」を考察するとき、次の二点が注目される。ひとつは、共同執筆という考え方がまだ示されていないことである。文責はそれぞれの執筆者が引き受けた。池田浩士[3]によれば、「個人の仕事として自己完結している小説制作を、相互批判を内包する共同作業へと一歩すすめたもの」であったという。ただし、一度書いた作家はそれでお役御免となるため、相互作用というよりは後続の作家が前述の作家の作品を批判的に検証し、新たな物語を紡ぎ出したといった方がいいだろう。もうひとつは、作品の結末が複数あったことである。結末を担当した小酒井不木は、自殺だったとして作品を閉じている。興味深いのは、小酒井不木の文章に続いて、懸賞の一等になった緒方慎太郎「五回の窓（甲種解答）」と、一記者「『五階の窓』解答（甲種）を読んで」が掲載されたことである。緒方慎太郎の「解答」は、小酒井不木のものとは異なる結末だった。緒方慎太郎は、西村の妾・お蝶が犯人であったとした。この懸賞の特徴は小酒井不木の「解答」にどれだけ似たものになるかではなく、前回までの内容と整合性が取れていて面白い内容であれば当選するというものであった。「五階の窓」の結末が複数あっても構わなかったのである。

この連作を終えた後、小酒井不木は次なる一手を繰り出していく。池田浩士[4]によれば、「一年後に、小酒井不木は江戸川乱歩に手紙を送り、もう一歩すすんだ第二の試みを提案」したという。それは、「尻取りでしかない連作にかわって、合作小説を書いてみようというさそい」だった。誘いに応じた人たちは、少なくとも以下の作品を発表し、二度の座談会を催すこととなった。

【耽綺社による作品】

・土師清二、長谷川伸、国枝史郎、小酒井不木、江戸川乱歩「残されたる一人」（『サンデー毎日』第六巻第五五号、一九二七年一二月一八日）【章末表1】

・土師清二、長谷川伸、国枝史郎、小酒井不木、江戸川乱歩「飛機睥睨《ひきへいげい》」（『新青年』第九巻第二号～第九巻第一一号、一九二八年二月～九月）【章末表2】

・土師清二、長谷川伸、国枝史郎、小酒井不木、江戸川乱歩「ジャズ結婚曲」（『週刊朝日』第一三巻第一二号、第一三巻第一四号、一九二八年三月一一日、一八日）【章末表3】

・江戸川乱歩、国枝史郎、小酒井不木、土師清二、長谷川伸「南方の秘宝」（『名古屋新聞』朝刊、一九二八年七月一日～八月一〇日）

・耽綺社の合作「無貪清風《むどんせいふう》」（新橋演舞場　一九二八年八月の上演、活字は未発表か）

・江戸川乱歩、国枝史郎、小酒井不木、土師清二、長谷川伸、平山蘆江「白頭の巨人」（『サンデー毎日』第七巻第四八号～第七巻第五六号、一九二八年一〇月二一日～一二月一六日）

・土師清二、長谷川伸、国枝史郎、小酒井不木、江戸川乱歩、平山蘆江「意外な告白」（『サンデー毎日』第八巻第一三号、一九二九年三月二〇日）

・長谷川伸、平山蘆江、江戸川乱歩、土師清二、国枝史郎「非常警戒（映画）」（『映画時代』第八巻第一号～第八巻第二号、一九三〇年一月～二月）[5]

【耽綺社による座談会】

・江戸川乱歩、小酒井不木、国枝史郎、長谷川伸、山下利三郎、横溝正史「合作長編を中心とする探偵作家座談会」（『新青年』第九巻第二号、一九二八年二月、開催日は一九二七年一一月二七日）

・土師清二、長谷川伸、国枝史郎、小酒井不木、江戸川乱歩、平山蘆江、小田富弥、大竹憲太郎、渡辺《わたなべ》均《ひとし》[6]「耽綺社座談会」（『サンデー毎日』第八巻第六号、一九二九年二月三日）

【耽綺社の名を冠していないものの、耽綺社のメンバーが参加した企画】

・〈六大都市小説〉国枝史郎「【東京】手紙」／江戸川乱歩「【大阪】角男」／渡辺均「【京都】都をどりの夜」／長谷川伸「【横浜】異人屋往来」／小酒井不木「【名古屋】うゐらう」／横溝正史「【神戸】劉夫人の腕環」（『サンデー毎日』第七巻第一三号、一九二八年三月一五日）

・〈作者名当て懸賞企画〉長谷川伸「高町小屋の人々」／小酒井不木「黄色の街」／国枝史郎「沙漠の美姫」／平山蘆江「ふところ手」／土師清二「根来卜斎《ねごろぼくさい》」（『サンデー毎日』第七巻第一七号～第七巻第二一号、一九二八年四月八日～五月六日）　※発表時はすべて未署名

このように、耽綺社の活動は、新聞、週刊誌、月刊誌など、複数のメディアにわたっていたのである。また、演劇化、映画化されるなど、社会的に注目を集めた。

従来の研究では、「中途半端な没個性的なもの[7]」といった評価や『新青年』に長編を連載したり出来たが、その後継続的な注文[8]が入らなかったと指摘されているように、活動そのものが失敗だったとする見方が一般的であろう。しかし、たとえその活動が「失敗」に終わったのだとしても、耽綺社というグループを組織し、しばらくの間、合作を模索し続けたこと自体に意味があったのではあるまいか。

本章では、『サンデー毎日』を中心に、耽綺社の活動を検討したい。『サンデー毎日』は繰り返し耽綺社の作品を掲載し続けた週刊誌メディアだったのである。耽綺社の雑誌メディア戦略とはどのようなものだったのだろうか。また、『サンデー毎日』は耽綺社の作品をどのように扱ったのだろうか。本章では、耽綺社と『サンデー毎日』との相互作用を軸に検証し、諸作品がどのように表象され流通したのかを考察していく。

【2】……「残されたる一人」

一九二七年七月号で雑誌『大衆文芸』（第一次）が終刊となり、同人たちは雑誌同人の縛りから解放された[9]。時代小説と探偵小説を大衆文学として同じ雑誌に掲載するというスタイルをとった『大衆文芸』の同人の中で、この発想を受け継ごうとしたのが小酒井不木であった。一九二七年一一月二日、小酒井不木書簡江戸川乱歩宛[10]で、「探偵小説界も大衆小説界（時代小説のこと、筆者注）もどうやら千編一律になつて来ましたから、この際どうしても局面を展開する必要があります」といい、「合作」を「多量に製算《ママ》」すべきであると書き送った。江戸川乱歩の他、国枝史郎、土師清二、長谷川伸にも協力を求め、集団執筆という実験的な取り組みを行おうとしたのである。耽綺社に集まったのは、『大衆文芸』の元同人たちである。

耽綺社の誕生を後押ししたのは、新派俳優の喜多村緑郎《きたむらろくろう》だった。一九二七年一二月八日付、小酒井不木書簡江戸川乱歩宛[11]の注四〇六には、「耽綺社が出来たのも、探偵小説マニアの喜多村が探偵劇を依頼したのが契機」であったという。このように、耽綺社の誕生は喜多村緑郎からの依頼も大きな役割を果たしたのである。

一九二七年一一月一七日から二二日にかけて、耽綺社は第一回会合をもった。そのときに作られた作品は、時代劇「探偵無限劇　残されたる一人」（前掲、以下、「残されたる一人」と表記）と、『新青年』に掲載された長編探偵小説「飛機睥睨」である。後に、「飛機睥睨」は単行本に収録されたときに、『空中紳士』（博文館、一九二九年）と改題された。また、「合作長編を中心とする探偵作家座談会」が行われた。まずここでは、先に発表された「残されたる一人」について検討してみたい。

一九二七年一一月二七日付、『東京朝日新聞』朝刊は、耽綺社によって作られた作品やその舞台化に注目した記事を掲載した[12]。当該記事には、「喜多村緑郎のために新派悲劇「浜路《はまじ》と朱《あけ》之助《のすけ》」三幕五場（「残されたる一人」のこと、筆者注）を既に書きあげ、更に長編探偵小説「空中紳士」にとりかゝつた」ことが記されている。全国紙に注目されたことは幸先の良い出だしだろう。こうした注目を受けて、一九二七年一二月一八日付の『サンデー毎日』に「残されたる一人」は発表された。その表紙を確認すると、女性二人が写った写真の横に、四角囲みで「探偵劇　残されたる一人　三幕五場／耽綺社同人第一回作品／執筆者　土師清二　長谷川伸　国枝史郎　小酒井不木　江戸川乱歩」とある。編集者の渡辺均が当該号で耽綺社同人による作品を売り出そうとしたことが窺えよう。「残されたる一人」の冒頭ページ【図1】には、「三幕五場」に続いて、「伊井《いい》蓉峰《ようほう》、喜多村緑郎一座上演用台本」とある。そして、頁の左下の四角い囲みの中に、「ここに掲載しました探偵劇『残されたる一人』は、その耽綺社第一回の作品で伊井蓉峰、喜多村緑郎一座によつて来春正月十五日から先づ名古屋新守座に上演する」とある。このように、演劇化を前提とした作品だったことが窺える。『サンデー毎日』の編集部員・渡辺均は、演劇の聴衆が同誌の購買に一役買うことを期待して販売戦略を立てたのである。

当該作品の口絵・挿絵を担当した金森観陽《かなもりかんよう》は[13]、登場人物の文吉、お梅兄妹が墓参りにでかける場面の挿絵で回り舞台を彷彿とするように描いた【図2】。二人の足元は板張りで、そこに回り舞台らしき円形の線が見える。渡辺均が金森観陽に挿絵の依頼をしたときに、演劇化することも伝えていたものだろう。それゆえ、挿絵も舞台を喚起させるものとなっていたのである。このように、耽綺社も渡辺均も金森観陽も、演劇化を前提として作

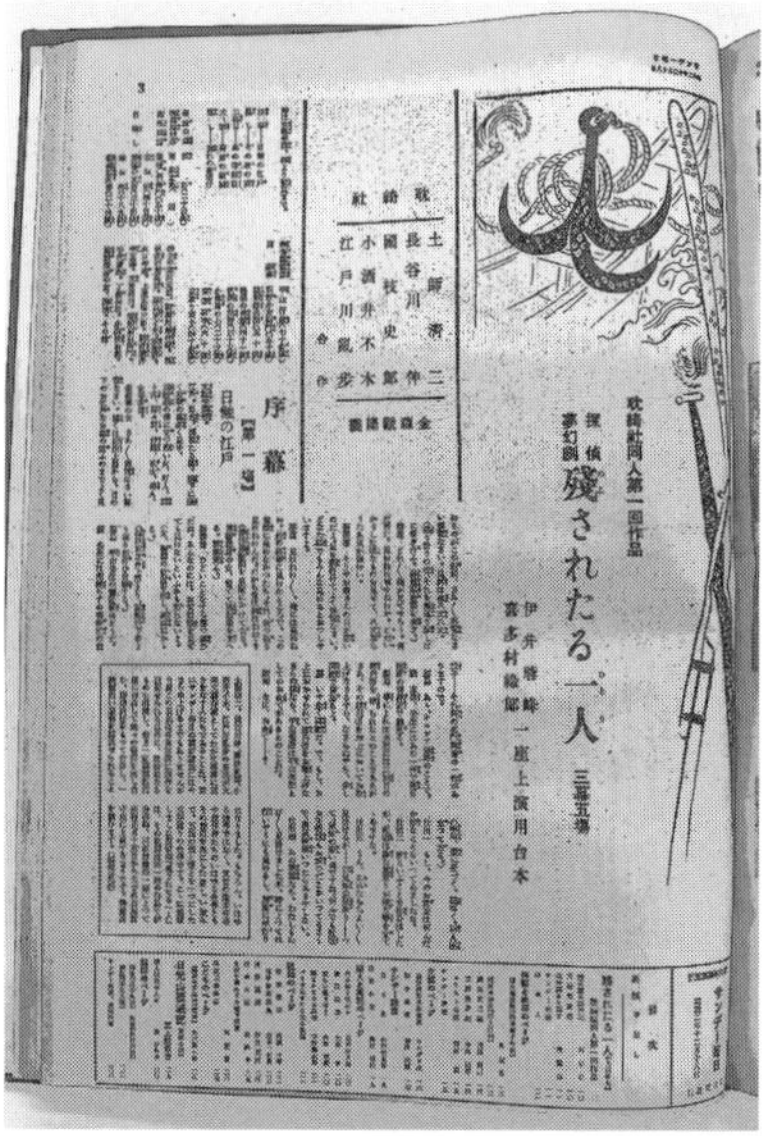

▌図1　耽綺社（土師清二、長谷川伸、国枝史郎、小酒井不木、江戸川乱歩）「残されたる一人」（『サンデー毎日』 1927年12月18日）〔大阪公立大学杉本図書館蔵〕

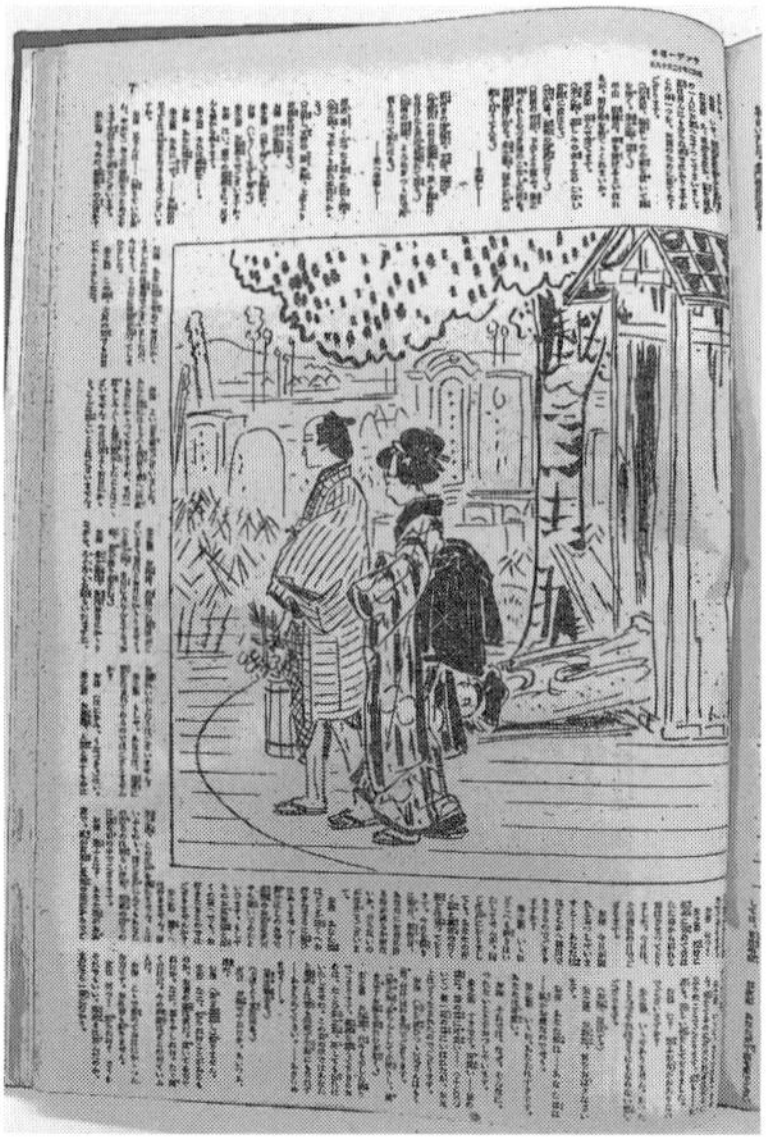

▌図2　耽綺社（土師清二、長谷川伸、国枝史郎、小酒井不木、江戸川乱歩）「残されたる一人」（『サンデー毎日』 1927年12月18日）〔大阪公立大学杉本図書館蔵〕

品を作るということを共有していたのである。では、なぜ上演前から舞台を印象付けるような作画を行ったのだろうか。すでに全国紙で報道されていたことから、小説と舞台をつなぐ役割をより明確化するものとして、挿絵が機能したのである。

「残されたる一人」の同時代評は見つかっていないが、舞台化された作品への反応を確認することができる。未署名「新守座三の替り好評」（『新愛知』朝刊、一九二八年一月一八日）は、「「残されたる一人」が果然素晴らしい舞台効果を掲げ、場毎に大喝采で迎へられた」とし、小酒井不木、伊井蓉峰《いいようほう》、大矢市次郎、喜多村緑郎《きたむらろくろう》、国枝史郎が写る「新守座の舞台稽古」写真一葉が掲げられている。『新愛知』には、新守座での「残されたる一人」の記事が、その後も「芝居」欄に一九二八年一月一九日から二二日にかけて掲載された。小説よりも演劇がメディアに注目されていたことが窺える。
「残されたる一人」は、文政年間、オロシアの日本侵略に対して北門警備隊に集まる人々の物語と、そこに集いながらも家庭を窮地に陥れようとする人々を次々に殺していく浜路（＝南朱之助）の物語とが、交錯しながら展開していく時代劇である。では、排外主義と恋愛とを交錯させた当該作品は、どのように執筆されたのだろうか。様々な資料を読み比べて見ると、理想と現実とがかけ離れている様相が浮かび上がってくる。まず、理想についてては、たとえば「探偵作家座談会」（前掲）の小酒井不木の発言が分かりやすい。

兎に角それを合作する人がみんなで筋を造り立てる訳ですからね。要するにお互ひの智慧をしぼり合つてそれから作り出して行くと云ふのです。（中略）全部の人が其処に居つて注意し合つて書く訳です。従つて誰がどこを書いたか分らぬやうになるんです。

小酒井不木は全員で執筆するため、誰がどこを書いたか分からぬようになると語った。たしかに、掲載作品を読む限りでは、よほどそれぞれの書き手の書きグセを熟知している読者でなければ、誰がどこの箇所を担当して書いたのかは分からないだろう。それゆえ、小酒井不木がいうように、排外主義も恋愛も全員が共有して執筆したといえよう。
しかし、現実には、それぞれの得意分野に応じて分担執筆するというのが一般的な記述方法だったようだ。「耽綺社座談会」（前掲）によれば、長谷川伸が「これまでの経験では小酒井さんにテーマを出して貰ひました。喜多村君の場合もさうでしたね。」と発言している。喜多村緑郎に依頼された当該作品は、小酒井不木を中心に執筆されたことが指摘された。小酒井不木もこれに同意している。そして、長谷川伸は「平山行蔵の演説はあなた（国枝史郎のこと、筆者注）が書きましたね」と続け、国枝史郎が「さうです」と同意した。『子不語の夢』（前掲）の脚注（四〇七）にも、「確証はないが、この脚本は国枝が書いたもの」とある。このように、「残されたる一人」は、小酒井不木が中心となって執筆し、場面によっては国枝史郎が描いた作品だったのである。全員で執筆するという理想を掲げながらも、書くという行為を一人で行わなければならないがゆえに、個々の執筆に頼らざるを得なかったという問題が、座談会などを通して浮き彫りとなったのである。

【3】……「飛機睥睨」

「飛機睥睨《ひきへいげい》」が掲載された『新青年』は、海外探偵小説の翻訳が主軸の読物雑誌であった。一九二七年、横溝正史が編集長に就任してから、堅い読物が減少し、ユニークな内容の読物の掲載が増える傾向にあった。そうした中で、耽綺社による「飛機睥睨」と「合作長編を中心とする探偵座談会」が掲載されたのである。同座談会では、「合作する人がみんなで筋を造り立てる」ことを小酒井不木が語った。しかし、この座談会では「飛機睥睨」そのものへの言及が見られない。また、「飛機睥睨」は二頁から三二頁に、座談会は一一二頁から一三三頁に掲載された。二つのテクストに連動企画を意識させるような文言は見られない。『新青年』誌上を見る限り、「飛機睥睨」と座談会の連続性を重視していない。これは、座談会にも参加していた当時の編集長・横溝正史の判断によるところが大きいように思われる。

「飛機睥睨」は、R国皇太子ルール殿下が国内紛争に巻き込まれ日本へ逃れ、変名で巽小路公爵邸に隠れたことから物語がはじまる。R国のルール派と反ルール派、日本のルール支持派と不支持派とが絡み合い、飛行機を使った怪事件が続発していく物語である。

連載に先立ち、横溝正史が「編輯者」の名で「次号より連載する　長編小説　飛機睥睨」（『新青年』第九巻第一号、一九二八年一月）という文章を発表した。そこで横溝は五名によって作られた小説は「連作ではなく純然たる合作小説」であるとし、「一人の作家の小説よりも、構想、筆致、その他あらゆる点に於て優れたるものである」という。合作小説の理想が語られたのである。では、現実はどうだったのだろうか。「飛機睥睨」執筆前後の耽綺社の活動については、土師清二が日記を残しており、その一部を新聞紙上に紹介している。[14]

昭和二年十一月十八日。名古屋へ。会場寸楽園へ。国枝史郎、小酒井不木、長谷川伸、江戸川乱歩四氏と小生なり。／喜多村緑郎丈の脚本の筋立を終りしは午後十一時。／十九日。寸楽園。雑誌新青年の長編「飛機睥睨」の筋立成る。／二十一日。寸楽園。「飛機睥睨」の筋立を小酒井、江戸川両氏にて二十日終日練り補訂せしとて示されたるを一同にて再吟味。終つていよく脚本にかゝる。午前零時少し前、同人各々宿へ。

小酒井不木、江戸川乱歩が中心となって補訂したものを、国枝史郎、長谷川伸、土師清二も加わって「再吟味」したという。共同執筆が作品の隅々に行き届いているのは事実である。「飛機睥睨」の語り手は原則として「我々（もしくはわれわれ）」、「作者達」、「作者等」と名乗っているからである。たとえば、「我々」については、「我々はしばらく巽小路侯爵の後を追つてみることにしよう」を含め、八例ある。「作者達」については、「幸にも彼女等の会話が作者達の手数を省いてくれた訳であるが、～」を含め、五例確認できる。その他、「残念ながら、作者等はこの点については、暫く読者諸君の想像に任せる外はないのである」のように、「作者等」もある。このように、「飛機睥睨」は複数の執筆者たちによって書かれたことを意識させるような語り手が設定されていたのである。

ところが、「飛機睥睨」には、「作者」という単数による語り手が登場する箇所が五例確認できる。①「作者は余りに星野龍子の心理描写に溺れてばかりはゐられない」（第三回）、②「作者は此物語の本筋からしばらく、わき道に外れて、～」（第三回）、③「作者はいまこゝでそれを打開ける自由を持たないのであるが、～」（第四回）、④「（作者申す。オペラグラスのこと）」（第六回）、⑤「（作者申す。蛇使ひの印度人のこと）」（第六回）である。以上のように、計五ヶ所、「作者」という単数の語り手が登場するのである。

では、なぜ複数の「作者たち」と単数の「作者」が併記されたのだろうか。山前譲[15]によれば、耽綺社の創作方法は「打合せたものを筆記者がまとめて小説化し、それに同人が手をいれるというもの」であり、「筆記者は岩田準一や岡戸武平」が務めたという。執筆を代表して行った者がいたのである。ここで江戸川乱歩の記述を確認しよう[16]。

白状すると、この「飛機睥睨」の文章は私が書いたものである。（中略）五人で作った筋を、多少かえたところもあるが、大体はそのまま、私の文章で書いたのである。第三回だったかは、私が病気で書けなかったので、岩田準一君に執筆してもらったが、この回が案外好評で、くさったことを覚えている。

第三回は岩田準一が引き受け、その回の評判が良かったことが明かされている。ここで問題となるのは、江戸川乱歩と岩田準一の間で、「作者たち」と「作者」とに、表記違いが起こったかどうか、である。先述した「作者」の用例の①と②は、第三回の岩田準一担当の回に登場したことになる。第三回には「われわれ」「作者たち」「作者ら」といった複数の語り手が登場していない。江戸川乱歩から岩田準一に変わったことによって、複数の語り手だった第一回、第二回とは異なり、第三回で単数の語り手が登場したのだ。執筆者の変更に伴って、複数の作者たちから単数の作者に変更されたのである。

しかし、執筆担当者が江戸川乱歩に戻った第四回以降では、複数の語り手と単数の語り手とが混在する。複数の作者たちという方針を忘れたのか、岩田準一の記載の影響を受けたのかは判然とはしない。複数の作者たちと単数の作者とが併記される形で小説が進行していった。このことは、複数の執筆者たちによる執筆という理想が、作品の隅々にまでいきわたらなかったことを意味する。「残されたる一人」にせよ、「飛機睥睨」にせよ、合作という方法をめぐって、耽綺社の問題が作品に表出したのである。

ところで、メディアの側の耽綺社への対応の仕方も確認しておこう。『サンデー毎日』が演劇化、誌面構成、挿絵など、作品の周辺の諸情報との連動性を意識していたのに対して、『新青年』は作品と座談会を同時掲載しながら、タイアップ意識を働かせてはいなかった。

「飛機睥睨」を通して挿絵を担当したのは坪内節太郎である。坪内節太郎は小説の場面を描き、小説の内容を視覚化する挿絵を提供していた。この点は、『サンデー毎日』に掲載された「残されたる一人」と共通している。

図3　耽綺社（土師清二、長谷川伸、国枝史郎、小酒井不木、江戸川乱歩）「飛機睥睨」（『新青年』 1928年2月）〔国立国会図書館蔵〕

では、相違点はどのようなものだったのだろうか。第一に、「飛機睥睨」の挿絵は、演劇化、映画化を前提とした挿絵にはなっておらず、あくまでの小説の内容を視覚化していたことである。第二に、本文の一部を挿絵の中に組み込んでいることである（このこと自体は珍しいものではない）。たとえば、第一回の最初の挿絵の場面【図3】は、カフェ内でマダムの長川伸子（長谷川伸を彷彿とする名前）と青年とが会話をしている場面である。青年の「今夜を限りに私といふ男はこの世から消えてしまふのです」というセリフを、挿絵では「此世をおさらばする男」としている。また、長川伸子の「素敵だわ、さあもう帰つてお死になさいませ。そして明晩またこゝでお目にかゝりませうね」というセリフをそのまま挿絵にも使っている。このように、挿絵は本文を取り込んだものとなっており、連載の最後まで継続している。あくまでも作品に彩りをそえ、内容理解を助けるような挿絵であったといっていい。以上のように、耽綺社作品の挿絵の扱い方は、『サンデー毎日』と『新青年』とでは大きく異なっていたのである。

【4】……「ジャズ結婚曲」と「南方の秘宝」

『サンデー毎日』の特徴をより明確化するために、他紙誌での耽綺社の活動も見ておこう。まずは、『週刊朝日』に掲載された戯曲「ジャズ結婚曲」(一九二八年三月一一日、一八日)を見てみたい。週刊誌の『週刊朝日』は、大正時代末から流行した大衆文学を登用することになるが、『サンデー毎日』に比べると全体的に硬質な記事が目立つ。

「ジャズ結婚曲」は、ベーリング漁業株式会社社長北見鱈右衛門の邸で盛大な還暦祝いが催され、列席していた鱈右衛門の娘たちがそれぞれ婚約していく様を描いた小説である。二回に分けて連載された「ジャズ結婚曲」には、両方とも同じ口絵が使われている【図4】。画像で確認できるように、二回ともこの口絵に画家名は示されていない。表紙、内表紙、裏表紙、目次などにも画家名は見当たらない。口絵は、柱の物陰から一人の洋装の女性が何かを見ている場面を描く。『週刊朝日』は、同じ絵を使いまわすことが多く、この絵も他の巻号にもよく登場する。いわば埋草的な口絵といっていい。本文は白魚(鱈右衛門の姉娘)と勝男が婚約し鮎太郎が失恋する

▌図4　耽綺社（土師清二、長谷川伸、国枝史郎、小酒井不木、江戸川乱歩）「ジャズ結婚曲」（『週刊朝日』1928年3月11日、18日）〔大阪公立大学杉本図書館蔵〕

場面で、鯱子（鱈右衛門の妹娘）が「（この態を前より物陰にあつて見てゐる）」とあり、あたかも口絵は本文の内容を指し示しているかのようである。しかし、連載二回目は物陰から覗く女性が本文に記されていないにもかかわらず、同じ口絵が使われているのである。このように、作品に使われている口絵は、本文の内容の理解を助けるようには必ずしもなっていない。『週刊朝日』の口絵・挿絵に対する考え方は、挿絵に演劇化のことが意識的に描かれていた『サンデー毎日』とは異なっているといえるだろう。

「ジャズ結婚曲」は「残されたる一人」と同様、演劇化されることを前提に書かれた作品であることは画像から確認できる。表題の前に「浅草昭和座三月上演／曾我廼家五九郎劇」とあり、表題の下には「【一幕三場】」とある。『子不語の夢』[17]によれば、一九二八年三月、浅草昭和座で公演が行われたという。そして、この公演は名古屋でも行われた。このことから、『サンデー毎日』と『週刊朝日』とでは、耽綺社作品を演劇化することで一致しているものの、口絵・挿画の扱い方が異なっているといえるだろう。

一九二八年七月一日から八月一〇日にかけて、『名古屋新聞』に四一回にわたって連載された「南方の秘宝」についても見ておこう。「南方の秘宝」は、番頭・不破善馬のせいで零落した松丘健一が遺宝を探しだし家の再興をめざす物語である。モーターボート、電車、自動車、飛行機などが登場し、モダニズムの時代ならではの構成となっている。その第一回に、作品とともに「南方の秘宝　懸賞宝探し募集」が掲載されている。この記事には、「宝はどこの何の下にかくされてありませうか」という問題、八月五日〆切、賞品題目と一等から六等までの金額・人数が示されている。

山前譲[18]によれば、連載とともに映画化され、「小沢映画連盟製作第一回作品として、小沢得二の監督、高田稔、山本冬郷、月村節子らの演出で撮影され、連載終了直前の八月八日に早くも名古屋の港座で封切られた」という。新舞子という土地を「メディア・ミックスによる観光地宣伝」することが目的だった。懸賞や映画化など読者獲得の工夫がなされているのは、これまでの耽綺社作品と同様である。日下三蔵[19]は、「港座で公開された」後、「名古屋では他の映画館でも公開された」とし、さらに「全国的に上映されるまでは一年近くを要したようだ」と指摘した。地方限定の活動が、次第に全国展開していく様相を見て取ることができる。

【5】……小説の作者名を当てる懸賞

『新青年』と『週刊朝日』は、耽綺社の活動に対して消極的な扱いしか行わず、個々の作家の作品を積極的に掲載していった。一方、『サンデー毎日』は耽綺社の活動に可能性を感じ、個々の作家の作品の掲載にも積極的であった。「残されたる一人」以降も、『サンデー毎日』は耽綺社の合作を取り上げた。本章では『サンデー毎日』が耽綺社の個々の作家たちをどのように扱ったのかを検証してみたい。『サンデー毎日』の特徴は、口絵・挿絵をふんだんに用いることだけではない。誌面構成に様々な仕掛けを施した。企画を仕掛けたのは渡辺均であった。一九二八年二月一九日付、小酒井不木書簡江戸川乱歩宛に同封された土師清二書簡小酒井不木宛（一九二八年二月一八日付）に、『サンデー毎日』の渡辺均から「六大都市小説」と懸賞小説についての依頼があったことが記されている。[20] 渡辺均からの依頼は、読者からどの作品が一番面白かったかの投票、もしくは各作家がお互いに作品に点数を付け合うというものであった（それらの案は作者当て懸賞に変更）。

渡辺均から依頼があった一つ目の企画は、「六大都市小説」として実現する。[21] そこには、国枝史郎「【東京】手紙」、江戸川乱歩「【大阪】角男」、渡辺均「【京都】都をどりの夜」、小酒井不木「【名古屋】うゐらう」、長谷川伸「【横浜】異人屋往来」、横溝正史「【神戸】劉夫人の腕環」のタイトルが並ぶ。そして、一九二八年三月一五日の小説と講談号にこれらの小説が掲載された。この企画には「耽綺社」という文字は使われていない。しかし、六人中四人が耽綺社のメンバーであり、渡辺均は耽綺社誕生のときからその活動に関わっていた。横溝正史は『新青年』に耽綺社の作品と座談会とを掲載した人物である。なお、横溝正史は、耽綺社の母体となった二十一日会発行の雑誌『大衆文芸』（第二巻第一号）にも、一九二七年一月、「山名耕作の不思議な生活」を発表していた。耽綺社発足前からメンバー同士の関わりがあった。このように、すべての執筆者が耽綺社に縁のある人たちで構成されていたのである。渡辺均は明言していないものの、横溝正史を登用することによって『新青年』との連動性を『サンデー毎日』誌上で模索していたのではあるまいか。事実、『新青年』には同年二月から九月にかけて、耽綺社の「飛機睥睨」が連載されている。耽綺社メンバーと横溝正史とを絡めて企画を立てることは、両誌で耽綺社に注目を集めさせる仕掛けだったのである。

二つ目の懸賞については、「六大都市小説」の直後に実現している。[22] まず、未署名「サンデー毎日　六周年記念増大号（予告）」（『サンデー毎日』第七巻第一五号、一九二八年三月二五日）という特集の広告が打たれた。

> 本誌で既にお馴染みの耽綺社同人、土師清二、長谷川伸、国枝史郎、小酒井不木、平山蘆江の五氏（平山氏は今度耽綺社へ新しく加はられました。江戸川乱歩氏は病中のため遺憾ながら執筆が出来ないのです）の大衆小説を四月第

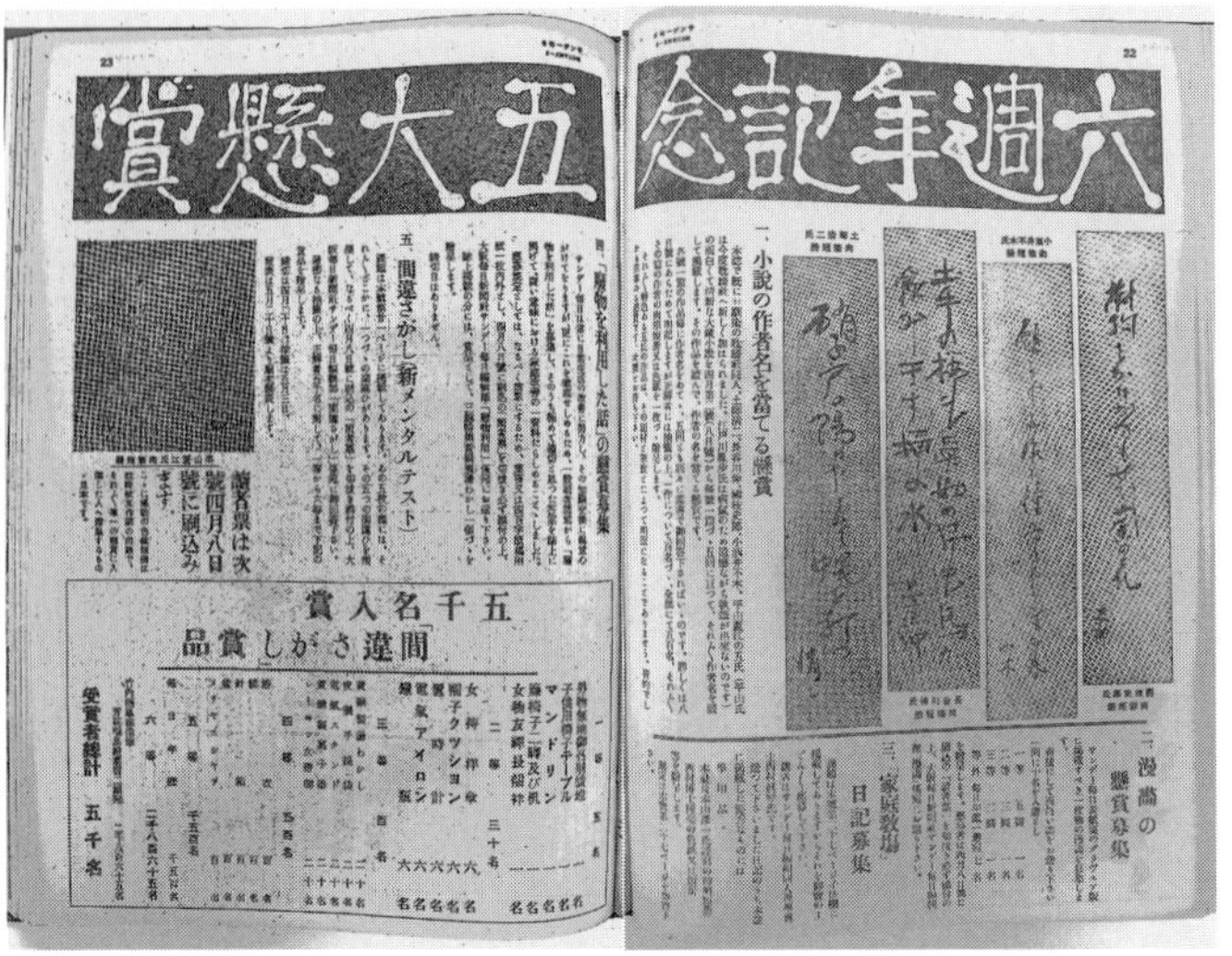

▌図5　未署名「〈広告〉六周年記念五大懸賞」（『サンデー毎日』 1928年4月1日）〔大阪公立大学杉本図書館蔵〕

　二号から作者名を匿して掲載します。その作品を
　読んで、作者の名を当てる懸賞です。

ここで耽綺社のメンバーが「作者の名を当てる懸賞」に参加することを明らかにした。そして、賞品として「入選者には作家五氏の肉筆の色紙または短冊を一枚づゝ贈呈」することが示されていた。周知のように、『サンデー毎日』では小説の作者当て懸賞がよく行われていた。そうした取り組みの一環として、耽綺社も個人参加の形でこの懸賞に関わることになったのである。

未署名「〈広告〉六周年記念五大懸賞」（『サンデー毎日』第七巻第一六号、一九二八年四月一日）は、読者をおおいにあおっている【図5】。山前譲[23]は、「耽綺社としてよりも同人個々の作品がほしいと編集者が考えていたのは、『サンデー毎日』の企画でも明らかである」と指摘した。たしかに『サンデー毎日』も『新青年』『週刊朝日』と同様、個々の作家の小説を掲載したがったのだろう。

最初に掲載されたのは、未署名「高町小屋の人々」（『サンデー毎日』第七巻第一七号、一九二八年四月八日）であった。作者名は空欄、挿絵は金森観陽である。作者名は後に長谷川伸であることが明かされた【図6】。見世物芸の高町小屋の東玉、太夫花の山、幕張甚五左衛門などが入り乱れて喧嘩をする物語である。誌面構成を確認してみると、まず、口絵は寝そべった男が右手に扇子を持ち、右足で米俵一五〇貫目（約五六二キログラム）を持ち上げている。怪力の持ち主であることから、この男は幕張甚五左衛門であろう。次に、作者名のところがと空欄になっている。作者名の左下部分に「回答用紙」が付されている。「作者名をあてる懸賞　その一」「題「高町小屋の人々」」とある。その左側に、作者を書く欄、回答者の住所と氏名を書く欄が設けられている（回答はこの回答用紙欄を切り抜いて用い、毎日新聞社に送る規定が設けられている）。このように、ただ単に小説を読むだけでも画を楽しむだけでもなく、「回答用紙」にどの小説家の名前を書くかということを推測しながら、本文を読むことが要請されているのである。言い換えれば、『サンデー毎日』は、本文と画と懸賞とを同時に享受する高揚感を読者に与えたのだ。

このスタイルは、第五回目まで継続されていく。

第二回目　未署名「黄色の街」（『サンデー毎日』第七巻第一八号、一九二八年四月一五日）／作者・小酒井不木と判明、口絵・挿絵は岩田専太郎

第三回目　未署名「沙漠の美姫」（『サンデー毎日』第七巻第一九号、一九二八年四月二二日）／作者・国枝史郎と判明、口絵・挿絵は山口草平

第四回目　未署名「ふところ手」（『サンデー毎日』

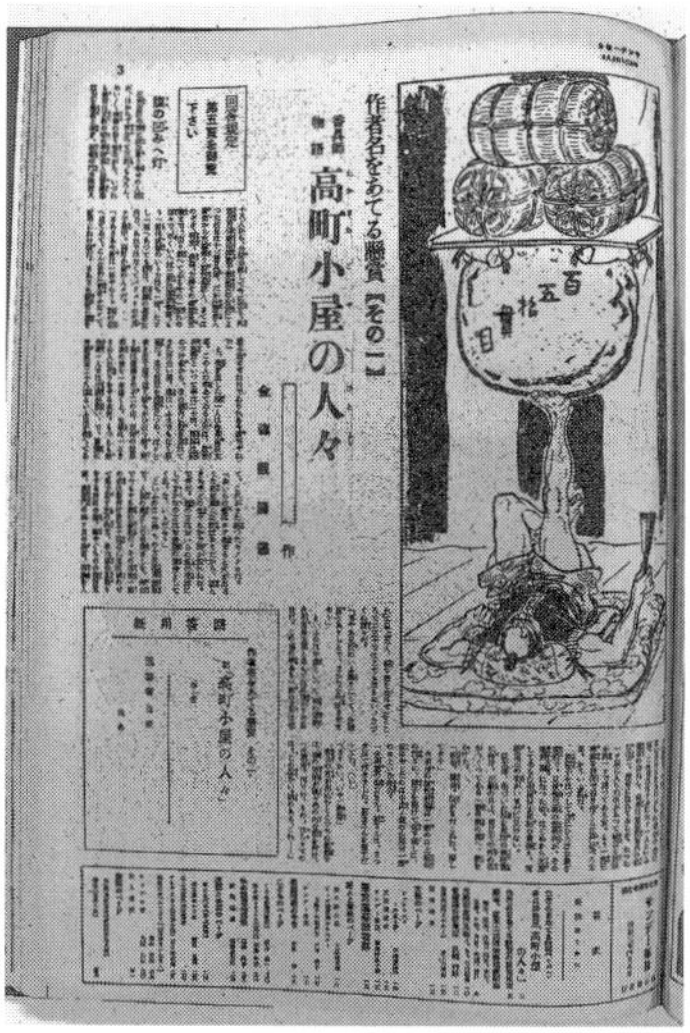

図6　未署名（実際は長谷川伸）「高町小屋の人々」（『サンデー毎日』1928年4月8日）〔大阪公立大学杉本図書館蔵〕

第七巻第二〇号、一九二八年四月二九日）／作者・平山蘆江と判明、口絵・挿絵は山名文夫
第五回目　未署名「根来卜齋」（『サンデー毎日』第七巻第二一号、一九二八年五月六日）／作者・土師清二と判明、口絵・挿絵は笹岡一夫

このように、作者当て懸賞は読者が積極的に小説や雑誌誌面に関われるよう、『サンデー毎日』が仕掛けた戦略だったのである。一九二八年六月一七日号の『サンデー毎日』誌上に、応募総数一四五一二名、正解八〇八八名だったことが紹介されている。作者名を当てる難解な問いに、多くの読者が参加していたことが窺えるだろう。なお、当選者にはそれぞれの作家の肉筆短冊が送られた。

ここまで見てきたように、「六大都市小説」の特集にせよ、作者当て懸賞にせよ、個々の作家の作品にも注目させようとしたのが『サンデー毎日』の試みであった。その企画を担ったのが、渡辺均だったのである。一方、耽綺社の側でも『サンデー毎日』誌上でいかに個々の作家を売り出していくか、という問題を抱えていた。合作を作り様々な雑誌メディアに取り上げてもらうという試みを維持しながら、雑誌社側の求める一人一人の小説の掲載という要請にも応じたのである。耽綺社は合作とともに、個々の作家の作品をいかに届けるかということにも関心を払っていたのである。また、グループのメンバーだけでなく、横溝正史のようにグループ外の作家にも協力を仰ぎ、マンネリズムに陥らぬよう活性化が図られていたのである。

【6】……「白頭の巨人」と「意外な告白」

これらのイベント以降、耽綺社の作品が『サンデー毎日』にどう掲載されたのだろうか。次に発表された「白

頭の巨人」（『サンデー毎日』第七巻第四八号～第七巻第五六号、一九二八年一〇月二一日～一二月一六日）を検討していこう。口絵・挿絵は青木瀧三郎が担当した。山前譲[24]によれば、「最初『キング』に連載をもちかけたときには断られた」という。それを『サンデー毎日』が拾ったのである。一九二八年一〇月二日付、小酒井不木葉書江戸川乱歩宛[25]には、「「白頭の巨人」土師氏の尽力でサンデーが千円で買つてくれたさうです」とあり、そのことを裏付ける。一九二八年一一月四日付、小酒井不木書簡江戸川乱歩宛[26]には、「金五百円大兄と岩田君への為に預つて居ります」とあり、この注釈には「「白頭の巨人」の執筆が岩田であることが確認できる」とある。このことから、「白頭の巨人」もまた、実際には岩田準一によって執筆された作品であったことが浮かび上がってくる。

連載に先立ち、「長編連載探偵小説　白頭の巨人」（『サンデー毎日』第七巻第四七号、一九二八年一〇月一四日）の新小説の予告の中で、「科学上のある新発見について研究しつつある某博士の怪死事件を中心として、これに絡まる学会の紛擾、恋愛の闘争、これまでに類例のないほど規模の大きな、清新にして奇怪なる新探偵小説」と記されている。雪岡博士が殺され、優れた研究成果が盗まれた。雪岡の友・明石不二人が雪岡の娘や警察の力を借りて、事件の真相を明らかにしていく物語である。これまでの作品とは異なり、今のところ、演劇化、映画化に関する資料は見つかっていない。『サンデー毎日』も、同誌の他の記事との連動性を意識させることも、また他誌の記事との連動性を意識させることも行っていない。なぜそうなったのか、調査を重ねていく必要があるだろう。

耽綺社の最後の小説となった「意外な告白」（『サンデー毎日』第八巻第一三号、一九二九年三月二〇日）について、口絵・挿絵は小田富弥が担当した。内容は、下平博士の妻・珠枝をめぐって、下平博士、鳴瀬助手、大林らの愛憎が絡み、大林、珠枝、成瀬が次々に殺され、最後に下平も自殺をはかる物語である。下平博士の「夜盲症」が物語を解くカギとなっている。「意外な告白」の誌面の中に、「『意外な告白』について」という囲み記事があり、次のように記されている。

この、耽綺社同人諸氏の合作に成る探偵小説「意外な告白」は、去る二月三日の本誌掲載記事「耽綺社座談会」の中にも書いてありました通り、あの座談会の席上で同人諸氏が即席に筋組を作り、それによって作り上げられた小説です。

作品の掲載に先立ち座談会「耽綺社座談会」（前掲）が開催された。その中で『サンデー毎日』編集部員の渡辺均が「合作の見本をやつて見ては？」と提案し、それに耽綺社同人がこたえ、「合作試演」が行われた。それは、これから書かれることになる「意外な告白」についてであった。席上、脚本か小説か、髷物か現代ものかなどが問われ、探偵小説に決した。小酒井不木がきっかけとなる作品のあらすじを紹介した。それを元にして、作品の舞台、殺人の方法、人物の設定などが調整されていった。江戸川乱歩が「犯人を鳥目にしてはどうでせうか。鳥目は夜は目が見えない。それをドウにか利用して夜間にピストルか、何かで殺人をやる――この鳥目が嘘の鳥目であつた場合ですな」と犯人像を提示した。それに小酒井不木が医学的に可能な設定かどうかを指摘したのである。その他、細かい設定が設けられ、次に荒筋が書かれることになった。

被害者の大林源次郎が台湾から帰つて、東京のある地点で昔馴染の珠枝にあふ。二人は（中略）逢瀬を約束する。その時に、珠枝は自分が今は博士夫人であることを名乗る。（中略）博士は研究室にばかり籠つてゐるが、いつしか源次郎と珠枝との仲を疑ひ出す。ある時には、博士が書斎の窓から媾曳をしてゐる二人を見ることもあつたが、珠枝は博士が鳥目だといふことを知つてゐたので安心してゐた。所がある時博士は鳥目が癒つた嬉しさをいはうと思つて行つてみると恰度珠枝と源次郎が媾曳してゐるところだつた。（中略）源次郎を夜間に殺害する。それは鳥目ならば夜間の犯行は出来ないといふアリバイ（現場不在証明）を作ったことにもなる。

博士が偽の「鳥目」のトリックを用いて大林源次郎を殺害する荒筋である。同人皆で様々な知恵を出し合っても、それを纏めて執筆するのは一人である。この荒筋は、平山蘆江が担当した。もちろん、平山の手になる荒筋が作られた後も、江戸川乱歩や長谷川伸が意見を出し、内容の変更を行った。一旦完成した荒筋は、原稿へと作りかえられていく。その原稿を書いたのは、小酒井不木である。一九二九年一月一六日付、小酒井不木書簡江戸川乱歩宛[27]によれば、「合作探偵小説の原稿出来ましたが、どうもあれだけでは探偵小説としての興味が薄いので、もう一人人物をふやしてとにも角にもまとめることにしました」という。その間、どのタイミングで書き換えが行われたのかは詳らかではないが、江戸川乱歩が提示した「鳥目」は発表作品では「夜盲症」という用語に置き換えられた。平山蘆江の荒筋には「鳥目」とあるので、医者でもある小酒井不木が「夜盲症」へと書き替えたのだろう。

座談会を通して明らかになったのは、耽綺社同人が出した知恵を皆で相談しながら創作をしていくことや、それを一人で執筆する必要があったことであった。合作のプロセスを披露すればするほど、一人で書くという行為もまた明らかになっていく。荒筋ができる段階で平山蘆江が深く関与し、後に小酒井不木が原稿を執筆したことが明らかとなった。この座談会で浮き彫りとなるのは、耽綺社全員によって様々な知恵を出し合って作品が成立していく過程であるとともに、それが一人の執筆者によって文章化されていくという事態である。理想として共同執筆を掲げながら、現実として浮かび上がってくるのは一人による執筆であった。しかも、その理想を様々なメディアを通して語ろうとすればするほど、現実の問題が逆照射されていくということが起こっているのである。

【7】……まとめ

ここまで耽綺社の活動を、雑誌に掲載された作品を中心に、検討を行ってきた。一九二九年四月一日、小酒井不木の死によって、求心力を失った耽綺社の活動は停滞していくことになる。小酒井不木の尽力によって継続してきた耽綺社の活動は、同人たちが書き残したように[28]、その後は成果を生み出すことが難しかったようだ。とはいえ、江戸川乱歩[29]が、小酒井不木の死後の一九二九年夏、土師清二、平山蘆江、長谷川伸、国枝史郎、映画監督の阿部豊などとともに写った写真一葉を紹介した上で、「耽綺社合作の「非常警戒」という日活の探偵映画」を作ろうとしていたことを回想している。小酒井不木の死後も、耽綺社の活動を継続させようと試みたことには注目しておきたい[30]。

これまでの研究では、耽綺社の活動を失敗とみなすのが定説となっている。しかし、ここまでの議論で明らかにできたことがいくつかある。第一に、耽綺社は合作によって、時代劇、小説、映画のシナリオなどを執筆したことである。特定のジャンルに捉われることなく、大衆文学を幅広く取り上げようとしたところに特徴を見出すことができる。こうした姿勢は雑誌『大衆文芸』を受け継ぐものといえよう。相違点は『大衆文芸』が時代小説を軸に活動したのに対して、耽綺社は探偵小説を軸に活動をしたことである。

第二に、耽綺社は同人の固定化や名前の冠化を必ずしも行わなかったことを挙げられよう。五人で始めた合作は、後に六人となった。座談会では耽綺社のメンバー以外が参加した。耽綺社の名前を冠さずに活動を行った〈六大都市小説〉のような企画もある。こうした活動のスタイルが、排外主義的な思考、モダニズム的な作風、医学的知見の導入など、さまざまな方向性を打ち出すことにつながったのである。

そして、第三に、このことが最も特徴的なことだが、耽綺社は共同執筆という理想を掲げながら、一人で執筆しなければならない現実に直面していたことである。確かに様々なメディアを通して、複数での共同執筆ということが繰り返し喧伝されていた。しかし、実際には個別の作家が代表して書くことも多かったのである。理想を掲げながら、現実があぶり出されていく様相が浮き彫りとなった。ここに耽綺社の活動が抱え込んだ困難があったのではあるまいか。

　一方、様々なメディアの耽綺社戦略もあわせて検討してきた。とくに『サンデー毎日』に注目したのは、他のメディアに比して多くの作品を掲載したからである。『サンデー毎日』は誌面作りに際して、演劇化、囲み記事、挿絵、座談会など、作品に関わる情報を様々な形で配信した。副田賢二[31]が指摘しているように「断片的なイメージや物語として消費させながら、次々と新たなトピックへと読者の視線を誘引してゆくような文化消費の仕掛け」そのものである。モダニズムの時代にふさわしい企画だったといえよう。さらに加えるならば、それは『サンデー毎日』という週刊誌の内部だけに留まらなかったことである。たとえば、横溝正史を登用したように、『新青年』との連動を企画するなど、雑誌外の諸情報との連動性をも意識づけるような企画を行っていたのである。こうした活動にはじめから最後まで関わってきたのは、『サンデー毎日』の編集部員の渡辺均であった。渡辺均の活動こそが、『サンデー毎日』における耽綺社戦略だったといえる。

　耽綺社の活動をめぐって、演劇化との連動性を意識した『週刊朝日』、映画化とタイアップした『名古屋新聞』、作品と座談会との連動性が希薄な『新青年』など、それぞれ新聞・雑誌ごとに特徴は出ている。『週刊朝日』も『新青年』も耽綺社の作品を一度取り上げただけで、雑誌としての基本戦略は作家個々の作品を掲載することにあった。たしかに『サンデー毎日』も耽綺社同人の個々の作品を掲載したいという思惑は、「六大都市小説」や「六周年記念五大懸賞」から見てとれる。しかし、この企画以降も耽綺社としての合作の活動を取り上げたところに、他の月刊誌や週刊誌や新聞との違いを見出せよう。一九二七年一一月から一九二九年四月にかけて、一年半にわたって耽綺社と『サンデー毎日』は関係を保ち続けた。

耽綺社と出版メディアとの相互作用を検討することで浮かび上がってくるのは、単に活動の失敗という問題だけではない。様々なジャンルの作品の創出、耽綺社メンバーの固定化と流動化、理想と現実のギャップ、関連情報との連動性、耽綺社のメディア戦略、メディアの耽綺社戦略、メディア間の戦略の違いなど、多層的に重なり合う諸問題だったのだ。そのことをひとつひとつ検証していくこと。そうすることによって、耽綺社の活動を評価することができるようになるのではないだろうか。

注

1 江戸川乱歩、小酒井不木、国枝史郎、長谷川伸、山下利三郎、横溝正史「合作長編を中心とする探偵作家座談会」(『新青年』第九巻第二号、一九二八年二月)の中で、国枝史郎が歌舞伎について、「立作者が居つて部下の作者に大体の筋を話して、さうして場面を——自由に書かして見て、それから後でその全体に就て訂正した」ものであると指摘している。

2 一九二七年一一月二日付、小酒井不木書簡江戸川乱歩宛(浜田雄介編『子不語の夢——江戸川乱歩小酒井不木往復書簡集』皓星社、二〇〇四年、以下、『子不語の夢』と略記)で、「西洋の大衆小説合作はヂユーマ、探偵小説の合作はリースやスーヴエストル」などがあると指摘した。日下三蔵編『合作探偵小説コレクション3　空中紳士　南方の秘宝』(春陽堂書店、二〇二三年、以下、『合作探偵小説コレクション』と略記)にも、「西洋の大衆小説合作はデュマ［アレクサンドル・デュマ・ペール］、探偵小説の合作は［アーサー・J・］リースや［ピエール・］スーヴェストルなど」との指摘がある。その他、アリス&クロード・アスキュー作、田村美佐子訳『エイルマー・ヴァンスの心霊事件簿』(書苑新社、二〇一五年)の原作「THE SHULAMITE」が一九〇四年に発表されている。

3 池田浩士『大衆小説の世界と反世界』(現代書館、一九八三年)

4 注3参照

5 「非常警戒(映画)」の存在は、日下三蔵「編者解説」(『合作探偵小説コレクション』3　前掲)によって、近年、明らかにされた。

6 高松敏男「渡辺均」(『日本近代文学大事典』第三巻、講談社、一九八四年)によれば、一八九四年生、一九五一年没の小説家、新聞記者で、「兵庫県生れ。京大文学部でおもに江戸末期の滑稽本作者を研究。大正八年大阪毎日新聞に入社、昭和一六年退社まで学芸部副部長などの要職につく。この間「サンデー毎日」などに作品を発表。歴史上の人物や祇園風俗を描いた小説が多く、江戸戯作文学の影響が強い。長編『祇園十二夜』（昭2・9　騒人社）、短編集『創作集　一茶の僻み』（大12・4　越山堂）ほか。晩年は上方落語の研究にも力を入れる」という。なお、『大阪近代文学事典』（和泉書院、二〇〇五年）は「わたなべ・きん」と読ませている。

7　斎藤亮「小酒井不木と合作組合「耽綺社」」（『郷土文化』第四〇巻第二号、一九八五年一二月）

8　阿部崇「不木が乱歩に夢みたもの」（『子不語の夢』前掲）

9　『大衆文芸』の同人は、江戸川乱歩、国枝史郎、小酒井不木、白井喬二、直木三十五、土師清二、長谷川伸、平山蘆江、正木《まさき》不如丘《ふじょきゅう》、本山荻《もとやまてき》舟《しゅう》、矢《や》田《だ》挿雲《そううん》の一一名。このうち、乱歩、史郎、不木、土師、長谷川、平山が耽綺社のメンバーとなった。詳しくは、拙稿「『大衆文芸』（第一次）総目次」（『尾道市立大学芸術文化学部紀要』第一二号、二〇一三年三月）を参照されたい。

10　浜田雄介「子不語の夢　七年の航跡」（『子不語の夢』前掲）は、「大衆文学との共闘については、当初より不木と乱歩の間にかなり温度差があった」と指摘する。不木は「ジャーナリズムや大衆作家からの働きかけに積極的に応じていた」のに対して、乱歩は「一線を画そうとした」という。

11　『子不語の夢』（前掲）所収、小酒井不木書簡江戸川乱歩宛（一九二七年一二月八日）の注四〇六参照。喜多村緑郎『喜多村緑郎日記』（演劇出版社、一九六二年）の一九二七年一一月二八日にも、「土師に会ふ。小酒井、に会ふ。国枝に会ふ。かくも、ある機会の来る事を、歓迎しずにはゐられない。（中略）国枝史郎氏が、送つてきた脚本。大衆作家のこの脚本、新派も存在はみとめられてゐる。」とある。耽綺社同人への好意や、新派を認めた脚本作りがなされていたということへの喜びなどが伝わってくる。

12　未署名「大衆文芸会社　いよ〳〵店開きとして　既に書きあげた新派脚本」（『東京朝日新聞』朝刊、一九二七年一一月二七日）

13　金森観陽は、『日本人名大辞典』（ジャパンナレッジ版、二〇二四年二月二〇日引用）によれば、「1884-1932 明治―昭和時代前期の日本画家。明治17年4月24日生まれ。尾竹越堂にまなび、関西画壇で活躍。また「サンデー毎日」連載の白井喬二作の「新撰組」などの挿絵もえがいた。昭和7年4月18日死去。49歳。富山県出身。旧姓は小出。本名は頼次郎。」とある。『名作挿絵全集2　大正・時代小説編』（平凡社、一九八〇年）には、白井喬二「新撰組」「忍術己来也」、中里介山「大菩薩峠」、子母沢寛「天狗の安」、村松梢風「現代侠客伝」などの挿絵を担当したとある。

14　土師清二「耽綺社打明け話」（『大阪朝日新聞』朝刊、一九二九年二月三日）

15　山前譲「「空中紳士」解説」（耽綺社同人『空中紳士』春陽堂書店（春陽文庫）、一九九四年）

16　江戸川乱歩「探偵小説四十年（上）――昭和二年」（江戸川乱歩『江戸川乱歩全集』第二八巻、光文社（光文社文庫）、二〇〇六年）

17　『子不語の夢』（前掲）所収、小酒井不木書簡江戸川乱歩宛（一九二八年一月一九日）、同（一九二八年一月二三日）など。

18　山前譲「「南方の秘宝」解説」（耽綺社同人『南方の秘宝　他2編』春陽堂書店（春陽文庫）、一九九四年）

19　日下三蔵「編者解説」（『合作探偵小説コレクション』3　前掲）

20　『子不語の夢』（前掲）

21 「〈広告〉六大都市小説」(『サンデー毎日』第七巻第八号、一九二八年二月一二日)
22 中村健「『サンデー毎日』における創刊記念企画について」(副田賢二編『戦前期『サンデー毎日』研究成果報告資料集』非売品、二〇二〇年)は、「六周年は記念五大懸賞企画を実施。これまでにない大がかりな内容となっている。「小説の作者名をあてる懸賞」は耽綺社と協力関係による企画である」と指摘している。
23 山前譲「「南方の秘宝」解説」(耽綺社同人『〈合作探偵小説〉南方の秘宝 他2編』春陽堂書店(春陽文庫)、一九九四年)
24 山前譲「「白頭の巨人」解説」(耽綺社同人『〈合作探偵小説〉白頭の巨人』春陽堂書店(春陽文庫)、一九九四年)
25 『子不語の夢』(前掲)
26 『子不語の夢』(前掲)
27 『子不語の夢』(前掲)
28 『サンデー毎日』は、一九二九年四月一四日号(第八巻第一七号)で、「小酒井不木氏を悼む」という特集を組んだ。そこには、国枝史郎「小酒井不木氏の思ひ出――その丹念な創作態度」、長谷川伸「耽綺社の指導者」、土師清二「『徹底個人主義』」が寄せられた。
29 江戸川乱歩「耽綺社」(江戸川乱歩『わが夢と真実』創元社、一九五七年、初出は『東京新聞』一九五六年九月一九日)
30 日下三蔵「編者解説」(『合作探偵小説コレクション』3 前掲)は、「非常警戒」は「一九二九年七月二十七日にマキノ配給で公開となっている資料が多く、全国的に上映されるまでは一年近くを要したようだ」と指摘している。
31 副田賢二「週刊誌『サンデー毎日』のメディア戦略――その創刊から一九二〇年代までを中心に」(『防衛大学校紀要』第一〇八号、二〇一四年三月)

【付記】本章はJSPS科研費17K92487と22L00298の助成を受けたものである。なお、本章は、拙稿「耽綺社のメディア戦略/メディアの耽綺社戦略――『サンデー毎日』を中心に」(副田賢二編『戦前期『サンデー毎日』研究成果報告資料集』前掲)をもとに、大幅に加除修正したものである。

章末表1 『サンデー毎日』耽綺社活動記録

年	月	日	巻号	土師清二	長谷川伸	国枝史郎	小酒井不木	江戸川乱歩	平山蘆江	備考
1927(昭和2)	1	1	第6巻第1号		「人かど松」	「染吉の朱盆(伝奇)」	「卑怯な毒殺」		「かぶと虫」	
		16	第6巻第4号			「投げられた碁石(小説)」				
		30	第6巻第6号						「東京の春芝居」	
	3	20	第6巻第13号	「聴雁(随筆)」						
	4	1	第6巻第15号	「湯殿の勢源(大衆小説)」	「音吉重作(大衆小説)」	「平安朝の賊(大衆小説)」				
		3	第6巻第16号	「村井長庵(小説)」						
	5	8	第6巻第21号			「向日葵を憎む(文芸のページ)」				
		22	第6巻第23号	「猫拷問(漫筆)」						
	6	15	第6巻第27号	「見殺し助兵衛」	「人間以上」	「怪しの館」				
	7	17	第6巻第32号			「畳まれた町」	「血友病」			
	8	14	第6巻第36号	「ざんげ(小説)」						
	9	15	第6巻第41号	「光圀卿御乱行」	「命の墨壷」	「かたな」	「或る自殺者の手記」			
	10	30	第6巻第48号	「新聞に「息ぬき」(文芸のページ)」						
	12	18	第6巻第55号	耽綺社同人「残されたる一人」	耽綺社同人「残されたる一人」	耽綺社同人「残されたる一人」	耽綺社同人「残されたる一人」	耽綺社同人「残されたる一人」		
1928(昭和3)	1	1	第7巻第1号			「白靴」	「遂に鐘は鳴つた」			
	3	15	第7巻第13号	「お勢以の道」	「異人屋往来(横浜)(六大都市小説)」	「手紙(東京)(六大都市小説)」	「うゐらう(名古屋)(六大都市小説)」	「角男(大阪)(六大都市小説)」		渡邊均「都をどりの夜(京都)」、横溝正史「劉夫人の腕環」も有。
		25	第7巻第15号	「古新聞抜帳(文芸のページ)」						
	4	8	第7巻17号		「高町小屋の人々(香具師物語)」					
		15	第7巻第18号				「黄色の街(探偵小説)」			
		22	第7巻第19号			「沙漠の美神(異国物語)				
		29	第7巻第20号						「ふところ手(花柳小説)」	
	6	15	第7巻第27号		「強ッ気時代」	「靄深き夜を」				
	10	1	第7巻第45号	「うづら長屋」						
		21	第7巻第48号	耽綺社同人「白頭の巨人」(1)	耽綺社同人「白頭の巨人」(1)	耽綺社同人「白頭の巨人」(1)	耽綺社同人「白頭の巨人」(1)	耽綺社同人「白頭の巨人」(1)	耽綺社同人「白頭の巨人」(1)	
		28	第7巻第49号	耽綺社同人「白頭の巨人」(2)	耽綺社同人「白頭の巨人」(2)	耽綺社同人「白頭の巨人」(2)	耽綺社同人「白頭の巨人」(2)	耽綺社同人「白頭の巨人」(2)	耽綺社同人「白頭の巨人」(2)	

年	月	日	巻号	土師清二	長谷川伸	国枝史郎	小酒井不木	江戸川乱歩	平山蘆江	備考
1928(昭和3)	11	4	第7巻第50号	耽綺社同人「白頭の巨人」(3)	耽綺社同人「白頭の巨人」(3)	耽綺社同人「白頭の巨人」(3)	耽綺社同人「白頭の巨人」(3)	耽綺社同人「白頭の巨人」(3)	耽綺社同人「白頭の巨人」(3)	
		11	第7巻第51号	耽綺社同人「白頭の巨人」(4)	耽綺社同人「白頭の巨人」(4)	耽綺社同人「白頭の巨人」(4)	耽綺社同人「白頭の巨人」(4)	耽綺社同人「白頭の巨人」(4)	耽綺社同人「白頭の巨人」(4)	
		18	第7巻第52号	耽綺社同人「白頭の巨人」(5)	耽綺社同人「白頭の巨人」(5)	耽綺社同人「白頭の巨人」(5)	耽綺社同人「白頭の巨人」(5)	耽綺社同人「白頭の巨人」(5)	耽綺社同人「白頭の巨人」(5)	
		25	第7巻第53号	耽綺社同人「白頭の巨人」(6)	耽綺社同人「白頭の巨人」(6)	耽綺社同人「白頭の巨人」(6)	耽綺社同人「白頭の巨人」(6)	耽綺社同人「白頭の巨人」(6)	耽綺社同人「白頭の巨人」(6)	
	12	2	第7巻第54号	耽綺社同人「白頭の巨人」(7)	耽綺社同人「白頭の巨人」(7)	耽綺社同人「白頭の巨人」(7)	耽綺社同人「白頭の巨人」(7)	耽綺社同人「白頭の巨人」(7)	耽綺社同人「白頭の巨人」(7)	
		9	第7巻第55号	耽綺社同人「白頭の巨人」(8)	耽綺社同人「白頭の巨人」(8)	耽綺社同人「白頭の巨人」(8)	耽綺社同人「白頭の巨人」(8)	耽綺社同人「白頭の巨人」(8)	耽綺社同人「白頭の巨人」(8)	
		16	第7巻第56号	耽綺社同人「白頭の巨人」(完)	耽綺社同人「白頭の巨人」(完)	耽綺社同人「白頭の巨人」(完)	耽綺社同人「白頭の巨人」(完)	耽綺社同人「白頭の巨人」(完)	耽綺社同人「白頭の巨人」(完)	
1929(昭和4)	1	1	第8巻第1号		「一宿一飯」	「今様真間の手古奈」	「被尾行者」			
	3	20	第8巻第13号	耽綺社同人「意外な告白」	耽綺社同人「意外な告白」	耽綺社同人「意外な告白」	耽綺社同人「意外な告白」	耽綺社同人「意外な告白」	耽綺社同人「意外な告白」	
	4	14	第8巻第17号	「徹底個人主義(小酒井不木氏を悼む)」	「耽綺社の指導者(小酒井不木氏を悼む)」	「小酒井不木氏の思ひ出(小酒井不木氏を悼む)」	「澤田氏を悼む」			渡辺均「梅田ホテルでの話(小酒井不木氏を悼む)」
	5	1	第8巻第20号	「みすや針」	「翁の花婿」					
	6	15	第8巻第27号	「米使節を担ぐ」	「関の弥太ッペ」					
	9	1	第8巻第39号	「乗客は泣き寝入りでいゝのか」	「名槍盗みの血」	「競争」				
		10	第8巻第41号	「塩ざい五郎」						
	11	15	第8巻第51号						「粂三髷」	

▌章末表２　『新青年』耽綺社活動記録

年	月	日	巻号	土師清二	長谷川伸	國枝史郎	小酒井不木	江戸川乱歩	平山蘆江	備考
1927(昭和2)	1		第8巻第1号				「疑問の黒枠」(第1回)	「パノラマ島奇譚」(第3回)	「自家探偵」	
	2		第8巻第3号				「疑問の黒枠」(第2回)	「パノラマ島奇譚」(第4回)		
	3		第8巻第4号			「マイクロフオン」	「疑問の黒枠」(第3回)	「マイクロフオン」		
	4		第8巻第5号	「滑川春麻呂の死」			「疑問の黒枠」(第4回)	「パノラマ島奇譚」(完結)「三月号寸評」		
	5		第8巻第6号	「マイクロフオン」		「マイクロフオン」	「疑問の黒枠」(第5回)「マイクロフオン」「断食の幻想」			

1927(昭和2)	6		第8巻第7号			「眼についた新作家」	「疑問の黒枠」(第6回) 「見世物叢談」			
	7		第8巻第8号		「奥さんの家出」	「奥さんの家出」	「疑問の黒枠」(第7回)			
	8		第8巻第9号				「疑問の黒枠」(完結) 「うらない夜話」			
	10		第8巻第12号				「死体蝋燭」 「懸賞小説について」	「懸賞小説について」		
	11		第8巻第13号		「代理殺人」		「二重人格者」			
1928(昭和3)	1		第9巻第1号				「見得ぬ顔」	「あ・てるてる・ふぃるむ」		
	2		第9巻第2号	耽綺社同人「飛機睥睨」	耽綺社同人「飛機睥睨」「探偵作家座談会」	耽綺社同人「飛機睥睨」「探偵作家座談会」	耽綺社同人「飛機睥睨」「探偵作家座談会」	耽綺社同人「飛機睥睨」「探偵作家座談会」		「探偵作家座談会」は土師清二が欠席、横溝正史、山下利三郎が参加した。
	3		第9巻第4号	耽綺社同人「飛機睥睨」(第2回)	耽綺社同人「飛機睥睨」(第2回)	耽綺社同人「飛機睥睨」(第2回)	耽綺社同人「飛機睥睨」(第2回)	耽綺社同人「飛機睥睨」(第2回) 「映画『心の不思議』新青年合評座談会」		
	4		第9巻第5号	耽綺社同人「飛機睥睨」(第3回)	耽綺社同人「飛機睥睨」(第3回)	耽綺社同人「飛機睥睨」(第3回)	耽綺社同人「飛機睥睨」(第3回) 「二人の思想家」	耽綺社同人「飛機睥睨」(第3回)		
	5		第9巻第6号	耽綺社同人「飛機睥睨」(第4回)	耽綺社同人「飛機睥睨」(第4回)	耽綺社同人「飛機睥睨」(第4回)	耽綺社同人「飛機睥睨」(第4回)	耽綺社同人「飛機睥睨」(第4回)		
	6		第9巻第7号	耽綺社同人「飛機睥睨」(第5回)	耽綺社同人「飛機睥睨」(第5回)	耽綺社同人「飛機睥睨」(第5回)	耽綺社同人「飛機睥睨」(第5回)	耽綺社同人「飛機睥睨」(第5回)		
	7		第9巻第8号	耽綺社同人「飛機睥睨」(第6回)	耽綺社同人「飛機睥睨」(第6回)	耽綺社同人「飛機睥睨」(第6回)	耽綺社同人「飛機睥睨」(第6回) 「法医学」	耽綺社同人「飛機睥睨」(第6回)		
	8		第9巻第9号	耽綺社同人「飛機睥睨」(第7回)	耽綺社同人「飛機睥睨」(第7回)	耽綺社同人「飛機睥睨」(第7回)	耽綺社同人「飛機睥睨」(第7回)	耽綺社同人「飛機睥睨」(第7回)		
			第9巻第10号				「『夜烏』礼讃」	「陰獣」 「少年ルヴエル」		
	9		第9巻第11号	耽綺社同人「飛機睥睨」(終篇)	耽綺社同人「飛機睥睨」(終篇)	耽綺社同人「飛機睥睨」(終篇)	耽綺社同人「飛機睥睨」(終篇)	「陰獣」 耽綺社「飛機睥睨」(終篇)		
	10		第9巻第12号					「陰獣」		
	11		第9巻第13号				「陰獣の印象」	「最近の感想」		
1929(昭和4)	1		第10巻第1号				「恋愛東西」	「悪夢」		江戸川乱歩「悪夢」は後に「芋虫」に改題された。
	2		第10巻第2号				「新春劈頭の感想」	「新春劈頭の感想」		「新春劈頭の感想」は江戸川乱歩、大下宇陀兒、小酒井不木による鼎談。
	3		第10巻第4号				「無名の脅迫状」			

年	月	日	巻号	土師清二	長谷川伸	國枝史郎	小酒井不木	江戸川乱歩	平山蘆江	備考
1929(昭和4)	4		第10巻第5号		「未決囚の断食」					
	5		第10巻第6号				「闘争」	「ポオ『アッシャ家の末裔』合評」		「ポオ『アッシャ家の末裔』合評」は、江戸川乱歩、甲賀三郎、大下宇陀兒による。
	6		第10巻第7号			「名古屋の不木氏」		「押絵と旅する男」「肘掛椅子の凭心持」		特集「小酒井不木氏を偲ぶ」
	7		第10巻第8号		「左り横隊」					
	8		第10巻第9号		「東方の珍商売」					
	9		第10巻第11号					「探偵作家楽屋ばなし」		

章末表 3 『週刊朝日』耽綺社活動記録

年	月	日	巻号	土師清二	長谷川伸	國枝史郎	小酒井不木	江戸川乱歩	平山蘆江	備考
1927(昭和2)	1	1	第11巻第1号	「敵討破れ傘」	「御免人力車」		「稀有の犯罪」			
	2	13	第11巻第8号	「お俊の殺し(小説)」						
	3	15	第11巻13号	「淀屋の娘」		「首頂戴」				
		20	第11巻第14号	「銭湯愚談」						
	4	10	第11巻第17号						「漫筆商売往来」	
		17	第11巻第18号						「四月の東京劇界」	
	6	5	第11巻第25号	「遂に顔の話にならない話」						
		15	第11巻第27号	「鳴らぬ警笛」	「下駄番濫觴」				「以心伝心」	
		19	第11巻第28号						「六月の東京劇界」	
	8	7	第12巻第6号	「蚊帳愚談」						
	9	1	第12巻第10号			「蜂飼の進四郎」				
		4	第12巻第11号	「ねずみ算」						
	10	9	第12巻第16号	「裸身の女仏」						
	11	6	第12巻第20号	「砂絵呪縛覚帳」						
1928(昭和3)	1	2	第13巻第2号	「帆あげた紀文」						
	2	26	第13巻第10号	「青鷺の霊(1)」						
	3	4	第13巻第11号	「青鷺の霊(2)」						渡邊均「都をどりの夜(京都)」、横溝正史「劉夫人の腕環」も有。
		11	第13巻第12号	「青鷺の霊(3)」						
		18	第13巻第14号	「青鷺の霊(4)」						
		25	第13巻第15号	「青鷺の霊(5)」						
	3	11	第13巻第12号	耽綺社同人「ジャズ結婚曲」	耽綺社同人「ジャズ結婚曲」	耽綺社同人「ジャズ結婚曲」	耽綺社同人「ジャズ結婚曲」	耽綺社同人「ジャズ結婚曲」		
		18	第13巻第14号	耽綺社同人「ジャズ結婚曲」	耽綺社同人「ジャズ結婚曲」	耽綺社同人「ジャズ結婚曲」	耽綺社同人「ジャズ結婚曲」	耽綺社同人「ジャズ結婚曲」		
	4	1	第13巻第16号	「青鷺の霊(6)」						
		8	第13巻第17号	「青鷺の霊(7)」						
		15	第13巻第18号	「青鷺の霊(8)」						
		22	第13巻第19号	「青鷺の霊(9)」						
		29	第13巻第20号	「青鷺の霊(10)」						

1928(昭和3) 一九二八(昭和三)	5	六	第13巻第21号	「青鷺の霊(11)」						
		13	第13巻第22号	「青鷺の霊(12)」						
		20	第13巻第23号	「青鷺の霊(13)」					「市村座見物」	
		27	第13巻第24号	「青鷺の霊(14)」					「東京芝居」(生田葵と連名)	
	6	3	第13巻第25号	「青鷺の霊(15)」						
		10	第13巻第26号	「青鷺の霊(16)」						
		15	第13巻第27号		「彦六屋敷」					「青鷺の霊(17)」は欠番。
		17	第13巻第28号	「青鷺の霊(18)」						
		24	第13巻第29号	「青鷺の霊(19)」						
	7	1	第14巻第1号	「青鷺の霊(20)」						
		8	第14巻第2号	「青鷺の霊(21)」						
		15	第14巻第3号	「青鷺の霊(22)」						
		22	第14巻第4号	「青鷺の霊(23)」						
		29	第14巻第5号	「青鷺の霊(24)」						
	8	5	第14巻第6号	「青鷺の霊(25)」	「舶来巾着切(1)」					
		13	第14巻第7号	「青鷺の霊(26)」	「舶来巾着切(2)」					
		20	第14巻第8号	「青鷺の霊(27)」						
		27	第14巻第9号	「青鷺の霊(28)」						
	9	2	第14巻第10号	「青鷺の霊(29)」						
		9	第14巻第11号	「青鷺の霊(30)」						
		15	第14巻第12号						「途伴れ道心(大衆小説)」	
		16	第14巻第13号	「青鷺の霊(31)」						
		23	第14巻第14号	「青鷺の霊(32)」						
		30	第14巻第15号	「青鷺の霊(33)」						
	10	7	第14巻第16号			「建設者(小説1)」				
		14	第14巻第17号			「建設者(小説2)」				
		21	第14巻第18号			「建設者(小説3)」				
		28	第14巻第19号			「建設者(小説4)」				

年	月	日	巻号	土師清二	長谷川伸	國枝史郎	小酒井不木	江戸川乱歩	平山蘆江	備考
1928(昭和3)	11	4	第14巻第20号			「建設者(小説5)」				
		11	第14巻第21号			「建設者(小説6)」			「芝居時評」	
		18	第14巻第22号			「建設者(小説7)」				
		25	第14巻第23号			「建設者(小説8)				
	12	2	第14巻第24号			「建設者(小説9)」				
		9	第14巻第25号			「建設者(小説10)」				
		16	第14巻第26号			「建設者(小説11)」				
		23	第14巻第27号	「戯曲集「沓掛時次郎」」		「建設者(小説12)」				
		30	第14巻第28号			「建設者(小説13)」				
1929(昭和4)	1	1	第15巻第1号	「前代未聞坊主狩(大衆小説)」						
		6	第15巻第2号	「おろち譚(小説)」		「建設者(小説14)」				
		13	第15巻第3号			「建設者(小説15)」				
		20	第15巻第4号			「建設者(小説16)」				
		27	第15巻第5号			「建設者(小説17)」				
	2	3	第15巻第6号			「建設者(小説18)」				
		10	第15巻第7号			「建設者(小説19)」				
		17	第15巻第8号			「建設者(小説20)」				
		24	第15巻第9号	「裸踊のはじまり(小説)」		「建設者(小説21)」				
	3	3	第15巻第11号			「建設者(小説二二)」				
		10	第15巻第12号			「建設者(小説23)」				
		17	第15巻第13号			「建設者(小説24)」				
		24	第15巻第14号			「建設者(小説25)」				
		31	第15巻第15号			「建設者(小説26)」				
	4	7	第15巻第16号			「建設者(小説27)」				
		14	第15巻第17号	「小酒井さんの事」		「逝ける小酒井不木氏」 「建設者(小説28)」				
		21	第15巻第18号			「建設者(小説29)」				
	11	24	第16巻第22号	「大阪に住馴れる」						

第2章 子母澤寛の股旅物におけるテクスト・挿絵の関係と洗練のプロセス
——週刊誌における文学と表象表現の一定型

中村　健

【1】……先行研究と研究の目的、考察の方法について

戦前期週刊誌における文芸作品の特徴を考えるにあたって、『サンデー毎日』に「紋三郎の秀」「弥太郎笠」といった評判作が掲載された子母澤寛《しもざわかん》の股旅物をとりあげる。具体的には、『サンデー毎日』掲載の子母澤寛の股旅物の設定・文体・編集・挿絵の表象表現に注目し、各作品間で生じる影響関係を探るとともに、洗練化やコモディティ化の流れを考察することとする。

股旅物は、長谷川伸《はせがわしん》が一九二九年に創始した無宿の渡世人を主人公にした義理人情を描くジャンルである。それまでも講談や映画でも博徒（例えば国定忠次や清水の次郎長など）を主人公にした作品群は存在したが、それらと股旅物が異なるのは股旅物には恋愛が大きな割合をしめる点で、アメリカ映画の影響といわれている。[1] 股旅物の作品形態は文芸／舞台／映画／レコードと各ジャンル・メディアに広がり、幅広い展開をみせた。

子母澤寛は、明るく快活な渡世人像を創出し、長谷川伸の股旅物とは違う面を開拓した。子母澤の股旅物の代表作「紋三郎の秀」「弥太郎笠」は『サンデー毎日』に掲載された。なお、実際のブームは長谷川や子母澤が代表作を書いた時期ではなく、少し遅れて一九三五（昭和一〇）年前後からであり、一九三八（昭和一三）年には股旅物が内務省から睨まれた。[2]

子母澤寛は、大阪毎日新聞社に在籍し、『大阪毎日新聞』（以下、『大毎』）、『東京日日新聞』（以下『東日』）、『サンデー毎日』の記者や編集の仕事をしながら、作家として独立することを視野にいれて一九三一～一九三三年にかけて股旅物を『サンデー毎日』に発表した。**【表1】**にまとめたが、作品数は、二二編（連載二作、読切小説一三作、よみもの七作）で、股旅物は項番10「紋三郎の秀」以降の七作品（項番10、12、16、17、20、21、22）である。

なお子母澤および『サンデー毎日』では、ジャンル名を「股旅物」ではなく、「やくざもの」の呼称を用いているが、本章では、一般に流布している「股旅物」を使う。

ここからはこれまで子母澤作品についての研究成果について振り返り、本章と関連する部分に言及したい。

先行研究は、主に大衆文学研究の領域で積み上げられてきた。

「紋三郎の秀」について、真鍋元之は、長谷川伸の股旅物が戯曲形式であったことをふまえ、小説である最初の股旅物と位置付けられるとともに、「行動は軽快、心情は楽天的、作品の印象も明朗なものである。『紋三郎の秀』一篇にかぎらない。これをハシリとしてブームを形成した、やくざものの殆どが印象を等しくする」[3]と後続

表1　子母澤が大毎・東日在籍時に『サンデー毎日』に掲載した作品一覧

項番	掲載期間　通常号／増刊	記事名(挿絵)	記事ジャンル	股旅物
1	1926.7.25、通常号	梅谷六九名義 「国定忠次　利根川べりの仕返し:忠次血縁利喜松老人思出話」(画:小田富彌)	小説	
2	1927.2.6、通常号	梅谷六九名義 「国定忠治御用弁」 (画:名取春仙)	小説	
3	1929.1.1、小説と講談号	新撰組遺聞(画:青木瀧三郎)	小説	
4	1929.1.6、通常号	新撰組遺聞(画:青木瀧三郎)	小説	
5	1929.7.28、通常号	新選組聞書(画:青木瀧三郎)	小説	
6	1930.1.1、創作と講談号	笹川の繁蔵(画:岩田専太郎)	小説	
7	1930.7.20、通常号	巷談耳袋	よみもの	
8	1930.8.10、通常号	剣光夜長話	よみもの	
9	1930.10.26、通常号	秋霜抄	よみもの	
10	1931.1.1、新春特別号	「紋三郎の秀」(画:金森観陽)	小説	○
11	1931.1.25、通常号	巷談四つ	よみもの	
12	1931.8.9–10.11、通常号	「弥太郎笠」(画:小田富彌)	小説(連載10回)	○
13	1931.11.10、新作大衆文芸号	「「やくざ者」の読方」 (企画「大衆文芸講座」の一篇)	よみもの	
14	1932.1.17、通常号	手控抜き書(炉辺随筆集)	よみもの	
15	1932.4.3、通常号	「新聞記者ナンセンス」(画:山城緑) (カラーセクション)	よみもの	
16	1932.5.5、新作大衆文芸号	「天狗の安」(画:金森観陽)	小説	○
17	1932.11.10、新作大衆文芸号	「新蔵兄弟」(画:堂本印象)	小説	○
18	1933.3.10、春季特別号	「片岡直次郎」(画:小田富彌) (企画「お好みやくざコント」の一篇)	小説	
19	1933.6.10、夏季特別号	「次郎吉流れ星」(画:堂本印象) (懸賞課題付特別読物)	小説	
20	1933.9.15、秋季特別号	「大村鉄太郎」(画:小村雪岱)	小説	○
21	1933.9.17–12.24、通常号	「松五郎鴉」(画:石井鶴三)	小説(連載15回)	○
22	1934.3.10、春季特別号	「兄弟」(画:小村雪岱) (1933年12月25日受領の記載あり)	小説	○

作への影響を高く評価する。山田風太郎も「紋三郎の秀」を高く評価している。[4]本章では各作品の影響関係を見ていくことになるが、このように「紋三郎の秀」を起点に置いて考察する。

　大衆文学作家の土師《はじ》清二《せいじ》は、子母澤が「弥太郎笠」によって「笠」という語が「やくざもの」を象徴する語にしたことを評価する。また子母澤の「国定忠治」の成功により、「国定忠次」「国定忠治」のふたつの表記のうち「忠治」が流通することとなった。[5]この評価から本章でも作品のタイトルについて注目したい。

　中谷博は、子母澤作品とプロレタリア文学との接点を指摘するとともに、登場人物の設定における武士とやくざものの対比の意味について触れた【6】。尾崎秀樹《おざきほつき》は評伝『子母澤寛――人と文学』（中央公論社、一九七七年）をあらわした。デビュー時から武士を主人公にした幕末物と博徒を主人公にしたやくざものの系列の作品群があり、講談に端を発する語りの文章、佐幕派の敗残士族へのまなざしなどを特徴としてあげている。

近年の子母澤研究は、歴史や表象、映画という視点でひろがっている【7】。子母澤作品の挿絵を担当した小田富彌《おだとみや》や石井鶴三《いしいつるぞう》に視座をおいた研究【8】や、映画作品から原作を照射する論考などである。

ここでは、本章のテーマと深くかかわる岩本憲児『「時代映画」の誕生：講談・小説・剣劇から時代劇へ』（吉川弘文館、二〇一六年）の指摘（pp.328–340）を少し長くなるが紹介する。同書は映画研究史ではあるが、映画だけでなく原作も視野にいれて横断的に表象表現について論じており、参考となる部分はかなりの分量にわたるが、ここでは「紋三郎の秀」「弥太郎笠」、渡世人の表象、「股旅物」について論じた部分に絞り紹介する。

①子母澤寛「紋三郎の秀」と「弥太郎笠」について（pp.329–330）

「紋三郎の秀」や「弥太郎」の姿は、粋で男前で恰好良い。「紋三郎の秀」は、まるで『稚児の剣法』の林長二郎のイメージに近く、作品発表と同年に、林長二郎主演（渡辺哲二監督）で松竹で映画化された。また、映画「弥太郎笠」のフォトジェニー（映像美の特質）は、季節感やリリシズムであり、それは「弥太郎笠」より先に製作された「忠次旅日記」（伊藤大輔監督）など先行する博徒物・股旅物映画にも見られるものであった。

②渡世人の表象表現について（pp.331–333）

無数の博徒物、股旅物映画が製作されており、渡世人像がどのような姿形で作り出されたのかを考える場合、表象としては、三度笠、縞の合羽、きりっと締まった身体の敏捷さと強靭さ、鋭い目つき、苦み走った男前、と

いう特徴があげられる。また画（挿絵）としては小田富彌作の「弥太郎笠」の渡世人像がある。【9】

③渡世人の行動様式について（pp.333–340）

渡世人は、「孤高の義士」である。観客は、渡世人の「節義」を通す行動に心を動かされる。観客によっては私小説より股旅物に心境や私生活を重ねた。

今、三点をあげたが本章のテーマと関連する点をあげるとすれば、①については、子母澤作品は先行する長谷川伸と関連して論じられるが、映画では先行作品は異なり「忠次旅日記」との関連が指摘されている。②では、渡世人の表象に三度笠、縞の合羽、引き締まった肉体があり、小田富彌の渡世人像が代表的である。渡世人の表象は本章三節でふれる。③では、主人公はジャンル特有の行動様式に従って行動する点だ。同時に、この三点は、読者が渡世人に仮託する形で、理想化された男性像の一つの典型が示されているといえよう。

このように先行研究をまとめると、子母澤の股旅物作品の起点は「紋三郎の秀」であり、映画においては先行作品のひとつとして「忠次旅日記」がある。子母澤の股旅物の創意は、作品のタイトルと明るい作風に見られる。渡世人の姿は小説、挿絵、映画が互いに影響を及ぼしあう関係の中ではぐくまれジャンル固有の行動形式と表象表現に昇華した。

【2】……研究方法

冒頭で述べたように、初出の誌面を対象に、影響関係を探っていく。その際に、『サンデー毎日』に掲載された子母澤の作品を次のように分類する。

【分類一】本誌・特別号・臨時増刊「大衆文芸号」に掲載された読切の短編のうち、その設定をもとに長編化（連載）されたものを選ぶ。また同じ頃（一九三二―一九三三年）の懸賞応募「大衆文芸」には、長谷川伸や子母澤寛の影響を受けた股旅物が入選するようになり、例えば陣出達男「さいころの政」などがあげられる。[10]

この流れを［短編＝構想］→［長編＝作者が構想が発展させたもの］→［「大衆文芸」入選作品＝作者の影響を受けた別の作者が構想をさらに発展させたもの］と位置づけ、「紋三郎の秀」→「弥太郎笠」―陣出達男「さいころの政」の三作品をその定義に対応した作品として位置づける。

【分類二】ある読切の短編の設定の一部が長編に引き継がれたが、その長編のテーマや筋は元の短編と大きく異なるもの。「新蔵兄弟」―「松五郎鴉」は、両作品とも主人公の設定が渡世人と武士の兄弟である。しかし、「新蔵兄弟」は兄弟で協力して官軍への復讐することがテーマがあるのに対し、「松五郎鴉」は、「一宿一飯」の恩義を果たそうと奔走する渡世人に、武士の兄が関わる喜劇タッチの作品であり作風が異なる。

【分類三】分類一および二にはふくまれないもの。読切の短編の設定が、長編に引き継がれなかったものであり、「天狗の安」「大村鉄太郎」「兄弟」などがあたる。

次に分析の視座として副田賢二と大澤聡の考え方を使う。副田賢二は戦前期の『サンデー毎日』の誌面について、「コンテンツの表層において読者を惹き付けつつ、その深層にある象徴的意味や解釈を顕在化させることなく、それを断片的なイメージや物語として消費させながら、次々と新たなトピックスへと読者の視線を誘引してゆくような文化消費の仕掛けが散りばめられていたのである。[11]」と指摘した。読者が「意味や解釈を顕在化させることなく新たなトピックスへと誘引する誌面」を消費するためには、編集部において「コンテンツの表層」の表現の工夫と深層の意味や解釈を理解させる誌面作りが欠かせない。この誌面作りを理解するためには、大澤聡が『批

競合関係の成立⇒模倣／差別化の連携の組織化⇒スタイルの洗練⇒コモディティ化

図1　大澤が示した競合コンテンツ間に生じる洗練化への流れ

評メディア論』（岩波書店、二〇一五年）で述べた戦前期の雑誌の競合関係に関するいくつかの指摘をもとに考えると、より鮮明になるだろう。

　大澤は「当時、雑誌の点数が急増していた。同系誌が競合関係を結ぶ。模倣と差別化の連携が組織化される。偶発的な様式や企画を他誌がたちまち模倣する。」（p.240）と競合誌間でコンテンツの模倣／差別化の連携の組織化が生じたことを指摘する。この組織化は「雑誌間で連鎖的な相互模倣が組織される。あるいは、折り重なるアレンジメントと踏襲と転位が。その過程でスタイルが洗練されていく。最終的にコモディティ化する。」(p.28)とコモディティ化への流れに続いていく。副田が言う「新たなトピック」は、大澤の言う「折り重なるアレンジメント」により洗練された記事といえよう。この洗練された記事は、スタイルすなわち定型を備える。この定型を生成するためには、誌面の編集作業が必要である。[12]編集により定型化した誌面は、副田の云う「その深層にある象徴的意味や解釈を顕在化させることなく」消費することに欠かせない仕組みである。

　大澤はこの図式を競合する雑誌間にあてはめたが、本章では小説や読み物といったコンテンツ間でも成立すると考え、先に三分類した子母澤の各股旅物を比較する際に用いる。例えば、千葉亀雄は「さいころの政」について「珍しい筋とはいへない。長谷川、子母澤、澤田諸公の公式を取りまぜて上手にあしらつて、その癖、少しも縫ひ合せの線を見せない、そのうまさが見つけもの」[13]と評価したように、定型を踏まえた模倣と差異によるアレンジメントの踏襲と転位が作品評価の基準となるジャンルであるからだ。そのため、大澤の図式を使った分析が可能と考え、先に【分類一】【分類二】であげた股旅物の各作品間にどのような「洗練のためのアレンジメント」が生じ影響関係が生じたかを見ていく。

なお、今「模倣」という語を使ったが、文学作品を論ずるにあたっては影響[14]という語の方が適当であろう。そこで以後、本章では先述の「模倣／差別化」を「影響／差別化」と言い直し、本章においては「影響／差別化の連携の組織化」とは、作品間にタイトルや筋や表象に影響関係が生じると同時に差別化を図る状態を指すこととする。

この「影響／差別化の連携の組織化」が生じるポイントとして、先行研究であげた作品のタイトル、文章、主人公の渡世人像があるだろう。さらに、定型を生み出す編集を考察するためには誌面のレイアウトも対象となる。先行研究では、主人公の行動原理をあげたが、この点は、子母澤が自らの股旅物のイメージをのべたエッセイ「「やくざ者」の読方」『サンデー毎日』（新作大衆文芸号一〇巻五一号、一九三一年一一月一〇日号）に、自作の登場人物の行動原理について述べている。

子母澤の考える「股旅物」は、社会の規範に縛られない人物の感情をやくざに仮託して描く。従って様々な職業を持つ登場人物がいるが、「一口にやくざといつても、武士もあるし、商人もある、百姓もある、それからばくち打ちもあるという訳、ずゐぶん広い言葉です。」「武士も商人も百姓も、ばくち打ち仲間に入つて、はじめてやくざらしいやくざといい得るやうな気持がします。」と述べている。ただし、武士は階級や慣習に縛られた存在であり、そこから外れた武士は「表面的存在は武士でも」「武士の姿を借りたやくざとして、取扱はるべきです。」と独自の定義を与えている。[15]

子母澤は股旅物の主人公の行動に「一宿一飯の仁義」という論理に加え、感情的に動くという行動原理を与えている。この行動原理は作者や作品ごとに異なっていることから、作品間で生じる影響／差別化を探るポイントとしてあげることができる。

本章は、先に三分類した作品について、タイトル・筋・文章・主人公の渡世人の行動原理・誌面のレイアウト・渡世人の表象に注目して、各作品間の「影響／差別化の連携の組織化→スタイルの洗練→コモディティ化」の流れを考察することとする。

【3】……影響／差別化→スタイルの洗練化への考察

3―1　【分類一】「紋三郎の秀」「弥太郎笠」「さいころの政」の考察

三作品の関係は次のようになる。「紋三郎の秀」は長谷川伸の影響を受けた作品、「弥太郎笠」は子母澤の独自性が出た作品[16]、陣出の「さいころの政」は子母澤の「弥太郎笠」の影響が色濃く見える作品である[17]。その影響を見るため「影響／差別化の連携の組織化」のポイントを探る。そのポイントは、タイトル・語りの文体（導入部の文体の考察）・主人公の行動原理（結末部の文体の考察）・誌面レイアウト・主人公の肉体表象の五点に絞り、その詳細を見ていくこととする。なお、陣出達男「さいころの政」は『サンデー毎日』一九三三年四月二三日号掲載のテクストを使う。

3―1―1　タイトル

「紋三郎の秀」は、主人公が紋三郎稲荷の出身であることを踏まえた「地名＋人名」のタイトルである。長谷川の作品は「沓掛時次郎」「関の弥太っぺ」など「地名＋人名」が多く、これはその前の博徒物の付け方を引いている[18]。一方、「弥太郎笠」は「人名と股旅物に関わるアイテム」で構成されたタイトルである。子母澤は他にも「松五郎鴉」「天狗の安」などがあり、長谷川伸作品とタイトルのつけ方に相違が見える。

「さいころの政」は「人名と股旅物に関わるアイテム」で構成されており「弥太郎笠」の影響を引き継いだタイトルといえよう。

3―1―2　筋（プロット）

「紋三郎の秀」は、剣の腕が立つ渡世人・秀五郎が徳蔵へ一宿一飯の恩義から、弥太五郎相手にばくちと剣で戦う話である。「弥太郎笠」は直参旗本くずれの渡世人・弥太郎が虎太郎への一宿一飯の恩義と彼の娘お雪への恋心から、虎太郎を殺し縄張りを奪った大八とお牧と戦う話である。「さいころの政」は、骰子ばくちが得意な渡世人政が、久能山で開かれる大賭場に向かう道すがら、お類という未亡人の女の壺振りと知り合い、賭場でお類の仇である岩松を倒し、男をあげる話である。

「紋三郎の秀」と「弥太郎笠」のプロットの違いは、恋愛の場面の有無である。「さいころの政」の場合は、「紋三郎の秀」と「弥太郎笠」にあった主人公の行動原理である一宿一飯の恩義の設定が後景化し、「紋三郎の秀」のばくち勝負、「弥太郎笠」にあった恋物語の二つがプロットの中心となっており、各作品に設定の関連性が見られる。

3―1―3　「語り」の文体（導入部の文体の比較）

導入部分において三作とも登場人物の「語り」で導入部が形成されている。股旅物は、戯曲を創始としたジャンルであり、セリフや「語り」は重要な要素である。「紋三郎の秀」の冒頭から見ていこう。傍線部は筆者が引いた。

雪のちらく降る日であった。

下総の行徳から木下へつゞく鎌谷ヶ原で、御家人風の侍二人を相手に斬合つてゐる若い渡世人があつた。斬合ふといふよりは、侍の振りかぶつてゐる刀の下で、静かに脇差を抜いたと思ふと、忽ち稲妻のやうに二人を突き伏せて、そのまゝ裾まはりについた雪を払ふと、傍においた三度笠を小脇にかゝへて、悠々と立ち去りかけた。

木下のばくち打ち魚屋の徳蔵は、てうど江戸からの戻りで行徳で船から上がつて、こゝへめぐり合わせた。余り遣り口が見事なので

「如何でござんす、あッしのところへ草鞋をぬいで、ゆつくりなすッちやァ下さいませんか」

と思はず声をかけたが、その男は、小腰をかゞめて

「お言葉有難うさんでござんす、手前ちといそがしい旅でござんす、わざッとご辞退申しますでござんす」

と、そのまま名乗りもせずにすたすたと脇道へ入つてしまった。

（中略）

徳蔵は家へ戻つてから、幾度もこの男の噂をした――（後略）

この夜徳蔵の「語り」が多用され、秀が侍二人を鮮やかな腕前で斬る場面が、「徳蔵の語り」によって描写される。続いて秀の美男子ぶりや剣の腕の確かさが語られる。徳蔵は家へ戻ってから「幾度もこの男の噂をし」「やくざのなかにもあれ程腕の達者な奴がゐるのかと俺ァたゞ感心して眺めてゐたよ」と語る。徳蔵の語りにより、やくざの世界における秀の位置づけが一層鮮明になる。

この語りは新聞・週刊誌の記事にある証言を想起させる。新聞・週刊誌が事件記事を構成するとき、当事者や

関係者の証言で記事をかためリアリティを高めていくが、徳蔵の語りは、作品のリアリティを醸成するのに寄与している。子母澤は、股旅物に取り組む前に文名をあげた「新選組もの」や「笹川の繁蔵」など取材をもとにした読み物の一群がある。ここでは、一九二七年八月〜一〇月に『東京日日新聞』に連載した子母澤の代表的な随筆「味覚極楽」をとりあげよう。「味覚極楽」は食をテーマに著名人のインタビューで構成された随筆である。

「味覚極楽二五　小笠原長幹伯の話」（『東日』一九二七年九月一二日付一一面）は、「朝からちら〳〵雪が降つてゐた。私（引用者注　小笠原長幹）は凍えるやうになつて、大切な用事を抱へて静岡県岩淵へ田中光顕伯をたづねたことがある」という文章で始まる。

朝からちら〳〵雪が降つてゐた。私は凍えるやうになつて、大切な用事を抱へて静岡県岩淵へ田中光顕伯をたづねたことがある。伯はこの時小座敷へ深紅な炭火どつさり運ばせて、それへ鍋をかけ、大きな大根を皮ごとぶつ〳〵と輪切りにしたのを、昆布を敷いて、その上でぐたぐたと煮ながら「お茶代りに一つ」といつて食はせてくれた。

◇

箸でつまんで、唐がらしのちよつとはいつた生醤油をつけてふう〳〵吹きながら湯豆腐のやうにして食ふ。実にうまかつた。いつか道重大僧正の話があつたが、あれと全く同じもので、物の自然の味はいゝものである。この時はもう日のくれ方であつたことまで覚えてゐる。（傍線は引用者による）

「紋三郎の秀」の冒頭と同じ、「ちら〳〵」という表現を使った雪の日から始まる。雪が「ちら〳〵」降る日という表現において、影響／差別化の連携の組織化が生じ、片方は食の随筆、片方は小説へと異なるジャンルに進んでいく。ただ、どちらも回想という構造をとり、「味覚極楽」は小笠原の語りによる回想、「紋三郎の秀」は徳蔵の語りによる回想で、子母澤がその「語り」を聞き取り文章化した構造となっている。「紋三郎の秀」は、子母澤が得意な聞書をもとにした読み物と同じ構造を用いて、語りがもたらすリアリティを股旅物という新たなジャンルの読み物にも継承させている。

この取材による聞書という要素は、「弥太郎笠」にも引き継がれている。「弥太郎笠」が書籍化したときに削られたが、「弥太郎笠」の連載予告には「私の田舎の家の裏に、野口の喜三さんといふ若い時分にさんざやくざを仕抜いた七十幾つの老人がゐました。少し中風の気味でねてゐて、これが町にゐる昔の子分や渡世の上でつき合ひのあつた人達へ時々無心の手紙を出す…」とあくまでも「取材」をもとにした作品であることが強調されている。この〝野口の喜三〟は、祖父を書いた実録風読み物「無頼三代」『改造』一九三二年六月号に「後ちに祖父がふとしたことから面倒を見てやるようになつた角力あがりの無頼で、野口の喜三さんといふのがありますが」と出てくるように、実在の人物であり、子母澤ゆかりの人物である。そして、「私」という語り手は、本篇が始まると、予告欄に後景化し、代わりに登場人物の一人語りが前面に出てくる。「紋三郎の秀」の一人語りは徳蔵であったが、「弥太郎笠」と「さいころの政」では、主人公の一人語りに変化する。「弥太郎笠」と「さいころの政」の該当部分を**【表2】**にあげた。

どちらも主人公が旅の進路に迷う場面である。迷いの先には、これから始まる物語の舞台が用意されている。引用のうち迷いの気持ちを述べる表現に傍線を引いた。「弥太郎笠」の弥太郎も「さいころの政」の政も主人公が一人語りをしている。「困る」という言葉を起点に進路について一人語りする部分に競合関係が成立し、よく似たセリフを発するが同時に差別化が図られている。読者は「さいころの政」に先行作である子母澤の股旅物の

■表2　「弥太郎笠」と「さいころの政」の主人公の一人語りの描写

弥太郎笠　(連載一回)井戸端	さいころの政　献納骰子二節
速や歩だが、橋を渡ると、草鞋がぴつたり止つた。 「さア、どッちへ行くね」 弥太郎、自分で自分へ、きいた。 「どッちでもいゝよ」 「そいつァ困る」 「ではいつもの通り辻占で行かう」 「よからう」 頬のところへ小さな笑いを浮べて、ちよつとあたりを見たが、 「流れの雑魚ァ、上か下か」 「登れァ安中、下れァ松井田……」 奇麗な水だ。底の小石が浮かび出るように光つてゐる。 弥太郎、流れを見詰めて真面目な顔附だ。	「ほう！」 この男でも、風流が分ると見ヱて、ほう！と立ちすくんだまゝ、しばらくは動かうともしません。 ーが。 「さあて、困つた。どつちへ行つたらいゝかな？」 とつぶやいたところを見ると、さうでもないらしい。 政は、頂上から急に二筋に別れてゐる畦道を見較べた。 一道は頂上と同じい海抜で坦々として遥かへ隠れン坊してゐるし、もう一つは、今登つて来たと同勾配の下り阪だ。

影響を見つけるとともに、新しい物語への期待感を抱くであろう。

3―1―4　主人公の行動原理とそれを示す場面

「紋三郎の秀」の最終場面、秀は敵役の弥太とさいころで勝負する。秀は勝ち、負けた弥太は切りかかる。主人公の秀は、ついに刀を振るい、こう台詞を吐く。「勝負までァ生粋のばくち打ちよ、それが済んでの刃物いぢりは外道だぜ、おい、弥太、俺ァな、渡世の上ぢや刀はぬかねヱ、だがよ、渡世を一足踏み出して渡世脱れの人間と人間との喧嘩なら、いつでも相手の好きなやうにしてやるんだ、手前も最後まで、まざり気なしのばくち打ちでゐれァ、生命に別条ァなかつたによ」と斬った理屈を述べる。この理屈は、渡世のルールとは異なる、秀が信じる正義を示している。この筋を通すための行動は、「人を斬る」という暴力である。子母澤が「「やくざ者」の読方」で示した人物像は、社会の規範に縛られない人物だった。それは一般社会だけでなく渡世社会の規範にも縛られない人物だった。つづく「弥太郎笠」の弥太郎もラストで旅鳥として渡世人の道をすすむより、自分の恋情を優先し、旅には出ずにヒロインお雪のもとにとどまる。ここでも恋情の発露という形で、渡世社会の規範に縛られない人物の感情を示した。このように子母澤作品の主人公は、浮世や渡世の規範より暴力や恋という形で自らの行動原理を優先する人物である。

次に「弥太郎笠」から「さいころの政」へどのように「影響／差別化の連携の組織化→スタイルの洗練」へと進んでいくか、**【表3】**を使ってその様相を見ていこう。

まず、どちらの作品の主人公たちも、分かれ道にたつ思い出のアイテムの前でヒロインと相対する（━傍線部）。主人公は、自らを「渡り鳥」「旅鳥」と称し渡世の規範に従うためヒロインへ別れを告げる。（〰〰傍線部）。しかし、その先の展開は異なる（═二重線部）。「弥太郎笠」の弥太郎は、お雪を忘れられず自分の気持ちを全うするため渡り鳥をやめて戻ってくる。「さいころの政」の政は、弥太郎同様旅鳥をやめるが、それは清水の次郎長一家へ入るためだ。渡世社会へさらに踏み込む姿勢を示している。傍線二重線部においてセリフは旅鳥をやめる点では同じだが、弥太郎と政の行動原理は対照的である。

さらに、このセリフから、読者は、政は清水の次郎長の有名な子分の小政の若き日の姿であることが分かる。つまり、本作は、小政の前日譚である。ラストのどんでん返しとして、新たな事実をストレートに突きつけ読者を驚かせるのではなく、無名の博徒の物語と思わせて、最後に有名な博徒の前日譚であったという作品の構造を明かして読者に驚きを与える手法は、千葉亀雄が「たしかに駆け出しの腕ではない。」[19]と高く評価した。今述べた作品構造を明かす手法は、先行する子母澤作品との差別化であり、陣出が示した股旅物の新しい表現（スタイルの洗練）として評価することができる。そして、この点が「影響／差別化の連携の組織化→スタイルの洗練」へ移行した部分である。先行作と同じ設定を用いて、読者に作品のジャンルやプロットを潜在的に意識させなが

表3】「弥太郎笠」と「さいころの政」のラスト、主人公の旅立ちの場面の比較

弥太郎笠（一〇［最終］回）二た股道	さいころの政　さらば旅鴉
お雪を真ん中に、弥太、吉、三人晴々しく帰つて来た。 （中略） やがて、手前を立切つて奇麗な流れ。そこに小さな橋が架つて、橋の袂に大きな椎の木、松井田と安中が、こゝで別れる二た股道。弥太、思ひ出の深いあの橋へ出て、ふーうと、深い溜息をついた。 「お嬢はん」 触つたら、あの生々とした眼から、今にも涙が溢れ出そうな、思ひ余つた声だ。 「永々お世話になりやした。弥太郎、これでどうやら心に思ひ定めた仕事はお終ひになりました。もうお嬢さんも大丈夫。弥太、お別れに致します」 （中略） 「弥太の罪も手柄も、これで棒引きにお願ひして、二本差の弥太郎、けふからまた行く先き知れねヱ渡り鳥でござんす」 （中略） 「お嬢はん、あッしです。弥太郎です」 「あッ！　弥太さん」 飛んで出て、立つた弥太の前へ崩れるやうに坐つたお雪。 「お嬢はん、あッしァ矢張り駄目だ。お前さんを離れちやァどこへも行けなくなつてゐた。自分の心に嘘をついて、あゝして出かけて見たものゝ、駄目なんだ。吉よ。笑つてくれ、俺ァお嬢はんに惚れてゐたんだ。大八をやッつけたのも、男の意地づくよりァ、このお嬢はんに惚れてゐたからやつたんだ、笑つてくれ。笑つてくれ」 弥太郎、涙が光つてゐる。	つひに来た岐れ道。 思ひ出のさいころ地蔵の前。 お類は急に恨めし気に、立ちどまつたまゝ動かうとはしない。 「姉御、後生だ！悪く思はねヱで、一人で花巻村へ帰つてくんな。……俺らこれ以上一緒にゆくなァ……」 （中略） 「姉御！俺らも旅鴉は今日限り、……清水港へ四里の道程だ」 「ご機嫌よう……政さん」 （中略） 「はゝ、嬉しさうな顔をするのはまだ早ヱ、その笑ひ顔はな、……清水の次郎長親分の身内で、……小政といふ男が名を上げたと聞いた時にしてくんな。……ご機嫌ようお類さん！」

ら、ラストに差別化による「差異」を生じさせ、新しい股旅物の形（＝スタイルの洗練）を示したのである。

3―1―5　誌面構成

この三作の挿絵画家は、金森観陽《かなもりかんよう》（紋三郎の秀）、小田富彌（弥太郎笠）、堂本印象《どうもといんしょう》（さいころの政）と作品ごとに異なる。しかし、彼らの挿絵には共通点が見える。まずは構図に注目しよう。登場人物の「視線」を使った誌面構成に共通性がある**【図2・3・4】**。

「紋三郎の秀」は短編のため挿絵は二図であり、「斬った張った」の剣戟とばくちを表す二図が掲載されている。剣戟**【図2】**は映画の一カットのような構図であるが、徳蔵の眼を通じて見える秀が侍二人を斬る場面が描かれている。

「弥太郎笠」**【図3】**と「さいころの政」**【図4】**は題字と見開きの誌面を利用して、読者に視線を意識させている。「弥太郎笠」**【図3】**は題字部分に旅姿の弥太郎がいるが、弥太郎の視線の先には弥太郎とお雪の姿がある。それは弥太郎の未来（弥太郎とお雪の恋の成就）を思わせる画が描かれており、タブロイド判という大きな誌面の編集と物語の進行と読者の視線とページをめくるタイミングという点で「タブロイド判週刊誌」の特性と読者の行動が一体化した編集になっている。

「さいころの政」**【図4】**は、題字付近にヒロイン（お類と思われる）、女性の視線の先にはページをめくると、主人公の政が木にもたれて思いに耽っている。そして視点はまた題字付近に注がれている。政の思い人が題字にいるお類を示しており、「弥太郎笠」の誌面構成の影響／差別化を図った結果として「さいころの政」の誌面が編集されている。

このように誌面で結ばれた視線は、「弥太郎笠」と「さいころの政」が恋愛物であることをあらわし、一節で

図２　「紋三郎の秀」の誌面に見える視線（『サンデー毎日』新春特別号 1931 年 1 月 1 日号）

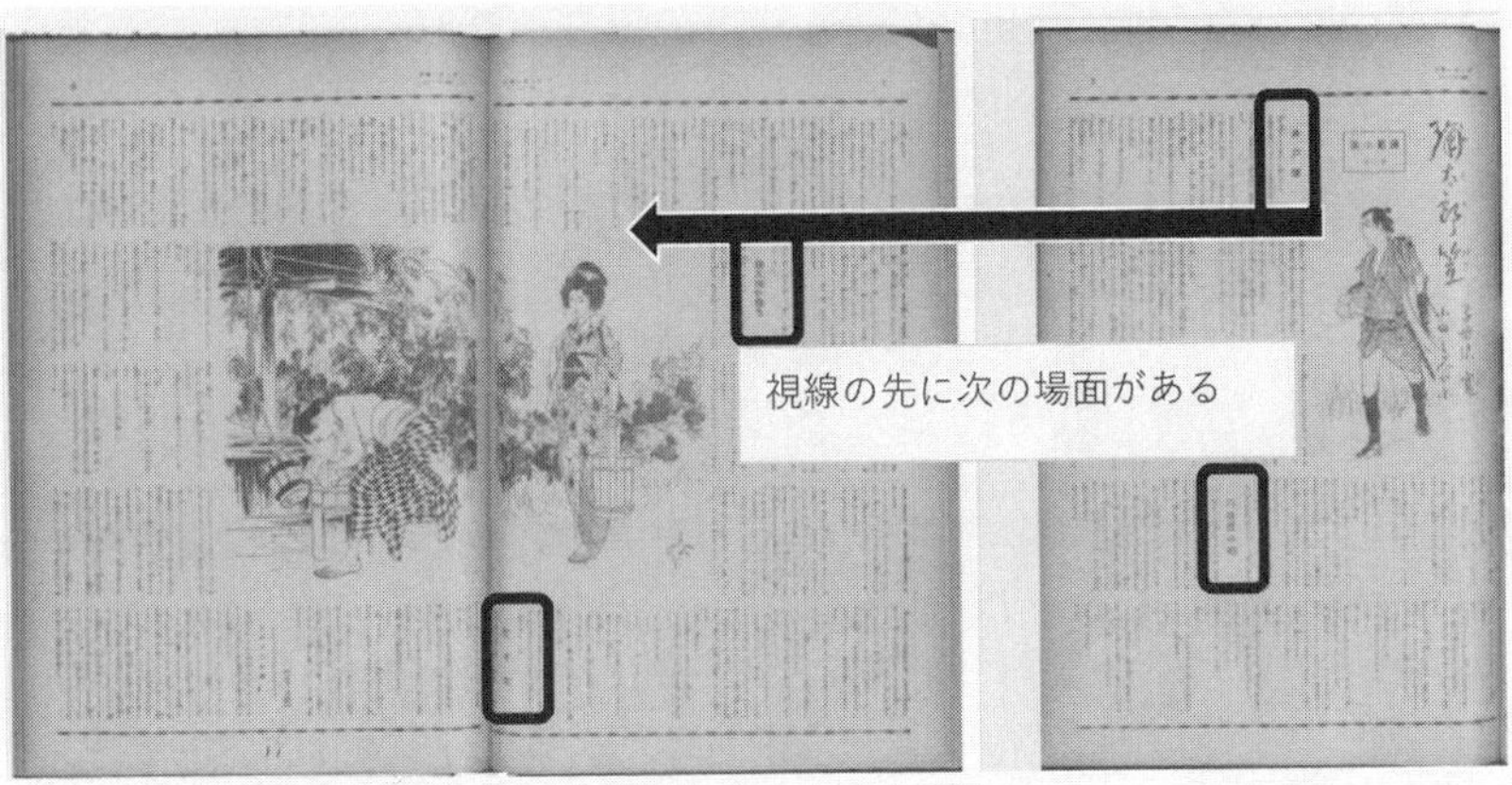

図３　「弥太郎笠」の誌面に見える視線（「弥太郎笠」連載 1 回『サンデー毎日』1931 年 8 月 9 日号）

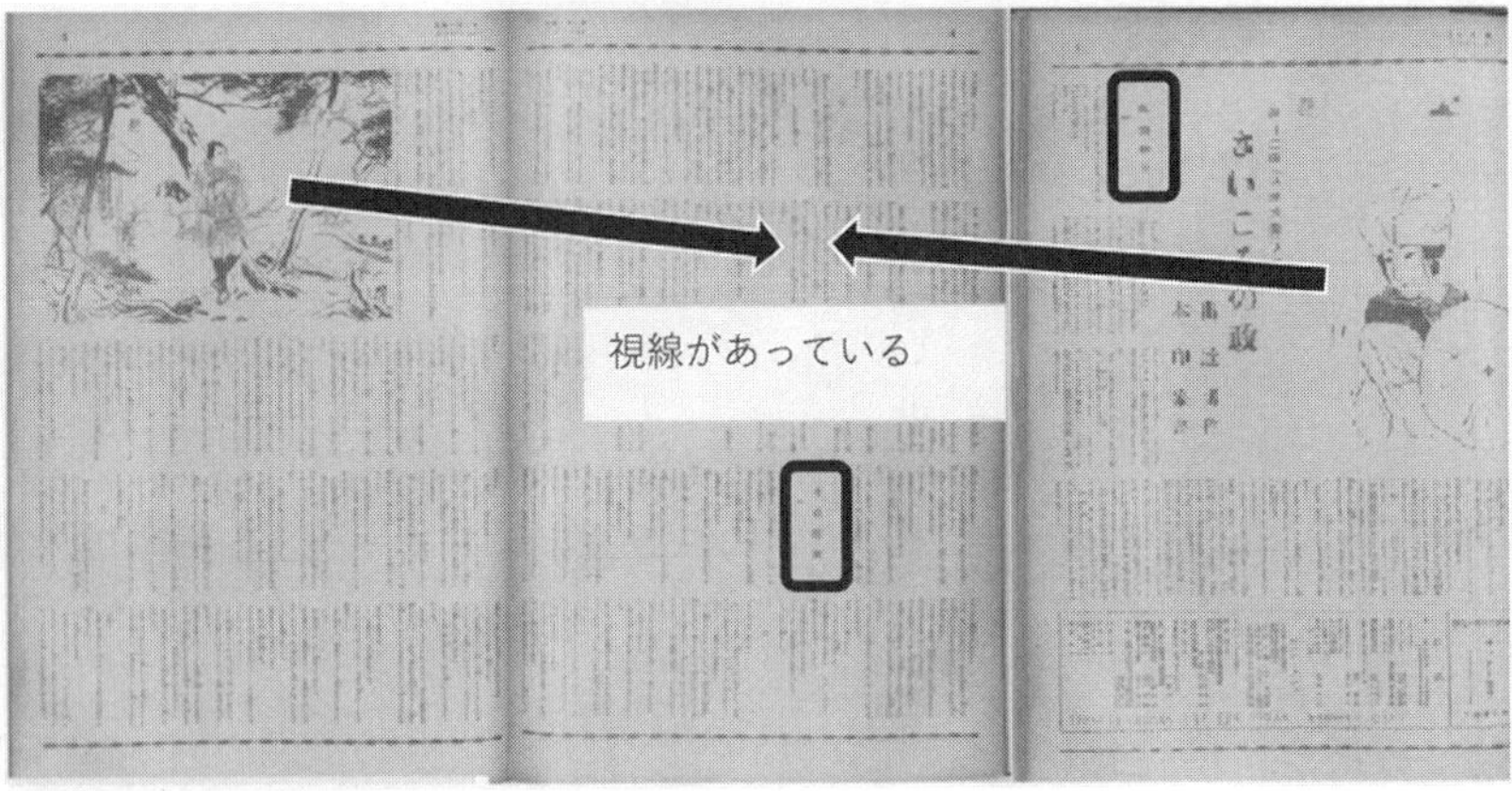

図４　「さいころの政」の誌面に見える視線（「さいころの政」『サンデー毎日』1933 年 4 月 23 日号）

股旅物と従来の博徒物をわけるものとして「恋愛」であると書いたが、編集においても、ジャンルの特性を理解した誌面作りがなされていることがわかる。

「弥太郎笠」と「さいころの政」には章題が見出しとしてついている。「弥太郎笠」は連載毎回に複数の見出し（黒枠）がついている。「弥太郎俄か発ち」「いかさま師」「二度草鞋」「賭場帳」「五本脇差」「用心棒」「旅がらす」「難題勝負」「腕千両」「二た股道」というように、股旅物を象徴する言葉が並べられており、新聞記事の小見出しのように配列されている。

「さいころの政」も小見出しを効果的に使っている。「献納骰子」「その前夜」「血煙さいころ陣」「さらば旅鴉」というプロットをリードしていく見出しを用いて、「弥太郎笠」と同様の効果をもたらしている。

3―1―6　主人公の肉体の描き方

次に金森観陽【図5】、小田富彌【図6】、堂本印象【図7】と三人の描く渡世人像の共通部分を見てみよう。新しいジャンルの主人公には新たな肉体像が必要である。それは美男子の渡世人であることだ。金森観陽【図5】のは細身で童顔の渡世人である。小田富彌【図6】のは引き締まった肉体と陰りのある表情の渡世人である。堂本印象【図7】のは新たな要素として「可愛らしさ」を備えた渡世人である。岩本憲児は、紋三郎の秀と弥太郎は美男子で、秀は、美男子スターの長谷川一夫のイメージがあると述べているように[20]、三作とも若く美男子である点が共通点としてあげられる。また岩本憲児は渡世人の表象を三度笠、縞の合羽、きりっとしまった身体の敏捷さと強靭さ、鋭い目つき、苦み走った男前と示したが、三人に共通するのは「三度笠」「きりっとしまった身体の敏捷さと強靭さ」で、弥太郎以外の秀と秀は「鋭い目つき」「苦み走った男前」とは異なる表情である。この「鋭い目つき」「苦み走った男前」ではないがゆえに、腕の立つ渡世人であるが、侠客の親分の貫禄や落ち着

右　：図5　紋三郎の秀：金森観陽（『サンデー毎日』新春特別号 1931 年 1 月 1 日号）
中央：図6　弥太郎：小田富彌（『サンデー毎日』1931 年 8 月 9 日号）
左　：図7　さいころの政：堂本印象（『サンデー毎日』1933 年 4 月 23 日号）

きは備えていない。

彼らは、若く細身で女性にもて、映画スターを想起させる。その姿は、理想化された男性像である。主人公が放つ若さや爽やかさは、股旅物の渡世人には重要な要素である。挿絵画家の志村立美は、「雪崩の谷」（『日の出』一九三八（昭一三）年八月号）の挿絵をもとに、どのような意図で作図したかを「小説が挿絵になるまで」岩田専太郎編『挿絵の描き方』（新潮社、一九三八年）で明かした。そこで志村は「やくざは、すっきりとした感じをさせるために、身幅のせまい着物を着て、胸もはだけますので」（p.200）と記しており、渡世人の表現に清潔感が欠かせないことと肉体を意識させることの必要性を述べている。金森、小田、堂本の渡世人像に共通するのは、渡世人のコスチュームである「三度笠と縞の合羽」姿ではない点である。[21] 三度笠と合羽は肉体を覆うアイテムである。このアイテムを省いたのは、若く細身の肉体を意識させるためだったのだろうか。検討の余地がある。

この三人の渡世人像で、渡世人の代表的な挿絵となっているのが小田富彌の弥太郎である。ここからは弥太郎の描き方を見ていこう。小田は「弥太郎笠」で挿絵を描くにあたって先行事例がなく、子母澤寛も明確なイメージを述べなかったので、月岡芳年の錦絵や、河原崎権三郎の役者絵などを参考にして、弟子にポーズをとらせ、オリジナルで描いた[22]といわれている。

今から見るように、弥太郎の造型には小田富彌自身が描いた先行作品に似た構図や、明治の新聞小説のやくざものの表現意識が色濃く投影されている。

まず全身像の構図の原型の一つに梅谷六九［子母澤の別名義］「国定忠次　利根川べりの仕返し：忠次血縁利喜松老人思出話」（画：小田富彌）『サンデー毎日』一九二六年七月二五日号の小田自身の挿絵【図9・11】をあげたい。この二図の構図は、「弥太郎笠」の終盤の連載九回【図8】及び一〇回の弥太郎像【図10】と同じである。【図8】と【図9】はどちらも右足を軸に長く見せた点は同じだが、【図8】の弥太郎は刀を振り回し、【図9】は刀を受ける、の差異がある。【図10】と【図11】は、立ち方、特に足元は同じである。しかし【図10】はこれから殴り込みにいく弥太郎の姿であるが、【図11】は人を斬った後の立ち姿と時制に違いがある。特に【図8】【図9】の剣戟場面の渡世人の肉体は、細く引き締まり手足が長く、日本人離れした等身で描かれている。立ち姿と剣戟場面では肉体の線を明らかにする描き方である。なお小田富彌は、「女は特に普通の日本人の割合よりはずつと脚を長く描いておきます。かうしないと、着物をつけてからちんちくりんの女が出来るからです[23]」と述べており、渡世人を描く場合も、意識的に足を長く描いているのかもしれない。長い足の表現は、結果的に日本人離れしたスタイルをもった渡世人を作り出した[24]。

先ほど志村立美の記述を紹介したが、もう一度、「身幅のせまい着物を着て、胸もはだけますので」という部分に注目したい。この描き方は、「きものはわざと身幅の狭い仕立―七五三五分廻し―にして、肩に手拭をのせて芝居がかった見得を切る。はだけた胸には彫物がのぞく。それがやや古めかしい明治のやくざの舞台すがただ。」

▌図 8 「弥太郎笠」9 回（『サンデー毎日』1931 年 10 月 4 日号）

▌図 9 「国定忠次　利根川べりの仕返し：忠次血縁利喜松老人思出話」『サンデー毎日』1926 年 7 月 25 日号

▌図 10 「弥太郎笠」10 回（『サンデー毎日』1931 年 10 月 11 日号）

▌図 11 「国定忠次　利根川べりの仕返し：忠次血縁利喜松老人思出話」『サンデー毎日』1926 年 7 月 25 日号

と大丸弘・高橋晴子『日本人のすがたと暮らし：明治・大正・昭和前期の身装』（三元社、二〇一六年）の「やくざ／遊び人」の項にある、明治の新聞小説によく描かれた定職があいまいな遊び人風の人間の風体と同様である。身幅の狭い着物は、肉体をより露出させるために必要なアイテムであり、渡世人の表現においても、肉体を意識させた表現というのが重要である。大衆文学研究者の磯貝勝太郎は、大衆文学作品の現代小説の女性の挿絵の特徴について「裸体のデッサンが不十分な挿絵画家などは、日本の着物を描くのは誤魔化せたが、肉体の露出する洋服着の場合には、簡単な線でモダンな洋装の麗人を思うように描きこなせなかった[25]」と指摘する。この指摘は、渡世人の肉体表現にもつながる。つまり、大衆文学の挿絵画家は、女性だけでなく、男性の肉体表現もできる技術が重要となってくる。

小田富彌は「はつきり人物の姿、構図が脳中に決定されると、鉛筆で下図にかゝります。何れも裸の男女です。（中略）このデッサンはよほどしっかりやらねばなりません。（中略）人物のデッサンが出来あがつてから、その上に各自ふさわしく着物を書き加へます[26]」と肉体表現の重要性を意識した作画を行っている。リアルな肉体をベースに、より魅力的な肉体造型を試みていた。小田富彌は「弥太郎笠」の第一回で主人公の弥太郎の肉体を描く【図12】。その意味では石井鶴三が「国定忠治」と「松五郎鴉」【図13】で筋肉質の渡世人の裸体表現をしたのは、理想化された肉体表現として尤もシンプルな裸体に行き着いたといえよう。

なお【図12】の弥太郎の肉体には彫物が描かれてない。ちなみに、小田富彌は『名作挿画全集』第一巻（平凡社、一九三五年）で再度、「弥太郎笠」を描く。その時の弥太郎は「三度笠、縞の合羽姿」という渡世人のコスチュームと肉体に「刺青」を入れており、『サンデー毎日』の表象とは異なっている。いわば流通した渡世人像（3―2―2．で後述）に近く、その差異は今後の検討課題である。

▌図12　弥太郎（画）小田富彌（『サンデー毎日』1931年8月9日号）

▌図13　松五郎（画）石井鶴三（『サンデー毎日』1933年12月10日号）

3―1―7　小まとめ

「紋三郎の秀」―「弥太郎笠」―「さいころの政」の作品間において、各作品間の「影響／差別化の連携の組織化→スタイルの洗練」に注目して洗練のためのアレンジメントがどのように生じたかを見てきた。タイトル、冒頭の語り、結末の行動原理（恋）、誌面のレイアウトや主人公の表象表現では「紋三郎の秀」―「弥太郎笠」―「さいころの政」で洗練にむけたアレンジメントが連続しているのがわかった。

一方で作品間で連携化が生じなかった要素や設定がある。

主人公の設定のうち、身分である。子母澤は武士とやくざという職業設定を重要視しており、それを具現化したのが元旗本の渡世人という設定である「弥太郎笠」の弥太郎はその設定であるが、秀も政はその設定ではない。もう一点は、剣戟の描写である。特に「弥太郎笠」の後半は、剣戟が重要なアクセントとなっており、小田富彌も剣戟の様々な構図を描いている。しかし、「さいころの政」は、骰子勝負の描写は多いものの、剣戟の描写が少ない。剣戟場面の変化については4節で別の作品をもとにもう一度ふれたい。

3―2【分類二】「新蔵兄弟」―「松五郎鴉」と「国定忠治」の考察

3―2―1　「松五郎鴉」と「国定忠治」に見える影響関係

大澤聡は競合関係が生じるのは雑誌間としたが、このパターンは新聞と週刊誌の間にも該当する。「松五郎鴉」の表象表現は、子母澤が『大毎・東日』夕刊一九三二年一一月五日付〜一九三三年六月六日付に連載した『国定忠治』の石井鶴三の挿画や、ジャンルのイメージとして流通した「三度笠・縞の合羽」という『サンデー毎日』の外の表象表現の影響を受けたものであるからだ。

「松五郎鴉」のあらすじは次の通りである。訳あって渡世人になった松五郎（主人公）は出獄にあたって、牢名主五兵衛に頼まれて、岡村屋乙吉の世話になっている五兵衛の妻子の様子を見に行く約束をする。しかし、五兵衛の妻子は乙吉の元を離れており、さらに乙吉は松五郎を討とうとする。松五郎は、五兵衛の仁義から五兵衛の妻子を守るために乙吉と戦う。一方、松五郎は掛川への旅の途中である侍と知り合った。侍は異母弟を探していた。この侍の探す弟こそ松五郎であった……。

この設定に似た読切作品はない。やくざと武士の兄弟という設定で同じなのが「新蔵兄弟」である。筋は次の通りである。土地の郷士櫻井家の旦那の新十郎は、弟新蔵の思い人（お浪）を匿ったが、旅に出た新蔵のいない間に、思い人は薩摩兵、志村源五兵衛（のちに源五太郎）に襲われた。思い人を守れなかった新十郎は、やくざになり薩摩兵に殴り込みをかけ逃亡。のちに手入れを受けた際に、この殴り込みがばれて死刑になった。兄・新十郎の死刑を知った旅先の新蔵は、残った薩摩兵を討ち、兄の仇をとった。

この二作品からは、3―1でみた「紋三郎の秀」「弥太郎笠」「さいころの政」の三作品のような「影響／差別化の連携の組織化」のポイントを見つけることは困難である。しかし、主人公の表象表現という点で「松五郎鴉」と連携化が生じた作品は『サンデー毎日』の作品ではなく、先に述べた新聞に連載された「国定忠治」の石井鶴三の挿絵との間に強い「影響／差別化の連携の組織化」のポイントを見出すことができる。しかも、石井が描く「国定忠治」と「松五郎鴉」の挿絵には差別化より影響関係、つまり相似形を見出すことができるのである。

「松五郎鴉」の最初三回の挿絵は、「国定忠治」とよく似た構図の挿画が出てくる。

【図14、15、16】が「松五郎鴉」、【図17、18、19】が「国定忠治」である。左から街道筋をあるく三度笠と合羽の主人公【図14】と【図17】、茶屋で挨拶をうける主人公【図15】と【図18】、土間で挨拶をする主人公【図16】と【図19】という構図で、実によく似た構図となっている。

主人公の裸体【図20】が一三回に掲載されているが、「国定忠治」の有名な挿絵【図21】を想起させる。

連載開始をつげる『大毎』一九三三年九月一四日付一一面の『サンデー毎日』の広告【図22】は、子母澤寛と石井鶴三を顔写真入りで紹介している。これは、「国定忠治」のコンビを印象付けるための編集である。

さらに、読者も「国定忠治」を強く意識した。

或る人は、何だ、『国定忠治』の延長じやないかと、あつさり片づけるかも知れないが、新聞の小画面とは又違つて、石井一流の正確にして情味豊かな背景描写が、多量に加味される為に、鶴三式彫刻的人物描写の堅さが、非常に柔げられて、画面の雰囲気に一抹の軟調を加へる事に成功して居る。[27]

このように「松五郎鴉」はテクスト部分より挿絵において「国定忠治」を強く意識したものである。このように表象表現は、タイトルや主人公の設定同様、連載の媒体の間で強固な連携の組織化をもたらすことを指摘したい。

3―2―2　一九三三年の三度笠と縞の合羽の渡世人像

「松五郎鴉」の挿絵には、『サンデー毎日』の外部で流通した股旅物の表象イメージの影響を見つけることができる。主人公の松五郎が股旅物のアイテムである「三度笠、縞の合羽」で描かれている点である。先に『サン

図 17 「国定忠治」4 回（『大毎』1932 年 11 月 18 日付夕刊 3 面）

図 18 「国定忠治」2 回（『大毎』1932 年 11 月 16 日付夕刊 3 面）

図 19 「国定忠治」6 回（『大毎』1932 年 11 月 20 日付夕刊 3 面）

図 14 「松五郎鴉」1 回（『サンデー毎日』1933 年 9 月 17 日号）

図 15 「松五郎鴉」2 回（『サンデー毎日』1933 年 9 月 24 日号）

図 16 「松五郎鴉」3 回（『サンデー毎日』1933 年 10 月 1 日号）

図 21 「国定忠治」1 回（『大毎』1932 年 11 月 15 日付夕刊）。このイメージは編集でも強く意識している。

図 20 「松五郎鴉」13 回（『サンデー毎日』1933 年 12 月 10 日号）

図 22 「松五郎鴉」の連載予告が記された『サンデー毎日』の広告（『大毎』1933 年 9 月 14 日付 11 面）

デー毎日』の渡世人のパターンは細身の美男子であるとしたが、それとは異なる「三度笠、縞の合羽」のコスチューム姿である。

一方、「弥太郎笠」の映画のスチール【図24】は笠だけが強調されており、むしろ、先に国定忠治ものの名作「忠次旅日記」【図23】のイメージに近い。ちなみに舞台では新国劇の島田正吾が笠と合羽姿を持った姿が掲載される【図25】。

しかし、同時期（一九三二年）には映画広告の股旅物の記号として「三度笠、縞の合羽」が成立している。【図26】（『大毎』一九三二年三月一七日付）および【図27】（『大毎』三月二四日付）の広告である。三度笠だけでなく合羽が描かれ、三月一七日付の広告は記号化されている。参考までに、「沓掛時次郎」（トーキー版、辻吉郎監督、海江田譲二主演）の『東日』一九三二年五月二〇日付の映画広告にも「三度笠、縞の合羽」が描かれており、映画における股旅物の記号として流通している。

前節で「松五郎鴉」には渡世人のアイテムであ

る三度笠と縞の合羽が描かれていることを確認したが、このイメージは映画から『サンデー毎日』の挿絵に流れ込んだものといえよう。

そもそも、この「三度笠、縞の合羽」の旅姿は、職業に関係なく旅をする人の旅装であったが、一九三二年においてはこの映画広告のイラストのように股旅物固有のコスチュームと認識されているように見える。先に一九三一年の子母澤の股旅物の二編（「紋三郎の秀」「弥太郎笠」）はこのコスチュームではなかったし、一九二九年に長谷川伸「一宿一飯」（『サンデー毎日』小説と講談号八巻一号、一九二九年一月一日）に金森観陽が描いた旅人姿【図28】にはあるが、文芸春秋の『オール読物』一九三一年九月号の子母澤寛「さんど笠」の斎藤五百枝の挿絵の旅人もその姿ではなく、股旅物固有のコスチュームとして一定していない。しかし、一九三二年になると様相は異なって来る。一月から講談社の雑誌『富士』で連載された子母澤寛の「鬼火」（画：羽石弘志）は、三度笠・縞の合羽の博徒姿が冒頭から描かれる。そして、今あげた「弥太郎笠」の映画広告、さらに先にあげた一九三二年一一月から『大毎・東日』連載の「国定忠治」でも石井鶴三が「三度笠、縞の合羽」の忠治を二回目（一回目は裸）登場させる【図17】。このように、「三度笠、縞の合羽」は、股旅物固有のコスチュームとして一九三二年に挿絵に一気に広がったように見える。従って、一九三三年連載の「松五郎鴉」において、このコスチュームは、既知のものとして、冒頭から描かれている。

以上、「松五郎鴉」の渡世人の裸体とコスチュームを例にあげ、『サンデー毎日』以外の媒体からの影響が見えることを示した。「松五郎鴉」は作品としては、「弥太郎笠」に続く、股旅物の連載であったが、子母澤の退社などもあり、「弥太郎笠」ほどの評判をとっていない。しかし、作品より挿絵が評判となるなど、表象表現においては非常に取り上げることの多い作品であった。

▌図 26　「弥太郎笠」映画広告（『大毎』1932 年 3 月 17 日付夕刊 2 面）

▌図 23　映画「忠次旅日記」のワンカット。伊藤大輔「映画講談　国定忠次」（『サンデー毎日』小説と講談号 6 巻 41 号、1927 年 9 月 15 日号）p.28

▌図 27　「弥太郎笠」映画広告（『大毎』1932 年 3 月 24 日付夕刊 3 面）

▌図 24　「弥太郎笠」の書籍広告に掲載された映画のワンカット（『サンデー毎日』1932 年 7 月 10 日号）

▌図 28　長谷川伸「一宿一飯」『サンデー毎日』小説と講談号 8 巻 1 号、1929 年 1 月 1 日

▌図 25　三度笠と合羽をもつ弥太郎（「芝居になった弥太郎笠」『サンデー毎日』1931 年 11 月 15 日号）

【4】……股旅物のリアリティとコモディティ化

冒頭の問題意識に立ち返り、「股旅物」の定型が週刊誌の特性とどのように関連するかを考察する。

4—1　週刊誌的なコンテンツと内包するリアリティ

3—1—5で見たように子母澤作品の誌面は、「主人公名＋股旅物に関連するアイテム」によるタイトルと、主人公の姿の挿絵で構成されている。また、「弥太郎笠」や「さいころの政」ではプロットを示す股旅物の語（草鞋、旅がらす、さいころなど）が入った小見出しがついている。

この構成は、新聞や週刊誌で記事が記事名、リード、写真、見出しで構成されていることと、同様の誌面構成をしており、週刊誌ならではの編集がなされたといえよう。

次に、各作品において、主人公の設定やプロットが定型化され、読者は定型から受けるジャンルの知識をもとに、各作品で図られた差別化とそこから生まれた差異を「新しさ」として読んだ。本章で示した股旅物の書き手（長谷川伸、子母澤寛、陣出達男）は新聞記者や映画のシナリオライターであり、ある程度定型を使いこなせるプロの書き手でもあった。彼らは自らの体験をベースに、「股旅物」という定型にあてはめてコンテンツを創作した。子母澤作品の同時代評価に「気取らない文章、近代味を多分に持つた筆致、そして一篇毎に目新しい素材を提供しうる彼の頭脳」[28]があったことを紹介した。この近代味というのは、従来の講談にはないリアルな描写をさすだろう。長谷川の股旅物は、渡世人の口上などは、身近であった職人の作法などを取り込んでいる。「瞼の母」は、長谷川の母への思いを盛り込んだものであり、内包された複数の実体験が、このジャンルの初期作品のリアリティを形成している。子母澤や陣出も、新聞記者時代の取材ネタや肉親との思い出をもとに[29]このリアリティを形成した。

「弥太郎笠」の最後の決闘の場面は、中島河太郎によると「ストーリーも型通りといえないことはないが、最後の斬りあいの場面は、実話から採られている。それが常套的な話の進行を、一挙に変えて引き緊めているのだが、これも聞書のたまものであった。[30]」とあり、場面構成に活用している。一章で岩本憲児が私小説より股旅物に「心境」や「私生活」を重ねた観客もいたことをあげたが、三章で「弥太郎笠」「さいころの政」で見たように、股旅物は作者の取材をもとにしたリアリズムを内包するジャンルである。そのリアリズムは、読者が心境や私生活を重ね合わせやすい誌面を醸成し、読者はそのリアリズムに反応したといえよう。

このように子母澤は取材をベースにしており、その作品から放たれるリアリティは、新聞や週刊誌の記事と同様の種類のものである。

以上、作品の編集が週刊誌の記事の誌面構成に近く、子母澤の取材をベースにした「股旅物」は、週刊誌の他のコンテンツと親和性の高いものであることを確認した。

4―2　影響／差別化からコモディティ化へ

3―1で「紋三郎の秀」―「弥太郎笠」―「さいころの政」の三作での影響／差別化の連携の組織化を見たが、この関係は同時期の『サンデー毎日』内だけでなく、時間軸をさかのぼって組織化を形成することもある。「弥太郎笠」で考えたい。

「弥太郎笠」の各回の挿絵には、「紋三郎の秀」「さいころの政」以外の作品の表象表現との間に影響／差別化の関係を見出すことができる。

例を挙げていこう。

五回目は弥太郎が悪女・お牧を蹴上げる場面がある。同時期に子母澤が『オール讀物』一九三一年九月号に書いた「さんど笠」の斎藤五百枝の挿絵にも同じ構図があり、主人公が悪女を倒すにあたって「斬る」のではなく「蹴り上げる」という方法を使用する点が影響関係にあたるといえよう。

六回目（九月一三日号）および最終（一〇）回（一〇月一一日号）には誌面を見開きに展開して斬りあう構図であるが、これは小田富彌の挿絵ではおなじみの構図である。一九二八年に同じくタブロイド判の『週刊朝日』の土師清二「青鷺の霊」の小田の切り下げた挿絵【図29】は、「弥太郎笠」【図30】では、登場人物の倒れる方向が異なる形で描かれている。

映画の剣戟でもおなじみのポーズは、股旅物が剣戟のジャンルであることを示す。股旅物は先行の博徒物の相違に「恋愛」があることは述べたが、この表象は、股旅物が、先行する多くの「剣の物語」を引き継ぐジャンルであることを示している。

九回目（一〇月四日号）の題字横のお牧の構図【図31】は、小田富彌が『サンデー毎日』小説と講談号一九三〇年六月一〇日号に発表した絵画「湯あがり」【図32】と同じである。一方、異なるのは、表情、着物の柄、左手の三点である。

また同じく九回の見開きの弥太郎【図8】は、梅谷六九「国定忠次　利根川べりの仕返し：忠次血縁利喜松老人思出話」の挿絵【図9】と構図が同じで、渡世人の原型であることは3―1―6で確認した。このように「弥太郎笠」の小田の挿絵には、過去の自作との間に影響／差別化の連携の組織化があったことが色濃くうかがえる。さらに「弥太郎笠」は小田の手でもう一度、一九三五年に『名作挿絵全集』（平凡社）で描かれるが、その際には「三度笠と縞の合羽姿」である。このコスチュームは3―2―2で見たように映画や舞台では記号化されたイメージである。

「影響／差別化の連携の組織化」は、イメージの追加だけではない。差異の結果、省略されていく場合がある。

図29　土師清二「青鷺の霊」4回（画）小田富彌（『週刊朝日』13巻14号、1928年3月18日号）

図30　「弥太郎笠」最終回（『サンデー毎日』1931年10月11日号）

図32　小田富彌「湯あがり」（『サンデー毎日』小説と講談号9巻27号、1930年6月10日号）

図31　お牧（「弥太郎笠」9回『サンデー毎日』1931年10月4日号）

表4　コモディティ化される剣戟の場面

作品	【文章】	【挿絵】
子母澤寛「紋三郎の秀」（画：金森観陽）	【文章】六節 弥太が、脇差の柄に手をかけたやうだつた。猫伝も子分達も、一足退がつて身構えた。そして同時に全くその一瞬間の出来ごとと同時に、秀五郎の身体も少し動いて、何かしら手元できらりと白いものが閃いたやうであつた〟	【挿絵】 該当部分の挿絵はなし〟
子母澤寛「新蔵兄弟」（画：堂本印象）	【文章】富士の裾の章 柏原の立場茶屋で、朝明けの心地よさを、鰻を焼かせ、酒をあたゝめて、前に静かな田子の浦を松原越しに眺めつゝいゝ気持で盃を手にしてゐる志村源五太郎の一行十三名……一説に九名ともいふ……に、剣術を知らない郷士の旦那櫻井新十郎が、いきなり名乗りかけて、斬りつけたのであります。 常識で行くと、勝敗の数ははつきりとわかつてゐるのですが、真剣勝負などゝいふのはをかしなもので、こゝで櫻井が、志村をはじめ、六人を斬つたのです。志村といふ奴は、最初は弟の新蔵に一太刀やられ、二度目に兄のために、たうとう命をなくしてしまつた。	【挿絵】 富士山を背景に五人を斬って見栄をきる新十郎
都島純「上州巷説　ちりめん供養」（画：岩田専太郎）	【文章】有明月縮緬小袖 立ち騒ぐ三下を尻目にかけて、文二は、二尺三寸長脇差を、左上段に振りかぶつた。 （受けるな、躱すな、斬つて出ろ！）あの忠次譲りの八風夢想必殺剣、その太刀風に外道はたつた一太刀で頭を割られて死んだ……。 「……騒ぐな三下！　俺ら国定身内の下仁田文二だ。文句があつたら赤城山へ来い」 ぱちんと鍔鳴りも高く鞘にをさめて、せゝら笑った文二の小鬢に白いものが落ちてきた……。（めでたし〳〵）〟	【挿絵】 該当部分の挿絵はなし〟

一九三二年になると主人公の激情と対になって生じる剣戟の緊迫感ある描写が省略される例が散見される【表4】。作品の後半部分で展開される主人公が悪役の登場人物相手に立ち回る部分の剣戟の描写に注目しよう。

子母澤は、「紋三郎の秀」では、秀の手元をクローズアップ、次の行では俯瞰で相手の描写、また秀の手元に戻し刀の軌道を描くようなスピード感あふれる描写だが、「新蔵兄弟」では、語り口が異なるとはいえ、緊迫感より事象を淡々と述べ、哀感に訴えた文章となり、「紋三郎の秀」で見せたような剣戟の緊迫感のある文章ではない。この点は、股旅物の影響を受けた読者の投稿作品にも同様の事象が起こっている。一九三三年七月締切の一三回「大衆文芸」入選作の股旅物、都島純「上州巷説　ちりめん供養」(『サンデー毎日』一九三三年一一月一九日号)である。その剣戟場面は、数行の簡素な描写(傍線)となっている。

「上州巷説　ちりめん供養」では、剣戟については、「あの忠次譲りの八風夢想必殺剣」と記号的に処理を施した文章となり、風景描写も「白いものが落ちてきた」と雪のイメージを簡潔に伝えるだけである。著者の都島が映画のモンタージュを意識したと述べているように、定型化されたイメージを組み合わせた無機質な文章である。この時点で股旅物においては剣戟や雪の風景は「コモディティ化」した表現であるといえよう。

なお文章に対応する挿絵の有無であるが、「紋三郎の秀」と「上州巷説　ちりめん供養」にはない。「新蔵兄弟」は該当の挿絵があるが、剣戟を俯瞰でとらえた構図で小田富彌の剣戟のような緊張感はない。一九三三年まで視座をのばし、影響/差別化の連携の組織化→スタイルの洗練→コモディティ化の流れには、イメージの追加や省略が生じることを確認した。

【5】……まとめと課題

先行研究でもふれたように「弥太郎笠」は小説、挿絵、映画などジャンルごとに異なった影響が指摘されてきた。小説は、長谷川伸や子母澤自身の「紋三郎の秀」、小田富彌の挿絵は月岡芳年の錦絵や役者絵など、映画は、伊藤大輔監督「忠次旅日記」である。

本章では、『サンデー毎日』の各作品と「弥太郎笠」の影響関係を**【図1】**として示した［競合関係の成立→影響／差別化の連携の組織化→スタイルの洗練→コモディティ化］をもとに検討した。

『サンデー毎日』に掲載された股旅物の各作品は、股旅物というジャンルの中で競合関係を結び、お互いに影響しあい、よく似たタイトル、セリフ、場面が登場するが、同時に、差別化も図られ、そこから生まれた差異はスタイルの洗練化につながった。3―1の陣出達男「さいころの政」は「弥太郎笠」とよく似たタイトル、セリフ、場面があるが、最後のどんでん返しにおいて、ジャンルの表現を洗練させた。表象においても、それぞれの「眼差しを意識した誌面」「主人公の渡世人の姿」にお互いの影響を感じさせながらも、差別化が図られた。

この作品間で生じる影響／差別化の連携の組織化は、『サンデー毎日』の作品群や小説（テクスト）に限定されることなく外へと広がる。本章では、挿絵の表現が『大毎・東日』の連載（「国定忠治」）や映画広告のイメージ（三度笠と縞の合羽）、小田富彌の自身の過去の挿絵など、縦横無尽に伸びていくことを確認した。「弥太郎笠」の挿絵は3―1―6で見たように「国定忠次　利根川べりの仕返し：忠次血縁利喜松老人思出話」『サンデー毎日』一九二六年七月二五日号と強い影響関係を見せる。

４節では洗練化された股旅物の表現やイメージがコモディティ化した事例を確認した。子母澤の「新蔵兄弟」や「大衆文芸」の入選作に見える剣戟場面や雪が降る場面の表現である。

このように、影響／差別化の事例を時系列に並べたときに、股旅物のスタイルが洗練化からコモディティ化へと変化する流れを見渡すことができる。それは、先行研究であげられた作品と異なるものであり、同時に、股旅物が模倣に陥ることなく豊かなバリエーションを生み出していたことを示す。

また、この検討において常に編集の在り方にも目配りしてきた。『サンデー毎日』の「股旅物」のリアリティと掲載誌面、新聞を起源とする週刊誌のリアリティや記事の誌面構成に親和性をもっている。『サンデー毎日』の誌面は、「眼差し」を意識した誌面を編集したが、これは股旅物と従来の博徒物と一線を画すものとして恋愛があるが、それを体現した編集である。眼差しの誌面は、当時の週刊誌のタブロイド判という広い誌面が可能にしたものであり、主人公の人物像と小見出しを使った誌面レイアウト、作品を貫くリアリティは新聞を起源とする週刊誌と密接にむすびついたものであった。こうした小説の編集は、戦前期週刊誌の特徴として改めて指摘できる。

【分類三】については紙幅の都合でほぼ言及できなかった。最後に【分類三】の特徴について簡単に触れ、本章を終えたい。

「大村鉄太郎」「兄弟」は小村雪岱が挿絵を担当した。『サンデー毎日』において小村雪岱は邦枝完二とのコンビで知られる。[31]一方、小村は子母澤寛と一九三四年から『都新聞』で長期に連載される「突っかけ侍」でながくコンビを組むこととなる。この作品は、子母澤が股旅物から武士ものに移行した作品と評価されている。[32]「大村鉄太郎」「兄弟」の小村の挿絵を「股旅物」という文脈で見た場合、股旅物を想起させる挿絵とはいえず、文章と挿絵の組み合わせに違和感を抱く。その理由はこれから検討していく必要があるが、少なくとも小村の挿絵には、股旅物のアイテムである三度笠、縞の合羽の渡世人姿が登場していない。この「股旅物」の定型場面が出てこないことが、違和感の原因ではないかと考える。一方で、この違和感は、股旅物の定型を前提にした場合に生じるものである。この二作の「影響／差別化→洗練」の図式の先が股旅物ではなく「突っかけ侍」になるのであれば、違和感が期待感に変わるのかもしれない。このように【分類三】については、対象を『サンデー毎日』以外に広げ、さらにジャンルも股旅物以外の作品と相関関係を結ぶことにより、その後の子母澤作品の起点として見ることができる可能性をもっている。

注

1 佐藤忠男『増補版日本映画史Ⅰ』（岩波書店、二〇〇六年）pp.291–294

2 山手樹一郎「たった一度の縁」（『子母澤寛全集月報』四、講談社、一九七三年）、山本明「大衆文化におけるニヒル（大衆文化史Ⅴ）」（『名作挿絵全集五巻　昭和戦前・時代小説篇』平凡社、一九八〇年）、見田宗介『近代日本の心情の歴史：流行歌の社会心理史』（講談社、一九七八年）pp.106–108。内務省との顛末については長谷川伸「平凡、無資力の途：股旅物と取締りに就いて（1）」（『東京朝日新聞』一九三八年九月一六日付七面）、子母澤寛「小乗的な正義感：股旅物と取締りに就いて（2）」『東京朝日新聞』（一九三八年九月一七日付七面）がある。

3 「小史・その三」『増補　大衆文学事典』三版（青蛙房、一九八〇年）pp.122–123

4 山田風太郎「絶品「味覚極楽」」（『子母澤寛全集月報』六、講談社、一九七三年）

5 土師清二「解説」（子母澤寛『大衆文学代表作全集一六　子母澤寛集』河出書房、一九五五年）、土師清二「忘れがたい寛さん」（『子母澤寛全集月報』二、一九七三年、講談社）

6 中谷博「子母澤寛を論ず」（『我観』一三巻四号、一九三五年四月及び一三巻五号、一九三五年五月）。のちに『大衆文学論』（桃源社、一九七三年）pp.216–236に「子母澤寛論」として所収。

7 林原純生「昭和初期の〈幕末〉物語：子母澤寛『新選組始末記』の周辺」（『神戸大学文学部紀要』二七号、二〇〇〇年三月）、吉田悦志「子母澤寛「或る人の物語」（「歴史」小説）を読む：主人公・三宅太郎次と剣士・牧田重勝（特集「近代化」言説の光と影のあわい）」（『日本文学』六七巻一一号、二〇一八年一一月）、菊池明「「局中法度書」は子母澤寛のつくり話だ」（『諸君』三二巻六号、二〇〇〇年六月）などである。

8 松本和也「挿絵画家・石井鶴三と子母澤寛（梅谷松太郎）―新出資料からみる「国定忠治」・「父子鷹」制作事情一面」（『信州大学附属図書館紀要』四巻、二〇一五年一月）や松本品子『怪剣士丹下左膳あらわる：剣戟と妖艶美の画家・小田富弥の世界』（国書刊行会、二〇一四年）など。

9 三度笠と縞の合羽を映画やテレビの股旅物のスタイルと書くものは多い。資延勲「小田富彌・抄論」（資延勲『小田富彌さしえ画集』私家版、一九九四年）など。また岩本憲児『「時代映画」の誕生：講談・小説・剣劇から時代劇へ』（吉川弘文館、二〇一六年）p.331では、三度傘と表記されているが、本章では三度笠で統一する。

10 千葉亀雄の懸賞「大衆文芸」の読者からの応募作に関する選評の中で、「まだ模倣から十分ぬけきれないものは、いづれかといへば、剣劇物と、股旅物である。剣劇は、直木君、股旅物は型からして、長谷川、子母澤両君の足跡を踏んでゐるものが多い。いづれかといへばかういつた作物は、青年作家達には苦手らしく、型破りの作物は少なかつた。」（千葉亀雄「選評」（本誌第一一回『大衆文芸』審査結果発表）（『サンデー毎日』一九三二年九月二五日号）とその影響を指摘する。「大衆文芸」で入選した股旅物は、第一一回（一九三二年九月審査結果）では【選外佳作】村上卿「お三夜草鞋」、第一二回（一九三三年四月審査結果）【入選】陣出達男「さいころの政」。第一三回（一九三三年九月審査結果）では【入選】扇田征夫「香具師仁義」、【入選】都島純（本名：細川清）「上州巷談　ちりめん供養」である。

11 副田賢二「週刊誌『サンデー毎日』のメディア戦略：その創刊から一九二〇年までを中心に」（『防衛大学校紀要人文科学分冊』一〇八輯、二〇一四年三月）p.55

12 「「編輯」は思考や創作の「内容」に直截的には関与しない。かわりにコンテンツとしての定型を与える。それにより認知可能な範囲内に「平均する」」（大澤聡『批評メディア論』（岩波書店、二〇一五年）p.22）。

13 千葉亀雄「選評」（第一二回募集『大衆文芸』審査結果発表）」『サンデー毎日』一九三三年四月二日号

14 若林幹夫『社会学入門一歩手前』（河出書房新社、二〇二三年）pp.135–136。模倣と影響の違いの一つには、自己の主体性や自立性の有無があり、あるものが影響であるとしている。なお同書は二〇〇七年にＮＴＴ出版刊行のものを加筆修正したもの。

15 子母澤は自らの創作活動の初期から博徒と維新ものの二つを軸に活動を進めており尾崎秀樹『子母澤寛—人と文学』（中央公論社、一九七七年）p.50は、それを踏まえた文章である。

16 拙稿「新聞記者・雑誌記者としての子母澤寛：概念としての〈編集者〉を用いた〈書き手〉の変容を辿る試論」（『出版研究』五一巻、二〇二一年三月）

17 なお陣出が子母澤寛と直接に会ったのは一九四七年の夏であった。（陣出達朗「ある後日譚」（『子母澤寛全集月報』五、講談社、一九七三年）。なお陣出達朗は「さいころの政」の時は陣出達男の表記である。本章の本文では陣出達男で表記を統一する。

18 清水の次郎長、国定忠治の例をまたず博徒ものでは地名＋人名は多い。

19 前掲注13

20 岩本憲児『「時代映画」の誕生』（吉川弘文館、二〇一六年）p.330

21 「弥太郎笠」は『サンデー毎日』連載時ではなく、『名作挿絵全集』第一巻（平凡社、一九三五年）において「三度笠と縞の合羽」に刺青姿で描かれる。

22 資延勲「小田富彌・抄論」（資延勲『小田富彌さしえ画集』私家版、一九九四年）、野口昴明「あたたかい手」（『子母澤寛全集月報』四、講談社、一九七三年）

23　小田富彌「猫の欠伸」（『名作挿絵全集一』附録『さし絵』一号、一九三五年六月）、のち復刻版『名作挿絵全集・別巻』（大空社、二〇一四年）に収録。

24　高橋晴子によると、日本人には西洋人への外貌などへの憧憬があり、一九二〇年代になると大衆は外国映画も見慣れ、日本の女性もまっすぐな長い黒髪に執着せず、ウェーブのない髪は寂しいと感じ、西洋風な生活をする、西洋人のように装うことを願望としてもつようになった（高橋晴子『近代日本の身装文化：「身体と装い」の文化変容』（三元社、二〇〇五年）pp.401–403）。小田の体形はこの西洋人願望とどう結びつくか検討する必要があるが、あくまでも課題としてあげる。

25　磯貝勝太郎「挿絵史展望Ⅳ－風俗の記録者たち」（『名作挿絵全集第六巻　昭和戦前・現代小説篇』平凡社、一九八〇年）

26　前掲注23

27　酒井潔「現代一流雑誌挿絵論」（『書物展望』三巻一二号、一九三三年一二月）

28　「さんど笠（大衆文学名作解題百篇）」（『日本文学講座　第十四巻　大衆文学篇』改造社、一九三三年）

29　長谷川作品については佐藤忠男『長谷川伸論』（中央公論社、一九七五年）pp.35–72。「弥太郎笠」では、弥太郎が奇遇している親分の内情を探ろうと女中に聞き込みをして「弥太、大変な種をあげてしまった。」（「四日目の朝」）と新聞記者が取材しているような文章もある。陣出は父親は骰子の製造師、伯父は顔役と義理人情の世界に育った（九官鳥「映画人国記七六北陸の巻六」（『キネマ週報』一七二号、一九三三年九月二二日号））。

30　中島河太郎「子母澤寛の聞書」（『子母澤寛全集月報』一二、講談社、一九七三年）

31　小村雪岱については、本書の第3部2章の富永真樹「『サンデー毎日』と「雪岱調」――小村雪岱美人画に見出されたもの」を参照のこと。

32　「突っかけ侍」の項（大衆文学研究会編集『歴史・時代小説事典』実業之日本社、二〇〇〇年）pp.183–184

〈参考にしたデータベース〉
・身装画像データベース〈近代日本の身装文化〉国立民族学博物館およびMCDプロジェクト
https://htq.minpaku.ac.jp/databases/mcd/shinsou.html（二〇二四年三月三一日確認）

【付記】本章で引用した『サンデー毎日』『週刊朝日』の図版はすべて、大阪公立大学杉本図書館所蔵のものである。また『大阪毎日新聞』は大阪公立大学杉本図書館所蔵のマイクロフィルムを使用した。

第3章 『サンデー毎日』と新感覚派——『文芸時代』同人たちの週刊誌との関わり

松村　良

【1】……はじめに

「新感覚派」とは、一九二四年一〇月に創刊された同人雑誌『文芸時代』の同人たちを指す。これは千葉亀雄の文芸時評「新感覚派の誕生」（『世紀』一九二四年一一月号）によって命名された。保昌正夫によれば「千葉の命名は必ずしも『文芸時代』の同人全般の傾向を包含したものではなかった」が、その「感覚の新しさ」を印象づける名称として「これら新人にとっても文壇の通行証として、また一派の旗じるしとして、いちおう有効な作用をもたらした」のであり、「この呼称はこんにちにおいてもなお文学史上の用語として通用しており、昭和のモダニズム文学、芸術派文学をいう場合には、ここを一つの基点とすることが通例」になっている。[1]

本章はこの新感覚派に属する新進作家たちの、一九二〇年代から新たな雑誌メディアとして流通するようになった週刊誌（『サンデー毎日』と『週刊朝日』）への執筆状況について考察する。『文芸』一九三五年七月号に掲載された「『文芸時代』座談会」の中に、改造社社長の山本実彦と、『文芸時代』同人だった横光利一、菅忠雄、中河与一の次のような会話がある。

山本　横光さんは文芸時代などの同人雑誌が出来るまでは、主に何処へ書いてゐましたか。
横光　単行本が出たり、或は新潮、文芸春秋、新小説、我観などに出してゐた。
菅　あの頃週刊朝日なんかへ一つ書いただけで一夏湘南で遊べた位だつたね。
中河　滝田樗蔭氏の生きてゐた頃で、僕はよく中央公論にかいた。
横光　どうしたものか、あの頃僕は可なり裕福でしたね。原稿料がよかつたのだらうか。

新感覚派の代表的作家である横光利一は、『文芸時代』創刊以前から原稿依頼が常にあったようだが、[2]同人全員がそうだった訳ではないだろう。十重田裕一は一九二七年五月に「『文芸時代』が終刊となり、拠点を喪失したことで苦境に置かれる同人たちもいた」[3]と述べている。「滝田樗陰氏の生きてゐた頃で、僕はよく中央公論にかいた」と述べている中河与一もそうだったらしい。[4]

作家として生活するためには原稿料を得る必要があり、彼らにとって週刊誌は貴重な収入源だったはずである。「昭和のモダニズム文学、芸術派文学」としての方向性を持っていた「新感覚派」の同人たちは、週刊誌にどのような原稿を書いていたのかを、主に『サンデー毎日』を中心に見ていきたい。

【2】……『文芸時代』同人の週刊誌への執筆状況

まず、『文芸時代』同人たちが週刊誌に文章（翻訳・座談会・記事を含む）を掲載した回数を示す。連載の場合はそれぞれの号ごとに一回とカウントする。またカッコ内は『文芸時代』創刊号（一九二四年一〇月）から終刊号（一九二七年五月）までの間に、それぞれの週刊誌に文章を掲載した回数である。【5】

『サンデー毎日』で圧倒的に掲載回数が多い（七五回）のは片岡鉄兵《かたおかてっぺい》である。『文芸時代』創刊前の一九二四年六月二九日号・七月六日号に分載された「幼い日のために」が最初に掲載された小説であり、以後は『文芸時代』終刊までに小説三編の他に「上京当日」（一九二五年一一月二九日号）や「スキー旅日記」（一九二六年三月二一日号）などの文章を載せている。片岡は『文芸時代』誌上では「若き読者に訴ふ」（一九二四年一二月号）などの評論を発表し、新感覚派文学運動の旗頭の一人だったが、『文芸時代』終刊後、一九二八年頃にプロレタリア文学側に移行し、のちに検挙されて一九三二年に獄中で転向した。その後『サンデー毎日』一九三六年一月五日号から三月二九日号まで「日影月影」（画 一木弴）を一三回連載、一九三七年一月三日・一〇日合併号から三月二八日号まで「街の処女地」（画 宮本三郎）を一二回連載、一九四一年一月五日・一二日合併号から三月三〇日号まで「消ゆる楽譜」（画 田村孝之介）を一二回連載、一九四三年一月三日・一〇日合併号から四月二五日号まで「清流」（画 三芳悌吉）を一六回連載している。【6】

片岡の次に『サンデー毎日』掲載回数の多い（二八回）佐々木味津三《ささきみつぞう》についてては次章で述べたい。その次に多い（二一回）のは鈴木彦次郎だが、小説は「天衣無縫」（一九二六年六月二〇日号）、「夏日感傷図」（一九二七年九月四日号）、「薩南挙兵顛末」（一九二八年一二月三〇日号）、「指揮力」（一九四一年九月二八日号）の四作品だけであり、あとは

同人に加入した号	作家名	『サンデー毎日』	『週刊朝日』
大正一三年一〇月号（創刊号）（一四名）	石浜金作	2（0）	9（2）
	伊藤貴麿	8（5）	2（2）
	片岡鉄兵	75（5）	49（3）
	加宮貴一	8（5）	3（3）
	川端康成	12（1）	15（3）
	今東光（一九二五年六月脱退）	5（2）	14（7）
	佐々木味津三	28（8）	6（0）
	佐佐木茂索	5（2）	6（3）
	十一谷義三郎	8（0）	34（0）
	菅忠雄	5（2）	6（6）
	鈴木彦次郎	21（2）	6（0）
	諏訪三郎	4（0）	1（1）
	中河与一	6（2）	16（6）
	横光利一	4（1）	8（1）
大正一三年一一月号（第二号）（三名）	岸田国士	2（0）	6（1）
	酒井真人	14（1）	7（2）
	南幸夫	5（4）	0（0）
一九二六年三月号（二名）	稲垣足穂	2（0）	12（3）
	三宅幾三郎	0（0）	0（0）

相撲関係の文章が多い。一九三六年五月三一日号の「夏場所大相撲記」以降、大相撲の観戦記や力士の評判記などを数多く掲載している（丁度双葉山が横綱になり六九連勝を達成した時期である）[7]。

【3】……新感覚派の活躍期における『サンデー毎日』への同人執筆状況

次に新感覚派の活躍期（『文芸時代』創刊号（一九二四年一〇月）から終刊号（一九二七年五月）までの間）における同人たちの執筆状況を見ていくと、掲載回数が多いのは佐々木味津三の八回、次いで伊藤貴麿《いとうたかまろ》・片岡鉄兵・加宮貴一《かみやきいち》の五回である。片岡については前章で述べたので、ここでは、味津三、伊藤、加宮の三人を中心に見ていきたい。

佐々木味津三は『文芸時代』が創刊される前から『サンデー毎日』で活躍している。一九二二年一〇月八日号・一五日号に「二人の弟子」を分載、一九二三年七月五日号に「袴」を掲載、同年七月二九日号から八月二六日号まで「兄馬鹿」を五回連載、同年九月二日号に「出雲のお礼」を掲載、一九二四年四月一三日号・二〇日号に「母の上京」を分載している（いずれも同時代を舞台とした現代小説である）。『文芸時代』創刊から終刊までの間に次の八つの文章を載せている。

「女性軽蔑家」（小説）一九二四年一〇月二六日号
「へそ」（小説）一九二五年四月一日号
「猫と引越」（随筆）同年八月三〇日号
「奇妙な再会」（小説）同年一〇月一日号
「私の生活」（随筆）同年一〇月二五日号
「近頃身辺雑考」（随筆）一九二六年一月一〇日号
「非文壇的随筆」（随筆）同年九月一二日号
「弥次郎兵衛」（小説）同年一二月五日号

このうち「奇妙な再会」と「私の生活」には味津三自身の写真が掲載されているが、使われているのは同じ写真である。また「近頃身辺雑考」の中で味津三は、「おそらく今後の私にとつて活動写真は、小説以上に心をとらへる芸術形式の一つであらう」と述べている。最近見た活動写真の出来栄えに感銘を受けた味津三が横光利一と出会い、横光もその興奮を味津三に伝えたくて来たことがわかって、味津三は横光に「新感覚派でもとうてい及ばない所があるね」と語っている。そして一九二五年一一月二二日の「文壇近頃の事」に次のような記事が出ている（ルビ・傍点省略）。

佐々木味津三は、目下、郷家が破産に瀕し、実兄は病あつく、そのために小説を書いてゐることも出来ないので、神経衰弱に陥つてゐる。

『日本近代文学大事典　机上版』（講談社、一九八四年一〇月）の「佐々木味津三」の項目（真鍋元之執筆）に、一九二六年四月に長兄の浩一が亡くなった後、「多額の負債の返済と、長兄の遺児五名および弟妹三名を養育の義務が彼に負わされてきた。やむなく収入の多い大衆小説への転向を決意。講談社発行の「キング」「講談倶楽部」をはじめ、多くの通俗雑誌、地方紙へ積極的に寄稿しはじめた」とあるが、味津三はそれ以前から『サンデー毎日』には既に多くの小説を載せていた。ただし『サンデー毎日』誌上で「大衆小説」のカテゴリーで書いたのは、『文芸時代』終刊後の一九二八年一月一日号の「将軍の見本」からである。以後も味津三は『サンデー毎日』に時代小説・大衆小説を幾つも書いているが、彼の執筆活動の中心は講談社系の大衆文芸雑誌へと移っていく。

伊藤貴麿も『文芸時代』創刊以前に、一九二三年七月五日号に「重訳」、一九二四年七月一日号に「或る博士の死」という二つの小説を『サンデー毎日』に発表している。彼は『文芸時代』創刊から終刊までの間に次の五つの文章を載せている。

「痴女」（小説）一九二四年一〇月一日号

「旋風」（小説）一九二五年一月一日号
「小説の滅亡」（感想）同年一一月一日号
「私の生活」（随筆）同年一一月二二日号
「三度死にかける話」（随筆）一九二六年七月四日号

伊藤はこの四年後の一九三〇年六月一〇日号に「K市街の歴史の一頁」という小説を発表しただけで、その後は『サンデー毎日』には書いていない。この中の「小説の滅亡」という文章は、伊藤が夫人と並んで座っている写真が一緒に掲載されており、「諸君に一寸、いや大いに、真剣に散文芸術（主として小説）の次ぎに来るべきものについて考へて貰ひたいといふことである」と述べているが、その結論は「然らば全然新しい小説とはいかなるものか、つぎの時代に生るべき新しい文芸の形式とはいかなるものかといつても、今はまだ到底明確にはその本懐を予想することは出来ない」と尻切れトンボの内容になっている。前出『日本近代文学大事典　机上版』の「伊藤貴麿」の項目（岡田純也執筆）には「昭和に入ってからは、芸術派の酒井朝彦らの童話同人誌「童話文学」（昭四）に加わり、毎号作品を発表した」とあり、その後は児童文学者・翻訳家として活動するようになっていく。

加宮貴一は『文芸時代』創刊以前には『サンデー毎日』に一度も寄稿していない。彼は『文芸時代』創刊から終刊までの間に次の五つの文章を載せている。

「恋文」（小説）一九二五年二月八日号
「偶然と男と女」（小説）同年一〇月一日号
「文壇近頃の話題」（随筆）一九二六年四月四日号

「恋の猟人」（小説）同年七月一日号
「多武峰日記」（随筆）同年八月二二日号

加宮も味津三や伊藤と同じく、『サンデー毎日』誌上に写真が掲載されている。一つ目は「偶然と男と女」の題名の右側に「作者」として、二つ目は一九二五年一〇月四日号の中河与一「日記」の頁にあり、「加宮氏は料理自慢で、自ら包丁を取つて料理さへもするといふ隠し芸がある。その癖、お酒はからきしいけない。釣や球つき、活動写真、小鳥、□芸（一文字不明）などが好きだとの事」というキャプションが付いている。

　「文壇近頃の話題」の中で、加宮は「文壇の撞球流行」と題して「もう満一年ほどになる。神田で「文芸時代」の同人会を開いた夜の帰途、岸田国士、中河与一、私なぞの発議で十人近い一隊が突然ぞろぞろと或る撞球場へ雪崩れ込んだ事があった」ことを語っている。一九二六年四月の時点で『文芸時代』の同人たちの何人かは『サンデー毎日』誌上において、新感覚派のことを文壇ゴシップとして語ることが出来るようになるほど場慣れしたと言えるだろう。その一方で横光利一と川端康成は、二人とも『文芸時代』終刊時までに『サンデー毎日』にはそれぞれ一回しか寄稿していない。それは彼らが既に当時の総合雑誌・文芸雑誌に自作を掲載できるようになっていたからであろう。次節では横光利一と『サンデー毎日』との関係性について考えてみたい。

【4】……横光利一と『サンデー毎日』

『サンデー毎日』に掲載された横光利一に関わる文章は以下の七つである。

「馬鹿と馬鹿」（小説）一九二五年一月一日号
「滑稽な復讐」（小説）一九二七年九月一八日号
「ある職工の手記」（小説）一九二八年五月一三日号
「枕」（コント）一九三〇年一月一日号
「張り切っている人々1「小説の場面として軽井沢は何故よいか？」」（記事）一九三五年九月一日号
「横光利一の〝俳句〟渡欧船中のをり〳〵」（上ノ畑楠窓の随筆・横光の俳句の紹介）一九三六年六月七日号
「オリンピック東京大会を語る」（座談会）一九三八年七月三日

このうち後半の三つは横光自身が書いた文章とは言えないので、ここでは「馬鹿と馬鹿」、「滑稽な復讐」、「ある職工の手記」の三つの小説と、「コント集」の一編として掲載された「枕」を考察する。

「馬鹿と馬鹿」は、『文芸時代』創刊号が千葉亀雄の評論「新感覚派の誕生」によって「新感覚派」と命名された翌年の一九二五年一月に『サンデー毎日』に掲載された小説である。横光は同年二月の『文芸時代』に評論「感覚活動――感覚活動と感覚的作物に対する非難への逆説」（のちに「新感覚論」と改題）を発表し、新感覚派の理論的根拠を表明している。

ある夏、奈良の田舎の村を訪れた「私」は、虎という四〇過ぎの男と知り合う。彼は一三人の妻にことごとく去られ、その一三人目の妻は現在彼の隣の家に別な男と住んでいる。「私」は虎を馬鹿だと思うが、その一方で村の湯屋の水汲みの仕事をしている虎は、石鹸で身体を洗っている「私」を「石鹸使ふなら、あつちで使へ、阿呆だら。」と叱りつける。数日後、「私」の所へ遊びに来た虎は、一二人目の六二歳の妻が自分の家に戻って来たと喜んで語り、翌日「私」が東京に帰る時に荷物を載せた荷車を駅まで曳いてくれたりもする。

これは都会人から見た田舎における「特異な男女関係」と「素朴でありながら理解不能な人物」を描いた一種のユーモア小説である。横光自身は三重県の柘植や伊賀上野、滋賀県の大津で幼少年期〜旧制中学時代を過ごしており、関西圏の人間であるが、この小説の語り手の「私」は東京から奈良の田舎の村に来ており、話す言葉も標準語である。一方の虎は奈良の方言で話しており、長髪の「私」のことを「新聞記者」か「大本教」の信者だと決めつけている。初期の横光の小説には「村の活動」(『御身』金星堂、一九二四年五月)や「南北」(『人間』一九二二年二月)など、田舎の村を舞台にして方言を語る人物の出てくる小説があるが、「馬鹿と馬鹿」はそれらを想起させるような設定である。

虎という男の特異な夫婦関係と、のちの「機械」(『改造』一九三〇年九月)に出てくる「主人」につながるような「底抜けの馬鹿」で「奇怪」な人物像が描かれているが、当時『文芸時代』で横光が目指していた新感覚派的な手法は全く見られない。おそらく横光は、『サンデー毎日』の読者を意識して、このようなユーモア小説を書いたと考えられる。

「滑稽な復讐」は、「馬鹿と馬鹿」の二年半以上のちに『サンデー毎日』に掲載されており、『文芸時代』終刊後の作品である。

「或夜、彼等の一団は、たて続けに煙草をふかしながら母性愛について論じ合つた」という一文から始まり、Sという男が自分の母親について語る。Sが一二歳になった頃、彼の両親は生活が安定するようになったにもかかわらず口論を繰り返し、ある夏の日の午後、Sは帰宅すると母が二階に男を連れ込んでいるような気配を感じ、母は彼に媚びたような表情をする。これにより母が父に復讐したとSは語り、「僕はこの記憶だけはぜひ塗り潰してしまいたいと思つているのだが――」と話を終える。この話に対して他の仲間が意見を述べるが、その中のKが突然「今までSの話して来たことは、みんなSの錯覚だよ。Sはつまり、何でも深刻に深刻にと考へたがる癖があつたんだ。馬鹿な話さ。」「…媚びれば媚びさせて置くがいいんだ。女に媚びなくして、何の人生ぞやだ。馬鹿馬鹿しい。」と語る。「すると一座は俄に笑いだした。ひとりSの深刻な表情だけが、壺の口のやうに滑稽に見えて来た。」そして最後にAという人物が、「お母さんに復讐したつもりでゐたSが、今度はKに復讐された、という形だな。この人生といふ奴は、どこまで復讐されるか分つたもんぢやないね。はツはツはツはツ……。」と笑いながら語って終わる。

佐山美佳はこの「滑稽な復讐」について、「〈深刻さ〉の焦点は「階級問題」から、睦み合えない男女の「確執」の問題へと逸らされてしまう」、「疑惑に揺れる息子（S）の心情の〈告白〉というクライマックスに到達した瞬間、Kの「錯覚」という冷徹な指摘によって〈深刻さ〉は転覆されてしまうのである」と述べ、この小説は単なる「ユーモラスな読み物」ではなく「「明るさ」の中から真の意味での〈深刻〉を見出せる横光の作品」だと指摘している。[8]前回の「馬鹿と馬鹿」とは違い、告白の「深刻さ」を「明るさ」でもって覆すような小説を、この時の横光は選択しているのだが、二つの小説を並べてみると、『サンデー毎日』という発表媒体に対して横光が試行錯誤しているような感じは否めない。

そして「滑稽な復讐」の翌年に掲載された「ある職工の手記」は、異様なまでの「深刻さ」を感じさせる小説である。「彼」という人物が八人の子持ちである人妻に惹かれ、彼女の手を握ろうとして拒絶されると極度の自己嫌悪に陥り、彼女の夫からの復讐を恐れ、夜ごと街をさまよいカフェーで酒を飲むようになる。被害妄想にとらわれ、会社へ出なくなった彼は、ある晩寝ていた彼の前に一人の男が立っているのに気付く。それはもう一人の彼であり、彼はもう一人の彼に話をしようとするが声が出ない、という内容である。

『横光利一事典』[9]の「ある職工の手記」の項目（田口律男執筆）には、「プロレタリア文学陣営との距離の測定、自意識とドッペルゲンガーを顕在化させた同時代の文学圏における位置関係の解明などが急がれる」とあり、横光がこの小説の掲載時（一九二八年五月）にプロレタリア文学陣営と「形式主義文学論争」をおこなっていたことが想起される。横光におけるプロレタリア文学の実践とも言えるような小説だが、しかしこの小説の方向性は階級問題には向っていない。むしろエドガー・アラン・ポーの「群衆の人」を想起させるような、街をさまよい歩く人物を描くと同時に、小林洋介が「「彼」が自分自身を三人称で呼びつつ物語っている」[10]と指摘するように、「彼」に内的焦点化された「手記」としての性質を持っている。同時代においてそれは「〈手記〉という形式をとったいくつかの〈狂気に至る物語〉」と共通性を持つ物語であると小林は述べている。

三つの小説を並べてみると、方向性にまとまりがなく、試行錯誤を繰り返しているような感じがする。『文芸時代』や『改造』などの横光のホームグラウンドではない、『サンデー毎日』という週刊誌に何を書けばよいのか、迷いながら書いているような印象を受ける。

『サンデー毎日』に創作として載せた最後の作品である「枕」は、一月の創作と講談号の「コント集」の中の一編であり、四〇〇字詰原稿用紙三枚ちょっとのコントである。「私は頭の病気になつた」から始まり、そのような「頭の悪い者」が集まる山中の温泉場で友人になった男から頭が悪くなる原因が枕にあると聞かされ、枕のことが気になって仕方なくなる。そして「この温泉場にゐる頭の悪い病人は、私の友人から殆どことごとく同じ枕の話を聞かされてゐた」ことに気付き、この「枕の伝染病」によって病人たちは「ますます不思議な頭の作用で頭を壊していつてゐるのであつた」という内容である。このコントもまた〈狂気〉を扱っており、友人になった男の枕の話自体が〈狂気〉の産物であるという話である。前出『横光利一事典』の「馬車」の項目（武下智子執筆）には、横光が「馬車」（『改造』一九三二年一月）という小説を書く二年前に発表されたエッセイ「枕」が「馬車」のモチーフになったと記されている。だが「枕」はエッセイではなくコントであり、横光の実体験とは言えない。[11]と同時に、コントとしては奇妙な文章であり、場違いな印象を受ける。

結論として、『文芸時代』同人たちの中で、『サンデー毎日』を自分のホームグラウンドにすることが出来たのは、片岡鉄兵だけだったと言えるだろう。佐々木味津三にもその可能性はあったが、講談社系の大衆文芸雑誌に連載小説を書くようになると、『サンデー毎日』に書くことは少なくなっていった。

横光利一は一九三〇年一月一日号に「枕」を掲載後、『サンデー毎日』に創作を載せることはなかったが、同年九月『改造』に「機械」を発表して評判になると共に、一一月八日から一二月二八日まで『大阪毎日新聞』『東京日日新聞』に長編「寝園」を連載し、新聞小説に発表の場を広げることになる。また翌一九三一年四月から一二月まで『婦人之友』に長編「花花」を連載し、婦人雑誌でも活躍するようになる。『サンデー毎日』への執筆は、横光にとっての（のちの「純粋小説論」へとつながる）文学大衆化への助走だったと言えるかもしれない。

注

1 保昌正夫「新感覚派文学入門」（『日本現代文学全集7 新感覚派文学集』講談社、一九六八年一〇月）より。引用は『日本文学研究資料叢書 横光利一と新感覚派』（有精堂、一九八〇年五月）に拠る。

2 横光も一九二二年までは無名の新人だったのであり、彼の活躍は一九二三年一月創刊の雑誌『文芸春秋』の「編輯同人」に二月号から名を連ね、同年五月に「日輪」を『新小説』に、「蠅」を『文芸春秋』に発表してからになる。

3 十重田裕一「上京者たちによる新しいメディアの創造と発信——「文芸時代」創刊と新感覚派の東京をめぐって」（『横光利一研究』第二二号、二〇二四年三月）

4 山本芳明『文学者はつくられる』（ひつじ書房、二〇〇〇年一二月）の「第十一章 円本ブームを解読する——「旱魃時」の新進作家たち——」には、当時『中央公論』編集長だった木佐木勝が一九二八年七月三〇日の日記（『木佐木日記』第三巻、現代史出版、一九七五年一二月）に、「四年前に『中央公論』へ初登場した新人で、その後『文芸時代』の同人として知られていた新感覚派の作家」が「現在の窮状を訴え、ぜひ原稿を来月号に載せてもらいたいと、哀れみを乞うような態度に出てきたので、いよいよ困惑した」と書いているのを引用して、「この作家は「中央公論」の掲載状況からいって中河与一だろう」と推測している。ちなみに滝田樗陰は一九二五年一〇月に亡くなっている。

5 『文芸時代』が発行されていた時期が、新感覚派の活躍期であるとは必ずしも言えないが、注3の十重田論文には『文芸時代』が終刊となり、拠点を喪失したことで苦境に置かれる同人たちもいた」とあり、『文芸時代』が同人たちの「拠点」として意識されていたと考えられることから、その発行時期を新感覚派の活躍期の「枠」として設定することにする。したがってこの枠は、『サンデー毎日』は一九二四年一〇月一日号（三巻四三号）から一九二七年五月二九日号（六巻二四号）まで、『週刊朝日』は一九二四年一〇月一日号（六巻一五号）から一九二七年五月二八日号（一一巻二四号）までになる。

6 片岡は『週刊朝日』でも、一九三五年九月一日号から一二月二一日号まで「続花嫁学校」（〈絵〉小林秀恒）を一七回連載、一九四〇年六月二日号から六月三〇日号まで「色映ゆる時」（〈絵〉須藤重）を六回連載している。

7 鈴木彦次郎は『週刊朝日』にも、一九三八年から三九年にかけて大相撲関係の文章を六回掲載している。なお、十一谷義三郎の『週刊朝日』掲載回数が三四回と多いのは、一九二八年一一月に『中央公論』に発表した「唐人お吉」の英訳（〈訳〉尚紅蓮）が一九三一年二月八日号から四月二六日号まで一二回連載されたことと、同年六月二一日号から一〇月二五日号まで小説「笑ふ男」を一八回連載したことによる。

8 佐山美佳「〈深刻がり〉な文壇・出版ジャーナリズムへの復讐――横光利一「火」「愛巻」「滑稽な復讐」をめぐって」（『横光利一研究』第六号、二〇〇八年三月）

9 井上謙・神谷忠孝・羽鳥徹哉編『横光利一事典』（おうふう、二〇〇二年一〇月）

10 小林洋介「ある職工の手記」（『横光利一研究』第八号、《新視角シリーズ》、二〇一〇年六月）

11 小林洋介「横光利一文学における〈個〉の運命と易――同時代言説の中の「馬車」」（『横光利一研究』第二〇号、二〇二二年三月）の中で小林は「随筆「枕」は「馬車」発表の二ヶ月前に単行本『書方草紙』（白水社、一九三一年一一月）に再録されており、横光は、『書方草紙』をまとめる作業の過程で「馬車」の着想を得た可能性がある。「枕」に記された横光の実体験と共通するエピソードが含まれるという意味で、「馬車」は微弱な〈私小説性〉を帯びているとも言えるだろう」と書いているが、「枕」がコントならばその内容が「横光の実体験」だとは言えないことになる。

▌資料1 『サンデー毎日』新感覚派関連作品・記事リスト（1922～1943）

年	月日	巻号	著者	題名	ジャンル	備考
1922	10月8日	(1)30	佐々木味津三	二人の弟子(前)	小説	
1922	10月15日	(1)31	佐々木味津三	二人の弟子(後)	小説	
1922	11月26日	(1)37	石浜金作	文章雑評		
1923	1月1日	(2)1	十一谷義三郎	叩く	小説	小説と講談号
1923	1月14日	(2)3	十一谷義三郎	私の言葉		
1923	3月20日	(2)13	南幸夫	魔性	小説	小説と講談号
1923	7月5日	(2)29	伊藤貴麿	重訳	小説	夏季特別『小説と講談』号
1923	同	同	佐々木味津三	袴	小説	同
1923	7月29日	(2)33	佐々木味津三	兄馬鹿(一)	小説	
1923	8月5日	(2)34	佐々木味津三	兄馬鹿(二)	小説	
1923	8月12日	(2)35	佐々木味津三	兄馬鹿(三)	小説	
1923	8月19日	(2)36	佐々木味津三	兄馬鹿(四)	小説	
1923	8月26日	(2)37	佐々木味津三	兄馬鹿(完)	小説	
1923	9月2日	(2)53	佐々木味津三	出雲のお札	小説	
1924	4月13日	(3)17	佐々木味津三	母の上京	小説	
1924	4月20日	(3)18	佐々木味津三	母の上京	小説	
1924	4月27日	(3)19	佐佐木茂索	赴くまゝ	小説	
1924	6月29日	(3)28	片岡鉄兵	幼い日のために	小説	
1924	7月1日	(3)29	伊藤貴麿	或る博士の死	小説	小説と講談号
1924	7月6日	(3)30	片岡鉄兵	幼い日のために	小説	
1924	9月28日	(3)42	佐佐木茂索	莫迦なはなし	小説	
1924	10月1日	(3)43	伊藤貴麿	痴女	小説	小説と講談号
1924	10月26日	(3)47	佐々木味津三	女性軽蔑家	小説	
1925	1月1日	(4)1	伊藤貴麿	旋風	小説	小説と講談号
1925	同	同	横光利一	馬鹿と馬鹿	小説	同
1925	2月8日	(4)7	加宮貴一	恋文	小説	
1925	4月1日	(4)15	中河与一	海浜挿話	小説	小説と講談号
1925	同	同	佐々木味津三	へそ	小説	同
1925	7月26日	(4)33	片岡鉄兵	最後の場面	小説	
1925	8月30日	(4)38	佐々木味津三	猫と引越		
1925	10月1日	(4)43	佐々木味津三	奇妙な再会	小説	小説と講談号
1925	同	同	加宮貴一	偶然と男と女	小説	同
1925	10月4日	(4)44	中河与一	日記		
1925	10月25日	(4)47	佐々木味津三	私の生活		
1925	11月1日	(4)48	伊藤貴麿	小説の滅亡	感想	
1925	11月22日	(4)51	伊藤貴麿	私の生活		
1925	11月29日	(4)52	片岡鉄兵	上京当日		
1925	12月13日	(4)54	佐佐木茂索	将棋・竹骨牌・競馬		
1926	1月1日	(5)1	南幸夫	痩せた左手	小説	小説と講談号
1926	1月10日	(5)3	佐々木味津三	近頃身辺雑考		
1926	1月24日	(5)5	南幸夫	正月二日のこと		
1926	3月21日	(5)13	片岡鉄兵	スキー旅日記		「文壇のページ」内
1926	4月4日	(5)16	加宮貴一	文壇近頃の話題		「文壇のページ」内
1926	4月25日	(5)19	鈴木彦次郎	力士花阪君の事		「文壇のページ」内
1926	同	同	片岡鉄兵	弁膜症の少年	小説	「読み物文芸」内
1926	6月13日	(5)26	酒井真人	沸騰する麦酒		「文壇のページ」内
1926	6月20日	(5)27	鈴木彦次郎	天衣無縫	小説	「新進作家創作集」内
1926	7月1日	(5)29	菅忠雄	モダン・ガアル	小説	小説と講談号
1926	同	同	加宮貴一	恋の猟人	小説	同
1926	7月4日	(5)30	伊藤貴麿	三度死にかける話	随筆	「文壇のページ」内
1926	同	同	川端康成	温泉場の事	小説	「創作と読物文芸」内
1926	7月25日	(5)33	南幸夫	切腹と映画		「文壇のページ」内
1926	8月22日	(5)37	加宮貴一	多武峰日記		「文壇のページ」内
1926	9月12日	(5)40	佐々木味津三	非文壇的随筆	随筆	「文壇のページ」内
1926	9月19日	(5)41	菅忠雄	此話とは	小説	
1926	9月26日	(5)42	南幸夫	流れゆく	小説	「文壇のページ」内
1926	10月1日	(5)43	佐佐木茂索	ピアノ	小説	小説と講談号
1926	同	同	今東光	比丘尼人形	小説	同

1926	12月5日	(5)53	佐々木味津三	弥次郎兵衛	小説	「文芸のページ」内
1927	1月16日	(6)4	片岡鉄兵	我偲をいはない仲	小説	
1927	4月24日	(6)19	今東光	日本近代文芸感想		
1927	6月15日	(6)27	川端康成	鹿と産婆	小説	小説と講談号
1927	同	同	岸田国士	旅のいざなひ	随筆	同
1927	7月3日	(6)30	酒井真人	刎頸の友	小説	
1927	7月10日	(6)31	加宮貴一	おちぶれた幸福	小説	
1927	7月31日	(6)34	今東光	エメルカ丸の鼠	海洋小説	
1927	9月4日	(6)39	鈴木彦次郎	夏日感傷図	小説	
1927	9月18日	(6)42	横光利一	滑稽な復讐	小説	
1927	9月25日	(6)43	酒井真人	指環と廿五年		
1927	10月16日	(6)46	菅忠雄	鎌倉に住む文壇の人々		「文芸のページ」内
1927	10月30日	(6)48	諏訪三郎	胡瓜畑	小説	
1927	11月6日	(6)49	鈴木彦次郎	秋のところどころ		「文壇のページ」内
1927	11月20日	(6)51	酒井真人	カフエの因果		「文芸のページ」内
1928	1月1日	(7)1	佐々木味津三	将軍の見本	大衆小説	
1928	1月22日	(7)5	酒井真人	鑄掛屋と魔法石	童話	「子供のページ」内
1928	2月5日	(7)7	川端康成	熱海と盗難		「文芸のページ」内
1928	同	同	中河与一	真情	小説	
1928	3月18日	(7)14	川端康成	保護色の希望	小説	
1928	4月1日	(7)16	佐々木味津三	耳売り	歴史小説	
1928	5月13日	(7)22	横光利一	ある職工の手記	小説	
1928	同	同	菅忠雄	発明家依田三良の結末	小説	
1928	6月24日	(7)29	酒井真人	朝から夜中まで		
1928	7月1日	(7)30	菅忠雄	良介の決心	少年小説	
1928	10月14日	(7)47	片岡鉄兵	微妙な貸借	小説	短篇小説号
1928	同	同	川端康成	女を殺す女	小説	同
1928	同	同	加宮貴一	さう、ぢや失敬！	小説	同
1928	同	同	酒井真人	屍棺の呪文	小説	同
1928	同	同	諏訪三郎	避暑地の殺人事件	探偵小説	同
1928	10月28日	(7)49	稲垣足穂	まるい山々と鳥	随筆	
1928	11月25日	(7)53	川端康成	土地と人の印象		
1928	12月23日	(7)57	諏訪三郎	廻輪椅子	小説	
1928	12月30日	(7)58	鈴木彦次郎	薩南挙兵顛末	小説	
1929	1月1日	(8)1	今東光	良源院就縛	大衆小説	小説と講談号 (画)勝田哲
1929	同	同	佐々木味津三	大江山仙介の見合	滑稽小説	同 (画)清水對岳坊
1929	1月13日	(8)3	川端康成	芥川龍之介氏と吉原	随筆	
1929	4月28日	(8)19	今東光	操人形	随筆	
1929	5月5日	(8)21	加宮貴一	虹	小説	
1929	5月19日	(8)23	酒井真人	金と親切	随筆	
1929	6月15日	(8)27	中河与一	明日からの愛	小説	小説と講談号
1929	7月7日	(8)31	酒井真人	トーキー一説		
1929	8月11日	(8)36	諏訪三郎	避暑は無資格	小説	
1929	9月10日	(8)41	片岡鉄兵	総本山	小説	小説と講談号
1929	同	同	酒井真人	高速度結婚説得法	コント	同
1930	1月1日	(9)1	横光利一	枕	コント	創作と講談号
1930	1月5日	(9)2	十一谷義三郎	新春随筆	随筆	
1930	3月9日	(9)11	稲垣足穂	天はどこまであるか？		
1930	3月16日	(9)12	酒井真人	下手な嫉妬	小説	
1930	3月20日	(9)13	十一谷義三郎	ニニんがゼロ	小説	創作と講談号
1930	6月10日	(9)27	酒井真人	選択感応力の実験(東京銀座)	小説	「郷土のある小説」内
1930	同	同	伊藤貴麿	K市街の歴史の一頁(神戸)	小説	同
1930	9月10日	(9)41	佐々木味津三	羅生門の啖呵	大衆小説	秋季特別号
1931	1月1日	(10)1	佐々木味津三	円タクを知らぬキヤプテン	小説	新年特別号 「課題小説集」内

年	月日	巻号	著者	題名	ジャンル	備考
1931	同	同	片岡鉄兵	鼠	小説	同　「課題小説集」内
1931	1月4日	(10)2	佐佐木茂索	雑魚机枕	随筆	「新春随筆」内
1931	3月10日	(10)12	川端康成	女を売る女	小説	春季特別号
1931	4月5日	(10)16	川端康成	舞踏靴	小説	
1931	6月10日	(10)27	佐々木味津三	帯解仏法	小説	夏季特別号
1931	8月2日	(10)35	中河与一	ポケツト猿	海洋小説	
1931	9月10日	(10)41	佐々木味津三	千社札の権次	小説	秋季特別号　百パーセント読物集
1931	同	同	川端康成	騎士の死	小説	同
1932	1月17日	(11)4	佐々木味津三	ひねくれた話	随筆	「炉辺随筆集」内
1932	2月21日	(11)9	十一谷義三郎	春宵読本		「春のエロチシズム」内 (画)渡邊青二
1932	7月1日	(11)31	佐々木味津三	武藤太平汰	小説	夏季特別号　(画)小田富彌
1932	同	同	川端康成	浅草に十日ゐた女	小説	同　(画)富田千秋
1932	11月10日	(11)52	川端康成	浅草の姉妹	小説	新作大衆文芸号　(画)林唯一
1932	12月4日	(11)56	酒井真人	売名虎の巻		「歳末ナンセンス」内
1933	1月2日	(12)2	十一谷義三郎	夜の宿		新春特別号　(画)林唯一
1933	4月16日	(12)18	酒井真人	トーキー秘話		「カラー・セクシヨン」内
1934	6月15日	(13)27	石浜金作	流行歌歌手余譚		夏季特別号　(画)山名文夫
1934	同	同	中河与一	貝の腕輪		「海・山・街」内
1934	9月10日	(13)41	十一谷義三郎	人間なれば		秋季特別号　(画)中村貞以
1935	1月5日	(14)2	岸田国士	映画の演劇性		新春の映画号
1935	6月10日	(14)29	片岡鉄兵	二人の夫		夏季特別号　(画)鈴木信太郎
1935	9月1日	(14)42	横光利一	張りきつてゐる人々1「小説の場面として軽井沢は何故よいか？」		
1936	1月1日	(15)1	片岡鉄兵	高利貸の女秘書	小説	新春特別号　(画)岩田専太郎
1936	1月5日	(15)2	片岡鉄兵	日影月影(一)	小説	(画)一木弴
1936	1月12日	(15)4	片岡鉄兵	日影月影(二)	小説	(画)一木弴
1936	1月19日	(15)5	片岡鉄兵	日影月影(三)	小説	(画)一木弴
1936	1月26日	(15)6	片岡鉄兵	日影月影(四)	小説	(画)一木弴
1936	2月2日	(15)7	十一谷義三郎	死族とべにの花	小説	
1936	同	同	片岡鉄兵	日影月影(五)	小説	(画)一木弴
1936	2月9日	(15)8	片岡鉄兵	日影月影(六)	小説	(画)一木弴
1936	2月16日	(15)9	片岡鉄兵	日影月影(七)	小説	(画)一木弴
1936	2月23日	(15)10	片岡鉄兵	日影月影(八)	小説	(画)一木弴
1936	3月1日	(15)11	片岡鉄兵	日影月影(九)	小説	(画)一木弴
1936	3月8日	(15)12	片岡鉄兵	日影月影(十)	小説	(画)一木弴
1936	3月15日	(15)14	片岡鉄兵	日影月影(十一)	小説	(画)一木弴
1936	3月22日	(15)15	片岡鉄兵	日影月影(十二)	小説	(画)一木弴
1936	3月29日	(15)16	片岡鉄兵	日影月影(完)	小説	(画)一木弴
1936	5月31日	(15)27	鈴木彦次郎	夏場所大相撲記		
1936	6月7日	(15)28	上ノ畑楠窓	横光利一の俳句	俳句	
1936	6月10日	(15)29	片岡鉄兵	貸借		夏季特別号
1936	11月5日	(15)54	片岡鉄兵	秋怨		新作大衆文芸号　(画)岩田専太郎
1937	1月1日	(16)1	片岡鉄兵	女ごゝろ		新春特別号　(画)富永謙太郎
1937	1月3日・10日	(16)2	片岡鉄兵	街の処女地(一)	小説	合併号　(画)宮本三郎
1937	1月17日	(16)4	鈴木彦次郎	花形力士評判記		
1937	同	同	片岡鉄兵	街の処女地(二)	小説	(画)宮本三郎
1937	1月24日	(16)5	片岡鉄兵	街の処女地(三)	小説	(画)宮本三郎
1937	1月31日	(16)6	片岡鉄兵	街の処女地(四)	小説	(画)宮本三郎
1937	2月7日	(16)7	鈴木彦次郎	春場所観戦記		

1937	同	同	片岡鉄兵	街の処女地(五)	小説	(画)宮本三郎
1937	2月14日	(16)8	片岡鉄兵	街の処女地(六)	小説	(画)宮本三郎
1937	2月21日	(16)9	片岡鉄兵	街の処女地(七)	小説	(画)宮本三郎
1937	2月28日	(16)10	片岡鉄兵	街の処女地(八)	小説	(画)宮本三郎
1937	3月7日	(16)12	片岡鉄兵	街の処女地(九)	小説	(画)宮本三郎
1937	3月14日	(16)13	片岡鉄兵	街の処女地(十)	小説	(画)宮本三郎
1937	3月21日	(16)14	片岡鉄兵	街の処女地(十一)	小説	(画)宮本三郎
1937	3月28日	(16)15	片岡鉄兵	街の処女地(完)	小説	(画)宮本三郎
1937	5月16日	(16)26	鈴木彦次郎	大相撲夏場所の展望		
1937	5月30日	(16)28	鈴木彦次郎	観戦記		「夏場所大相撲を語る」内
1937	9月10日	(16)45	片岡鉄兵	気高い女		秋季特別号　(画)林唯一
1938	1月1日	(17)1	片岡鉄兵	眉を讃ふ		新春特別号　(画)宮本三郎
1938	2月6日	(17)7	鈴木彦次郎	春場所観戦記		
1938	7月3日	(17)32	横光利一ほか	「オリンピック東京大会を語る」座談会		
1938	6月12日	(17)29	鈴木彦次郎	相撲王座を狙ふ群		
1939	1月1日・8日	(18)2	鈴木彦次郎	春場所評判記		合併新年特別倍大号
1939	1月29日	(18)6	鈴木彦次郎	常勝双葉踊る(大相撲春場所観戦記)		
1939	2月5日	(18)7	鈴木彦次郎	大相撲春場所観戦記		第三皇軍慰問号
1939	3月10日	(18)12	片岡鉄兵	あさきゆめ		春季特別号　(画)一木弴
1939	5月14日	(18)25	鈴木彦次郎	夏場所の人気はどこに？		
1939	6月4日	(18)29	鈴木彦次郎	大相撲夏の陣		
1939	6月11日	(18)30	鈴木彦次郎	大相撲夏場所戦績		
1940	1月7日・12日	(19)3	鈴木彦次郎	大相撲春の評判記		合併新年特別倍大号
1940	3月3日	(19)10	片岡鉄兵	浅春	小説	(画)柏原覺太郎
1940	6月10日	(19)29	片岡鉄兵	二重婚約		夏季特別号　(画)宮本三郎
1941	1月5日・12日	(20)2	片岡鉄兵	消ゆる楽譜(一)	小説	合併号　(画)田村孝之介
1941	1月19日	(20)3	片岡鉄兵	消ゆる楽譜(二)	小説	(画)田村孝之介
1941	1月26日	(20)4	片岡鉄兵	消ゆる楽譜(三)	小説	(画)田村孝之介
1941	2月2日	(20)5	片岡鉄兵	消ゆる楽譜(四)	小説	(画)田村孝之介
1941	2月9日	(20)6	片岡鉄兵	消ゆる楽譜(五)	小説	(画)田村孝之介
1941	2月16日	(20)7	片岡鉄兵	消ゆる楽譜(六)	小説	(画)田村孝之介
1941	2月23日	(20)8	片岡鉄兵	消ゆる楽譜(七)	小説	(画)田村孝之介
1941	3月2日	(20)9	片岡鉄兵	消ゆる楽譜(八)	小説	(画)田村孝之介
1941	3月9日	(20)10	片岡鉄兵	消ゆる楽譜(九)	小説	(画)田村孝之介
1941	3月16日	(20)12	片岡鉄兵	消ゆる楽譜(十)	小説	(画)田村孝之介
1941	3月23日	(20)13	片岡鉄兵	消ゆる楽譜(十一)	小説	(画)田村孝之介
1941	3月30日	(20)15	片岡鉄兵	消ゆる楽譜(完)	小説	(画)田村孝之介
1941	9月28日	(20)42	鈴木彦次郎	指揮力	小説	(画)吉田貫三郎
1941	11月9日	(20)49	大場彌平・鈴木彦次郎	郷土対談		
1943	1月3日・10日	(22)1	片岡鉄兵	清流(一)	小説	合併号　(画)三芳悌吉
1943	1月17日	(22)2	片岡鉄兵	清流(二)	小説	(画)三芳悌吉
1943	1月24日	(22)3	片岡鉄兵	清流(三)	小説	(画)三芳悌吉
1943	1月31日	(22)4	片岡鉄兵	清流(四)	小説	(画)三芳悌吉
1943	2月7日	(22)5	片岡鉄兵	清流(五)	小説	(画)三芳悌吉
1943	2月14日	(22)6	片岡鉄兵	清流(六)	小説	(画)三芳悌吉
1943	2月21日	(22)7	片岡鉄兵	清流(七)	小説	(画)三芳悌吉
1943	2月28日	(22)8	片岡鉄兵	清流(八)	小説	(画)三芳悌吉
1943	3月7日	(22)9	片岡鉄兵	清流(九)	小説	(画)三芳悌吉
1943	3月14日	(22)10	片岡鉄兵	清流(十)	小説	(画)三芳悌吉
1943	3月21日	(22)11	片岡鉄兵	清流(十一)	小説	(画)三芳悌吉
1943	3月28日	(22)12	片岡鉄兵	清流(十二)	小説	(画)三芳悌吉
1943	4月4日	(22)13	片岡鉄兵	清流(十三)	小説	(画)三芳悌吉
1943	4月11日	(22)14	片岡鉄兵	清流(十四)	小説	(画)三芳悌吉
1943	4月18日	(22)15	片岡鉄兵	清流(十五)	小説	(画)三芳悌吉
1943	4月25日	(22)16	片岡鉄兵	清流(完)	小説	(画)三芳悌吉

▌資料２　『週刊朝日』新感覚派関連作品・記事リスト（1923 ～ 1943）

年	月日	(巻)号	著者	題名	ジャンル	備考
1923	8月5日	(4)7	稲垣足穂	シガレツト物語		
1923	8月12日	(4)8	稲垣足穂	シガレツト物語		
1923	8月19日	(4)9	稲垣足穂	シガレツト物語		
1924	1月1日	(5)1	片岡鉄兵	龍宮の火事	童話	新年特別号　「コドモのページ」内　(絵)古家新
1924	5月20日	(5)23	十一谷義三郎	無花果	小説	
1924	10月1日	(6)15	菅忠雄	小倉と夫婦	小説	秋季特別号
1924	10月12日	(6)17	稲垣足穂	小東京人の影響		
1924	10月26日	(6)19	今東光	美しい鶏冠	小説	
1924	12月7日	(6)25	加宮貴一	二人の天才	小説	
1924	12月21日	(6)27	菅忠雄	二つの贈り物	童話	「子供のページ」内
1925	1月1日	(7)1	中河与一	首をちぎつた話	小説	新年特別号
1925	同	同	石浜金作	青春	小説	同
1925	同	同	片岡鉄兵	中学生の話	小説	同
1925	同	同	佐佐木茂索	空気の皺	小説	同
1925	1月11日	(7)3	伊藤貴麿	詩人と髪		
1925	1月18日	(7)4	今東光	軍師	小説	
1925	2月15日	(7)8	菅忠雄	母を描く	小説	
1925	4月19日	(7)18	今東光	太閤の夢		
1925	5月10日	(7)21	中河与一	空想を托する風景		
1925	3月1日	(7)10	菅忠雄	とし子さんのお節句	童話	(画)高橋成薇
1925	7月1日	(8)1	伊藤貴麿	松原		「喜劇」内
1925	8月30日	(8)10	稲垣足穂	二十世紀須弥山		
1925	10月4日	(8)16	加宮貴一	古靴と田舎娘	小説	
1925	同	同	中河与一	島の一夜	小説	
1925	10月18日	(8)18	菅忠雄	自負自嘲		
1926	1月1日	(9)1	今東光	首取り小唄		「読み物と新講談」内
1926	1月17日	(9)4	佐佐木茂索	雨のもる家	小説	
1926	2月7日	(9)7	横光利一	鼻を賭けた夫婦	小説	
1926	2月28日	(9)10	酒井真人(訳)	哀歌	シナリオ	
1926	4月1日	(9)15	菅忠雄	鰯	小説	春季特別号　「中堅作家集」内
1926	同	同	加宮貴一	不幸な恋人	小説	同
1926	4月11日	(9)17	今東光	三河武士	小説	(絵)小田富弥
1926	4月18日	(9)18	川端康成	春を見る近眼鏡	小説	
1926	5月30日	(9)24	川端康成	撮影日記		
1926	6月20日	(9)27	片岡鉄兵	私のレフレツクス		
1926	7月11日	(10)3	中河与一	N先生の話	小説	
1926	同	同	稲垣足穂	風呂	小説	
1926	8月15日	(10)8	酒井真人	菊野の古紙	小説	
1926	10月1日	(10)15	今東光	紅蓮地獄		秋季特別号　「大衆読みもの」内　(絵)小田富弥
1926	同	同	片岡鉄兵	肥つた男の感傷	小説	同
1926	10月3日	(10)16	中河与一	上海漫歩		
1926	10月10日	(10)17	川端康成	今日の扉	小説	
1926	12月5日	(10)25	中河与一	或る夜	随筆	
1927	1月1日	(11)1	岸田国士	遂に「知らん」文六	戯曲	新年特別号
1927	同	同	石浜金作	あひぞめ	小説	同
1927	1月16日	(11)4	諏訪三郎	面目なうござる		
1927	3月15日	(11)13	佐佐木茂索	古い新年	小説	春季特別号
1927	3月20日	(11)14	今東光	燃えあがる霊魂	小説	(絵)古家新
1927	6月5日	(11)26	片岡鉄兵	美しき自動車		
1927	7月10日	(12)2	片岡鉄兵	初夏	随筆	
1927	9月1日	(12)10	今東光	筆の記憶		秋季特別号　「大衆読みもの」内　(絵)一木弴
1927	同	同	片岡鉄兵	椅子直しの娘		同　「小説の女性とその挿画」内
1927	12月18日	(12)26	中河与一	靴下だけの女		

1928	1月2日	(13)2	片岡鉄兵	この生活	小説	新年特別号
1928	1月8日	(13)3	岸田国士	ある親子の問答		
1928	6月10日	(13)26	片岡鉄兵	悪夢	小説	
1928	6月15日	(13)27	佐佐木茂索	尼	小説	夏季特別号
1928	同	同	今東光	武士なればこそ		同 「大衆読みもの」内 (絵)小田富弥
1928	9月15日	(14)12	片岡鉄兵	朝明(小品)		秋季特別号 (絵)小出楢重
1928	10月21日	(14)18	稲垣足穂	ラリー・シモンの事		
1929	1月1日	(15)1	石浜金作	手品	小説	新年特別号 (絵)小出楢重
1929	同	同	川端康成	質屋にて	小説	同 (絵)国枝金三
1929	同	同	横光利一	失恋	小説	同 (絵)前田栄三
1929	2月3日	(15)6	石浜金作	福音について		
1929	2月3日	(15)6	酒井真人	意気な泥棒	小説	
1929	2月17日	(15)8	酒井真人	求婚の見本(扉の譜)		
1929	2月24日	(15)9	佐佐木茂索	美果	小説	
1929	3月1日	(15)10	佐々木味津三	無名の江戸侍	小説	春季特別号 (絵)幡恒春
1929	同	同	横光利一	芋	小説	同
1929	4月28日	(15)19	石浜金作	技の上達	小説	(絵)不二木阿古
1929	5月5日	(15)20	中河与一	虹に這入る船(扉の譜)		
1929	同	同	酒井真人	年給(小品)		
1929	6月9日	(15)26	川端康成	伊豆天城		
1929	6月23日	(15)28	酒井真人	レヴュー軽蔑		
1929	9月20日	(16)12	今東光	先駆者の夢	小説	秋季特別号 (絵)金森観陽
1930	1月1日	(17)1	中河与一	男爵の未亡人	小説	新年特別号 (絵)小出楢重
1930	同	同	石浜金作	歌道天才	小説	同 (絵)田村孝之介
1930	同	同	片岡鉄兵	不自由な人々	小説	同 (絵)古家新
1930	4月1日	(17)15	佐々木味津三	どんどろ心中	伝奇小説	春季特別号
1930	同	同	石浜金作	博学な誘惑	小説	同
1930	4月6日	(17)16	今東光	出水		
1930	5月25日	(17)23	佐佐木茂索	けしとんだ不安		「早慶試合評」内
1930	6月22日	(17)27	岸田国士	頼母しき求縁	戯曲	(絵)宍戸左行
1930	7月1日	(18)1	十一谷義三郎	世紀のヴアリエテ	小説	
1930	7月20日	(18)4	川端康成	真夏の盛装		(絵)太田三郎
1930	8月24日	(18)9	横光利一	納涼	随筆	
1930	10月5日	(18)16	今東光	宝暦絵巻(一)	小説	(絵)神保朋世
1930	10月12日	(18)17	今東光	宝暦絵巻(二)	小説	(絵)神保朋世
1931	1月4日	(19)2	稲垣足穂	蓬莱問答		
1931	1月18日	(19)4	川端康成	浅草日記	小説	(絵)太田三郎
1931	1月25日	(19)6	片岡鉄兵	怒鳴る彼奴	小説	
1931	2月1日	(19)7	佐々木味津三	お犬様夜話		
1931	2月8日	(19)8	十一谷義三郎	唐人お吉(英訳-一)	英訳	(訳)尚紅蓮
1931	2月15日	(19)9	十一谷義三郎	唐人お吉(英訳-二)	英訳	(訳)尚紅蓮
1931	2月22日	(19)10	十一谷義三郎	唐人お吉(英訳-三)	英訳	(訳)尚紅蓮
1931	3月1日	(19)11	十一谷義三郎	唐人お吉(英訳-四)	英訳	(訳)尚紅蓮
1931	3月8日	(19)12	十一谷義三郎	唐人お吉(英訳-五)	英訳	(訳)尚紅蓮
1931	3月15日	(19)13	十一谷義三郎	唐人お吉(英訳-六)	英訳	(訳)尚紅蓮
1931	3月22日	(19)14	十一谷義三郎	唐人お吉(英訳-七)	英訳	(訳)尚紅蓮
1931	3月29日	(19)15	稲垣足穂	印度の神様	童話	(絵)古家新
1931	3月29日	(19)15	十一谷義三郎	唐人お吉(英訳-八)	英訳	(訳)尚紅蓮
1931	4月5日	(19)16(7)	十一谷義三郎	唐人お吉(英訳-九)	英訳	(訳)尚紅蓮
1931	4月12日	(19)18	十一谷義三郎	唐人お吉(英訳-十)	英訳	(訳)尚紅蓮
1931	4月19日	(19)19	十一谷義三郎	唐人お吉(英訳-十一)	英訳	(訳)尚紅蓮
1931	4月26日	(19)20	十一谷義三郎	唐人お吉(英訳-十二)	英訳	(訳)尚紅蓮
1931	5月3日	(19)21	片岡鉄兵	春のコムパクト		「五月の女」内
1931	6月21日	(19)28	十一谷義三郎	笑ふ男(一)	小説	(絵)木村荘八
1931	同	同	横光利一	蠅(英訳-一)	英訳	(訳)尚紅蓮
1931	6月28日	(19)29	十一谷義三郎	笑ふ男(二)	小説	(絵)木村荘八
1931	同	同	横光利一	蠅(英訳-二)	英訳	(訳)尚紅蓮
1931	7月5日	(20)2	十一谷義三郎	笑ふ男(三)	小説	(絵)木村荘八

年	月日	(巻)号	著者	題名	ジャンル	備考
1931	同	同	岸田国士	かんしやく玉	戯曲	
1931	同	同	横光利一	蠅(英訳-三)	英訳	(訳)尚紅蓮
1931	7月12日	(20)3	十一谷義三郎	笑ふ男(四)	小説	(絵)木村荘八
1931	7月19日	(20)4	十一谷義三郎	笑ふ男(五)	小説	(絵)木村荘八
1931	7月26日	(20)5	十一谷義三郎	笑ふ男(六)	小説	(絵)木村荘八
1931	8月9日	(20)7	十一谷義三郎	笑ふ男(七)	小説	(絵)木村荘八
1931	8月16日	(20)8	十一谷義三郎	笑ふ男(八)	小説	(絵)木村荘八
1931	8月23日	(20)9	十一谷義三郎	笑ふ男(九)	小説	(絵)木村荘八
1931	8月30日	(20)10	十一谷義三郎	笑ふ男(十)	小説	(絵)木村荘八
1931	同	同	中河与一	スカル日和		
1931	9月6日	(20)11	十一谷義三郎	笑ふ男(十一)	小説	(絵)木村荘八
1931	9月13日	(20)12	十一谷義三郎	笑ふ男(十二)	小説	(絵)木村荘八
1931	9月20日	(20)13	十一谷義三郎	笑ふ男(十三)	小説	(絵)木村荘八
1931	同	同	川端康成	海から帰つて	随筆	(絵)木村荘八
1931	9月27日	(20)14	十一谷義三郎	笑ふ男(十四)	小説	(絵)木村荘八
1931	10月4日	(20)16	十一谷義三郎	笑ふ男(十五)	小説	(絵)木村荘八
1931	10月11日	(20)17	十一谷義三郎	笑ふ男(十六)	小説	(絵)木村荘八
1931	10月18日	(20)18	十一谷義三郎	笑ふ男(十七)	小説	(絵)木村荘八
1931	同	同	稲垣足穂	ジエキル博士とハイド氏	小説	
1931	10月25日	(20)19	十一谷義三郎	笑ふ男(十八)	小説	(絵)木村荘八
1931	12月20日	(20)27	稲垣足穂	机上同盟成立奇談	童話	
1932	1月1日	(21)1	片岡鉄兵	中年科(男)		新年特別号 「誌上恋愛大学」内
1932	1月20日	(21)5	佐々木味津三	雪に憑かれた女	大衆小説	新春読物号 (絵)苅谷深隍
1932	3月20日	(21)14	十一谷義三郎	ある女の告白		「春のトリオ」内
1932	4月1日	(21)16	徳川夢声・酒井真人	かふえ・アレグロ		春季特別号 「ナンセンス春の二重奏」内
1932	5月8日	(21)22	片岡鉄兵	菜の花月夜(対訳)		(訳)尚紅蓮
1932	8月1日	(22)6	佐々木味津三	漂よふ男	小説	夏季特別号 (絵)刈(苅)谷深隍
1932	12月18日	(22)28	稲垣足穂	ロング君とシヨート氏の話		(絵)松田三郎
1933	1月2日	(23)2	佐々木味津三	軍鶏を食ふ武士		新年特別号
1933	4月1日	(23)16	岸田国士	地下八百尺物語	小説	春季特別号
1933	4月2日	(23)17	川端康成	父となる話		「春のヒツト」内
1933	6月1日	(23)26	横光利一	雪解	小説	前半部
1933	同	同	岸田国士	五月晴れ	戯曲	
1933	10月2日	(24)16	川端康成	秋の女房		「剪灯夜話」内
1933	11月19日	(24)23	中川(河)与一	結婚	小説	「小型小説集」内
1934	1月1日	(25)1	川端康成	夢の姉		新年特別号
1934	4月8日	(25)16	川端康成	広告写真		春季特別号 「新作十人集」内
1934	同	同	中河与一	愛の富籤		同 「新作十人集」内
1934	6月1日	(25)25	片岡鉄兵	淀君		初夏特別号 「まんが・世男女像一頁得
1934	8月1日	(26)6	川端康成	故郷の踊		
1935	4月1日	(27)16	片岡鉄兵	老人チーム		
1935	5月1日	(27)21	片岡鉄兵	智子は悲しいか	大衆小説	大衆読物号 (絵)岩田専太郎
1935	7月28日	(28)4	中河与一	幼児の声	小説	(絵)矢島堅土
1935	8月1日	(28)5	片岡鉄兵	閉め出された新妻		銷夏読物号
1935	9月1日	(28)10	片岡鉄兵	続花嫁学校(一)	小説	(絵)小林秀恒
1935	9月8日	(28)11	片岡鉄兵	続花嫁学校(二)	小説	(絵)小林秀恒
1935	9月15日	(28)12	片岡鉄兵	続花嫁学校(三)	小説	(絵)小林秀恒
1935	9月22日	(28)13	片岡鉄兵	続花嫁学校(四)	小説	(絵)小林秀恒
1935	9月29日	(28)14	片岡鉄兵	続花嫁学校(五)	小説	(絵)小林秀恒
1935	10月6日	(28)16	片岡鉄兵	続花嫁学校(六)	小説	(絵)小林秀恒
1935	10月13日	(28)17	片岡鉄兵	続花嫁学校(七)	小説	(絵)小林秀恒
1935	10月20日	(28)18	片岡鉄兵	続花嫁学校(八)	小説	(絵)小林秀恒

1935	10月27日	(28)19	片岡鉄兵	続花嫁学校(九)	小説	(絵)小林秀恒
1935	11月3日	(28)21	片岡鉄兵	続花嫁学校(十)	小説	(絵)小林秀恒
1935	11月10日	(28)22	片岡鉄兵	続花嫁学校(十一)	小説	(絵)小林秀恒
1935	11月17日	(28)23	片岡鉄兵	続花嫁学校(十二)	小説	(絵)小林秀恒
1935	11月24日	(28)24	片岡鉄兵	続花嫁学校(十三)	小説	(絵)小林秀恒
1935	12月1日	(28)25	片岡鉄兵	続花嫁学校(十四)	小説	(絵)小林秀恒
1935	12月8日	(28)26	片岡鉄兵	続花嫁学校(十五)	小説	(絵)小林秀恒
1935	12月14日	(28)27	片岡鉄兵	続花嫁学校(十六)	小説	(絵)小林秀恒
1935	12月21日	(28)28	片岡鉄兵	続花嫁学校(十七)	小説	(絵)小林秀恒
1936	6月1日	(29)27	片岡鉄兵	夏空	小説	(絵)岩田専太郎
1936	10月1日	(30)15	川端康成	七人の妻	小説	秋季特別号　「特集小説」内
1936	11月2日	(30)21	片岡鉄兵	青春三人上戸	小説	秋季特別号　「特集創作」内
1936	同	同	片岡鉄兵	競馬		同　「もだん通談議」内
1937	1月20日	(31)5	中川(河)与一	カシミールの美女	小説	新春読物号　「特集小説」内
1937	同	同	片岡鉄兵	狐嘶	小説	同　「特集小説」内
1937	同	同	川端康成	初雪	小説	同　「特集小説」内
1937	6月1日	(31)27	片岡鉄兵	雌鬼	小説	初夏特別号
1938	1月20日	(33)5	片岡鉄兵	女追放	小説	新春読物号
1938	同	同	鈴木彦次郎	新春角界展望		同
1938	1月30日	(33)7	石浜金作	事変とお産	随筆	「浅春雑記(随筆)」内
1938	4月1日	(33)16	中河与一	大連にゆく女	小説	春季特別号　(絵)岩田専太郎
1938	5月1日	(33)22	鈴木彦次郎	双葉山を倒す者は誰か？		春の大衆読物号
1938	5月15日	(33)24	鈴木彦次郎	前田山の巻		「ハリキリ人物評論」内
1938	6月12日	(33)29	中河与一	帰一する根本義		「新修・日本精神読本」
1938	12月18日	(34)28	鈴木彦次郎	玉踊の思ひ出		
1939	1月8日・15日	(35)3	鈴木彦次郎	次の横綱を狙ふ人々		合併号
1939	5月21日	(35)24	鈴木彦次郎	夏場所好取組十一番		
1940	1月20日	(37)3	今東光	昔とつた杵柄	座談会	新春読物号
1940	6月2日	(37)24	片岡鉄兵	色映ゆる時(一)	小説	(絵)須藤重
1940	6月9日	(37)25	片岡鉄兵	色映ゆる時(二)	小説	(絵)須藤重
1940	6月16日	(37)27	片岡鉄兵	色映ゆる時(三)	小説	(絵)須藤重
1940	6月23日	(37)28	片岡鉄兵	色映ゆる時(四)	小説	(絵)須藤重
1940	6月30日	(37)29	片岡鉄兵	色映ゆる時(五)	小説	(絵)須藤重
1942	11月22日	(42)21	片岡鉄兵	共栄圏文学者大会		
1943	1月31日	(43)4	片岡鉄兵	李鴻章とゴオルドン		
1943	4月11日	(43)14	石浜金作	馬強ければ国強し		

『サンデー毎日』表象史 1927〜1931

◆【天皇／皇族】

大正天皇の即位のみならず、皇族の結婚や出産、行幸や軍事演習視察などの姿が『サンデー毎日』誌上でも頻繁に表象される。特に、表紙やグラフ記事における視覚表象として、女性皇族や婚姻予定の女性たちを含めた天皇／皇族像は、戦前期週刊誌のレイアウトに不可欠の存在であった。

※【図A〜J】は大阪公立大学杉本図書館所蔵

図A　1927.1.9 表紙

図B　1927.5.15 表紙

秩父宮さまの御慶事をことほぎて
この雄々しさ輝かしさ
若き日本の感激
我等の英雄崇拝は
遂に夢ではなかつた
涙ぐまる・偉大な人間味

▌図 E　1928.1.29 秩父宮御慶事をことほぎて

▌図 C　1927.11.27 表紙

松平節子姫のお歸りに際して
秩父宮殿下の御日常を拝す

▌図 F　1928.6.17 秩父宮殿下の御日常を拝す

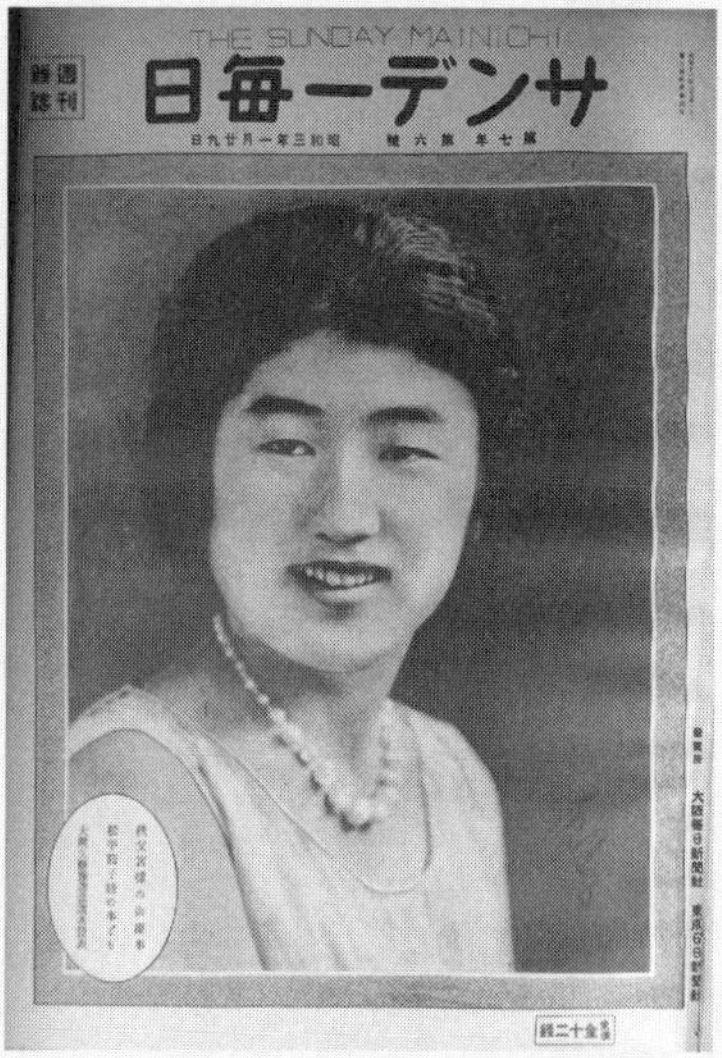

▌図 D　1928.1.29 表紙

聖駕を迎へ奉る大阪市

皇室とわが大阪

市民としての自覚と矜持

▌図 I　1929.5.5 皇室とわが大阪

松平節子姫が學習院時代の同窓生

▌図 G　1928.6.24 松平節子姫が学習院時代の同窓生

THE SUNDAY MAINICHI

週刊雑誌

サンデー毎日

第七年第四十四號　昭和三年九月三十日

▌図 J　1928.9.30 表紙

節子姫の學習院時代

同窓生の目に映じた

そのころの床しき面影

誰からも慕はれた

運動には大に活躍

小學校時代は

學校中の人望家

▌図 H　1928.6.24 節子姫の学習院時代

◆【表象としての「女性」】

一九二〇年代中期から「女性」を表紙や誌面のレイアウトで戦略的に活用していた『サンデー毎日』は、二〇年代後期から、「女性」の視覚的・ゴシップ的訴求力を最大限に活かした多様なコンテンツを多面的、複合的に展開することになる。

※【図A～I・K～L】は大阪公立大学杉本図書館所蔵、【図J】は大阪府立中央図書館所蔵

▌図 A　1927.10.16 美人号 表紙

▌図 B　1927.10.16 美人号　全国夫人令嬢かゞみ

▌図 E　1929.8.18 宝塚女優恋愛行進曲

▌図 C　1928.3.15 春季特別号 小説と講談 表紙

▌図 F　1929.10.6 女性美号

▌図 D　1929.6.16 表紙

▌図 I　1931.3.10 川端康成「女を売る女」

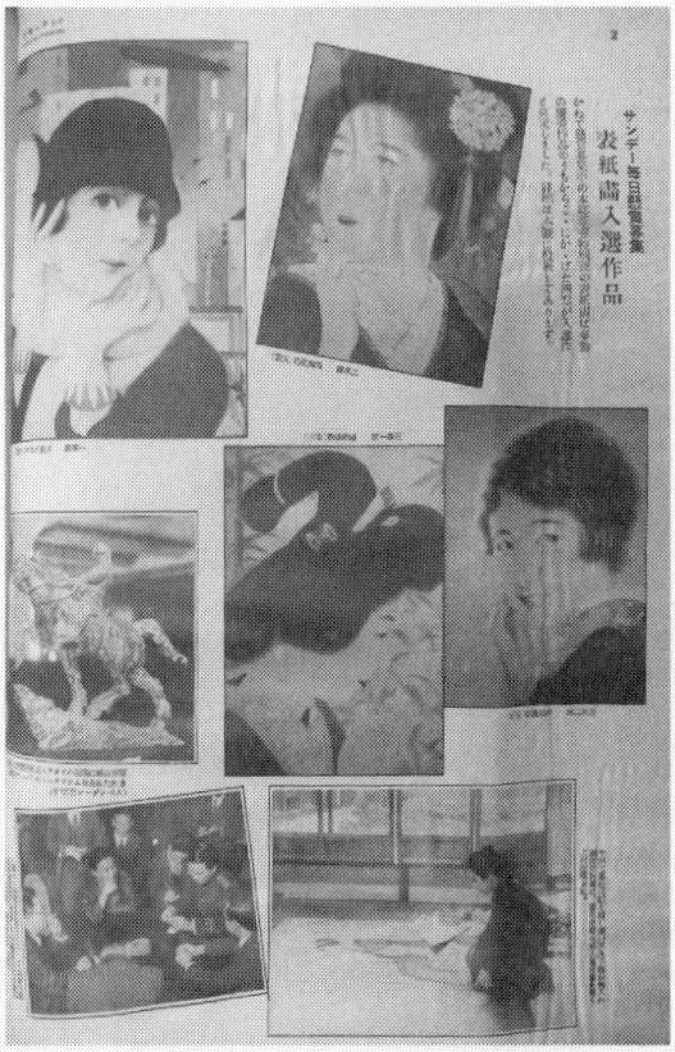

▌図 G　1929.11.24 表紙画入選作品

▌図 J　1930.11.23 女流作家のスナップ・ショット

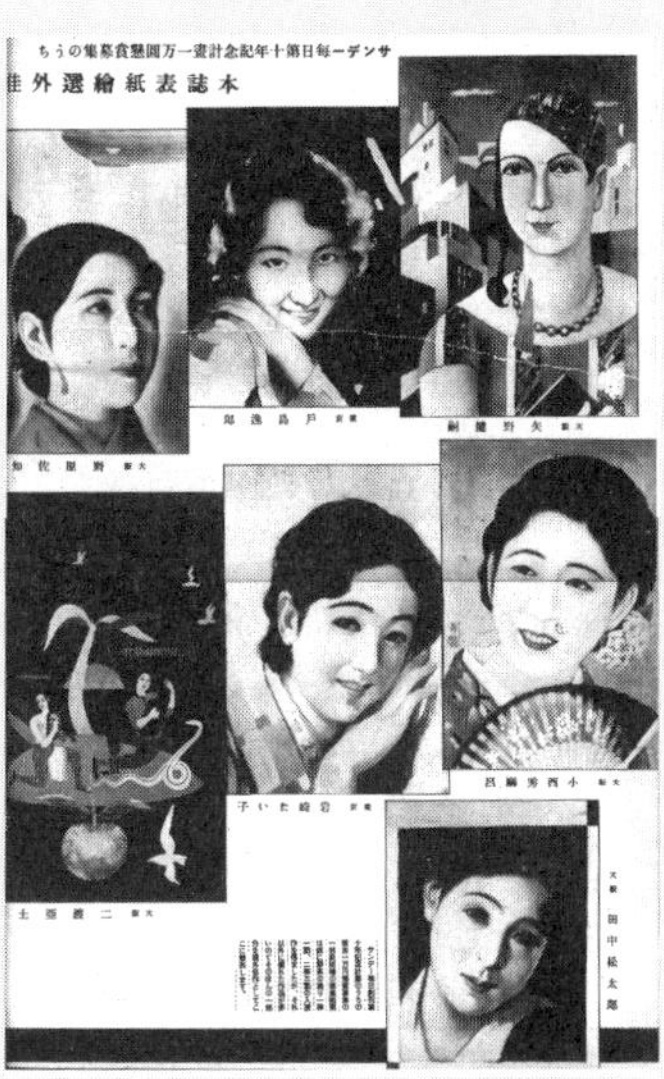

▌図 H　1931.11.8 表紙絵選外佳品

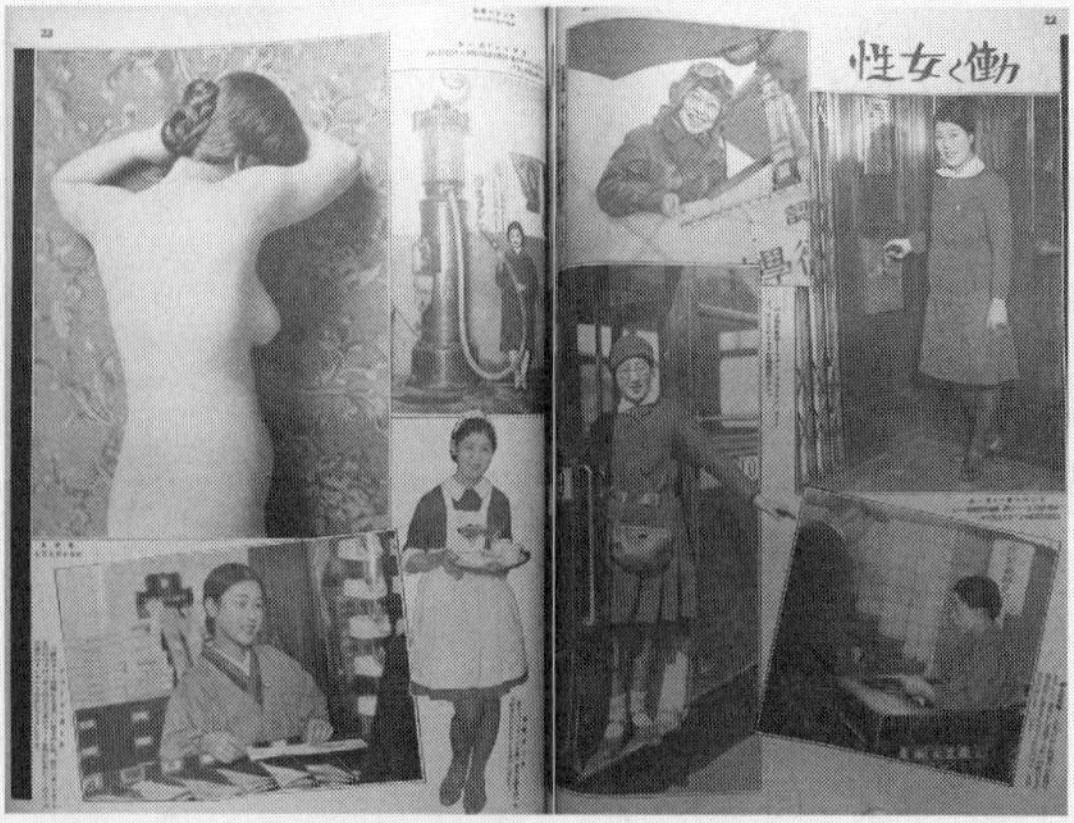

図K　1931.3.15 働く女性

図L　1931.6.10 グラビア 海は招く

◆【「猟奇」と「性」】

「猟奇」的志向を以前から拡大していた『サンデー毎日』だが、そこで捕捉された「奇」なる表象群は、あくまで表層的なデザインとしての消費物であった。その表象は、活字コンテンツとしての物語、写真、絵画、挿絵、カット画と、多彩な形態で展開される。

※【図A～C・E～G】は大阪公立大学杉本図書館所蔵、【図D】は大宅壮一文庫所蔵

▌図 C　1932.4.17 春色五人女

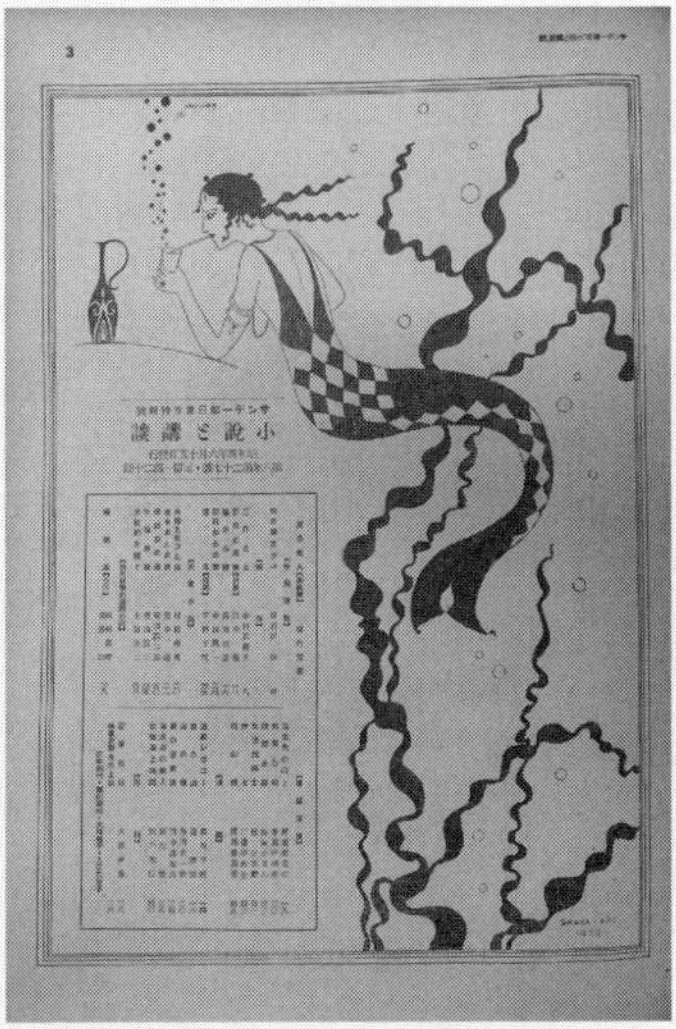

▌図 A　1929.6.15 夏季特別号 小説と講談　目次・扉

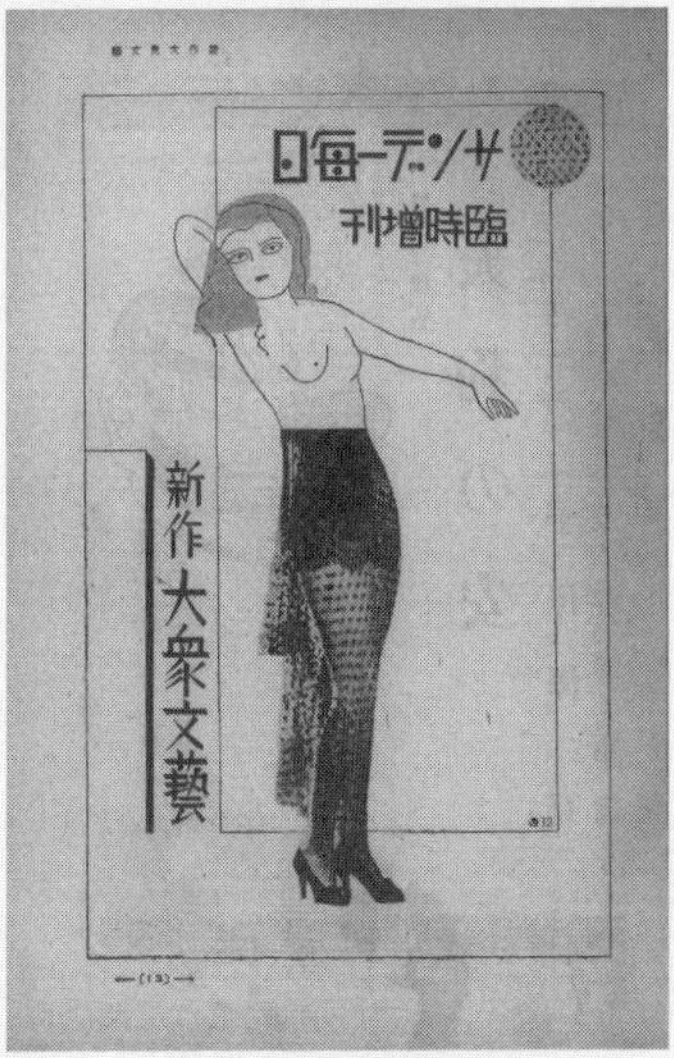

▌図 D　1932.5.5 臨時増刊 新作大衆文芸　扉

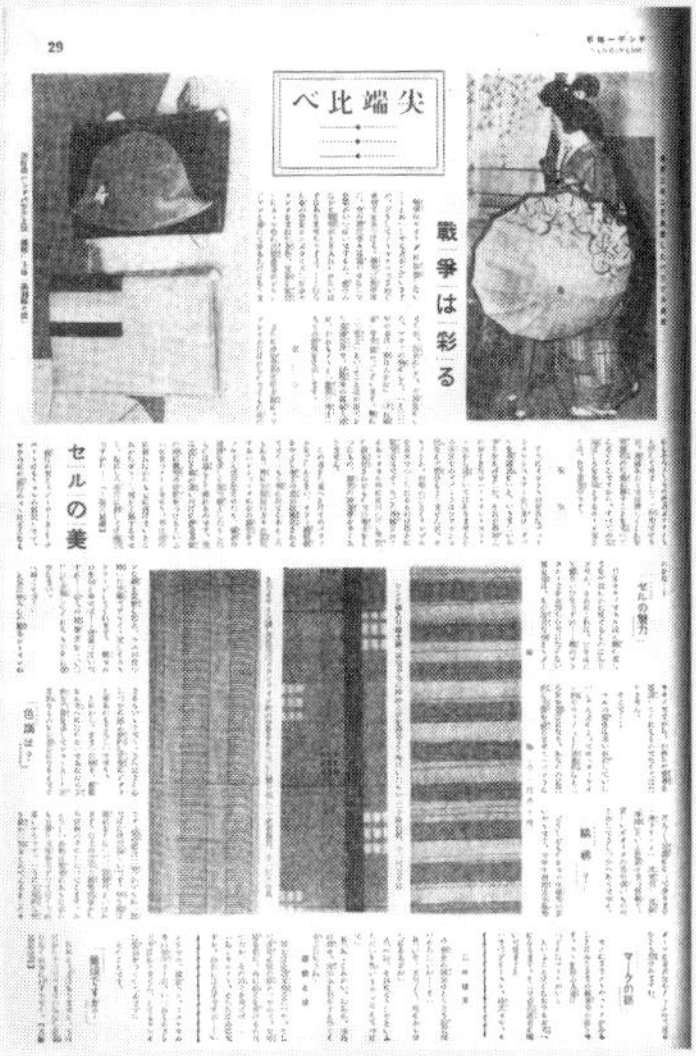

▌図 B　1932.3.27 尖端比べ

図 F-2　1932.10.30　掲載削除誌面 4～5 頁

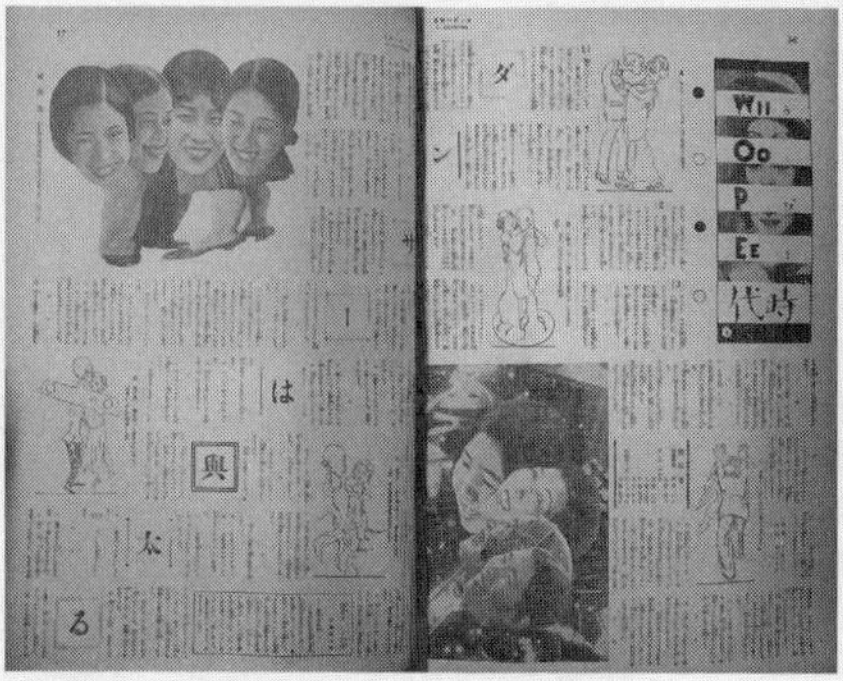

図 E　1931.6.21 うーぴー時代

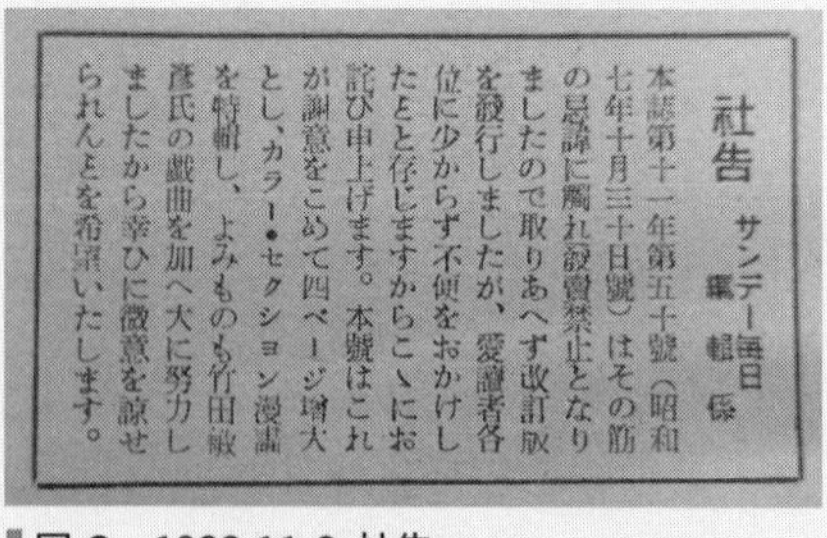

社告　サンデー毎日編輯係

本誌第十一年第五十號（昭和七年十月三十日號）はその筋の忌諱に觸れ發賣禁止となりましたので取りあへず改訂版を發行しましたが、愛讀者各位に少からず不便をおかけしたことと存じますからこゝにお詫び申上げます。本號はこれが謝意をこめて四ページ増大とし、カラー・セクション漫畫を特輯し、よみものも竹田敏彦氏の戯曲を加へ大に努力しましたから幸ひに微意を諒せられんことを希望いたします。

図 G　1932.11.6 社告

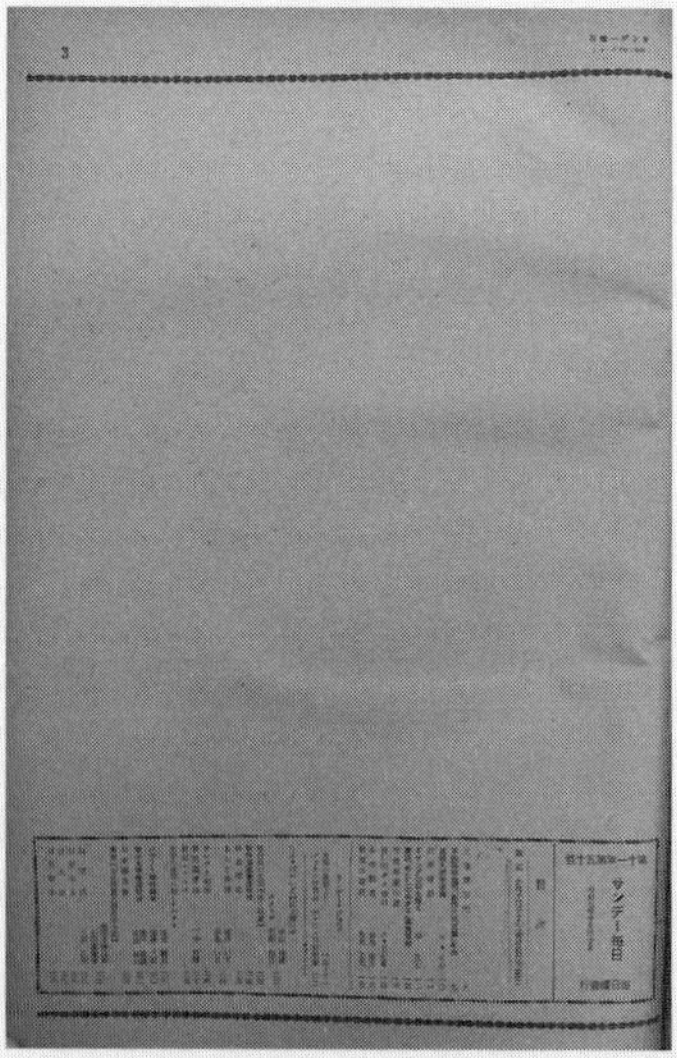

図 F-1　1932.10.30　掲載削除誌面 3 頁

第3部　「見ること」の場としての『サンデー毎日』

第1章

戦前期『サンデー毎日』表紙論――「週刊誌的レイアウト」の構築と表象の消費

副田賢二

【1】……はじめに――問題の所在と本章の視座

戦前期『サンデー毎日』の特質は、その刊行形態、『大阪毎日新聞』との関係や編集者の顔ぶれ、文学者の関与、「大衆文芸」をめぐる制度化などの様々な面で見出す事ができるが、実際のその誌面に展開される表象の形態と配置という面から見ると、雑多さと非統一性が、最も明確な特性であろう。そこは「何でもあり」の記号表象と言説の場であり、大衆娯楽誌、文芸・読物誌、情報報道誌、家庭雑誌、グラフ雑誌のハイブリッド的な誌面が展開される。そのような雑多な誌面構成自体は、『サンデー毎日』に限らず、同時代の月刊誌や新聞にも見出せるものだが、記号的断片を収集し、配列するそのレイアウトのかたちには、戦前期週刊誌、そして『サンデー毎日』特有の要素が見出し得ると考えられる。そこには、他の大衆雑誌メディアとは異なる表象の綴り出し方、その配列と配合のリズムが存在している。本章では、「レイアウト」をキー・ワードに、戦前期『サンデー毎日』の表紙の表象と機能、その掲載コンテンツとの連関を総合的に考察することで、戦前期週刊誌におけるレイアウトの構造とその表現戦略を明らかにすることを目的とする。

雑誌メディア研究、特に文学研究寄りの視点では、ある文学テクストが発表された初出の雑誌から「本文」を抽出し、それを均質化された活字の連鎖＝「全集」的テクストに整序化し、そこに客観的な分析や解釈を加えてゆく、という方法が主流であるだろう。勿論そこでは初出雑誌の特性や読者層は問題とされ、それがテクストの読みの内部に編み込まれるのだが、そこで「文学」と呼ばれるテクストの自律性とその文化的価値は、いわば自明化された前提として扱われ、その挿絵や誌面の配置などのテクスト以外の領域は副次化される。

ただ、戦前期週刊誌の場合は、小説テクストが掲載されたその誌面に絵画や写真、他の記事や広告が不規則に配置されることが多く、それらのレイアウトの隙間に小説テクストが配置されているような場合も多い。見開きで数ページ連続して小説が掲載される場合もあるが、その場合でも、その誌面の中に挿絵やカット、写真やイラストが不規則に挿入される。

さらに特徴的なのは、そこで小説の周囲に挿入される視覚表象が、必ずしもそのページのコンテンツと内容的に関連性がない場合が非常に多いことだ。特に、初期一九二〇年代の『サンデー毎日』掲載の小説や大衆読物の挿絵は、必ずしもその小説の内容を説明し補完するようなものではない。中には、周囲に掲載された小説テクストとは全く無関係に、大判の雑誌レイアウトのデザイン的バランスの方を重視したかのような、いわばデザイン的な挿絵も挿入される。また、誌面の段組みも、月刊雑誌や書籍とは異なり、戦前期週刊誌では統一されておらず、特に通常号では、ページごとに頻繁に段組みが変わり、そのレイアウトは雑然としている。同時代の月刊誌のように、文学テクストが一定の場所に固定して集中的に掲載される（多くが巻末。『中央公論』『改造』など）のではなく、その配置も流動的だ。

つまり、『サンデー毎日』のレイアウトにおいては、「文学」と名指されるところの小説テクストは、他のコンテンツに対して、決して特権的な位置を有していないのだ。それは、他のコンテンツと同様にフラット化された、消費のための一領域に過ぎない。ただ、そのことは、『サンデー毎日』では文学性や芸術性が軽視され、娯楽性や趣向性が重視されていた、という単純かつ粗雑な結論に繋がるものではない。そこでは、誌面上の（そしてそこに内包された意味領域の）どこにピントが合わせられ、何が焦点化されているのかという、いわば表象とレイアウトのパースペクティヴの問題が露わに浮上しているのであり、「文学」と呼ばれるジャンルのテクストたちもまた、そのようなパースペクティヴの内部で明滅しつつ浮遊している、と言うべきだろう。そして、そのような『サンデー毎日』誌面のダイナミズムが生み出された要因は、訴求的な誌面を作るため、として単純化できないものだ。それは、戦前期週刊誌、そして『サンデー毎日』の固有性として、自立的に考察可能な問題である。

よってそこでは、「文学」の領域を中心化し、それを権威的コンテンツとして自明化するような視線は有効性を持たないものとなる。そこでは、言語表象と同時に、そこに展開される雑多な視覚表象（絵画、挿絵、写真、イラスト）がどのように配置され、そのレイアウトに何が組み込まれているのか、それをまず解明せねばならない。当然そのあり方は時代ごとに大きく変わるため、ある程度長期間の巻号の調査、さらに他の雑誌メディアとの比較考察も欠かせない。本書の基盤となった一連の科研費研究においては、まず『サンデー毎日』誌面の視覚表象をめぐる量的分析を、その視覚表象をめぐるデータベースを作成することで実施した。そこでは創刊から一九五〇年代までの『サンデー毎日』の全表紙、そして、戦前期特別号誌面の視覚表象データベースを作成した

（本書データベース篇参照）。戦前期週刊誌の表紙研究（その方法論が現在確立されている訳ではないが）においては、それを論じる側が、膨大な号数の雑誌の中から、自らの論旨に好都合なもののみを抽出し、恣意的に論じる材料にする傾向が強い。その陥穽を避けるために、まず、作成したその表紙データベースのデータを踏まえつつ、その個々の表紙の表象の配列やレイアウト、そこに発動する表現戦略を見出すという方法を採った。本章では、主に表紙をめぐる『サンデー毎日』の表象戦略の分析と考察を行う。

【２】……視覚空間としての『サンデー毎日』――「窓」としての表紙

「創刊の辞」や「編集後記」のような、編集側の意向や戦略を直接表明する記事を重視していなかった戦前期週刊誌[1]においては、誌面編集やレイアウトの背後にある戦略を明確に対象化するのが難しいのだが、そこで重要になるのが、広告の言説である。『サンデー毎日』一九二八年七月二〇日号に掲載された自誌の広告文には、このような記述がある。

「サンデー毎日」普通号は、毎号時事問題の解説をはじめとして文芸、演芸、子供、趣味、娯楽など各般にわたつて分り易くて面白くしかも為になる記事を満載してをります。表紙は美しきグラヴユア版、挿絵の写真も清新美麗、実に「サンデー毎日」は一身にして思想雑誌、文芸雑誌、演芸雑誌、婦人雑誌、子供雑誌、娯楽雑誌、美術画報をも兼ねた週刊雑誌の粋であります。（以下、引用文の傍線は全て副田による）

ここからも、『サンデー毎日』が、その「グラヴユア版」表紙と「挿絵の写真」の「清新美麗」さを自らの訴求性として意識していたことが窺える。そのような戦略は創刊当初からあったと考えられるが、そこにおいては、視覚メディアとしての「表紙」の戦略が特に重要であった。

『サンデー毎日』創刊当初、雑誌メディアの主流であった月刊誌では、表紙はその雑誌のＣＩ（corporate identity）的な側面を持っていた。よってそれは毎月頻繁に大きく変化するものではなく、デザインの変化もマイナー・チェンジに留まることが多かった。[2] しかし、戦前期週刊誌の表紙は毎週異なる写真や絵画であり、季節や社会状況にも柔軟に対応する表象空間であった。それは日刊新聞の日曜版に起源を持つ『サンデー毎日』の出自[3]によると同時に、週刊誌としてのメディア的特質に依拠するものでもあった。

そのような『サンデー毎日』表紙では、様々な意匠を凝らすのみならず、表紙という場を〈モノ〉として活用する戦略も展開される。一九二三年四月一日一周年記念号の八頁には、「サンデー・ポスター」として、創刊から五五号までの表紙の写真版がページ一面に掲載されている**【図1】**。キャプションには「これを一ツ一ツ切ると、みなさんの雑記帳や、封筒の封じ目などに貼る、面白いサンデー・ポスターになります」とあり、表紙それ自体が〈モノ〉として収集され、メモ紙やシールのように活用されることを企図している。さらに同号三三頁には、「サンデー毎日活動写真館」として、下半分の横長の絵のコマを切り取り映画フィルム状に横に繋げ、それを上半分の絵の切り込みから挿入し動かして、それらを誌上上映する、というギミックを凝らした記事も掲載されている**【図2】**。そのキャプションには「編輯室に原稿が来てから、いよいよ「サンデー毎日」が出来上る迄の順序が分ります」とある。つまり、週刊誌というメディアが、文字原稿や絵画図版、写真などから複合的に構成され、書物として製造されるプロセス自体を、アニメ映画的なレイアウトのフレームでコンテンツ化しているのだ。

表紙をめぐる当時の消費の様相を窺わせる記事として、一九二三年四月八日号の特集「『サンデー毎日』が日常生活の役に立つた実例」掲載の西山理治「表紙のロトグラヴユアから」が注目される。「Ｔ印刷会社の写真凹

図１　「サンデー・ポスター」
1923 年 4 月 1 日「一周年記念号」

▌図2　同　サンデー毎日活動写真館

版部」に勤務する西山は、自らの製版印刷技術を磨くため「当地（東京市小石川区指ヶ谷　副田注）には土曜日の午後あたりから書店や街路で販売され」る『サンデー毎日』を「違つた場所でセピヤ刷とグリーン刷の二種とまた時としては印刷の鮮明、不鮮明なものと言つたやうに二種位購入して図柄の組合せ、図案等について考へ、写真の出所等も調べました」と述べている。そこで「第一年二十一号の外国婦人が水泳する絵はミツド・ウイーク・ピクトリアル誌上に掲載されたものであつたとか、第十一号のサンデー毎日の文字の下の線画はシヤドウラント誌にあつたもの」ということを発見したり、印刷の「版の腐蝕」の度合いやセピアとグリーン印刷の表現効果の差異、「ドクターの角度」や「版の中の傷」の修正など、『サンデー毎日』表紙の印刷について微細かつマニアックに熱弁している。当時の『サンデー毎日』表紙の素材の出所に関する指摘も興味深いが、この西山という熱心な読者の欲望が、『サンデー毎日』表紙という〈モノ〉に対して強力に発動している様相が窺えるだろう。

また、一九二八年九月二三日号には「サンデー毎日　綴込表紙」広告が掲載され、バックナンバーを合本で保存する提案をしている。実際にそのニーズはあったようで、三三年一二月一七日号には「スマートなそしてフレッシュな感じのする気の利いた」綴込保存用表紙が写真付きで広告されており、『サンデー毎日』側が、表紙を含めた自らの視覚メディアとしての〈モノ〉性を、読者の収集欲を喚起する要素として意識していたことが窺える。

また、初期『サンデー毎日』では、表紙の表象（主に写真）の周囲に、額縁的な枠のデザインがつけられる場合が多い【図3〜8】。その枠の形は四角形だけでなく円形や扉型、立体形状など多様で、それらを通覧すると、まるで展覧会会場に掲示された作品を見ているかのような印象が与えられる。一九二七年頃までそのデザインは継続するが、昭和期に入ると枠のデザインの多くは単なる枠線になり、表紙全体がカラー化される三一年三月一日号以降には、その種の枠のデザインはほぼ見られなくなる。単色刷の時期の『サンデー毎日』が、そのような枠のデザインによって自らを差異化しようとしていたことが窺えるだろう。

図 5　1922.7.2　表紙

図 3　1922.4.23　表紙

図 6　1922.9.10　表紙

図 4　1922.5.21　表紙

図7　1922.10.8　表紙

図8　1922.10.15　表紙

それに対し、『週刊朝日』の表紙には、そのような枠のデザインは毎回つけられておらず、レイアウトの統一性は薄い。特にその創刊当初は、表紙に様々なニュースやコメントが文字として掲載されたり、表紙全体が絵画や写真に覆われていることも多く、その枠のデザイン自体が目立つ場合は少ない。そこでは、表紙写真の被写体の作者や作品名、展覧会名などの意味的なデータが示されており、一種の文化的「展示」と情報伝達の場として表紙が意識されている。

週刊誌というメディア自体が一九二二年初頭に両誌によって本格的に生み出されたものであり、当然ながらそこには「週刊誌らしい」デザインや判型、レイアウトの規範などは存在していなかった。勿論、レイアウトの規範が皆無だった訳ではなく、『サンデー毎日』の場合は『大阪毎日新聞』「日曜附録」のレイアウトとの連続性を見出すことができるが、新聞の「附録」から独立し、週刊誌として新たな雑誌メディアになった段階で、新聞との繋がりに依拠するのではなく、独自の表象とレイアウトの戦略が求められたことは当然であっただろう。

そのような試行錯誤の中で、初期『サンデー毎日』の表紙は、装飾的な枠を備えた「窓」を覗き込むかのようなデザインを多く採用している。また、その中に示された写真自体にも、簡単なキャプションはつけられてはいるが、その文字は非常に小さく、表紙の表象が持つ報道性、意味伝達性は重視されていない。言い換えれば、報道という明瞭な意味指向性を迂回した、視覚表象としての非意味的な感覚・印象を喚起する「窓」として読者に訴求する、という戦略を、『サンデー毎日』表紙は選択していたのだ。本質的に「窓」は、アーキテクチャとして、その「内」にあるものへの視線を誘導し、それを「見ること」の欲望を無条件に喚起する。J・J・ギブソンは、「画像」の本質について、このように論じている。

画像は、光で描かれたもの（写真）にしても手で描かれたもの（絵）にしても、すべて処理のなされた面であり、それは常に他の画像ではない面との関係で見られている。画像に表現された、面としての配置のもつ不変項の他に、同時に、画像の面そのものとしての不変項があるのである。その面は漆喰の壁であり、画布であり、パネル、スクリーン、そして紙であったりする。画像表面を被うガラス、その肌理、縁どり、額縁などは光の配列を作り、そしてそれらは知覚される。そこに表われている情報は二重のものである。画像は光景でもあり面でもあり、そして、一見矛盾しているようだが、光景は面の背後にある。【4】（傍点原文）

『サンデー毎日』表紙は、そこに内在する「画像の面そのものとしての不変項」を、その「窓」的な枠線やデザインで浮かび上がらせ、示唆し、そこに覗き込まれるべきものを暗示する、複合化されたインターフェイスとしてまず展開された。そこでは、単なるアイ・キャッチに留まらない機能を、その表紙レイアウトが担っていた。そのような機能が大阪毎日新聞社側に明確に意識されていたとは考えにくいが、初期『サンデー毎日』のそのような表紙のあり方は、偶発的ではあれ、一九三〇年代以降の表紙の展開において重要な意味を持つものであった。

そして、同時に創刊された『週刊朝日』でも、表紙は重要な要素であった。ただ、両誌の表紙には、相違点が多くある。「本誌の目的とする一半は、事件の発生につれて急速に断片的に報道する日刊紙に対し、一週間分をひと纏めにし、誤報を修正し、記述に前後や経過の組織を立て、且つこれを何人にも読みやすいように書き直したもの」[5]として刊行された『週刊朝日』（一九二二年二月二五日～三月二五日刊行の『旬刊朝日』を含む）では、政治や経済の記事が多く掲載され、表紙にもニュースバリューのある人物が多く登場し、表紙自体が報道性を帯びていた。それに比べ、初期『サンデー毎日』の表紙には政治家や高級軍人、文化人はあまり登場しない。また、事変や戦争勃発当初の時期を除き、『サンデー毎日』表紙には軍事系のイメージはそれほど登場しないという傾向もある。ただ、映画女優や舞台女優を中心とした華やかな「女性」が表紙に登場する点は共通していた。それは満洲事変勃発後や日中戦争開戦以後も変わらず、戦前期週刊誌メディアの特徴として広く認識されることになった。

そこで、まず戦前期『サンデー毎日』表紙の特徴を時系列的に概観する。

○一九二二～二八年六月

・ほぼ写真。表紙写真懸賞応募入選作が多く掲載され、撮影者名が示されることもある。表紙の下部に、小さな文字でキャプションがつく場合が多い。
・風景や静物、スポーツや時事、有名人や政治家、皇族など、題材は多様。
・女性だけでなく子供の写真も多いが、一九二四年以降は女性像が増加し、二六～二八年には有名人、セレブリティの女性の肖像写真が頻出する。
・表紙写真懸賞やクイズ、パズルなど、表紙をめぐる企画やギミックも頻用される。

・特別号「小説と講談」が一九二二年七月一〇日に刊行、以後、正月を含めて年四回刊行される。表紙は、通常号と同じく写真（二四年四月一日、七月一日号、二五年一月一日、一〇月一日号、二六年一月一日号は和装女性の絵画）で、全て女性像。二六年七月一日夏季特別号以降は、多色刷カラーの絵画の女性像になる（和装が多い）。

○一九二八年七月〜三〇年八月

・一九二八年七月二〇日から臨時増刊「大衆文芸」が年二回刊行される（四〇年五月まで）。その表紙は、全て女性を描いた多色刷カラーの絵画。
・通常号は、表紙に人名が示されない多様なポーズの写真の女性像が中心。和装・洋装、皇族、舞台女優と、そのキャラクターは多様に選択されている。
・一九三〇年一月一日新春特別号、三月二〇日春季特別号の名称が「創作と講談」になり、それ以降は「〇〇と講談」という名称自体が消える。
・一九二九年末の表紙画懸賞募集を受け、三〇年一月から三月まで、そこで入選した女性画が特別号の表紙になる。以後も、特別号では多色刷カラー印刷の女性像の絵画が続く。

○一九三〇年九月〜三四年

・一九三〇年九月一〇日秋季特別号以降、鮮やかな色彩とリアルな描写の「絵画／写真」（人工着色カラー印刷）の映画・舞台女優像が主流化する。
・一九三一年一月四日号以降、増大号がカラー化され、通常号も次第にカラー化されたものが増えるが、女優名は、表紙にほぼ記載されない。
・通常号表紙は、一九三三年半ばまでは写真もあるが、以後は「絵画／写真」になる。
・一九三四年から「映画号」が季刊刊行される（一九四〇年七月まで）。

○一九三五～三九年

・「絵画／写真」の女優像が、固有名（非常に小さな字で表示）と共に掲載される。
・特別号の表紙は、日本画、洋画、モダニズム系、イラスト調と多様化する。
・一九三七年一〇月以降、表紙に慰問品としての説明文が入るが、表紙画が女優を中心とした女性像という傾向は変わらない。

○一九四〇～四一年

・女優像は後退し、固有名のない女性像が増加する。
・一九四〇年一〇月六日号からの戦時体制版＝Ｂ５判化と共に、軍事系の表紙が増加。
・一九四一年は、労働や運動、訓練する若い男性や女性を写した写真が中心。
・同年一二月の太平洋戦争開戦後は、四二年四月まで、軍事系の題材が続く。

○一九四二年五月以降～敗戦

・全て絵画。リアリズム描写は後退し、粗いタッチの洋画や線画、ミニマルなデザインの図像が増える。題材は南洋や田舎、街頭の風景が多く、ファンタジックなタッチも目立つ。決して軍事系ばかりではない。
・女性像は、南洋のエキゾティックな女性か防空服、農作業や工場労働をする姿が中心。
・一九四四年以降はほぼ軍事・産業系の図案になるが、研究する女性の姿も描かれる。

柏木博は、一九三九年から四〇年の『週刊朝日』表紙の「女性」像について、「確かに日本女性ではあるがどこかに欧米人の特徴を見せる、密かなエロティシズムを発散させる女性たちと、エロティシズムをまったく感じさせない健康で豊満な母のような女という、二つの類型の間を揺れ動いている」「理想的な顔立ちあるいは女性のイメージが、聖化された日本的な母と、官能的な欧米風の女との間で揺れ動いていた」として、このように述べている[6]。

一九三九〜四〇年の『週刊朝日』の表紙には、描かれた女性ばかりではなく、李香蘭（山口淑子）、高峰秀子、原節子といった実在のスターが登場する。その写真はたしかに実像を映し出している（もっとも、すべて修整された写真であるが）。しかし彼女たちのポートレイトは、写真であるがゆえに実像を映していると同時に、イマジナリー（想像的）なものでもある。いいかえれば、わたしたちの目が彼女たちの顔を理想像へと修整したのであり、もともと彼女たちが理想像とどこかで重なる部分を持っていたからこそスター女優になったのである。彼女たちの顔はまさに二つの理想像の揺れの中にある。

ここで柏木が指摘する『週刊朝日』表紙の特質は、同じく表紙に「女性」を多用した『サンデー毎日』に当てはまる部分もあるが、大きく異なる部分も多い。『サンデー毎日』表紙における「女性」表象の「揺れ動」きは、「聖化された日本的な母」と「官能的な欧米風の女」の二項対立の間ではなく、より多層的で錯綜した表象空間の構造の内部で起きている。その詳細については本章の第4節で論じるが、まずは、『サンデー毎日』表紙における表象が、輻輳した、流動的なダイナミズムの内部で生成されていたということを、確認しておきたい。

【3】……読者が関与する場／インターフェイスとしての表紙

表紙は、雑誌や書物を手にした読者がほとんどの場合最初に目にし、接触する場だ。それは、出版物という

図9　1926.1.1　表紙になるまで

紙の集積＝〈モノ〉と読者との間のインターフェイスであり、その印象や感触は、購買に際して重要な役割を持つ。データベース消費としての「ジャケ買い」が起こる遙か以前から、表紙は様々な役割を果たしてきた。コンテンツを創作する側でも、表紙は書籍の「顔」として重要性を持つが、その購買の場[7]でも、タブロイド判という大型の判型の戦前期週刊誌[8]では、インターフェイスとしての表紙の役割は大きかった。

『サンデー毎日』では、既に一九二〇年代中期から、表紙をめぐる様々な戦略が展開されていた。一九二六年一月一日新春特別号巻末記事「表紙になるまで」【図9】は、同年一月三日の新年号「結婚して見たら」の表紙【図10】が生み出されるまでの過程を、一連のグラビアで紹介した記事だ。そのキャプションには「本誌独特の美しいグラヴユア表紙の出来るまでを、一々写真に撮つてみました。これと同じ事に、毎週発行の表紙画も編輯局では人知れぬ苦心を重ねてゐるのです」とあり、モデルの和装女性の着付けから化粧、ポーズ決め、写真原版と加工過程、印刷の光景、そして完

図 10　1926.1.3　表紙

成した雑誌を読む当人の姿まで、八枚の写真が掲載されている。そこには、表紙の空間で、表紙写真のモデル自身がどのように加工され、表象として形成されるのか、その過程自体を戯れ的にコンテンツ化し消費するという構造を見出すことができる。そもそも『サンデー毎日』では、既に一九二〇年代中盤から、「女性」を視覚表象として大量にレイアウトして消費する戦略を示していた。一九二五年一月一日「小説と講談」号の二〜三頁では、「うるはしき春」と題し、一人の女性の「少女時代から主婦へ」成長する過程を水谷八重子が演じたグラビアが掲載されている。服装も和装、洋装、通学姿、スポーツ姿と様々であり、同号五四〜五五頁には結婚後の「主婦」としての姿が続けて掲載されている。また、一月四日・一一日号巻頭には「おめでたう」と題し、府県ごとに選抜された「その地の芸界に評判の高い美しい人たち十数名」の写真が掲載される。同年一〇月一日号の巻頭と五四〜五五頁には、「初秋の街上から」として、街頭を歩く一般女性たちのスナップショットが多数並べられている。このような一連のグラビア記事からは、「女性」の日常や成長過程を含めたその表象が総合的に要請、収集され、週刊誌メディアの視覚表象の戦略として展開されていたことが窺える。

また、一九二四年九月に『芝居とキネマ』が大阪毎日新聞社出版部から創刊されており、「女優」という表象が、鮮やかなグラビアとともに大量に消費されるためのメディア的基盤は整備されつつあった。4節で後述するが、そのような映画雑誌の表紙における表象の描き方は、週刊誌『サンデー毎日』の視覚表象にも大きな影響を与えていると考えられる。

さらに、『サンデー毎日』における視覚レイアウトとしての「美人」の戦略化は、毎号の掲載コンテンツのみならず、一九二七年一〇月一六日刊行の「美人号」として、大規模に展開される。「グラヴユア版全国夫人令嬢かゞみ」の「大附録」も付いた同号の表紙はルーベンスの「婦人像」（目次には「イサベラ・ビウラントの肖像」とある）で、巻頭には「大正三美人」と称された九條武子の随筆「美人は歩む」、鏑木清方、岡田三郎助、藤井浩祐の美人観、様々な文学者や文化人、役者のアンケート「私の考へる美人」が掲載されており、映画制作者や医者、新聞記者（松川二郎）の「美人」をめぐる言説も展開されている。また、一九二九年一〇月六日号は「特輯　女性美号」として刊行され、画壇、文壇、歌舞伎、演劇界の著名人の「女性美」論やエッセイと共に、浮世絵や漫画、映画女優や運動する女性身体のグラビアが多数掲載されている。そこでは、有名・無名の両方を含めた「美人」が「週刊誌的レイアウト」の強力な訴求性として意識され、その表象のフレームが整備されつつあった。

そして、そのような表象のフレームの形成と同時に、『サンデー毎日』表紙では、「表紙画懸賞」という形で、誌面への読者の関与が喚起されていた。早くも、一九二三年八月一二日号には「表紙画懸賞募集」の募集要項（八月課題「海又は山」に関するもの　九月課題「初秋に関するもの」）が示され、同時に「第一回入選印画」が五点掲載されている。[9]ただ、それらは全て「印画」＝写真であった。つまり、そこでの「表紙画」は、写真も含む曖昧な概念であったのである。撮影対象も子供や風景が多く、その課題テーマも抽象的であった。

ただ、『サンデー毎日』表紙の表象空間では、絵画表現が次第に優位化してゆく。一九二九年一月二〇日号以降、「表紙画懸賞募集」の告知が「無名画家進出の好機会」、つまり写真を排除した条件で掲示され、二月一七日号で当選者が発表された。「応募総数実に千二百有余点の多数」で、三月七日から一三日まで「懸賞募集表紙画展覧会」が大阪市北浜の灘万で無料開催された。続いて第二回表紙画懸賞募集規定が同年九月二九日号以降掲載され、一一月二四日号で入選者・入選作品が発表された。その「選後のことば」にはこのような記述がある。

今年の春、第一回懸賞募集を初めて試みたところが、予想外の応募者で、その分布から見て殆ど全国的で朝鮮、大連あたりにまでおよんで千二百余点といふ素晴らしい点数だつた、それは主題を設けず自由な作家の構想を期待したわけだつたが、これは予期したほどの結果が得られなかつた。

で、今回の第二回サンデー毎日新春特別号の表紙画募集には「美人画」といふ主題をつけて見た。第一回の時ほどに、よくいへば自由奔放、悪くいへば出鱈目な作品に接しなかつたのみか、量においてこその半数の七百五十三点の応募であつたが、質においては遙に優秀な作品が多数寄せられたことは主催者として甚だ愉快だつた。（中略）さて、このサンデー毎日に好意を持たれるところの七百五十三点の美人画だが、最もポピユラーである美人画がまた最も表現のむづかしいものであることを選に当たつて初めて知つた。

この第二回募集の時点で、『サンデー毎日』の表紙戦略が「美人画」（絵画としての規範的「女性」像）に定められたことがわかる。「美人」を描くこと／掲載することをめぐる経緯や企画、その表現論を含めた総合的な表象空間としての「美人画」こそが自らのレイアウトの特質であり、それを大衆への自らの訴求性の根幹とする、という方策が明確になったのだ。そこでは、単に「美人」を誌面に羅列するに留まらず、「美人」という表象をめぐるフレーミングの問題が浮上していた。

そこで、先述した「美人画」の「表紙画懸賞」に応募した画家の意識の内実を検討したい。一九二九年一一月二四日号「表紙絵入選者発表」の「よろこびを語る」で、一等の淡島テルホは、入選作の製作過程について、一等入選の言としては軽い口調で、このように語っている。

あの絵に題をつけるとすれば、「黄色い手袋」とでもつけませうが、十月二十七日の日曜日に神戸へ行つて、元ブラをやりました。その時あるウインドーで見たのが、この黄色い手袋です。これを一つ表紙にしてみよう、といふ気になつて、急に翌日から僅四日間で描き上げました。黄色い手袋と黒いドレス、この黒と黄のモダーンな調和に、なほ円タクだとか、カフエーだとか、飛行機だとかを加へて、締切の日の朝最後にツエツペリンを描き加へて応募しました。

それに対し、三等の戸島逸郎「先生の心の反映」は、このように語っている。

募集の文面が芸術的美人画といふ要求だつたので、それについて一寸考へさせられました。しかし、幸私の先生多田北烏氏が、常に装幀美術といふものに対して熱心に研究され、私達生徒も、フランスの装幀などから刺激を受けてゐた矢先きでしたから、非常に興味と使命とを感じて応募しました。（中略）先生は美術といふものを象牙の塔の中のものでなく、もつと大衆化し、もつと日常生活に接近し、民衆を相手に発表すべきもの進出すべきものといつておられます。幸ひサンデー毎日の如き最上の機関を与へられたともいふべき雑誌の表紙なのですから、進んで描かせてもらひました。

ここからは、応募者側の観点や姿勢が非常に多様であったことが窺える。類型的なモダニズム表象のパターンを手っ取り早く配置したと語る淡島に対し、芸術と大衆文化を融合させる「最上の機関」として戸島は表紙画を捉えている。この懸賞募集も成功を収め、応募作から「百数十点を選ん」（同号掲載の告知文）だ無料展覧会も、第一回に続いて開催された。

このように『サンデー毎日』では、小説創作のみならず、絵画や写真という視覚表象コンテンツにおいても、頻繁に懸賞募集を実施していた。一九三〇年一一月二日号では「創作挿画募集」が「挿画界の新しい試み」（同号告知文）として告知され、翌三一年一月一日号に、その複数の挿絵が、様々な小説と組み合わされて掲載される。[10]そこで応募された挿絵は、一九三一年一月以降の『サンデー毎日』誌面において、著名な画家たちの挿絵と並べて大量に（いわば「穴埋め」的に）使用されることになった。

一九三一年一一月一日号には「第十年記念計画一万円懸賞募集」の一環として再び実施された「表紙絵懸賞」入選者四名の言葉が、次週八日号には「選外佳作」の図版が七点掲載された。一等の岸本礎「東洋の面影を映す」は「画は洋装の婦人をあつかつたのでありますが、たゞ単に洋装が描きたかつたのではなく、あゝした角度を形成するに必要からさうしたまででありまして主観的には洋装とか和装とかの観念はないのであります」「顔貌についても一見双生子のごとく見ゆることでせうが、これも西洋、東洋の表面的説明をさけて永遠に流れ行く東洋人の精神的面影を内在させることが目的でした」と述べている。表紙画の女性像については、二等の堀内治雄「題材としての女性」も、このように言及している。

題材としての女性は永遠なるものとしても、一方これが描法は?といへば、当然それぐの時代に適応した、感覚上の、また、技巧上の進化がなければならないと思ひます。即ち、感覚的には、強烈なる色彩、単化せるフオームによつて十分効果的に、また、技巧上では、フオトモンタージユ、或は、立体的構成画等の新らしき様式と手段によつて、現代女性の生活を縦横に描写しなければならないと思ひます。例へば、ノイエ・リーニエ誌の表紙画では、写真と絵画が、実に芸術的に一枚の紙の上にマツチされてをりますが、この新らしい構成は、一般表紙画の新らしい型として、遠からず各誌に、その妙を競ふことになると思はれます。総ての目的美術には（表紙絵なども含めて）今、ラヂカルな理論と実際が渦巻いてゐます。（中略）表紙絵の場合、かういつたマテリヤルを用ひる構成（コラージュの手法　副田注）から、将来何か素晴らしいものが生れるだらうと考へ、また自分としてもこゝに何か新らしい生命を発見せんとつとめてをります。

また、二等当選の藤本健治「表紙絵のもつ近代性」（同）は、このように述べている。

実用美術（雑誌表紙、ポスターその他等）に現はれる美人、それは少くとも永遠性のものである。（中略）されば、実用美術の永久的な題材として、美人画の新らしい技術上の進歩発展を需めるとすれば、それは、構図、色彩における近代性新鮮さでなければならない。表紙絵のもつ近代性とは、大衆の美に対する欲求を知り、そこに依存する明確なる美――形態の直截と色彩の大胆さ――であり、それぞれの時代に、最も適応するところのものである。たとへば、デパートにおけるモダーニズムである。商品の陳列に見る巧妙なる配置、絢爛たる色彩の洪水――あらゆる階級を包括し、しかも気品を落さず、常に時代の先駆者であるデパートのキヤラクターは、あらゆる意味において、表紙絵に対する概念でなければならない。

ここで堀内が語る「新らしい構成」としての「美人画」観、そして藤本が語る「商品の陳列に見る巧妙なる配置、絢爛たる色彩の洪水」としての「デパートにおけるモダーニズム」は、まさに『サンデー毎日』表紙のレイアウト戦略そのものであった。そこでは、雑誌の「顔」である表紙画に常に有名画家を用いるのではなく、懸賞募集によって広く同時代の最新モードを表層的に掻き集め、そこに記号化された匿名的「美人」像を創出することが目指された。勿論、そのような匿名的「美人」像は竹久夢二の美人画【11】や漫画表現として当時盛んに生み出されていたが、それらはその作者の固有名／固有性と密に結びついたキャラ的表象であり、その位相は異なる。また、『活動画報』『キネマ』などの映画雑誌の表紙にも華やかな「美人」たちが展開していたが、それは映画＝活動写真という定量的なコンテンツの「中身」としての表象であり、表層のみの記号ではない。『サンデー毎日』表紙では、同時代モードや記号表象を組み合わせて、新たな表層的「美人画」が生成／消費されていたのだ。

そこで、『サンデー毎日』と『週刊朝日』の表紙画をめぐる戦略の差異を検討したい。山岡抱一は「週刊朝日サンデー毎日 どちらがよく売れるか――どちらも東京を相手にしてゐない？――」（『話』三巻五号、文芸春秋社、一九三五年五月）で、このように述べている。

どつちが売れるか、といふことは必ずしもどつちがいゝか、といふことにはならない。それぐ其の特徴があつて、週刊朝日を好きな読者もあれば、サンデー毎日を喜ぶ人もあらう。（中略）しかし、一寸打見たところでは、両誌ともに三十八頁で、表紙は何れも映画女優か、レヴユーのスターに、決つてゐるし、グラビアのページがあつて、それが大部分新映画のスチールで埋められ、記事にしたところで、取材の範囲から言へば、大同小異としか見えないのだ。だが、それはたゞ眼の感じであつて内容を仔細に点検して来ると、仲々その肌合ひといふものは一致して居らないのである。（中略）一般的に見ると、それほど此の二つの週刊雑誌は区別がつかないのである。

といふのは、第一に固定読者が非常に少いといふことが原因であらう。たとへばオール読物の読者とか、キングの読者とかは、その雑誌に対して愛着を持つてゐる。毎月買はずには居られない心理がある。（中略）こつちの週刊誌は娯楽本位のものであるが為に、一号や二号飛ばしたつて平気である。閑な時に読んで捨ててしまつても惜しくはない。閑と言つても、みつちり閑のある時には、他の月刊雑誌を読むから、家に居る時よりは、外で待つ僅かな閑に恰好な読物だといふ実感が一般に強い。また編輯者もさう云ふ風にしてしまつた。だから一番よく読まれるのは、旅行する時の汽車電車の中であらう。（中略）さてそこで、筆者は東京市内の枢要駅の売店で、どつちが売れるかを試に聞いて見たのである。それを総合して見ると次の如くになる。

『どつちが売れるかといふことはよく言へない。よく言へないと言ふのは、号によつて片方が大変よく出る時と、ひどく売れない時とある。それは内容にはあまり関係しないで、先づ表紙である。表紙が美しく派手であると争つてその方を買つて行く。連載小説が面白いとか、面白くないとかは殆ど関係がない。（中略）そして買ふ人の種類と言へば大部分学生である』

この問答に依つて見ても分るやうに、内容などには頓着せず、行き当りバツタリに、奇麗な表紙の方を買つて行くのだとすれば、凡そ二つの週刊雑誌に対する一般人の通念は想像がつくものと言へやう。読まうとする積極的な意欲はないので、どちらでもいゝのである。（中略）表紙だけで売れる売れないといふことになれば、編輯者はよほど考へなければならない問題で、週刊朝日が今だに時々試みるグラビア写真の一色刷は、サンデー毎日に対抗すべく甚だ損だといふことになる。

ここからは、「ジャケ買い」的に購入される、暫定的な使い捨て商品としての週刊誌消費の実態が窺えるが、その「奇麗な表紙」をめぐる戦略は『サンデー毎日』の方が優勢だ、という認識が示されている。そのような週刊誌消費の実態を踏まえるならば、戦前期『サンデー毎日』の表紙を含めた視覚表象の場は、絵画／写真／映画／挿絵／活字が雑多に交錯していたが、決してメディア・ミックス的ではなかった。それらは実体と表象をめぐる表層的戯れとしてデザイン化され、その戯れのプロセス自体が表紙や記事として不規則にトピックス化されていたと言えるだろう。[12] 一九二〇年代中盤以降確立される、レイアウトをめぐるその方法論を基盤にして、以後の『サンデー毎日』表紙の戦略は展開されることになる。

【4】……「絵画／写真」の表紙画と「女性」表象の消費

そこで『サンデー毎日』表紙の「女性」表象の特質を、『週刊朝日』と比較しつつ、さらに考察したい。一九三〇年から三一年初頭まで、通常号表紙は、人名が示されない多様なポーズの女性像が中心で、和装・洋装女性、皇族、映画・舞台女優と、キャラクターは多様だ。特別号表紙は、一九二九年末の表紙画懸賞募集を契機に絵画の女性像となり、三一年三月以降は通常号も多色刷カラーのリアルな描写（「絵画／写真」）の「女優」像が主流になるが、その固有名は表紙にはほぼ記載されない。その傾向は、一九三四年まで続く。

一九三三年七月一六日号の表紙では、黄に緑線の背景に、『大阪毎日新聞』『東京日日新聞』連載の牧逸馬の新聞小説「新しき天」の本文と挿絵を含めた紙面が貼り付けられており、その隙間から、映画版『新しき天』[13]出演の女優たち（入江たか子（二役）、中野かほる、桂珠子、志賀暁子か）の顔が列をなして浮上しているレイアウトが展開されている【図11】。そこでは、新聞小説の言説と挿絵のインターフェイスが交錯し、さらにそこから映画女優たちの表象が記号的モードとして絶えず生成、消費されてゆく様相が表象されている。そこでの「女優」たちは、各々の実体と表象が烈しく明滅する、その錯綜の内部にのみ存在しているのだ。そこでは、この映画の原作者牧逸馬が、林不忘／牧逸馬／谷譲次という複数的作家主体の間で明滅した存在であったことも関わっているだろう。[14] この表紙自体は偶発的なものであろうが、一九三〇年代初頭の『サンデー毎日』表紙における実体と表象

▌図11　1933.7.16　表紙
「『サンデー毎日』表象史　1932～1940」p.461にカラー図版【図A】掲載

▌図12　1934.9.9　表紙
「『サンデー毎日』表象史　1932～1940」p.461にカラー図版【図B】掲載

をめぐる生成と消費の構造が、そこには見事に形象化されている。

　この種の「女性」表象は、一九三一年六月二一日号の記事「Whoopee（うーぴー）時代」で、エロ・グロ・ナンセンス的なモード表象として既に用いられていたが、[15]三三年七月一六日号の表紙は、そのような「女性」表象が、記事の添え物的カットではなく、「雑誌の顔」としての表紙のインターフェイスの中心から湧き出しているのだ。この時期、三三年七月から三四年末までの表紙には、そのような輻輳した表象と実体をめぐるダイナミズムを見出すことができる**【図12・13】**。そこで実在の「女優」たちの実体性は絶えず明滅し、複数メディアの間を往還しつつ、高度にモード化された断片的表象として生成され続ける。

　そこで重要な要素となるのが、本章では「絵画／写真」と呼ぶ、華やかなカラー印刷だ。『サンデー毎日』表紙でこの種の多色刷カラーが初めて使用された一九三〇年九月一〇日秋季特別号表紙**【図**

▍図 13　1934.9.30　表紙
同　p.462 にカラー図版【図 C】掲載

▍図 14　1930.9.10　表紙
同　p.462 にカラー図版【図 D】掲載

14】は、同年八月二四日号から展開されていた読者懸賞「この美人は誰ですか?」のお題となっており、当選者には「純金サンデー・リング」が進呈された。「美人」の消費と金銭的欲望が融合した懸賞企画を契機に、この「絵画／写真」表紙が浮上したことは象徴的だ。この印刷の表紙は以後、『サンデー毎日』通常号の主流となる**【図15】**。

　本章では「絵画／写真」と呼ぶこの印刷方式は、肖像写真や映画のスチル写真（モノクロ）のレタッチの際に、画工が鮮やかでリアルな絵画的着色を施した印刷原版で多色刷したもので、「人工着色カラー印刷」と呼ばれることもある。[16] 印刷技術史上では、一九二〇年代初頭に日本に導入されたＨＢプロセス平版オフセット印刷[17]が、写真のタッチを生かした多色刷の大量生産を可能にしたとされる。『サンデー毎日』一九二七年四月一〇日号一四頁に掲載の『芝居とキネマ』特別増大「キネマ号」の広告では、和装女性像の同号表紙とともに「美麗な色版に、高雅なＨＢオフセットに、精巧な網目銅版に、大型なグラ

図15　1931.3.1　表紙
同　p.462 にカラー図版【図E】掲載

ヴユア版に、殆ど製版技術の最高能力を揮うたのが本誌です」との広告文が示されている。多色刷グラビア印刷がまだ困難であった一九三〇年代初頭の『サンデー毎日』や『週刊朝日』もこれらの複数の方式を組み合わせて印刷されていたと思われるが、表紙はＨＢプロセス平版オフセット印刷が中心であったと推測される。また、『サンデー毎日』の場合、三三年七月九日号の目次に「表紙　市川春代【日活】（本社高速度多色グラヴユア）」と記載があり、その時期には多色刷グラビア印刷機が導入されていた可能性もある。[18]

カラー写真登場までの大衆的グラビアとして広く用いられたこの「絵画／写真」は、一九三〇年代半ばに実用化されたカラー写真[19]とは異なる、独特のその表面の質感、感触（テクスチュア）を持っている。その画像におけるリアルとポップの配合比にはかなりグラデーションがある（画工の技術力も反映される）が、『サンデー毎日』の場合、一九三五年以降は、そのトーンは安定している。

この人工着色カラー印刷を用いたプロパガンダ・ポスター《貯蓄スルダケ強クナルオ国モ家モ　230億貯蓄完遂へ》について、田島奈都子はこのように論じている。[20]

> 《貯蓄スルダケ強クナルオ国モ家モ　230億貯蓄完遂へ》はカラー写真を〝原画〟としたように思われるかもしれない。しかし、実際の〝原画〟はモノクロ写真であり、それにレタッチ段階で人工的に着色したも

のが〝印刷原版〟として用いられたに過ぎない。カラー写真のように見える見事な仕上がりは、人工着色を担当した製版画工の技術力に因るところが大きい。ただし、自然に見えるということは、全体の色彩が淡くなることにつながり、一般的にポスターとしての訴求力も弱くなってしまう。このため、日本における写真を用いたポスターは、戦前・戦中を通じて意外に普及せず、この作品も珍しい部類に入る。

ここで田島が、この印刷表現の、プロパガンダ・ポスターとしての欠点として指摘する、「自然に見えるということは、全体の色彩が淡くなることにつながり、一般的にポスターとしての訴求力も弱くなってしまう」ことは、『サンデー毎日』表紙では、逆に有効な特性として機能した。つまり『サンデー毎日』表紙の「絵画／写真」は、「自然に見える」ことでその「女性」表象のリアリティを演出しつつ、ポスター的訴求力の欠如、つまり図像としての明確な意味指向・解釈を括弧に括った匿名的表現性において、読者にその「女性」表象をカジュアルかつ表層的に消費させることを可能にしたのだ。写真でなければ絵画でもない、この「絵画／写真」の表現性、その独自のテクスチュアは、『サンデー毎日』表紙における強力な訴求力となった。

☆「絵画／写真」多色刷カラー印刷（HBプロセス平版オフセット印刷）の表現的特質

1　高精細な画質と描写のリアリズム

2　高い発色性、鮮やかな色彩、絵画や写真とは異なる印刷の質感

3　映画・舞台女優を中心とした、訴求的な「女性」表象

4　モデルの固有名性をある程度保ちつつ、同時にその表象を記号的に匿名化する

5　画家（画工）名／（原版写真）撮影者名の固有名が示されない

印刷技術面での1と2、素材面での3の特質とともに、この4と5が、『サンデー毎日』表紙における「絵画／写真」の有効性の核であった。写真的リアリズムを保持し、対象の固有名性を描写しつつも、同時に高度にデザイン的であって、匿名的記号性を孕む余地をも残している。固有名性と非固有名性の境界上のあわいで描かれた対象（ほぼ女性像）を消費する『サンデー毎日』表紙において、その「女優」たちの固有名は、視覚表象としては暗示されるが、文字情報としては明示されない。固有名をめぐる明滅とかすれの感触は、一九三〇年代の『サンデー毎日』表紙の重要な機能となった。三五年以降は「女優」像の横に女優名が入るようになるが、文字は極小フォントで、判読さえ難しい。一九三九年までその表紙レイアウトは継続する。そこで『サンデー毎日』表紙は、「誰かを示しつつ、誰のことも示さない」表象の場として構築、確立されたのだ。

一方、一九三一年以降の『週刊朝日』表紙にも「絵画／写真」の「女性」像が頻繁に登場するが、そのスタンスはかなり異なっている。『週刊朝日』一九三一年七月五日号の表紙に関して、その目次には「海浜の色彩（佐久間妙子）　ＨＢオフセット　極彩色刷」と記載があり、その鮮やかな表紙画を一絵画作品のように扱っていることが窺える【**図16**】。三四年一月以後は印刷方式に関する記載は消えるが、表紙タイトルと女優名は目次に掲載され続ける。三七年一月からは、その記述は「原節子（日活東京スター）」などと『サンデー毎日』同様になる【**図17**】。そして三九年一月からは、表紙タイトルも女優名も所属先も目次に記載されず、撮影者名のみが目次に記載されるのであり、「絵画／写真」表紙の原版（モノクロ写真）の撮影者名が全く記載されない『サンデー毎日』とは、その点が大きく異なる。

『週刊朝日』では、表紙画に絵画的タイトルをつけるのみならず、その題材をめぐる情報や印刷方式、原版撮影者までを記載する傾向（表紙ではなく目次に記載）が強い。その背景には、雑誌メディアとしての『週刊朝日』及

図 16 『週刊朝日』1931.7.5 表紙
「『サンデー毎日』表象史　1932 ～ 1940」p.462 にカラー図版【図 F】掲載

図 17 『週刊朝日』1937.1.10 表紙

び大阪朝日新聞社出版部（『週刊朝日』創刊以降は週刊部、出版編集部、出版局と改編[21]）の特性があったと考えられる。大阪・東京朝日新聞社は、主催する絵画の展覧会やイベントに併せて、一九二三年から四三年の間に一一冊もの画集を、単行本や『週刊朝日』『アサヒグラフ』増刊号の形で刊行している[22]。そこには、大阪の『週刊朝日』と東京の『アサヒグラフ』が競争意識をもって画集出版の「業績を張り合う[23]」という状況があったようで、『サンデー毎日』及び毎日新聞社とは全く異なる事情があった。また、報道性と資料性を目指し、情報の索引という性格を当初から持っていた『週刊朝日[24]』では、表紙画に関しても、そのデータを記録、表示する傾向が強い。そしてそこでの「女性」は正面を向いて品良く微笑し、モデル的ポーズを決めるという定型性が強い。スポーツをする姿も多く、その表紙は、「美人」を作品的に展示、陳列するレイアウトで統一されていたと言える。その意味で『週刊朝日』表紙の「美人」像は、ポスター的であると言える。それに対し、『サンデー毎日』では、表紙画に対するそのスタンスが全く異なる。自らの表紙画に関する網羅的・索引的情報などよりも、消費対象としての「女性」表象の視覚的・触覚的な訴求性の創出のみに目を向けており、その創出過程自体がトピックス化されるのだ。そこでの「美人」たちは、固有名としての情報をほとんど与えられないまま、不特定な読者の視線を露わに浴び、貪欲に快楽消費されるコンテンツとして、高度に機能化されていた。[25]

そのような『サンデー毎日』表紙の「絵画／写真」表現の背後には、映画雑誌との繋がりも見出せるだろう。『活動画報』（飛行社・正光社、一九一七年一月～一九二三年九月）や『キネマ』（豊国社、一九二八～四〇年）『オール松竹』（映画世界社、一九三六～四〇年）の表紙には『サンデー毎日』と近い「絵画／写真」調のものが多く見られる。[26] なかでも、同じ大阪毎日新聞社刊の『芝居とキネマ』（一九二四年九月～二九年一月）は、『映画と演芸』（東京朝日新聞社、一九二四年九月～三七年一二月）とともに鮮やかなカラーで映画スターを表紙に登場させており、『サンデー毎日』表紙と近い位相にある。この人工着色印刷を用いた「女優」像は、一九二〇～三〇年代の映画雑誌の強力な訴求力であった。『サンデー毎日』が、それらの表紙におけるテクスチュアを模倣した側面もあるだろう。

ただ、映画雑誌の表紙に女優たちが載ることは、雑誌の内容をイメージ化したものとして、そこに意味的な照応関係がある。だが、『サンデー毎日』の場合は、ある号の表紙に登場した特定の女優とその号の内容との間に、意味的な繋がりはほぼ見出せない。公開予定映画のスチル写真が用いられる場合は繋がりがあるが、そもそも『サンデー毎日』にはそのようなタイ・アップ的表紙が非常に少ない。[27] 表紙やグラフ記事に溢れる膨大な「女性」表象と、その掲載コンテンツを接続、融合するための物語のフレーム（「文学」的テクストも含めて）とプラットフォームは、『サンデー毎日』の表象空間の内部には潤沢に準備されていなかった。一九二〇年代後半以降、同誌掲載の物語コンテンツの中心は歴史物・時代物という「大衆文学」系にシフトするのであり、そこでモダンな「女性」（女優）表象とそれらのコンテンツは、混じり合わないまま、雑然と並べられていた。

また、当時強力な喚起力を持っていた映画というプラットフォームも、『サンデー毎日』の場合は、一九三四年から季刊で刊行の「映画号」（一九四〇年七月まで）に集約され、通常号や特別号では、映画関係の記事や表象は断片的に配置されるものでしかなかった。よってその表紙は、その雑多な掲載コンテンツの内容を総合的に象徴するものにはなり得ず、その内容とは全く別の位相で、暫定的、表層的に消費されるものであり続けたのだ。

【5】……表紙レイアウトにおける「美人画」と「戦争画」の接合

そこで重要になるのが、そのような『サンデー毎日』表紙の機能と、満洲事変勃発以降の「戦争」をめぐる表象との連関性だ。ファンタジー的でフェミニンな「美人」や「女優」と、現実に生起しているマスキュラーな「戦争」は、本来全く異質なものであろう。そもそも、後者を表象するためには写真というメディアが歴史的に最適化されてきた訳で、実際に、一九三一年一二月六日号の表紙はチチハル市街に入城、行進する日本軍の写真である。『週刊朝日』の同年一一月二二日号表紙も、前線を歩く兵士数人を写した写真だ。ただ、両誌ともその後の表紙は再び「美人」像に戻り、軍事系の表象はしばらく登場しない。

しかし、「絵画／写真」＝人工着色カラー印刷が主流化した三二年以降、『サンデー毎日』表紙では、「戦争」が、その「美人」像と同質のテクスチュアで表象されることになる。満洲事変勃発後、本格的に「戦争」をコンテンツ化した同年三月六日の「戦争小説号」の表紙【図18】は、日の丸とともに進む馬上の兵士たちが「絵画／写真」（元は報道写真か）で描出されている。一方、一九三二年の『週刊朝日』には軍事系表象は出現せず、ひたすら「美人」が展示的に毎週登場する。『サンデー毎日』表紙も急速に元の「女優」像に戻り、「北支事変」勃発まで軍事系表象はほとんど見られない。ただ、特輯「『日の丸の旗』への感激」を載せた三四年二月一一日号の表紙は幼

図 18　1932.3.6　表紙
「『サンデー毎日』表象史　1932/1940」p.472 にカラー図版【図 A】掲載

児たちが巨大な日の丸を掲げる光景で、「北支事変」勃発後の三七年八月二二日・二九日号は、前線で戦う兵士と占領後の万歳の光景だが、全て「絵画／写真」だ。その次号の表紙には微笑む「女優」が登場するのだが、その全く異質な表象は、「絵画／写真」のテクスチュアにおいて接続される。『週刊朝日』よりも多いとは言え、この時期の『サンデー毎日』表紙には直接的な「戦争」表象はほとんど登場しないのだが、それは、『サンデー毎日』表紙の戦略である「美人画」としての「女性」像と共通する表象の感触を帯びて、以後展開されることになる。

そこで注目されるのが、宝塚少女歌劇団の「女優」と「戦争」表象との関係構造だ。宝塚少女歌劇団が『サンデー毎日』表紙に登場するのは、一九二九年一月二〇日号の「紐育行進曲」での二人の女優が最初で、その後三〇年六月以降、舞台上の写真の表紙が増える。表紙が写真から「絵画／写真」に移行する直前の三〇年一〇月二六日号では、「海軍行進曲」を上演する宝塚の舞台が表紙になる。同号以降「宝塚少女歌劇団脚本募集規程」が誌面に掲載され、宝塚関係の表紙は一気に増加する。そこでは奇抜な舞台衣裳やセットが写真で表紙化されるのだが、三二年九月四日号以降、「絵画／写真」の宝塚女優の表紙が増え、三三年三月一九日号は十字軍騎士の衣裳姿、三四年五月二七日号では、同月宝塚大劇場で上演されていた「太平洋行進曲」の海軍将校姿の女優が登場する。その後しばらく軍事系イメージは登場しないが、三七年八月以降、そのイメージは再び宝塚の「女優」像と融合して浮上する。一九三七年九月一九日第二増大号の表紙は、飛行帽とゴーグルをつけた宝塚の秩父晴世と月

▌図 19　1937.9.19　表紙
「『サンデー毎日』表象史　1932 ～ 1940」
p.472 にカラー図版【図 C】掲載

野花子が、奇妙なデザインの衣裳を着て肩を組み、笑みを浮かべているのだが、その背後には、紙飛行機のような日本の軍用機が飛び交っている【図19】。それは、同年八月に大劇場で上演されたレビュー「少年航空兵」の舞台であろうが[28]、そこでは「美人画」と「戦争」表象が、宝塚的な演劇表現空間の内部で融合した、その様相自体が表紙となっている。川崎賢子は、「エロ・グロ・ナンセンスのニヒリズムに通底しつつもその通底する回路をおおいかくして対峙する、産業社会の、消費文化の、もうひとつの夢」として「つねに新しいスタイルでノスタルジアを表現すること」が宝塚レビュー独特の形式だと指摘する[29]。「ありもしない過去、理由も根拠もないノスタルジア、ユートピアをそのようなものとしておもいえがく共同性[30]」においてファンと接続するその構造こそが、宝塚歌劇団が高度なポピュラリティと文化性を獲得した要因であろう。そして、満州事変勃発以降には、その構造の内部に「戦争」と〈前線〉をめぐるイメージ化のコンテクストが編み込まれてゆく。戦時下の宝塚少女歌劇団については様々な考察があるが[31]、「理由も根拠もないノスタルジア、ユートピア」として〈前線〉が表象されることになった時、宝塚の特性は、また別の形で機能することになった。

『サンデー毎日』誌上で宝塚歌劇団が重要な意味を持ったことは、大阪毎日新聞社との繋がりから見ても当然であろうが、『サンデー毎日』誌上の宝塚「女優」たちは、イノセントな少女性を内包した「美人」として消費されたと同時に、「戦争」というマスキュリニティの領域を「新しいスタイル」でデザイン化し、〈銃後〉のフェミニニティの領域と超論理的に接合させる表象として展開された。そこでは、異質なものとの差異を消去し接合させる機能として、宝塚固有の虚構の構造が「活用」されたのだ。〈前線／銃後〉を超越的に接続するために、戦時下には様々な言説や表象が展開されたが[32]、『サンデー毎日』においても、そのような表象が、宝塚の「女優」像を通して浮上することになる。

一九三七年一〇月二四日号の表紙【図20】は、街頭で「千人針」を乞う宝塚の小夜福子《さよふくこ》の立ち姿で、その背後では多くの女性たちが「千人針」を縫っているのだが、ドレスを着て正対する小夜福子は、鮮やかなカラーの「絵画／写真」として画面から浮き出るように示される。一方、背後の女性たちはモノトーンの、より写真的なタッチで印刷されている。

図20　1937.10.24　表紙
「『サンデー毎日』表象史　1932～1940」p.472にカラー図版【図D】掲載

この表紙画は、この表紙に対峙する側の錯綜した構造と、規範的なジェンダー構造の惑乱を映し出している。「千人針」を乞う小夜の前に立つのは、当然女性ジェンダーでなければならない。しかし、同時にこの号は、自らを「慰問品」としてアピールしていた。奇しくもこの号以降、通常号表紙上方に「本誌は帯封をして陸軍省恤兵部又は海軍省恤兵部宛にお送りになれば皇軍慰問品として取扱はれます送料は一銭五厘です、四銭の愛国切手を貼ることもいゝでせう」と説明文が入る（四一年八月二四日号まで）。つまり、自らを「慰問品」としてより本格的にアピールし始めるその当該号の表紙が、この「千人針」表象なのだ。よってこの小夜福子は、〈前線〉の兵士＝男性ジェンダーの欲望のまなざしに晒され消費される存在として、自らを「戦争」に接合させている。そこでこの表紙は、「千人針」を勧奨するプロパガンダであると同時に、〈前線〉の男性身体にコミットし、そのまなざしを縫い取る〈銃後〉の接合的フェミニニティとして創出されているのだ。そこに、〈前線／銃後〉の双方向的消費の構造が露出する。

そしてそこでは、小夜福子が初期宝塚における男役スターであったことも作用していると考えられる。小夜福子の固有名性と〈前線〉との関係については、『歌劇』一九三七年一一月号の記事が興味深い。一七八頁の「宝塚ニュース」では「軍慰問は〝歌劇〟にかぎる事」の見出しで『歌劇』が「上海戦線の勇士達」に「大いに歓迎された」とする記事の後、「小夜福子にお化粧品を配分して貰つて嬉しさうな本科生」の様子を語る記事が配置されている。そして一八〇頁には「贈り主は小夜福子　義人村上少尉の感激　千人針とプロマイドに偲ぶ　宝塚銃後の花一輪」と題した記事が載っている。これは同年一〇月二四日の『大阪時事新報』掲載記事を転載したものだが、そこでは「〝北満の義人〟村上粂太郎少尉」に「さやしい《ママ》心をこめた手紙」と「可憐な美少年？のプロマイドと千人針の胴巻き」が入った「慰問袋」が届き、少尉は若い部下からそれが「日本のレヴユウ・スター」「男装の麗人」小夜福子の舞台写真だと教えられる。その後訪問した記者に少尉は「これはこの人が何とか言ふレヴユウで私に扮して出演したのが、予て私が出征してゐると知つて親切にも、舞台で忙しい合間に自らつくつてくれた千人針と扮装写真です、女々しいと笑はれるかもしれませんが、誠心こめた親切が有がたくかうして肌身につけてゐる」と述べ、「この戦場で唯一の慰め」と語る。この記事の初出は【図20】の『サンデー毎日』と同日刊行の『大阪時事新報』であり、まさにメディア・ミックス的表象空間の内部で「小夜福子の千人針」表象が浮上していたことがわかる。この記事の村上少尉は著名な「軍国美談」の主人公[33]で固有名を持つが、『サンデー毎日』表紙での「千人針」の受領者は、固有名性を超えた〈前線〉の身体だ。そこでは、固有名としてのスター（女優たち）／無名性としての皇軍（兵士たち）という制度的な表象構造をめぐるダイナミズムが立ち上がる。宝塚の「女優」たちは、その「純潔」と「少女」の未成熟なフェミニニティにおいて、「皇軍」の匿名的イノセンスと接合するのだ。そして、その接合のインターフェイスとして、「絵画／写真」表紙が、その平板なモダニズム性において高い機能性を発揮した。このような表紙の機能を個々に分析することで、大衆的娯楽の場から翼賛的プロパガンダ・メディアに変容したと一元的に歴史化されがちな[34]『サンデー毎日』の背後にある表象のダイナミズムが可視化されるだろう。柏木博は、プロパガンダグラフ雑誌『写真週報』の機能について、このように述べている。[35]

> 写真を見る者に、一定の意味の解釈しか許さないということ。それはいわば「意味の専制」としか言いようがない。だが一方で、一枚の写真をめぐって、その写真が産み出す無数の意味を読む（見る）ことをあきらめ、言語的メッセージに自らの解釈を委ねたくなる誘惑に打ち勝てずに、身をまかせるとしたら、それは「意味の専制」へと自ら身をまかせ、共犯関係をとり結ぶことにほかなるまい。そして実際、『写真週報』はそうしたグラフメディアとして〝消費〟されていたのである。『写真週報』はメッセージの〝送り手〟による「意味の専制」の〝場〟であると同時に、メッセージの〝受け手〟による送り手との共犯の〝場〟だったのだと言えよう。

『サンデー毎日』表紙の「絵画／写真」を、この柏木論のコンテクストに置くならば、『サンデー毎日』表紙のそれらの「女性」表象が発散するテクスチュアは、写真というメディアが本質的に持つ「意味の専制」を曖昧に緩め、そこに読者個々の欲望と意志に沿った消費の余地を放恣に提供しているのだ。そして、同じく「戦争」についても、「意味の専制」を緩めたカジュアルな消費を、そこで提供する。「美人」を快楽的に消費する場としての『サンデー毎日』表紙は、〈前線〉への「慰問」物品としての有効性／実用性において重要性を持っていた。事変・戦争の勃発以後、急速に同誌の表紙が「美人画」に戻った要因もそこにあったのだろう。ただ、『サンデー毎日』の表紙の機能はそれだけに一元化できるものではない。『サンデー毎日』表紙は、商品としてのアイ・キャッチで快楽消費の場であったと同時に、読者が関与するインターフェイスであり、さらに、異質なものを融合、並列させるための巧妙な表象の装置でもあった。

実際に、表紙画の題材レベルでも、「美人」と「戦争」の接合は展開された。一九三八年一月三〇日号の表紙では、「大日本国防婦人会」の襷と割烹着姿で、軍帽を被り手を挙げる和装女性（日活の清水藤子）が「絵画／写真」で示され、背景には行軍する兵士たちの姿が絵画調で描かれている【図21】。

また、一九四〇年九月一日号表紙は、「防火担当者」の襷姿でバケツを持つ防空服の女性二人を描いた岩田専太郎の絵である【図22】。この表紙の背景について、当時『サンデー毎日』編集担当の辻平一は、一九四〇年夏に陸軍報道部の「S少佐」が『サンデー毎日』の二つの表紙【図23・24】に「朝鮮の風俗だ」「外国の風習だ」とクレームをつけ、反論も聞き入れられなかったと語っている。[36] 前者はおそらく四〇年一〇月二七日号、後者は同年八月四日号で、そこから「急角度で、表紙の絵も写真もかわった。従来は女優の顔が毎号の表紙だった。当時は今の「サンデー毎日」の型の倍の大きさのタブロイド判だった。その大きさの中に女優の顔が大きく出ていたのではでだし、きれいだったが、それだけのもので深みも味もなかった。しかし、これが姿を消すと、桃太郎人形だったり、赤ん坊の笑顔だったり、敵前上陸の表紙になったが、これもけっして味も深味もあるものでなく、むしろ急角度で転回する混乱ぶりが露呈されているだけだった」として「当時、毎月の第一週の号だけ、岩田専太郎の絵だった」が「九月第一週の号には防空演習する女になっていた」と述べている。このエピソードからは、おそらく鈴木庫三であろう当時の政治・軍事権力側の愚劣な頑迷さと同時に、『サンデー毎日』表紙固有の「美

▌図 23　1940.10.27　表紙

▌図 21　1938.1.30　表紙
「『サンデー毎日』表象史　1932 ～ 1940」
p.473 にカラー図版【図 H】掲載

▌図 24　1940.8.4　表紙

▌図 22　1940.9.1　表紙
同　p.474 にカラー図版【図 I】掲載

人画／戦争画」の接合、キメラ的デザイン化が、岩田専太郎という「表象の共通項」において顕在化していたことが窺える。

また、その〈前線／銃後〉の接合を創作者側の視点から見るならば、『サンデー毎日』の表紙画や挿絵、扉絵を書いた画家には「戦争画家」が多いことも注目される。岩田以外にも宮本三郎、中村研一、小磯良平、猪熊弦一郎、向井潤吉、藤田嗣治が挙げられるが、特に、報道写真の図像をリアルに絵画化した《山下、パーシバル両司令官会見図》（一九四二）《本間、ウエインライト両司令官会見図》（一九四四）で知られる宮本三郎は、一九三七年から四〇年までの特別号表紙を、岩田とともに多く担当した。四三年三月一四日号表紙では、宮本の「戦争画」《香港ニコルソン附近の激戦》（一九四二）を思わせるリアリズム的なタッチで、前線の兵士の姿を描いている【図25】。

ただ、同時に宮本はファンタジックな「女性」像の描き手でもあった。一九三六年春季特別号、六月夏季特別号、三七年九月五日号、一〇月三日号、一一月七日号、一二月五日号、三八年春季特別号、九月夏季特別号、四〇年夏季特別号、九月秋季特別号でデコラティブな女性像（大半が洋装）の表紙画を描いている【図26】。その装飾的で幻想的なタッチは、戦争が大規模化する中の大衆的慰安（前線兵士を含め）となったであろうが、宮本の《南苑攻撃図》（一九四二）【図27】も、戦場の光景でありながら一種の幻想性を発散していた。宮本の「戦争画」が「写真をさらに理想化したもの」と評された[37]ことからもその表現の本質的なハイブリッド性が窺えるが、宮本の「美人画／戦争画」も、幻想性において通底している。モノクロ写真を基にした「絵画／写真」が広く展開された『サンデー毎日』表紙の「前線／女性」表象に、宮本の表現的ハイブリッド性は違和なく融合することになった。

『サンデー毎日』表紙の「美人画／戦争画」の相互交通性は、三七年九月五日号の表紙【図28】からも窺える。そこでは、デコラティブな「女性」の顔の背景に、一見トンボに見える航空機が飛び交っている。先述した同年九月一九日号表紙のモティーフとも共通する、「美人」と「戦争」の融合的デザイン化がそこで実践されているのだ。

■図 25　1943.3.14　表紙
「『サンデー毎日』表象史　1932 ～ 1940」
p.476 にカラー図版【図 R】掲載

■図 27　宮本三郎《南苑攻撃図》　1941

■図 28　1937.9.5　表紙
同　p.463 にカラー図版【図 I】
掲載

■図 26　1936.3.10　表紙
「『サンデー毎日』表象史　1932 ～ 1940」
p.463 にカラー図版【図 H】掲載

『週刊朝日』表紙では、そのようなデザイン化はほぼ見られない。そもそも宮本の「戦争画」は、写真のテクスチュアと密接な関係があった。表紙画や「戦争画」における絵のタッチ、その感触としてのテクスチュアの問題は、技法上の副次的要素として処理すべきものではない。一見「戦争画」とは全く異質に見える「女性」表象と「戦争」表象の連続性が、この『サンデー毎日』表紙という視座から可視化されるだろう。

また、『サンデー毎日』に限らず、多くの雑誌メディアで夥しい数の挿絵や表紙画を手がけた岩田専太郎は、「洋画西洋画と日本画の女性像の特徴をデフォルメしてキメラ化した女性像を生み出し、大衆的人気を博した。「洋画と違つて流動美を写さなければならない」[38]との意識の下、「映画の表現方法、特に通俗小説と競合している現代物の映画を参考」に「いかに映画の表現方法を吸収し、さらに映画と異なる方法を獲得するか」[39]を追求した岩田の挿絵の技術と方法意識は非常に高いものだが、その表象の消費の現場では、メロドラマ的情動性が内包されたその「通俗的」タッチこそが、岩田の絵画の最大の訴求力であったと考えられる。三八年六月一〇日夏季特別号表紙【図29】には、戦後少女マンガに繋がるような「女性」像のデフォルメと記号化が見出せる。

そのタッチは軍事系の描写にはそぐわない印象を受けるが、岩田は『サンデー毎日』で「戦争」表象を多く手がけている。三七年一一月一五日の臨時増刊「続皇軍武勇伝　附　銃後美談」表紙【図30】は鉄帽の日本兵の顔のアップと日の丸を描いた絵画だが、その兵士の顔は、頬と唇が紅潮し、岩田の女性像特有の長い睫毛を持つ横長の目を備えており、男性兵士としては違和感を覚えるものだ。ただ、それは岩田が男の顔を描くのが下手というだけのことではない。そもそも〈前線〉の男性兵士の「顔」を描き出すこと、それ自体が困難な作業であった。「顔」は、その人物の固有性を表徴する意味的インターフェイスとしても機能するもので、それは記号としてその人物がキャラ化される上でも重要な役割を果たす。実際、「男らしさ」を備えた魅力的なマスキュリニティ表象として、武士や浪人の伝統的な「顔」と身体は『サンデー毎日』誌上でも視覚表象として頻用され、

▌図 29　1938.6.10　表紙

▌図 30　1937.11.15　表紙
「『サンデー毎日』表象史　1932 ～ 1940」p.475 にカラー図版【図 M】掲載

その「大衆文芸」コンテンツの訴求性の核にもなっていた。[40] だが、高い精神性を内包し「聖戦」を遂行する存在として規範化された〈前線〉の「兵士」像に、歴史的に様式化されたそのような表象をはめ込むことは、様々な面で不具合を起こすものであった。表象のジェンダー規範をめぐるそのねじれは、豊かな表象のキャパシティを保持する宝塚少女歌劇団の表現空間を除いて、表現者たちに現実的困難を突き付けるものであっただろう。よって、「皇軍」の「武勇」を表徴すべき男性兵士の「顔」は、岩田の類型的「女性」のそれの劣化コピーにならざるを得ない。『サンデー毎日』誌上で「表象の共通項」として機能していた岩田専太郎の表現においてそのような惑乱が生起しているという事実は、非常に興味深い。

そのような男性兵士の「顔」をめぐるジェンダー惑乱は、別の場所でも生起していた。岩田と「戦争画」との関わりについて、足立元は、岩田が「軍報道部の命令を受けて制作した神風特別攻撃隊内地基地出発の記録画」である《特攻隊内地基地を進発す

（二）》（一九四五）を取り上げ、「華麗な挿絵の仕事は、戦時下においては物資の減少や出版統制の結果、求められなくなっていく」が、「岩田は早くも一九三二年には青年将校と芸術家のサロンである五日会の発足に参加」し「同会に参加した挿絵画家の竹中英太郎、高畠華宵、多田北鳥とともに銃後の女性たちを描いた「出征将兵後援絵葉書」を制作する」[41]と述べている。《特攻隊内地基地を進発す（二）》は「挿絵と対極的な大画面の日本画」[42]で、そのテクスチュアは伝統的日本画のものだ。「戦争画」における日本画的表現の問題は後述するが、ここで足立が言及する「出征将兵後援絵葉書」は一九三八年頃発行されたもので、五名の画家が描いている。《慰問文》と題された多田北鳥の絵では、慰問文を読む寒冷地仕様服装の三名の兵士が、顔がほとんど見えないように描かれている。また、富田千秋《慰問袋と兵士》【図31】には同様の服装をした兵士二名が慰問袋を手にした笑顔が描かれているが、その顔はまるで女性のように見える。〈前線〉のマスキュリニティとして男性兵士の「顔」を模範的に描出する行為が、「慰問」物品である絵葉書の内部で失調していることは象徴的だ。そのような表現方法上の問題は、『サンデー毎日』における宝塚の「女性」表象と「戦争」表象との親和性を生む要因でもあった。

図31 「出征将兵後援絵葉書」 富田千秋《慰問袋と兵士》 1938

　一方、『週刊朝日』では「美人」と「戦争」の領域は分離されており、後者の表象は、写真が占有的に表象するものであった。そこには、グラフ誌『アサヒグラフ』や多様な写真集を刊行していた大阪・東京朝日新聞社の強みがあったのだろう。その表象をめぐるメディアの役割とジェンダーの分離は明確であった。それに対し、『サンデー毎日』ではそれらが錯綜していたのだが、独自の表紙レイアウトと宝塚のモダニズム表象を内包した『サンデー毎日』は、その錯綜こそを、自らの固有の戦略として方法化していたのだ。

【6】……往還するファンタジー・固有名性からの「解放」と空白としての表象

一九四〇年一〇月六日号から『サンデー毎日』は戦時体制版のB5判となり、四一年一二月七日号以降は表紙に戦時標語が入る。B5判になっても四一年八月まで表紙は「絵画／写真」で、同年九月から四二年四月二六日号まで写真の表紙が続くが、太平洋戦争開戦前と後ではその写真の性格が変わる。開戦前は、兵士だけでなく〈銃後〉で農作業をする女性や学生の姿が多いが、特に学生が集団で行動、訓練している図像が多い。開戦後は、陸海空の兵士の戦闘風景が主流になる。その変化は開戦の現実から見ても当然であろうが、四二年四月二六日号の表紙（兵士〈おそらくインド兵〉が空にライフルを向けている写真）を最後に、以後の表紙は全て絵画に変わる。先に引用した柏木論[43]の用語を用いるなら、「メッセージの〝送り手〟による「意味の専制」の〝場〟を創出する写真というメディアは、戦時下『サンデー毎日』表紙の場合は、開戦後の高揚、熱狂が高まったほんの短期間しか用いられなかったのだ。その後は、「意味の専制」からは遠い、ファンタジックな〈前線〉や占領地、「大東亜共栄圏」の風景が、一九四三年末まで表紙画として展開される。この変化は、時期的に見て、戦地からの写真供給の欠乏や資材不足によるものとは考えにくい。そこには、意図せずに「実物を写してしまう」客観的記録メディアとしての写真においては、「戦争」を類型的な図像以外で表象することが本質的に困難（検閲下では特に）であることも作用していただろう。「意味の専制」が支配する場は、まさにプロパガンダに合目的化された表現空間だ。〈前線〉の写真を多数掲載する『写真週報』や『アサヒグラフ』特輯号はその役割を戦時下に忠実に果たした。それに対し、『サンデー毎日』は、写真を用いつつも、同時にその「意味の専制」を回避するような雑多なレイアウトを展開する。ただ、それは『サンデー毎日』のプロパガンダ性の薄さを証明する免罪符にはならない。そのような「意味の専制」の「緩め」においてこそ「戦争」は美学化され、賞揚され、貪欲に消費されたのだ。そこには、機能としての「弛緩」が瀰漫していた。

そこで、さらに表紙画の形態を検討したい。通常号表紙が絵画になり、バラエティ豊かな顔ぶれの画家が交代で表紙画を担当することになった。そこでは堂本印象や宮本、岩田など、従来表紙画や挿絵を担当した画家もいるが、全く描いていなかった画家も召喚された。必然的に、表紙画のタッチは毎号大きく変わる。四二年五月以降になるとリアルな描写は後退し、ファンタジックなモティーフとトーンが拡大する**【図32】**。軍事系も登場するが、自然や生活の光景など、題材は多様だ。

そこで特筆されるのが、南方の「大東亜共栄圏」の表象だ。「中身もなにもない空虚な概念」で「太平洋戦争の開戦後にしだいに実体を帯びてくる」「アイデア」としての「大東亜共栄圏」[44]は、四二年五月のコレヒドール島占領による「南進」の一応の帰結以降、「内地」の雑誌メディア内で急速にイメージ化されることになった。東南アジアを空間的に「日本」化した／所有したという意識のフレームの成立が、その表象をファンタジーとして『サンデー毎日』表紙に誘引したのだろうが、そのためには、表紙は写真ではなく、非リアリズム的な絵画である必要があった。そこには南洋のエキゾティックな女性像**【図33・34】**や風物が召喚され、[45]「内地」の〈銃後〉表象には防空服や農婦、労働する女性像が登場する。

一方、『週刊朝日』表紙では、全く異なる事態が展開されていた。柏木博は、同誌の一九四〇年一二月二九日号に「なぜか、一度だけ古沢岩美《ふるさわいわみ》の筆による美人画が現れるだけで、美人の肖像はまったく姿を消す。それは、

▌図 34　1943.1.31　表紙
同　p.477 にカラー図版【図 U】掲載

▌図 32　1942.5.3　表紙
「『サンデー毎日』表象史　1932 ～ 1940」p.476 にカラー図版【図 S】掲載

▌図 33　1942.6.28　表紙
「『サンデー毎日』表象史　1932 ～ 1940」p.476 にカラー図版【図 T】掲載

美人画を通して現われてくる大衆の欲望に、政治的・文化的不都合を嗅ぎ取ったことの結果であろう」と指摘する。[46] 妥当な分析だが、本章の視点からこの現象を分析するならば、『週刊朝日』表紙の「美人画」は、「戦争」表象と融合し得るような拡張性をそもそも保持していなかったのだ。その表紙の「美人画」は定型性が強く、その「女性」たちは自らの「美人」性を作品的に展示する存在として、一元的に機能化されていた。よってその存在領域は「戦争」とは別位相にあった。太平洋戦争下の『週刊朝日』表紙には直接的「戦争」表象（軍用機、軍艦、兵士）が頻出するが、それらの表象のマスキュリニティと「美人」のフェミニニティは完全に分離している。

それに対し『サンデー毎日』表紙の「女性」表象は、「戦争」と交錯して多様に展開される。一九四二年五月以降の絵画表紙でも同様で、特に「大東亜共栄圏」表象では、「西洋対日本という二元的思考からの自由を示唆すると同時に、日本の「内」にありながらコスモポリタンな感覚を享受できる空間として開かれて」いた「広大な「空白」としての「亜細亜」[47] がエキゾティックな「女性」として召還される。毎週変わる表紙画は、前後の号との連続性はないまま、アトランダムに展開される。そもそも『サンデー毎日』では、小説においても挿絵画家と作家との対応関係は緩く、有名画家が無名新人の懸賞小説の挿絵を描くケースも多い。[48] そして表紙の場合は、よりアトランダム性が強い。その号の表紙画になぜその画家が選定されたか、その実情を資料的に解析することはほぼ不可能だが、そこでは画家の、そして描かれた対象の固有名性から切り離された表象が、断裂的に、空白として浮遊しているのだ。

そのような戦時下『サンデー毎日』のレイアウトの本質を考察するために、表紙の表象に限定せずに、太平洋戦争下の「戦争」を表象した、あるグラビア記事に注目したい。表紙のほとんどが軍事・産業系図案になる一九四四年以降、誌面は簡素化され、表紙画を含めた視覚表象も減少するが、巻頭に大木《おおき》惇夫《あつお》「決戦新春頌」が掲げられた同年一月二日・九日合併号のグラビア記事では、多様な写真がレイアウトされている。まず、二七頁

図35　1944.1.2–9　グラビア「航空母艦上の古賀司令長官」

図36　同　グラビア「海ゆかば　無敵海軍」

の「航空母艦上の古賀司令長官」【図35】の後、「海ゆかば　無敵海軍」として、出撃、戦闘中の軍用機と軍艦の写真が掲載されている【図36】。直接的に〈前線〉の様相を写したこれらのグラビアは、報道的な「戦争」表象として、いわば標準的なものであろう。

ただ、次頁の見開き写真「伊勢神苑の朝」【図37】は、動くもの全てが不在の、L・J・M・ダゲール〈パリ、タンプル大通り〉（一八三八）[49]を想起させる静謐さを湛えている。そこには「暁の伊勢内宮御神苑」の見出しと撮影者名以外のキャプションはない。「対象を不在として表現するからこそ、価値を与えられ、夢想の媒体というその機能を手に入れる」[50]写真というメディアの本質が露出したこの写真には、「伊勢神苑」をめぐる「ストゥディウム」を攪乱する「プンクトゥムとしての時間」[51]の感触を見出す事も可能だろう。そこでは、現実の戦争をめぐる〈意味〉は宙吊りにされ、空白化される。

そして、この見開き写真に続く「山ゆかば」【図38】は、見開き一面に「北方戦線」「南の戦線印緬国境」「北方〇〇基地飛行場」「北支最前線」「南の戦線」の写真を交互に並べている。キャプションでは「南も北もまさに決戦場！」と煽動しているが、その八枚の写真自体は、もはや「海ゆかば」のような報道的写真ではない。それは、戦場の実写と言うよりも、戦争映画の一シーンのスチル写真のような感触を湛えており、広範な〈前線〉に散らばる「皇軍」を、その時間性と現実性を凍結させ、映画的に表象しているかのようだ。

図 37　1944.1.2–9　グラビア「伊勢神苑の朝」

図 38　同　グラビア「山ゆかば」

その表象は、〈前線〉の具体的戦況や戦果を報道、説明するものではなく、情緒的かつ映画的にイメージ化された「光景としての戦争」を、〈意味〉の規範を外して消費するための、いわば意図的に空白化された視覚表象なのだ。これらの視覚表象は、『サンデー毎日』における「戦争」表象のレイアウト的本質を、まさに凝縮的に示している。

そして、この無時間的「空白」としての表象形態は、『サンデー毎日』に留まらず、「戦争画」に頻出する神話的イメージにも接続する。大量の「戦争画」を豪華な装幀で出版した『聖戦画譜』（美術報国会、一九三九年）には、〈前線〉の戦闘や〈銃後〉の人々だけでなく、神話的モティーフを描いた抽象的「戦争画」が多く掲載されている。そもそも「戦争画」は、現実の戦争を物語化し、それを意味的に説明し、好戦ムードを高めるプロパガンダ・メディアであった筈だが、実際の「戦争画」を見ると、「現実」に常に脅かされてしまう〈意味〉を迂回し、「戦争」を醇化、美学化し、漠然とした情緒性を喚起させる図像が多い。太平洋戦争開戦後の『サンデー毎日』絵画表紙における「戦争」もまた、そのような「空白」の表象として展開された。そこでは意味的ディテールなど不要であり、そのインターフェイスの感触とレイアウトこそが重要なのだ。それは、なぜ「戦争画」が戦時下の日本社会で強い影響力を持ったのか、という問題とも繋がる。

現代美術家の会田誠は、そのような「戦争画」の特質を、〈戦争画 Returns〉シリーズ[52]の《みにまる》（一九九九）【図39】で、意図的に稚拙化させた始原性の表象の内に表現している。「戦争画」のミニマリズムの背後には、精神や宗教の〈物語〉などは存在しない。そこにあるのは、受容者が漠然とした情動を感受するための最低限の記号表象であり、そこには「空白」が瀰漫していなければならない。そして、「意味の専制」の「緩め」を可能にする表象のプラットフォームがそこに伴わねばならない。敗戦間際まで『週刊毎日』として存続を許された『サンデー毎日』は、「戦争」をめぐる「緩め」の表象空間として、「大東亜戦争」下の大衆的想像力の密やかで放恣

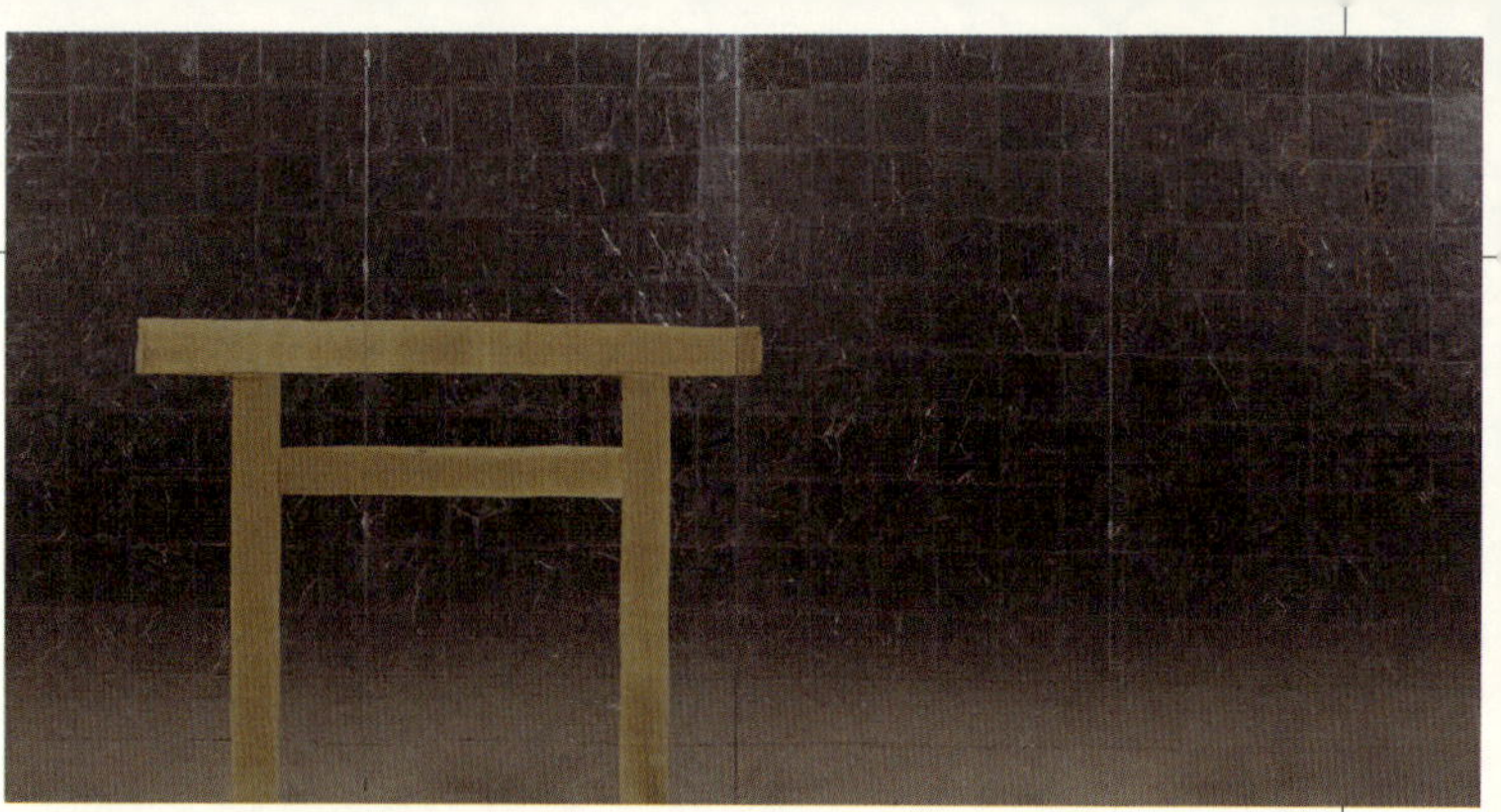

図39　会田誠《みにまる（戦争画RETURNS）》1999　襖、蝶番、銀紙、砥粉、血液（四曲一隻屏風）　171 × 268cm　撮影：長塚秀人　© AIDA Makoto Courtesy of Mizuma Art Gallery

な拡張の場として機能したのだ。

夜の〈前線〉の光景が、野間《のま》仁根《ひとね》のファンタジックな筆致で描出された一九四二年七月一二日号の表紙画【図40】は、まさにそのような「空白」を内包した「戦争画」だ。「愛の画家」マルク・シャガールの影響を受け、鮮やかな色彩と自由闊達なタッチで明るい幻想的風景画を描いた野間が、「大東亜戦争」下の〈前線〉をファンタジックに表象する『サンデー毎日』表紙の表現空間に召還されたことは象徴的だ。戦時下の『サンデー毎日』表紙は、〈意味〉を纏った〈実体〉を宙吊りにする、「弛緩」と「空白」が瀰漫した「戦争画」空間でもあった。実体と表象、絵画と写真、「美人画」と「戦争画」、そして〈前線／銃後〉を往還する戦前期週刊誌の視覚表象と消費の実態は、翼賛化や体制への迎合といった一面的視座からは決して見えてくるものではない。それは、戦前期『サンデー毎日』の誌面に展開されている、雑多で錯綜したレイアウトの構造と、そこに展開された歴史的表象の細部からのみ見出し得るものなのだ。

注

1　全くない訳ではなく、一九二六年三月七日号から一二月一九日号、二七年一月一六日号から三月二七日号までは巻末に「編輯室から」、三二年一月一日新春特別号と三月一〇日春季特別号には「編輯後記」、三四年一月二一日号から五月二一日号、七月一五日号から一〇月一四日号まで「同人語」欄が巻末に掲載されるが、全て断続的で、一貫性のある記事にはなっていない。

2　『中央公論』『改造』の表紙は独特のフォントの題字と内容の呈示という機能性に特化していたが、文芸誌『新小説』『女性』では絵画を用い

図40　1942.7.12　表紙
「『サンデー毎日』表象史　1932～1940」p. 477 にカラー図版【図Ⅴ】掲載

た季節のデザイン的表紙が展開されており、そのような表紙の差異が雑誌メディアのジャンルを表徴していた側面がある。

3　本書第1部「週刊誌メディアの誕生とその展開」の第1章・荒井真理亜「『サンデー毎日』の起源・創刊時の大阪毎日新聞社の雑誌戦略」を参照。

4　J・J・ギブソン『生態学的視覚論』Ⅳ画像による表現（原著一九七九年　村瀬旻訳、サイエンス社、一九八五年）p.298

5　一九二三年五月の関西朝日会における鎌田敬四郎の発言（引用は、『朝日新聞出版局五十年史』（朝日新聞出版局、一九八九年）二　一つの黄金期　p.32 による）

6　柏木博「肖像のフェティシズム――『週刊朝日』の表紙を読む①」（『月刊百科』、一九八六年五月　pp.34–35　後に『肖像のなかの権力』（平凡社、一九八七年）所収）

7　戦前期週刊誌には、日刊新聞購読家庭への配達とともに駅での販売という販路もあり、ここで指摘されている表紙の機能は、出版社側にも意識されていたと推測される。

8　一九四〇年一〇月六日号以降、『サンデー毎日』の判型は戦時体制版B5判になり、以後の週刊誌の基本型となる。

9　このような写真の懸賞募集は、雑誌にグラビア印刷を導入した嚆矢である『朝日グラヒック』の一九二一年一月の創刊時に既に展開されていた。『朝日新聞グラビア小史　出版印刷部40年の記録』（朝日新聞社、一九六二年　pp.24–25）は「そろそろアマチュアカメラマンが頭をもたげてきた時代」に、雑誌創刊の宣伝とともに「読者とのつながりを深めよう」として写真の懸賞募集が実施されたと述べている。そこでの「画題」は「婦人の容姿、婦人の集り、愛らしき子どもの表情、風景、年中行事（風俗）、街上その他に於ての出来事」であったとあり、初期

『サンデー毎日』誌面戦略との共通性が窺える。

10　酒井忠康・橋秀文『描かれたものがたり　美術と文学の共演』（岩波近代日本の美術5　岩波書店、一九九七年）の「3　喜ばしき近代挿絵」p.71で橋秀文は、挿絵の社会的地位が、一九二七年に春陽会の展覧会場に挿絵室が設けられて以降向上し、『名作挿絵全集』（平凡社、一九三五年）の刊行もあって「人々の挿絵への関心が大いに高まった」と指摘しているが、『サンデー毎日』の挿絵空間では、「挿絵芸術」としての社会的認知よりも、読者懸賞企画を含めた表象のキメラ化と、その並列的消費が貪欲に遂行されていた。

11　『サンデー毎日』では一九二二年八月一三日号から一一月二六日号まで夢二の絵を掲載していたが、以後は一九二九年六月一六日号まで僅か五回掲載されたのみで、そのほとんどはエッセイである。その背後には、「美人画」をめぐるニーズと戦略の変化があったと考えられる。

12　村山知義「週刊朝日とサンデー毎日（雑誌時評）」（『経済往来』一〇巻九号、一九三五年九月）で村山は両誌の「低劣」さを批判し、その表紙の「印刷の俗悪さ」と、その表紙画の「美人」の「顔がまるで似てさへゐない」点を酷評している。知識階級の文化的価値意識のフレームと戦前期週刊誌の表現戦略が、本質的に全く噛み合わないものであったことが窺える。

13　映画『新しき天』は、製作入江ぷろだくしょん、監督阿部豊、脚本阿部・館岡謙之介、入江たか子主演で一九三三年九月に前・後篇が公開。同年七月二一日の『キネマ週報』には『新しき天』紹介記事が掲載されているが、その号の表紙は、同映画のスチル写真の背後に、『東京日日新聞』紙面がその挿絵とともに破り取られ、貼られたデザインとなっている。

14　『サンデー毎日』では、一九二七年四月小説と講談号、七月一七日号、二九年九月小説と講談号、三一年一月新春特別号、一〇月一一日号、一一月一〇日新作大衆文芸号、三二年一月新春特別号、五月新作大衆文芸号、六月五日号、七月夏季特別号、三三年六月夏季特別号に牧逸馬として探偵小説や大衆小説、エッセイを書いている。林不忘としては、一九二七年九月小説と講談号、二八年一月小説と講談号、二九年一一月新作大衆文芸号、三一年三月春季特別号、三二年一月一七日号、同年三月春季特別号、三三年三月春季特別号に歴史物を執筆、谷譲次としては、一九三〇年一月創作と講談号、三二年九月秋季特別号に書いている。

15　女性の複数の頭部と、足元やネオンの写真をコラージュした手法が用いられている。本書のp.362の【図E】参照。

16　人工着色（人着）カラー印刷について、坂本恵一『続・レタッチ技術手帖』（日本印刷技術協会、一九八四年）は「湿板時代」の「「人工着色」の製版は、「色分解」されてないのであるから、「色」はレタッチマンが「創造」する」と説明している。参照先はJAGATウェブサイト
https://www.jagat.or.jp/archives/12500　二〇二四年三月二四日閲覧

17　平野武利「写真製版の歴史⑦　オフセット印刷とＨＢプロセス」（『紙魚の手帳』37号、二〇〇六年四月二五日）は、大阪の市田オフセットの社長市田幸四郎が一九一九～二〇年にＨＢプロセスを日本に導入し、一号機が大阪の市田オフセット工場に設置された経緯を述べ、この印刷方式が「ポスターや朝日新聞社の「朝日グラヒック」などで真価を発揮し」たとして、「いままでの手工的な石版技術と異なって、はるかに

写真の調子が生かされ、また色数も6～7色ですむプロセス平版は、ポスターや雑誌の表紙からすべての印刷物に及ぶようになる」としている。また、「一枚の写真からポジを調子を変えて撮り分ける人工の着色ポスターなども作られ」たと述べている。

18　注9の『朝日新聞グラビア小史』pp.65–66は、『週刊朝日』一九二三年四月一八日号（実際は四月一五日号か）からグラビア刷表紙が用いられたとし、二五年に二色刷可能な新鋭印刷機がドイツから輸入され、「朝日新聞のグラビア印刷の施設は、国内の業界をリードする強力な態勢をととのえ」（pp.74–75）たとする。ただ、グラビア印刷の「総天然色」実現は一九五三年以降で、それ以前の多色刷表紙や口絵は「オフセットか凸版とのかけ合せによるものが多かった」（p.174）としている。同書掲載の波々伯部方次「大震災画報に活躍」（p.225）は、「グラビアの色刷り」が「実際にグラフの表紙に利用されたのは二色刷りで昭和六年だったように思う。無論人工で分色したものだったが好評であった」と述べている。『サンデー毎日』三四年五月六日号の春季特別号広告には「表紙　海辺　HBオフセット数度刷」とある。

19　一九三五年にアメリカのコダック社の多層発色式カラーフィルム・コダクローム、ドイツのアグファ社の新アグファカラー、四〇年に小西六のさくら天然色フィルムが登場し、映画や商業広告の場で普及するまで、手作業のレタッチによる多色刷カラー印刷が工夫された。石川英輔『総天然色への一世紀』（青土社、一九九七年　p.235）は、一九三〇年代までは「多くのメーカーや発明家が、それぞれ独自の方法を発表したため、カラー写真を作る方法が非常に多く、その意味では現代よりはるかに多彩な時代だった」とする。

20　ポスター《貯蓄スルダケ強クナルオ国モ家モ　２３０億貯蓄完遂へ》説明文（田島奈都子編著『プロパガンダ・ポスターにみる日本の戦争』（勉誠出版、二〇一六年）　4　女性と子供　p.56）

21　『朝日新聞出版局五十年史』（朝日新聞出版局、一九八九年）出版局組織図表　付p.2

22　注21同書　二　一つの黄金期　pp.85–87

23　注21同書　二　一つの黄金期　p.88

24　中村健「大正期『週刊朝日』にみえる索引的編集から読み物への変化——戦前期週刊誌の基礎研究」（二〇二一年度　日本出版学会秋季研究発表会、二〇二一年一二月四日）、及び本書序章参照。

25　北田暁大『広告の誕生　近代メディア文化の歴史社会学』第3章「融解する広告」（岩波書店、二〇〇〇年　pp.137–139）は、『主婦之友』が一九二〇年前後に「新しい組版技術を旺盛に摂取しつつ抑揚《リズム》ある誌面の構築にいそしみ、独特の遊動性に彩られた読書空間を生み出していく」とし、そこで「口絵・写真などを用いて遂行される視覚的な「戦術」」が「多色刷オフセットの技術」とともに展開されたとして、「印刷技術との蜜月を愉しむ」その「「実用派婦人雑誌」のあり方はきわめて例外的なものであった」と、「婦人雑誌という二次元メディアの同時代的な特異性」を見出している。示唆的な指摘だが、北田の指摘する「独特の遊動性」や「視覚的な「戦術」」は、『サンデー毎日』においては、より公共的・拡散的な形態で展開されたと言えるだろう。

26 岩本憲児「映画雑誌の草創期――『キネマ旬報』以前・以後」(『時計台』87号、二〇一七年四月　第二四回大学図書館学術資料講演会要旨)は、一九一七年創刊の『活動画報』が「映画雑誌ブームの先駆けをなす一誌」だとして、その「〝表紙口絵〟の美しさ」が「視覚性と読物性」を重視した同誌の特徴の一つとしている。同論文掲載の『活動画報』表紙カラー図版には「絵画/写真」印刷と共通するタッチが既に見出せる。石川英輔は、注19同書pp.149–150で、一九一六年当時のオートクローム(リュミエール社のカラー写真乾板)に言及し、「当時の原色版でカラー印刷物を作る時には、版に凹凸をつけるために腐食する製版工程で、前記の人工着色に近い作業をするのが普通だったから、今のカラー製版に比べるとかなり人工的な、絵に近いような色調に見える」と述べている。『サンデー毎日』の「絵画/写真」印刷も、写真版への人工着色の工程を経て生み出されたと推測される。岩本同論文に掲載されている『映画と演芸』(一九二七年二月)『芝居とキネマ』(一九二九年二月)の表紙は、『サンデー毎日』の「絵画/写真」表紙と同質なものである。

27 『サンデー毎日』一九二六年三月七日号の表紙は、映画『日輪』の主演女優夏川静江の映画スチル写真と『大阪毎日新聞』連載の新聞小説「日輪」の挿絵が掲載され、メディア・ミックス的な宣伝の色彩が強いが、そのような例は、他の号ではほとんど見られない。

28 レビュー「少年航空兵」は一九三六年五月に宝塚大劇場で、翌年八月に東宝劇場(東京宝塚劇場)で花組公演として上演された。『宝塚歌劇100年史　虹の橋　渡りつづけて　舞台編』(阪急コミュニケーションズ、二〇一四年　p.82)には三六年五月の舞台写真が掲載されているが、その月野と秩父の衣裳は、『サンデー毎日』表紙のものと類似している。

29 川崎賢子『宝塚　消費社会のスペクタクル』(講談社選書メチエ147、一九九九年)p.151

30 注29川崎同書p.157

31 映像と芝居を交互上映する「キノ・ドラマ」として三八年八月に上演された『軍国女学生』は、海軍省軍事普及部後援の、〈銃後〉を支える女学生たちの物語であった。玉岡かおる『タカラジェンヌの太平洋戦争』(新潮新書75　新潮社、二〇〇四年)は、出演した竹田鶴子にインタビューし、戦時下の宝塚少女歌劇の様相を探っている。「キノ・ドラマ」については、大久保遼「連鎖劇とキネオラマ――活動写真の一九一〇年代」(『映像のアルケオロジー　視覚理論・光学メディア・映像文化』〈青弓社、二〇一五年〉第6章)が、その原形の連鎖劇とキネオラマについて一九一〇年代を中心に論じ、その連鎖劇が「映画と演劇のモンタージュを積極的にとらえるモダニストたちによって」昭和初期に「「キノドラマ」や「トーキー連鎖劇」といった前衛芸術として再興される」(p.244)とする。宝塚の「キノ・ドラマ」である『軍国女学生』も、そのコンテクストが大衆化されて展開されたものであろう。

32 拙稿「〈前線〉に授与される〈文学〉と大衆文化――昭和戦時下における〈文学リテラシー〉の機能拡張」(『日本近代文学』第92集、二〇一五年五月)、「差異を架橋する「メロドラマ的想像力」――大庭さち子の戦時下テクストにおける〈情動〉の機能――」(『日本近代文学』第109集、二〇二三年一一月)で考察を加えている。

33　村上条太郎は、吉林省の事務官であった一九三四年八月三〇日、新京行の夜行列車内で匪賊に襲撃されて人質となった時、日本軍捜索隊の「日本人はいるか?」の呼びかけに「日本人ここにあり」と叫び、重傷を負いつつ人質救出の立役者となった。東京愛媛県人会編『日本人こゝにあり』が三五年に刊行されるなど、「軍国美談」として広く語られた。

34　黒古一夫「序にかえて——雑誌メディアの興亡と「週刊誌」」(『戦前期『サンデー毎日』総目次』上巻〈ゆまに書房、二〇〇七年〉)は、そのような見方を典型的に示している。

35　柏木博『欲望の図像学』Ⅰ　欲望のグラフィズム　4意味の専制——『写真週報』(未来社、一九八六年) p.55

36　辻平一『文芸記者三十年』Ⅱ　軍部の検閲(毎日新聞社、一九五七年) pp.160–163

37　滝口修造「陸軍作戦記録画優秀作品評」(『美術』四号、一九四四年五月)

38　「さしゑ画家打明け話　岩田専太郎」(『読売新聞』、一九三六年四月二二日)

39　諸岡知徳「複製技術時代の挿絵——田中良/岩田専太郎/視覚文化」(『JunCture 超域的日本文化研究』02　特集:情動/主体/文化　名古屋大学大学院文学研究科附属日本近現代文化研究センター、二〇一一年三月) pp.202–203

40　本書第2部第2章・中村健「子母澤寛の股旅物におけるテクスト・挿絵の関係と洗練のプロセス——週刊誌における文学と表象表現の一定型」での「股旅物」の男性身体表象をめぐる論考、第3部第2章・富永真樹「『サンデー毎日』と「雪岱調」——小村雪岱美人画に見出されたもの」での「雪岱調」「美人」の「顔」をめぐる論考は、『サンデー毎日』に展開されたジェンダー規範の様相と、そこでの視覚表象の機能を考える上でも多くの示唆を与える。

41　足立元「岩田専太郎《特攻隊内地基地を進発す(一)》」作品解説(『戦争と美術　1937—1945』国書刊行会、二〇〇七年) p.238

42　注41足立同解説 p.238

43　注35柏木同書 p.55

44　矢野暢『「南進」の系譜』Ⅴ　「大東亜共栄圏」の虚妄性(中公新書412　中央公論社、一九七五年) p.157, 161

45　神坂次郎・福富太郎・河田明久・丹尾安典『画家たちの「戦争」』(新潮社、二〇一〇年)所収の丹尾安典「戦争美術の様態」pp.112–113は、『南方画信　第二輯』(陸軍美術協会出版部、一九四二年)で、従軍画家の清水登之が、従軍先のボルネオでの酒宴で見たダイヤ族の「盛装の美人」たちの魅惑を記していること、同書に川端龍子《踊り子》や猪熊弦一郎《包みを乗せたる少女》がカラー図版で掲載されていることを指摘し、それらを「欲望を駆り立てながら占拠地支配を肯定させる戦争画」だとしている。本章【図34】の『サンデー毎日』表紙画は、その《包みを乗せたる少女》に猪熊が修正を加えた(頭上の袋を果物籠に変え、首飾や色彩を追加)ものだと考えられる。そこからも、「大東亜共栄圏」拡張の意識がもたらした、当時共有されていたエキゾティックな「美人」表象への強力な欲望が窺える。

46　柏木博『肖像のフェティシズム──『週刊朝日』の表紙を読む②』（『月刊百科』、一九八六年一〇月）p.39
47　エリス俊子「表象としての「亜細亜」──安西冬衛と北川冬彦の詩と植民地空間のモダニズム」（『越境する想像力──モダニズムの越境 Ⅰ』〈人文書院、二〇〇四年〉所収）pp.122–123
48　岩田専太郎、堂本印象、小村雪岱など著名画家が、『サンデー毎日』懸賞企画に当選した新人＝無名作家の挿絵を担当するケースは多い。詳細は、本書第3部第2章の富永論を参照。
49　〈パリ、タンプル大通り〉（一八三八）には、当時の写真技術の限界（感光にかなりの時間がかかる）ゆえに、目の前を移動する人々や馬車が写っていない奇妙な光景が定着されているが、それゆえに、古写真としての独特のアウラを発散している。
50　ピエール・ブルデュー『写真論　その社会的効用』（原著一九六五年　山縣熙・山縣直子訳　叢書ウニベルシタス290　法政大学出版局、一九九〇年）　結論　画像と幻想　Ⅰ　過剰充当された象徴 p.291
51　ロラン・バルト『明るい部屋　写真についての覚書』（原著一九八〇年　花輪光訳　みすず書房、一九九七年）pp.38–39, 118
52　一九九五～九九年製作の絵画シリーズで、油絵、水彩、エナメル塗料、ホログラムペーパー、コピーなど多様な技法・素材で、戦時下／戦後の記憶の痕跡が高度に記号化されて表現されている。美術批評家の椹木野衣は「「戦争画」をめぐる広大な密室──外へ」（『戦争と美術 1937─1945』〈国書刊行会、二〇〇七年〉所収　pp.149–150）で、同シリーズを「あくまで意識の欠けと空きから生ずる想念を、あえて恣意的に表現しようと」した、「戦争画の還元的実質のなか」の「グチャグチャした想念」を描いたものと評価している。

【図3～8・11～15・18～24・26・28～30・32～34・40】は大阪公立大学杉本図書館所蔵
【図25・35～38】は大宅壮一文庫所蔵
【図27】は、『戦争と美術　1937─1945』（国書刊行会、二〇〇七年）p.25 の図版を転載
【図39】は、会田誠『三十路』（ABC出版、二〇〇二年）p.17 の図版を転載
【図1・2・9・10・16・17・31】は副田所蔵

【付記】本章は、JSPS 科研費 JP20K00361 の助成を受けた研究成果である。

第2章
『サンデー毎日』と「雪岱調」――小村雪岱美人画に見出されたもの

富永真樹

日本画家・小村雪岱《こむらせったい》の仕事は装幀をはじめ舞台美術、デザインなど多岐にわたるが、なかでもその活躍は「おせん」「お傳地獄」といった挿絵を通して知られ、それらの仕事は現在再評価が進んでいる。自身が語るように[1]、雪岱は画壇のメインストリームに加わることを避け、商業美術家として多忙を極めていた[2]。意図的に商業美術家としての画業に邁進した雪岱は、『サンデー毎日』でも挿絵を中心に多くの仕事を担当している。『サンデー毎日』一九二二～一九四一年の特別号における図像担当数（本書視覚表象班調査）を見ると、無署名に続いて岩田専太郎《いわたせんたろう》（二二七点）、植村俊（一七六点）、吉田貫三郎《よしだかんざぶろう》（一一六点）に続く五番目に雪岱（一一四点）は位置しており、彼がいかに『サンデー毎日』と関わりの深い画家であったかがわかる。

本章では、『サンデー毎日』における雪岱の仕事の概観を確認した上で、雪岱画、特に彼の描く女性像と『サンデー毎日』が交わることによって生じるものについて考えたい。

【1】……『サンデー毎日』と小村雪岱

雪岱はいわゆる「雪岱調」と呼ばれる独自の画風で知られているが、はじめからそのスタイルが確立されているわけではない。一九一四年に泉鏡花『日本橋』装幀でデビューし名を広めた雪岱[3]は一九二二年ごろから本格的に挿絵を手がけるようになる。論者によって時期の分け方は異なるものの、おおまかに雪岱の画風は「模索期、雪岱調の片鱗、雪岱調の確立、成熟」を辿ると考えてよいだろう。[4]雪岱が『サンデー毎日』の仕事に携わるのは一九二六年から死の直前の一九四〇年の一四年間であるから、その模索期〜成熟期まで画家は『サンデー毎日』に関わったといえる。

そもそも「雪岱調」とはどのようなものを指すのか、その特徴として挙げられているものをまずは確認したい。真田幸治は「雪岱調」に関して次のように論ずる。[5]

「おせん」で評判を呼んだ挿絵画風は、戦前は〈雪岱型〉、現在は〈雪岱調〉と言われている。〈雪岱調〉の特徴を一言で言えば、静的ということになる。省略されたシャープな線描、遠近法を無視したパース、大胆な余白、画面全体を引きしめる黒と白のコントラスト。また、後述する舞台装置家としての経験を生かした、俯瞰の構図。雪岱は平面の世界に緊張感あふれる空間を静的に描きだしたのである。[6]

こうした「雪岱調」確立に至るまで、雪岱絵は『サンデー毎日』においてどのような変遷を遂げたのかを簡単に確認したい。雪岱が『サンデー毎日』に初めて寄せたのは、五巻四五号（一九二六年一〇月一〇日）の木村富子「雪女郎」に添えられた図【図1】である。その後の【図2】「茶屋の雨」（六巻二〇号、一九二七年五月一日）、【図3】邦枝完二「北国五色墨」挿絵（一一巻四二号、一九三二年九月一〇日）など、いずれも人物、背景ともに雪岱調の萌芽は見えるものの、デフォルメされた人物や緊張感のある構図には至っていないのがわかる。また、この時期は網目写真版を用いた挿絵が度々見られ、雪岱特有の白黒のコントラストではなく、中間のトーンが表現されている。また【図4】「兎」（六巻二九号、一九二七年六月二六日）のように女性のアップが描かれる場合、やはり大胆なデフォルメはなく、リアリティのある描写が行われている。雪岱挿絵は説明的というよりも象徴的な性格が強いが、この時期は小説に描かれる状況を示す説明的構図が多くとられているのも特徴的である【図5】。このとき直線をもちいた画面構成や俯瞰表現は行われているものの、大胆に余白をとった構図は見られない。一九三〇年代に入ると、だんだんと「雪岱調」への片鱗が見えはじめる。【図6】に見られるように、俯瞰表現、大胆な余白、直線の使い方などは他の画家には見られない雪岱特有の表現と言ってよいだろう。一方で、白黒二段調に至ったとは未だ言い切れない。雪岱は後に画面を黒く塗りつぶすことには大変な勇気がいったと語っているが、実際墨掠れを利用した表現が多く採られている。雪岱調確立において、その転換点の一つとして挙げられるのが邦枝完二「江戸役者」挿絵である。この作品については後に詳述するが、一九三二年の本作を経て、雪岱の画風は確立されてゆく。女性はほっそりとした雪岱特有の美人となり、大胆な余白表現も生まれる【図7】。俯瞰の構図や白と黒のコントラストを用いた挿絵も描かれ【図8】、小説作品内の人物の想いや行く末などに読者の想像力を喚起させたと考えられる。以上のように一四年間に及ぶ『サンデー毎日』上の画業は、雪岱の模索と独自の画風を確立への経緯を映している。『サンデー毎日』掲載の作品群は雪岱の歩みを示すと言ってよいだろう。

図 1　木村富子、画・小村雪岱「雪女郎」『サンデー毎日』5 巻 45 号 1926 年 10 月 10 日〔大阪公立大学杉本図書館蔵〕

図 2　小村雪岱「茶屋の雨」『サンデー毎日』6 巻 20 号、1927 年 5 月 1 日〔大阪公立大学杉本図書館蔵〕

図 3　邦枝完二、画・小村雪岱「北国五色墨」『サンデー毎日』11 巻 42 号、1932 年 9 月 10 日〔国立国会図書館蔵〕

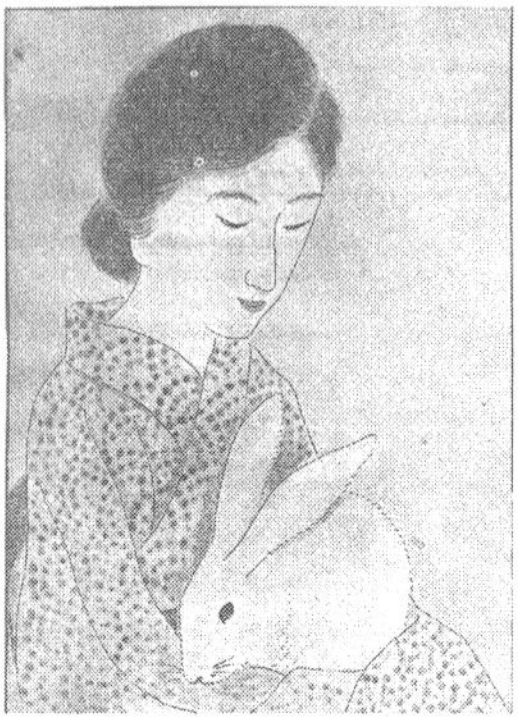

図 4　小村雪岱「兎」『サンデー毎日』6 巻 29 号、1927 年 6 月 26 日〔大阪公立大学杉本図書館蔵〕

図 5　長濱勉、画・小村雪岱「痴人の剣」『サンデー毎日』8 巻 20 号、1929 年 5 月 1 日〔国立国会図書館蔵〕

図 6　倉田潔、画・小村雪岱「伴大納言絵詞」『サンデー毎日』10 巻 51 号、1931 年 11 月 10 日〔国立国会図書館蔵〕

▍図７　瀬戸英一、画・小村雪岱「横恋慕」『サンデー毎日』13 巻 1 号、1934 年 1 月 1 日〔日本近代文学館蔵〕

▍図８　村松梢風、画・小村雪岱「残菊物語」『サンデー毎日』16 巻 11 号、1937 年 5 月 15 日〔日本近代文学館蔵〕

『サンデー毎日』という媒体の特徴として第一に挙げられるのは、その判型の大きさである。通常号はタブロイド判（二五〇ミリ×三七〇ミリ）、特別号はその半分のB５判（一八二×二五七ミリ）で、通常月刊誌は四六判（一二八ミリ×一八二ミリ）であることと比較すると、倍近くの大きさがあることがわかる。中村健[7]は、大佛次郎による「紙面は大きいし、絵は大きいし、あの当時としては全く新しい試みでした」、岩田専太郎による「紙面が大きく、したがって、さしえもはでに使用されていた」といった回想を引いた上で、「同誌のもつ判型の大きさが、挿絵の迫力を引き立てた」と指摘する。雪岱もまたこうした判型の大きさを利用、あるいは意識して挿絵を描いたことは十分考えられる。そこで取り上げたいのが、邦枝完二「江戸役者」シリーズ挿絵である。「江戸役者」は一九三二年九月二〇日〜一二月二八日『東京日日新聞　夕刊』『大阪毎日新聞　夕刊』に連載された後、続編として「八代目團十郎」が『サンデー毎日』春季特別号（一二巻一二号、一九三三年三月一〇日）、「夏姿團十郎」が『サンデー毎日』（一二巻二六号〜四五号、一九三三年六月四日〜一〇月一日）に掲載された。いずれも雪岱が挿絵を担当し、邦枝完二は「「江戸役者」は拙作中でもいまだに好きな物の一つであるが、この時の雪岱さんの挿絵が実に好かつた。世間では朝日新聞に載せた「おせん」の挿絵を第一位に置いてゐるが、どちらか

▌図9　邦枝完二、画・小村雪岱「江戸役者（4）」『東京日日新聞 夕刊』『大阪毎日新聞 夕刊』1932年9月23日〔国立国会図書館蔵縮刷版〕

といへば、作者自身の好みからいつて、「江戸役者」の方が勝れてゐたと思ふ。八代目團十郎や芸者お雪の姿は、幕末の草双紙の味を充分に出して、まつたく非の打ち所がなかつた」[8]とこの雪岱挿絵を高く評価している。

新聞から『サンデー毎日』特別号及び通常号と、本シリーズを通して雪岱は判型、記事の大きさの異なる媒体において挿絵を手がけた。まずは新聞連載時の挿絵を見ると、多くの新聞連載小説と同様、「江戸役者」も横長のレイアウトをとっている【図9】。その際、タイトル上のカットに加え、挿絵は基本的には中央に一枚、時には複数枚に分け掲載されている。このため新聞連載時の挿絵の大半は横構図をとり、これに応じて座像、顔のアップが多く描かれている。全身が描かれることもあるが、掲載サイズが小さいためにインパクトは小さく、また表情や着物の細かい描写は潰れてしまっている。

新聞連載を終えた「江戸役者」は「八代目團十郎」として『サンデー毎日』春季特別号に掲載され、ここでは見開きを使用し大きく挿絵が掲載されている【図10】。見開きは他の画家も多く使っており、『サンデー毎日』誌面の大きさが活かされた一例といえるだろう。また【図10】にあるように、雪岱が挿絵を寄せる連載作品は枠が置かれていることが多く[9]、これによって新聞とは異なり作品・挿絵の独立した印象を読者に与えている。誌面の大きさは大胆な構図やコントラストを引き立て、また縦構図をとることで人物の全身を描くことも可能にした。この縦構図は『サンデー毎日』通常号に移った「夏姿團十郎」において多く採用されている【図11】。雪岱調の特徴の

▌図10　邦枝完二、小村雪岱・画「八代目團十郎」『サンデー毎日』12巻12号、1933年3月10日〔日本近代文学館蔵〕

一つ、すらりとした人物の体のラインや、着物の美しさが読者の目を引いたであろう。通常号において雪岱は挿絵の配置にも工夫を加えている。雪岱は紙面・誌面に挿絵を意図的に散らす表現である「飛び絵」を用いた表現を他媒体でもよく行うが、例えば人物の位置関係や距離、視線の表現**【図12】**、盗み聞きや覗く人物の存在の暗示**【図13】**など、レイアウトの工夫によって本文をも視覚情報の中に効果的に取り込んでいる。こうした判型の大きさを活かした表現は「江戸役者」シリーズのみではなく他作品にも見られ、縦構図を用いたからこそ活きる表現**【図14】**や星空、群衆の表情など、通常では潰れてしまう細かく繊細な描写も成されている。

▌図11　邦枝完二、画・小村雪岱「夏姿團十郎(第14回)」『サンデー毎日』12巻40号、1933年9月3日〔日本近代文学館蔵〕

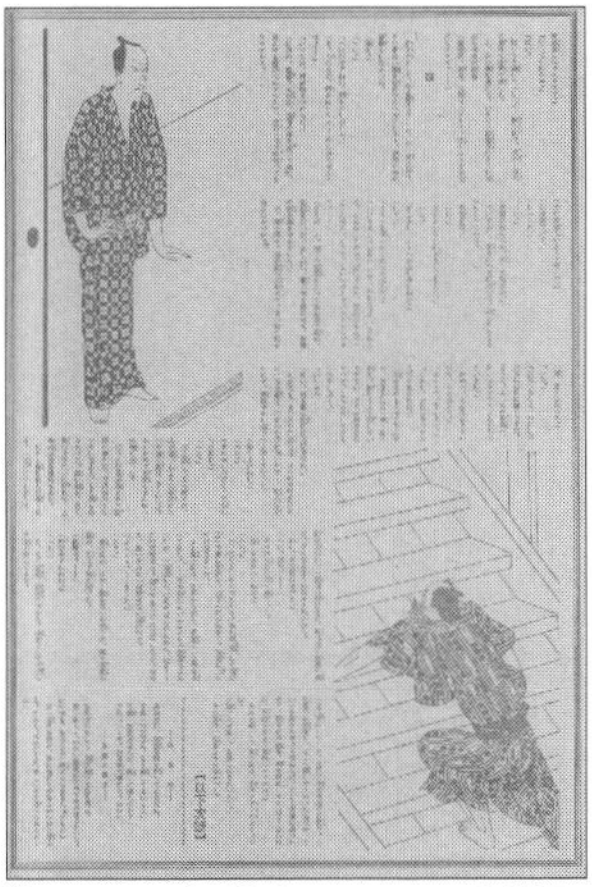

▌図12　邦枝完二、画・小村雪岱「夏姿團十郎(第7回)」『サンデー毎日』12巻33号、1933年7月16日〔日本近代文学館蔵〕

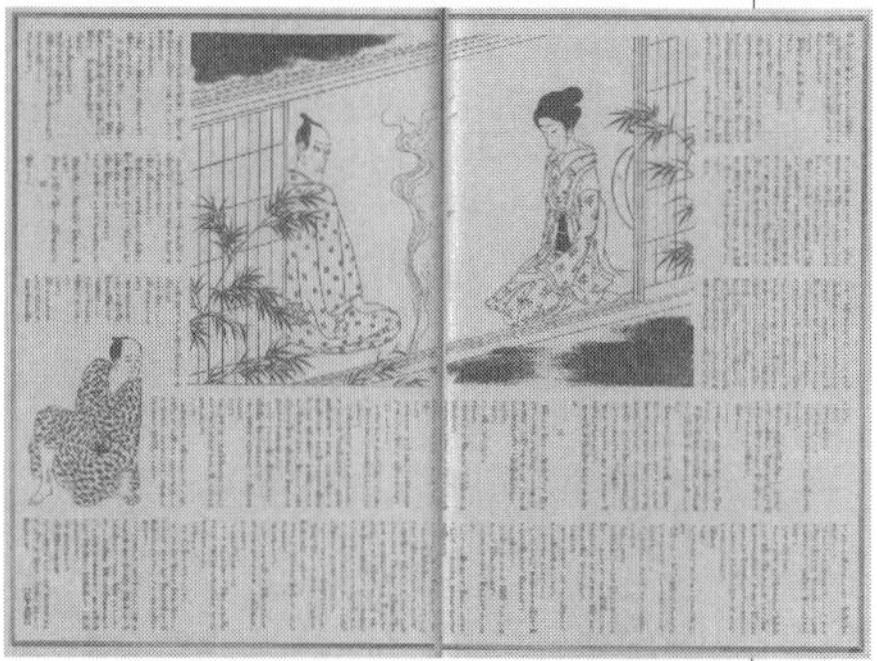

図13　邦枝完二、画・小村雪岱「夏姿團十郎（第10回）」『サンデー毎日』12巻36号、1933年8月6日〔日本近代文学館蔵〕

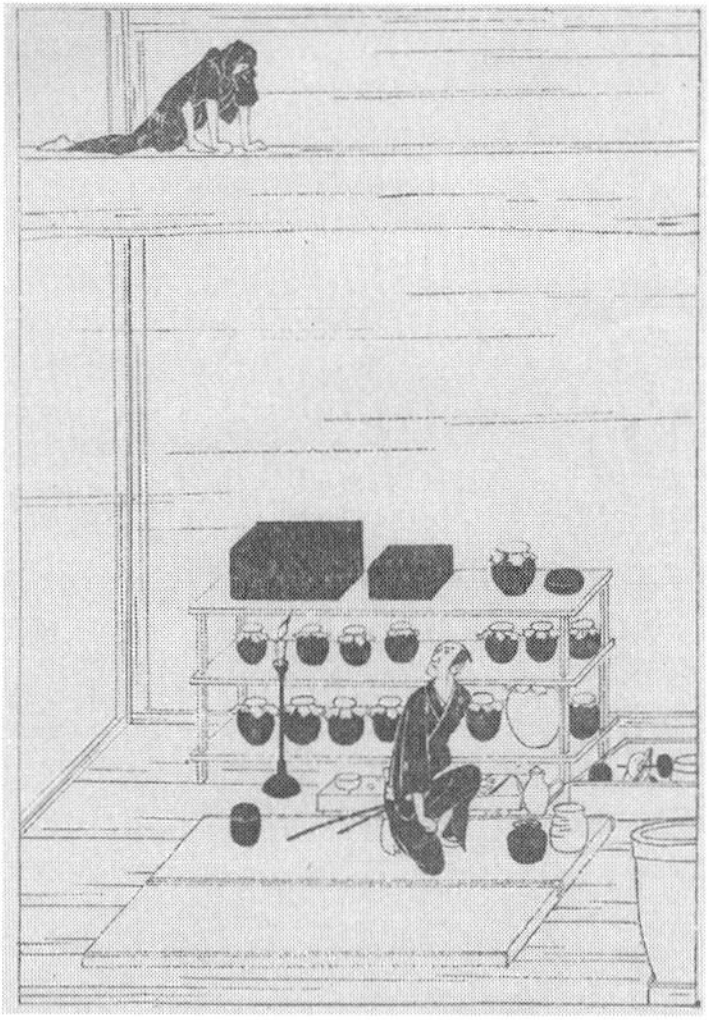

図14　永島孫一、小村雪岱・画「淺右衛門の肝臓」『サンデー毎日』15巻54号、1936年11月5日〔日本近代文学館蔵〕

このように、『サンデー毎日』の特徴といえる判型の大きさは「雪岱調」を大いに引き立て、さらに雪岱も細部の書き込みやレイアウト、縦構図の多用などその特徴を利用したと言ってよいだろう。

【2】……『サンデー毎日』「大衆文芸」と「雪岱調」

以上、『サンデー毎日』における雪岱の挿絵を見たが、次に雪岱による表紙絵（本書第3部「『サンデー毎日』表象史　1932～1940【女優／美人画】」【図M～S】）を確認したい。雪岱が『サンデー毎日』の表紙を担当したのは全七回、既に指摘されているが[10]、いずれも雪岱がよく描くモチーフが採用されている。一九三五年九月の秋季特別号以降、雪岱は一九三七年五月から一九三九年一一月まで新作大衆文芸号の表紙を六号担当した。以下はその一覧である。

①一四巻四四号：秋季特別号（一九三五年九月一〇日）「木場の女[11]」
②一六巻二五号：新作大衆文芸号（一九三七年五月一五日）「競艶」
③一六巻五七号：新作大衆文芸号（一九三七年一一月一〇日）「陽炎」
④一七巻二一号：新作大衆文芸号（一九三八年五月一日）「木場の娘の心」
⑤一七巻五三号：新作大衆文芸号（一九三八年一一月一日）タイトルなし
⑥一八巻二六号：新作大衆文芸号（一九三九年五月一五日）タイトルなし
⑦一八巻五五号：新作大衆文芸号（一九三九年一一月一日）「月影」

雪岱が担当する以前より、新作大衆文芸号表紙の大半はアップの女性画が使用されてきた。各号を堂本印象、小林秀恒、岩田専太郎など様々な画家が担当していたが、雪岱のように連続する例はないことから、編集部及び読者に、雪岱と新作大衆文芸号の強い結びつきが意識されたであろうことが想像できる。新作大衆文芸号の表紙が雪岱に任された理由については真田幸治[12]が以下のように指摘している。

秋季特別号を経て、「新作大衆文藝」号の表紙絵を計六回にわたって続けて任された理由とは何だったのか。後に〈雪岱調〉と言われた画風で通称〈髷物〉と言われた時代物を得意とし、大衆小説家の挿絵を雪岱が多く手がけていたことはよく知られている。雪岱が表紙絵を手がけたのは当然、その活躍振りが評価されたものだろう。

また表紙に加え、雪岱が『サンデー毎日』において挿絵を担当する作品の大半は「大衆文芸」、なかでも「時代物」作品であった。『サンデー毎日』における「大衆文芸」と雪岱には密接な関わりがあったと言える。「昭和の春信」と呼ばれた雪岱は「江戸」を描く画家として広く認識されていた。邦枝完二が「江戸の女を本当に描いてくれる人」[13]、山口蓬春が「あらゆる点で洗練されきつた江戸ツ子」[14]とするように、雪岱は「本当の江戸」を描き得た、あるいは体現した画家とされ、こうした位置づけは現在まで引き継がれている。そして邦枝の言、及び「昭和の春信」とされた理由が彼の美人画から来ていることからも明らかなように、江戸と雪岱を結びつける評価は彼の描く女性像の影響が大きいことは間違いないだろう。

ここで、雪岱が関わり続けた『サンデー毎日』における「大衆文芸」について確認したい。『サンデー毎日』の「大衆文芸」、さらには大衆文学の辿ってきた道を本章において詳しく論じるのは困難であるが、尾崎秀樹[15]が日本の大衆文学の特質を「日本の大衆文学は、外国のマス・リテイチュアやポピュラー・リテイチュア、あるいはシリアル・リテイチュアなどとはことなり、きわめて日本的な特質を備えている。その規定からはずれたところに、日本の大衆文学の特質があるというべきだろう。それは日本の大衆文学が、近世以来の庶民的伝統（話芸や文芸）をふまえたものであるところからきている」とするように、大衆文学の出発点は講談、及び講談速記本ではない「新講談」にあるといえる。

『サンデー毎日』においても、特別号「小説と講談」の売れ行きが好調であったために、三巻二三号（一九二四年五月二五日）より巻頭に掲載されたのが白井喬二「新撰組」であった。連載小説の巻頭掲載は画期的であり、さらに本作は大変好評を得たという。これを受けて、五巻一一号（一九二六年三月七日）には「千五百円懸賞、大衆文芸募集」が発表される。ここでは「大衆文芸」の語がいちはやく使用され、野村尚吾[16]が「大正十三年に白井喬二「新撰組」を巻頭に掲載して、『サンデー毎日』の方向を性格づけたと同様に、「大衆文芸」の懸賞募集は新たな有力な原動力を『サンデー毎日』に添えて、はっきりしたイメージを植えつけた」と指摘するように、「大衆文芸」がその後の『サンデー毎日』の性格と人気を決定づけた。この大衆文芸懸賞小説の募集は大きな反響を生んだが、これについては『毎日新聞百年史』[17]に以下のような記述がある。

大正十五年七月一日の「サンデー毎日」夏季特別号「小説と講談」は「サンデー毎日」の歴史にとって大きな意味を持っている。表紙は岩田専太郎の筆になるオフセット極彩色、四十数ページに大家の創作、新講談、探偵小説のほか、四大学の代表的学生の創作や映画ストーリーを掲載したが、特に一般募集した大衆文芸当選者を発表、その当選作二編を載せたのである。この号から、「サンデー毎日」(特サン)が、新人登竜門として人気を集め、また、常に新鮮な読物を世に放ち、魅力にあふれた内容は雑誌界を支配したのである。さらに「大衆文芸」の位置を確定的なものにしたのも、この号である。

これより先、三月、懸賞小説の社告に「大衆文芸」という生まれて間もない言葉を使って、その発端を作ったが、それまで「サンデー毎日」誌上でも、新講談、新文芸とか、通俗小説あるいは講談文芸などといって、必ずしも内容と一致しない呼び方をしていた。しかし、このようにして、ついに「サンデー毎日」が「大衆文芸」というジャンルを確立した功績は特記しておかねばならない。

さらに年四回の特別号に加え、一九二八年七月からは大衆文芸懸賞佳作を掲載する「新作大衆文芸号」が年二回臨時増刊されるようになる。野村[18]は「一冊のうち大部分が、無名新人の短編を並べただけの雑誌を発売することは、いささか無謀な感じもするけれど、それでも販売成績が悪くなかった。言いかえれば『サンデー毎日』の大衆文芸募集が、そのころになるとたいへん評判で、多くの文学青年の注目を集めていた」として、当時の「新作大衆文芸号」の評判のよさをふり返る。

以上確認したように、『サンデー毎日』における「大衆文芸」の転換点の一つとして挙げられるのが白井喬二「新選組」であるが、原卓史[19]は初刊本刊行時には「新講談」となっていた本作が、円本全集収載時には作家により「大衆文学」と捉えられていることを指摘した上で、当時の大衆文芸作家たちの試みを以下のように記している。

この間に何が起こっていたのだろうか。「新撰組」の連載が終わった約一月後の一九二五（大正一四）年七月二二日、ある会合が開かれた。その会合には、白井喬二、本山荻舟、矢田挿雲、平山蘆江、長谷川伸、直木三十五（当時は直木三十三、筆者注）、正木不如丘の七名が参加。（中略）機関誌『大衆文芸』が翌年の一九二六年一月に創刊されたときには、さらに江戸川乱歩、国枝史郎、小酒井不木、土師清二が参加し、積極的に〈大衆文学〉運動を実践していったことはよく知られている。これまで通俗的であるとしてさげすまれてきた〈新講談〉を、より上位の文学史的階層に組み込んでいくこと。〈大衆文学〉運動の実践をそのように捉えることができるとすれば、白井喬二「新撰組」が〈大衆文学〉となったことは、その運動のひとつの成果だったといえる。

つまり作家たちは「通俗的であるとしてさげすまれてきた」自らの作品を「より上位の文学史的階層」としての「大衆文学」として確立することを目指し、非常に戦略的に動いていたのである。また中村[20]は同じく「新選組」を取りあげ、「週刊誌は論評性と娯楽性をもつ媒体であり、同誌の「面白くてためになる」編集方針は、テーマ的、興味的（＝面白い）と考証（＝ためになる）で作品的特徴を出す白井作品と相似形であり、考証と言う難解な部分を持ちながらも講談調という古い形式をもつことで、誰にでも親しみやすいという性格を兼ね備えていた。このように、「新撰組」は読物形式で同誌の編集方針を具現化したものであったといえる」として『サンデー毎日』の戦略を指摘している。

このように大衆文学の作家、および「大衆文芸」を雑誌の特色とした『サンデー毎日』は「大衆文芸」のイメージを戦略的に構築し、取り入れたといえる。そして主に時代小説により人気を得、「江戸」のイメージを喚起する雪岱挿絵が積極的に掲載されたのもその一環と考えてよいだろう。雪岱は『サンデー毎日』上において、邦枝完二、白井喬二、吉川英治などの代表的な「大衆文芸」作家に多くの挿絵を寄せている。また新作大衆文芸号を見てみると、これに加えて「大衆文芸」懸賞から登場した無名の新人作家に挿絵をつける例も多々あることがわかる。『サンデー毎日』における「大衆文芸」確立の核の一つであった「大衆文芸」懸賞に、独特の画風によって一目で描き手が分かり、さらに変わることなく「江戸」を体現し続けた雪岱の絵をあてることは、『サンデー毎日』における戦略の一つであったのではないだろうか。

白井喬二は「髷物」の人気の根底にあるものとして史実の実在性を挙げたが、尾崎[21]は大衆文学に託される欲望を次のように指摘する。

なぜ日本の大衆文学は成立時に時代小説中心だったのか。その疑問を解くのはなかなか難しい。大衆のチャンバラ好きもあったに違いないが、それだけでは事柄の解明にはならない。封建的な遺制がつよく、明治以後の素材ではロマンの夢を託すにふさわしい大衆的ひろがりを持ち得なかったことも考えられる。だがそれ以上に、大衆文学が時代小説として成り立った裏には、近世から近代へと発展する契機をつかめないまま、底流化していった文学の大衆的伝統のいびつな、またきわめて安易な形での復権の動きがあったのである。

まさに歴史的でありながらフィクショナルであり、特殊なノスタルジーが宿る時空間が「大衆文芸」における「江戸」であり、雪岱の描く女性達はその文脈で要請され、消費されたのである。そしてそこには雪岱式美人を評する際に度々言及される「江戸情緒に通じる色っぽさ」[22]という欲望が投映されていたと言えよう。新作大衆文芸号には「審査発表」として「大衆文芸懸賞」当選作が発表されているが、ここに審査員による「選評」が掲載される例もある。雪岱が挿絵を担当した作品には「Ero味」「エロティック」といった評価がなされており、時代物に描かれる「色っぽさ」が「雪岱式美人」と接続されていたことがわかる。では、『サンデー毎日』において雪岱の美人画に見出されていたものとは何であったのか。

【3】……表情のない「雪岱式美人」

先に「雪岱調」について確認したが、「雪岱調」に含まれる要素の一つに「雪岱式美人」がある。雪岱の描く女性はその独自性で知られるが、折井貴恵[23]は「雪岱式美人」の条件を次のようにまとめている。

雪岱の代表作である「おせん」（中略）や「お伝地獄」（中略）から美人様式を抽出すれば、（一）細面の輪郭に黒目がちでつり上がったアーモンド型の眼、すっと通った鼻筋に花びらのような小さな唇という面貌的特徴、（二）感情が顔にあまり表れないという表情的特徴、（三）折れそうなほど華奢な体躯という身体的特徴の三点を挙げることができようか。

ここでは雪岱の代表的挿絵作品が挙げられているが、雪岱画における女性の大半は以上のような特徴を有していると言ってよいだろう。この中で注目したいのは、「感情が顔にあまり表れないという表情的特徴」である。これについては、以下の画家本人による言[24]がよく知られている。

私が好んで描きたいと思ふ女は、その女が私の内部にあるもの、何といひますか一口にいへば私の心像です。（中略）人形や仏像を手本にするのですから私の描く人物には個性がありません。個性のない人物、これが私の絵の特徴で、同時に私の最も非難される点です。しかし私としては個性を描出することには興味が持てないのです。（中略）では個性のない人物を描いてどこに興味を置いてゐるのかといへば、私はあの能面の持つ力に似たものを希つてゐるのです。（中略）つまり私は個性のない表情のなかにかすかな情感を現したいのです。それも人間が笑つたり泣いたりするのではなく、仏様や人形が泣いたり、笑つたりするかすかな趣きを浮かび出させたいのです。これが私の念願です。

「写生と写実には興味が持てない」と言い切る雪岱が描こうとしたのは、人間としての個性をもった女性たちではなく、「仏様や人形」の表情、つまり変化のない「唯一つの表情」を持ちながら「演技者の演技如何によつては、それがある場合は泣いてゐるやうにも見え、またある場合には笑つてゐるやうにも見え」る「能面」の表情であった。

先に確認したように、『サンデー毎日』新作大衆文芸号表紙はこうした雪岱式美人の顔、表情を大きく描いたものである。雪岱が担当した他の雑誌表紙絵を見ると、こうしたモチーフの選択が意識的であることがわかる。例えば『婦人之友』**【図15】**では雪岱調の構成要素・俯瞰構図やシャープな描線によって工場や市場を描き、『演芸画報』**【図16】**では女性のアップもあるものの、風景の中にぽつんと人物を置く雪岱得意の構図や身体のライ

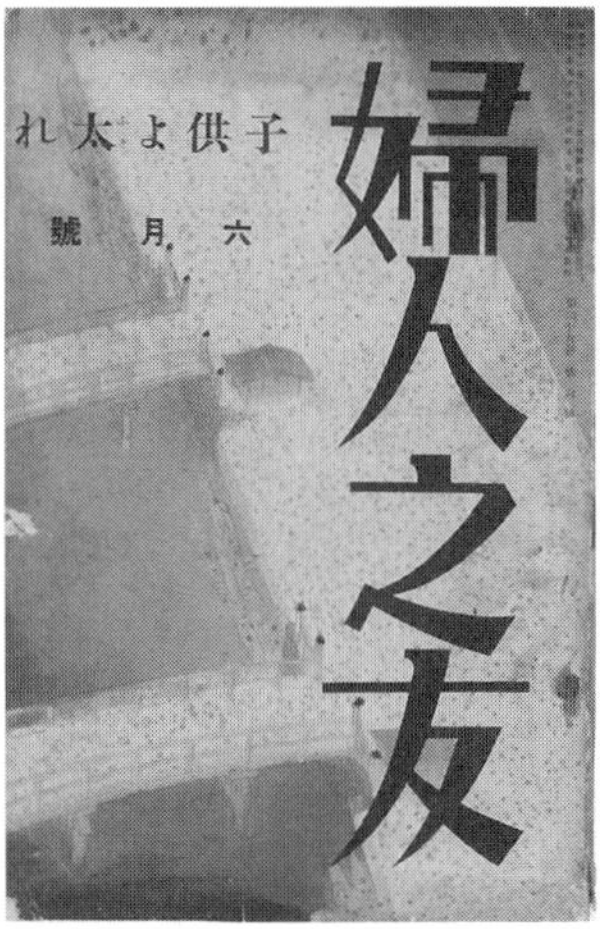

▌図15　小村雪岱『婦人之友』表紙、26巻10号、1932年6月〔『生誕一三〇年　小村雪岱　——「雪岱調」のできるまで——』川越市美術館、2018年〕

▌図16　小村雪岱「辰巳の夕」『演芸画報』表紙、29年9号、1935年9月〔『生誕一三〇年　小村雪岱　——「雪岱調」のできるまで——』川越市美術館、2018年〕

ンの美しさを描いた後ろ姿が採用されている。『サンデー毎日』表紙絵については既に第3部第1章で副田賢二により分析がなされており、表紙に掲載される女性たちの「顔」が「サンデー毎日」の特徴であると指摘されている。[25] そのような『サンデー毎日』にあわせ雪岱も雪岱式美人を、特に顔を大きく描く形で寄せたと考えられる。一方で同時代『サンデー毎日』が選択したのはリアルな女性、あるいは固有名詞を強調した女優であったのは副田が指摘する通りである。雪岱の描く個性や表情のない女性たちは、一見するとこうした『サンデー毎日』の方向性と相反するのである。

「雪岱式美人」について、雪岱は『サンデー毎日』上においても重要な言葉を残している。『サンデー毎日』一六巻一一号（一九三七年三月五日）では「私のモデル物語」[26]と題した特集が組まれ、同誌で活躍する洋画家、日本画家たちが稿を寄せている。彼らがかつて出会ったモデルのエピソードを描く中、雪岱は「推古仏——私のモデル」と題し、ひとり「未だモデルを使つたことはありません」と切り出した後、次のように記している。

平素の心がけとしても、女を写生したことはありません。それは写生を致しますと反つて画がかけないのであります。それでありますから、誠に不完全な、記憶にたよつて形にして行きます。したがつて人の形は不完全で、かつ画の中の人々に個性といふようなものが出憎いのであります。つまり女の顔のことにして見れば、皆人形づくつて、誰も彼も同じ似た顔になつて仕舞ひます。この人形のような顔になることは絵が死物になりやすいのでありますから、実に危険であります、たゞ願ふところは、木で造つた仏像がちよつとでも笑ふように型に入つた人形の顔が少しでも泣くような情がそれこそちよつとでも見えますようにと、希ふほかはありません。

この記事には【図17】が、さらに同号の邦枝完二「雨に散る」には【図18】の挿絵が掲載されており、雪岱の言う「誰も彼も同じ似た顔」の女性がやはり描かれている。そしてこのような雪岱式美人が幾人も『サンデー毎日』上の挿絵で描かれたのは言うまでもない。『サンデー毎日』には画家たちが絵画作品を寄せる企画が度々見られる。和装、洋装、あるいは中国をはじめとするアジアの民族服を身につけた様々な女性が描かれる中で、雪岱は常に和装の女性、つまり江戸的な雪岱式美人を描いている【図19・20】。ここに引いた二図には五年の隔たりがあるものの、描かれる女性や全体の雰囲気は大変似通っており、雪岱画において画家本人、及び『サンデー毎日』が求めたものがいかに強固であったかがわかる。

ここで「大衆文芸」作品における雪岱挿絵について改めて触れたい。『サンデー毎日』掲載作品ではないものの、矢田挿雲「忠臣蔵」（『報知新聞』一九三五年一〇月一二日～四〇年六月五日）挿絵について雪岱は次のように語っている。

▌図19　小村雪岱「春日遅々(麗人画譜)」『サンデー毎日』12巻11号、1933年3月5日〔国立国会図書館蔵〕

▌図17　小村雪岱「推古仏――私のモデル」『サンデー毎日』16巻11号、1937年3月5日〔日本近代文学館蔵〕

▌図20　小村雪岱「「紫雲英(花と競ふ)」『サンデー毎日』17巻12号、1938年3月10日〔日本近代文学館蔵〕

▌図18　邦枝完二、小村雪岱・画「雨に散る」『サンデー毎日』16巻11号、1937年3月5日〔日本近代文学館蔵〕

「四十七義士の顔には困りました。画像や木像を随分見ましたが、いづれも長幼の別だけで同じ顔が多い。結局赤穂花岳寺住職の厚意にすがりまして木像堂の木像を皆写させて頂きこれによつて顔をかきました」[27]。ここから垣間見えるのは実在する人物、歴史上の人物の個性を顔から描こうとする雪岱の試みであり、こうした試みが先に見た「雪岱式美人」と異なるのは明らかである。『サンデー毎日』で挿絵を通し携わった「大衆文芸」作品のその大部分が時代物であるのは先に述べたとおりであるが、その主人公を見てみると彼らは男性であり、歴史上の人物や個性的なキャラクターである。これに呼応するように、雪岱は男性登場人物達の個性を映そうと、ある程度の描き分けを試みているのがわかる【図21・22】。一方、同一作品内の女性登場人物【図23・24】は、男性と比較して、顔から個性が消えているのは明らかといえよう。

【4】……「雪岱式美人」に見出されたもの

浮世絵、及び日本美術における表情のなさは明治三〇年代から指摘されてきた。小泉八雲は「日本絵画論」[28]（『太陽』一八九七年七月）の中で、一八九五年ロンドンで開催された「第五回倫敦日本協会」において、浮世絵に関する研究発表に対し「或る紳士は何故か日本の美術は全然顔を描くの妙を欠くと嘆じ、他の紳士は日本の絵画の描ける如き容貌の婦人は世に有り得べからず其の顔の如きは全く癲狂の相を有すと迄断言」したことを伝えた。主に西洋からもたらされた、日本美術に描かれる人物、特に画題になることの多い女性の「顔を描くの妙を欠く」という問題は、この後『太陽』上で大町桂月、長谷川天溪といった人々によって論じられることとなる。表情という語が一般化するのは明治三〇年代半ばとされるが、美術界、特に白馬会など洋画家たちの間では表情をいかに描くかということが重要な課題と見做された[29]。

▌図21　邦枝完二、小村雪岱・画「吉原図絵」『サンデー毎日』13巻41号、1934年9月10日〔日本近代文学館蔵〕

▌図23　邦枝完二、小村雪岱・画「吉原図絵（部分）」『サンデー毎日』13巻41号、1934年9月10日〔日本近代文学館蔵〕

▌図22　白井喬二、小村雪岱・画「阿地川盤獄」『サンデー毎日』15巻19号、1936年4月12日〔日本近代文学館蔵〕

▌図24　白井喬二、小村雪岱・画「阿地川盤獄」『サンデー毎日』15巻19号、1936年4月12日〔日本近代文学館蔵〕

人々は西洋からの視線を引き受けるかたちでいわば表情を発見するわけだが、こうした流れは挿絵界においても生じている。高橋晴子[30]は明治期の新聞連載小説挿絵について「ひとりの画家の描く顔は大体似ることが多いものだが、とりわけその時代の挿絵画家の多くは、前時代からの決まりきった、いわゆる浮世絵風の美人顔から抜けきることができなかった」とした上で、一九一〇年代以降の写真製版の登場や西洋画家の挿絵界への参入などを理由として「陰影感をもったリアルな姿態や、表情の描写」が行われるようになったとまとめている。実際に『サンデー毎日』新作大衆文芸号を見てみると、いわゆる現代物、時代物に関係なく、【図25・26】のように女性たちの顔には感情を映す表情が見え、それは遠景になっても同様である【図27】。誌上において画家・林唯一が表情の重要性を述べた上で「女の顔が挿絵に重要性をもつてゐる」[31]と語るなど、特に女性の表情を描くことは当時の多くの挿絵画家にとっては力の入れどころであったのだろう。こうした潮流の中で雪岱が例外的な存在であり、だからこそその画風は浮世絵的、「江戸」的とされたと考えられる。

江戸の浮世絵において、役者絵といった例外を除き女性をはじめとする人物の個性、あるいは表情描写が重視されなかった理由については、顔の個性や表情ではなく服装や髪型、状況といった情報が重んじられたためと一般的には考えられている。もちろん、感情表現に対する当時の美意識も影響しているが、浮世絵においては表情以上に重んじられた情報があったのである。絵は視覚を通して情報を伝達するが、特に挿絵においてはこれが顕著である。先に確認したように、『サンデー毎日』に掲載された挿絵の多くは人物の顔、表情を介して作中人物の心中及び彼らの魅力を読者に伝えようとしたと考えられる。さらに注目したいのは、【図28・29】のように挿絵画家たちが登場人物の背景まで細かく描写している例が多々見られる点であり、これによって人物を取り巻く環境が読者に伝えられる。一方で雪岱は抽象的な空間に人物を配置すること、あるいは人物の全身や顔を画面いっぱいに配置する例が多い。東京・江戸の名所といった景観の中に小さく人物を置く構図を装幀作品はじめ多くの作品の中で描いたこの画家は、『サンデー毎日』においてはこうした選択を多くは行わなかったのである。では、読者は雪岱の表紙絵・挿絵のどこに焦点をあて、どのような情報を得たのか。江戸から遠く離れた読者が浮世絵と同様に着物や髪型を把握し楽しむのが困難であることを考えれば[32]、やはり自然と注目されたのは身体や顔であったといえよう。つまり読者の視線は雪岱の描く表情のない顔に注がれたのである。だとするならば、『サンデー

▌図 25　村松駿吉、嶺田弘・画「霽れゆく船路」『サンデー毎日』18 巻 26 号、1939 年 5 月 15 日〔日本近代文学館蔵〕

▌図 26　邦枝完二、岩田専太郎・画「遠島船夜話」『サンデー毎日』16 巻 25 号、1937 年 5 月 15 日〔日本近代文学館蔵〕

▌図 27　村松梢風、堂本印象・画「安政秘聞録」『サンデー毎日』14 巻 22 号、1935 年 5 月 1 日〔日本近代文学館蔵〕

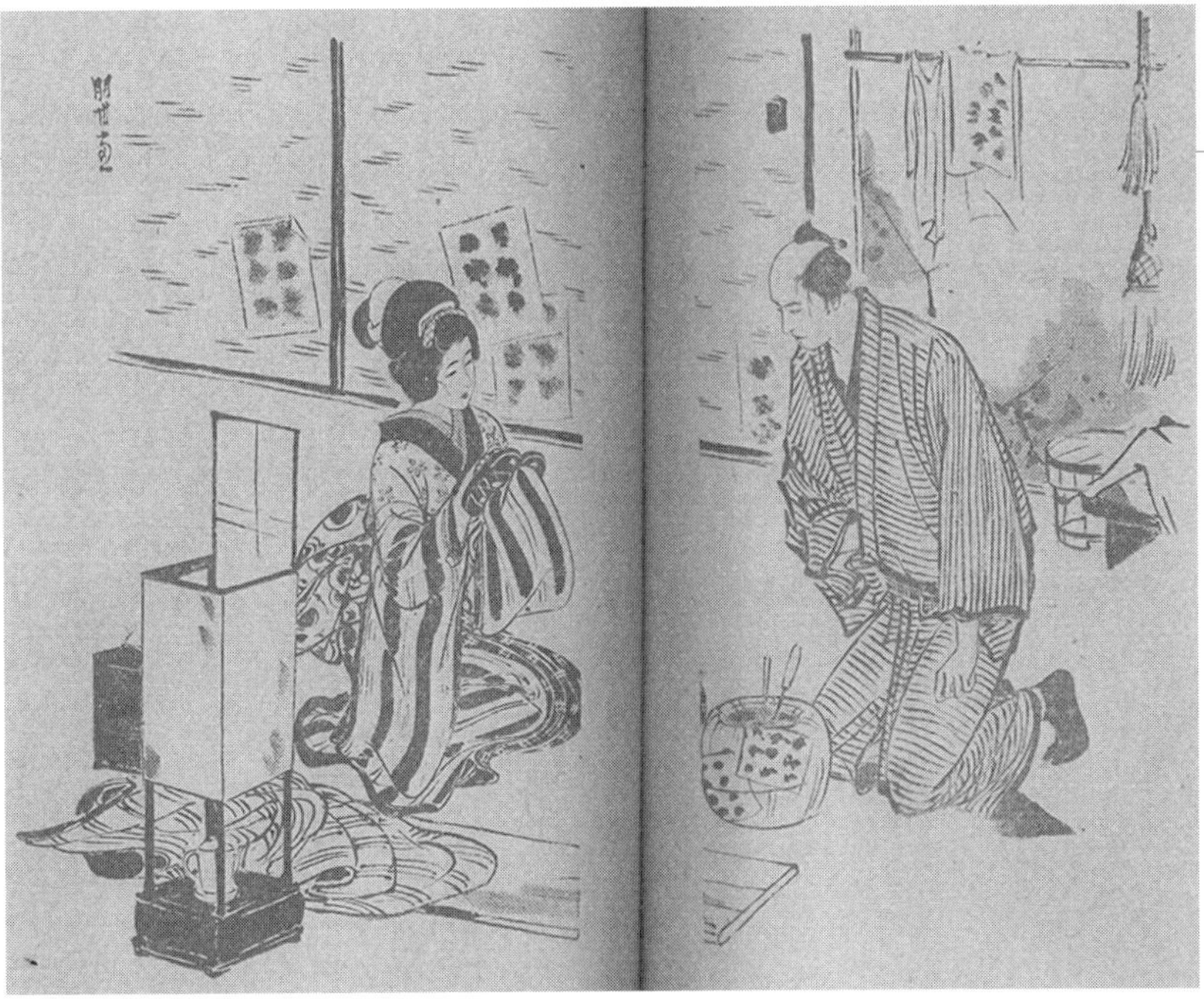

図28　尾崎聖二、神保朋世・画「本郷五軒長屋」『サンデー毎日』15巻22号、1936年5月1日〔日本近代文学館蔵〕

図29　土師清二、小林秀恒・画「お初惣七　命の財布」『サンデー毎日』17巻21号、1938年5月1日〔日本近代文学館蔵〕

毎日』を飾った「雪岱式美人」の表情の「なさ」の中に何かが「あった」と考えるべきではなかろうか。

ここで再び先の小泉八雲の「日本絵画論」に戻りたい。「日本の美術は全然顔を描くの妙を欠く」という意見に対し八雲が行ったのは、以前は自分も同様に感じていたが、来日後「日本画工の描きたる顔は現実にして生気を有し何人にも適合すべきもの」と発見したという反論である。「余は日本市街至る所、所謂浮世絵に描かれたる如き容貌の婦人を見」たという八雲は、こうした表情の「なさ」は感情を内に秘める東洋の美徳に由来すると続ける。水須詩織[33]は、八雲の中で「描かれた顔面（表情）とその国民の顔面とが接続されている点」に着目し、「日本絵画論」を受けるかたちでその後展開される日本美術における顔、表情についての議論の中では、絵画内の顔は「モデルとなる日本人の身体」へと接続されることを指摘している。以上のことから、画家たちが描く人物、特に女性人物の先には、実在の女性、つまりモデルの存在が強く意識されていたことがわかる。絵画作品及び挿絵の中の女性たちは、フィクショナルな表象であると同時に実在する肉体と結びつけられ眺められたと言えよう。

こうした視線の構図は『サンデー毎日』にも垣間見られる。本書第2部「『サンデー毎日』表象史　1927～1931【表象としての「女性」】」の【図A】と【図B】にあるように、『サンデー毎日』六巻四六号（一九二七年一〇月一六日）は美人号と題した特集が組まれ、「美人」に関する随筆や「全国婦人令嬢かゞみ」として女性たちの写真が所狭しとコラージュ風に配置された。この中で注目したいのは、女優や令嬢といった実在する女性たちと区別なく並ぶかたちで、絵画の中の女性が配置されている点である。例えば小西久遠「観相秘録3　人相上から見た美人と運命」では、「美人」のもつ容貌の条件を挙げる中で女優たちの写真とともにレオナルド・ダ・ヴィンチ《モナ・リザ》を紹介している。また随筆を寄せるひとりである鏑木清方は「私の美人観　美人画と映画女優」と題し、国内外の映画女優に触れた上で「過去の浮世絵の中の美人[34]」として鳥居清長や鈴木春信の描いた女性を挙げている。このように、実在する身体とフィクショナルな絵画の中の身体の間の境界線は非常に曖昧であるといえよう。またここで清方は「私の描く女だが、私はどうもモデルがあると描けない。どんなに美しい女があつてもモデルになつてゐられたのでは描けない。私は空想から描いて行くのが楽みで、自分が美しいと思つた人でも直かにモデルに置いて描いたことはない」としているが、これは裏を返せば画家の描く美人画にはモデル、実在する身体があるのだという認識が一般的であったことを示していよう。また、先に挙げた『サンデー毎日』一六巻一一号（一九三七年三月五日）掲載「私のモデル物語」は雪岱以外にも高岡徳太郎、小林秀恒、鍋井克之、宮本三郎、岩田専太郎が寄稿しており、中には創作も数編あるものの、いずれも画家たちの創作や勉強の中で女性モデルが不可欠であることがうかがえる内容となっている。

『サンデー毎日』における女性表象に関しては副田論[35]が詳しいが、新作大衆文芸号においても女性、とくに顔を含めた身体に焦点をあてた視覚情報は多く取り入れられてきた。表紙の美人画にはじまり、初期の扉絵は大半が女性画であり、グラビアページには「全国美人」や映画女優など、女性たちの写真が配置されている。また冒頭に置かれるカラー漫画にも女性の身体を戯画的に扱うものが多く見られる。このように実在する女性の身体が視覚情報として多く取り入れられた『サンデー毎日』あるいは同誌新作大衆文芸号において、一見すると雪岱の表情のない美人画はどこか特殊な位置にあるように見受けられる。しかし恐らく、同誌において「雪岱式美人」は、他の女性たちと同じ視線で消費されていたのではないだろうか。

そこで雪岱が挿絵を担当した瀧川虔「鈴木春信」を取り上げたい。本作は第一五回『大衆文芸』懸賞の入選作であるが、『サンデー毎日』一三巻五三号（一九三四年一一月一八日）に「入選作・大衆小説」として掲載された。題名の通り浮世絵師・鈴木春信を主人公とした本作挿絵を「昭和の春信」と称される小村雪岱が担当したのは当然とも言えよう。現在も非肉感的で可憐な男女を描いたことで評価されている春信であるが、本作においてはそうした作風への迷いが描かれる。主人公の春信ははじめ軽蔑していた妾のお紺によって自らの美人画を「小娘の他愛のない夢か、絵空事」「綺麗な京人形でも並べたのを描いたものとしか思へないのです。——つまり、女の真実《ほんとう》の情ツてものが、心ツてものが、尠しも現れてゐない」と否定され、お紺の肉体美を描くことで新境地を獲得しようと試みる。このときお紺が指す「真実の生きた女の魂」は性欲を伴う生きた肉体と繋がれ、彼女と関係を持たない限り「あなたでは、とてもお紺のこの肉体は描けますまい。よもや描けた処で、それはたゞお紺によく似た人形を描いただけの絵になる」「女を描くのだつたら、その女のすべてを知り盡くしてこそ、真実の絵と云ふものができ上がる」と宣言される。そして最終的に彼らは関係を持ち、これによって春信は吉原の遊女たちを描いた代表作《青楼美人合》に至ることが仄めかされる。春信の初期美人画を魂のない「人形」と評する本作は「個性のない人物」を描くと自認する雪岱への皮肉のようにも一見受け取れるが、おそらく編集側にその意図はないだろう。本作の選評には「女人の実態に触れずに、女の絵に魂は吹き込めない。このテーマをめぐつた春信の半生の挿話を、素直につきこんだ、心理分析の細かさが、この作家の身上であらう。コクがある。それになまめかしい妖美性の描写も手に入つてゐる」[36]とあるが、春信を揺るがすお紺の身体【図30】を描きうる雪岱は、絵に女性の「魂」を「吹き込」みうる画家として捉えられていたのではなかろうか。つまり言い替えれば、雪岱の描く女性たちの向こう側には、かつて存在した女性たちの身体が見出されていたのである。表情のない浮世絵に「江戸」の人々の「美徳」が発見されるのと同様に、同時代の挿絵とは異なり表情のない雪岱の美人に、現在には失われた「江戸」の女性たちの身体が結ばれたといえよう。

図30　瀧川虔、小村雪岱・画「鈴木春信」『サンデー毎日』13巻53号、1934年11月18日〔日本近代文学館蔵〕

先に引いた言葉にあるように、「仏様や人形が泣いたり、笑つたりするかすかな趣きを浮かび出させたい」雪岱は美人画の中にこうした「魂」を入れ込もうとしたとは断言しがたい。本章冒頭において確認したように、『サンデー毎日』掲載の雪岱画の変遷は、所謂「雪岱調」確立の道筋の一端を示す。しかし「大衆文芸」の場の中では、画家の意図、あるいは現代における「雪岱調」への評価とはややズレを持ちながら、表情の「なさ」の中にかつて存在した女性たちの身体が読み込まれていたと考えられる。特に『サンデー毎日』においては、固有名を持って実在し無数に複製される誌上の女性たちと同じメカニズムの中に「雪岱式美人」も置かれたのではないだろうか。そしてこれこそが、江戸という時空間を特殊なフィクションの場として消費した「大衆文芸」において小村雪岱が求められた理由のひとつであろう。

本書で広く論じられるように、『サンデー毎日』は各時代において様々な表現を取り込みながらまとめあげられ、それは視線を通し受容／消費された。そんな『サンデー毎日』と出会うとき、揺らがぬはずの「雪岱調」には奇妙なズレが生じていた。人々の視線と欲望を介し生まれたこの揺らぎこそ、『サンデー毎日』の固有性を示すと言えよう。

注

1　小村雪岱「私の世界」（『美術街』四巻三号、一九三七年六月）には「松岡映丘先生の御指名で国画院に加入し、今回の第一回展へ出品もしたが現代の美術界と云ふものを私は殆ど知らない。又噂のやうな厄介な世界ならば強ひて其処へ入りたいとも思はない」とある。

2　山下裕二（『商業美術家の逆襲　もうひとつの日本美術史』NHK出版新書、二〇二一年）は「肉筆の作品が少ないのは、厄介な画壇と関わりたくなかったことに加え、商業美術家としての仕事が忙しかったこともある」「『おせん』で挿絵画家としてブレイクして以降は、同じく邦枝完二作の『お傳地獄』や『喧嘩鳶』、吉川英治『遊戯菩薩』、矢田挿雲の『忠臣蔵』、土師清二の『旗本伝法』等々、連載挿絵の仕事が増え、体調を崩してしまうほど多忙を極めていました」「教科書的な美術史が歯牙にもかけなかった商業美術の世界には、様々な制約があります。しかし、それがむしろ彼らの表現を研ぎ澄まさせ、最高のセンスと能力を発揮させたのでは」と指摘する。

3　小村雪岱が装幀を手がけた泉鏡花『日本橋』に関しては拙論「書物という世界——『日本橋』」（『鏡花文学の信仰と図像——物語ることへの意志』

花鳥社、二〇二三年）で扱った。

4　野口春花（「小村雪岱の挿絵――画風変遷とその考察」『Bandaly』一四号、二〇一五年三月）は雪岱の画風の変遷を「第一期：模索期（一九二二年一二月（里見弴「多情仏心」）～一九二七年頃）」「第二期：雪岱調の片鱗（一九二八年頃～一九三二年半ば）」「第三期：雪岱調の確立（一九三二年九月（邦枝完二「江戸役者」）～）」の三期に分け、真田幸治は『小村雪岱挿絵集』（幻戯書房、二〇一八年一〇月）において、雪岱挿絵を五つの時期（挿絵画家としての船出／模索の時代／独自の画風への光明／雪岱調の確立／成熟する描線）に分け章立てを行っている。

5　真田幸治説以外にも、平山都（「雪岱挿絵私考」『小村雪岱とその時代　粋でモダンで繊細で』埼玉県立近代美術館、二〇〇九年）は「肥痩のない細い洗練された描線、二階席から舞台を見おろしたような奥行きの深い構図、動きを暗示する人物の印象的なポーズ、大胆なデフォルメや省略によって生まれた余白の白と墨でつぶした黒のコントラストも鮮やかな画面処理」とし、折井貴恵（「「雪岱調」のできるまで――その道程に関する一考察」『生誕一三〇年　小村雪岱――「雪岱調」のできるまで』川越市美術館、二〇一八年）は「a細く無駄のない描線　b直線による図面的な画面構成　c俯瞰視　d大胆な余白　e白黒二段調　f雪岱式美人」とまとめている。

6　真田幸治「解説　小村雪岱と邦枝完二の「おせん」」（邦枝完二、小村雪岱『おせん　東京朝日新聞夕刊連載版』幻戯書房、二〇二二年）

7　中村健「白井喬二「新撰組」と『サンデー毎日』の関係性の検証と意義――戦前週刊誌の巻頭に関する一考察」（『出版研究』四二号、二〇一二年三月）

8　邦枝完二「雪岱さん」（『双竹亭随筆』興亜書院、一九四三年）

9　ただしこの枠は恐らく雪岱デザインのものではなく、『サンデー毎日』特に特別号中の目玉となる長編小説においては、雪岱以外の画家が挿絵を手がける作品にも頻繁に見られる。

10　真田幸治「小村雪岱の知られざる雑誌表紙絵㉑「サンデー毎日」（中）」（『日本古書通信』一〇九二号、二〇二〇年七月）

11　表紙絵タイトルは①⑦は掲載号目次、②～④は通常号内広告記載のものを採ったが、これらが雪岱によるものであるかは定かでない。

12　真田幸治、注10に同じ

13　注8の邦枝完二の文章には「惜しい人に死なれてしまつた。今後わたしの新聞小説がどうにか変化するとしたら、それは時勢のためなんぞではなくて、雪岱さんを亡くしたがためだといつてよからう。あれだけわたしの作品を理解して、江戸の女を本当に描いてくれる人は、今後二人と出まいと思ってゐ」とある。

14　山口蓬春（「雪岱さんの思ひ出」『大衆文芸』二巻一二号、一九四〇年一二月）は「逝去くなつた日の新聞で出てゐた雪岱さんの略歴を読んで、私は初めて雪岱さんが、江戸ツ子で無い事を知つた。平素の行状にも、趣味は勿論、描く絵、舞台の仕事、あらゆる点で洗練された江戸ツ子と思つてゐたのである」と評した。

15　尾崎秀樹『大衆文学の歴史　上　戦前篇』講談社、一九八九年
16　野村尚吾『週刊誌五十年　サンデー毎日の歩み』毎日新聞社、一九七三年
17　毎日新聞百年史刊行委員会『毎日新聞百年史 1872–1972』毎日新聞社、一九七二年
18　野村尚吾、注16に同じ
19　原卓史「白井喬二「新撰組」論――『サンデー毎日』から『現代大衆文学全集』へ」（『近代文学合同研究会論集』一一号、二〇一四年一二月）
20　中村健、注7に同じ
21　尾崎秀樹、注15に同じ
22　田代光（「小村さんを語る」『大衆文芸』三巻一二号、一九四一年一二月）は「雪岱式美人」の特徴を次のように記している。「嫋々として、江戸風俗の流行を汲み、近代文化を知らずにゐる女性達、黄八丈で黒襟が似合ひ赤い手柄に前掛しめて、初雪に二の字二の字と、内輪にきざみ無口で、利発で、きかん気で涙もろくて、義侠に富んで」「そんな感じが、小村さんの描かれる女性にします」「小村さんの絵は一口に云ふと、なまめかしいといふことです。小村さんの絵は、あでやかと云ふのとは違ふと思ふのですが、何となく色つぽい。其の色つぽさが江戸情緒に通じ浮世絵に通ずると思ひます。そして私は春信を想ふ」「江戸文化を身に付けて、清々しくて色つぽく、俗に落ちぬ点なども春信と共通すると思ひます」（傍点原文ママ）。
23　折井貴恵、注5に同じ
24　小村雪岱「挿絵のモデル――個性なき女性を描いて」（『ホーム・ライフ』一巻二号、一九三五年九月）
25　副田賢二（本書第3部第1章「戦前期『サンデー毎日』表紙論――「週刊誌的レイアウト」の構築と表象の消費」）は『サンデー毎日』における表紙の女性表象に着目し、一九三〇年以降、「鮮やかな色彩とリアルな描写の「絵画／写真」（人工着色カラー印刷）の映画・舞台女優像が主流化する」とした上で一九三五～三九年には「「絵画／写真」の女優像が、固有名（非常に小さな字で表示）と共に掲載される」とまとめている。
26　記事内では特集タイトルは「わたしのモデル」となっている。
27　小村雪岱「新聞小説の挿絵――「忠臣蔵」を調べる」（『ホーム・ライフ』三巻二号、一九三七年二月）
28　この記事は前年にボストンの雑誌『Atlantic Monthly』に掲載された「About Faces of Japanese art」の邦訳である。
29　小泉八雲「日本絵画論」及びその影響については水須詩織「ハーンと日本人の表情」（『ヘルン研究』三号、二〇一八年三月）を参照した。
30　高橋晴子「近代日本の新聞連載小説挿絵――身装情報としての評価」（『アート・ドキュメンテーション研究』一五号、二〇〇八年三月）
31　林唯一「大衆文芸講座6　現代物の挿絵」（『サンデー毎日　臨時増刊　新作大衆文芸』一〇巻二〇号、一九三一年五月一日）

32 『サンデー毎日　新作大衆文芸号』（一八年二六号、一九三九年五月一五日）掲載の座談会「大衆文芸よもやま話　三田村鳶魚氏に時代考証を聴く」において、三田村鳶魚が階級による「男女ともに頭」「髪の形」の描き分けが時代物の挿絵において不十分であることを指摘し、岩田専太郎がこうした資料調査の困難さを語った後、土師清二は「実際問題としてあんまり忠実に書くと、却つて、書く人は現代の人が書いてゐるんだし現代の意識をもつて、ちよん髷を書いてゐるんだから……」とまとめている。

33 水須詩織、注29に同じ

34 なお、本記事には現在も名高い清方による美人画「本年帝展出品「築地明石町」人物の一部（画稿）」と歌川国貞の美人画が共に掲載されている。

35 副田賢二、注25に同じ

36 千葉亀雄「選評」（『サンデー毎日　臨時増刊　新作大衆文芸』一三巻五一号、一九三四年一一月一一日）

コラム①

植村俊と『サンデー毎日』の視覚表象空間

副田賢二

一九二〇年代後半になると『サンデー毎日』は、家庭雑誌的レイアウトに留まらず、モダニズムのモードを取り込み、多様な視覚表象を展開する。創刊以降「小説と講談」として年四回刊行されていた特別号も、三〇年一月と三月は「創作と講談」、同年六月以降は夏季・秋季・新春・春季特別号となる。それまでは「小説」と「講談」、つまり当該号掲載の活字コンテンツをアピールしていたのだが、それが季節ごとの特別号になり、その表現戦略も転換することになった。そこには、二八年七月から臨時増刊「新作大衆文芸」が年二回刊行され、従来の「小説と講談」の場の性格はそれが担うようになったことも関わっているだろう。本研究プロジェクトで一九二二年から四〇年までの特別号の視覚表象データベースを作成する過程で、「特別号」と「臨時増刊」の棲み分け、そ

■図1　『サンデー毎日』1927.8.14　「京都 新八景」

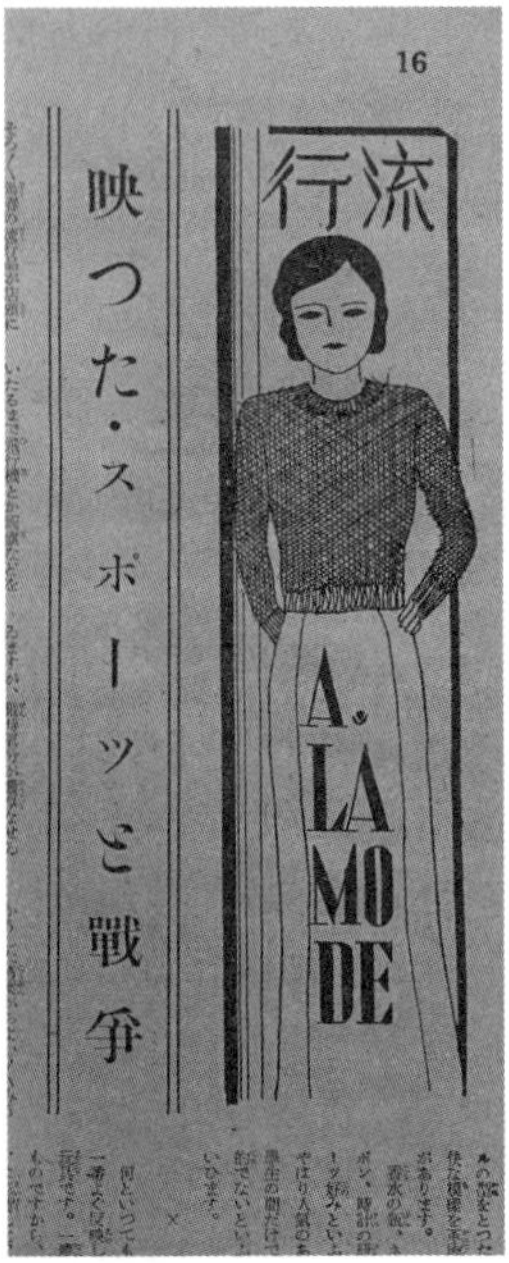

■図2　1932.2.28　「流行 A LA MODE」

の戦略の違いが浮き彫りになった。

　そのような一九三〇年代『サンデー毎日』の視覚表象の場で重要な役割を果たした存在として注目されるのが、植村俊[1]という人物だ。まず、『サンデー毎日』一九二七年八月一四日号で、「京都　新八景」と題した八コマの漫画を「京都高等工芸　植村俊」として描いている【図1】。三二年初頭からは本格的に『サンデー毎日』に関与するようになり、通常号の記事見出し周囲のカット画や文字デザイン（一月一〇日号「春のメーク・アップ」、一月二四日号「満蒙の空の下に」、二月七日〜四月一七日号の連続特集「新女性X線」、二月二八日号「流行 A LA MODE」【図2】、三月六日号の村田春樹「見えぬ敵」【図3】など）を任されていたようだが、同年三月の春季特別号以降、特別号の見開きの目次の周囲や上下に配置されるデザイン的なカット画を担当するようになった。当初はカラー単色刷、三三年九月以降はカラー二色刷も増

▌図3　1932.3.6　戦争小説集　村田春樹「見えぬ敵」

▌図4　1932.3.10　春季特別号　扉

▌図5　1933.5.1　臨時増刊 新作大衆文芸　扉

える**【図A～H「表象史」pp.467～470掲載】**。また、同時に特別号の扉絵も描いている（三九年春季特別号まで）**【図4・5】【図I～J「表象史」p.471にも掲載】**。その洗練されたモダニズム的デザインは、『サンデー毎日』特別号固有の書物イメージを形成する一要素となった。

　また、植村はカット画家、漫画家として、三二年一月新春特別号の今井邦子「女のA」と林芙美子「女のB」（ともに「女人随筆」）、「入選実話　春の夜のこと」に挿入されるカット画を担当している。その後も「実話読物集」（三三年春季特別号　※以下「特別号」省略）「入選実話　夏の話題」（三四年夏季）「入選実話」（三五年夏季・秋季、三七年新春・秋季）、「カラーセクション」のカット画・漫画（三二年夏季・秋季、三三年夏季・秋季、三四年春季・夏季・秋季、三五年秋季、三七年創刊十五周年記念、三八年夏季・秋季、三九年創刊一千号記念・夏季、四〇年春季）、季節ものの「新春ヴァリエテ」（三三年新春）「春・春・春　春はドライヴ」（同年春季）「秋の漫画コンクール　秋の感情」（三四年秋季）「漫画の春」（三五年春季）「春季漫画コンクール」（三八年春季）、そして「新春アパート風景」（三四年新春）「浮世稼業人生報告」（三九年新春）「秋の新作漫才集」(同年秋季)「サンデー演芸館」「私の電撃作戦」(四〇年秋季)など、いわゆる「企画もの」系のコンテンツでカット画や漫画を担当した。単独ではなく、他の画家や漫画家との組み合わせで用いられたケースも多い。また、数は少ないが、樋上子之介「實川延若色懺悔」(三六年春季)、林芙美子「青春」(三八年春季)、北町一郎「恋愛試験」(同年夏季)、蝶花楼馬楽「落語　猫退治」(四〇年夏季)など小説や読物の挿絵も担当している。特別号のみならず、通常号や臨時増刊でも頻繁に挿絵やカット画を担当している。四三年四月一八日号目次には、「名木出征物語」の挿絵担当者として「植村俊郎」と記載されている。

そのような「使われ方」からも推察できるが、植村は、岩田専太郎や堂本印象のような専業画家ではなく、『サンデー毎日』編輯局の社員であった。[2] 本名は植村俊郎。先述した二七年八月一四日号の漫画の肩書き、及び『京都工芸高等学校一覧　昭和2至3年』(二七年一一月刊)の「図案科第三学年」に「植村俊郎　京都」と記載があることから、出身地は京都であった可能性が高い。同一覧の『昭和3至4年』(二八年九月刊)「図案科卒業者」の「昭和三年三月卒業」の項には「植村俊郎　京都　中山太陽堂図案部(大阪市浪速区水崎町)」とあり、同校卒業後、中山太陽堂図案部に就職したと推測される。[3] 一九三二年頃から大阪毎日新聞社での仕事が始まったようで、新聞研究所編『日本新聞年鑑　昭和十年』(一九三四年)の「第三篇　一覧」の大阪毎日新聞社(昭和九年一二月現在)の項には「▲東京駐在」「編輯局」の「学芸部(顧問　菊池寛)」の欄に、名越國三郎や柄澤廣之らの後に「植村俊郎(見習員)」とあり、その時点で大阪毎日新聞社に所属していたことが確認できる。[4]

このような「植村俊」の表現を考察するためには、その表現主体の固有性とオリジナリティを定義、評価するような手法は有効ではない。それは、植村に関するデータが少ないゆえではなく、その創作物としての絵画やデザイン自体が、同時代の大衆文化における表現モードの一環として取り扱われるべきものであるからだ。そこで重要になるのが、植村の最初の就職先であった中山太陽堂が設立したプラトン社から刊行された、月刊雑誌『女性』

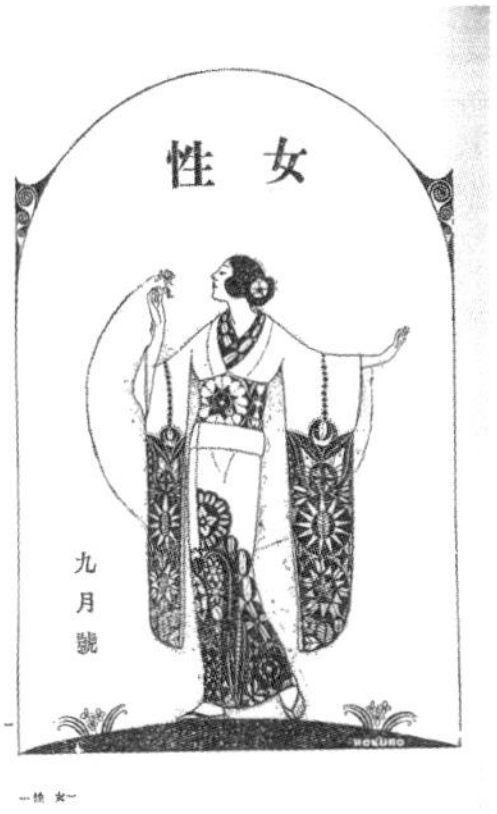

■図6 山六郎『女性』1922.9 扉

■図7 山六郎『女性』1923.2 広告・扉

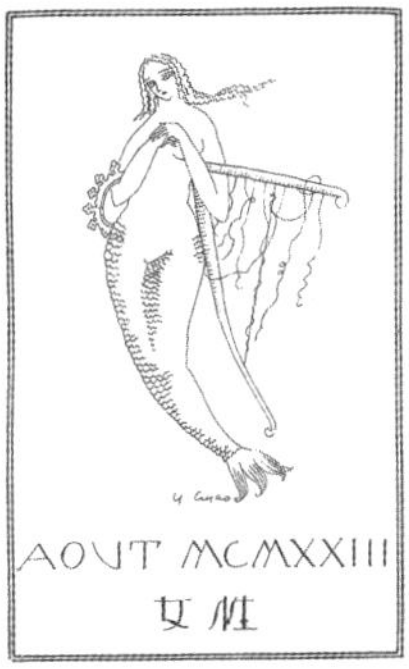

■図8 山名文夫『女性』1923.8 扉

（一九二二年五月〜二八年五月）との関係だ。創刊に際し、中山太陽堂から図案部主任として出向した山六郎が「表紙、挿絵、カット広告意匠などを担当」[5]し、ビアズリーなどの世紀末ヨーロッパ絵画に影響された美麗な表紙やロゴを生み出す【図6・7】。翌年五月には山名文夫が入社、カットや挿絵を担当する【図8】。「彼らの流麗なきわめて装飾的なペン画は、新しいスタイルのカット芸術として、それまでのコマ絵と呼ばれた余技的な筆で描いた即興的な素描とは一線を画していた」[6]と評される両者の仕事は、以後のモダニズム的デザインに大きな影響を与えた。二八年には両者の女性像のカット画を収めた『女性のカット』（プラトン社）が出版されている。植村が中山太陽堂に入社する時期まで隆盛を極めていた『女性』と両者の仕事から、植村が強い影響を受けたことは容易に想像できる。さらに、植村が中山太陽堂所属期に、山や山名との何らかの現実的交流があった可能性も高い。『サンデー毎日』の植村のカット画、特にその扉絵には、両者からの強い影響を見出せるだろう。

『女性』は一九二八年に終刊となるが、山名文夫はその前後の『サンデー毎日』でも活躍しており、特別号だけでも、「野原でそつと読む手紙」（二六年四月号）「午後」「朝」（同年七月号）「た

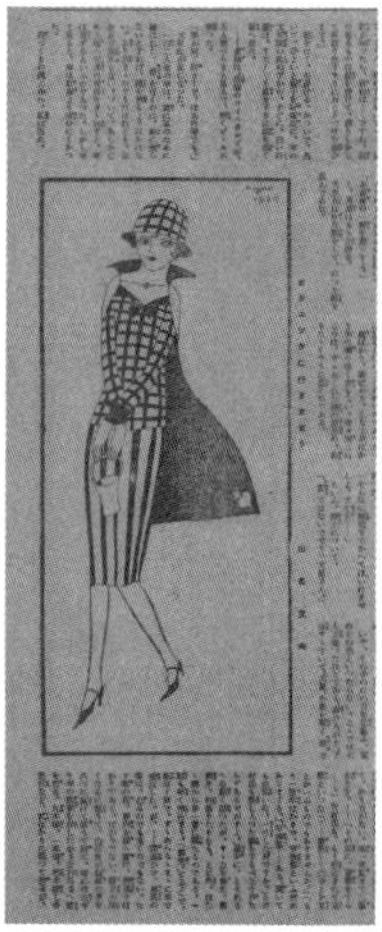

図9　山名文夫『サンデー毎日』1928.1.1

そがれ」「海の唄」（同年一〇月号）、「ピクニックに行きませう」（二八年一月号）【図9】、「プロムナード」「銀と黒」（二九年三月号）などの絵画、「恋愛新風景」（三〇年三月号）「カラーセクション」（三二年三月、三四年一月号）「コント二重奏」（三三年六月号）「恋の七曜」（同年九月号）などの漫画・カット画も描いている。挿絵は、横溝正史「飾窓の中の恋人」（二六年七月号）、谷譲次「街の横顔」（三〇年一月号）、直木三十五「街の潜航艇」（同年六月号）などを担当しているが、探偵小説の挿絵が多い。甲賀三郎「死の技巧」（二六年一〇月号）「誤りたる道」（二七年四月号）「銀の煙草入」（同年六月号）「理学士の憂鬱」（二八年一月号）「吹雪の夜」（同年一〇月号）、小酒井不木「卑怯な毒殺」（二七年一月号）「或る自殺者の手記」（同年九月号）、龍膽寺雄「鏡の中の恋」（三二年一月号）、東郷青児「隣の部屋」（三三年一月号）、石濱金作「流行歌歌手余譚」（三四年六月号）などの挿絵を描いている。

そして、『女性』終刊以後は、山六郎も『サンデー毎日』に登場し、小酒井不木「被尾行者」、甲賀三郎「都会の一隅で」（二九年一月号）、牧逸馬「闇は予言する」（同年九月号）、H・ウエクナー「六時三十七分」（三〇年一月号）、岡田禎子「帯」（三一年九月号）、萬里野平太「僧兵サンタ・クルース」（三二年三月号）、北林透馬「幽霊船S号」（同年九月号）、中村正常「家庭服奇談」（三四年三月号）など、一風変わった読物コンテンツの挿絵やカット画を担当、「カラーセクション」の扉絵も書いている【図10】。

これらの挿絵やカット画は、当時のモダニズムにおける「猟奇」と「尖端」への欲望を、『サンデー毎日』のレイアウト戦略に沿って（つまり、対象の実体性を空白化し、報道的・記録的なコンテクストを括弧に括って）高度にデザ

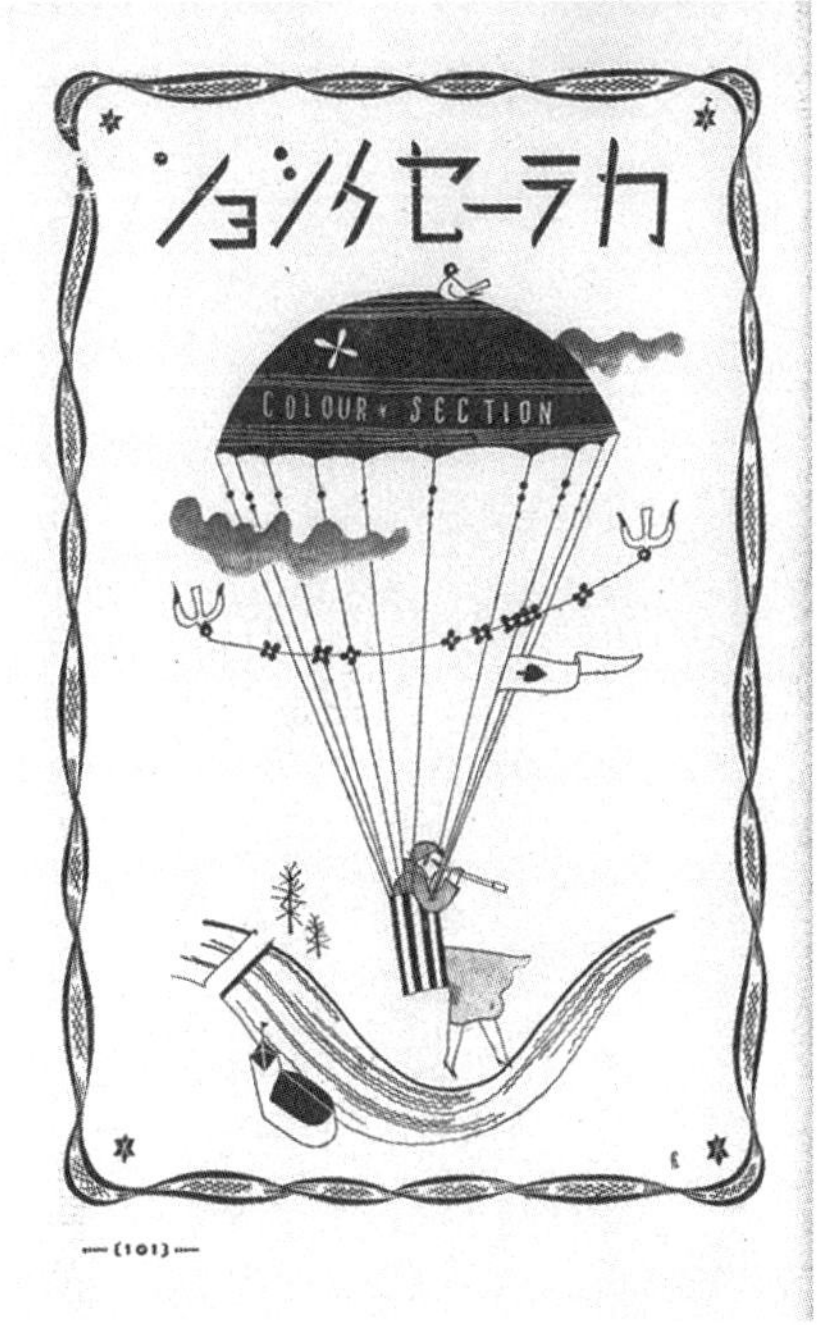

図10　山六郎　1934.3.10 春季特別号　扉

イン化したものだった。[7] それは、岩田専太郎の情動的な女性像や金森観陽の肉感的な旅人、名越國三郎の微細な線画などの様々なタイプの挿絵＝視覚表象に溢れた『サンデー毎日』誌面で、独自の機能を発揮していた。植村俊は、山と山名のモダニズム的表現における世紀末芸術の文化的コンテクストの残滓を洗い落とし、ポップに記号化されたカット画として洗練させ、ミニマルな線と色彩の内にファンタジーを生み出した表現者だった。『サンデー毎日』誌上での山名と山の登場回数が減少する一九三〇年代中盤から後半にかけて、植村の登場回数は飛躍的に増えるが、山名と山の表現と植村の表現領域は、『サンデー毎日』においては相補的関係にあったと考えられる。実際に、『サンデー毎日』で植村が多く手がけていた特別号の多色刷カラー漫画特集の扉絵を、一九三四年三月の春季特別号では山が【図10】、三五年六月の夏季特別号では山名が担当している。『女性』と『サンデー毎日』は全く異なるタイプの雑誌だが、当時の出版メディア空間には相互的な交通性を多く見出すことができる。

　作家とそのテクストの挿絵画家との相関性が薄く、表層＝インターフェイスと深層＝コンテンツの〈意味〉の対応関係も曖昧な『サンデー毎日』誌面において、植村俊という、いわば遊撃的な描き手は、その誌面レイアウトに最適な表現の「濃度」を保持していた。世紀末ヨーロッパ芸術の影響をダイレクトに受けた竹久夢二や水島爾保布、そして山や山名から見ても次世代であったであろう植村の表現性は、ファイン・アートと商業美術の両方を内包した世紀末芸術の、近代日本での受容をめぐる表現史を考える上でも、注目すべきものであるだろう。

注

1 植村俊の読みは、絵の中のサイン「to」「toshi」から推測すると「うえむら・とし」か。

2 富田英三「二十年の地図――漫画集団を外から眺めて――」(『漫画集団 第2』(四季新書 四季社、一九五六年) p.130には、「二十年前」に大阪にいた富田が「サンデー毎日の植村俊君や週刊朝日の玉子九蔵さんのごひいきをうけて一ページに取扱われ、いい気になつて」いたとの記述がある。なお、同資料は中村健氏から教示、提供されたものである。また、宝塚少女歌劇団の『歌劇』三五年八月号「夏のカラーセクシヨン 漫画 宝塚七色噴泉」でも、「オサカ漫画グルツペ」の一員として、富田らとともに漫画を描いている。

3 この資料も、中村健氏から教示、提供されたものである。

4 翌年の『日本新聞年鑑 昭和十一年』(一九三五年)では「見習員」が外れ、柄澤廣之らと同格の位置の記載となっているので、一九三五年の内に正社員となった可能性が高い。なお、同時期の『文芸年鑑』にも、大阪毎日新聞社の項に植村俊郎と記載がある。

5 津金澤聡廣「雑誌『女性』と中山太陽堂およびプラトン社について―解説―」(復刻版 雑誌『女性』第48巻 日本図書センター、一九九三年) p.9

6 注5津金澤同解説 p.10

7 戦前期『サンデー毎日』のレイアウト戦略については、本書第3部第1章の副田論参照。

【図1～3・9】は大阪公立大学杉本図書館所蔵

【図4・5・10】は日本近代文学館所蔵

【図6～8】は早稲田大学中央図書館所蔵の復刻版 雑誌『女性』(日本図書センター、一九九一―九三年)より転載

『サンデー毎日』表象史　１９３２〜１９４０

◆【女優／美人画】

『サンデー毎日』表紙は一九三〇年代以降「女優」像が主流となり、鮮やかなカラー印刷とともに、〈モノ〉としての同誌の強力な訴求力となってゆく。その表紙と記事の中で、映画や宝塚少女歌劇団の「女優」たち、あるいは架空の「女性」たちは、固有名／非固有名の間を揺れ動く記号的視覚表象として、絶えず生成、消費され続ける。

※【図A〜E、H〜L】は大阪公立大学杉本図書館所蔵、【図F、G】は副田所蔵、【図M〜S】は日本近代文学館所蔵

図A　1933.7.16 表紙

図B　1934.9.9 表紙

▍図 E　1931.3.1 表紙

▍図 C　1934.9.30 表紙

▍図 F　『週刊朝日』1931.7.5 表紙

▍図 D　1930.9.10 表紙

▌図 I　1937.9.5 表紙

▌図 G 『週刊朝日』 1936.7.5 7 月増大号 表紙

▌図 J　1932.3.6 女女女 世界の女

▌図 H 『サンデー毎日』1936.3.10 春季特別号 表紙

▌図M　小村雪岱「木場の女」1935.9.10『サンデー毎日』秋季特別号 表紙

▌図 K　1934.1.14 カラー・セクション

▌図 N　小村雪岱「競艶」 1937.5.15 臨時増刊 新作大衆文芸号 表紙

▌図 L　1937.2.21 東西女性ロータリー訪問 原節子

▌図Ｑ　小村雪岱　1938.11.1 臨時増刊 新作大衆文芸号 表紙

▌図Ｏ　小村雪岱「陽炎」 1937.11.10 臨時増刊 新作大衆文芸 表紙

▌図Ｒ　小村雪岱　1939.5.15　臨時増刊 新作大衆文芸号 表紙

▌図Ｐ　小村雪岱「木場の娘の心」 1938.5.1　臨時増刊 新作大衆文芸号 表紙

▌図S　小村雪岱「月影」 1939.11.1
臨時増刊 新作大衆文芸号 表紙

◆【モードとしてのモダニズム的デザイン】

『サンデー毎日』的モダニズムは、多くの挿絵や目次絵、扉絵、グラフ記事の視覚表象において、特定の〈意味〉を指示しないまま、雑多に花開く。

※【図A、C、E、H】は大阪公立大学杉本図書館所蔵、【図B、I】は日本近代文学館所蔵、【図D、F、J】は大宅壮一文庫所蔵、【図G】は副田所蔵

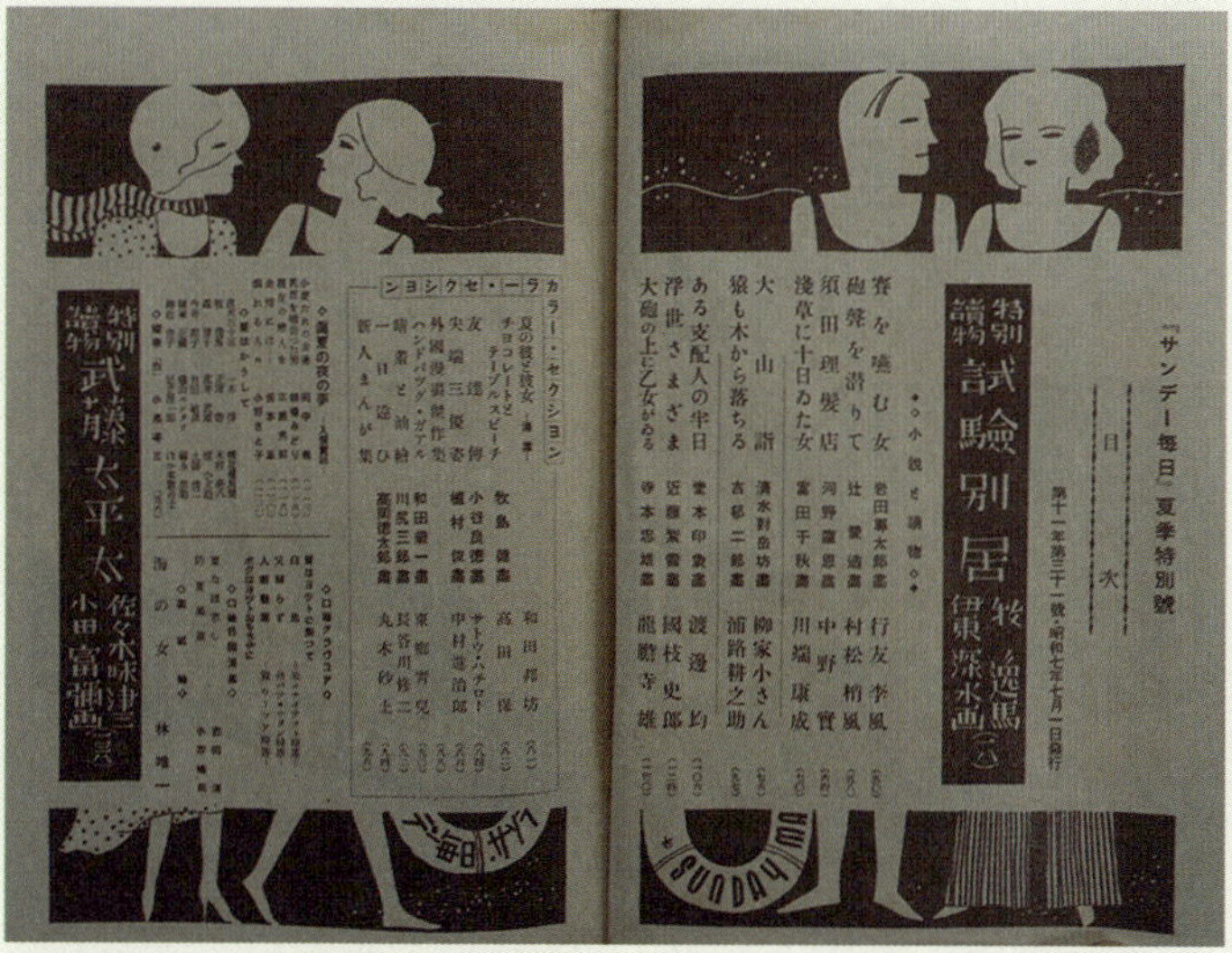
『サンデー毎日』夏季特別號
目次
第十一年第三十一號・昭和七年七月一日發行
特別讀物　試驗別居　牧逸馬　伊東深水画（六）
◆◇小説と讀物◇◆
賽を嗤む女　岩田専太郎畫　行友李風
砲聲を潜りて　辻愛造畫　村松梢風
須田理髪店　河野通勢畫　中野實
淺草に十日ゐた女　富田千秋畫　川端康成
大山詣　清水對岳坊畫　柳家小さん
猿も木から落ちる　吉邨二郎畫　浦路耕之助
ある支配人の半日　堂本印象畫　渡邊均
浮世さまざま　近藤紫雲畫　國枝史郎
大砲の上に乙女がゐる　寺本忠雄畫　龍膽寺雄
カラー・セクション
夏の銀と彼女　和田邦坊
チヨコレートとテーブルスピーチ　高田保
友達甲斐　サトウ・ハチロー
尖端三態姿　中村進治郎
外國漫畫傑作集
ハンドバッグ・ガアル　東郷青児
晴着と袷　長谷川修二
一日遊ひ
新人まんが集　丸木砂土
特別讀物　武藤太平　佐々木味津三　小田富彌画
海の女　林唯一

▌図 A　1932.7.1 夏季特別号 目次

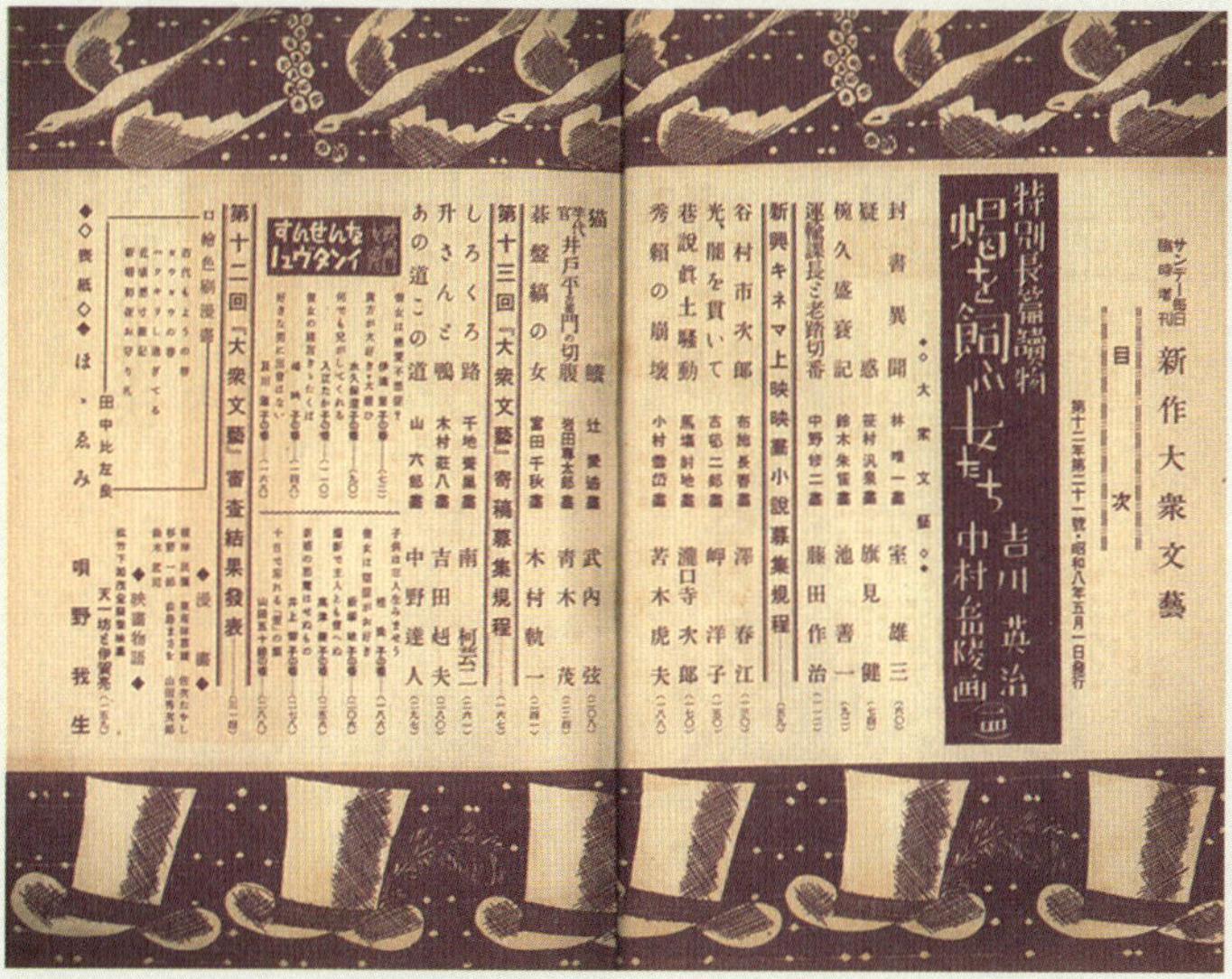
サンデー毎日臨時増刊　新作大衆文藝
目次
第十二年第二十一號・昭和八年五月一日發行
特別長篇讀物　蝙蝠を飼ふ女たち　吉川英治　中村岳陵画（二）
◆◇大衆文藝◇◆
封書異聞　林唯一畫　室　雄三
疑惑　笹村汎象畫　旗見健
楠久盛衰記　鈴木朱雀畫　池善一
運輸課長と老踏切番　中野修二畫　藤田作治
新興キネマ上映映畫小説募集規程
谷村市次郎　布施長春畫　澤春江
光、闇を貫いて　吉邨二郎畫　岬洋子
巷説戯土騒動　馬場射地畫　瀧口寺大郎
秀頼の崩壊　小村雪岱畫　若木虎夫
猫　辻愛造畫　武内弦
代官井戸平左衛門の切腹　岩田専太郎畫　青木茂
碁盤縞の女　富田千秋畫　木村執一
第十三回『大衆文藝』寄稿募集規程
しろくろ路　南　柯芸二
升さんと鴨　木村荘八畫　吉田超夫
あの道この道　山六郎畫　中野達人
第十二回『大衆文藝』審査結果發表
口繪色刷漫畫　田中比左良
◆漫畫◆
◆映畫物語◆　天一坊と伊賀亮
◆◇表紙◇◆　ほゝゑみ　唄野我生

▌図 B　1933.5.1 新作大衆文芸 目次

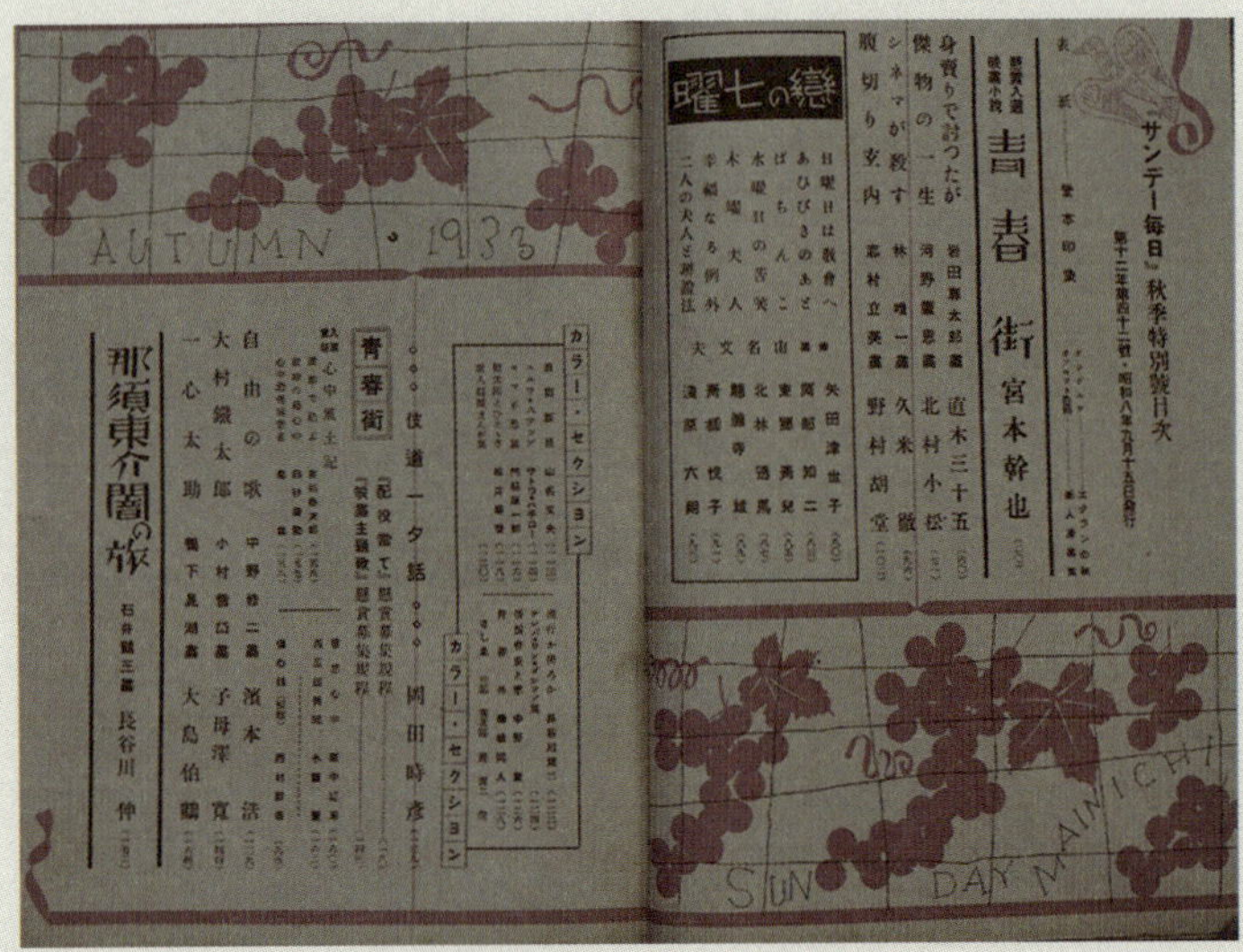

▌図 C　1933.9.15 秋季特別号目次

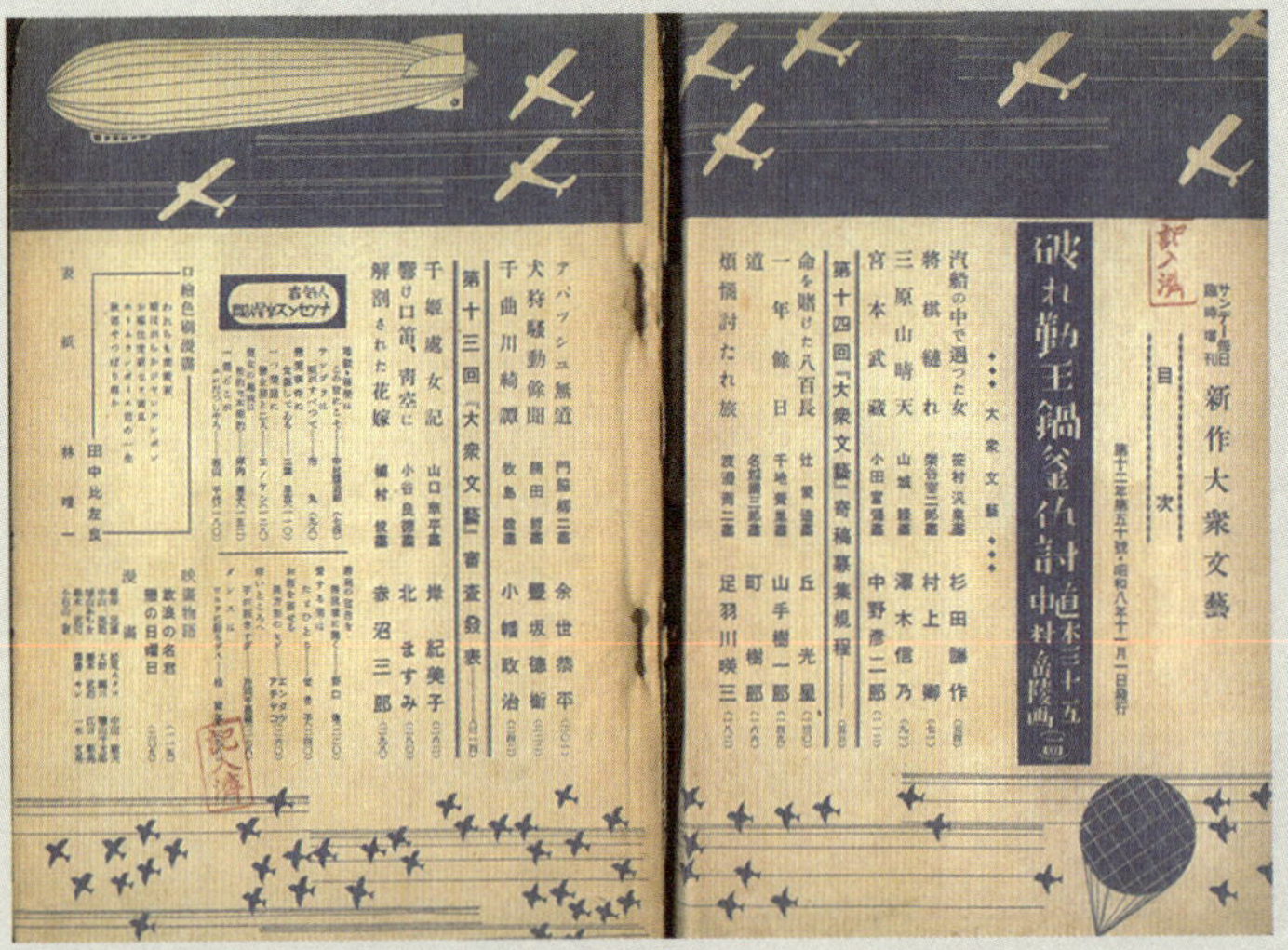

▌図 D　1933.11.1 新作大衆文芸 目次

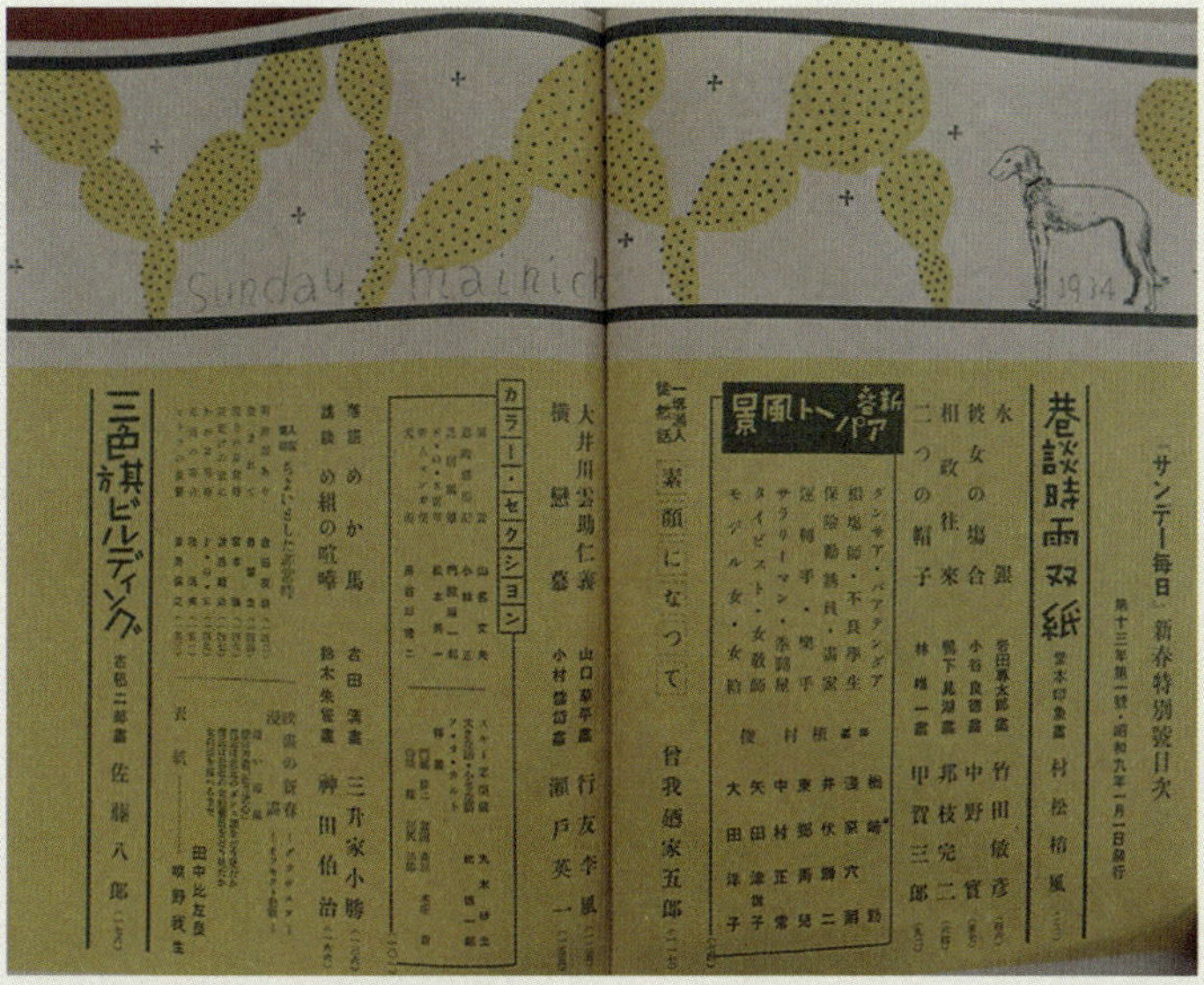

■図 E　1934.1.1 新春特別号目次

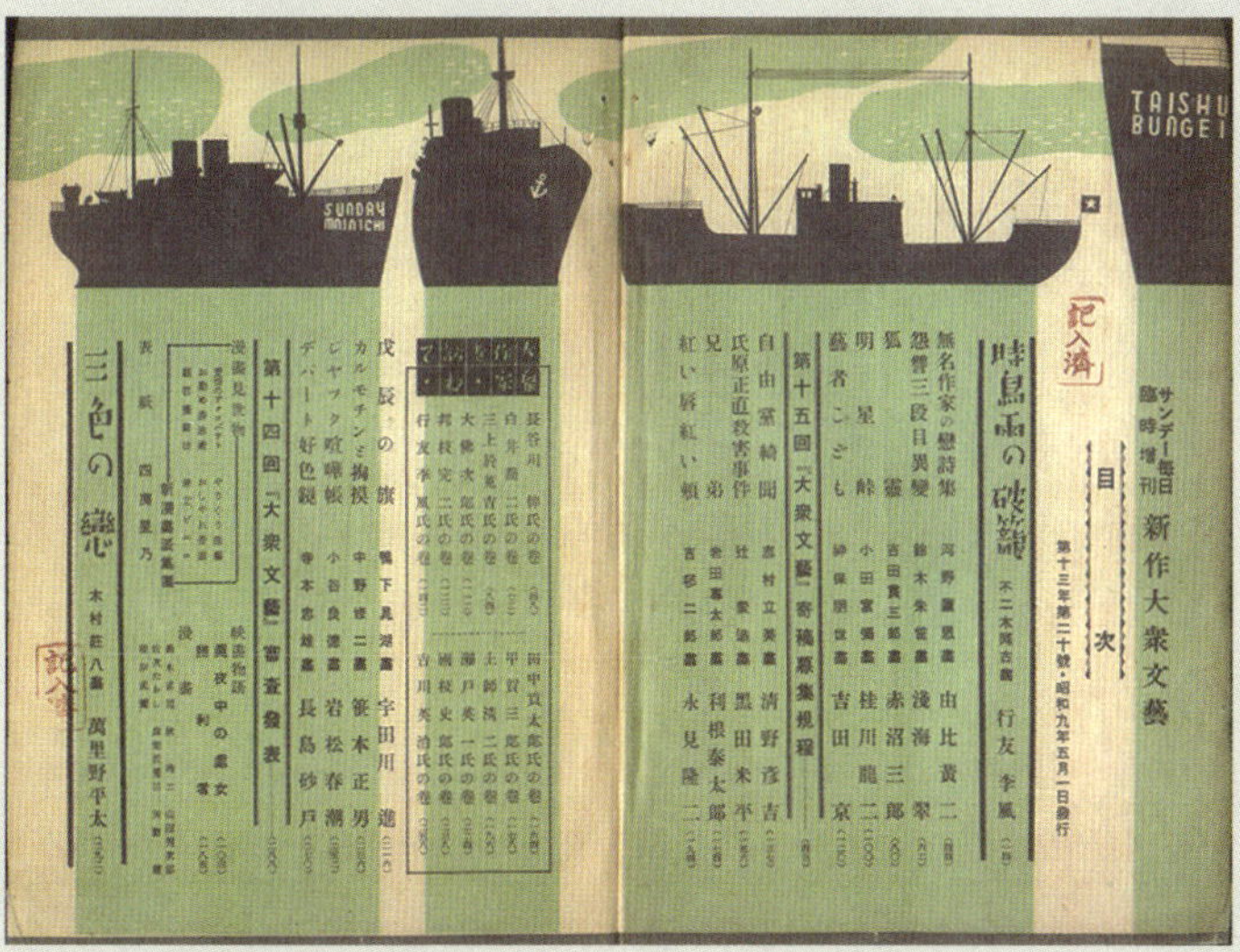

■図 F　1934.5.1 新作大衆文芸 目次

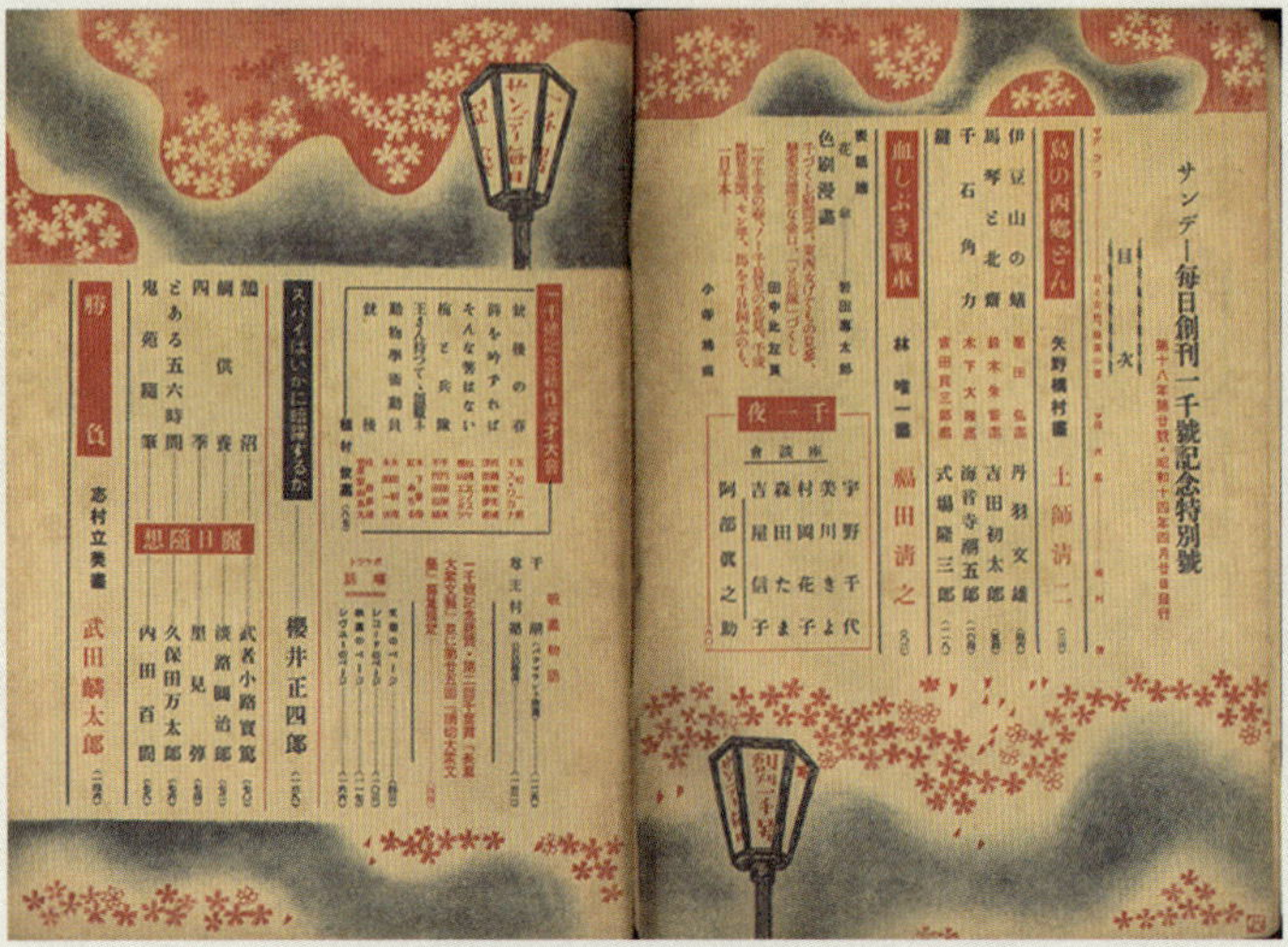

▌図 G　1939.4.20 創刊一千号記念特別号 目次

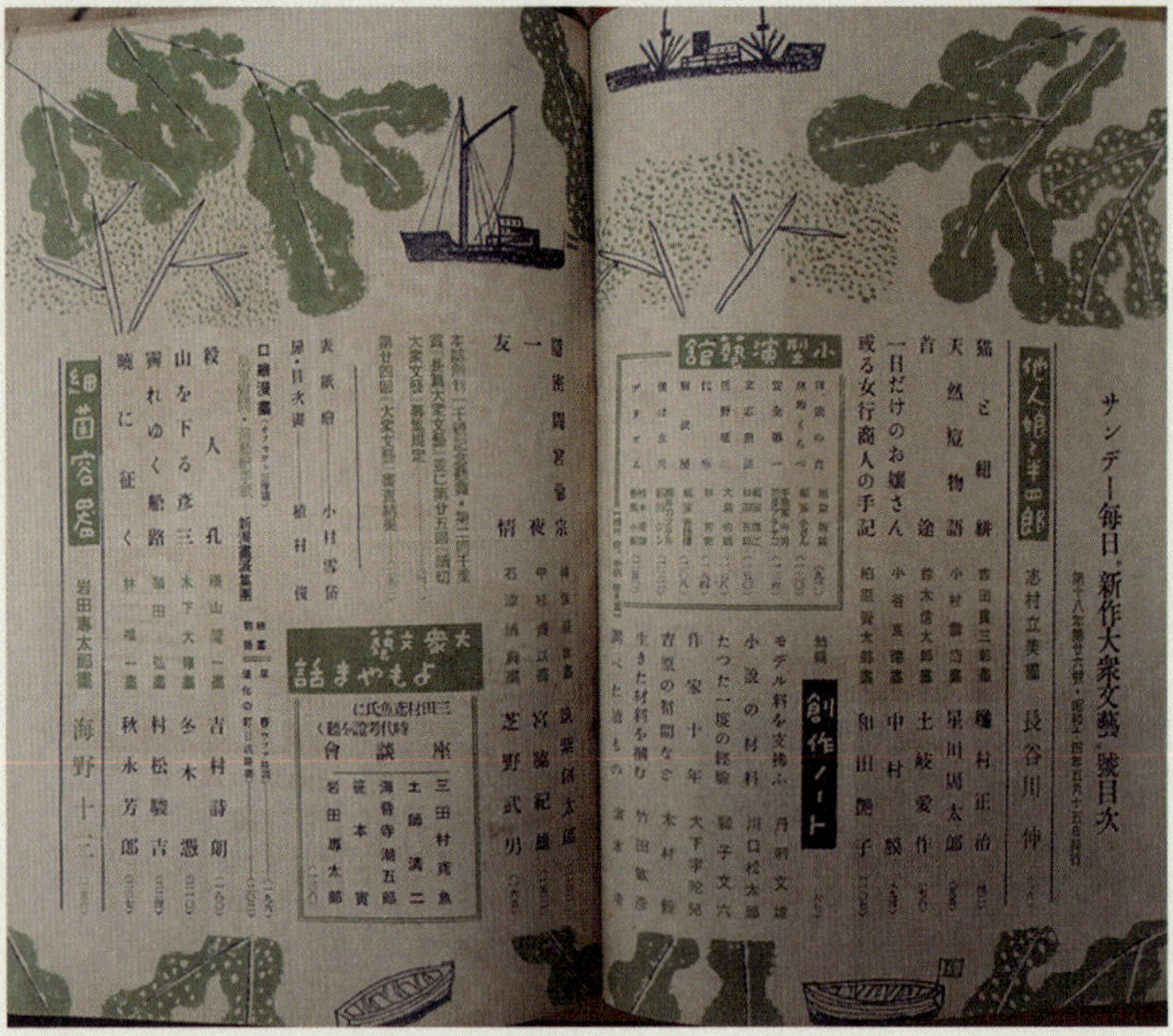

▌図 H　1939.5.15 新作大衆文芸号 目次

◆【「戦争」と〈前線／銃後〉】

満洲事変勃発以降戦争関連の記事は増加するが、『サンデー毎日』では、報道性よりも、「戦争」を表象としてどのように加工し、趣向化し、大衆的コンテンツに仕立て上げるか、それこそが重視された。そこでの〈前線／銃後〉の二元的構図は、恰好の表象の舞台であった。そこではメロドラマ的想像力が発動し、〈前線／銃後〉をめぐる融合と交感、超越の物語が、〈銃後〉の「女性」の身体において表象される。

※【図A～E、H～I、K～Q、S～V】は大阪公立大学杉本図書館所蔵、【図F】は京都府立図書館所蔵、【図G】は国立国会図書館東京本館所蔵、【図J、R、W～Y】は大宅壮一文庫所蔵

図Ⅰ　1933.6.10 夏季特別号 扉

図Ｊ　1934.5.1 新作大衆文芸 扉

▌図 A　1932.3.6 表紙

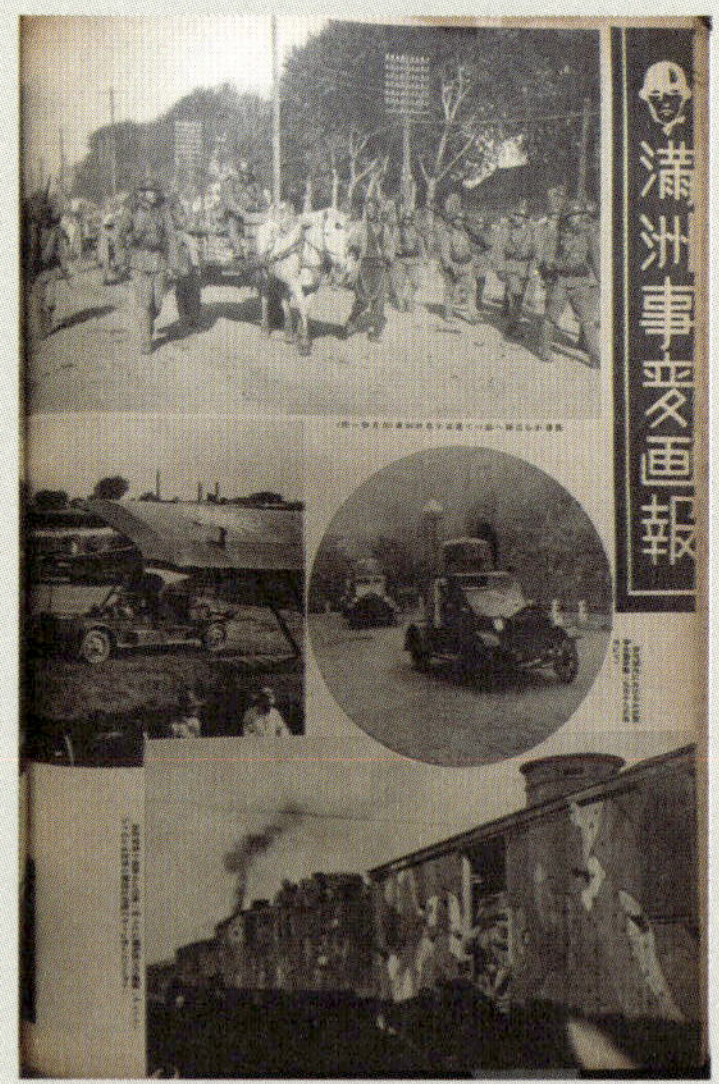

▌図 B　1932.10.4 満洲事変画報

▌図 C　1937.9.19 表紙

▌図 D　1937.10.24 表紙

▌図 G　1939.1.1–8 慰問絵葉書広告

▌図 E　1938.12.4 第二皇軍慰問特輯号 表紙

▌図 H　1938.1.30 表紙

▌図 F　1939.2.5 第三皇軍慰問特輯号 表紙

■図K　1932.3.6 戦争小説集

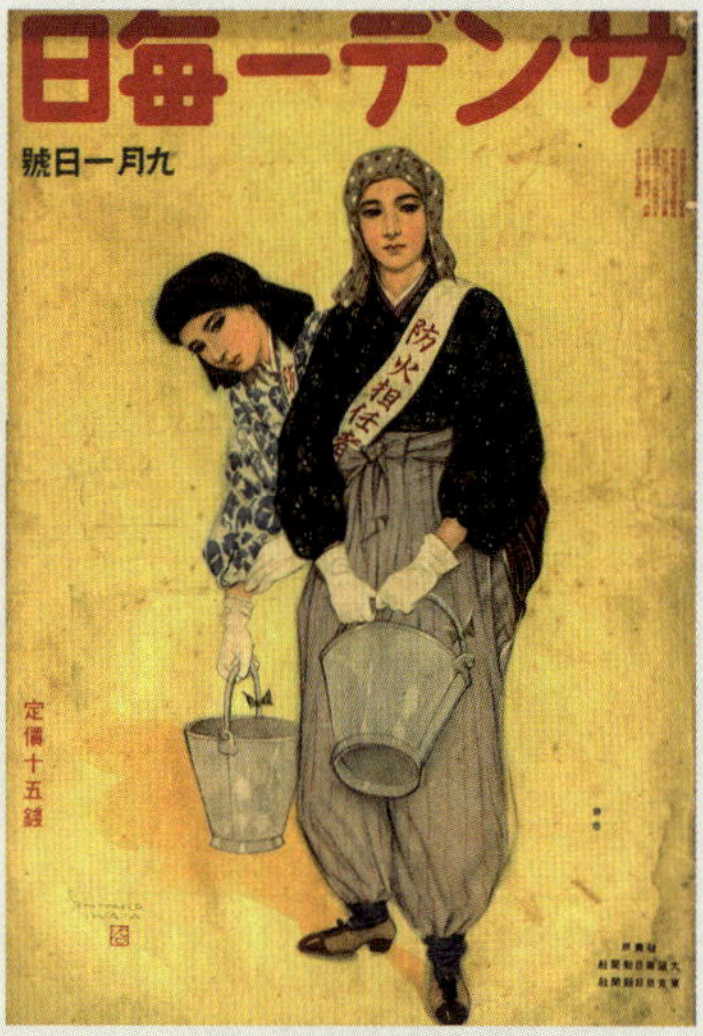

■図I　1940.9.1 表紙

■図L　1933.9.3 毒ガスは脅威す

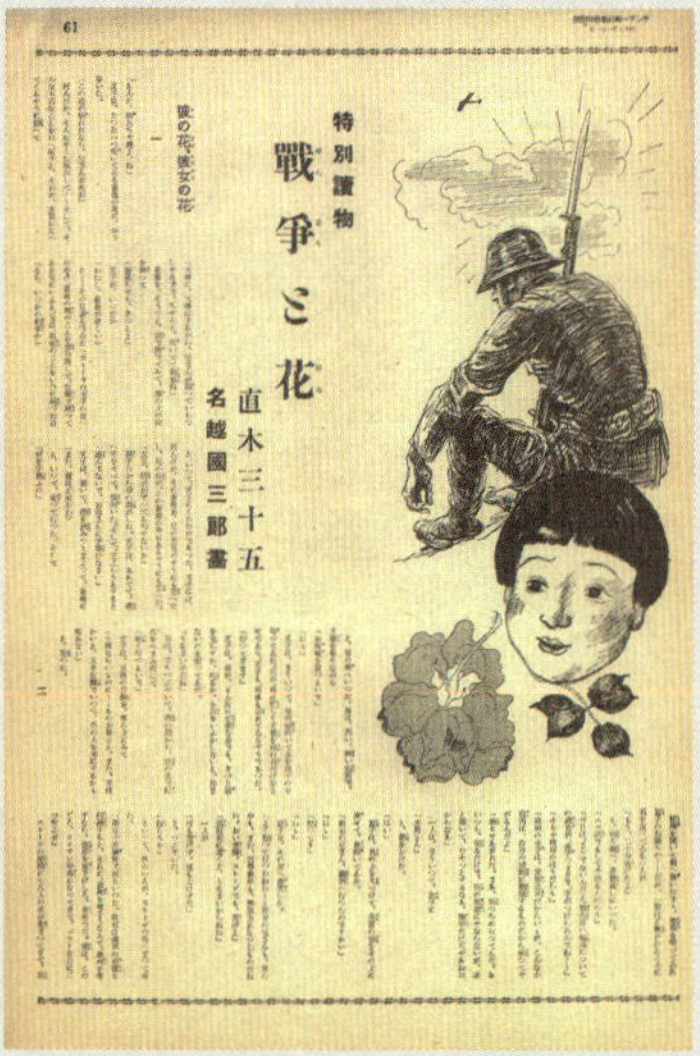

■図J　1932.1.1 直木三十五「戦争と花」

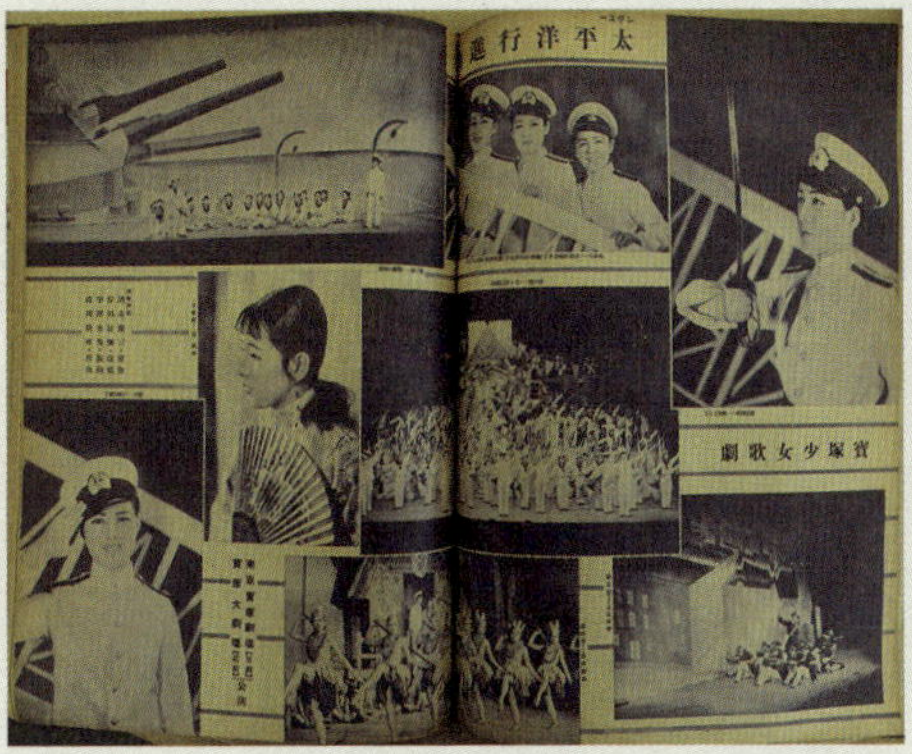

▍図 O　1934.5.13 宝塚少女歌劇・太平洋行進曲

▍図 M　1937.11.15 支那事変 続皇軍武勇伝 附銃後美談 表紙

▍図 P　1937.10.10 戦地上海の日本女性群

▍図 N　1931.12.27 北満の勇士を想ふ

▌図 S　1942.5.3 表紙

▌図 Q　1939.5.7 姑娘のゐる風景

▌図 T　1942.6.28 表紙

▌図 R　1943.3.14 表紙

■図 U　1943.1.31 表紙

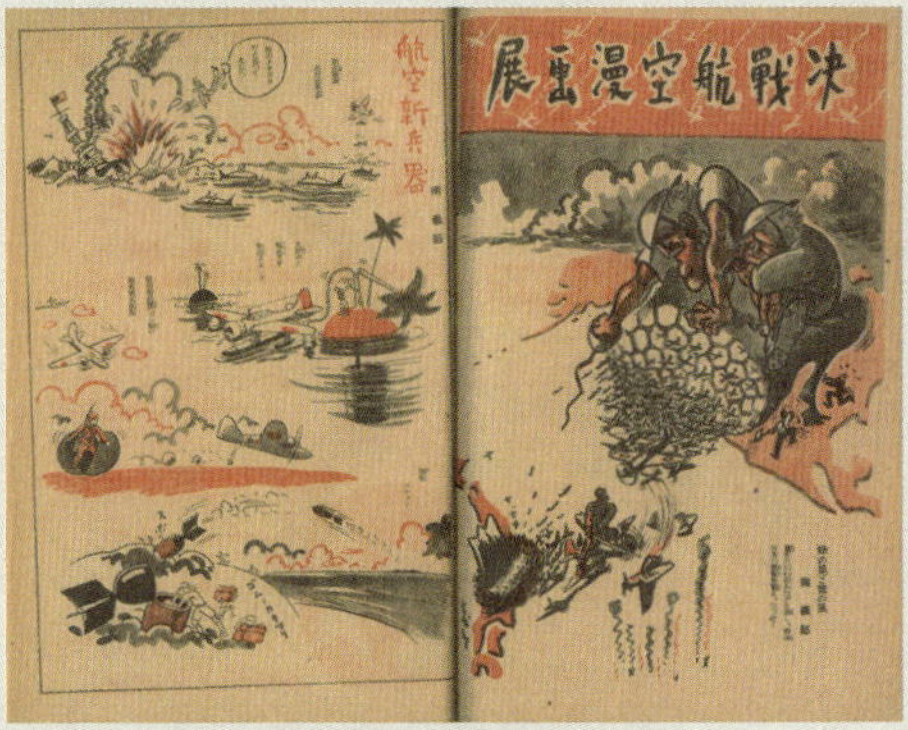

■図 W　1943.9.19 決戦航空漫画展

■図 V　1942.7.12 表紙

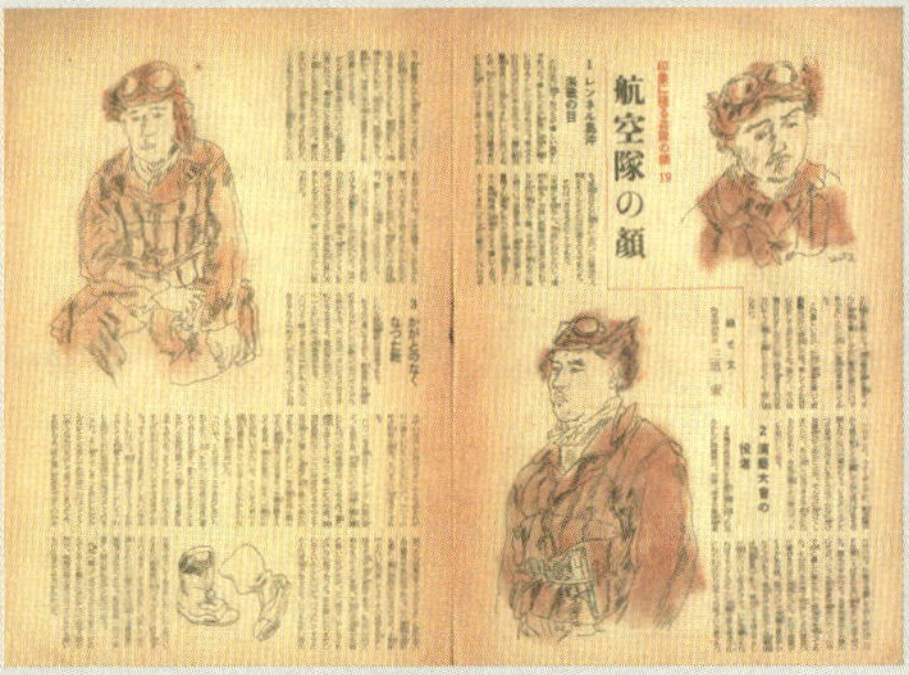

■図 X　1943.10.10 航空隊の顔

図 Y-3　1943.11.14 キスカ忘れじ

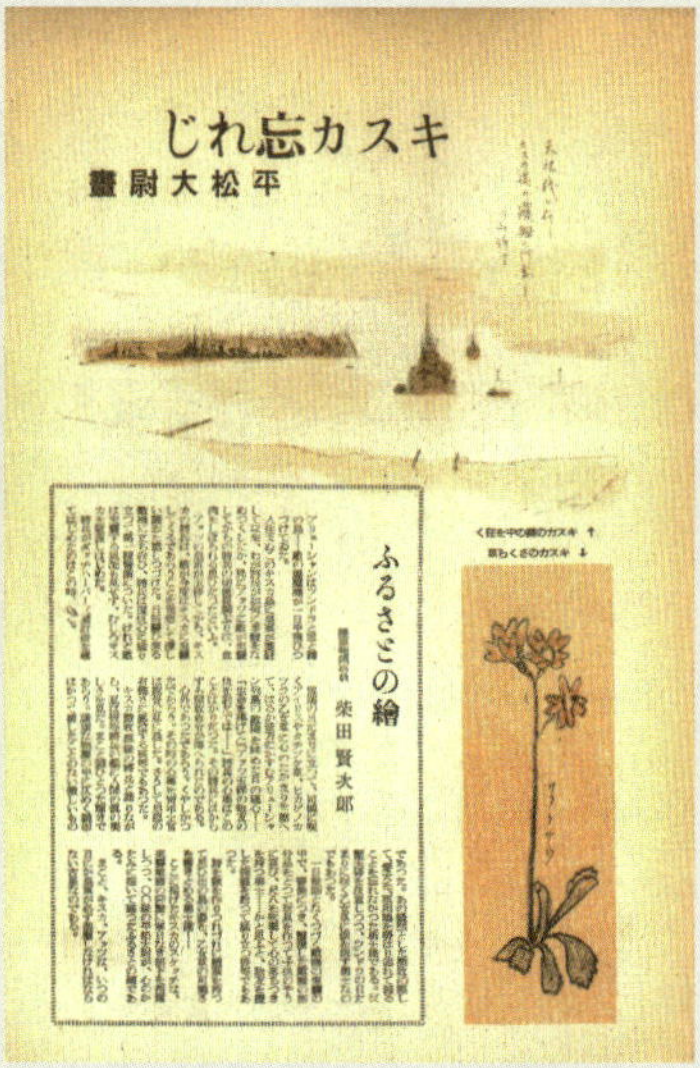

図 Y-1　1943.11.14 キスカ忘れじ

図 Y-2　1943.11.14 キスカ忘れじ

第4部　戦後週刊誌の展開とその表象

第1章 GHQ占領期における『サンデー毎日』
――ヒューマン・インタレストと親和的「アメリカ」

天野知幸

【1】……はじめに

週刊誌は、しばしば大衆のその時々の欲望を可視化し、増幅させ、その頂点に達したところで、過去へと葬り去る。それは週刊誌の強みでもあり、弱みでもあろう。大衆の欲望に即時に応え、その関心や興味を、ある時は言語的に、また、ある時は視覚的に照らし出す。ただ、そうして産み出された大量の記事の配列やレイアウトは、それらを貫く論理が必ずしもあるわけではなく、いわば無節操なものだ。週刊誌は「読み捨てられる」メディアであるとよく指摘されるが、「読み捨てられる」には、このように、それ相応の理由がある。

戦後日本におけるアメリカニズムについては、吉見俊哉『親米と反米　戦後日本の政治的無意識』[1]、ジョン・ダワー『敗北を抱きしめて　第二次大戦後の日本人』（上・下）[2]を始めとする優れた研究が多数存在する。そこでは戦前から戦後にいたるアメリカニズムの連続／非連続の問題、そして、戦後日本とアメリカとの親密な関係構築の様子が論じられてきた。本章もこうした問題意識のもと、親米意識の形成を大衆の欲望や視線から考察するものである。とくにここでは、一見、無節操とも思える週刊誌における親米意識の創造のプロセスを、視覚的身体表象と「ヒューマン・インタレスト」（人間的興味）という概念をもとに考察する。

敵国であったアメリカに対して親和的イメージがいかに形成されるのか。歴史や政治の問題を人間的興味がいかに覆い隠しているのか。以上について、ＧＨＱ占領期における『サンデー毎日』記事をもとに探ってゆきたい。

【２】……敗戦の表象と政治・歴史の欠落

まずは一つの例をもとに表象の傾向を見てみよう。【図１】「海の銀座に　進駐軍の夏来る！」（『サンデー毎日』一九四六年七月一四日）と題されたグラビア記事である。夏の海浜の景色に組み合わされたジープの写真は、タイトルにもある「進駐軍」を示す記号である。記事には、こう記されている。「去年の今ごろは、この辺りを散歩しただけで、うつかりしてゐると憲兵隊に連れてゆかれて、スパイ扱ひされたものだが、敗戦の今夏はご覧のとほり、進駐軍の兵隊さんを迎へて〝海の銀座〟鎌倉由比ケ浜は、はでな日米国際海水浴場と化した」。興味深いのは、最後の一文と写真との微細なズレである。進駐軍兵士と日本人女性との親密な個人的関係性を想起させる写真でありながら、「国際」という言葉で説明しているからである。

▌図１「海の銀座に　進駐軍の夏来る！」（『サンデー毎日』1946年7月14日）

しかも、進駐軍兵士の視線の先にある日本人女性の露わな肢体という構図が暗示するのは、進駐軍兵士と日本人女性間の性的関係である。一見、陽光溢れる海浜風景を写しとった健康的なグラビアだが、写し取られた男女関係に、国家間の支配関係の寓意を読みとるとすれば、「国際」という表現も大げさとは言えない。ジョン・ダワー前掲書は、「昨日まで危険で男性的な敵であった日本は、一度のまばたきのうちに、白人の征服者が思い通りにできる素直で女性的な肉体の持ち主へと変身した。そして同時に、売春によるものもそうでないものも、占領軍兵士と日本女性の親密な関係は、ときに人種を越えた思いやりや、お互いへの敬意や、さらには愛情表現の出発点にさえなった。そういう意味で、国家どうしの関係が男女の関係に変換されて表現されていたのである。[3]」と指摘しているが、ここにもその類型を見ることができる。

なお、栗田尚弥「日本最大の「軍県」から米軍の巨大な「基地県」へ」[4]は、神奈川の基地文化についてこう説明する。

> 占領開始当初、日本人の多くがそうであったように神奈川県の人々も、不安と恐れをもって占領軍である米軍を迎え入れた。しかし間もなく、マッカーサーやGHQ主導による「戦後改革」が開始され、神奈川県においても神奈川軍政部に主導された「民主化」が進行する。そして、人々は、左翼陣営の人々も含めて、個々の米兵による不法行為や米兵相手の「原色の街」を問題視しつつも、米軍を「解放軍」とみなし、米軍家族

のライフスタイルを豊かさと民主主義の象徴ととらえるようになる。

栗田が指摘するのは、米軍や米兵への複雑な視線である。性暴力や買売春とビーチの関係は切り離せぬものがある。ただ、【図１】に映し出された女性の出で立ちは「パンパン」女性の特徴とされた奇抜さとは一線を画しており、占領軍兵士の若い身体もマスキュリニティやミリタリズムから一見解放されているかのようにも見える。そのため、国籍の違いや支配構造はより後景化され、ヘテロセクシャルな性的交わりの予感の方が前景化されていると理解できる。

また、吉見俊哉『親米と反米　戦後日本の政治的無意識』（前掲）は、関東四都県への占領の影響を明らかにした栗田尚弥の指摘[5]をもとに、「横浜・横須賀から藤沢、茅ヶ崎、葉山まで神奈川全域に広がった米軍基地は、これらの神奈川の基地周辺に住まう人びとの間にさまざまな交渉を発生させていた。」と述べ、基地の占領軍兵士が映画会を屋外でする様子を塀の外から日本人たちが見ていたことを踏まえて、「米軍基地は、地域社会の若者たちに新しい欲望を持ち込みつつあったわけだ。」と指摘する。[6]

つまり、〝ビーチ〟には占領軍兵士との「交渉」や「欲望」が持ち込まれた。そして、そこでの風景は視覚的な欲望の対象となった。基地文化が〝見られる〟ものであったこと、つまりは格好の被写体であったことを、【図１】のグラビアは奇しくも体現してもいる。後に詳述するが、基地文化は視覚的欲望を掻き立て、週刊誌のような媒体はそれに応えていたといえる。そして占領構造がグラビア上で後景化される理由の一つはここにある。

ところでメディア研究として見過ごすことができないのは、次頁に原爆被害を受けた広島のグラビアが置かれ、【図１】との対照性を形作っていることである。

【図２】の右頁には「広島　原子沙漠は甦へる」（『サンデー毎日』一九四六年七月一四日）という見出しが見える。

図2　「広島　原子沙漠は甦へる」（『サンデー毎日』1946年7月14日）

しかし、それが原爆被害を踏まえていないことは明らかだ。瓦礫の写真は大量死の歴史や記憶と不可分のはずだが、「甦へる」という言葉が記事タイトルに見える。刊行年月日はちょうど原爆投下から一年後に近い時期だが、爆心地はけっして「甦へ」ってはいないだろう。そして、この記事には、「去年と同じ大空は、甦へる広島の街を慈愛の眼でぢつと見下してゐる、閃光、轟音燃える爆風の代りに時に燦々たる陽光と、時に恵み深き雨を降らしながら。てうどアメリカがわれらの良き友となつたやうに。」と記されている。ちょうど同じ頃、中国新聞を親会社とする当地発刊の『夕刊ひろしま』（一九四六年七月六日）の二面に、被爆者の生々しい被害を物語る報道写真が掲載されたことを、堀場清子『禁じられた原爆体験』[7]は、撮影者松重美人氏への聞き取りやアメリカでの調査結果をもとに論じている。『夕刊ひろしま』の報道記事では、当時の被害の様子が身体表象を伴って映し出されており、【図2】のグラビアとは対照的であることが堀場の研究からうかがえる。ただ、『夕刊ひろしま』の見出しにも、「世紀の記録写真　人類平和のスタート　米紙が全世界へ紹介　生きている〝死せるカメラマン〟」とあり、甦生のイメージとともに、「米紙が全世界へ紹介」という言葉が象徴するようにアメリカへの親和的態度が忘れずに付与されていた[8]。アメリカとの関係性、なかでも親和性を強調する方法や表象のあり方は、当時の一つの傾向として指摘すべきであろう。

なお、占領軍兵士と日本人女性の親密な関係性と、原爆に関する言説は、GHQ／SCAP検閲下という言論空間のなかで考察する必要がある。前者については、プレスコードが占領軍兵士と日本人女性との親密な関係（fraternization）を記述することを禁じていたため、報道することが困難であった。【図1】の女性は「パンパン」ではなく、両者の性的関係性があからさまに示唆されているわけではない。実際に、占領期資料を集めたゴードン・W・プランゲ文庫で確認しても、この【図2】への検閲指示は見当たらない。また、原爆跡の写真を掲載した頁についても、民間検閲局のCCD（Civil Censorship Detachment）からの指示はない。当時、原爆報道での被害報告は難しかったことが知られているが、実は、雑誌記事についてはCCDから削除などの検閲指示が出た記事は少ないことが、中川正美などの先行研究により明らかにされている。おそらく、中川正美「原爆報道と検閲」[9]が述べるように、執筆者や編集側が「自己規制」（自己検閲）していた可能性は十分にある。ちなみに、文学言説についても、実際の検閲指示事例は少なかったようだ[10]がそれもやはり「自己規制」の結果であろう。

先の【図1】【図2】の記事に戻ろう。広島の原爆記事と「海の銀座に　進駐軍の夏来る！」は、同列に並べられるものではない。無秩序で無根拠な週刊誌の編集意識は、占領と敗戦という二つの風景を繋ぐ論理の獲得に失敗、もしくは放棄しているように見える。ただ他方で、それらを占領下という時代背景に置いて読み込んでゆくと、戦後復興と同時に進んだアメリカへの親和的受容態度をどちらのグラビア記事からも窺い知ることができる。日米の関係性の強さを物語っているのは言うまでもなく【図1】である。【図2】は現実的な大量死の歴史を切り取りつつも、意味の希薄な風景画のコラージュでしかない。大量死の記憶は、意味を充填することなど不可能なものだろう。それとは対照的に、【図1】は占領や戦後日本の未来図が透けて見える。何より日米の共生の可能性は現在進行形のそれであった。新たに築かれつつあった戦後日本の親米意識は、占領軍兵士と日本人女性の身体表象の方に、より明瞭に読み取ることができる。

【3】……ヒューマン・インタレストと身体性

以上、表象の傾向を指摘した上で、こうした親米意識の形成のプロセスを、週刊誌の特徴を踏まえてより詳しく探ってみたい。

【図2】が死の意味が空洞化されたグラビア記事だとすれば、**【図1】**は性／生的な身体表象が指摘できる記事であった。なお、こうした占領軍兵士の身体表象は、この写真に限ったことではない。先回りして述べると、敗戦後の週刊誌におけるアメリカ関連記事は「ヒューマン・インタレスト」による表象が増加し、身体性や人間性が強調される点に特徴がある。アメリカというかつての暴力的で兵器的なイメージを伴った敵国は、戦後になると一転して、「ヒューマン」として表象され、人間的関心の対象となってゆくのである。

「ヒューマン・インタレスト」とは、週刊誌研究会編『週刊誌――その新しい知識形態』[11]によれば、次のように説明されるものだ。少し長くなるが引用する。

ヒューマン・インタレスト（Human Interest　人間的関心）というのは、一体どういうことか？

F・L・モットによれば、ヒューマン・インタレストには、次の二つの側面がある。

(1) 人間にとって関心あるニュース（news that is interesting to human beings）

(2) 人間生活を取扱っている故に、関心あるニュース（news that is interesting because it deals with the life of human beings）

ここで、この二側面について考えて見ると、⑴は主題の面に、⑵は取扱い方の面に関連するものであると思う。すなわち、⑴では、人々の関心領域にあるような事柄、たとえば、健康や金や家庭円満（サラリーマンの項でふれる読者の関心領域調査による）であり、⑵は今までに、指摘したような、人間中心の取扱い方ということになろう。

しかし、今ここで、主として問題にしたいのは、⑵に属するもので、主題的な制約は受けない。それは、犯罪や災害や社交といった、センセーショナルな主題のもののみにいえることでなく、政治、経済、教育、科学などの、いわゆる〝カタイ〟記事にも、浸透して行くものである。だから、ヒューマン・インタレストとは、政治も経済も社会現象も、それを記事としてとり上げる際、ひとつの冷い客観的な事象として記述するより、その中に登場する人物をとおして、あるいは、人物そのものに焦点を当て、とくに、その私生活面や人間としての喜怒哀楽に触れることによって、いわば、その記事を血の通った、温いものにし、読者の心をとらえようとするテクニックであるといえる。

人は人間への関心を強く持つ。ゆえに、人間に関する記事が大衆メディアに多いのは当然とも言えるが、重要なのは、「読者の心をとらえようとするテクニック」として、「政治も経済も社会現象も、それを記事としてとり上げる際、ひとつの冷い客観的な事象として記述するより、その中に登場する人物をとおして、あるいは、人物そのものに焦点を当て、とくに、その私生活面や人間としての喜怒哀楽に触れる」のが効果的であるという指摘である。このため、次のような結果を生むと、同書は加えて指摘する。

政治を政治そのもの――政治思想とか政策とか施政方針――のレベルから離れて、政治家個人に焦点を合わせ、公的な側面より私的な側面が多くとり扱われる。こういうとり扱い方は、往々にして、意図的であると否とを問わず、問題の本質から目をそらせる結果となり、ひいては、大衆の政治的無関心をひきおこしやすい。

ここで注目したいのは、政治と大衆メディアとの関係である。大衆メディアでは、政治を扱っていても、政治そのものへの関心ではなく、政治家という人への関心や表象へとスライドする。同様のことは、中村克明・山川恭子「戦前の社会における週刊誌メディアの位置――『週刊朝日』と『サンデー毎日』の目録データの分析より――」[12]も指摘している。同論文は、「雑誌記事におけるヒューマン・インタレストには、主題そのものが関心を引く場合と、記事の構成によって関心を引くものとがある。」と述べた上で、後者の特徴をこう指摘する。

> 記事の構成によるヒューマン・インタレストとは、ニュースを記事にする上で、記事に登場する人物に焦点を当て、人物像や家族構成、ゴシップを加えてニュース・ストーリーを構成することである。この特徴は、幅広い読者の関心事を誰にでも分かりやすく、かつ面白く読ませるという点から、雑誌の「大衆性」と深い関係があると考えられる。

同論はくわえて「政治や社会的事件等の「硬い」記事」であっても、人物に焦点を当てることで、読者の購買欲をかきたてるだけでなく、「わかりやすさ」「面白」さを付与するとも述べている。読者に親近感を持たせ、読みやすい記事にすることは、大衆メディアにとっては、大変重要なことに違いない。問題なのは、こうした人間的関心に基づいた編集的なテクニックは、政治的・歴史的記事の書かれ方と受容のされ方において大きな意味を持ったと考えられることである。

『サンデー毎日』のアメリカ記事においても、それはおそらく大きな効果を発揮している。戦前から戦後への変化を簡略的に記述すると、アジア太平洋戦争末期においては、軍事記事が当然顕著であり、その特徴は兵器表象が中心であった。すなわち、冷たい鉄のイメージを持った敵としての表象である。しかし、戦後には一転して、アメリカの人、社会制度、言語、文化に関する情報が増加する。漫画「探偵ビック・フロント」（一九四六年九月一五・二二日号〜四七年二月一六・二三日号（全一八回））の掲載はその代表例だろう。アメリカの文化や娯楽はただ紹介されるだけでなく、『サンデー毎日』の文化・娯楽方面の主要コンテンツに位置づけられていった。なお、娯楽性にばかり特徴があるかといえばそうではない。興味深いのは、アメリカ人への親しみやすさを強調する人間性や身体性の演出である。

順を追って具体例をもう少し見てみよう。**【図3】**「空の話題　敵米英の鴨型機」（『サンデー毎日』一九四五年一月七日）は戦闘機によって米英が敵国として表象された例である。同年には、「新兵器と新戦術」**【図4・5・6】**というシリーズが組まれ、テクノロジーの進化と敵国表象とが接続されている。この時期、暴力的な兵器や機体といったミリタリズムは敵国表象と切り離すことができない。**【図5】**のように、敵兵と思われる人物の絵が掲載されていることはあるが、戦闘用ヘルメットは人物の視線を隠した類型的な軍人表象である。また、こうした場合、固有性はクローズアップされない。身体は兵器化され、人格や人間性も抹消されている。

見方を変えれば、敵国兵士の身体や固有性を語るための知識も言説も不足していたともいえるが、他方、日本の兵士表象については、軍神としてのそれがよく知られている通り、人物そのものに焦点を当てたものも多い。その代表例は、**【図7】**のような神風特別攻撃隊関連の記事だろう。固有名や彼らの来歴等を掲載した記事は、まさに「ヒューマン・インタレスト」に応えうるものだろう。彼らの身体性や命が、死の間際に置かれているとい

―鎬を削る―
ロケット決戦兵器
新兵器と新戦術

■図4 「新兵器と新戦術　鎬を削るロケット決戦兵器」（『サンデー毎日』1945年1月7日）

空の話題
敵米英の鴨型機

■図3 「空の話題　敵米英の鴨型機」（『サンデー毎日』1945年1月7日）

■図6 「新兵器と新戦術　敵英空輸師団滑空部隊の離陸」（『サンデー毎日』1945年1月7日）

■図5 「新兵器と新戦術　敵米英軍空挺隊用■型オートバイ」（『サンデー毎日』1945年1月7日）

う事態は、人間的関心のもとに読まれることで、その悲劇性を一層増してゆく。

このように日米英の対比は兵器や戦術といった軍事的枠組みのなかで表象され、男性ジェンダーはいずれの国においてもミリタリズムのメタファーとなった。ただ、人間の固有性や身体性が希薄なのはやはり敵兵表象の方だろう。記事自体、温かな血の通った——すなわち「ヒューマン・インタレスト」が喚起されにくい方が、敵兵表象においては、他者性を強調することに繋がり、効果を発揮すると想像できる。であれば、「ヒューマン・インタレスト」とは、その強さを高める方にだけ効果があるのではないのかもしれない。「ヒューマン・アンインタレスト」記事、つまり人への無関心を強めるような記事というのも考えられるかもしれない。血の通わない人物像には、信頼性は抱きにくい。他者化、敵化するには、人間性を弱めた方が効果的であると考えられる。

戦後はどうだろう。「ヒューマン・インタレスト」は戦中とは対照的に占領軍表象において顕著になる。**【図1】**もその例といえるが、この場合、必ずしも固有性は付与されていなかった。だが、戦時中に他者化されていた敵国兵士の身体性は可視化され、それが占領国／被占領国（かつての敵国アメリカと日本）の同質性や親和性を演出するために効果を発揮している。

図7　「神風特別攻撃隊と共に」（『サンデー毎日』1945年1月14日）

【図8】「進駐軍の屯営を覗く」も同じである。若い占領軍兵士の笑顔や身体が映し出されており、占領軍の若者の視線は読者のそれと交差するかのように、こちらに向けられている。なお、「屯営」の覗き見とは彼らの生活内部を知ろうとする欲望そのものであり、まさに「私生活面や人間としての喜怒哀楽に触れる」（前

図8 「進駐軍の屯営を覗く」（『サンデー毎日』1946年1月1日）

掲書『週刊誌――その新しい知識形態』[13]）視線に他ならない。食卓の様子などの日常風景と幼ささえ感じる兵士たち姿からは、ミリタリズムが抜き去られている。ミリタリズムだけではない。戦中に敵国表象として必要だったはずのマスキュリニティさえ希薄である。若く健康的な身体は、警戒心や敵対心を解く効果を持っている。

「喜怒哀楽に触れる」ということは、相手の人間性を確認し、互いに共振し合うということである。GHQ占領下において、敵国としてのアメリカと親密な関係を築いたのは、セックスワークを強いられた女性たちばかりではなかったはずだ。栄養価の高い菓子を占領軍兵士が分け与えていたから、親密な関係性を戦後の日本人とアメリカ人が築いたとするのも、単純な理解に過ぎるだろう。表情や身体の様子を見て、視線を交わす機会を大衆が持たなかったならば、アメリカは常に支配構造の上位に位置する敵国であり続けたに違いない。それは軍国主義を根絶し、民主化するという対日政策にとっても不都合だったろう。

イデオロギーや政治は占領政策のみにより、日本に根付いたわけではおそらくなかった。次節の「【4】……ヒューマン・インタレストとアメリカナイゼーション」で述べるように、文化政策は大きな意味を担い、人間的興味を喚起させる記事はアメリカを親和的国家へと変容させる重要な役割を担ったと思われる。

【4】……ヒューマン・インタレストとアメリカナイゼーション

「ヒューマン・インタレスト」が発揮される固有性の高い記事について見てゆこう。その一例は、アメリカの知識人や文化人らに対する「ヒューマン・インタレスト」記事である。民主化や軍国主義の排除といった政治的転換を実現する上で、大衆メディアにおける「ヒューマン・インタレスト」が果たした役割はおそらく小さくない。とくにアメリカ人女性と聖職者の果たした役割は大きかったろうと思われる。

図9 「戦旗の前で　米騎兵第一師団第七聯隊第八軍騎兵第一旅団同第七旅団　励功閲兵式」(『サンデー毎日』1946年3月24-31日)

【図9】は、一九四六年三月に行われた「宮城前広場」(現皇居前広場)での米軍の閲兵式の紹介記事である。敗戦・占領を印象づける象徴的な記事ともいえるこのグラビア記事では、ジーン・マリー・フェアクロス・マッカーサー（Jean Marie Faircloth MacArthur）が、皇居前広場という場の主役の一人として映し出されている。記事にはこう記されている。

この日は珍らしくもマッカーサー元帥夫人が令息アーサー君を伴つて姿を見せた。「坊やもよく御覧、いまにお父様のやうになつて」と夫人のやさしい手が肩にかかる。

ここでのジーン・マリー・フェアクロス・マッカーサーのイメージは、先進的かつ男女同権的な女性像というよりも、戦前の銃後の女性や母のイメージと重なり合うものである。この時期、まだ日本国憲法は公布されていない。戦前から続く類型的な女性像をなぞっているだけなのだが、「宮城前広場」が占領軍の支配力を可視化する政治的空間であることを考えると、ジーン・マリー・フェアクロス・マッカーサーに焦点が当てられていることの意味はおそらく小さくない。原武史『完本　宮城前広場』[14]はこの場所について次のように指摘する。

占領軍は宮城前広場を、単にプライベートな空間として利用しただけではない。日本人が無抵抗であることがはっきりした四六年になると、彼らの存在を誇示するための空間として、この広場が積極的に活用されるようになる。（中略）

これを戦前の親閲式と比較してみよう。親閲式では、天皇は宮城をバックにして台座に立っていた。ところが、今回のパレードでは、連隊長は宮城ではなく、GHQ本部をバックにして新たに作られた親閲台に立ち、パレードの進行方向もかつての分列式とは反対になっている。（中略）

だが、言語を媒介とせず、権力を視覚的に見せるための政治空間としての宮城前広場が使われている点では、明らかに戦前と共通している。占領軍は、近代天皇制が築き上げた支配の「遺産」をうまく利用したわけである。

ただし、式が終わるたびに除去していた親閲台の台座とは異なり、パレードの観閲台は広場に置かれたままだった。つまりこのとき初めて、宮城前空間は「何もない空間」から「観閲台のある空間」に変わったのである。これが占領期の特徴である。けれども、何度も姿を現した天皇とは異なり、本来そこに立つべき最高司令官のマッカーサーは、なかなか広場に姿を現さなかった。

戦後、各地を巡行した天皇裕仁とは異なり、マッカーサーが大衆の面前に姿を見せなかったことは吉見俊哉『親米と反米　戦後日本の政治的無意識』（前掲書）も占領期の重要な特徴として指摘するところである。ジーン・マリー・フェアクロス・マッカーサーが夫の権力性を可視化する代理的役割を担い、権力の継承を息子の姿によって示したことは、権力の代替劇の表象とも言えよう。新たな権力者である男性の妻と子が、政治的空間の中心に据えられ、可視化される。マッカーサーの身体性が顕在化されなかったとすれば、それは「ヒューマン・インタレスト」の観点から見れば、親和性を欠く他者となってしまうが、新しい時代の幕開けとして、不可視化された権力の代わりをジーン・マリー・フェアクロス・マッカーサーという女性が代理したことの意味は大きい。

「ヒューマン・インタレスト」の対象は、何も彼女のような権力の中心に近いところにいた人物だけではなかった。アメリカ知識人のひとりもまたメディア上で語られ、その人間性とともに彼ら彼女らの言葉が伝えられていったからだ。

例えば、その一人は、エドワード・ジョゼフ・フラナガンである。当時、社会問題化していた戦災孤児対策のためにマッカーサーから招聘された人物である。『サンデー毎日』に限らず、多数のメディアで紹介されており、その名は広く伝えられた[15]。フラナガンはすでに戦前にアメリカ映画「少年の町」（一九三九年日本公開）で知られた人物でもあったので、戦後日本の「戦災孤児」を「救済」する目的でGHQに召喚されたという方が正しい。すなわち、彼の役割とは、「浮浪児」と呼ばれ、「非行」少年少女と見なされた子どもたちを導く道徳と慈悲の体現者としてのそれである。

次の「フラナガン神父と少年の町」（『サンデー毎日』一九四七年五月二五日）で紹介される彼の人間性は、そうした言説の一例である。清く正しい道へと少年たちを誘う慈悲深い大人としてのフラナガンが紹介されている。

「日本の子供に会うために随分長い旅をした」これは米国の「少年の町」の創始者エドワード・ジー・フラナガン神父が東京に着いた時洩した言葉である。フラナガン神父は「世の中に悪い子供はいない」と確信をもつて言明しているほど少年を愛している。また神父は「日本の子供は世界の子供と同じように神から授かつたもので愛すべきものであり、また愛してやらなければならない」と来朝の挨拶に述べている。この言葉は日本の不幸な子供たちをもつと幸福にすべきだという示唆を含んでいる。（中略）フラナガン神父は当年六十一歳、一八八六年アイルランドのロスコモンに生れ……」

引用の後には、フラナガンの長い来歴が記されている。この記事にはキリスト教の布教的な意図もあるかもしれないが、愛が強調され、救済される者／救済する者、教化される者／教化する者という関係図式に、日本の子どもとフラナガンが位置づけられていることは見逃せない。それはまさに占領される者／占領する者という関係図式、国家図式そのものだからである。

次に見るパール・サイデンストリッカー・バックの戦後日本への紹介も同様の構図を持っている。「米国と米国人」と題されたシリーズの第一回（パール・サイデンストリッカー・バック「米国と米国人　第一回」（『サンデー毎日』一九四六年四月七日））の書き手がバックだった。シリーズはその名の通り、「ヒューマン・インタレスト」を掻き立てるようなアメリカ紹介記事である。次の引用文にある「米国と米国人とをよりよく知らせ、理解させることの一助となしえることを幸福に思ふ」という一節に、そうした意図を探ることができる。

これは「大地」その他の数多い著作によつて世界的に有名なパール・バック夫人がインドの新聞のために、米国と米国人とについて書いたものである。「サンデー毎日」はそれを翻訳してわが国の人々に、米国と米国人とをよりよく知らせ、理解させることの一助となし得ることを幸福に思ふ。米国と米国人とに関しては、近頃多くの紹介が行はれてゐるが、東洋に関する造詣が深く、また東洋に大きな愛を持つバック夫人が、すぐれたる女性の眼と心とをもつて自分の国を描いたこの一文は、いふまでもなく独得な香と味とを備へてゐる。（中略）読者は「インドの友人」とある場合、それを「日本の」と置き換へて読んで頂きたい。それでいいのである。

バックの人間性に焦点を当て、それをいわば梃子に、占領国および占領者を他者化することなく、その歴史や政治への親近感を読者に感じさせようとする記事である。バックの場合も、フラナガン同様、愛が強調されている。両者の人類愛は、国籍や民族、占領／被占領の境を超えて、平等に降り注ぐかのように語られる。バックは中国で生まれ育っており、アジア通だった。引用の最後には「読者は「インドの友人」とある場合、それを「日本の」と置き換へて読んで頂きたい。それでいいのである。」とある。バックと日本人、アメリカと日本という二つの関係を親和的かつ強固にするような感情の一つの型――友情関係――が明確に示されている。

なお、『サンデー毎日』には、このシリーズの他にもバック著とする記事が二つある。一つは「米国のスポーツ」（一九四七年四月一三日）、もう一つは「私の隣人」（一九四七年九月七日）である。バックがスポーツ紹介のために引き合いに出されるのはいささか奇妙ではあるが、スポーツがアメリカの人・文化・社会・政治の日本社会への浸透において、重要な役割を担わされていたことを考えれば頷ける。鈴木紀子「アメリカと日本の架け橋に――パール・バック『大津波』と戦後冷戦期日米文化関係[16]――」は、バックの著作「大津波」がGHQ／SCAPの中の文化を扱う一組織CIAから翻訳出版権を与えられたことを踏まえ、次のような重要な指摘をしている。

小説の『大津波』が戦後GHQ／SCAPによって翻訳出版奨励された事実を考えると、この物語が占領下日本に対する何らかの教育的効果があると認められたことは確かであり、それは見方を変えれば、この物語が占領下の日本人にアメリカ（特にアメリカの民主主義思想）を好意的に見せる何かを有すると捉えられていたことを意味する。これを踏まえれば、『大津波』は日本の漁村の物語でありながらも、日本人の眼を好意的にアメリカに向けさせ、一方ではアメリカの読者・視聴者に、バックの言う「真の日本」の姿をアメリカの人々に映し出し、しかもその「日本」はどこかアメリカ人が共感できる日本を映し出すという二重の効果が期待されていたことが浮かび上がる。日本人に親米感情を抱かせ、かつアメリカ人視聴者が共感可能な日本を映し出すのが『大津波』だったとすれば、それは上述したような日米間の人種的・文化的差異を想像的に消去することによって日本を自らの内に取り込もうとする、アメリカの特殊な冷戦言説に沿っていると言えるだろう。

バックの占領期における紹介は、おそらくかなり強い政治的意図があったのだろう。それは共産主義への警戒と日本の西側諸国への位置づけ――すなわち一九四〇年代後半に際立ってくる対日政策の方向性に相応しい親米感情の形成という政治的意図である。同じく鈴木紀子による「「幻の映画」をめぐって――『大津波』日米合同映画製作とパール・バック」[17]では、東西冷戦期の一九六一年に公開された同作の映画化が、「彼女の意図如何に関わらず、冷戦文化形成の一端としての政治的機能を持っていたのではないか」とも指摘されており、バックを利用した日米の感情形成の方向性は東西冷戦期を通じて維持されたと思われる。

文化的記事や文化の移入においては、政治的意味が前景化されるわけではない。重要なのは、鈴木紀子論文の引用が示すように、日米の共感的な感情の共同体の形成であり、そこに文化や言説が深く関与したと推測されることである。

振り返ってみれば、本章の第３節で論じたように、敵国同士だった日米関係は人間的興味を媒介にして戦後新たに関係性が構築し直されていた。そこで重要な意味を持ったのはメディアと文化である。ただ、それは同時に「大衆の政治的無関心」（『週刊誌――その新しい知識形態』[18]）も引き起こした。「ヒューマン・インタレスト」は人間性に興味が集中し、そこにある政治や思想の壁を容易に取り払うからである。

敗戦後、人の移動や接触が戦中とはまったく異なる形で始まった。日米間の新たな人的・文化的交流の時代の幕開けを迎えたが、「ヒューマン・インタレスト」のテクニックを用いた記事がそれを加速させた側面もあったろう。しかし、「大衆の政治的無関心」を引き起こす一助となったのだとしたら、「読み捨てられる」運命にある週刊誌の担った意味は小さくなく、戦後日本社会の意識形成を考える上で重要な示唆を与える意味を持つとも言える。

【5】……親米意識と週刊誌

「ヒューマン・インタレスト」、すなわち「人間的関心」＝「政治的無関心」は、親米意識の形成に大きな影響力を持ったと思われる。

意識の形成において、グラビアや週刊誌が持つ意味は大きい。それらは日米を新たな絆で結ぶのに重要な役割を果たし、同時に、その絆から逃れられない感性をも涵養していったのだろう。

注

1 吉見俊哉『親米と反米　戦後日本の政治的無意識』（岩波新書、二〇〇七年）

2 ジョン・ダワー『敗北を抱きしめて』（岩波書店、二〇〇四年）

3 ジョン・ダワー『敗北を抱きしめて』（前掲 p.167）

4 栗田尚弥「日本最大の「軍県」から米軍の巨大な「基地県」へ」（WeB版有鄰 第五一五号、二〇一一年七月一一日発行、確認日二〇二四年六月三日）

5 栗田尚弥「占領軍と藤沢市民」（『藤沢市史研究』二六号、一九九三年三月）、「キャンプ・チガサキの思い出――鈴木貞司氏に聞く」（『茅ヶ崎市史研究』二四号、二〇〇〇年三月）

6 吉見俊哉『親米と反米　戦後日本の政治的無意識』（前掲 p.141, 143）

7 堀場清子『禁じられた原爆体験』（岩波書店、一九九五年）。堀場は同書所収「4　松重美人「世紀の記録写真」をめぐって」において、『夕刊ひろしま』に対するGHQ／SCAP検閲の実態を調査し、その影響を慎重に調べている。堀場は松重への聞き取りから、CCDがこの写真を欲しがっていたこと、事前検閲を求めていた（実際には事後検閲だった）ことなど重要な調査結果を報告している。

8 見出しについては、堀場清子『禁じられた原爆体験』（前掲 p.58）に掲載された『夕刊ひろしま』を参照させて頂いた。

9 中川正美「原爆報道と検閲」（20世紀メディア研究所編『インテリジェンス』003、二〇〇三年一〇月）。なお、大森淳郎「戦争とラジオ（第8回）敗戦とラジオ――何が変わらなかったのか（後編）」（NHK放送文化研究所 編『放送研究と調査』二〇二二年一二月）も、原爆被害、米兵犯罪をメディアが報じることができなかったことを指摘している。

10 「ヒロシマ」言説を調査し続けている岩崎文人は、「ＧＨＱ／ＳＣＡＰ占領下の原爆表現——ＣＣＤ（民間検閲支隊）の検閲をめぐって」（『国語教育研究』二〇〇八年三月）において、「こうしてたどってくると、ヒロシマ言説に対して、たしかに、ＣＣＤは、いくつかの指摘はしているが、全体の中ではあくまでも一部であると言うことである。客観的に、ヒロシマ言説をトータルに考察すれば、従来言われていたほど「厳しく」はなく、少なくとも、「禁じられた」という語がイメージさせるようなものではなかったといえよう。」と指摘している。

11 週刊誌研究会編『週刊誌——その新しい知識形態』（三一書房、一九五八年 p.135, 136, 141）

12 中村克明・山川恭子「戦前の社会における週刊誌メディアの位置——『週刊朝日』と『サンデー毎日』の目録データの分析より——」（『関東学院大学文学部紀要』第一二〇号・一二一号合併号下巻、二〇一〇年一二月）

13 週刊誌研究会編『週刊誌　その新しい知識形態』（前掲）

14 原武史『完本　宮城前広場』（文春学藝ライブラリー、二〇一四年）

15 「20世紀メディア情報データベース」（http://20thdb.jp/search/form）において「フラナガン」と検索すると八六件ヒットする。検索日二〇二四年四月一五日）

16 鈴木紀子「アメリカと日本の架け橋に——パール・バック『大津波』と戦後冷戦期日米文化関係——」（『人間生活文化研究』No.28、二〇一八年一月）

17 鈴木紀子「「幻の映画」をめぐって——『大津波』日米合同映画製作とパール・バック」（『Otsuma Review』二〇一五年七月）

18 週刊誌研究会編『週刊誌　その新しい知識形態』（前掲 p.141）

【図1～9】は国立国会図書館東京本館所蔵

第2章

週刊誌メディアと中上健次——『朝日ジャーナル』と『週刊朝日』を中心に

渡邊英理

【1】……「シリーズ『差別』対談」から『紀州——木の国・根の国物語』へ

中上健次の作品世界のなかで、『紀州——木の国・根の国物語』ほどその位置の独特さを誇る作品は多くないだろう。創作としての詩や小説でもなければ、作品を対象に論じる書評や批評などでもない。『紀州』は、一種の紀行文で、ノンフィクションというジャンルに含まれうる言葉の束として記されている。中上自身は、「ルポルタージュ」という言葉を多用し、『紀州』をその名で呼んでいる。中上は、後に、ノンフィクション風のアメリカや韓国の滞在記も発表するが、『紀州』は、それらを準備した最初期の仕事と目してよい[1]。そして、その発表媒体は、週刊誌『朝日ジャーナル』だった。本章では、『紀州』を基点に週刊誌メディアとの関わりから中上健次の作品世界を素描してみたい。

『紀州』は、『朝日ジャーナル』に、一九七七年七月一日号から七八年一月二〇日号まで二五回にわたり断続的に連載されている。連載時の編集担当者は、千本健一郎である。単行本は、七八年七月に朝日新聞社より刊行されている[2]。

『紀州』の連載がはじまる七七年、それに先駆け、中上は『朝日ジャーナル』に登場している。七七年三月一八日、二五日号に所収の「シリーズ『差別』対談――狭山事件を基軸として」へのゲスト参加がそれである。野間宏と安岡章太郎をホスト役とするこのシリーズに中上は、四人目のゲストとして参加している[3]。鼎談のタイトルは「市民にひそむ差別心理」とされている。

サブタイトルにあるように、このシリーズは、狭山事件における「差別問題」に呼応して企画されたものだ。一九六三年、埼玉県狭山市で起こった女子高生誘拐殺人事件の容疑者として、被差別部落の青年である石川一雄が逮捕された。二審の東京高裁は、一九七四年、被告に無期懲役の判決を言い渡した。事件をめぐる推移のなかで、この判決へのリアクションとして「シリーズ『差別』対談」は企画されたと言える。この鼎談のなかで、中上は、自らが被差別部落の出身者であることを明かし、その経験を語ったのだが、野間・安岡らの助言で、その事実は秘することになり、誌面では、自分の知り合いの小説家の話として活字化されている。同じ『朝日ジャーナル』誌上で紀伊半島の被差別部落を経巡り書かれた『紀州』の連載は、この対談の延長線上に位置づくだろう。中上は車を駆って、紀州・紀伊半島の被差別部落を訪れる。中上は、それを差別の「根」を洗う旅と称し、その旅の記録を同誌に発表したのだ。

ただし、『紀州』が有する文脈は、「シリーズ『差別』対談」だけに還元することはできない。同じ『朝日ジャーナル』誌上での「シリーズ『差別』対談」が、『紀州』の連載を用意した縦の脈絡だとすれば、『紀州』が反応し、反論をも含む応答を返した横の脈絡というべき文脈もある。私見によれば、それは、『週刊朝日』の言論や表象であり、その第一に、司馬遼太郎の『街道をゆく』をあげることができるように思う。

【2】……司馬遼太郎と中上健次――『街道をゆく』と『紀州』

九六年に急逝するまで継続され、司馬のライフワークの一つとも目される『街道をゆく』。その連載は、一九七一年一月一日号から一九九六年三月一五日号まで一一四七回にも及ぶ。単行本は朝日新聞社から刊行され、全四三冊をも数える。四〇代後半からその晩年まで書き継がれた『街道をゆく』は、成田龍一が指摘するように、「同じタイトルのもとで続けて書かれているために、関心の推移がありつつもそれが読み取りにくい」[4]。とはいえ、『街道をゆく』の問題意識の核心部は、一九六二年を「転回点」に司馬が取り組むことになった「近代日本の形成に材を取る歴史小説」のそれと通底していたと言える[5]。成田は、司馬が「一九六二年を契機に、もっぱら時代小説と歴史小説に自己の守備範囲を設定し、歴史的人物の解釈や歴史像の構築へとその営みを推移させた」と述べる[6]。『坂の上の雲』は『産経新聞』夕刊に一九六八年四月二二日から一九七二年八月四日まで、『翔ぶが如く』は『毎日新聞』朝刊に一九七二年一月一日から一九七六年九月四日にかけてそれぞれ連載され、いずれも文藝春秋から単行本化されている[7]。成田が指摘するように、一九六八年から七二年にかけて新聞連載された『坂の上の雲』をはじめとする司馬の歴史小説は、一九六八年に迎える「明治一〇〇年」記念の文脈のなかで執筆されたものだが、その大枠は坂本龍馬などの脱藩者を中心とする草莽の志士や西郷隆盛などの下級武士を主人公とする「民衆」による国民国家建設の物語に軸がある。

　同時に、司馬のこの歴史小説への転回は、「高度経済成長下の日本社会に対応した作品群」へのシフトと換言できる[8]。「語る相手としてのサラリーマンの量的な拡大と質的な成熟がみられるなか」、司馬は「それ以前に見せていた隠遁的な姿勢や現代小説、伝奇小説の形式を捨て、時代小説（すぐに歴史小説）へと転じ経世家としての側面を大きく見せていった[9]」。言い換えれば、司馬において、「日本における民主主義、その条件としての「国民」の形成が問題意識の核心になった」のだ[10]。

　拙著『中上健次論』でも論じたことだが、中上が『紀州』（『朝日ジャーナル』一九七七～七八年）で巡った地域は、司馬が『街道をゆく』でとりあげた「熊野・古座街道」（七五～七六年）、「十津川街道」（七七～七八年）、「紀州街道」（七二～七三年）と重なっている。「熊野・古座街道」で、司馬が取り上げるトピックのひとつは、若衆組である。若衆組を「日本の島々に太古以来継承されてきた習俗（あるいは社会制度）」で「平等」をその原理と捉える司馬は、古座川筋の若衆組について記している[11]。「若衆組に入ると、若衆は普通、自分の家で起居しない。ここで重要なことはかれは両親の監督から離れる」ことで、「両親よりも若衆頭の命令が優先し、つねにその支配をうける[12]」。また、いわゆる「夜這い」の風習があり、村の家々は戸締まりをせず、若い娘のもとに若衆が通い、娘が妊娠した場合、父親が誰かは、娘が指名する。また若い娘のもとに通った若衆が小腹をすかせて立ち寄る場合に備えて、どの家も必ずお櫃のなかに一杯分のご飯を若衆用に残しておいたともいう。

　若衆にはまた、「頻発する山火事の消しとめ」という「軍事的な公務」があった。「山火事がおこれば若衆組に出動してもらう以外に手はな[13]」く、「若衆にきらわれると、もし山火事（熊野の名物だったといっていい）があった場合、若衆たちはいやがらせをして、火がその家の持ち山にゆくように導いてしまったりする[14]」。「日本の古代においては、神は人間を救済したり、利益をもたらしたりする存在ではな」く、「祟りをする存在であり」、「「若衆」という語感は、古代の神に近かった」と司馬は述べる。[15] 司馬は、若衆組は、儒学などの「北方的要素」とは異なる「南方的要素」としての「日本の原社会像」であり、「社会心理の上で」「あらゆる面で生きている」と捉える。[16] また、司馬は、薩摩の郷中組織や、また西郷隆盛とともに下野した薩摩の旧下級武士の子弟が作った私学校に若衆組の「南方的な火照り」を認める。それゆえ司馬は、その「薩摩の若衆組」が反政府反乱に向かった際、西郷が「おさえることをあきらめ、「自分の体をあげよう」といってかつがれてしまった」のは、「成熟しきった理性によるものではな」く郷中組織の「慣習であったのではないか」と推測している。[17] また、二・二六事件の前夜、軍部の青年将校もまた、「憂国感情の共有を因子として、若衆組化した」とも司馬は推測している。[18]

白井千晶は、若者組（若衆宿）を月経宿などとともに、「若者が同性の大人と生活をともにするしくみ」として位置づけ、「日本の「親子」の多重的なあり方のひとつ」として捉えている。[19] 中上は、短篇連作集『熊野集』のなかで、「家」を作らず母親を中心とする路地の家族や、路地の大人であるイネやアニすべてを親とする路地の親族関係を描き出している。こうした母権的で非血縁的・非血統的な路地の家族や親族関係を提示することで、中上が意図するのは、血統と血縁でつながり家父長制に基づく規範的な「市民社会」の家族や中産階級的な「親族関係」を相対化することにあった。[20] そのような中上にとって、若衆組は「親子」の「多重的なあり方のひとつ」として、近代家族が偶発的な虚構に過ぎないことを示す証左として位置づけられたことだろう。

しかし、若衆組を通じて近代日本の歴史的出来事を理解する司馬は、日本社会を支える心性として若衆組を捉え、一種の日本文化論に回収してしまっている。さらに中上にとって問題だったと思われるのは、そのような司馬の視界において、古座川筋を走る差別・被差別の稜線は捉えられることがないという点である。「熊野・古座川筋の旧七カ村というのは、ほぼ身分的に平等意識を持った社会である」という断言や、「徳川期の強烈な身分区別の社会意識は熊野の山間僻地にまでは及ばなかったということがいえそうだ」という歴史認識は、中上の認識とは相容れないものであったと思われる[21]。司馬の旅では等閑視された被差別部落を経巡り、その地で「人が大声で語らないこと、人が他所者には口を閉ざすこと」を聞き書きする中上の『紀州』からは、司馬の『街道をゆく』への批判的応答が聞こえてくる。

【3】……「アメリカ村」と日本――『週刊朝日』「日本拝見」が描く熊野・新宮

だが、『紀州』と呼応関係を結ぶ『週刊朝日』の言説は、『街道をゆく』だけに限るものではなく、同誌の地方表象もそれにあたるものではないかと思われる。なかでも、一九五三年から五七年にかけて同誌に連載されていた、「日本拝見」（一九五三年一一月一日号から五五年一二月二五日号まで）・「日本の断面」（一九五六年一月一日号から一二月三〇日号）・「新・日本拝見」（一九五七年一月六日号から六月三〇日号）というシリーズが注目される。このシリーズは、浦松佐美太郎・大宅壮一・門田勲・花森安治ら著名な言論人が交替で執筆者となって、日本列島の各地を実際に訪れる、ルポルタージュの記事である[22]。各地をリポートする文章とその土地を撮影した写真で構成されており、後に同誌で連載されることになる『街道をゆく』を用意した、その前史とも言えるシリーズだ。そして、ここにも、熊野の表象が見られる。

『週刊朝日』一九五三年一二月一七日号に掲載された「日本拝見」第九回「新宮の巻」では、中上の生地である和歌山県新宮市が取り上げられている。執筆者は大宅壮一で、撮影は島田謹介がクレジットされている【図1】。ほかに和歌山県のなかでは、連載三五回目（一九五四年六月二七日号、執筆者・花森安治）で和歌山市が、『紀州』に登場した都市としては、七五回目（一九五五年四月三日号、執筆者・浦松佐美太郎）で松阪市が、それぞれ取り上げられている。

▌図１　『週刊朝日』「日本拝見」第９回「新宮の巻―アメリカ村」より。1953 年 12 月 17 日号、pp.44–45（早稲田大学中央図書館蔵）

『週刊朝日』が一〇〇万部の部数を突破したのは、一九五四年のことである。その雑誌最盛期にあたる一九五三年から一九五七年にかけての約四年のあいだ、「日本拝見」・「日本の断面」・「新・日本拝見」と名前を変えつつ継続されたこのシリーズは、タイトルにある通り、地理的な領域と境界を新たに画することを通じて、日本という自己同一性を立ち上げんとする欲望と結びついている。日本社会にとって、「戦後」とは、新たな境界による領土の確定が求められた時代だと言える。敗戦によって植民地を「喪失」し帝国の領土を縮減された日本は、新しい国境と国土によってその自己同一性の輪郭を描き直すことになる。しかしながら、敗戦国の日本はＧＨＱの占領下において主権を剥奪されており、その国境で縁取られた国土を、さらには、その国土に住まう国民を自らのものとして自由に統治することは制限された。日本が主権を回復し、近代国民国家としての統治機能を回復するのは、一九五二年のサンフランシスコ講和条約の発効を経てのことである。（ただし、沖縄、奄美、小笠原諸島はこの主権の埒外にされた。また在日朝鮮人を国民の枠外におき、指紋押捺などの義務を強いる外国人登録法も同時に発布されている）。近代国民国家の構成要素は、領土と国民（人口）と国民語であるが、一九五二年の主権の回復は、近代国民国家の構成要素としての領土の再定義という主題を日本語の言説空間に浮上させたと言えるだろう。主権を有する国民国家として、自らの境界を象り、その国土の輪郭を屹立させる。その社会の情動が、このシリーズから透かし見える。

中上の『紀州――木の国・根の国物語』との関係性において注目される「日本拝見」「その九　新宮の巻――アメリカ村」では、その境界の臨界的なイメージとして措定される外部、日本という国民国家の外の他なるものがエキゾティシズムの装いで顔をのぞかせる。タイトルは新宮だが、新宮の「衛星町村」とされる太地や串本、那智勝浦などについても記事内では記されている。記事中で、大宅は、熊野山地の材木の集積地であり、川を通じて熊野山中と海路を通じて江戸・深川と結ばれる、交通の要衝として新宮を描きだす。そして、吉川英治を引用しつつ「熊野川の流域には千年前の日本がそのまま保存されている」と述べると同時に、それと「背中合わせになっている」「アメリカニズム」を大きく取り上げる。副題にもある「アメリカ村」とは、この一帯における「アメリカニズム」の浸食をさしての呼称である。

大宅壮一は、まず、「アメリカ」との地理的な近さを述べる。「地図を開いて見てアメリカに一番近いところはどこかというと、房総半島についで紀伊半島の南端、潮岬だということになる」。そして、「アメリカから流れついた一本の木」「セコイヤ」で作られた家が、串本にあるとも言う【図２】。

大宅はまた歴史的な近接性を語る。「幸徳秋水の〝大逆事件〟で有名な新宮が、共和主義、社会主義その他〝危険思想〟の発祥の地と見られているのも決して偶然」ではなく、「日本におけるアメリカニズムも、いちはやくこの辺から上陸しているのである」と語る。またこの地方を、アメリカへ多くの移民をだした地域としても描く。「人口三千の部落で千人の移民を出しているところもあれば、日本の敗戦後、アメリカの軍服をきた四人の

▌図２　『週刊朝日』「日本拝見」第９回「新宮の巻―アメリカ村」より。1953年12月17日号、pp.46–47（早稲田大学中央図書館蔵）

甥を迎えた家もある[23]」。

また、生活様式や文化風俗のアメリカ化を大宅の筆は表象する。

この辺の海に沿つた部落には、ペンキぬりの洋風建築が多く目につくし、アロハまがいの派手なシャツをきた兄ちやんが歩いているかと思うと、畑を耕している爺さん、婆さんの使う言葉に、英語の単語が混つていたりする。これらは俗に〝アメリカ村〟と呼ばれ、南紀地方のあちこちに見出される。住民の中には戦前からベッドに寝てパン食をしている家も少なくないという[24]。

さらに、太地の写真のキャプションでは、次のように述べられている。

新宮市に近い漁港太地町（タイジマチ）は、いわゆるアメリカ村の一つ。現在移民は４００人、終戦直後は衣料や食糧の小包がどしどし送られてうらやまれた。送金も相当なものだろう。ペンキ塗りの民家が目立って多く、美人系の女性で知られている。[25]

真偽定かではないこの紀州・熊野表象に露骨なエキゾティシズムを見ることは難しくない。日本でありながらもアメリカのようでもある熊野とは、書き手やわれわれ読者とは異なる他なるものとして、「日本」の内であると同時に外という境界領域として表象されているということになるだろう。

同時に、ここでの南紀・新宮は、ある種の戦後日本のミニチュアとして表象されてもいると見ることができる。記事は、串本の向かいに浮かぶ大島に「米軍のレーダー基地」が建設予定であることに言及し、また、熊野速玉神社のお札「牛王」を全国を経巡り売りさばき、その遊行の道中で性をもひさいだ熊野比丘尼を「からだを売ってパンパンの先駆者」と表象している。「アメリカ村」として表象される南紀・熊野とは、近過去である占領期の敗戦国・日本であり、また、その占領を経たいま現在の主権国家・日本である。この記事の南紀・熊野に、戦後の国土の姿を映し出すことを通じて、新しい国土の姿をも予見的に描き出し、そこに住み、同じ記事を共時的に読む、読者共同体であるところの「わたしたち」という国民が創造／想像されたと言えるだろう。

【4】……ツーリズムのまなざし

「日本拝見」「その九　新宮の巻」にはまた、ツーリズムのまなざしも伴われている。瀞八丁から下るプロペラ船について紙幅が割かれ、観光バスの女性ガイドである「バス・ガール」の船版「リバー・ガール」について言及される。また勝浦の旅館の専用船で「海水着一つで」「バス・ガール」の如き役割を果たす「ラウンド・ガール」についても詳述され、ご丁寧にも「〝ラウンド〟というのは、宿から宿へまわることだが、〝からだ中〟の意味に解してもよろしい」との注釈がつけられている。中央から地方へ投げかけられるツーリズムのまなざしは、中央と地方の上下の序列という権力性や支配関係とともに、女性差別という抑圧性もともなっている。

中上は、その小説のなかで、こうしたマスメディアが形成する熊野イメージやツーリズムのまなざしについて批判的に言及している。『熊野集』「蝶鳥」では、次のように述べる。

熊野にいて熊野の事情を考えるとやたらに腹立たしくなり、不快になり、それを癒すように思いついて車に乗る。家にあれば笥に盛る飯を草まくら旅にしあれば椎の葉に盛ると歌を残したのは十九歳の齢ご謀叛の科を受けて殺された皇子だが、用もなしにただ思いたったというだけで新宮から車を駆って山道を走り、国道から細い道を入って澄明な日を浴びた山の景色にみとれている私がふと思いだすのは、その皇子の姿だった。（中略）折口信夫ならさしずめ尊い身の御方は大津皇子だろうが、私には有間皇子でも大津皇子でもかまわない、白昼に物の影がくっきりと立ちあらわれ滴のように光が梢から梢へしたたる山を眼にしたまま蝉の鳴き声の間に間に、かうかうと呼んでいる声を耳にしている中将姫が、ここにいて、私に話しかけてくる。声が響き糸を引いて消えかかりまた大きく響く。／そうやって人は死んだし、人はこうやって生きていると思い、しかし妙にやわな熊野だと嫌悪をなだめる事が出来ぬまま路地に引き返す。[26]

アメリカからもどり借家に越したばかりの頃は新鹿の海や山も今まで見た事もないほど綺麗だと思ったが、住んでみて買っていた土地の登記でごたつき不動産屋の話をうのみにしていたばかりに農地委員会や市役所の職員にうさん臭い眼でみられ、そんな難しいところの土地など要らないと思いはじめて、現金なもので、海の景色も山の景色も取り立てて言うほどのものではないとあきてくる。新鹿という土地にも新鹿という土地に住む人らにも悪意を抱かないが、熊野にすり寄った私を熊野が追い払うと思い、それならよし熊野をあばき立てふやけた宗教心ひとつない者らが熊野よいとこと歌っている御題目を打ち壊してやると思いはじめる。【27】

「熊野よいとこと歌っている御題目を打ち壊してやる」とばかりに、小説家は小説を書き「熊野をあばき立て」ようとする。小説家が対峙する「熊野よいとこと歌」う「御題目」。それは、右で万葉集中の有間皇子の歌に触れられるように、まずもって、長い日本語の歴史の中で堆積している、熊野をめぐることの葉（言の葉・事の葉）の記憶なのであろうが、同時に、中上の同時代において、広く流通することになる新たな熊野イメージ／熊野言説を指してもいる。『熊野集』が『群像』に発表されたのは、一九八〇年から八二年にかけてだが、その同時代の熊野イメージ／熊野言説は、戦後日本社会のなかで積み重ねられていく。そのひとつの構成要素は、「日本拝見」「その九　新宮の巻」に見られるような熊野イメージだったと言えるだろう。

中世には上皇や貴族が都から詣でた熊野の地。かつて熊野詣の人々であふれた熊野の地に、戦後、新たな人の波が押し寄せる。その波は、言説やイメージによって文化的に産出されると同時に、高度経済成長期、列島各地で様々な形式で行われた地域開発がもたらす物理的な改造、物質的なインフラストラクチャーによって支持された。

一九五〇年代後半から六〇年代にかけて、紀州熊野は、静岡県の伊豆・熱海、南九州の宮崎や鹿児島とともに新婚旅行のメッカとして人気を博すことになる。「日本拝見」は、それを下支えし準備する「観光案内」的な言説、週刊誌メディアの場を借りた一種のガイドブックとしても機能したものとも言える。このとき、観光客誘致を可能としたのは、鉄道と高速道路を中心とする新たな交通網の整備であった。一九五九年に、国鉄の紀勢線が開通する。新婚旅行の観光スポットとして注目を浴びたのは、「南紀」と呼称されるようになった和歌山県南部であるが、そのブームは、これら鉄道の敷設によって到来した。さらに新婚旅行ブーム後、京阪神の奥座敷として団体観光客向けの歓楽温泉として発展していったのが、白浜である。一九七四年には、大阪と和歌山を結ぶ阪和自動車道が開通する。[28] 一九七八年に南紀白浜アドベンチャーワールド（開園当初は、「南紀白浜ワールドサファリ」）が、三年後の一九八一年には白浜エネルギーランドが開園し、白浜は家族向けのレジャー温泉地へと変貌を遂げていく。このように新婚旅行、団体旅行、家族旅行とターゲットを変化させながら、戦後の開発によって、熊野は観光地として卓越化し、多くの観光客を集めることに成功する。

とりわけ列島改造論が叫ばれた一九六〇年代には、列島に、更なる交通網が張り巡らされていった。東京オリンピックの開催にあわせ、一九六四年には、東海道新幹線が完成している。国鉄は、東京大阪間の輸送力を強化し、またダイヤ改正を行って在来線の輸送網も補強した。一九七〇年の三月から九月にかけて開催された大阪万博は、これらの輸送網を遺憾なく活用して行われたものだった。大阪万博の経験は、これまで団体旅行の経験しかなかった大多数の人々に、個人旅行へと眼を開かせた。一九七〇年一〇月、国鉄は、「ディスカバー・ジャパン」キャンペーンを開始する。万博会期の直後に行われたこの販促は、個人旅行者や女性を新たなターゲットにし、万博終了後の旅客確保を目的とするものであった。その若い女性を中心とする個人旅行者の行き先のひとつにも、紀州熊野があったのだ。

言うまでもなく、この開発と観光の蜜月的な隆盛とは、高度経済成長から、やがて高度消費社会へと至る日本社会の「成長」の時代の申し子である。観光地としての地域開発、そして、ツーリズムの隆盛。紀州熊野において、こうした観光客という名の外来者の訪問は、過去の歴史の形を変えた再来としても捉えられる。かつての「蟻の熊野詣」の時代――熊野信仰に基づく熊野への旅が盛んになされた過去のひそみに倣えば、それは「宗教心ひとつない者ら」による、二〇世紀における「熊野詣」――観光と地域開発による新たな「ツーリズム」だと言えた。

【5】……「商品化できる熊野」と「商品化できない熊野」

『熊野集』「蝶鳥」に、中上は、「熊野よいとこと歌っている御題目を打ち壊してやる」と述べる。「熊野よいとこと歌」う「御題目」は、二〇世紀の「熊野詣」――「ツーリズム」を誘う言説であろう。小説家は、こうした「ツーリズム」のまなざしが生む、紀州熊野イメージを「打ち壊してやる」と豪語する。

東京にいた時に思いもしない事だった。熊野のここに住み、新鹿と新宮を往復しはじめて熊野という神秘の国は私の前に現実となってあらわれ、人が考える熊野と熊野すなわち路地という考えとはことごとく反が合わない。東京に住んでいた頃とは違って同郷の作家佐藤春夫には嫌悪と反感と軽蔑しかない。春夫は現実としての熊野と一度も面をつき合わせた事はなかった。だが彼は熊野を抒情的にうたった。春夫の生れた場所から直線にして五百米の路地に生れ路地の子として育った私には、春夫のうたった熊野はつき崩すべきイデオロギーのようにある。私には春夫の見たのは熊野ではなく彼自身の高踏趣味にしかすぎないとうつるが、すべて口あたりよくこなそうとするテレビやラジオは高踏趣味をなま解りして熊野よいとことうたって廻る。胸のそこここにたまっている不満を言うなら私が血にこだわり路地にこだわる事を熊野の者はよせと露骨に言う。今すこし具体的に言えば、下駄直し、牛殺し、獣の皮はぎの子におまえは生れたかもしれないが、下駄直しや牛殺しや皮はぎの住む路地や、身うちに牛のひづめの手の者が生れたという血にこだわらず、きらきらと輝く南国の紀州新宮を描け。[29]

この地方出身で先輩の佐藤春夫は浪漫派の詩人らしくここをスペインの風光に比べていたが、赤土がむき出し緑と言えばオリーブの木の淡い緑しかない乾いた印象のスペインと、多雨多湿のせいで到るところ濃い粘りつくような緑におおわれ、水が潤沢にわきでることでは、私の印象は大きく違う。もし外国にたとえるなら、アジア、それも熱帯雨林を抱えたフィリピンやインドネシアがふさわしい。もっともそのように言ってしまえば、〈きらめく紀州路〉として観光ポスターを貼りめぐらし客を誘致しようとする観光会社には、都合が悪いのかもしれないが。[30]

「観光ポスターを貼りめぐらし客を誘致しようとする観光会社」の「〈きらめく紀州路〉」。「きらきらと輝く南国の紀州新宮」。こうした「ツーリズム」のまなざしによる紀州熊野イメージに、多田治が言う、「国土空間のメディア化」を見出しても構わない。[31]「国土空間のメディア化」。その典型のひとつが、万博後の国内ツーリズムだと言える。多田は、万博後の、若い女性を中心とする個人旅行者をターゲットとした「ディスカバー・ジャパン」キャンペーンを、その顕著な例のひとつにあげる。「ディスカバー・ジャパン」キャンペーン上で現れる日本各地の観光地をめぐるイメージ。それは、「ツーリズムによって消費される」べく、「美的ビジュアルな次元で」新たに立ち上げられた「ナショナルな〈日本〉」であり、「美的なパラレルワールドとしての、イメージの上の〈国土〉」であった。この時期の紀州熊野イメージもまた、多田のいう「メディア化」された「国土空間」のひとつに他ならない。

これら「開発」とツーリズムのまなざしが生む熊野イメージに、小説家は苛立ちを隠せないでいる。このような記号、イメージとしての「熊野」の在り方には、八〇年代の消費社会でお馴染みとなる、ポストモダンな差異として消費される記号としての「熊野」、さらに言えば後に隆盛を極める多文化主義的支配の先駆けを見てもよいのだろう。ここで言う多文化主義的支配とは、隠微な形の排除をその内奥へと含みこむ資本の包摂運動を指している。[32] それは、「従属する地方」を対象に「商品化できる熊野」と「商品化できない熊野」へと峻別し、「商品化できない熊野」を巧妙にも退けつつ、「商品化できる熊野」を流通させるものである。そこには消費可能で、制御可能な差異のみが、「多文化」の一つとして許容され、ときに称揚され、消費される。いま、現実の「熊野」、「紀州新宮」を開発し支配に浴させている資本はまた、言説のヘゲモニーをも握り、表象／文化の上でも、その支配を波及させ、熊野を美的に再構成している。

紀州熊野が生んだ文学者の先達、佐藤春夫は、中上の『熊野集』において、その支配に与する批判的媒介として見出されている。「私には春夫の見たのは熊野ではなく彼自身の高踏趣味にしかすぎないとうつる」し、「春夫のうたった熊野はつき崩すべきイデオロギーのようにある」。すでに「物語の系譜」において展開していたその批判の力点は、大逆事件の時代を生きた佐藤春夫が示す国家に対する姿勢にあった。日高昭二が言うように、中上から見て、佐藤春夫は、「紀州熊野の共同幻想としての物語を構想しながら、現存する国家の物語の前では沈黙し」、「維新以後に栄えた箱庭としての新宮だけを、いいかえるなら美や遊びが絢爛たるものになっていくトポスだけをみつめていたために、そこで男らが黙して語らなかった部分、血糊と膿のブラックホールを見過ごした」ように見えた。[33]

「現存する国家の物語」が「紀州熊野の共同幻想としての物語」を抑圧する。こうした、あからさまな国家権力の暴力が振るわれた事態として、明治末期の大逆事件をあげることができる。しかしながら、いま、『熊野集』を書く二〇世紀の中上の前で、「抑圧」は、いわゆる「資本主義の暴力」として生じていると言える。テレビやラジオで流布される「熊野よいとこ」とうたう、「口あたりよ」い「高踏趣味」の「抒情的」な記号としての「熊野」。脱政治／脱歴史化された「きらきらと輝く南国の紀州新宮」イメージ。それら主流言語として流通する「商品化できる熊野」は、「商品化できない熊野」を陰とし、その闇の中にて光輝いているのだろう。経済原理のみが、唯一の、そして所与の規範として専制をし、あらゆるものは、商品化という尺度ではかられる。こうした資本の運動性を前に、たとえば差別被差別や大逆事件などの、政治的かつ歴史的な問題は、「商品化できない熊野」として闇の中へと沈められていく。

この経済的視野によってのみ描かれる熊野に、小説家は、文学という視野でもって挑んだ。中上健次という小説家が描きだそうとしたのは、この抑圧された闇の「熊野」、「商品化できない熊野」に他ならない。小説家は、「下駄直しや牛殺しや皮はぎの住む路地や、身うちに牛のひづめの手の者が生れたという血」でもって「紀州新宮」を描き、「熊野すなわち路地」と考え、「血にこだわり路地にこだわ」り小説を記した。いま、資本の波が、開発によって現実の路地を飲み込み、表象のうえでも熊野を支配し、「きらきらと輝く南国」へ、「口あたりよ」い「高踏趣味」の「抒情的」な記号へ還元しようとする。このとき、小説家は、言葉によって路地という虚構の空間を紡ぎ出し、路地の血でもって紀州熊野を描きなおそうとした。

小説家にとって、ここでの血とは、被差別の一族の血統や、血族という意味でのそれにとどまらない。流れる血、流される血。この血のイマージュには、開発の暴力や資本の進出、さらには表象の支配といった一連の出来事を、戦争による征服と同位の質で捉える小説家の姿勢がうかがえる。進出してくる中央の資本や、開発の暴力、表象の支配に、跪くことを余儀なくされた者たちの血。倒され、敗れ去った者たちの血。その血は、けっして消えることはない。その地で紛れもなく血が流された征服という契機。その切って血の出る、禍々しい契機を、小説家は、血のイマージュで浮上させる。その血とは、資本の論理を唯一の規範とする視野からは見えてこない別様の熊野の地／血を噴き上がらせる生々しさをも伴う絵の具でありインクのごときものなのだった。

【6】……『紀州』から『熊野集』『地の果て 至上の時』、そして『異族』へ

前節で見たように、短篇連作集『熊野集』は、『紀州』の問題意識の延長線上にある。被差別部落の人々の声を聞き書くという『紀州』の方法は、『熊野集』のなかで、小説家である「私」が、路地のオバたちの話を聞いてまわり、解体される路地の姿をフィルムに収めるというフィクション内の設定において活用されている。『熊野集』ではまた、紀州・熊野をめぐる言説の暴力と同時に（再）開発の暴力が焦点化される。『熊野集』は、複数の短篇で、（再）開発の過程をずらしかさねながら描き出すと同時に、それに抗する思想をも提示している。『熊野集』と同時期に執筆された書下ろしの長篇小説『地の果て 至上の時』では、その（再）開発の暴力が戦前の植民地の暴力と地続きであることが示されている。[34]（再）開発の暴力は、時に植民地主義の暴力として、時に戦争の暴力として振るわれる。未完の長篇小説『異族』が、連載開始当初、「熊野集第二部」と題して発表されたのは、この点にある。胸に青あざを持つ「路地」に生まれたタツヤ、在日韓国人二世のシム、アイヌモシリのウタリ。お互いの血をすすりあうことで義兄弟となる三人に、右翼の大物・槇野原は、満州国の再建を唆す。戦前の帝国日本を劇画的に反復する戯画のようなこの小説は、戦争や植民地主義の暴力を逆説的なかたちで描き出している。そこで描かれる戦争や植民地主義とは、中上において、（再）開発の暴力のある特定の歴史性における発露である。だからこそ、戦争や植民地主義と屈曲したかたちで切り結ぶ『異族』を、中上は、（再）開発の暴力を描き、それに抗する思想をも示した『熊野集』の続編として執筆したと思われる。[35]そして、『熊野集』の問題意識の萌芽は、週刊誌に発表された『紀州』において週刊誌の言説と対峙するなかではぐくまれた、週刊誌メディアの想像力に強く媒介されたものでもあった。

注

1 『America, America アメリカ・アメリカ』（角川書店、一九八五年）、『輪舞する、ソウル』（篠山紀信・中上健次、角川書店、一九八五年）など。

2 『紀州――木の国・根の国物語』（朝日新聞社、一九七八年）。なお、『紀州』の引用はすべて、『中上健次集四』（インスクリプト、二〇一六年）による。

3 第一回「なぜ「差別」にこだわり続けるのか」（一九七六年一〇月一五日）は、野間宏と安岡章太郎の対談で、第二回「大衆こそ、差別心をこのむ」（一九七六年一一月二六日）、第三回「差別の極が生みだしたもの」（一九七七年一月七日）、第四回「屈辱体験から見た差別」（一九七七年一月二八日）までのゲストは、それぞれ水上勉、杉浦明平、大岡昇平である。

4 成田龍一『戦後思想家としての司馬遼太郎』（筑摩書房、二〇〇九年）p.14

5 成田龍一、同書 p.13

6 成田龍一、同書 p.222

7 『坂の上の雲』の単行本は全六冊で文藝春秋より一九六九年から七二年にかけて、『翔ぶが如く』の単行本は全七冊で文藝春秋より一九七五年から七六年にかけて、それぞれ出版されている。

8 成田龍一、前掲書 p.222

9 成田龍一、同書 p.223

10 成田龍一、同書 p.222

11 司馬遼太郎「熊野・古座街道」『街道をゆく8 種子島みちほか』（朝日文庫、一九七九年）p.10。なお、本章第二節「司馬遼太郎と中上健次――『街道をゆく』と『紀州』」については、拙著『中上健次論』（インスクリプト、二〇二二年）第九章の内容と一部重複している。

12 司馬遼太郎、同書 p.13

13 司馬遼太郎、同書 p.15

14 司馬遼太郎、同書 pp.14–15

15 司馬遼太郎、同書 p.15

16 司馬遼太郎、同書 p.104

17 司馬遼太郎、同書 p.59

18　司馬遼太郎、同書 p.91
19　白井千晶「コラム4、養子縁組と産婆」白井千晶編著『産み育てと助産の歴史』（医学書院、二〇一六年）p.83
20　拙著『中上健次論』第四章を参照のこと。
21　司馬遼太郎、前掲書 p.70
22　「日本拝見」の大宅執筆分は、『僕の日本発見』として中央公論社から単行本化され、また『大宅壮一全集　第一六巻』（一九八二年、蒼洋社）にも収められている。『週刊朝日』における大宅壮一については、阪本博志「一九五〇年代『週刊朝日』と大宅壮一――連載「群像断裁」をめぐって」（吉田則昭・岡田章子編『雑誌メディアの文化史――変貌する戦後パラダイム』森話社、二〇一二年）に詳しい。また調査を通じて、小樽の回（「日本拝見四七」一九五四年九月一九日号）を伊藤整、山梨の回を井伏鱒二（「日本拝見五三」一九五四年一〇月三一日号）が執筆していたことも確認でき、執筆者に関してその土地土地にあわせた特別な人選も行われていたこともうかがえる。
23　『週刊朝日』一九五三年一二月一七日号　p.47
24　同誌、同号 p.47
25　同誌、同号 p.44
26　『中上健次集二』（インスクリプト、二〇一八年）所収『熊野集』「蝶鳥」、三九頁。『熊野集』の引用はすべて、同書による。短篇連作集『熊野集』は、一九八〇年から八二年まで一時中断を挟みながら雑誌『群像』に連載された一四編の小説で編まれている。単行本は、一九八四年に講談社より上梓され、各短篇は発表時の順番で並べられ収められた。全一四編の小説は、以下の通りである。「不死」（『群像』一九八〇年六月号）、「桜川」（『群像』一九八〇年七月号）、「蝶鳥」（『群像』一九八〇年八月号）、「花郎」（『群像』一九八〇年九月号）、「海神」（『群像』一九八〇年一〇月号）、「石橋」（『群像』一九八〇年一一月号）、「妖霊星」（初出時のタイトルは、「ヨロボシ」。『群像』一九八〇年一二月号）、「勝浦」（『群像』一九八一年新年号）、「鬼の話」（『群像』一九八一年二月号）、「月と不死」（『群像』一九八一年三月号）、「偸盗の桜」（『群像』一九八一年四月号）、「葺き籠り」（『群像』一九八二年新年号）、「熊の背中に乗って」（『群像』一九八二年二月号）、「鴉」（『群像』一九八二年三月号）。初出時、これらには、すべて、熊野集一から熊野集十四までの副題がつけられている。そこには、執筆当初から、一四編の短篇を一つの連作集として編む意志が窺える。
27　「蝶鳥」同書 pp.43–44
28　阪和自動車道は、さらに一九八四年に開通した国道四二号海南湯浅道路を海南IC―有田IC間へと発展させ、また八九年に松原IC―美原北IC間を開通させる。一九九三年に近畿自動車道が和歌山県に直結される以前は、全国の高速道路ネットワークから独立した路線であったとはいえ、阪和自動車道の開通は全国的にも早い部類に数えられる。

29 「蝶鳥」同書 p.44

30 「光と影」『もうひとつの国』。初出『すばる』一九八三年一〇月号、『中上健次エッセイ撰集 文学・芸能篇』(恒文社21、二〇〇二年) p.355

31 多田治『沖縄イメージの誕生 青い海のカルチュラル・スタディーズ』(東洋経済新報社、二〇〇四年) pp.31–33

32 本浜秀彦は、「「オキナワの少女」というアイドルたち――安室奈美恵と汎アジア的身体――」(『アジア遊学』No.66、勉誠出版、二〇〇四年)の中で、長寿の島/リゾートという「商品化できる」沖縄と、基地や沖縄戦など「商品化できない」沖縄を峻別しつつ、包摂/排除する沖縄における多文化主義的支配について論じている。

33 日高昭二『文学テクストの領分 都市・資本・映像』(白地社、一九九五年、二一世紀叢書) p.289

34 拙著『中上健次論』前掲書、第九章

35 『異族』と『熊野集』の関係については、拙稿「未完の晩年様式、未決の「アジア的想像力」」(『異族』解説、講談社文芸文庫、二〇二四年。『群像』二〇二四年七月号に転載)を参照のこと。

コラム②

「旅」物語の消費

――『週刊朝日』の連載旅行記「新日本名所案内」

尹 芷汐

「旅」の消費

『週刊朝日』は、一九五〇年代に編集長扇谷正造の元で「中間文化」を率いる代表的なメディアとして成長した。扇谷は、「義務教育プラス人生経験十年」の読者とりわけ家庭の主婦を「平均的読者」としてイメージし、家庭単位で読まれる雑誌として『週刊朝日』を想定していた。[1]「一億総中流社会」をスローガンとし、中間文化の隆盛を迎え一九五〇年代は、新たな戦後社会の教養が形成される時代であり、その中で『週刊朝日』は常識的な「知」を象徴的に示すメディアとして働いた。[2]

一九六〇年代の日本は高度経済成長期に突入し、東京オリンピックや皇太子の「御成婚」についての報道など、社会全体の空気を上昇させるメディア・イベントが続く。経済的生活の豊かさを語る現象の一つとして、「消費」の形も大きく変容し、一九五〇年代を風靡した白黒テレビ、洗濯機、冷蔵庫、いわば「三種の神器」は、いつのまにかカラーテレビ、クーラー、自動車という「新三種の神器」に成り変わった。物の消費とともに、「経験の消費」も広がりつつあったが、その代表的な一つは「旅」の経験である。皇族や有名人の新婚旅行が度々週刊誌の特集として組まれた影響もあり、戦後ベビーブーム世代が適齢期に入った一九六〇年代には、大衆的な「新婚旅行」ブームが起きる。[3] また、実際には旅行をしない人々にとっても、『旅』などの旅行雑誌や週刊誌を通じて、想像上の「旅」を楽しむ手段が増えた。

では、同時代の週刊誌において、「旅」はどのように消費されたのか、その消費による影響は何か。『週刊朝日』の事例を通じて考察していきたい。

旅ルポと「地方」イメージ

『週刊朝日』の一九六三年七月五日〜九月二七日号まで、開高健によるルポルタージュ「日本人の遊び場」が一三回連載され、ボーリング場や大阪の食いだおれ、パチンコ、マンモスプール、ナイターつり堀など、作者は自身の体験を含めて、人気の娯楽・消費の空間を読者に紹介した。このシリーズが成功したと思われ、次に一九六三年一〇月四日号から、開高健の「ルポ　ずばり東京」が一四回にわたり掲載された。日本橋や上野駅、東京タワーなど東京の代表的な建築物や、深夜喫茶、独身寮、ペットのビジネスといった都会の新たな事物、さらに東京オリンピックの予行演習になる東京国際スポーツ大会など、東京という大都市の最新の風景が、作家の語りや写真を通して呈示されていく。このように、オリンピック開催をきっかけに、東京を中心とした都市イメー

ずばり東京 ①
空も水も詩もない日本橋
高層ビルと高速道路に情緒を失いつつある老舗街
開高 健

開高健「ずばり東京」日本橋（『週刊朝日』1963年10月4日号、名古屋大学中央図書館蔵）

日本人の遊び場 ① 開高 健
ひと月さきまで予約ずみ
ボーリング場
豪快明朗の無菌室

開高健「日本人の遊び場」①ボーリング場（『週刊朝日』1963年7月5日号、名古屋大学中央図書館蔵）

ジが次々と描かれ、消費の対象として提供された。

一方、東京とは対照的なものとして、一九六〇年代には「地方」イメージも多様な形で届けられていた。その中でも、一九六四年五月一日号に連載シリーズとして同時にスタートした『新日本名所案内』と『駅長紳士録』は特筆されるべきであろう。前者は、作家たちが日本の「新名所」を一つずつ取り上げ、記者とカメラマンとともに取材を行い、旅行記を書くというものであり、後者は、雑誌「国鉄」元編集長の市川潔が書いた短編読み切り作品集である。また、前者は旅をする人間が「地方」の姿を観察するものであるのに対して、後者は駅長が代表する「地方」の視点から旅する人間を捉えるものである。両シリーズを同時に掲載することにより、相対する二つの角度から「地方」と「人間」を物語るという狙いが見て取れる。

ここでは『新日本名所案内』を取り上げ、同時代週刊誌における文学と「旅」の消費について具体的に考えたい。このシリーズは獅子文六の「鹿児島」から始まり、佐野洋「対馬」を最終回として、その間には同時代の人気作家が次々と登場し、大江健三郎（恐山）や三島由紀夫（熊野路）、中野重治（奥能登）、瀬戸内晴美（室戸岬）、司馬遼太郎（倉敷）、山崎豊子（奥丹後）、武田泰淳（石狩川）、井上靖（夜叉神峠）、松本清張（南伊予）、吉行淳之介（別府）、川端康成（水郷）、平林たい子（宝塚）、開高健（襟裳岬）、吉屋信子（日光）など、計七五名の作家による旅行記が掲載された[4]。

企画の性質による結果か、作家も名所も一切の序列がなく、成り行き任せの順番で『新日本名所案内』に登場する。旅行記の最後に、「次回は×××氏の×××」という一文の予告があるものの、読者にとって見通しが立つのはせいぜい二号分であり、シリーズの全体を事前に把握することが不可能である。つまり、『新日本名所案内』は同時代の「日本」について明確な見取り図を示そうとするような野心的なものではなく、それぞれの週でコンテンツを楽しむ、つまり消費するものとして提供されたといえる。では、旅行記を読む中で、読者は一体何を消費していたのか。

週刊朝日　56

新日本名所案内 ㊾

襟《えり》裳《も》岬

木も草もないツル禿げの〝地の果て〟
そこには人間の〝荒涼無残〟があった

開高　健

一回百万円の種付馬

開高健「新日本名所案内」襟裳岬（『週刊朝日』1965年8月20日号、名古屋大学中央図書館蔵）

消費／忘却のための「物語」

「地方」のイメージは、一九五〇年代の『週刊朝日』にも登場していた。例えば、一九五三年一一月一日号以降、「日本拝見」および「新日本拝見」と題する、日本各地域の風景をめぐるグラビア頁が好評を受けた。「各地の記事が載るのが販売上有利」という理由だけでなく、戦後の焦土から復興する日本の地理風俗を捉え、「戦後の日本地図はどう変わったか」ということを伝えることも編集長・扇谷正造の意図にあったという。[5] それ以降も、グラビア頁の「新ニッポン風船旅行」が各都道府県の代表的風景や祭り、伝統行事などを紹介していた。こうした以前の「地方」頁と比較すれば、『新日本名所案内』はより強い「物語性」が重視されている。

それは、多数の作家が一回ずつ書くという執筆陣の性格に由来するものであろう。まず、著名な作家が取材に向かうと、現地の役人や関係者が親切に案内するため、作家はとっておきのご当地情報や地元の人間をめぐるエピソードを入手しやすい。加えて、旅途中で思い出され、語られる作家自身の物語自体も、読者の興味をそそるものである。例えば川端康成「水郷」は、茨城県佐原についての旅行記だが、「今は亡き、栗島すみ子にそっくりの少女」との恋物語も、敗戦直前に海軍報道班員として特攻隊員を見送った悲劇も、哀愁の漂う筆調の中で、水郷の景色と重なる物語世界に読者を引き摺り込むものである。[6]

また、風景や人間に対する観察と描写には、鮮明な作家性が現れている。例えば大江健三郎の「恐山」(おそれざん)に綴られた「イタコ」の「クチヨセ」の情景を読むと、恐山を旅したことがない人でも、現地のシャーマニズムを体験し、死者と生者の魂の交わりを経験しているかのような臨場感に包まれる。一方、都市の若者集団が「イタコ」や「泣き山」で泣く農婦たちを囲い込み、無遠慮に撮影し、困惑させる様子も旅行記によって如実に記録され、都市の読者に一種の警告として届けられている。[7]

長野太郎によると、旅行記が出版されることに大体以下の理由があるという。「著者が有名人、また旅行するのが当たりまえと思われる場合(職業的旅行者と読み替えてもいい)。旅のスタイルや内容が時代を先取りしている場合。旅先の記述内容が新奇なものであり、後続の旅行者の手引きとなりうる場合。ごくまれにだが、旅行を記述する文章スタイルそのものに読むに値する価値が認められる場合」とのこと。[8]『新日本名所案内』は、いずれの要因も多かれ少なかれ備わっているといえよう。同時代の文豪または流行作家の旅行記を通じて、その都度新奇であり、希少価値のある内容が作家それぞれの文体によって物語へと変身する。読者はしばらくその中に没頭し、非日常的な想像の旅をすることができる。

一方、「多くの旅行記には、旅の歴史性と個別性ゆえに、短い消費のサイクルから脱落し、忘れられていく運命が待っている。」[9]『新日本名所案内』の場合、執筆者と内容の不規則性、そして四頁分という紙幅の短さにより、読者は旅行記の内容を深刻に受け止める必要もなく、すぐに忘却することが許されているのだ。シリーズが一九六六年に一度だけ単行本化され、それ以降再版がなかったことからも、七五名の名作家を集めたこの豪華なシリーズが世間から忘れられていることがわかる。では、『新日本名所案内』は果たして物語の一時的な消費以外に何の意味も持たなかったのか。

空間的想像と同時代文学

『新日本名所案内』のシリーズ名を初めて目にした時、筆者はオリンピックの時代に「日本」という国家に対する国民意識の増長を背景に、郷土愛意識の教育を志向するものだと想像したが、その想像は見事に外れた。二〇二〇年東京オリンピックの前に流行した「日本すごい」文化とはかなり異質的なものであり、基本的に取材で見た景色や人間模様を相対的な視点から記録するものが多く、語り手自身に結びつけて、アイデンティティを確認する語り方があまり見当たらない。作家によっては、高度経済成長期の開発がもたらす環境問題や、戦争と冷戦の被害などについて意識的に取り上げる場合もある（例えば小松左京「洲本」、遠藤周作「耕三寺」飯沢匡「奄美大島」など）。これは、『週刊朝日』の教養大衆誌としての性格にも一致する。同時代において盛んになったオリンピックと皇族の報道によって、「日本」に対する民族意識が拡張していったとすれば、このシリーズによる「地方」表象はむしろ「日本」への想像をより具体的、複数的なものに変えるものになり得たといえる。七五回の旅行記を読み終えたのち、その大半を意識の中から忘却するとしても、何かしら地方の風景や人間生活の模様が断片的に、潜在的記憶に残されているはずである。そうした具体的なイメージ自体が、抽象的な「日本」像に対する相対化である。

シリーズのもう一つの影響として旅行記によって築かれた空間的想像は、新たな文学作品の消費とも結ばれていったことが考えられる。雑誌や単行本、文庫本の生産も倍増する時代には、「物語」も大量生産されていく。例えば松本清張の『点と線』と『眼の壁』をはじめに日本社会でブームを巻き起こしたトラベル・ミステリーは、まさに「東京」と「地方」という二項対立を内包しながら、日本全国各地に物語の舞台を用意するジャンルである。『新日本名所案内』の例をあげると、司馬遼太郎は旅行記「倉敷」[10]の翌年に小説「倉敷の若旦那」[11]を書き上げており、松本清張「南伊予」[12]も、南伊予を舞台とする長編小説「草の陰刻」[13]の執筆と時期を重ねる。

『草の陰刻』は、東京という「中央」と松山市や八幡浜、宇和島湾などの「地方」との間を往復し、事件を捜査する物語であり、松本清張小説でお馴染みの空間的構成である。また、殺人事件の裏には、登場人物の黒歴史の隠匿があるというパターンも『砂の器』をはじめ、多くの作品で使用されている。事件の表象としてはもはや目新しいものはなく、『草の陰刻』の最も独自的な要素は、「南伊予」という物語空間だといっても過言ではない。しかし、『読売新聞』は一年間ほどかけてこの小説を連載していた事実から推測すると、むしろ「期待通りの清張ミステリー」が求められていたのではないだろうか。新聞を広げ、政治や社会ニュースなどとともに、束の間の娯楽として読む新聞小説であるゆえに、波瀾万丈のストーリー展開も強烈的な人物像も、それほど必要ではなかった。深い関心を持たずとも楽しめる物語、そこから何かと知らない地方の文化や習慣に触れることができる。それも文学に対する「消費」の一つの形であり、その消費を実現するための空間的想像力の形成に、『新日本名所案内』および週刊誌の「旅表象」が連動していたと思われる。

注

1 扇谷正造『現代のマスコミ：週刊朝日編集長の覚書』（春陽堂書店、一九五七年六月）pp.187–191
2 尹芷汐「『週刊朝日』と清張ミステリー：小説「失踪」の語りから考える」（『日本近代文学』二〇一三年五月）pp.111–128
3 内田彩、今井重男、ミラー・ケビン「新婚旅行の歴史的変遷に関する研究——1950年代～70年代を中心に——」（『日本国際観光学会論文集』第27号、二〇二〇年）p.26
4 掲載作家や作品名、順番は単行本として出版された『新日本名所案内』（朝日新聞社、一九六六年一月）と同じである。
5 扇谷正造『日本拝見』（角川書店、一九五七年）p.1
6 川端康成「水郷」（『週刊朝日』一九六五年七月二日号）
7 大江健三郎「恐山」（『週刊朝日』一九六四年八月二一日）
8 長野太郎「戦後昭和における冒険旅行を考える——遠心性の誘惑にとらわれた若者たち——」（『清泉女子大学人文学研究所紀要』39号、二〇一八年三月）p.110
9 同 p.8
10 司馬遼太郎「倉敷」（『週刊朝日』一九六四年一〇月一六日号）
11 司馬遼太郎「倉敷の若旦那」（『オール讀物』一九六五年六月）
12 松本清張「南伊予」（『週刊朝日』一九六五年二月二六日号）
13 松本清張「草の陰刻」（『読売新聞』一九六四年五月一六日～一九六五年五月二二日）

『サンデー毎日』表象史　1941～1951

◆【記憶の反転／断絶と「アメリカ」】

一九四〇年代後半の簡素化した『サンデー毎日』誌面には、アメリカの最新鋭兵器が、奇妙なほど多く記事化されている。「アメリカ」は、現実の敵国であるに留まらず、放恣な想像力の源泉でもあった。その戦争の巨大な破壊の後、『サンデー毎日』でも、記憶とイメージの大規模な綴り変えが始まる。

戦局が絶望的となる一九四五年四月以降、表紙は単色刷となりページ数もさらに減少する。同年八月一五日前後の極端に簡素化された誌面では、表紙も、活字コンテンツを掲載する場として活用されるが、八月一五日を挟んだその一連の表紙には、農作業に励む無表情の子供の姿が隔週で描かれていることは象徴的だ。敗戦以降「子供」は、〈戦前／戦後〉を接続する表象としても活用される。

敗戦直後の『週刊毎日』誌面では、〈戦後〉への綴り変えが、様々な形で展開される。戦時下の「決戦川柳」は「明朗川柳」と名を変え、一九四三年一一月の「キスカ忘れじ」（表象史【「戦争」と〈前線／銃後〉】の p.478 の【図Y-1～Y-3】）で用いられていた「記憶の風景」のスケッチと文章のレイアウトは、四九年七月の「ソ連抑留記」において再活用され、〈戦前〉と〈戦後〉が接続される。

※【図A～G】は国立国会図書館東京本館所蔵、【図H～N・P】は大宅壮一文庫所蔵、【図O】は大阪公立大学杉本図書館所蔵

図C　1945.1.7 敵米英の鴨型機

図A　1944.8.27 尻ッ尾のない飛行機

図D　1945.1.7 覆面脱いだわが新鋭機

図B　1944.9.10 翼の巨砲

▍図 G　1945.2 決戦川柳

▍図 E　1945.1.21 敵米軍の水陸両用戦車

▍図 H　1945.3.25 表紙

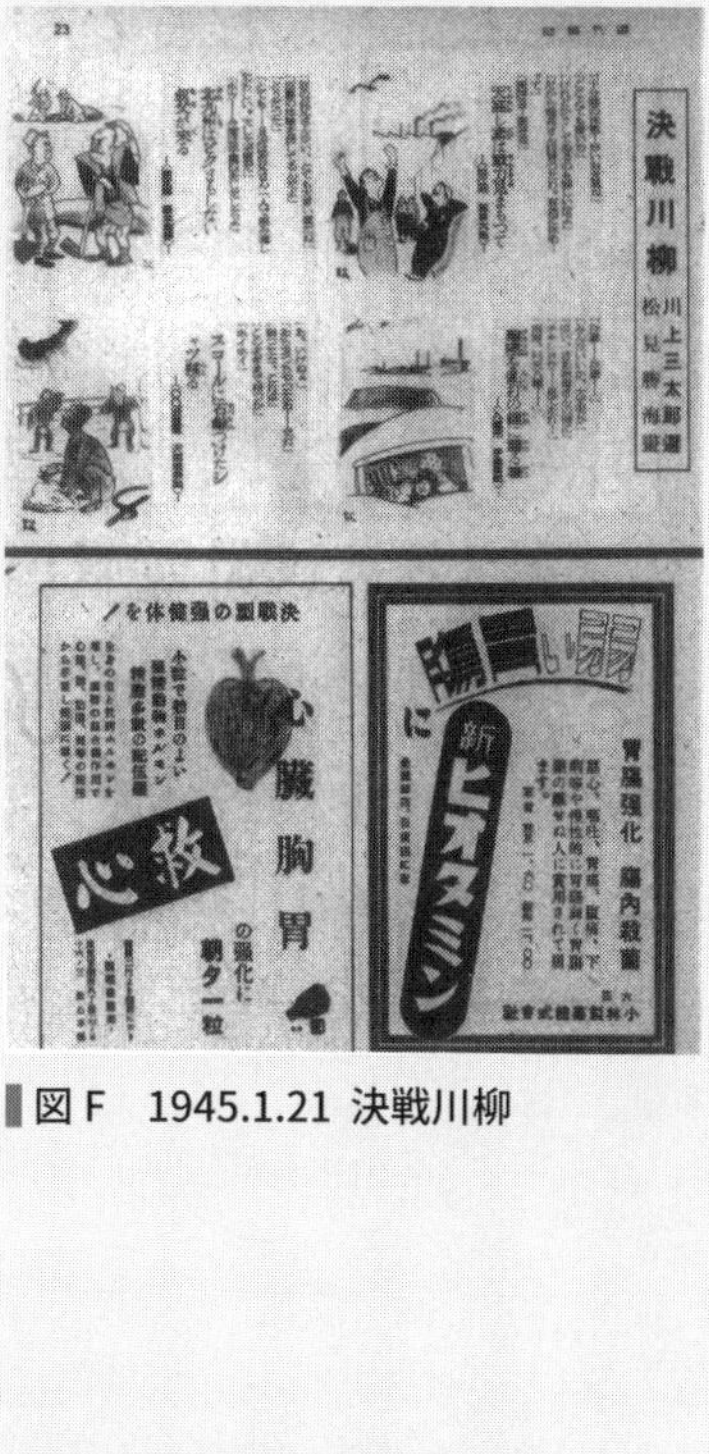

▍図 F　1945.1.21 決戦川柳

図 K　1945.8.19–26 表紙

図 I　1945.6.17 表紙

図 L　1945.9.2 表紙

図 J　1945.8.12 表紙

▌図 O　1946.9.1 ピカドンの役割

▌図 M　1945.9.9–16 表紙

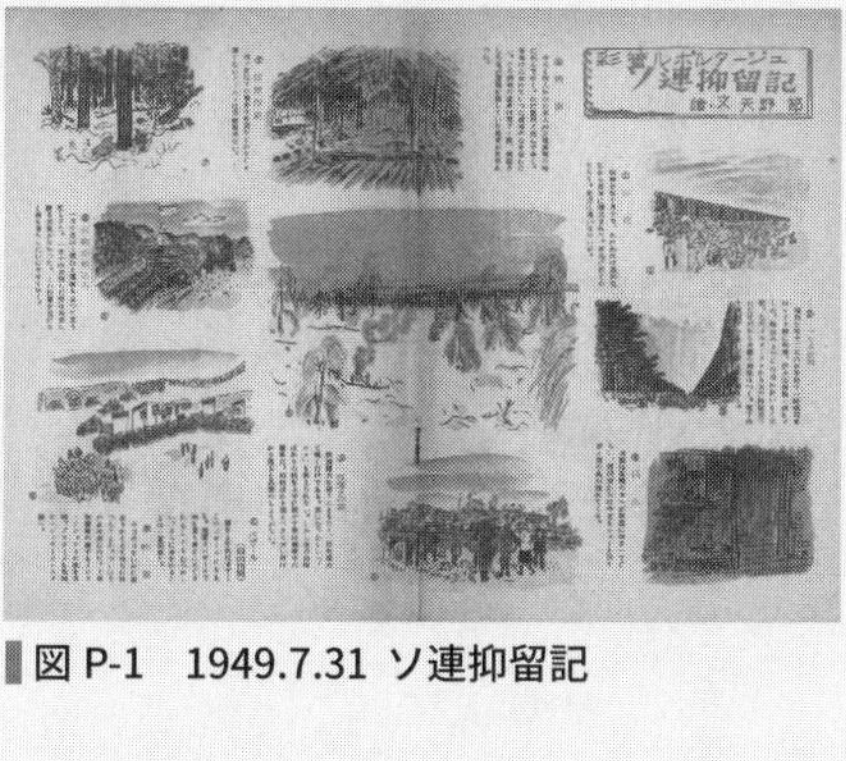

▌図 P-1　1949.7.31 ソ連抑留記

▌図 N　1945.12.16 明朗川柳

◆【「成長」する「戦後日本」】

「戦後日本」という表象は、幾重にも重なるねじれと矛盾を孕む。敗戦後の『サンデー毎日』誌面では、歴史的記憶の隠蔽、改変とともに、「成長」する「戦後日本」の自己像が、イノセントな表象において捏造される。

一方、『週刊朝日』で一九五三年から五五年にかけて連載された「日本拝見」シリーズは、「講和」以降の「新生日本」を、戦時下の記憶の残滓と猥雑な「戦後」的エネルギーとともに、多様なグラフィックの視覚表象と大宅壮一らのルポルタージュによって描き出す。この時期の『週刊朝日』には、「戦後日本」の曖昧で錯綜した「国土」の揺らぎが絶えず映し出されることになる。

※【図A】は大宅壮一文庫所蔵、【図B】は国立国会図書館東京本館所蔵、【図C～F】は大阪公立大学杉本図書館所蔵、【図G～N】は早稲田大学中央図書館所蔵

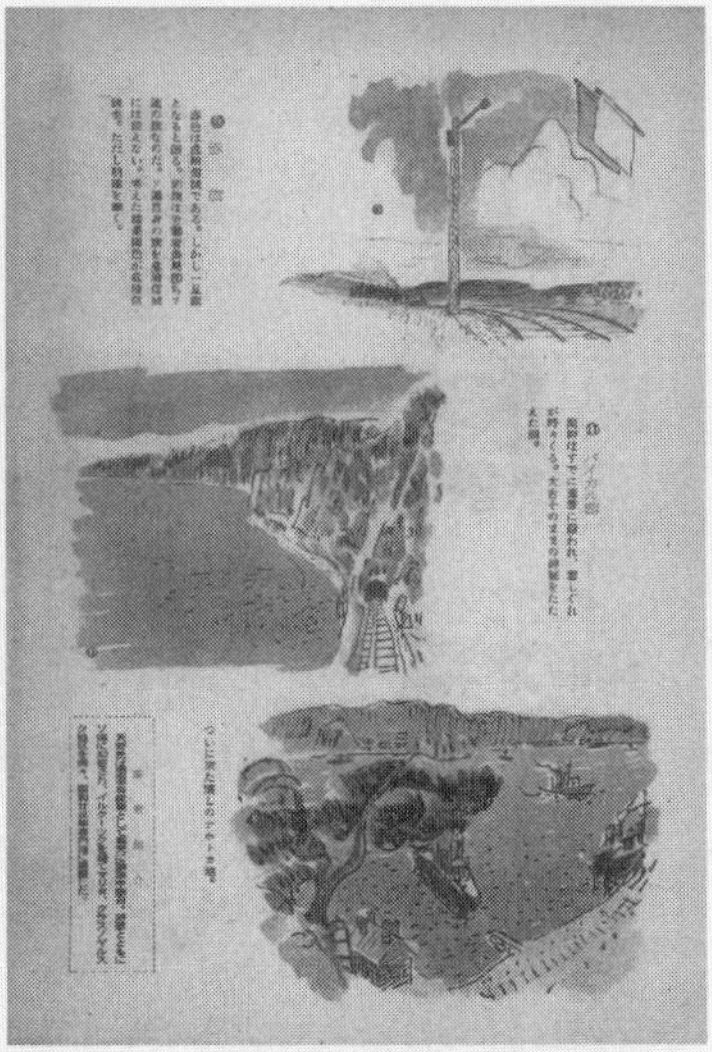

▌図 P-2　1949.7.31 ソ連抑留記

米ソ兩國婦人の交際

女性解放を語る

戀愛・結婚

語る人

清水盛久氏

坂部清子女史

結婚と戀愛

目次

▍図 C　1946.8.4 女性解放を語る

大詔を拜し奉つて

健全且堅實の道

大森洪太

堅實本位

健全なる慰安

▍図 A　1945.8.12 大詔を拜し奉つて

海の銀座に

進駐軍の夏來る！

▍図 D　1946.7.14 グラフ 1

天皇巡幸印象記

藤樫準二

▍図 B　1946.4.14 天皇巡幸印象記

サンデー毎日

“戦後派《アプレ》”總決算

▌図G　1951.8.26“戦後派”総決算

原子沙漠は甦へる

▌図E　1946.7.14 グラフ 2

サンデー毎日

新生日本の象徴皇太子さま

百万人の質問

“象徴”となられる人

坂西志保

▌図H　1952.1.6–13 百万人の質問
新生日本の象徴皇太子さま

山を水をびわ湖

▌図F　1946.7.14 グラフ 3

▌図 K　『週刊朝日』1954.1.3　戦争は遠のいたか？

▌図 I　1952.2.10　わが子育てて

▌図 J-1　『週刊朝日』1953.12.20　日本拝見 横浜

▌図 L　『週刊朝日』1954.1.3　日本拝見 東京

▌図 J-2　『週刊朝日』1953.12.20　日本拝見 横浜

▌図 N-1 『週刊朝日』1954.9.19　日本拝見 小樽

▌図 M-1 『週刊朝日』1954.2.21　ルポルタージュ奄美大島

▌図 N-2 『週刊朝日』1954.9.19　日本拝見 小樽

▌図 M-2 『週刊朝日』1954.2.21　ルポルタージュ奄美大島

週刊誌メディアの現場から

元『週刊朝日』編集長

青木康晋氏　講演・インタビュー

青木康晋（あおき・やすゆき）氏　（元『週刊朝日』編集長）

一九五九年（昭和三四年）、愛知県生まれ。早大政経学部卒業後、八一年朝日新聞社入社。社会部、政治部などの記者のあと、九三〜九四年『週刊朝日』記者。二〇〇四年四月〜〇五年一〇月、『週刊朝日』編集長。一二年一二月、同誌の橋下徹大阪市長（当時）にかかわる差別記事の問題で、前任の社長が引責辞任したあとを受け、株式会社朝日新聞出版代表取締役社長に就任。二一年六月まで社長を8年半務め、取締役会長に。二二年六月会長退任。社長、会長の9年半、日本出版クラブ理事、日本雑誌協会監事、司馬遼太郎記念財団理事。現在、Gakken常勤顧問、東日本国際大学副学長・特任教授、日本大学理事長サポートスタッフ、朝日カルチャーセンター講師、BS朝日放送番組審議会委員。『週刊朝日』は、〇八年三月まで、株式会社朝日新聞社が発行していた。担当部門は、出版本部（かつては出版局）の週刊朝日編集部。〇八年四月に朝日新聞社出版本部が分社化し、株式会社朝日新聞出版が発足。それ以来、『週刊朝日』は朝日新聞出版の週刊朝日編集部が編集し、発行している。青木氏は、朝日新聞出版の3代目の社長。

――（司会）本日は、元『週刊朝日』編集長で、以後も朝日新聞出版代表取締役社長、取締役会長を歴任された青木康晋様にご講演及びインタビューをお願い致しました。ご多忙の中お引き受け戴き、心より御礼申し上げます。

最初に、研究対象として週刊誌（主に『サンデー毎日』『週刊朝日』）を扱う意味について、簡単にご説明致します。現在の文学研究では、多くの文学テクストが掲載され、社会的に重要な論考や記事が掲載されてきた月刊の総合雑誌や文芸雑誌、そして大規模な報道メディアである日刊の新聞が主な考察対象であり、週刊誌というメディアに対しては、十分な検討、分析がなされてきませんでした。そのような文学研究における週刊誌研究の現状を踏まえ、この科研費研究では、量的・質的の両面から週刊誌、特に戦前期における『サンデー毎日』を中心に研究を進めて参りました。ただ、同時代の『週刊朝日』、そして戦後から現在へと続く週刊誌メディアの歴史的あり方とその表象の分析については、十分に手が回っていない状態です。よって、この度、まさに現代の週刊誌メディアの現場で重要な役割を担われていた青木様に、ご講演をお願いした次第です。本日は、よろしくお願い申し上げます。

○講演「週刊誌メディアの歴史と現在」

青木康晋でございます。『週刊朝日』の元編集長で、『週刊朝日』を出版している朝日新聞出版の元社長、元会長です。今回のご縁は、この研究メンバーである大阪大学の渡邊英理さんから話を戴いたことで生まれました。渡邊さんとは彼女が学部学生の時からの知り合いで、かつて出版社に勤めていた渡邊さんと、私は同じ師匠に習った、いわばきょうだい弟子で、私が兄弟子ということになります。なぜこの話をしたかと言うと、その師匠が『サンデー毎日』の編集次長をしていた方だったのです。私は大学時代、『サンデー毎日』の編集部でアルバイトをしていました。仕事が終わった後に、その編集次長に作文を添削して戴いていました。その同じ方に、渡邊さんが十年以上後に教わった、ということです。よって、私の職業人生の序章は『サンデー毎日』で始まり、次の章が『朝日新聞』『週刊朝日』でした。『週刊朝日』の歴史は101年、その直近の30年に関わった訳で、自分で言うのも何ですが、その生き証人ですので、この研究に何らかの形でお役に立てれば幸いです。『サンデー毎日』と共に『週刊朝日』を研究対象にして戴き、感謝申し上げます。

新聞の研究やテレビ、広告の研究をしている方にはよくお目にかかりますが、週刊誌の研究をしているという方にはめったにお会いしたことはないですね。それくらい、メディアの中で週刊誌という媒体が傍流であることは確かです。これから、「『週刊朝日』と私」と言いますか、私の私的な体験を中心にお話しさせて戴きます。

週刊朝日　6月9日号で休刊

朝日新聞出版が発行する総合週刊誌「週刊朝日」は、5月最終週に発売する6月9日号で休刊します。

週刊朝日は1922（大正11）年に創刊し、昨年2月に創刊100年を迎えていました。山藤章二さんの「ブラック・アングル」や「似顔絵塾」、司馬遼太郎の「街道をゆく」、世の中に埋もれたB級ニュースを発掘した「デキゴトロジー」など、数多くの人気連載や名物企画を生みました。1950年代には100万部以上の発行部数を記録。2008年に発行元が朝日新聞社から朝日新聞出版に移りました。昨年12月の平均発行部数は約7万部でした。

朝日新聞出版は「週刊誌市場が縮小するなか、今後はウェブのニュースサイト『AERA dot.』や書籍部門に、より一層注力していく判断をしました」としています。

図1　『週刊朝日』休刊を告げる記事（朝日新聞2023年1月19日付朝刊）

101年3ヶ月の「大往生」

これは、今年二〇二三年の一月十九日に『朝日新聞』に掲載された記事です【図1】。こういう記事は社内では普通「社告」というのですが、記事自体が二段で、社告としてはかなり大きな扱いでした。今回の講演とインタビューは前々から話を戴いていましたが、偶然、絶妙なタイミングになってしまいました。『週刊朝日』は、今年六月九日号で休刊となります。101年と3ヶ月の命でありました。今回の休刊にあたりまして、多くの方からねぎらいの言葉やお悔やみの言葉を戴きました。その都度、私は「大往生」だったとお答えしています。赤字ローカル線と同様に、なくなると急に皆さん懐かしがってくれますが、普段は赤字ローカル線には乗ってくれない、なかなか『週刊朝日』を買って読んで下さらない、やっぱり、お客が少なくなればなくなるのは必然であろうと思っています。

私が朝日新聞出版社長の時、『週刊朝日』の休刊は、事実上腹を固めていました。あとはタイミングをどうするか、ずっと話し合ってきました。私が社長を退任したのは二〇二一年六月でしたが、後任社長への引き継ぎの際にも、いの一番に話したのが、『週刊朝日』の存廃問題でした。「もうやめると決めている」と話したら、後任の社長が「えっ」とかなり驚いていました。親会社の社長もそうでした。一般には、この雑誌がなくなることを予想している人が少ないのだな、と感じました。

後継の社長には、これはあなたの重要なミッションの一つである、それは私が在任中にすべきことだったかもしれないけれど、翌年の二〇二二年には『週刊朝日』が100周年ということで、100歳までは何とか迎えさせてあげたい、ということを申しました。もし私が社長を続けていたら、1年早い昨年、100歳で休刊を発表したかもしれません。それくらい、『週刊朝日』の販売部数と広告収入は、どんどん厳しくなっていました。

一般社団法人日本雑誌協会発表の『週刊朝日』の印刷証明付き発行部数は、二〇二二年の七月から九月までが毎号約74000部。実売部数で言えば、一般社団法人日本ABC協会の統計では、ほぼ同じ期間に約46000部、これが、『週刊朝日』の実態の数字です。

雑誌を作る側は実売部数を目安にしていて、凄い記事が載って完売することがあるとお祝いするのですが、多くの雑誌は刷っている部数の半分近くが断裁されています。売れる分だけ刷ればいいのではとお思いになるでしょうが、週刊誌というのは、ある程度の部数を刷らないと、書店や駅の売店で平積みにしてくれないんですね。少ない部数の雑誌は立てかけてある。よって、そういう小部数の雑誌は題字の上に見出しが載っています。７０００部以上刷っている『週刊朝日』は平積みにしてくれる。まあ、小さな書店さんでは立てかけてありますけど。同じ朝日新聞出版が出している『ＡＥＲＡ』は、印刷部数が約５００００部、実売部数が３００００部くらい。だから、立てかけてある所が多いですね。

創刊号の表紙から見えるもの

これが、１０１年前の創刊号の表紙です**【図２】**。髭の人物は、この時来日していたフランスの軍人で、日本で言うと乃木希典大将のような、フランス陸軍の英雄、ジョセフ・ジョッフル元帥、そのニュース写真を表紙にしています。

図２『旬刊朝日』1922.2.25 創刊号

一九二二年は大正十一年で、関東大震災の前の年、大正デモクラシーの時期ですね。この年に生まれたのは、『週刊朝日』と、二〇二一年にお亡くなりになった瀬戸内寂聴さんで、寂聴さんの表紙の号もあります。95周年のとき、今から6年前に、その記念号の表紙にご登場戴きました。その御礼を兼ねて京都のお住まいの「寂庵」をお訪ねしてお話しさせて戴いた時に、「私と『週刊朝日』と、もう一つ、一九二二年生まれで有名なものがあるの、ご存じ？日本共産党よ」とおっしゃいました。おととし二〇二一年二月、『週刊朝日』99周年の時にも寂聴さんに表紙に出て戴きましたが、同じ年の一一月にお亡くなりになりました。本当は１００周年を寂聴さんの表紙で飾りたかったのですが、今考えると、あのとき表紙に出て戴いて良かったな、と思う次第です。

寂聴先生と朝日は関わりが深くて、朝日新聞出版の書籍の編集者が、最近寂聴さんに関わる小説を編集しました。著者は井上荒野さん、井上光晴先生のお嬢さんで、直木賞作家です。ご存じの通り、寂聴さんと井上光晴さんは長く婚外恋愛の関係で、うちの編集者が荒野さんに「お父さんと寂聴さんの話を書きませんか」とお願いしていたんです。それで、寂聴さんのところに荒野さんが取材に行かれて、「父とあなたとのことについて話を聞かせて下さい」と。やはり凄いな、文学者というのは「身を削る」、鶴の恩返しのように「羽を抜いて機を織る」というかたがたですね。そこで荒野さんが執筆されたのが『あちらにいる鬼』で、二〇二二年の十一月に映画も公開されました。寂聴（出家前は瀬戸内晴美）役に寺島しのぶさん。小説の中では「晴美」ではなく「みはる」なんですが…。光晴役には豊川悦司さん、光晴夫人の役を広末涼子さんが演じています。

再度、創刊号の表紙をよく見て戴くと、「朝日」という字の両側に小さく「旬」「刊」と書いてあります。創刊時は『旬刊朝日』だったんです。毎月の上旬・中旬・下旬、それぞれ五日・十五日・二十五日に発行する雑誌でした。だから、創刊は二月二十五日です。ただ、そこで、今でもライバルである毎日新聞社が週刊誌を出す、という情報をキャッチしたようです。それが『サンデー毎日』です。毎日新聞社が四月の最初の日曜からそれを刊行する、それで朝日も旬刊をたった4号で止めて、四月の同じ頭の日曜日から、『サンデー毎日』にぶつけて『週刊朝日』として刊行した訳です。

『サンデー毎日』も『週刊朝日』も順調に部数を伸ばし、『週刊朝日』は戦後の一九五四年、昭和二九年には100万部を突破します。これは発行部数です。そのわずか3年後の一九五七年末に発行した、一九五八年新年号は153万9500部を刷りました。これが『週刊朝日』の最高部数です。私が生まれたのは約1年後の一九五九年で、皇太子御成婚の年です。私は愛知県豊橋の出身で、愛知県の人にとっては伊勢湾台風の年でもありました。この一九五九年は雑誌業界でもエポックメイキングな年で、週刊誌の創刊ラッシュでした。三月に『週刊現代』、四月に『週刊文春』が創刊。そして『朝日ジャーナル』『少年マガジン』『少年サンデー』もこの年創刊です。

それから１０１年経って、『週刊朝日』の発行部数は最高部数から見れば二十分の一で、大きな赤字です。報道は取材経費などにお金がかかるもので、週刊誌を出す上では、30万部を割ると赤字、と昔は言われていました。そうなると、取材経費が削られ出張ができなくなり電話取材が中心になり、ジャーナリズムとして、自分で自分の首を締めることになってしまう。人減らしも進み、記事の質が低下し、部数が減るという悪循環…。

『週刊朝日』と私の人生が交わる

話しているうちに暗くなるので、ここで話を変えて（笑）。私が、人生の中で『週刊朝日』と深く関わったのは、三回あります。先ほど申し上げたように、皇太子御成婚の年、つまり『週刊朝日』最高部数の約1年後に生まれ、部数の右肩下がりの曲線と私の人生はたびたび交わります。「前史」は大学生だった一九八〇年、山口百恵さんの引退やジョン・レノンの死の年でしたが、『週刊朝日』にとっても歴史的なこの表紙。篠山紀信さんが女子大生を撮る、という表紙の第一号がこれです【図3】。俳優の宮崎美子さんが、当時熊本大学の学生で、ボーイフレンドが撮った写真を『週刊朝日』に送りました。応募した他の方は写真館で撮ったきちんとした写真ばかりでしたが、

図3　『週刊朝日』1980.1.25 当時熊本大学生の宮崎美子さんの表紙

図4 『週刊朝日』2021.1.15 41年後の宮崎さんの表紙

彼女はスナップ写真。それを篠山さんが気に入り、東京の代々木公園で撮ったのがこの表紙の写真です。撮影は十五分で終わったとのことです。普通は何時間もかかるのですが、篠山さんは、カレが撮ったように撮りたかったのだと担当者に聞きました。この表紙が評判になり、宮崎さんはミノルタのＣＭに出演することになり、人気が爆発しました。宮崎さんには、『週刊朝日』99周年の二〇二一年一月に再び表紙を飾って戴きました【図4】。私も当時カメラ屋さんに行ってミノルタのポスターをもらい、部屋に貼っていました。ここで宮崎さんが持っておられる41年前の号は、宮崎さんご自身が宝物として保存していらしたものなんです。朝日新聞出版にも勿論保存されていますが、無粋にも表紙に「保存」とハンコが押してある（笑）。それで、宮崎さんが保存されているきれいなものを使わせて戴きました。

その翌年、私は朝日新聞社に入りました。将来の配属先の希望は『週刊朝日』か『朝日ジャーナル』でした。当時まだ『ＡＥＲＡ』は創刊前でした。全国紙の多くは、最初は地方勤務になります。私は岐阜支局でした。名古屋で研修を受けた際に、愛知・岐阜・三重三県の東海地方は圧倒的に中日新聞が強く、他社は全て赤字と聞きました。今でもそうだと思います。朝日でも、東海三県の赤字額は『週刊朝日』の黒字額と同じくらいだ、と言われていました。『週刊朝日』って凄いんだな、と当時は思いました。そこで将来の希望を訊かれて『週刊朝日』ですと答えると、君は変わってるね、って言われる。読売でも毎日でもそうですが、新聞の人たちは、新聞こそがジャーナリズムの王道だと思っている。週刊誌は浮わついている、とさえ言われる。つまり、新聞社の中における週刊誌とは、傍流なんですね。研究者の方が主に新聞を研究して週刊誌はあまり扱わないこともそれと関係があるのかもしれません。

しかし、週刊誌には強みもあります。新聞では「これは載せるべきニュースだ」「これは載せるべきでない」と、社内で議論されるんです。『ニューヨーク・タイムズ』では、題字の下に「All the news that's fit to print（印刷するに値するすべてのニュース）」と書いてある。例えば、さっき広末涼子さんのお名前を出しましたが、広末さんが早稲田大に入学し、初めて登校した時に朝日新聞が夕刊の一面に載せた。それに対して、読者から、芸能人の話題を一面に載せるなと、たくさん抗議がきました。私は当時、新聞記者でしたが、絶対に掲載賛成派ですけど（笑）。新聞の一面は、大事かもしれないけどつまらない記事が載っていると世の中の方は思っているんじゃないでしょうか。

ところが、週刊誌は「広末が登校！」を積極的に載せる媒体です。そこに週刊誌の生きる道がある。新聞が、メディアの長男／長女であったとすると、テレビはもっと後に生まれたので末っ子の三男／三女で、週刊誌は次男／次女かなと私は勝手に思っています。そういう意味では、のびのびやれる媒体だなと思っていましたし、今でもそう思っています。先ほどお話しした、『週刊朝日』が153万9500部という最高部数を出した当時、『朝日新聞』は359万部でした。『朝日新聞』購読者の四割強が『週刊朝日』をとって下さっていた、それくらい存在感があった訳です。

「さりげない正義感とヒューマニズム」

当時『週刊朝日』は、新聞の補完的なもの、つまり、新聞を毎日毎日読まなくとも、週に一回『週刊朝日』を読めば世の中のことがわかる、というような作り方をしていたと思います。最高部数を出した時の編集長は扇谷正造でした。戦後のマスコミの世界で有名な人で、『文藝春秋』の池島信平、『暮しの手帖』の花森安治と並び、評論家の大宅壮一が「戦後マスコミの三羽ガラス」と呼んだ人です。扇谷が『週刊朝日』の編集長になった時点では10万部ほどだったのが、あっという間に100万部を突破し、150万部超まで伸ばしました。

扇谷が当時設定していた『週刊朝日』の読者像が、『朝日新聞出版局史』の資料から浮かびます。それを見ると、旧制高等女学校2年生程度、今の中学生くらいの読み書き能力プラス人生経験10年、夫の月収25000円程度、当時のサラリーマンの月収の平均が2万円なのでその二割増し、中の上の階層で、子供が二人いる、そのような読者層を想定して書け、と指示したそうです。今でこそ、読者をイメージして記事を書くことは当たり前ですが、当時はあまりなかったことかもしれません。扇谷は先見の明があったと思います。扇谷はいろんな言葉を残していますが、当時の『週刊朝日』の定義付けとして、「男性用婦人雑誌」という言葉を使っています。男性が読むのかもしれないけれど女性雑誌のように作れ、その家の主婦も意識して作れ、ということかと思います。また、「ニュース大衆誌」という言葉も使っています。

また、定義付けという訳ではないのですが、「さりげない正義感とヒューマニズム」という言い方もしていました。これは、前述の『出版局史』にも残っていますが、私もとても好きな言葉で、自分が編集長の時にも心がけておりました。ただし、もともと『週刊朝日』はおとなしい雑誌ではありませんでした。今の「文春砲」みたいなものだったと思います。これは『週刊朝日』の歴史の中で金字塔の一つだと思いますが、作家の太宰治が玉川上水で愛人の山崎富栄と心中した時、『週刊朝日』は山崎の日記を入手し、その全文を、まだ敗戦から3年後の一九四八年に、16ページぶち抜きで載せました。当時はまだ紙の事情が悪い頃で、ページ数も少なく、当時の誌面の大半を使ったそうです。この号は13万部を刷り、3時間で売り切れたと言われています。

それから、『週刊朝日』の特徴として、『サンデー毎日』もそうですが、文学の揺りかご、プラットフォームでもあったと思います。吉川英治さんの「新・平家物語」が一九五〇～五七年の7年間連載され、池波正太郎さんの「真田太平記」も一九七四～八二年に連載、前者はＮＨＫの大河ドラマになり、後者もＮＨＫで長篇ドラマ化されました。また、松本清張さんも、『週刊朝日』が生んだ作家と言ってもいいかもしれません。一九五一年に懸賞小説を募集した時に応募しましたが、当時、清張さんは朝日新聞社員として福岡の西部本社の広告デザイナーをやり、小説も書いていて応募したのです。しかし、社員に大賞を取らせる訳にはいかない、ということで三席になったけれど、同年の直木賞候補になり、２年後に芥川賞も受賞していて、当時から実力は折り紙付きだったようです。

また、司馬遼太郎さんの「街道を行く」は一九七一～九六年、足かけ26年間連載されました。池波さんも司馬さんも『週刊朝日』より一つ「年下」で、今年二〇二三年が、生誕１００年なんですね。

また、単なる自慢話ですが（笑）、私が編集長の時の二〇〇五年、表紙に17歳の吉高由里子さんに登場して戴きました。当時は大学生に限らず、15歳以上くらいに素人モデルの応募資格を緩和していまして、そこに応募された訳です。当時から抜群の存在感で、最終面接では、私の両隣にプロの写真家とスタイリストがいて、二人とも絶賛していまして、私も二重丸をつけました（笑）。あっという間に人気俳優になりました。

私が最初に社員として『週刊朝日』と関わったのは、一九九三年から九四年で、編集部員になりました。元々地方支局の後に名古屋の社会部、そして東京の政治部の記者になりましたが、部門間交流の人事で2年だけ、編集部に入りました。その頃は『週刊朝日』はまだ新聞の補完的存在であって、その週の社会ネタ、事件ネタ、政治ネタ、経済ネタを載せていて、私は毎週、政治の記事を書け、ということでした。ちょうど非自民の細川連立政権の頃で、私は細川政権の記事を書いていました。ただ、政治が静かな時期は他の取材もさせてもらっていて、当時流行っていた最新素材の水着を取材して「今どきの白い水着はなぜ透けないのか」という記事を書き、政治部の先輩から怒られました。先ほど申し上げた「浮わついているんじゃないよ」という見方のように、週刊誌というのはそのように見られがちで、私は、今もそれが不満なのですが。

差別記事で前社長辞任、編集長も更迭

その当時、衝撃的な事件がありました。山藤章二さんの「ブラック・アングル」は二〇二一年まで、実に46年にわたって連載して戴いた、つまり『週刊朝日』の歴史の半分近く関わって戴きましたが、その「ブラック・アングル」で、当時参議院議員選挙に立候補した民族派活動家の野村秋介さんの「風の会」を「虱の会」と風刺したところ、野村さんが激怒し、朝日新聞社の役員応接室で拳銃自殺をした事件がありました。

二回目に『週刊朝日』に関わったのが、二〇〇四年から二〇〇五年、編集長としてでした。当時45歳、創刊から80年過ぎていました。当時の発行部数は35万部くらい、実売は22万部、現在の四、五倍はありました。ちょうど今の『週刊文春』がそれくらいの規模です。編集長になって1週間後に、イラクで三人の日本人が武装勢力に拘束され、武装勢力からPKO（国連平和維持活動）中の自衛隊の撤退を要求されましたが、当時の小泉首相はその要求を拒否しました。幸い、2週間後に人質は無事解放されましたが、その人質の一人だった『週刊朝日』の契約フォトグラファーの持っていた朝日新聞社の入館証が、中東のテレビ局「アルジャジーラ」に大きく映し出されたため、編集長の私が夜中に記者会見をしました。編集部側から取材を依頼した訳ではなく、フォトグラファー側が自発的に取材し、その写真を編集部に売り込むというのが当時の実情でしたが、それを記者会見で話すのは責任逃れと捉えられかねないので、言えませんでした。

その時に流行語になったのが「自己責任」という言葉です。つまり、この人質は国に迷惑をかけた、救出する必要はない、という主張です。万が一のことがあってもそれは自己責任だろう、と。この「自己責任」を誰が言

い出したか、それを後で『週刊文春』の記者が検証していて、とても良い記事でしたが、それによると、最初に言い出したのは当時自民党衆議院議員で環境大臣だった小池百合子さんだそうです。世の中の風当たりが非常に強くて、私は「さりげない正義感とヒューマニズム」の信念で記事を作りましたが、この小泉政権の頃は人質の命を救おうという世論は盛り上がりませんでした。

また、消費者金融の「武富士」から、取材協力費の名目で『週刊朝日』が5000万円の資金提供を受けたということがありました。いわゆるタイ・アップは女性誌に多いのですが、そこでは提供元を示すのが普通です。ただ、当時の編集長は、そこで提供元として「武富士」の社名を出さず記事を掲載しました。「世界の家族」という連載で、一回の取材経費が約100万円で50回、世界中、好きな国に行って取材して写真を撮ってくる、連載が終了後に「提供武富士」として写真展を開く、との約束でしたが、編集長が途中で交代してそれが反古となった。それを5年くらい後になって、私が編集長の時に『週刊文春』に「朝日が受け取った裏広告費」と書かれました。トップ記事でした。その対応を私がして、読者の方々に、どういう経緯だったのかを説明してお詫びしました。

三回目に私が『週刊朝日』に関わったのは、朝日新聞出版の社長としてです。当時橋下徹さんが大阪市長であり、ノンフィクション作家の佐野眞一さんに、橋下さんに関する連載記事を編集部が依頼しました。その第1回（二〇一二年）で橋下さんに関する著しい人権侵害の記事を載せて、橋下さん自身、大変お怒りになり、世の中からも『週刊朝日』は批判を浴び、編集長は更迭されました。なぜそんなことを載せたか。当時の編集長はのちの社内調査で「同じ事を既に週刊文春や週刊新潮が書いていたからだ」と噴飯物の釈明をしました。

その4年前、二〇〇八年に朝日新聞社出版本部は分社化し、朝日新聞出版という子会社になっていました。雑誌が売れなくなり、万年赤字部署をもう面倒見きれない、ということで別会社の朝日新聞出版となりました。当時の朝日新聞出版の社長も、ゲラを読んでいてきちんと対応しなかった責任があり、引責辞任しました。読者の信頼を失い、『週刊朝日』のみならず『朝日新聞』の部数も減りました。とんでもない記事を載せる出版社の親会社の新聞もけしからん、ということでだいぶ批判されました。

私も新社長としてその原因を究明しました。部数減と広告収入減の状況下で、とにかく話題の記事を載せたい、世の中で評判になりたい、というのが当時の編集長の下心としてありました。当時、橋下さんは非常に勢いのある政治家でしたので、その橋下さんの身辺を暴くような記事を載せると売れるのではと考えたのだと思います。勿論、ジャーナリズムの使命として、権力者の監視をするということは今でもありますが、権力者の監視が出自を暴くことなのかというと、それは全く違うと思います。

私が朝日新聞出版の社長を引き受けた時には、『週刊朝日』をどうしようかと、親会社の社長と話をしました。当時、親会社の社内でも、こんな迷惑を掛ける『週刊朝日』などつぶしてしまえ、「朝日」という名をつけるな、雑誌名も社名も『週刊築地』や築地出版にしてくれ、という声が実際に社内にあったくらい、厄介者扱いされていました。私が社長を引き受けた時、「『週刊朝日』はつぶせということですか」と親会社社長に訊いたら、「それは君が決めていい」と言われたので、全社員を集め、私自身、『週刊朝日』を存続させるか決めていない、世の中にまだ必要とされる雑誌かどうか、社内で委員会を作って検討してくれと指示しました。その結果、良質なジャーナリズムの媒体として世の中に必要だと信じている、とのレポートを受け、存続させることにしましたが、それから10年余りで『週刊朝日』はなくなることになりました。

ついに迎えた100周年と休刊

二〇二二年に『週刊朝日』100周年を迎えた時の表紙が、これです【図5】。100年間の表紙をちりばめ、宮崎さんの表紙も載っていますね。山口百恵さん、三島由紀夫さん、小野田寛郎さんもいますね。小泉首相、ダイアナ妃もいます。「１００年間、ご愛読ありがとうございます。」とご挨拶申し上げた訳ですが、内情はずっと火の車でありまして、相当な赤字を毎年出していました。

ただ、ありがたいことに、別会社になってからの朝日新聞出版は、国鉄分割民営化後のＪＲのように、大変好調です。最近2年連続で過去最高益を記録して、私の10年間も全て黒字で終えました。雑誌は全く売れませんが、書籍が好調で、『科学漫画サバイバルシリーズ』だけで年間１００万部、『週刊朝日』のみならず『ＡＥＲＡ』の赤字までも補うほどです。二〇二〇年からは『ゲッターズ飯田の五星三心占い』が大ヒット中です。今一番売れている占い師さんの本ですが、元々はセブン&アイ・ホールディングス傘下の出版社が出していたものです。その会社が清算された後、朝日新聞出版と大手五、六社が争い、私が飯田さんに大見得切って「2倍売ります」と言って獲得したのですが、実際に2年続けてかつての2倍、１６０万部ずつ売れています。ＴＯＥＩＣの新書版の参考書もベストセラーで、それらのお陰で、売上高が20倍以上の親会社よりも大きい黒字を出すこともありました。しかし、『週刊朝日』の赤字は、それでも見過ごすことができないくらいになっていました。

ただ、『週刊朝日』はなくなっても、その精神はなくならない、この雑誌が大事にしてきたことはなくならないと、私は思っています。「さりげない正義感とヒューマニズム」の精神も、良質な情報をお届けするという使命も、紙の媒体ではなくなっても、ウェブで伝えてゆくべきものがあると思います。それは今の後輩たちにも受

図５　『週刊朝日』2022.2.25 創刊100 周年記念号

①好きな記事		②長所		③読む場所		④保存方法	
文芸作品	12	月刊誌より得	12	家（家族）で読む	22	製本して保存する うち4が家族で読む	5
政治・政界記事	11	うち廉価	6	列車で読む	3		
本当にあった事	9	知識を得る	6	職場で読む	2	切り抜いて保存する	1
育児相談	8	新聞の補足	6				
地方色	7	新聞の代わり	3				
童話	3						
そこばくの言	3						

▌表　※ 1927（昭 2）年 2 月～ 3 月にかけて掲載された読者評「週刊朝日と私」84 件を分析。
・回答者（回答数 84）の居住地域：近畿 26（うち大阪府 11）、九州 13、外地 8、中部 7、北陸 7、関東 7（うち東京都 5）、四国 7、中国 6、東北 2、北海道 1

け継がれていると、私は信じています。

○インタビュー

――（司会）それでは、これから青木様へのインタビューを実施します。このインタビューは、事前にこちら側からお示ししていた質問項目についてまずお答え戴き、本日の講演の内容も踏まえて、その後は自由に討論、対話をできればと考えております。

『週刊朝日』創刊時の読者層について

――上の表は、『週刊朝日』創刊時に実施された、読者調査の結果です。この結果【1】を見て、どう思われますか？　現在の『週刊朝日』と比べて、編集方針や読者層に違いをお感じになられますか？　これは、週刊誌創刊初期のデータですが、現代の週刊誌メディアに深く関わっておられた青木様のご感想を伺えれば幸いです。ここからは、週刊誌と新聞との差異という問題を見出すこともできるでしょうが、いかがでしょうか。

青木　この創刊当時の読者層に関する調査を拝見し、大変興味深く思いました。率直に申しまして、今の『週刊朝日』の読者層とほとんど変わらないのではないのかと思います。①の好きな記事ということでは、私が編集長をやっていた二〇〇四〜〇五年頃の読者アンケートでも、最も読まれる記事の一つが、この二番目の「政治・政界記事」でした。元々私の『週刊朝日』との関わりは、先ほど申し上げました通り、一九九三年に政治部の記者から『週刊朝日』の記者へと人事異動したことでした。新聞の政治部や経済部、社会部やスポーツ部の記者が移ってくると、当然、そこでのミッションは自分の専門分野の記事、私の場合は、政治・政界記事を書くことになる訳です。

当時は非自民の細川連立政権期で、世の中の関心が政治に向いていた時期でした。記者会見で細川さんがボールペンを記者に向けて指名するだけで巷の話題になるような時代で、「見せる総理」の最初だったかと思います。当時は政界記事のニーズが非常に多かったのです。編集長からも毎週政治ネタを書いてくれと言われていて、それが雑誌のトップを飾ることも多く、書いている記者の私としては非常に良い気分でした。他の事件記事やスポーツ記事もそうですが、政治の記事も、いきなり素人の記者が首相官邸に行っても、なかなか記事を書けるものではありません。「一見さんお断り」の空気が強い世界で、そもそも国会の場合は、国会記者証とバッジがないと入れません。逆に言うと、それを持っていたらフリーパス。現在は、当時に比べるとかなり開放的になりましたが、やはり「ネタ元」があるかないかが記者の世界では大切でして、政界の裏情報を取ってこられるかが重要、直接話が聞けるかが重要なのです。

『朝日新聞』の場合は、「首相動静」という短い記事を書くために三人くらいの総理番記者が交代でひたすら首相官邸の出入りをチェックしていて、それがあの記事に結実しています。一流の記者は、そこに載らないようにして総理に会います。つまり、総理に対してプライベートな裏口から入るアクセスができる記者は多くはないですが、そうなると、政治記事は厚みが出てくる訳です。私はそこまでの芸当はできませんが、『週刊朝日』で担わされたミッションは政治家に直接アクセスすることでした。そのような記事へのニーズが当時からあったのですね。

この表の「本当にあった事」は、いわゆる三面記事、事件記事だと思いますが、これも私の記者、編集長の時にもニーズは大きかったです。大阪府警や警視庁から直接話が聞ける関係にある記者、それが大変重宝されました。その事件の裏にあるものを書ける記者が偉い、ということであった訳です。

今と異なるのは、先ほどの表の①の四番目「育児相談」で、現在の週刊誌の読者層は圧倒的に中高年ですから、これは無くなっているのではと思いますね。そもそも、今若い人は雑誌を読まないですからね。ただ、大学の授業などで、君たちがスマホで読んでいる「文春砲」の記事、あれは紙媒体の週刊誌の記者が書いているんだよ、と言うと、「ああ、そうだったのか」という顔をする（笑）。私が編集長であっても、育児相談のような記事は採用しません。今の週刊誌では、健康関係の記事、「飲んではいけない薬」や「尿漏れ対策」などは、私もどんどんやれとけしかけましたが（笑）。高齢者向けの健康記事も、生活情報としては同じ領域になると思いますね。

②の「知識を得る」とか「新聞の補足」については、週刊誌はスタートの時点で、新聞を補うものとして出発した訳で、元々それがあったということですが、今では新聞自体が読まれなくなっていますし、スマホの速報があればいい、という層には、それを深掘りして読みたい、という人は少ないと思います。新聞の補足、という側面は、かなり減ってきているでしょうね。

③の「読む場所」は、今でも圧倒的に家庭です。同業他社の「袋とじ」が載っている雑誌は、お父さんたちは家に持って帰れない訳です。『週刊朝日』『サンデー毎日』は家のリビングに置いても問題ない雑誌で、私が編集長の時にもそれを意識して作っていました。掲載小説の挿絵でちょっときわどいものが載った時に、読者から抗

議の電話が来たりしました。
自宅で読めることのメリットもあります。『週刊朝日』の場合は、一冊を読む人数が多いということです。私が社長の時の読者調査で、一冊を三人以上が読んでいるというデータを得ました。つまり、実際の部数の3倍読まれているということで、それを、広告の効果をアピールする営業にも使っていましたね。

――先ほど、扇谷編集長の時に、読者層として「旧制高等女学校2年生くらいの読み書き能力プラス人生経験10年」の人を想定していた、というお話がありました。昭和四〇年代の読者層の資料[2]を見ると、読者層があまり変わらずに100年が過ぎた、そのままに拡がっていったと言えるのかと感じました。また、「本当にあった事」の方針が、エロを思わせながら、それで終わらない、扇情的なスキャンダリズムでは終わらない、という方針が伝統としてあったのかな、と感じました。

青木　朝日だから、ということはあまり意識していなかったのですが、先ほどお話しした橋下大阪市長（当時）の記事問題の際に、編集長が、文春や新潮でも書いているので良いと思ったと吐露したのに対し、私は他誌が良くてもうちはダメなんだ、と言ったことがあります。それは、『週刊朝日』の読者層とも関わっていて、厳しい目を持っておられる、ということを意識しろ、と話した訳です。スキャンダル系の記事を載せる場合も、トーンが下品にならないように、と心がけていました。バブル期に、夫にしたい三条件は「三高」、つまり高学歴・高収入・高身長と言われましたが、『週刊朝日』の読者層の場合は、高学歴・高収入は同じでも三つ目が高齢で（笑）、その方々は、長い間メディアを見てきて目が肥えているんです。
また、週刊誌の判型と紙の話になりますが、B5判は日本独自の判型で、紙はザラ紙です。これが取材する記者や編集者の側にも影響を与えていると思います。雑誌の関係者と話していて、「俺たち、ザラ紙週刊誌はさ」とか言う訳です。その若干の自虐と誇り、正規軍ではないゲリラ、本流ではない傍流、という意識。そこに、真っ正面から権力を批判するだけではなく、裏手に回って政治家の不倫のスキャンダルを暴いたりするような精神と繋がっている部分があるかなと感じます。技を使って大きい力士を倒す、という感じで、文春が今やっているような政治スキャンダル記事も、そういうものだと思います。一九八九年、『サンデー毎日』が当時の宇野総理を退陣に追い込んだいわゆる「三本指スキャンダル」の記事もそういうものでした。あの記事が政権を転覆させた訳です。そのような気概のようなものが、週刊誌の担い手には共有されているのかなと感じますね。

――週刊誌に掲載した小説を単行本として出版する場合、編集者の側ではどのような意識を持っておられましたでしょうか。見出しの付け方や、そこでの編集方針の違いなどありましたでしょうか。

青木　連載小説を書籍化する場合、多くは挿絵が載らない訳ですね。そこで、筆者と少し揉めることもあります。写真を掲載する場合も単価が上がりますし、視覚の部分は排除されることが多いですね。

――戦前期の『新作大衆文芸』の目次（一九三二（昭和七）年一一月一〇日『臨時増刊新作大衆文芸号』の目次を提示。子母澤寛「新蔵兄弟」と川端康成「浅草姉妹」が目立つレイアウトとなっている）のように、視覚的な仕掛けがそこに施される場合もありました。そのようなレイアウトの仕掛けのようなものは、現代にも受け継がれた部分があるのでしょうか。

青木　目次を作る人が、ちょっと遊んだ、という感じですかね。遊べる余地がある媒体、というか、週刊誌では、記事を書く場合でも、絶対に新聞では使わない文体や言い方を使うことが多いです。たとえば、記事の流れを転換させる際、改行して「それはともかく」と書いたりする。新聞記事ではまず使いません。自分が週刊誌に移った時にも、そのような週刊誌的な「それはともかく」的な文体を使うことを実感した体験がありますね。そのような「遊び」の意識は、週刊誌メディアの特徴かもしれません。

――「臨時増刊」という編集のあり方について、歴史的にはそれが週刊誌メディアにおいて一定の意味や価値を持っていた時期もあった訳ですが、現在の週刊誌においては、いかがでしょうか。戦前期には、「臨時増刊」が特に売れた、ということがありました。

青木　現在では、臨時増刊に関しては売り上げを上乗せするという営業的な側面の要素が大きく、読者の側にも、過去のような、「まとまったものが読みたい」というニーズがなくなってきたのかな、と思います。例外は、皇室ですね。美智子様の写真特集は、圧倒的に売れました。皇室関係に関する新聞社の強みとして、資料や写真を圧倒的に持っている、ということですが、その後の宮内庁との関係についても、現実的には意識する訳です。

現在でも、大事件の際には増刊号がよく売れます。また、26年もの間連載した司馬遼太郎「街道を行く」は、今でも随時その関連記事が掲載されていますし、司馬さんをめぐるエピソードで特集が組まれることもあります。また、「サザエさん」についても、今でも年に4回増刊号として出していますが、まだ4、5万部売れる。この二つは、今でも定期的な臨時増刊として続いています。

――高校野球の増刊号については、いかがでしょうか。

青木　本誌が休刊になっても、それは今後も刊行するということが表明されています。いまも高校野球別冊については よく売れますね。

――雑誌が保存される、ということについて、編集側でどのように意識されておられるのでしょうか。その誌面構成についても、その意識が関わっているのかなと推測するのですが、いかがでしょうか。『朝日新聞』での漱石小説復刻とその保存の例もありましたが、そのあたりの意識は、どのようなものなのでしょうか。

青木　正直言うと、ないです。先ほどの「ザラ紙」意識とも関わるのですが、「読み捨て」られるメディアとしての意識が常にあります。週刊誌の記事がデータベースに入れられたこと自体がかなり最近のことですし、またそこには、過去の犯罪記事の検索をめぐる問題も起きます。現在進行形の刑事事件とその訴訟においても、様々なことがあります。週刊誌の二次テクストとしてのあり方に関する問題は、常について回りますね。

『週刊朝日』における文学コンテンツについて

――『週刊朝日』において、「文学」は、記事・コンテンツの中でどのような位置づけでしょうか？ かつて扇谷編集長は、それを読者の固定層を作るものとして位置づけられていて、吉川英治「新・平家物語」は、その代表例と見なされております。それは、時にはメディアの権威付けをするものであったり、読者を長期的に固定するものであったりと、その位置づけは歴史的に変化してきたと思いますが、現在の文学コンテンツへの意識はいかがでしょうか？

青木　『週刊朝日』においては、今（インタビューの二〇二三年二月時点）でも連載小説はとても重要です。過去、渡辺淳一さんにも連載をお願いしましたが、人気作家なので、掲載は8年後、と言われ、断念しました。実際は、その連載小説が載るから部数が売れる、という状況ではないです。漱石の時代はそうだったかもしれませんが、今では文芸部門は、ほとんどの出版社で赤字部門です。掲載した小説を、単行本、文庫化、そして映画・ドラマ化して、やっと費用が回収できる、という感じでしょうか。その作家に対する「投資額」はかなりかかるのですが、連載小説の単行本を朝日から出さないという場合もありました。そうならないよう、単行本、文庫までうちで出させてくださいという契約を結びましたね。そのあたりでは、様々な生々しいことがありました。

大抵の文学作品は、ビジネスとしては基本的に赤字です。ドラマや映画になるとかなり売れるのですが。しかし、文学コンテンツは、週刊誌とその出版社の誇りでありステイタスであって、重みがあり、重要であると思います。出版人の心意気の問題です。経済的合理性の観点からだけでは測れないものがそこにはありますね。作家側からの執筆前の取材協力の依頼についても、週刊誌であることの強みもありますし、作家側はウェブに対しては軽視する面がありますので、小説を連載するメディアとしての週刊誌の意義は、今でもあると思います。

ただ、出版社の権利としては、出版権というものはありますが、それほど強い権利ではありません。よって、他社からの出版をさせないために、様々な交渉をしているというのが実情です。

――今後、週刊誌の中の文学、そして週刊誌というメディア自体がどのように展開してゆくのか、まさに週刊誌出版の現場からの貴重かつ示唆的なお話を伺うことができたと感じています。ご講演の中にあった、週刊誌における ジャーナリズム精神、その「さりげない正義感とヒューマニズム」、そして「ザラ紙」雑誌としての矜持は、今後の出版メディアの領域においても、とても大切なものとして存在してゆくべきであると考えます。本日は、とても示唆的なご講演と対話の場を戴き、ありがとうございました。

注

1 日本出版学会二〇二一年秋季研究発表会の中村健「大正期『週刊朝日』にみえる索引的編集から読み物への変化――戦前期週刊誌の基礎研究」の予稿（https://www.shuppan.jp/wp-content/uploads/2021/12/21aki02nakamura.pdf 二〇二四年一月二十二日確認）に掲載。なお、本書の序章・中村健「『サンデー毎日』の読書環境と文学に関する編集方針について」の表1は、この予稿の表を加筆修正したものである。

2 朝日新聞社出版局［編］『週刊朝日はこの様に読まれています』朝日新聞社出版局広告部（非売品）、一九六〇年

※【図1】【図3】は朝日新聞社所蔵、【図2】は副田所蔵、【図4】【図5】は朝日新聞出版所蔵。

○インタビュー実施日・場所

二〇二三年二月一一日　一四～一七時

大阪大学　豊中キャンパス　文法経本館四階　四六一講義室　及びＺＯＯＭ

聞き手・副田賢二（防衛大学校）、天野知幸（京都教育大学）、五島慶一（熊本県立大学）、中村健（大阪公立大学）、松村良（駒沢女子大学）、三浦卓（志學館大学）、渡邊英理（大阪大学）

第5部　データベース篇

『サンデー毎日』の表象空間・その視覚表象データベース

【1】……データベースの目的とオープンデータ

本書は、二〇一七年度科学研究費助成事業・基盤研究（C）「戦前期『サンデー毎日』と大衆文化に関する総合的研究」（課題番号 17K02487）、及び二〇二〇年度科研費基盤研究（C）「1920 ~ 1950 年代の週刊誌メディアにおける文学テクストと視覚表象の総合的研究」（課題番号 20K00361）の研究成果である。その研究過程において、「戦前期『サンデー毎日』特別号の視覚表象データベース」「戦前期・被占領期『サンデー毎日』表紙データベース」の二つのデータベースを作成するとともに、調査・分析にあたってデータを共有しながら進めてきた。

現在、世界的なオープンサイエンスの潮流のもと、研究の過程で生成・制作された研究データの利活用の推進が進められている。そこでその潮流に則り、本書製作の過程で生成された二つの研究データを、文学通信のリポジトリ（https://bungaku-report.com/sundaymainichi.html）上に公開することとした。

1　戦前期『サンデー毎日』特別号の視覚表象データベース

2　戦前期・被占領期『サンデー毎日』表紙データベース

そして、この二種のオープンデータの広い活用を目的とするため、公開にあたっては、CCBY（原作者のクレジット（氏名、作品タイトルなど）を表示することを主な条件とし、改変はもちろん、営利目的での二次利用も許可される最も自由度の高いCCライセンス）として利用していただければよいと考えている。

このデータの公開により、文学、メディア研究だけでなく、研究領域を超え研究に資すること、また、論文に対する検証・批評・批判も活発となり、次の研究展開につながることを期待する。

なお、本書では、この二つのデータベース（「1」「2」ともに1922〜1926年の部分のみ収録。このデータベースの全体は、リポジトリに搭載する）、及び各データの概要や活用例を提示する。

また、本研究の調査の過程で作成した「戦前期・被占領期『サンデー毎日』所蔵施設一覧」のデータについても、同じく文学通信リポジトリにて公開する予定である。

◆戦前期『サンデー毎日』特別号の視覚表象データベース（1922 ～ 1926）

第1年16号　大正11年7月10日発行

画ジャンル	制作者	画題	頁	執筆者名	文ジャンル①	文ジャンル②	文題	備考
絵画	水島爾保布	浪	3	芥川龍之介	小説		一夕話	
カット	無署名	無題	4	上司小剣	小説		洋傘	図案（花）
絵画	初山滋	ちゝ	5	上司小剣	小説		洋傘	
カット	無署名	無題	5	里見弴	小説		尾行	図案（花）
絵画	水島爾保布	人魚	6	里見弴	小説		尾行	
写真	無署名	無題	7	南部修太郎	小説		女盗	人形（女性）
写真	鹿児島五浪	小夜曲人形「水を汲む女」	8	吉田紘二郎	小説		或る中学教師	
カット	無署名	無題	9	加能作次郎	小説		枇杷の実	風景（絵画と時計と燭台）
絵画	森田恒友	樹の下	10	加能作次郎	小説		枇杷の実	
カット	無署名	無題	11	泉鏡花	小説		楓と白鳩	図案（花）
カット	無署名	無題	12	中戸川吉二	小説		失策	図案（葉）
カット	無署名	無題	13	菊池幽芳	小説		鏡	図案（葉）
カット	無署名	無題	14	岡本綺堂	小説	探偵小説	蛙の水出し	図案（花と葉）
挿画	無署名	鏡	14	菊池幽芳	小説		鏡	
写真	無署名	無題	15	加藤武雄	小説		娘	植物（花瓶の花）
絵画	中村大三郎	娘	15	加藤武雄	小説		娘	
カット	無署名	無題	16	水守亀之助	小説		蜜柑	図案（草木）
写真	無署名	無題	17	中條百合子	小説		猿	人形（女性）
写真	鹿児島五浪	小夜曲人形「赤い薔薇」	18	林久男	小説		出航	
カット	無署名	無題	19	三宅やす子	小説		勝利者	図案（草）
写真	無署名	支那芝居の役者の隈取1	20	渡辺均	小説		気分に酔ふ夫婦	
絵画	クナッドメリルド	無題	20	渡辺均	小説		気分に酔ふ夫婦	風景（馬2頭）
写真	無署名	支那芝居の役者の隈取2	21	田中貢太郎	小説		真珠飾の帽子	
絵画	チャーレス・バーチユフイールド	春駒	21	田中貢太郎	小説		真珠飾の帽子	
カット	無署名	無題	22	村松梢風	小説		苺狩	風景（花と民家）
挿画	瀬川信一	樹蔭にて【苺狩】	22	村松梢風	小説		苺狩	
カット	無署名	無題	23	曾我廼家五郎	戯曲		暁の鐘	植物（5鉢の鉢植えの花）
カット	無署名	無題	24	フエヤーヴエザー作、春日野緑訳	小説	探偵小説	2＋2＝5	人物（顔）
カット	無署名	無題	25	セグストン・ブレーク	小説	探偵小説	黄金の髪針	人物（パイプを燻らす洋装の男性）
挿画	無署名	黄金の髪針	25	セグストン・ブレーク	小説	探偵小説	黄金の髪針	
挿画	名越国三郎	多忙な仲介人の恋	26	オ・ヘンリー	小説	探偵小説	多忙な仲介人の恋	
挿画	無署名	秘密の快走船	27	パール・フォックス作・櫻木路紅訳	小説	探偵小説	秘密の快走船	
絵画	判読不能	無題	28	金原亭馬生	落語		日高川	人物（和装の女性）
挿画	宍戸左行	つけ焼刃	30	笑福亭松鶴	落語		つけ焼刃	

挿画	名取春仙	河内山宗俊松江邸の偽使僧	31	桃川燕国	講談		河内山宗俊松江邸の偽使僧	
絵画	判読不能	無題	32	柳家小さん	落語		猫久	人物（角隠しの女性）
絵画	伊東深水	真昼	33	桃川燕玉	講談		長門守血判取	
絵画	判読不能	無題	34	三遊亭小円朝	落語		蕎麦殿	人物（和装で扇を持つ女性）
挿画	名取春仙	蒲鉾小屋の風車長兵衛	35	悟道軒円玉	講談		風車長兵衛隠亡堀の蒲鉾小屋	
挿画	松本華羊	遠州屋のおさめ	36	梅林舎南鶯	講談		江戸の花振袖火事	
挿画	名越国三郎	鼻がほしい	37	三遊亭円右	落語		鼻がほしい	
挿画	水島爾保布	怪談安積沼	38	猫遊軒伯知	講談		怪談安積沼	
挿画	木谷千種	酒乱かしく	39	清草舎英昌	講談		酒乱かしく	
絵画	判読不能	無題	40	一龍斎貞輔	講談		山中の魔神退治	人物（役者絵）
挿画	堤寒三	山中の魔神退治	40	一龍斎貞輔	講談		山中の魔神退治	
絵画	判読不能	無題	41	悟道軒円玉	講談		御風呂番から御中老	人物（役者絵）
挿画	木谷千種	御風呂番おかの	41	悟道軒円玉	講談		御風呂番から御中老	
挿画	北野恒富	明神阪の国定忠次	42	西尾鱗慶	講談		国定忠次　綱取明神の喧嘩	
挿画	樋口富麻呂	御守殿風恋の色縮緬	43	一龍斎貞山	講談		御守殿風恋の色縮緬	
絵画	判読不能	無題	44	三遊亭円喬	落語		幸手堤お峰殺し	人物（役者絵）
挿画	名取春仙	幸手堤お峰殺し	44	三遊亭円喬	落語		幸手堤お峰殺し	
絵画	判読不能	無題	45	神田伯龍	講談		細川血染の名画	人物（役者絵）
挿画	多田北嶺	細川血染の名画	45	神田伯龍	講談		細川血染の名画	
挿画	菅楯彦	一本松「青」の別れ	46	小金井蘆洲	講談		塩原多助　一本松「青」の別れ	
挿画	多田北嶺	阿波家老九郎兵衛	47	一立齋文車	講談		阿波の家老九郎兵衛	
写真	無署名	無題	48	長田幹彦	小説		或る轢死	人形（女性）
写真	無署名	無題	50	南部修太郎	小説		女盗	マスク（西部アフリカのカメルンの面）

第2年1号　大正12年1月1日発行

写真	無署名	現代文士家庭　＊1	2-3、53-54					
絵画	富田渓仙	陰夜の鐘	5	菊池寛	戯曲		小野小町〔紙上喜劇〕	
絵画	初山滋	舞踊	6	久保田万太郎	小説		三人	
絵画	満谷国四郎	薄氷	7	里見弴	小説		暗い夜空	
絵画	榊原紫峰	子猫	8	榊原紫峰	自叙伝		寂しき春〔自叙伝の一節〕	
絵画	西山翠嶂	わか菜摘む嫗	9	榊原紫峰	自叙伝		寂しき春〔自叙伝の一節〕	
絵画	島成園	春の人	10	古市京輔	小説		梅暦由来	
絵画	村上華岳	菩薩	11	古市京輔	小説		梅暦由来	
絵画	西村五雲	初けいこ	12	古市京輔	小説		梅暦由来	
絵画	富田渓仙	新春の雪	13	田山花袋	小説		冬の花	
絵画	石井鶴三	村の子供	14	水守亀之助	小説		彼の不安	
絵画	榊原紫峰	茶山花	15	水守亀之助	小説		彼の不安	
絵画	山村耕花	パヴロヴの踊り	16	前田河広一郎	小説		去勢	
絵画	山村耕花	壺に水仙	17	細田源吉	小説		破滅	

画ジャンル	制作者	画題	頁	執筆者名	文ジャンル①	文ジャンル②	文題	備考
絵画	牧野虎雄	土手	18	細田源吉	小説		破滅	
絵画	藤井浩祐	山家新年	19	正宗白鳥	随筆		東京	
絵画	近藤浩一路	暁山	20	宮崎安右衛門	自叙伝		芋に迷ふ心〔自叙伝の一節〕	
絵画	椿貞雄	港	21	泉鏡花	小説		鶺狩	
絵画	椿貞雄	初雪	22	泉鏡花	小説		鶺狩	
絵画	橋本関雪	上海にて	23	佐藤春夫	小説		何故に女を殺したか	
カット	無署名	無題	24	藤森成吉	小説		昔ばなし	人物(ボブカットの女性の顔)
カット	無署名	無題	25	園池公致	小説		慈善芝居	図案(植物)
カット	無署名	無題	26	犬養健	小説		乳母	図案(植物)
絵画	森田恒友	庭前新春	26	犬養健	小説		乳母	
絵画	森田恒友	双松群雀	27	犬養健	小説		乳母	
絵画	小出楢重	羽根を持てる少女	28	伊藤英子	自叙伝		ある自伝の一節	
絵画	太田喜二郎	竹薮の雪	30	三木栄子	小説		夕飯	
絵画	片多徳郎	箱根木賀	31	十一谷義三郎	小説		叩く	
絵画	松本華羊	初だより	32	岡田八千代	小説		夢	
絵画	岸田劉生	村嬢愛果	35	近松秋江	小説		通夜	
絵画	小出楢重	フランスの人形	36	近松秋江	小説		通夜	
挿画　＊2	樋口富麻呂	王侍御の嫁	37	田中貢太郎	小説		王侍御の嫁	
カット	無署名	無題	38	作者未記載、西谷宗雄訳	戯曲	対話	人間製造器	人物(煙草をふかす洋装の男女)
挿画	名越国三郎	集金人	39	モオリス・ルヴエル作、水上規矩夫訳	小説	探偵小説	集金人	
カット	無署名	無題	40	オスカー・シスガル作、春日野緑訳	小説	探偵小説	黄色い小箱	人物(顔)
カット	無署名	無題	41	オ・ヘンリイ作、和気律次郎訳	小説	探偵小説	厳正結婚学	場面(椅子に座る人と格子窓の影)
挿画	名越国三郎	厳正結婚学	42	オ・ヘンリー作、和気律次郎訳	小説	探偵小説	厳正結婚学	
挿画	名取春仙	築城変	43	白井喬二	新講談		築城変	
カット	無署名	無題	44	漫々亭	新講談	巷談	江戸の巾着切	図案(葉)
挿画	名取春仙	江戸の巾着切	44	漫々亭	新講談	巷談	江戸の巾着切	
挿画	樋口富麻呂	越後獅子	45	蘆廼家吟糸	新作落語		越後獅子	
挿画	金森観陽	森田座の喧嘩	46	森下金烏	講談落語		森田座の喧嘩	
挿画	堤寒三	鉄拳の談判	48	松林伯知	講談落語		鉄拳の談判	
挿画	難波春秋	大前田栄五郎	49	桃川燕国	講談落語		大前田栄五郎	
挿画	宍戸左行	鼻利長兵衛	50	柳家つばめ	講談落語		鼻利長兵衛	

＊1　現代文士家庭【p.2】徳田秋聲氏と夫人はま子、泉鏡花氏＝「鶺狩」の作者、里見弴氏、近松秋江氏＝「通夜」の作者、【p.3】中戸川吉二氏と夫人富枝子、犬養健氏＝「乳母」の作者、中條百合子氏、菊池寛氏と夫人包子長女るみ子＝紙上喜劇「小野小町」の作者、【p.53】久保田万太郎氏と夫人京子、園池公致氏と夫人茂子及長女松子＝「慈善芝居」の作者、伊東英子氏＝「ある自伝の一節」の作者、田山花袋氏＝「冬の花」の作者、正宗白鳥氏、【p.54】山本有三氏と夫人華子、岡田八千代氏＝「夢」の作者、藤森成吉氏＝「昔ばなし」の作者、芥川龍之介氏、細田源吉氏。

＊2　掲載形式は絵画だが、田中貢太郎「王侍御の嫁」の挿画である。

第2年13号　大正12年3月20日発行

写真	無署名	現代の女優＊1	2-4、53-55					
絵画	名取春仙	弥生	5	前田河広一郎	小説		拳銃を買つた男	
絵画	富田渓仙	湖畔	6	前田河広一郎	小説		拳銃を買つた男	
絵画	堂本印象	舞妓	7	前田河広一郎	小説		拳銃を買つた男	

絵画	中沢弘光	丹後天の橋立	8	前田河広一郎	小説		拳銃を買つた男	
絵画	満谷国四郎	春の野	10	芥川龍之介	小説		二人小町	
絵画	近藤浩一路	伊豆熱海梅林所見	11	藤村千代	小説		東京と言ふ処	
絵画	伊東深水	つゞみの枕	13	泉鏡花	小説		磯あそび	
絵画	志賀正人	春の信州路	14	三津木貞子	小説		青年と花束	
絵画	高村真夫	春の水	15	上司小剣	小説		画になる話	
絵画	初山滋	植物園にて	16	上司小剣	小説		画になる話	
絵画	高木長葉	あみもの	17	加能作次郎	小説		金の入れ歯	
絵画	寺島紫明	牡丹	19	中條百合子	小説		光のない朝	
絵画	吉田博	春江	21	伊東英子	小説		黒い空	
絵画	鳥居清忠	不破伴左衛門六方姿	22	伊東英子	小説		黒い空	
絵画	森田恒友	土堤の若草	25	宮崎安右衛門	小説		受難より復活へ―胃袋切開の手記―	
絵画	野長瀬晩花	カフエーの一隅	26	宮崎安右衛門	小説		受難より復活へ―胃袋切開の手記―	
絵画	石川寅治	チユーリツプ	27	菊池幽芳	小説		連れ子	
絵画	高村真夫	背戸の花	30	藤森成吉	小説		憶ひ出	
絵画	丸山晩霞	杏花村	31	藤森成吉	小説		憶ひ出	
絵画	椿貞雄	白孔雀	32	渡辺均	小説		庄造の安心	
絵画	山村耕花	サツコワゲ	33	渡辺均	小説		庄造の安心	
絵画	寺島紫明	蘭	34	南幸夫	小説		魔性	
挿画	名取春仙	天下為掏摸	35	漫々亭	講談		桜田余聞 天下の為掏摸	
挿画	名取春仙	鉢の木馬士問答	36	神田伯海	講談		鉢の木馬士問答 最明寺入道諸国行脚	
挿画	富田渓仙	老子鐘	37	白井喬二	講談		老子鐘	
挿画	島成園	江戸前の女	39	前田曙山	講談		江戸前の女	
挿画	伊藤小坡	受刑の日の貢	40	本田美禅	講談		受刑の日の貢	
挿画	松田青風	天正殺人鬼	41	冷々亭	講談		天正殺人鬼	
挿画	樋口富麻呂	團十郎お兼	43	吾妻幸内	講談		團十郎お兼	
挿画	及川康雄	駿河屋新造	44	春風亭	講談		名工奇談 駿河屋新造	
カット	無署名	無題	44	無署名	小話		無駄話	人物（洋装の女性の上半身）
挿画	夢野浮橋	実説お岩怪談	45	夢野浮橋	講談		実説お岩怪談	
カット	無署名	無題	46	キツプリング作・鈴木三郎訳	小説		処女航海のお話	図案と風景（木の下に男女、橋の向こうに汽船）
写真	タルマツヂ	処女航海のお話	47	キツプリング作・鈴木三郎訳	小説		処女航海のお話	
カット	無署名	無題	48	ボンゼルス作・大原武夫訳	小説		夜の神秘　現在独逸名作の一節	風景（田園）
写真	無署名	夜の神秘	49	ボンゼルス作・大原武夫訳	小説		夜の神秘　現在独逸名作の一節	
カット	無署名	無題	50	フランツ・モルナア作・石川欣一訳	小説		小さな芝居	室内（窓辺）

＊1　現代の女優【p.2】初瀬浪子（帝劇）、高砂松子（宝塚歌劇団）、常盤松代（帝国キネマ）、木村時子（根岸歌劇団）、【p.3】河村菊江（帝劇）、栗島すみ子（松竹キネマ）、葛城文子（新声劇団）、環歌子・下山華嬢（国際活動）、【p.4】常盤みどり（帝国キネマ）、富士野蔦枝（新興劇団）、祇園精子・筑紫国子（松竹楽劇部）、東栄子（松竹キネマ）、音羽瀧子・瀧川末子（宝塚歌劇団）、【p.53】森律子（帝劇）、酒井米子（日活）、音羽かね子（帝劇）、中村歌扇（箱根にて）、春日花子（宝塚歌劇団）、【p.54】英百合子（松竹キネマ）、石川真澄（日活）、小原小春・原光代・東日出子（帝劇）、三村千代子（松竹キネマ）、小林延子（帝劇）、【p.55】村田かく子（帝劇）、岡田嘉子（日活）、東愛子（新興劇団）、木村靖子（新声劇団）、川田芳子（松竹キネマ）、鈴木ふく子（帝劇）。

第2年29号　大正12年7月5日発行

画ジャンル	制作者	画題	頁	執筆者名	文ジャンル①	文ジャンル②	文題	備考
写真	無署名	無題　＊1	2-4、53-54					
絵画	石井鶴三	浴泉	5	徳田秋声	小説		共鳴	
絵画	初山滋	絵日傘	6	泉鏡花	小説		女波	
絵画	富田渓仙	二番茶	7	三津木貞子	小説		夫婦	
絵画	島成園	支那服の女	8	三津木貞子	小説		夫婦	
絵画	富田渓仙	夏の湖	9	渡辺均	小説		蜘蛛	
絵画	梶原緋佐子	夕化粧	11	伊藤貴麿	小説		重訳	
絵画	初山滋	錦絵を見る女	12	菊池寛	小説		写真	
絵画	山口八九子	蘇州にて	13	前田河広一郎	小説		博徒	
カット	無署名	各国のマスク―爪哇プラプヂヤカの戦士―	14	吉田紘二郎	小説		徳さん	
絵画	森田恒友	初夏「大津にて」	14	吉田紘二郎	小説		徳さん	
絵画	柿内青葉	曲馬の女	15	吉田紘二郎	小説		徳さん	
絵画	田中良	女	16	豊島与志雄	小説		小説中の女	
絵画	中沢弘光	明石海岸	18	佐々木味津三	小説		袴	
絵画	小出楢重	宍道湖	19	木村毅	小説		蟇	
挿画	近藤紫雲	御法度の緋金襴	21	前田曙山	新作講談		御法度の緋金襴	
絵画	判読不能	無題	22	白井喬二	新作講談		竹林午睡記	人物（扇子を持つ和装の女性）
挿画	鰭崎英朋	竹林午睡記	22	白井喬二	新作講談		竹林午睡記	
写真	無署名	小唄人形	23	白井喬二	新作講談		竹林午睡記	キャプション「さてもそなたの立ちすがた春の青柳糸さくら……」
挿画	名取春仙	水戸の天狗平助	24	釣鐘権之助	新作講談		水戸の天狗平助	
挿画	近藤紫雲	子育て御老中	25	本田美禅	新作講談		子育て御老中	
絵画	鈴木春信	無題	27	駿河新三	新作講談		上野戦争逸聞大村大介	キャプション「白と黒との四つ小袖、つもるおもひの傘の雪、いつとけやする淡雪の、そつと見交す……」
挿画	高畠華宵	大村大介	27	駿河新三	新作講談		上野戦争逸聞大村大介	
挿画	水島爾保布	彦左衛門勧進帳	28	中村兵衛	新講談		彦左衛門勧進帳	
挿画	高畠華宵	塵塚の秘密	29	悟道軒円玉	講談落語		横櫛お富　塵塚の秘密	
絵画	島成園	写生	30	悟道軒円玉	講談落語		横櫛お富　塵塚の秘密	
絵画	伊東深水	湯あがり	31	悟道軒円玉	講談落語		横櫛お富　塵塚の秘密	
挿画	瀬川信一	出世の白餅	32	桃川桂玉	講談落語		出世の白餅	
写真	無署名	小唄人形	32	桃川桂玉	講談落語		出世の白餅	キャプション「寝みだれ髪のなみだの　いろは　春雨にみだるゝ　糸さくら」

写真	無署名	小唄人形	33	桃川桂玉	講談落語		出世の白餅	キャプション「此良や　小松の　朝がよい　褄がぬれ候　いそうつ浪に」
挿画	名取春仙	前髪市之丞の強請	35	猫遊軒伯痴	講談落語		前髪市之丞の強請	
挿画	松田青風	仙台侯と豆腐屋	36	猫遊軒伯知	講談落語		仙台侯と豆腐屋	
カット	無署名	各国のマスク―独逸謝肉の獅子―	37	森下金烏	講談落語	探偵実話	鳴海絞	
挿画	金森観陽	鳴海絞	37	森下金烏	講談落語	探偵実話	鳴海絞	
写真	無署名	（小唄人形）	38	森下金烏	講談落語	探偵実話	鳴海絞	キャプション「ねみだれ髪のなみだの　いろは　春雨にみだるゝ　糸さくら」
挿画	井川金嶺	千姫	39	田辺南龍	講談落語		坂崎出羽守の怨霊	
挿画	難波春秋	意外の婚礼	40	千代田錦鏡	講談落語		金沢奇談　十日間の花嫁	
カット	判読不能	無題	41	神田伯海	講談落語		伏見大地震	人物（人形で遊ぶ子ども）
挿画	松田青風	伏見の大地震	42	神田伯海	講談落語		伏見大地震	
絵画	豊国（歌川豊国）	無題	43	桃川如燕	講談落語		豊岡紋弥の死	人物（男女）
挿画	樋口富麻呂	紋弥の死	44	桃川如燕	講談落語		豊岡紋弥の死	
カット	無署名	各国のマスク―パプア―	45	三遊亭円左	講談落語		当流二十四孝	
挿画	宍戸左行	当流二十四孝	45	三遊亭円左	落語		当流二十四孝	
挿画	和田茂生	汲み立	48	入船亭扇橋	落語		汲み立	
絵画	判読不能	無題	48	本田美禅	新作講談		子育て御老中	人物（相合い傘をする男女）
絵画	判読不能	無題	49	濡手淡雪	新作落語		金一万円	人物（役者絵）
挿画	吉岡鳥平	金一万円	49	濡手淡雪	新作落語		金一万円	
絵画	判読不能	「顔に紅葉を散らして聞きやれ、神に玉章忍び候、主の玉章忍び候」	49	濡手淡雪	新作落語		金一万円	人物（女性と子ども）
カット	無署名	各国のマスク―西阿弗利加ゴンコウ―	50	カーチス・ラ・ク・デー作、大原武夫訳	翻訳戯曲		心理学者	
絵画	森田恒友	梅雨晴れ	50	カーチス・ラ・ク・デー作、大原武夫訳	翻訳戯曲		心理学者	
絵画	田中良	女	51	フランツ・モルナア作・石川欣一訳	翻訳戯曲		消し護謨	
挿画	無署名	無題	52		広告		夏の子供日記を募る	人物（8人の子どもの顔）

＊1　無題【p.2】山刀、ロープ、アルペンストック、南アルプスに入る道、登山靴とその釘、【p.3】ナイフ・フォーク・スプーンを収めた食器嚢、雪眼鏡、登山用ナイフ、無題（登山の様子）、無題（調理の様子）、警笛、喇叭、七輪、水筒、水呑、登山ズボン、登山帽、ルックサック、【p.4】流行の夏服、無題（和装の女性）、洋傘カバー、ステッキ・山刀、折りたたみ洋傘、【p.53】無題（岩場の様子）、無題（入水の姿勢）、コムビイング・ジャケッツ、海水浴着・帽子・靴、【p.54】無題（海水浴の様子）、手提袋、蝙蝠傘、登山洋杖、石鹸、安全剃刀、スキー用携帯修繕具、無題（海水浴の様子）、ステッキ兼用の洋傘。

第2年43号　大正12年10月5日発行

画ジャンル	制作者	画題	頁	執筆者名	文ジャンル①	文ジャンル②	文題	備考
写真	無署名	内外活動俳優花形揃ひ＊1	2-4、53-55					
絵画	小川千甕	萩見	5	菊池寛	小説		石本検校	
カット	無署名	無題	6	上司小剣	小説		華厳病	動物
絵画	小川千甕	落し水	7	上司小剣	小説		華厳病	
カット	無署名	無題	8	宇野浩二	小説		東館	動物
カット	無署名	無題	10	高倉輝	小説		波の音	動物
カット	無署名	無題	12	T.B.Donovan、水上規矩夫訳	小説	翻訳	犯罪本能	情景（鹿にまたがる人）
挿画	名越国三郎	犯罪本能	13	T.B.Donovan、水上規矩夫訳	小説	翻訳	犯罪本能	
カット	無署名	無題	14	Douglas.Grey.春日野緑訳	小説	翻訳	緑死病	情景（ダンスをする男女）
挿画	名越国三郎	緑死病	16	Douglas.Grey.春日野緑訳	小説	翻訳	緑死病	
カット	無署名	無題	18	WILFRID WILSON GIBSON　七庭何人訳	小説	翻訳（戯曲）	女輩（一幕喜劇）	情景（顔をつきあわせて話をする３人の洋装の女性）
カット	無署名	無題	20	加藤生夫	小説		江藤新平の最期	動物
絵画	無署名	絵本舞台扇尾上松助三朝＊2	22	大森痴雪	戯曲	新脚本	秋成の家	
絵画	橋本関雪	秋風	23	大森痴雪	戯曲	新脚本	秋成の家	
カット	無署名	無題	24	加藤武雄	小説		敵手	動物
絵画	中村大三郎	鏡の前	25	加藤武雄	小説		敵手	
カット	無署名	無題	27	渡辺均	小説		地震	動物
絵画	佐藤晋太郎	深草にて	27	渡辺均	小説		地震	
カット	無署名	無題	28	暁烏敏	小説		白木槿の花	動物
カット	無署名	無題	29	Marcel.Prevost.村田美都子訳	小説	翻訳	保養	動物（孔雀）
挿画	金森観陽	新宿の梅屋	30	本田髷成	新講談		新宿の梅屋	
絵画	無署名	絵本舞台扇岩井半四郎杜若	31	本田美禅	新講談		臨終の日の清正	
挿画	松田青風	臨終の日の清正	32	本田美禅	新講談		臨終の日の清正	
挿画	松田青風	臨終の日の清正	33	本田美禅	新講談		臨終の日の清正	
絵画	無署名	絵本舞台扇中村歌右衛門　歌七	34	漫々亭主人	新講談		巷談　大力遊女	
挿画	名取春仙	大力遊女	34	漫々亭主人	新講談		巷談　大力遊女	
絵画	無署名	絵本舞台扇瀬川菊之丞路考	35	白柳秀湖	新講談	社会講談	清姫物語	
絵画	無署名	絵本舞台扇板東又太郎東山	36	濱の里人	新講談		怪談　鴛鴦落雁	
絵画	無署名	絵本舞台扇尾上菊五郎梅幸	37	東海老夫	新講談		鉄舟と又七郎	
挿画	高畠華宵	鉄舟と又七郎	38	東海老夫	新講談		鉄舟と又七郎	
絵画	無署名	絵本舞台扇松本幸四郎五粒	39	悟道軒円楽	講談		小仏峠の鼠小僧	
挿画	井川金嶺	小仏峠の鼠小僧	40	悟道軒円楽	講談		小仏峠の鼠小僧	

挿画	井川金嶺	小仏峠の鼠小僧	41	悟道軒円楽	講談		小仏峠の鼠小僧	
絵画	無署名	絵本舞台扇　沢村宗十郎　文福	42	桃川燕国	講談		闕国　百万石の御墨付	
挿画	橘さゆめ	闕国　百万石の御墨付	42	桃川燕国	講談		闕国　百万石の御墨付	
挿画	水島爾保布	妙石上人の怨霊	43	邑井貞吉	講談		怪談　妙石上人の怨霊	
絵画	無署名	絵本舞台扇　中村伝九郎　舞鶴	45	松林小伯知	講談		松平長七郎旅日記	
挿画	川口春波	松平長七郎旅日記	45	松林小伯知	講談		松平長七郎旅日記	
絵画	無署名	絵本舞台扇　松本大七　松曲	46	邑井貞吉	講談		牛方から家老職	
挿画	瀬川しんー	牛方から家老職	47	邑井貞吉	講談		牛方から家老職	
絵画	無署名	絵本舞台扇　嵐雛助　眠子	47	千代田錦鏡	講談		怪猫娘の復讐	
挿画	高畠華宵	怪猫娘の復讐	48	千代田錦鏡	講談		怪猫娘の復讐	

＊1　内外活動俳優花形揃ひ【p.2】井上正夫、プリシラ・テーン、松本泰輔、ガレス・ヒューズ、マガレット・デ・ラ・モット、チャールス・レー、メリー・カー、コスンタンス・タルマッヂ、カーレン・ランデス、マッヂ・ベラミー、酒井米子、アラ・ナヂモヴァ、ジョージ・ラーキン、柳さく子、トーマス・ミーハン、チャーレス・チャップリン、ダグラス・フエアパンクス、栗島すみ子、ウヰリアム・デスモンド、マーガレット・フヰッシャー、山田隆弥、【p.3】川田芳子、ヴァイオラ・ダナ、ルドルフ・ヴァレンチノ、ハリー・ケリー、ジャッキー・クーガン、小藤田正一、モント・ブリュー、ベビー・ベッキー、クララ・キムボール・ヤング、リチャード・バーセルメス、小栗武雄、ウィリアム・エス・ハート、英百合子、ダヴィッド・ワーク・グリフヰス、アグネス・アイヤース、セオドル・コスロフ、東猛夫、エディ・ボロー、エリック・フォン・ストローハイム、岡本五郎、エーリン・バーシイ、ラリー・シモンズ、リリアン・ギッシュ、ハーバート・ローリンソン、【p.4】ハウス・ピーター、五月信子、ミルドレッド・デーヴィス、エモリー・ジョンソン、ジ・ケリガン、瀬川つる子、諸口十九、岡田嘉子、ル・ラッセル、ヘレン・チャドウィック、アート・アコード、歌川八重子、ミルドレッド・ハリス、ジョン・バリモアー、メリー・マクラレン、高尾光子、フート・ギブソン、関根達発、ジョニー・ジョンス、フランシス・プッシュマン、勝見庸太郎、ジャック・ピックフォード、レイノルド・レニー、フランク・メイヨー、ルス・ローランド、【p.53】シャーレ・メーゾン、東栄子、ルバート・ジュリアン、岩田祐吉、バート・ライテル、ビナ・メリケニー、水木京子、メーベル・ノーマンド、セオドラ・ロバーツ、ピープ・ダニエルス、リラ・リー、ドロシー・ギッシュ、ジャック・マルホール、葉山三千子、ウヰリアム・ファーナム、山口真瑳子、正邦宏、ワーレン・ケリガン、早川雪洲、アレン・ホルバー、ハロルド・ロイド、リアトリス・ジョイ、メイ・アリソン、トム・ミックス、チャーレス・ハッチンソン、【p.54】尾上松之助、アリス・レーク、エリオット・デキスター、嵐璃徳、ワンダ・ホーリー、ウェスレー・バリー、三村千代子、藤野秀夫、グロリア・スワンソン、梅村容子、ペディ・カムプソン、ノーマ・タルマッヂ、ボーリン・フレデリック、ジャック・ホルト、アニタ・スチュワート、メリー・マイルス・ミンター、アリス・ジョイス、山本嘉一、ロン・チャニー、ドロン・フヰリップス、ベン・タービン、ミー・ムレー、沢村四郎五郎、カザリン・マクドナルド、ドロシー・ダルトン、メリー・ピクフォード、【p.55】カーメル・マイアース、フランシス・フォード、ヘンリー・ピ・ウォルソール、エヴァ・ノバック、アントニオ・モレノ、エディス・ロバーツ、ビリー・パーク、フランセリア・ピリントン、ジャック・ホキシー、夏川静江、シーナ・オーエン、グラデース・ワルトン、フローレンス・リード、パール・ホワイト、グレース・ダアモンド、ルイズ・ラブリー、コリン・ムーア、マリー・プレプオースト、ウィリアム・ダンカン、エニット・ヴェンネット、チャールス・マック、エディス・ジョンソン、アン・リットル、ミッテエル・ルイス。

＊2　署名はないが、『絵本舞台扇』の作者は一筆斎文調・勝川春章である。

第3年1号　大正13年1月1日発行

写真	無署名	「ヒルム」に成るまで！＊1	2-4、53-55					
絵画	田中良	花	5	高浜虚子	小説		英子	
絵画	伊東深水	雪	7	泉鏡花	小説		駒の話	
絵画	佐藤晋太郎	紙鳶とり	8	泉鏡花	小説		駒の話	
絵画	水島爾保布	復活	11	豊島与志雄	小説		都会の幽気	
絵画	羽田堅	浅野川畔　金沢にて	12	豊島与志雄	小説		都会の幽気	
絵画	長谷川昇	婦人像	13	加藤生夫	小説		萩に帰つた前原一誠	
絵画	名取春仙	恵方詣	16	加藤武雄	小説		お軽の死	
絵画	堂本印象	餅花	19	長田秀雄	小説		捨てられた男	
絵画	松本一洋	山茶花	21	加能作次郎	小説		お春と金之助	
絵画	森田恒友	雪	22	加能作次郎	小説		お春と金之助	
絵画	石川寅治	高雄港の朝	24	三津木貞子	小説		或夜の客	

画ジャンル	制作者	画題	頁	執筆者名	文ジャンル①	文ジャンル②	文題	備考
絵画	富田渓仙	三面大黒天	27	高安月郊	戯曲	新脚本	八代目團十郎	
絵画	近藤浩一路	老松	31	山本有三	戯曲		本尊　一幕	
絵画	鈴木春信	浮世時勢粧	32	白柳秀湖	新講談	社会講談	福原遷都	
絵画	石川寅治	温泉宿にて	33	白柳秀湖	新講談	社会講談	福原遷都	
絵画	勝川春湖	浮世時勢粧	35	紀潮雀	新講談		幕末奇談　夫ならぬ夫	
挿画	高畠華宵	夫ならぬ夫	36	紀潮雀	新講談		幕末奇談　夫ならぬ夫	
絵画	湖龍齋	浮世時勢粧	37	鎌倉参朗	新講談		種ヶ島の由来	
挿画	名取春仙	種ヶ島の由来	38	鎌倉参朗	新講談		種ヶ島の由来	
絵画	勝川春章	浮世時勢粧	39	本田美禅	新講談		若き日の光圀	
挿画	川口春波	若き日の光圀	40	本田美禅	新講談		若き日の光圀	
挿画	川口春波	若き日の光圀	41	本田美禅	新講談		若き日の光圀	
絵画	喜多川歌麿	浮世時勢粧	43	長谷川伸	新講談		立花康哉	
挿画	近藤紫雲	立花康哉	44	長谷川伸	新講談		立花康哉	
絵画	東洲斎写楽	浮世時勢粧	45	佐野西蔵	新講談		噂古市奉書試合	
挿画	名越国三郎	奉書試合	45	佐野西蔵	新講談		噂古市奉書試合	
挿画	和田茂生	人形師佐平	46	歌川龍平	新講談		人形師佐平	
絵画	東洲斎写楽	浮世時勢粧	47	宮川茅野雄	新講談		開運の皷	
挿画	名取春仙	開運の皷	48	宮川茅野雄	新講談		開運の皷	
絵画	細田栄水	浮世時勢粧	48	市川末緒	新講談		つれづれ草	
挿画	名越国三郎	つれづれ草	49	市川末緒	新講談		つれづれ草	
絵画	歌川豊国	浮世時勢粧	50	漫々亭主人	新講談		合点藤九郎	
挿画	金森観陽	合点藤九郎	51	漫々亭主人	新講談		合点藤九郎	

＊1 「ヒルム」に成るまで！【p.2】「娘の命」「恋し得ぬ恋」「義士銘々伝和助と兄」「敵討意気地」、【p.3】「無花果」「嘆きの曲」「殿様小伝次」「落城の唄」「恋し得ぬ恋」、【p.4】「恋し得ぬ恋」「嘆きの曲」「敵討意気地」「和助と兄」、【p.53】「娘の生命」「殿様小伝次」「愛の力」「和助と兄」「塙の首賭け」「恋し得ぬ恋」、【p.54】「マクベス」「娘の生命」「恋し得ぬ恋」「落城の唄」、【p.55】「若者よ」「井伊大老と船大工」「和助と兄」「敵討意気地」。

第3年15号　大正13年4月1日発行

写真	無署名	名流家庭の美人　＊1	2-4、53					
絵画	名越国三郎	闌春	5	加藤武雄	小説		五平の失策	
絵画	金子士郎	春	6	加藤武雄	小説		五平の失策	
写真	無署名	この作者加藤武雄氏	6	加藤武雄	小説		五平の失策	
写真	無署名	この作者泉鏡花氏	7	泉鏡花	小説		火のいたづら	
絵画	寺島紫明	紺のれん	8	泉鏡花	小説		火のいたづら	
絵画	伊東深水	浴槽	9	泉鏡花	小説		火のいたづら	
絵画	名越国三郎	道成寺	10	泉鏡花	小説		火のいたづら	
絵画	田中良	春雨	11	泉鏡花	小説		火のいたづら	
写真	無署名	この作者小川未明氏	12	小川未明	小説		眠りのあちら	
写真	無署名	この作者芥川龍之介氏	13	芥川龍之介	小説		第四の夫から	
写真	無署名	この作者前田河広一郎氏	14	前田河広一郎	小説		佐吉の父	
絵画	弘田志佳子	舞姫	15	前田河広一郎	小説		佐吉の父	
絵画	木谷千種	口紅	16	前田河広一郎	小説		佐吉の父	
写真	無署名	この作者吉田紘二郎氏	17	吉田紘二郎	小説		地に落つる物	
絵画	奥村林暁	静物	17	吉田紘二郎	小説		地に落つる物	
絵画	清水三重三	春の夜	18	吉田紘二郎	小説		地に落つる物	
写真	無署名	この作者小山内薫氏	19	小山内薫	小説		十二疋の狐	

絵画	楠瀬白羊	新古大津絵「弁慶」	20	白柳秀湖	新講談	社会講談	智恵なし伊豆	
絵画	伊東深水	花風吹	21	白柳秀湖	新講談	社会講談	智恵なし伊豆	
絵画	初山滋	をどり	22	白柳秀湖	新講談	社会講談	智恵なし伊豆	
絵画	楠瀬白羊	新古大津絵「座頭」	23	西井菊次郎	新講談		正雪の遺書	
挿画	鰭崎英朋	無題	23	西井菊次郎	新講談		正雪の遺書	場面(僧覚善正雪の遺書を伊豆守に齎す)
絵画	楠瀬白羊	新古大津絵「矢の根」	25	漫々亭主人	新講談		ひよつと齋	
挿画	金森観陽	無題	26	漫々亭主人	新講談		ひよつと齋	場面(馬に乗る前田慶次郎利大)
絵画	楠瀬白羊	新古大津絵「あやめ車」	27	白井喬二	新講談		拝領陣	
挿画	近藤紫雲	無題	28	白井喬二	新講談		拝領陣	場面(端座する蘆塚忠右衛門)
絵画	堂本印象	紙ふうせん	29	白井喬二	新講談		拝領陣	
絵画	楠瀬白羊	新古大津絵「奴」	30	平山蘆江	新講談		吉良上野の首	
挿画	金森観陽	無題	30	平山蘆江	新講談		吉良上野の首	場面(吉良上野の首をついだ蘭方外科医の栗崎道有)
挿画	鰭崎英朋	無題	32	前田曙山	新講談		二つの毀れ物	場面(お糸の話を聞く庄兵衛)
挿画	名越国三郎	無題	34	紀潮雀	新講談		春の夜の恋	場面(男装の女侍を取り押さえる六郎)
挿画	名越国三郎	無題	35	紀潮雀	新講談		春の夜の恋	場面(六郎と百合子の影)
絵画	楠瀬白羊	新古大津絵「鷹匠」	36	長谷川伸	新講談		両面盗賊篇	
挿画	山口草平	無題	37	長谷川伸	新講談		両面盗賊篇	場面(源助の足にしがみつく乞食)
絵画	楠瀬白羊	新古大津絵「鬼の念仏」	38	柳内自来	新講談		辻斬の志道軒〔明和の三畸人〕	
挿画	八幡白帆	無題	39	柳内自来	新講談		辻斬の志道軒〔明和の三畸人〕	場面(平賀源内と太田直次郎)
挿画	名取春仙	無題	40	小久保久吉	新講談		文政毒婦噺	場面(権次を殺害したお駒)
絵画	楠瀬白羊	新古大津絵「藤娘」	41	柳谷梅里	新講談		春徳寺の天火	
挿画	名取春仙	無題	43	柳谷梅里	新講談		春徳寺の天火	場面(旻徳とお鶴)
絵画	楠瀬白羊	新古大津絵「鬼」	44	森小径	新講談		烈女「山口お藤」	
挿画	名取春仙	無題	45	森小径	新講談		烈女「山口お藤」	場面(豊浦の肩先を斬りつけるお藤)
絵画	楠瀬白羊	新古大津絵「やま猫」	46	前田河広一郎	小説		佐吉の父	
絵画	伊東深水	春の高原	47	前田河広一郎	小説		佐吉の父	
絵画	橋本花乃	春雨	48	前田河広一郎	小説		佐吉の父	
絵画	四夷星乃	梅日和	49	前田河広一郎	小説		佐吉の父	
絵画	山口草平	茶屋場	51	前田河広一郎	小説		佐吉の父	
写真	無署名	男から女へ＊2	54-55					

＊1　名流家庭の美人【p.2】大阪実業家笹部新太郎氏夫人梅子さん、九州帝大教授医学博士久保猪之吉氏夫人よりえさん、大森皇后宮大夫令嬢明子さん・光子さん、門司東門前町乾政子さん、京都取引所理事長曾野作太郎氏令嬢喜美子さん、大阪実業家鹿海文助氏令妹すゑ子さん、【p.3】男爵島津久賢氏令嬢澄子さん、子爵松平直幹氏令嬢恭子さん、金沢市崎浦庄太郎氏令嬢弘子さん、画家橋本関雪氏令嬢妙子さん、神戸井原高親氏夫人孝子さんと令嬢明子さん、警視総監赤池濃氏令嬢幸子さん、医学博士高安道成氏（大阪）夫人安子さん、【p.4】大阪高木清太郎氏令嬢高木清子さん、名古屋市金剛流尾崎玉鉾氏令嬢春子さん、大阪実業家寺尾篤七氏令嬢寺尾由子さん、公爵西郷従徳氏令嬢直子さん、兵庫県内務部長黒瀬弘志氏夫人久香子さん、山口県長府町南画家高島北海氏令嬢愛子さん、大阪実業家十合芳三郎氏令嬢ふみ子さん、【p.53】和歌山市長男爵紀俊秀氏令嬢富久子さん、博多濶鉄道株式会社長太田清蔵氏令嬢ふさ子さん、神戸市砂田重政氏夫人清子さん、和歌山市山縣産婦人科病院長山縣六郎氏夫人くに子さん、伯爵甘露寺受長氏令嬢績子さん、和歌山竹葉寅二郎氏令嬢美枝子さん、金沢市長生殿中宮茂一氏夫人芳枝さん、大阪実業家伊勢氏令嬢つや子さん、大阪実業家国広清二郎氏夫人良子さん。

＊2　男から女へ【p.54】歌舞伎役者の中村雀右衛門が「野崎村」のお染になる迄（一）～（九）、【p.55】新進新派の花柳章太郎が菊池幽芳氏の小説「彼女の運命」の絹子になる迄（一）～（九）。

第3年29号　大正13年7月1日発行

画ジャンル	制作者	画題	頁	執筆者名	文ジャンル①	文ジャンル②	文題	備考
写真	無署名	映画女優の夏姿	2-3、54-55					
絵画	初山滋	青嵐	5	本田美禅	新講談		鬼掃部の槍踊	
カット	無署名	無題	6	無署名	紹介		西洋映画名作四十八種	人物（笑う2人の男性の顔）
挿画	北野恒富	鬼掃部の槍踊	6	本田美禅	新講談		鬼掃部の槍踊	
絵画	堂本印象	応接室	7	本田美禅	新講談		鬼掃部の槍踊	
挿画	北野恒富	鬼掃部の槍踊	8	本田美禅	新講談		鬼掃部の槍踊	
写真	無署名	無題	9	奈良うねめ	新講談		紅白縮緬組	人形（和装の女性）
挿画	岩田専太郎	紅白縮緬組	10	奈良うねめ	新講談		紅白縮緬組	
挿画	岩田専太郎	紅白縮緬組	11	奈良うねめ	新講談		紅白縮緬組	
挿画	樋口富麻呂	永代橋落つ	13	白柳秀湖	新講談	社会講談	永代橋落つ	
絵画	山村耕花	鬢のほつれ	14	白柳秀湖	新講談	社会講談	永代橋落つ	
挿画	樋口富麻呂	永代橋落つ	15	白柳秀湖	新講談	社会講談	永代橋落つ	
写真	無署名	無題	16	神戸卓三	新講談		芭蕉と幽霊	人形（僧と和装の女性）
挿画	名取春仙	芭蕉と幽霊	17	神戸卓三	新講談		芭蕉と幽霊	
写真	無署名	無題	18	前田曙山	新講談		遅れ毛の誇	人形（和装の女性）
挿画	岩田専太郎	遅れ毛の誇	19	前田曙山	新講談		遅れ毛の誇	
挿画	岩田専太郎	遅れ毛の誇	20	前田曙山	新講談		遅れ毛の誇	
写真	無署名	無題	21	岡本綺堂	新講談		一つ目小僧	人形（和装の女性）
挿画	名越国三郎	一つ目小僧	21	岡本綺堂	新講談		一つ目小僧	
挿画	名越国三郎	一つ目小僧	22	岡本綺堂	新講談		一つ目小僧	
写真	無署名	無題	23	長谷川伸	新講談		剣士佐市の話	人形（和装の女性）
挿画	金森観陽	剣士佐市の話	24	長谷川伸	新講談		剣士佐市の話	
絵画	梶原緋佐子	夕やみ	24	長谷川伸	新講談		剣士佐市の話	
写真	無署名	無題	25	入船亭扇橋	落語		白露	人形（女性）
挿画	吉岡鳥平	白露	26	入船亭扇橋	落語		白露	
写真	無署名	無題	27	露の夢八	落語		ない物買ひ	人形（和装の女性）
挿画	名取春仙	ない物買ひ	27	露の夢八	落語		ない物買ひ	
絵画	伊東深水	如露	28	露の夢八	落語		ない物買ひ	
カット	無署名	外国玩具	29	吉田絃二郎	小説		故郷の町	人形（「支那四川省」獅子）
絵画	窯本一洋	頭巾	29	吉田絃二郎	小説		故郷の町	
絵画	金森観陽	青すだれ	30	吉田絃二郎	小説		故郷の町	
絵画	伊東深水	ほつれ毛	31	吉田絃二郎	小説		故郷の町	
カット	無署名	外国玩具	32	伊藤貴麿	小説		或る博士の死	人形（「男風俗」印度ベナレス市縫いぐるみ布細工）
絵画	山口草平	日傘	32	伊藤貴麿	小説		或る博士の死	
絵画	岩田専太郎	物思ひ	33	伊藤貴麿	小説		或る博士の死	

カット	無署名	外国玩具	34	前田河広一郎	小説		スキヤツブ	人形（「英吉利」帽子を持った男性）
絵画	島成園	夕化粧	35	前田河広一郎	小説		スキヤツブ	
カット	無署名	外国玩具	36	牧野信一	小説		渚	人形（「南清」済南ぬひぐるみ製）
絵画	木谷千種	ほゝづき	37	牧野信一	小説		渚	
カット	無署名	外国玩具	38	芥川龍之介	小説		桃太郎	人形（「伊太利風俗」ベニスの菓子屋にて）
絵画	寺島紫明	灯かげ	38	芥川龍之介	小説		桃太郎	
絵画	中村大三郎	明眸	39	芥川龍之介	小説		桃太郎	
絵画	歌川広重	富士三十六景のうち駿河薩埵の海上	41	邑井貞吉	講談		老女江島	
挿画	佐藤松華	老女江島	42	邑井貞吉	講談		老女江島	
絵画	歌川広重	富士三十六景のうち相模江の島入口	43	桃川如燕	講談		男の男車丹波守	
挿画	佐藤松華	車丹波守	44	桃川如燕	講談		男の男車丹波守	
絵画	歌川広重	富士三十六景のうち武蔵多摩川	45	桃川燕国	講談		辻斬りの権八	
絵画	松本華羊	嬌笑	45	桃川燕国	講談		辻斬りの権八	
挿画	佐藤松華	辻斬りの権八	45	桃川燕国	講談		辻斬りの権八	
絵画	歌川広重	富士三十六景のうち下総小金原	47	悟道軒円玉	講談		傑僧天海と馬士	
挿画	堤寒三	傑僧天海と馬士	48	悟道軒円玉	講談		傑僧天海と馬士	
絵画	弘田志佳子	来客	49	猫遊軒伯知	講談		兇賊火の車八五郎	
挿画	近藤紫雲	火の車八五郎	50	猫遊軒伯知	講談		兇賊火の車八五郎	
絵画	大橋月皎	おばしま	51	猫遊軒伯知	講談		兇賊火の車八五郎	
絵画	田中紅園	真昼	52	猫遊軒伯知	講談		兇賊火の車八五郎	

＊1　映画女優の夏姿 1【p.2】1 夏川静枝、2 五月信子、3 松枝つる子、4 二葉菊子、5 柳まさ子、6 原君子・衣笠みどり・津守玉枝。映画女優の夏姿 2【p.3】1 梅村蓉子、2 川田芳子、3 柳さく子、4 宮部静子・浦辺粂子、5 水谷八重子、6 東愛子。映画女優の夏姿 3【p.54】1 森静子、2 在原春江、3 英百合子、4 潮みどり、5 生野初子、6 歌川八重子、7 花姫百合子、8 牧野恵美子。映画女優の夏姿 4【p.55】1 鈴木信子、2 小式部照子、3 三村千代子、4 山路芳子、5 沢蘭子、6 妹尾松子、7 小池春枝、8 環歌子。

第3年43号　大正13年10月1日発行

写真	無署名	絵筆に親しむ人々　＊1	2-3、54-55					
カット	無署名	無題	5	泉鏡花	小説		夜釣	人物（洋装の女性と子ども）
写真	無署名	無題	6	山崎斌	小説		債券	人形のコラージュ
挿画	鏑木清方	泉鏡花の「通夜物語」（明治小説十種の内）	6	泉鏡花	小説	梗概	通夜物語	
挿画	鰭崎英朋	広津柳浪の「今戸心中」（明治小説十種の内）	7	広津柳浪	小説	梗概	今戸心中	
写真	無署名	無題	8	伊藤貴麿	小説		痴女	人形（踊り子）のコラージュ

画ジャンル	制作者	画題	頁	執筆者名	文ジャンル①	文ジャンル②	文題	備考
挿画	伊東深水	谷崎潤一郎の「刺青」(明治小説十種の内)	9	谷崎潤一郎	小説	梗概	刺青	
挿画	坂田耕雪	菊池幽芳の「己が罪」(明治小説十種の内)	10	菊池幽芳	小説	梗概	己が罪	
挿画	鏑木清方	樋口一葉の「たけくらべ」(明治小説十種の内)	11	樋口一葉	小説	梗概	たけくらべ	
写真	無署名	無題	12	前田河広一郎	小説		一寸法師	動物(猫)
挿画	本田穆堂	高山樗牛の「瀧口入道」(明治小説十種の内)	13	高山樗牛	小説	梗概	瀧口入道	
写真	無署名	無題	14	加藤武雄	小説		贋物	不明
挿画	門井掬水	永井荷風の「牡丹の客」(明治小説十種の内)	15	永井荷風	小説	梗概	牡丹の客	
挿画	小早川秋声	徳富蘆花の「不如帰」(明治小説十種の内)	16	徳富蘆花	小説	梗概	不如帰	
写真	無署名	無題	17	田山花袋	小説		帰途	人形(洋装の女性)
絵画	鼓弓	山口草平	17	田山花袋	小説		帰途	
写真	無署名	無題	18	田山花袋	小説		帰途	人形(老爺)
写真	無署名	無題	19	長谷川伸	新講談		どろんの道	人形(人魚)
挿画	どろんの道	名取春仙	19	長谷川伸	新講談		どろんの道	
絵画	秋の収穫	大野麦風	20	長谷川伸	新講談		どろんの道	
写真	無署名	無題	21	国枝史郎	新講談		刺青	人形(頭に羽毛をつけた人)
挿画	井川洗厓	刺青	22	国枝史郎	新講談		刺青	
挿画	井川洗厓	刺青	23	国枝史郎	新講談		刺青	
写真	無署名	無題	24	在原隅太郎	新講談		地獄の人々	人形(和装の女性)
挿画	金森観陽	地獄の人々	25	在原隅太郎	新講談		地獄の人々	
挿画	瀬川しんー	禁制絵	27	松尾一化子作	新講談		禁制絵	
写真	無署名	無題	28	前田曙山	新講談		三郷借家	人形(洋装の女性)
挿画	鰭崎英朋	三郷借家	29	前田曙山	新講談		三郷借家	
絵画	寺島紫明	丸髷	30	前田曙山	新講談		三郷借家	
挿画	鰭崎英朋	三郷借家	31	前田曙山	新講談		三郷借家	
写真	無署名	無題	32	松田竹の島人	新講談		大八助五郎	人形(頭に羽毛をつけた人)
挿画	川口華宵	大八助五郎	33	松田竹の島人	新講談		大八助五郎	
挿画	川口華宵	大八助五郎	34	松田竹の島人	新講談		大八助五郎	
写真	無署名	無題	35	本田美禅	新講談		心中化銀杏	人形(宣教師と女性)
挿画	小田富弥	心中化銀杏	36	本田美禅	新講談		心中化銀杏	
挿画	小田富弥	心中化銀杏	37	本田美禅	新講談		心中化銀杏	
写真	無署名	無題	37	本田美禅	新講談		心中化銀杏	人形(老爺)
写真	無署名	無題	38	三遊亭円左	落語		お行の松	人形(老爺)
挿画	松田青風	お行の松	39	三遊亭円左	落語		お行の松	
挿画	八幡白帆	古喜	40	柳亭小燕枝	落語		古喜	
挿画	田中良	築山御前の陰謀	41	邑井貞吉	講談		築山御前の陰謀	
挿画	羽鳥古山	尾崎紅葉の金色夜叉(明治小説十種の内)	42	尾崎紅葉	小説	梗概	金色夜叉	

挿画	羽鳥古山	幸田露伴の「五重塔」（明治小説十種の内）	43	幸田露伴	小説	梗概	五重塔	
挿画	川口春波	林田左門	44	森下金烏	講談		林田左門	
挿画	川口春波	林田左門	45	森下金烏	講談		林田左門	
挿画	高畠華宵	菊五郎の幽霊	46	森の小烏	講談		菊五郎の幽霊	
挿画	高畠華宵	菊五郎の幽霊	47	森の小烏	講談		菊五郎の幽霊	
絵画	伊東深水	本を読む女	48	森の小烏	講談		菊五郎の幽霊	
写真	無署名	無題	49	松林伯知	講談		女師匠　西川小かね	人形（裸体の後ろ姿）
挿画	川瀬巴水	西川小かね	50	松林伯知	講談		女師匠　西川小かね	
挿画	川瀬巴水	西川小かね	51	松林伯知	講談		女師匠　西川小かね	
挿画	金森観陽	新撰組の連載予告	52	白井喬二	新講談	連載予告	新撰組	

＊1　絵筆に親しむ人々【p.2】「京都の梶原緋佐子さんはことしは帝展へ「籠堂」を揮毫中」「千種さんは、ことしの帝展にいつも親しむでゐる人形を描かうといふので、「千本桜の静御前」人形を画室に運んで毎日、構図に余念がない」「神戸の画室に於ける亀髙文子さん」「神戸の熊内にある亀髙文子さんの画室へ通うてゐる若い令嬢たち」、【p.3】「朱葉会へ「グラジオラス」「人形」を出品した高安さんの令嬢英子さん」「朱葉会へ自作を出品する大阪の洋画家小出楢重氏夫人しげ子さん」「京都の西村五雲氏の門下で将来を嘱されてゐる弘田志佳子さん」「三越に開かれた朱葉会会員の茶話会」、【p.54】「津田青楓氏に学んで将来を嘱されてゐる京都の竹内政子さん」「木谷千種氏の門に学んでゐられる三露千鈴さん」「「洗ひ髪」を揮毫中の京都の森川青坡さん」「朱葉会に入つて彩管を揮つてゐる池原鹿之助氏夫人しづ子さん」、【p.55】「帝展出品の「日向島」を揮毫中の原田千里さん」「朱葉会へ「小猫と金魚」を出品した亀髙文子さん令嬢美代子さん（一五）」「帝展へ「バラ」を揮毫中の西村五雲氏門下山岡東園さん」「高安やす子さんと、その作品三点」。

第4年1号　大正14年1月1日発行

写真	無署名	うるはしき春　＊1	2-3、54-55					
絵画	名越国三郎	女暫	5	吉田絃二郎	小説		靄の中	
絵画	名取春仙	歌舞伎舞台姿	6	吉田絃二郎	小説		靄の中	人物（中村歌右衛門の八重垣姫）
絵画	名取春仙	歌舞伎舞台姿	7	吉田絃二郎	小説		靄の中	人物（片岡仁左衛門の加古川本蔵）
写真	無署名	朝鮮人形	8	山崎斌	小説		青白い像	
絵画	名取春仙	歌舞伎舞台姿	8	山崎斌	小説		青白い像	人物（尾上菊五郎の坂崎出羽守）
絵画	名取春仙	歌舞伎舞台姿	9	山崎斌	小説		青白い像	人物（市村羽左衛門の御所五郎蔵）
絵画	名取春仙	歌舞伎舞台姿	11	伊藤貴麿	小説		旋風	人物（片岡我童の松平長七郎）
絵画	名取春仙	歌舞伎舞台姿	12	伊藤貴麿	小説		旋風	人物（尾上卯三郎の馬子丑五郎）
絵画	名取春仙	歌舞伎舞台姿	13	伊藤貴麿	小説		旋風	人物（松本幸四郎の仁木弾正）
写真	無署名	朝鮮人形	14	横光利一	小説		馬鹿と馬鹿	
絵画	名取春仙	歌舞伎舞台姿	15	横光利一	小説		馬鹿と馬鹿	人物（実川延若の馬場五郎兵衛）
絵画	名取春仙	歌舞伎舞台姿	17	金子洋文	小説		櫛	人物（中村鴈治郎の亀屋忠兵衛）
写真	無署名	朝鮮人形	18	金子洋文	小説		櫛	
写真	無署名	朝鮮人形	19	泉鏡花	小説		道陸神の戯	
絵画	名取春仙	歌舞伎舞台姿	19	泉鏡花	小説		道陸神の戯	人物（中村吉右衛門の佐野次郎左衛門）

画ジャンル	制作者	画題	頁	執筆者名	文ジャンル①	文ジャンル②	文題	備考
絵画	名取春仙	歌舞伎舞台姿	20	泉鏡花	小説		道陸神の戯	人物(尾上梅幸の出口屋三千歳)
絵画	名取春仙	歌舞伎舞台姿	21	泉鏡花	小説		道陸神の戯	人物(尾上松助の蝙蝠安)
絵画	名取春仙	歌舞伎舞台姿	22	泉鏡花	小説		道陸神の戯	人物(沢村源之助のおとみ)
写真	無署名	朝鮮人形	22	泉鏡花	小説		道陸神の戯	
写真	無署名	静物	23	白柳秀湖	新講談	社会講談	楠公変節誌	
挿画	福岡青嵐	楠本正儀、佐々木道誉の館へ入る	24	白柳秀湖	新講談	社会講談	楠公変節誌	
挿画	福岡青嵐	伊賀局熊王に逢ふ	25	白柳秀湖	新講談	社会講談	楠公変節誌	
カット	楠瀬日年	無題	26	国枝史郎	新講談		駕籠幽霊	人物(大津絵)
挿画	山口草平	駕籠幽霊	26	国枝史郎	新講談		駕籠幽霊	
挿画	山口草平	駕籠幽霊	27	国枝史郎	新講談		駕籠幽霊	
写真	無署名	静物	28	長谷川伸	新講談		木花千	
挿画	吉岡鳥平	木花千	29	長谷川伸	新講談		木花千	
挿画	吉岡鳥平	木花千	30	長谷川伸	新講談		木花千	
挿画	金森観陽	指の疵	31	田村西男	新講談		指の疵	
挿画	金森観陽	指の疵	32	田村西男	新講談		指の疵	
写真	無署名	静物	33	前田曙山	新講談		白珊瑚	
挿画	井川洗厓	白珊瑚	34	前田曙山	新講談		白珊瑚	
挿画	井川洗厓	白珊瑚	35	前田曙山	新講談		白珊瑚	
写真	無署名	静物	36	山口しづも	新講談		天狗茶の湯	
挿画	清水三重三	天狗茶の湯	37	山口しづも	新講談		天狗茶の湯	
写真	無署名	朝鮮人形	38	平山蘆江	新講談		火の見往生	
挿画	川口春波	火の見往生	39	平山蘆江	新講談		火の見往生	
挿画	川口春波	火の見往生	40	平山蘆江	新講談		火の見往生	
カット	楠瀬日年	無題	41	柳家小さん	落語		犬	人物(大津絵)
挿画	川瀬巴水	犬	41	柳家小さん	落語		犬	
絵画	名取春仙	歌舞伎舞台姿	42	柳家小さん	落語		犬	人物(中村仙助の□□のおかじ)
挿画	松田青風	田の久	43	月の家円鏡	落語		田の久	
挿画	松田青風	文七元結	45	三遊亭円朝	講談		人情噺　文七元結	
挿画	松田青風	文七元結	46	三遊亭円朝	講談		人情噺　文七元結	
カット	楠瀬日年	無題	47	悟道軒円玉	講談		明和奇聞　小猿七之助	人物(大津絵)
挿画	鰭崎英朋	小猿七之助	48	悟道軒円玉	講談		明和奇聞　小猿七之助	
挿画	鰭崎英朋	小猿七之助	49	悟道軒円玉	講談		明和奇聞　小猿七之助	
挿画	鰭崎英朋	江戸屋の虎五郎	51	神田伯山	講談		江戸屋の虎五郎	
挿画	鰭崎英朋	江戸屋の虎五郎	52	神田伯山	講談		江戸屋の虎五郎	

＊1　うるはしき春【p.2】学窓時代（一）テニス、(二）読書、(三）通学、(四）通学、家政見習時代（一）お洗濯、【p.3】(二）お裁縫、(三）お炊事、婚約時代（一）お化粧、(二）お化粧、(三）楽しき日を待ちつゝ、【p.54】結婚式（一）お支度、(二）花嫁姿、(三）式場へ、新婚旅行（一）停車場へ、(二）汽車を待つ間、【p.55】(三）旅から家庭へ、主婦として（一）お掃除、(二）愛児へのお土産、(三）愛の結晶。「学窓から家庭へ、若き婦人の半生を絵にしてみました」として、芸術座の水谷八重子がモデルを務めている。

第4年15号　大正14年4月1日発行

写真	無署名	花と鳥の趣味　＊1	2-3、54-55					
絵画	名越国三郎	春	5	長谷川伸	新講談		おなら次郎吉	
絵画	名越国三郎	春	5	長谷川伸	新講談		おなら次郎吉	
カット	無署名	無題	6	無署名	解説		名曲と解題	図案(桜)
挿画	金森観陽	おなら次郎吉	6	長谷川伸	新講談		おなら次郎吉	

挿画	金森観陽	おなら次郎吉	7	長谷川伸	新講談		おなら次郎吉	
写真	無署名	表情百態【満悦】「お化騒動」の歌川八重子	8	白柳秀湖	新講談		恋の代価	
挿画	和田茂生	恋の代価	9	白柳秀湖	新講談		恋の代価	
挿画	和田茂生	恋の代価	10	白柳秀湖	新講談		恋の代価	
絵画	名取春仙	春の雨	11	白柳秀湖	新講談		恋の代価	
写真	無署名	表情百態【哀別】「郷土」の梅村蓉子	12	初瀬漫亭	新講談		流るゝ女人牢	
挿画	堂本印象	流るゝ女人牢	13	初瀬漫亭	新講談		流るゝ女人牢	
挿画	堂本印象	流るゝ女人牢	14	初瀬漫亭	新講談		流るゝ女人牢	
写真	無署名	表情百態【復讐】「三日月お六」の柳咲子	15	国枝史郎	新講談		戯作者	
挿画	水島爾保布	戯作者	16	国枝史郎	新講談		戯作者	
挿画	水島爾保布	戯作者	17	国枝史郎	新講談		戯作者	
写真	無署名	表情百態【病の床】「新乳姉妹」の若葉輝子	18	田村西男	新講談		浪がしら	
挿画	松田青風	浪がしら	18	田村西男	新講談		浪がしら	
挿画	松田青風	浪がしら	19	田村西男	新講談		浪がしら	
絵画	北野恒富	昔の女	20	田村西男	新講談		浪がしら	
絵画	北野恒富	今の女	21	田村西男	新講談		浪がしら	
写真	無署名	表情百態【誘惑】「熱血を潜めて」の鈴木信子	22	松田竹の島人	新講談		金簪	
挿画	瀬川しんー	金簪	22	松田竹の島人	新講談		金簪	
挿画	瀬川しんー	金簪	23	松田竹の島人	新講談		金簪	
写真	無署名	表情百態【恐怖】「断雲」の鈴木すみ子	24	前田曙山	新講談		隠密の女	
挿画	井川洗厓	隠密の女	25	前田曙山	新講談		隠密の女	
挿画	井川洗厓	隠密の女	26	前田曙山	新講談		隠密の女	
写真	無署名	表情百態【争ひ】「死よりも悲し」の環歌子	27	井東憲	小説		将棋	
絵画	田中良	春の日ざし	27	井東憲	小説		将棋	
写真	無署名	表情百態【反抗】「剣をかざして」の泉春子	28	山崎斌	小説		夕陽	
絵画	岸田劉生	牡丹	29	山崎斌	小説		夕陽	
絵画	岸田劉生	春閑小流	30	山崎斌	小説		夕陽	
写真	無署名	表情百態【父と語る】「行路」の森静子	30	山崎斌	小説		夕陽	
写真	無署名	表情百態【誇り】「情火渦まく」の五月信子	31	中河与一	小説		海浜挿話	
絵画	伊東深水	朝寝	31	中河与一	小説		海浜挿話	
絵画	佐藤九二男	少女	32	中河与一	小説		海浜挿話	

画ジャンル	制作者	画題	頁	執筆者名	文ジャンル①	文ジャンル②	文題	備考
写真	無署名	表情百態【情死】「抜打権八」の山下澄子	32	中河与一	小説		海浜挿話	
写真	無署名	表情百態【驚愕】「無銭不戦」の水木京子	33	佐々木味津三	小説		へそ	
絵画	弘田志佳子	日傘	33	佐々木味津三	小説		へそ	
絵画	大野麦風	山の湯	34	佐々木味津三	小説		へそ	
写真	無署名	表情百態【失神】「学生気質」の松枝つる子	35	尾関岩二	小説		魔法	
絵画	富田渓仙	象クン	36	尾関岩二	小説		魔法	
写真	無署名	表情百態【憤怒】「夜明け前」の英百合子	37	阪本勝	小説		道化師と女	
絵画	富田渓仙	春の水	38	阪本勝	小説		道化師と女	
絵画	田中良	電話	39	阪本勝	小説		道化師と女	
絵画	森田恒友	池畔の早春	40	薄田清	小説		宇治十帖物語 浮舟の君	
絵画	森田恒友	閑談	41	薄田清	小説		宇治十帖物語 浮舟の君	
写真	無署名	表情百態【暴力】「街の人々」の小池春枝	42	三遊亭円朝	落語		子別れ	
挿画	松田青風	子別れ	43	三遊亭円朝	落語		子別れ	
写真	無署名	表情百態【恋を語る】「青春」の高島愛子	44	森下金烏	講談		常陸鹿島の棒祭	
挿画	山口草平	常陸鹿島の棒祭	45	森下金烏	講談		常陸鹿島の棒祭	
挿画	山口草平	常陸鹿島の棒祭	46	森下金烏	講談		常陸鹿島の棒祭	
挿画	小田富弥	源左衛門殺し	47	悟道軒円玉	講談		大宮暇 源左衛門殺し	
挿画	小田富弥	源左衛門殺し	48	悟道軒円玉	講談		大宮暇 源左衛門殺し	
挿画	瀬川しん一	蔵人の石泥棒	49	邑井貞吉	講談		蔵人の石泥棒	
挿画	八幡白帆	廓大学	51	入船亭扇橋	落語		廓大学	

＊1　花と鳥の趣味【p.2】おとゞひ＝京都・宮本儀助氏令嬢峰子さん・晴子さん・毬子さん、蘭の花＝加賀正太郎氏夫人千代子さん（山崎の温室にて）、お昼どき＝徳永秀三氏の夫人及び令嬢（十三の邸にて）、【p.3】チユーリツプ＝榎本玉子さん（阪急桜井東華園にて）、バナナの御馳走＝男爵北垣善一氏夫人登美子さん・令嬢美代子さん（洛北花園村にて）、お揃ひで＝八木靖次氏と令嬢（阪神住吉の温室にて）、昼閑＝山本忠雄氏と夫人（神戸）【p.54】お手伝い＝秋田星耕氏夫人せい子令嬢益子さん（京都洛北花園村）、温室にて＝榎本松太郎氏令嬢勝子さん（阪急桜井にて）、晴れた日＝平尾喜三郎氏夫人しづ子さん（豊中花蝶園にて）、お話し＝小寺菊子夫人とペリコ（東京東大久保にて）、【p.55】団欒＝石川文右衛門氏夫人しま子さんの家庭（南海高師ヶ濱）温室の光り＝ジヨネス氏夫人の温室（播州塩屋にて）、お稽古＝上原敬二博士夫人静子さん（東京上目黒にて）、御馳走＝堀尾卯三郎氏令嬢ひさ子さん（京都）、小鳥の家＝市岡病院長榎原卯三郎氏と夫人（大阪市岡）。

第4年29号　大正14年7月1日発行

写真	無署名	こどもの国―新しい夏服のいろいろなスタイルを途上にもとめて―＊1	2-3、54-55					
カット	無署名	無題	5				目次	人物（海辺に立つ洋装の女性）

カット	無署名	無題	6-52	瀬川光一ほか	怪談		体験の怪談	人物（蚊帳の中にいる女性の影）
挿画	堂本印象	無題	6	長谷川伸	新講談		泥坊大明神	場面（群衆）
挿画	堂本印象	無題	6	長谷川伸	新講談		泥坊大明神	場面（様子を窺う男）
挿画	堂本印象	無題	7	長谷川伸	新講談		泥坊大明神	場面（松の下の蕎麦屋台）
写真	無署名	無題	8	国枝史郎	新講談		前慶安記	人形のコラージュ
挿画	金森観陽	前慶安記	9	国枝史郎	新講談		前慶安記	
挿画	金森観陽	前慶安記	10	国枝史郎	新講談		前慶安記	
写真	無署名	無題	11	小堀大雨	新講談		文政奇聞　謎の盃	人形のコラージュ
挿画	細木原青起	謎の盃	12	小堀大雨	新講談		文政奇聞　謎の盃	
挿画	細木原青起	謎の盃	13	小堀大雨	新講談		文政奇聞　謎の盃	
絵画	近藤浩一路	巨椋蓮分舟	14	小堀大雨	新講談		文政奇聞　謎の盃	
写真	無署名	無題	15	本田美禅	新講談		高下駄物語	人形のコラージュ
挿画	北野恒富	高下駄物語＊2	16-17	本田美禅	新講談		高下駄物語	
挿画	北野恒富	高下駄物語	18	本田美禅	新講談		高下駄物語	
写真	無署名	無題	18	本田美禅	新講談		高下駄物語	人形のコラージュ
写真	無署名	無題	19	前田曙山	新講談		酒の下物	人形のコラージュ
挿画	鰭崎英朋	酒の下物	20	前田曙山	新講談		酒の下物	
挿画	鰭崎英朋	酒の下物	21	前田曙山	新講談		酒の下物	
写真	無署名	無題	22	田村西男	新講談		新説小倉庵	人形のコラージュ
挿画	松田青風	新説小倉庵	23	田村西男	新講談		新説小倉庵	
挿画	松田青風	新説小倉庵	24	田村西男	新講談		新説小倉庵	
絵画	富田渓仙	調馬師	25	田村西男	新講談		新説小倉庵	
写真	無署名	無題	26	白柳秀湖	新講談	社会講談	若い心理学者と恋女房	人形のコラージュ
挿画	森山頼三	若い心理学者と恋女房	27	白柳秀湖	新講談	社会講談	若い心理学者と恋女房	
挿画	森山頼三	若い心理学者と恋女房	28	白柳秀湖	新講談	社会講談	若い心理学者と恋女房	
写真	無署名	無題	30	宇野浩二	小説		如露	人形のコラージュ
絵画	富田渓仙	噴水	31	宇野浩二	小説		如露	
絵画	池田永治	宇治川眺望	32	宇野浩二	小説		如露	
写真	無署名	無題	33	加藤武雄	小説		計算	人形のコラージュ
絵画	初山滋	つめ	34	加藤武雄	小説		計算	
絵画	近藤浩一路	富士川下船	35	加藤武雄	小説		計算	
絵画	伊東深水	青すだれ	36	加藤武雄	小説		計算	
写真	無署名	無題	37	葛西善蔵	小説		彼等の日曜日	人形のコラージュ
絵画	小杉未醒	南畝の人	38	葛西善蔵	小説		彼等の日曜日	
絵画	池田永治	笠置の初夏	40	豊島与志雄	小説		旅情	
絵画	森田恒友	水国夏日	41	豊島与志雄	小説		旅情	
写真	無署名	無題	42	吉田絃二郎	小説		鰯雲	人形のコラージュ
絵画	伊東深水	橋	42	吉田絃二郎	小説		鰯雲	
絵画	初山滋	夕化粧	43	吉田絃二郎	小説		鰯雲	
絵画	小杉未醒	楽山楽水	44	吉田絃二郎	小説		鰯雲	
写真	無署名	無題	45	加能作次郎	小説		見えざる復讐	人形のコラージュ
絵画	森田恒友	山国夏日	46	加能作次郎	小説		見えざる復讐	
絵画	森田恒友	負虫帰家	47	加能作次郎	小説		見えざる復讐	

画ジャンル	制作者	画題	頁	執筆者名	文ジャンル①	文ジャンル②	文題	備考
挿画	山口草平	吉野御殿	49	三遊亭円遊	落語		吉野御殿	
挿画	樋口富麻呂	人身供養	51	柳亭小燕枝	落語		人身供養	

＊1　こどもの国―新しい夏服のいろいろなスタイルを途上にもとめて―【p.2】住吉神社反橋にて、住吉付近にて、鳴尾苺畑にて、住吉花園にて、住吉付近にて、難波橋にて、浜寺公園にて、住吉公園にて、天王寺公園にて、帝塚山にて、【p.3】住吉公園にて、難波橋にて、住吉神社反橋にて、天王寺動物園にて、堂島にて、阪神甲子園にて、天王寺公園にて、天王寺動物園にて、天王寺公園にて、住吉公園にて、【p.54】堀川にて、鳴尾苺畑にて、浜寺公園にて、浜寺公園にて、堂島にて、神戸にて、天下茶屋付近にて、甲子園にて、帝塚山にて、【p.55】中之島公園にて、中之島公園にて、浜寺公園にて、中之島公園にて、住吉公園にて、堺筋にて、中之島公園にて、天王寺動物園にて、堀川にて、住吉神社にて、住吉神社にて。
＊2　北野恒富「高下駄物語」の挿画は p.16-17 に見開きで掲載されている。

第4年43号　大正14年10月1日発行

写真	サンデー写真部員	初秋の街上から　＊1	2-3、54-55					
写真	無署名	「昔を今に」の作者　上司小剣氏	5	上司小剣	小説		昔を今に	
絵画	中沢弘光	淡きつかれ	5	上司小剣	小説		昔を今に	
カット	無署名	無題	6	無署名	小話		世界結婚奇話	人物（女性の上半身）と弓矢
絵画	初山滋	婦図	6	上司小剣	小説		昔を今に	
写真	無署名	「甘味」の作者　宇野浩二氏	7	宇野浩二	小説		甘味	
写真	無署名	「あるおめかけの話」の作者　相馬泰三氏	8	相馬泰三	小説		あるおめかけの話	
絵画	田中善之助	京の舞姫	9	相馬泰三	小説		あるおめかけの話	
絵画	中村大三郎	婦女	9	相馬泰三	小説		あるおめかけの話	
写真	無署名	「ある場面」の作者　水守龜之助氏	10	水守亀之助	小説		ある場面	
絵画	高畠華宵	酒	10	水守亀之助	小説		ある場面	
写真	無署名	「白百合をかぐ」の作者　岡田三郎氏	11	岡田三郎	小説		白百合をかぐ	
絵画	梶原緋佐子	花野	12	岡田三郎	小説		白百合をかぐ	
写真	無署名	「色餓飢」の作者　近松秋江氏	13	近松秋江	小説		色餓飢	
絵画	大橋月皎	けはひ	13	近松秋江	小説		色餓飢	
写真	無署名	「蛤」の作者　吉田絃二郎氏	14	吉田絃二郎	小説		蛤	
絵画	松本華羊	秋のおもひ	15	吉田絃二郎	小説		蛤	
写真	無署名	「奇妙な再会」の作者　佐々木味津三氏	16	佐々木味津三	小説		奇妙な再会	
写真	無署名	「偶然と男と女」の作者　加宮貴一氏	17	加宮貴一	小説		偶然と男と女	
絵画	高畠華宵	鏡	18	加宮貴一	小説		偶然と男と女	
写真	無署名	「下駄」の作者　前田河広一郎氏	19	前田河広一郎	小説		下駄	
絵画	木谷千種	重ね着	20	前田河広一郎	小説		下駄	
写真	無署名	「骨壺」の作者　山崎斌氏	21	山崎斌	小説		骨壺	
絵画	木谷千種	コスモス	21	山崎斌	小説		骨壺	

写真	無署名	「秋」の作者　北小路功光氏	22	北小路功光	小説		秋	
絵画	初山滋	競戯	23	北小路功光	小説		秋	
写真	無署名	「身投げ」の作者　金子洋文氏	24	金子洋文	小説		身投げ	
絵画	寀本一洋	司秋天	25	金子洋文	小説		身投げ	
写真	無署名	「モウタアの輪」の作者　田山花袋氏	26	田山花袋	小説		モウタアの輪	
絵画	星野更園	月見草	26	田山花袋	小説		モウタアの輪	
絵画	寺島紫明	冷気	27	田山花袋	小説		モウタアの輪	
絵画	星野更園	秋の夜	27	田山花袋	小説		モウタアの輪	
写真	無署名	「越後屋釣魚問答」の作者　白柳秀湖氏	28	白柳秀湖	新講談	社会講談	越後屋釣魚問答	
挿画	和田光四郎	越後屋釣魚問答	29	白柳秀湖	新講談	社会講談	越後屋釣魚問答	
写真	無署名	「寛蓮の話」の作者　伊藤松雄氏	30	伊藤松雄	新講談		寛蓮の話	
挿画	小早川秋声	寛蓮の話	31	伊藤松雄	新講談		寛蓮の話	
写真	無署名	「仇討吉原の坊主」の作者　田村西男氏	32	田村西男	新講談		敵討　吉原の坊主	
挿画	細木原青起	敵討吉原の坊主	33	田村西男	新講談		敵討　吉原の坊主	
写真	無署名	「殺人」の作者　高桑義生氏	34	高桑義生	新講談		殺人	
絵画	中村大三郎	少女	34	高桑義生	新講談		殺人	
挿画	鰭崎英朋	殺人	35	高桑義生	新講談		殺人	
挿画	鰭崎英朋	殺人	36	高桑義生	新講談		殺人	
写真	無署名	「切れる刀」の作者　前田曙山氏	37	前田曙山	新講談		切れる刀	
挿画	松田青風	切れる刀	38	前田曙山	新講談		切れる刀	
写真	無署名	「草履うち」の作者　国枝史郎氏	39	国枝史郎	新講談		草履うち	
挿画	名取春仙	草履うち	39	国枝史郎	新講談		草履うち	
写真	無署名	「白河の小天狗」の作者　井手蕉雨氏	41	井手蕉雨	新講談		白河の小天狗	
挿画	川口春波	白河の小天狗	41	井手蕉雨	新講談		白河の小天狗	
写真	無署名	「お雪と庄兵衛」の作者　平山蘆江氏	42	平山蘆江	新講談		お雪と庄兵衛	
挿画	小田富弥	お雪と庄兵衛	43	平山蘆江	新講談		お雪と庄兵衛	
写真	無署名	「酒乱捌き」の作者　長谷川伸氏	44	長谷川伸	新講談		酒乱捌き	
挿画	木村荘八	酒乱捌き	45	長谷川伸	新講談		酒乱捌き	
写真	無署名	「幽霊と竹光」の作者　島東吉氏	46	島東吉	新講談	滑稽新講談	幽霊と竹光	
絵画	大橋月皎	流れ行く雲	46	島東吉	新講談	滑稽新講談	幽霊と竹光	
挿画	山口草平	幽霊と竹光	47	島東吉	新講談	滑稽新講談	幽霊と竹光	

画ジャンル	制作者	画題	頁	執筆者名	文ジャンル①	文ジャンル②	文題	備考
写真	無署名	「阿呆細工」の作者　米田華舡氏	48	米田華舡	新講談	支那講談	阿呆細工	
挿画	水島爾保布	阿呆細工	49	米田華舡	新講談	支那講談	阿呆細工	
写真	無署名	「命の抜穴」の作者　渡辺黙禅氏	50	渡辺黙禅	新講談	実話	命の抜穴	
挿画	草野芦江	命の抜穴	51	渡辺黙禅	新講談	実話	命の抜穴	

＊1　初秋の街上から【p.2】（一）難波駅前にて（六月三十日）、（二）日本橋一丁目にて（九月二日午前十時）、（三）本田二丁目にて（八月二十六日午前十時半）、（四）梅田車庫前にて（九月二日午前七時半）、（五）梅田阪神電車前にて（八月二十八日午後零時半）、（六）神戸上筒井にて（九月一日午後四時）、（七）神戸栄町にて（八月二十八日午後十時）、（八）中之島にて（九月二日午前九時半）、（九）高麗橋にて（八月二十六日午後二時）、（十）阿倍野橋にて（九月二日午前十時半）、（十一）京都四条通り（九月二日午後一時）、【p.3】（十二）谷町三丁目にて（九月二日午後四時）、（十三）天王寺公園にて（九月二日午前十時半）、（十四）大阪市庁前にて（九月一日午前十時）、（十五）高麗橋にて（九月三日正午）、（十六）日本橋二丁目にて（九月二日午前九時）、（十七）中之島にて（九月一日午後三時半）、（十八）大江橋にて（九月一日午前九時）、（十九）難波橋にて（九月一日午前九時）、（二十）天王寺公園にて（九月二日午前九時）、（二十一）神戸聚楽館前にて（八月三十一日午後四時半）、（二十二）大江橋にて（九月二日午前十時）、【p.54】（二十三）千日前にて（九月一日午前九時）、（二十四）淀屋橋にて（九月一日午後三時）、（二十五）中之島にて（九月一日午後三時）、（二十六）高麗橋付近にて（八月二十五日午後五時半）、（二十七）中之島市庁前にて（九月一日午前十一時）、（二十八）神戸海岸通りにて（八月三十日午前九時半）、（二十九）心斎橋にて（八月二十八日午後零時半）、（三十）梅田駅前にて（八月三十日午後三時）、（三十一）京都新京極にて（九月二日午後零時半）、（三十二）白木屋前にて（九月一日午前十一時半）、（三十三）東上町にて（八月三十日午後三時）、【p.55】（三十四）天王寺にて（八月二十七日午後二時）、（三十五）心斎橋筋にて（九月三日正午）、（三十六）大阪市庁前にて（九月一日午前九時）、（三十七）難波橋にて（八月三十日午前十一時）、（三十八）梅田駅前にて（九月一日午後二時）、（三十九）高麗橋にて（八月三十日午後四時）、（四十）千船橋付近にて（八月二十六日午前十時）、（四十一）新梅田橋にて（九月二日午前八時）、（四十二）天王寺公園にて（八月二十七日午後三時）、（四十三）渡辺橋にて（九月一日午後四時）、（四十四）道頓堀にて（九月二日午前九時半）。京阪神の街頭で、夏の流行を求めて、若い女性や婦人を撮影したもの。

第5年1号　大正15年1月1日発行

写真	無署名	本号大懸賞「紙上人口調査」　＊1	2					
挿画	武井武雄	無題　＊2	3	無署名	広告		本号大懸賞「紙上人口調査」	人物（洋装の女性と子ども）
絵画	名越国三郎	無題	5	室生犀星	小説		首	人物（羽根突きをする女性）
カット	無署名	無題	6	無署名	小話		漫画膝栗毛	風景（富士と松）
挿画	無署名	無題	6	無署名	小話		漫画膝栗毛	場面（富士を背景に弥次郎兵衛と北八の顔）
絵画	高畠華宵	観劇	6	室生犀星	小説		首	
挿画	無署名	無題	7	無署名	小話		漫画膝栗毛	場面（旅姿の弥次郎兵衛と北八）
カット	無署名	無題	7	加能作次郎	小説		チヨコレート	図案（花と蝶）
挿画	無署名	無題	8	無署名	小話		漫画膝栗毛	場面（風呂に入ろうとしている北八）
絵画	岩田専太郎	雪の日	8	加能作次郎	小説		チヨコレート	
挿画	無署名	無題	9	無署名	小話		漫画膝栗毛	場面（下駄を履いて風呂に入る北八）
絵画	山村耕花	春粧	9	加能作次郎	小説		チヨコレート	
挿画	無署名	無題	10	無署名	小話		漫画膝栗毛	場面（宿屋の主人と弥次北）
カット	無署名	無題	10	小川未明	小説		少女	図案（椿と鳥）
絵画	岡本帰一	築地小劇場にて	10	小川未明	小説		少女	
挿画	無署名	無題	11	無署名	小話		漫画膝栗毛	場面（寝床ですっぽんに手を噛まれた北八）
挿画	無署名	無題	11	無署名	小話		漫画膝栗毛	場面（逃げる影）
カット	無署名	無題	11	吉田絃二郎	小説		買ひ物	図案（花と鳥）

挿画	無署名	無題	12	無署名	小話		漫画膝栗毛	場面（手拭いに包んだ飯を手にする弥次郎兵衛）
絵画	佐藤九二男	歌かるた	12	吉田絃二郎	小説		買ひ物	
挿画	無署名	無題	13	無署名	小話		漫画膝栗毛	場面（川ごしに背負われる北八）
絵画	武井武雄	燈のそば	13	宇野千代	小品		母	
挿画	無署名	無題	14	無署名	小話		漫画膝栗毛	場面（茶屋で酒を飲む弥次北）
カット	無署名	無題	14	悦田喜和雄	小説		猫	図案（百合、ダイヤとスペード）
挿画	無署名	無題	15	無署名	小話		漫画膝栗毛	場面（溺れる北八）
絵画	島成園	寒き日	15	悦田喜和雄	小説		猫	
カット	無署名	無題	16	上司小剣	小説		春太郎	花（２輪の花弁）
絵画	松浦みつゑ	舞妓	16	上司小剣	小説		春太郎	
挿画	無署名	無題	17	無署名	小話		漫画膝栗毛	場面（酒を飲む猿市と犬市）
カット	無署名	無題	17	相馬泰三	小説		『嘘』萬歳	図案（花と鳥）
挿画	無署名	無題	18	無署名	小話		漫画膝栗毛	場面（大騒ぎする弥次北）
絵画	初山滋	待つ間	18	相馬泰三	小説		『嘘』萬歳	
挿画	無署名	無題	19	無署名	小話		漫画膝栗毛	場面（旅姿の弥次郎兵衛と北八）
絵画	武井武雄	街	19	相馬泰三	小説		『嘘』萬歳	
絵画	高畠華宵	宴はてゝ	20	谷崎精二	小説		寝顔	
挿画	無署名	無題	21	無署名	小話		漫画膝栗毛	場面（舟に乗る弥次北）
カット	無署名	無題	21	尾崎士郎	小説		暮色	図案（花）
挿画	無署名	無題	22	無署名	小話		漫画膝栗毛	場面（駕籠に乗る弥次郎兵衛）
カット	無署名	無題	22	水守亀之助	小説		浮気	図案（花）
挿画	無署名	無題	23	無署名	小話		漫画膝栗毛	場面（弥次郎兵衛を掴む北八）
絵画	初山滋	はなつぶて	23	水守亀之助	小説		浮気	
挿画	無署名	無題	24	無署名	小話		漫画膝栗毛	場面（茶店の前を通る弥次北）
挿画	無署名	無題	25	無署名	小話		漫画膝栗毛	場面（茶店で男と話す弥次北）
絵画	岡本帰一	街路所見	25	南幸夫	小説		痩せた左手	
挿画	無署名	無題	26	無署名	小話		漫画膝栗毛	場面（糸引きの煙草入れを拾おうとする弥次郎兵衛）
絵画	岩田専太郎	炬燵	26	田山花袋	小説		ホテルの一室	
挿画	無署名	無題	27	無署名	小話		漫画膝栗毛	場面（羽織を着た男と話をする弥次北）
絵画	山村耕花	銀座所見	27	田山花袋	小説		ホテルの一室	
挿画	無署名	無題	28	無署名	小話		漫画膝栗毛	場面（短冊を書かされる一九）
写真	無署名	無題	28	本田美禅	新講談		男を売つて五百両	人形（歌舞伎）
挿画	無署名	無題	29	無署名	小話		漫画膝栗毛	場面（太々講で大騒ぎする影）
挿画	和田光四郎	男を売つて五百両	29	本田美禅	新講談		男を売つて五百両	
写真	無署名	無題	30	白柳秀湖	新講談	社会講談	老兵のいくさ話	人形（歌舞伎）
挿画	無署名	無題	31	無署名	小話		漫画膝栗毛	場面（医者と弥次北）

画ジャンル	制作者	画題	頁	執筆者名	文ジャンル①	文ジャンル②	文題	備考
挿画	山口草平	老兵のいくさ話	31	白柳秀湖	新講談	社会講談	老兵のいくさ話	
挿画	無署名	無題	32	無署名	小話		漫画膝栗毛	場面(茶店の婆さんと弥次北)
写真	無署名	無題	32	前田曙山	新講談		膽の男	人形(歌舞伎)
挿画	無署名	無題	33	無署名	小話		漫画膝栗毛	場面(大仏殿の柱抜けをする北八)
挿画	鰭崎英朋	膽の男	33	前田曙山	新講談		膽の男	
挿画	無署名	無題	34	無署名	小話		漫画膝栗毛	場面(裸の北八と薬屋の亭主)
写真	無署名	無題	34	長谷川伸	新講談		兄弟百歳以上	人形(歌舞伎)
挿画	金森観陽	兄弟百歳以上	34	長谷川伸	新講談		兄弟百歳以上	
挿画	無署名	無題	35	無署名	小話		漫画膝栗毛	場面(桟敷番につかまる弥次郎兵衛)
挿画	無署名	無題	36	無署名	小話		漫画膝栗毛	場面(頭に梯子を乗せた梯子屋と北八)
挿画	吉岡鳥平	虎が喋る	36	島東吉	新講談	滑稽講談	虎が喋る	
挿画	無署名	無題	37	無署名	小話		漫画膝栗毛	場面(梯子を抱える弥次郎兵衛)
写真	無署名	無題	37	国枝史郎	新講談		トランプ伝来	人形(歌舞伎)
挿画	無署名	無題	38	無署名	小話		漫画膝栗毛	場面(梯子を運ぶ弥次北)
挿画	岩田専太郎	トランプ伝来	38	国枝史郎	新講談		トランプ伝来	
挿画	無署名	無題	39	無署名	小話		漫画膝栗毛	場面(弥次北と火鉢の側に座る與太九郎)
写真	無署名	無題	39	平山蘆江	新講談		お手洗の間	人形(歌舞伎)
挿画	無署名	無題	40	無署名	小話		漫画膝栗毛	場面(梯子を持つ弥次郎兵衛と茶店の女)
写真	無署名	無題	40	渡辺黙禅	新講談		伊勢平出世物語	人形(歌舞伎)
挿画	無署名	無題	41	無署名	小話		漫画膝栗毛	場面(按摩と弥次北)
挿画	小田富弥	伊勢平出世物語	41	渡辺黙禅	新講談		伊勢平出世物語	
挿画	無署名	無題	42	無署名	小話		漫画膝栗毛	場面(按摩に揉まれる北八と菓子に手を伸ばす弥次郎兵衛)
挿画	名取春仙	心臓譚	43	伊藤松雄	新講談		心臓譚	
挿画	無署名	無題	44	無署名	小話		漫画膝栗毛	場面(寝床の中の弥次北)
写真	無署名	無題	44	高桑義生	新講談		恋愛懺悔	人形(歌舞伎)
挿画	無署名	無題	45	無署名	小話		漫画膝栗毛	場面(肩を組んで歩く弥次北)
挿画	無署名	無題	45	無署名	小話		漫画膝栗毛	場面(人混みの中の弥次北)
挿画	石田きよ詩	恋愛ざんげ	45	高桑義生	新講談		恋愛懺悔	
挿画	無署名	無題	46	無署名	小話		漫画膝栗毛	場面(仲居と羽織姿の弥次北)
挿画	近藤紫雲	雪の中	46	田村西男	新講談		雪の暮	
挿画	無署名	無題	47	無署名	小話		漫画膝栗毛	場面(仲居の前で羽織を脱ぐ弥次北)
写真	無署名	無題	47	井手蕉雨	新講談		幕末志士物語 三尺天狗	人形(歌舞伎)

挿画	無署名	無題	48	無署名	小話		漫画膝栗毛	場面（講中の前でひれ伏す弥次北）
挿画	松田青風	三尺天狗	48	井手蕉雨	新講談		幕末志士物語 三尺天狗	
挿画	無署名	無題	49	無署名	小話		漫画膝栗毛	場面（宿屋の主人と弥次北）
挿画	無署名	無題	49	無署名	小話		漫画膝栗毛	場面（旅姿の弥次郎兵衛と北八）
写真	無署名	無題	49	米田華舡	新講談	支那講談	のつそり一生	人形（歌舞伎）
挿画	樋口富麻呂	珊瑚の牡丹	51	生島巴子	新講談	浪華巷談	珊瑚の牡丹	
写真	無署名	サンデー毎日表紙になるまで　＊3	54-55					

＊1　本号大懸賞「紙上人口調査」賞品【p.2】一～十等賞。
＊2　p.19の武井武雄「街」が挿画として掲載されている。
＊3　サンデー毎日表紙になるまで【p.54】その一～四、【p.55】その六～八。

第5年15号　大正15年4月1日発行

写真	無署名	春の装ひ ＊1	2-3、54-55					
絵画	無署名	無題	5	武者小路実篤	小説		或る男の饒舌	人物（ラケットを持つ女性）
カット	無署名	無題	6	無署名	解説		西洋音楽名曲解説	楽器（竪琴）
絵画	岩田専太郎	着更へ	7	武者小路実篤	小説		或る男の饒舌	
絵画	初山滋	おぼろ	8	武者小路実篤	小説		或る男の饒舌	
カット	無署名	無題	9	室生犀星	小説		情痴の蟲	人物（顔）
絵画	幡恒春	桜	11	室生犀星	小説		情痴の蟲	
絵画	山川秀峰	花吹雪	12	室生犀星	小説		情痴の蟲	
写真	無署名	無題	13	室生犀星	小説		情痴の蟲	動物（水辺に集まる鳥）
写真	無署名	無題	14	小川未明	小説		最後の日の虹	人物（洋装の女性と女児）
絵画	初山滋	少女	15	小川未明	小説		最後の日の虹	
絵画	山川秀峰	吉野太夫	16	小川未明	小説		最後の日の虹	
絵画	山川秀峰	雪姫	17	小川未明	小説		最後の日の虹	
カット	無署名	無題	19	宇野浩二	小説		青春のたそがれ	人物（顔）
絵画	高畠華宵	春暖	19	宇野浩二	小説		青春のたそがれ	
絵画	佐藤九二男	芝居	20	宇野浩二	小説		青春のたそがれ	
写真	無署名	無題	21	高濱虚子	小説		大師詣	人物（潮干狩りをする女性）
絵画	幡恒春	桃	22	高濱虚子	小説		大師詣	
カット	無署名	無題	24	吉井勇	小説		犬のわかれ	動物（犬）
絵画	岩田専太郎	春	25	吉井勇	小説		犬のわかれ	
写真	無署名	無題	26	宇野千代	小説		私と郵便配達夫	風景（海）
絵画	山名文夫	野原でそつと読む手紙	27	宇野千代	小説		私と郵便配達夫	
写真	無署名	あん七【一】桂団枝	30	桂団枝	落語		あん七【一】	
挿画	名取春仙	関東へ行く次郎長	30-31 ＊2	村松梢風	新講談		関東へ行く次郎長	
写真	無署名	あん七【二】桂団枝	32	桂団枝	落語		あん七【二】	
挿画	金森観陽	無題	33	長谷川伸	新講談		島田平四郎	場面（敵に囲まれる平四郎）
写真	無署名	あん七【三】桂団枝	34	桂団枝	落語		あん七【三】	

画ジャンル	制作者	画題	頁	執筆者名	文ジャンル①	文ジャンル②	文題	備考
挿画	小田富弥	木曽のすね者	35	国枝史郎	新講談		木曽の拗物	
写真	無署名	あん七【四】桂団枝	36	桂団枝	新講談		あん七【四】	
挿画	川瀬巴水	無題	37	沢田撫松	新講談		小姓の恋	場面(刀で斬り合う欽弥と勇作)
絵画	森田恒友	南窓独居	38	沢田撫松	新講談		小姓の恋	
挿画	樋口富麻呂	無題	39	井手蕉雨	新講談		栄坊の命乞	場面(武士に刀を向ける栄坊)
写真	無署名	あん七【五】桂団枝	40	桂団枝	落語		あん七【五】	
挿画	近藤紫雲	武士の情	41	半井桃水	新講談		武士の情	
写真	無署名	あん七【六】桂団枝	42	桂団枝	落語		あん七【六】	
写真	無署名	あん七【七】桂団枝	43	桂団枝	落語		あん七【七】	
挿画	松田青風	助太刀	43	田村西男	新講談		助太刀	
写真	無署名	あん七【八】桂団枝	44	桂団枝	落語		あん七【八】	
挿画	木村斯光	無題	45	平山蘆江	新講談		軍用金提供	場面(明治十年の鹿児島での戦)
写真	無署名	あん七【九】桂団枝	45	桂団枝	落語		あん七【九】	
写真	無署名	あん七【十】桂団枝	46	桂団枝	落語		あん七【十】	
挿画	粥川伸二	無題	47	松尾一化子	新講談		カステラ奇聞	場面(富造の素人芝居)
挿画	岩田専太郎	無題	48	森暁紅	新講談	滑稽講談	御意見用心記	場面(廓の後朝を思い出す宗次郎)
写真	無署名	あん七【十一】桂団枝	49	桂団枝	落語		あん七【十一】	
挿画	和田茂生	無題	50	渡辺黙禅	新講談		達磨まんてる	場面(石を投げようとする花聟)
写真	無署名	あん七【十二】桂団枝	51	桂団枝	落語		あん七【十二】	
挿画	鰭崎英朋	無題	51	伊藤松雄	新講談		折句宣伝(あくろすていつくぷろぱがんだ)	場面(紙片を眺める文字辰)
写真	無署名	あん七【十三】桂団枝	52	桂団枝	落語		あん七【十三】	

＊1　春の装ひ【p.2】京都実業家 土居久吉氏令嬢登久子さん、大阪の実業家 野々村正太郎氏令嬢花子さん、阪神沿線住吉吉田履一郎氏令嬢光子さん、流行の履物、【p.3】大阪 山中運輸会社長令嬢富佐子さん、大阪の石崎喜美子さん、京都の実業家牧野定次郎氏令嬢政江さん、【p.54】京都の画家 橋本関雪氏令嬢たゑ子さん、京都 由里本忠次郎氏令嬢登美子さん、大阪安宅弥吉氏令嬢登美子さん、【p.55】大阪 井上周氏令嬢美代子さん、京都の山本春挙氏令嬢田鶴子さん、春の手袋、婦人靴。

＊2　名取春仙「村松梢風作 関東へ行く次郎長」の挿画はpp.31-32に見開きで掲載されている。

第5年29号　大正15年7月1日発行

カット	岩田専太郎	無題	3	三上於菟吉	伝奇小説		女妖正体	場面(着物姿の女妖とその影)
挿画	岩田専太郎	女妖正体	4	三上於菟吉	伝奇小説		女妖正体	
挿画	岩田専太郎	無題	5	三上於菟吉	伝奇小説		女妖正体	場面(刃から逃げる男)
挿画	岩田専太郎	女妖正体	6-7 ＊1	三上於菟吉	伝奇小説		女妖正体	
写真	無署名	殴られる彼奴	8	無署名	映画	誌上封切	殴られる彼奴 メトロ・ゴールドウヰン映画その一	

写真	無署名	殴られる彼奴	9	無署名	映画	誌上封切	殴られる彼奴 メトロ・ゴールドウヰン映画 その二	
絵画	武井武雄	窓	10	加能作次郎	小説		或る夏のこと	
写真	無署名	殴られる彼奴	10	無署名	映画	誌上封切	殴られる彼奴 メトロ・ゴールドウヰン映画 その三	
写真	無署名	殴られる彼奴	11	無署名	映画	誌上封切	殴られる彼奴 メトロ・ゴールドウヰン映画 その四	
絵画	清水良雄	野道	12	中條百合子	小説		墓	
写真	無署名	王城秘史	12	無署名	映画	誌上封切	王城秘史　ドイツ・ウーフア映画　その一	
写真	無署名	王城秘史	13	無署名	映画	誌上封切	王城秘史　ドイツ・ウーフア映画　その二	
カット	無署名	無題	13	無署名	新作小噺		ぶしやう、キヤラメル、雪月花	植物（すすき）
写真	無署名	王城秘史	14	無署名	映画	誌上封切	王城秘史　ドイツ・ウーフア映画　その三	
写真	無署名	王城秘史	15	無署名	映画	誌上封切	王城秘史　ドイツ・ウーフア映画　その四	
挿画	金森観陽	池畔の鬼火	16-17 ＊2	沢田撫松	新講談		池畔の鬼火	
挿画	松本華羊	菊弥の死	18	長谷川時雨	新講談		菊弥の死	
写真	無署名	深夜の太陽	19	無署名	映画	誌上封切	深夜の太陽 ユニバーサル映画　その一	
写真	無署名	深夜の太陽	20	無署名	映画	誌上封切	深夜の太陽 ユニバーサル映画　その二	
カット	無署名	無題	21	小鹿進	小説		双龍（懸賞『大衆文芸』乙種当選作）	植物（発芽）
写真	無署名	無題	21	小鹿進	コメント		無題	人物（小鹿進）
挿画	名越国三郎	双龍	22	小鹿進	小説		双龍（懸賞『大衆文芸』乙種当選作）	
写真	無署名	深夜の太陽	23	無署名	映画	誌上封切	深夜の太陽 ユニバーサル映画　その三	
写真	無署名	深夜の太陽	24	無署名	映画	誌上封切	深夜の太陽 ユニバーサル映画　その四	
挿画	名越国三郎	双龍	25	小鹿進	小説		双龍（懸賞『大衆文芸』乙種当選作）	
写真	無署名	深夜の太陽	26	無署名	映画	誌上封切	深夜の太陽 ユニバーサル映画　その五	
挿画	空熊英二	豊国神社破却	27	白柳秀湖	新講談	社会講談	豊国神社破却	
絵画	山名文夫	午後	28	森暁紅	新講談	滑稽情話	恋の重荷	
挿画	幡恒春	恋の重荷	29	森暁紅	新講談	滑稽情話	恋の重荷	
絵画	佐藤九二男	をんな	30	前田孤泉	新講談		厄年	
挿画	岩田専太郎	厄年	31	前田孤泉	新講談		厄年	
絵画	初山滋	赤い傘と白い傘	32	井葉野篤三	小説		蝶呂松の頭	

画ジャンル	制作者	画題	頁	執筆者名	文ジャンル①	文ジャンル②	文題	備考
写真	無署名	幸運の風	33	無署名	映画	誌上封切	幸運の風　ファスト・ナショナル映画　その一	
写真	無署名	幸運の風	34	無署名	映画	誌上封切	幸運の風　ファスト・ナショナル映画　その二	
写真	無署名	幸運の風	35	無署名	映画	誌上封切	幸運の風　ファスト・ナショナル映画　その三	
写真	無署名	幸運の風	36	無署名	映画	誌上封切	幸運の風　ファスト・ナショナル映画　その四	
カット	浮世絵版児	無題	37	水谷準	小説	探偵小説	宝は動く	場面（和装の女性）
挿画	浮世絵版児	宝は動く	37	水谷準	小説	探偵小説	宝は動く	
写真	無署名	幸運の風	38	無署名	映画	誌上封切	幸運の風　ファスト・ナショナル映画　その五	
カット	無署名	無題	38	甲賀三郎	小説	探偵小説	勝者敗者	身体（目）
挿画	無署名	勝者敗者	39	甲賀三郎	小説	探偵小説	勝者敗者	
絵画	佐藤九二男	金魚	40	甲賀三郎	小説	探偵小説	勝者敗者	
カット	山名文夫	無題	40	横溝正史	小説	探偵小説	飾窓の中の恋人	情景（庇の下に立つ和装の人の足元のみ）
挿画	山名文夫	飾窓の中の恋人	41	横溝正史	小説	探偵小説	飾窓の中の恋人	
挿画	小田富弥	妖婦と奸臣	42	半井桃水	新講談		妖婦と奸臣	
絵画	武井武雄	夜	43	半井桃水	新講談		妖婦と奸臣	
カット	無署名	無題	44	高田保	新講談		首切り甚五	図案（２輪の花弁）
挿画	山口草平	首斬り甚五	45	高田保	新講談		首切り甚五	
絵画	山名文夫	朝	46	加宮貴一	小説		恋の猟人	
絵画	初山滋	風	47	加宮貴一	小説		恋の猟人	
カット	無署名	無題	48	正岡容	新作落語		比翼連理色山雀	図案（蔓と豆）
挿画	松田青風	比翼連理色山雀	49	正岡容	新作落語		比翼連理色山雀	

＊1　岩田専太郎「無題」（三上於菟吉「女妖正体」の挿画）はpp.6-7に見開きで掲載されている。

＊2　金森観陽「池畔の鬼火」（沢田撫松「池畔の鬼火」の挿画）はpp.16-17に見開きで掲載されている。

第5年43号　大正15年10月1日発行

絵画	伊東深水	秋の叢	3	長谷川伸	新講談		身替り飴屋	
挿画	金森観陽	身替り飴屋	4	長谷川伸	新講談		身替り飴屋	
写真	無署名	ロイルの娘	5		映画	誌上封切	ロイルの娘　パラマウント映画　その一	
写真	無署名	ロイルの娘	6		映画	誌上封切	ロイルの娘　パラマウント映画　その二	
挿画	小田富弥	唐人お吉	7	額田六福	新講談		唐人お吉	
写真	無署名	ロイルの娘	8		映画		ロイルの娘　パラマウント映画　その三	
カット	無署名	無題	9	吉田絃二郎	小説		蛍	図案（果実と鳥）
写真	無署名	ロイルの娘	9		映画	誌上封切	ロイルの娘　パラマウント映画　その四	

写真	無署名	ロイルの娘	10		映画	誌上封切	ロイルの娘 パラマウント映画　その五	
絵画	山川秀峰	朝	11	藤森成吉	小説		死（一青年の手記）	
写真	無署名	東亜　高田稔	12	高田稔	アンケート		キネマ俳優戸籍調べ	
写真	無署名	マキノ　松尾文人	12	松尾文人	アンケート		キネマ俳優戸籍調べ	
絵画	武井武雄	虫の声	12	佐佐木茂索	小説		ピアノ	
写真	無署名	東亜　一色勝代	13	一色勝代	アンケート		キネマ俳優戸籍調べ	
写真	無署名	東亜　岡島艶子	13	岡島艶子	アンケート		キネマ俳優戸籍調べ	
写真	無署名	日活　谷崎十郎	13	谷崎十郎	アンケート		キネマ俳優戸籍調べ	
絵画	大橋月皎	江の島の夜	13	佐佐木茂索	小説		ピアノ	
写真	無署名	日活　中村英雄	14	中村英雄	アンケート		キネマ俳優戸籍調べ	
写真	無署名	日活　築地浪子	14	築地浪子	アンケート		キネマ俳優戸籍調べ	
絵画	山名文夫	たそがれ	14	江戸川乱歩	小説	探偵小説	人でなしの恋	
写真	無署名	東亜　竹村信夫	15	竹村信夫	アンケート		キネマ俳優戸籍調べ	
写真	無署名	松竹　川田芳子	15	川田芳子	アンケート		キネマ俳優戸籍調べ	
写真	無署名	東亜　瀬川路三郎	15	瀬川路三郎	アンケート		キネマ俳優戸籍調べ	
挿画	名越国三郎	人でなしの恋	15	江戸川乱歩	小説	探偵小説	人でなしの恋	
写真	無署名	東亜　都さくら	16	都さくら	アンケート		キネマ俳優戸籍調べ	
写真	無署名	日活　児島三郎	16	児島三郎	アンケート		キネマ俳優戸籍調べ	
写真	無署名	松竹　岩田祐吉	16	岩田祐吉	アンケート		キネマ俳優戸籍調べ	
挿画	名越国三郎	人でなしの恋	16	江戸川乱歩	小説	探偵小説	人でなしの恋	
写真	無署名	東亜　石川秀道	17	石川秀道	アンケート		キネマ俳優戸籍調べ	
写真	無署名	松竹　飯田蝶子	17	飯田蝶子	アンケート		キネマ俳優戸籍調べ	
写真	無署名	マキノ　鈴木澄子	17	鈴木澄子	アンケート		キネマ俳優戸籍調べ	
挿画	名越国三郎	人でなしの恋	17	江戸川乱歩	小説	探偵小説	人でなしの恋	
写真	無署名	日活　川上弥生	18	川上弥生	アンケート		キネマ俳優戸籍調べ	
写真	無署名	帝キネ　阪東豊昇	18	阪東豊昇	アンケート		キネマ俳優戸籍調べ	
写真	無署名	帝キネ　尾上紋十郎	18	尾上紋十郎	アンケート		キネマ俳優戸籍調べ	
絵画	勝田哲	いでゆ	18	江戸川乱歩	小説	探偵小説	人でなしの恋	
写真	無署名	松竹　小林十九二	19	小林十九二	アンケート		キネマ俳優戸籍調べ	
写真	無署名	日活　根岸東一郎	19	根岸東一郎	アンケート		キネマ俳優戸籍調べ	
写真	無署名	東亜　根津新	19	根津新	アンケート		キネマ俳優戸籍調べ	
挿画	名越国三郎	人でなしの恋	19	江戸川乱歩	小説	探偵小説	人でなしの恋	
写真	無署名	マキノ　中根龍太郎	20	中根龍太郎	アンケート		キネマ俳優戸籍調べ	
写真	無署名	日活　廣瀬恒美	20	廣瀬恒美	アンケート		キネマ俳優戸籍調べ	

画ジャンル	制作者	画題	頁	執筆者名	文ジャンル①	文ジャンル②	文題	備考
写真	無署名	帝キネ　浦路輝子	20	浦路輝子	アンケート		キネマ俳優戸籍調べ	
写真	無署名	東亜　平塚泰子	20	平塚泰子	アンケート		キネマ俳優戸籍調べ	
挿画	和田茂生	ジヤツヅ泥棒	20	水谷隼	小説	探偵小説	ジヤツヅ泥棒	
写真	無署名	日活　山内光	21	山内光	アンケート		キネマ俳優戸籍調べ	
写真	無署名	帝キネ　歌川八重子	21	歌川八重子	アンケート		キネマ俳優戸籍調べ	
写真	無署名	マキノ　市川小文治	21	市川小文治	アンケート		キネマ俳優戸籍調べ	
写真	無署名	お転婆キキー	21		映画	誌上封切	お転婆キキーファスト・ナシヨナル映画その一	
写真	無署名	日活　伊東みはる	22	伊東みはる	アンケート		キネマ俳優戸籍調べ	
写真	無署名	日活　齋藤達雄	22	齋藤達雄	アンケート		キネマ俳優戸籍調べ	
写真	無署名	日活　葛木香一	22	葛木香一	アンケート		キネマ俳優戸籍調べ	
写真	無署名	お転婆キキー	22		映画	誌上封切	お転婆キキーファスト・ナシヨナル映画その二	
写真	無署名	東亜　宮島哲夫	23	宮島哲夫	アンケート		キネマ俳優戸籍調べ	
写真	無署名	東亜　山本日出子	23	山本日出子	アンケート		キネマ俳優戸籍調べ	
写真	無署名	東亜　宮島健一	23	宮島健一	アンケート		キネマ俳優戸籍調べ	
挿画	山名文夫	死の技巧	23	甲賀三郎	小説	探偵小説	死の技巧	
写真	無署名	松竹　諸口十九	24	諸口十九	アンケート		キネマ俳優戸籍調べ	
写真	無署名	松竹　高尾光子	24	高尾光子	アンケート		キネマ俳優戸籍調べ	
写真	無署名	東亜　阪東太郎	24	阪東太郎	アンケート		キネマ俳優戸籍調べ	
写真	無署名	お転婆キキー	24		映画	誌上封切	お転婆キキーファスト・ナシヨナル映画その三	
写真	無署名	日活　徳川良子	25	徳川良子	アンケート		キネマ俳優戸籍調べ	
写真	無署名	日活　市川市丸	25	市川市丸	アンケート		キネマ俳優戸籍調べ	
写真	無署名	マキノ　鳥羽恵美子	25	鳥羽恵美子	アンケート		キネマ俳優戸籍調べ	
挿画	清水三重三	艶書御要心	25	横溝正史	小説	探偵小説	艶書御要心	
写真	無署名	松竹　渡辺篤	26	渡邊篤	アンケート		キネマ俳優戸籍調べ	
写真	無署名	日活　櫻木梅子	26	櫻木梅子	アンケート		キネマ俳優戸籍調べ	
写真	無署名	東亜　團徳麿	26	團徳麿	アンケート		キネマ俳優戸籍調べ	
写真	無署名	お転婆キキー	26		映画	誌上封切	お転婆キキーファスト・ナシヨナル映画その四	
写真	無署名	松竹　水島亮太郎	27	水島亮太郎	アンケート		キネマ俳優戸籍調べ	
写真	無署名	松竹　鈴木歌子	27	鈴木歌子	アンケート		キネマ俳優戸籍調べ	
写真	無署名	日活　御子柴杜雄	27	御子柴杜雄	アンケート		キネマ俳優戸籍調べ	

写真	無署名	お転婆キキー	27		映画	誌上封切	お転婆キキーファスト・ナミヨナル映画その五	
写真	無署名	日活　沢村春子	28	沢村春子	アンケート		キネマ俳優戸籍調べ	
写真	無署名	マキノ　都賀靜子	28	都賀靜子	アンケート		キネマ俳優戸籍調べ	
写真	無署名	帝キネ　蘆屋桃子	28	蘆屋桃子	アンケート		キネマ俳優戸籍調べ	
絵画	山名文夫	海の唄	28	富沢有為男	小説		『私は父親である』	
写真	無署名	日活　木藤茂	29	木藤茂	アンケート		キネマ俳優戸籍調べ	
写真	無署名	アヅマ　草間實	29	草間實	アンケート		キネマ俳優戸籍調べ	
写真	無署名	帝キネ　小阪照子	29	小阪照子	アンケート		キネマ俳優戸籍調べ	
絵画	山川秀峰	夕べ	29	富沢有為男	小説		『私は父親である』	
写真	無署名	日活　水町玲子	30	水町玲子	アンケート		キネマ俳優戸籍調べ	
写真	無署名	東亜　原こま子	30	原こま子	アンケート		キネマ俳優戸籍調べ	
写真	無署名	帝キネ　千草香子	30	千草香子	アンケート		キネマ俳優戸籍調べ	
絵画	初山滋	夜ざむ	30	崎山猷逸	小説		ばらばらな追懐	
写真	無署名	日活　内田吐夢	31	内田吐夢	アンケート		キネマ俳優戸籍調べ	
写真	無署名	帝キネ　吉田豊作	31	吉田豊作	アンケート		キネマ俳優戸籍調べ	
写真	無署名	日活　小泉嘉輔	31	小泉嘉輔	アンケート		キネマ俳優戸籍調べ	
写真	無署名	日活　尾上多見太郎	31	尾上多見太郎	アンケート		キネマ俳優戸籍調べ	
絵画	武井武雄	初秋	31	加藤元彦	小説		都会の火	
写真	無署名	松竹　岡田宗太郎	32	岡田宗太郎	アンケート		キネマ俳優戸籍調べ	
写真	無署名	日活　牧きみ子	32	牧きみ子	アンケート		キネマ俳優戸籍調べ	
写真	無署名	日活　島耕二	32	島耕二	アンケート		キネマ俳優戸籍調べ	
カット	無署名	無題	32	森暁紅	新講談	情話	堅気地獄	図案(草と鳥)
写真	無署名	日活　松島英子	33	松島英子	アンケート		キネマ俳優戸籍調べ	
写真	無署名	日活　中村吉治	33	中村吉治	アンケート		キネマ俳優戸籍調べ	
写真	無署名	日活　岡田嘉子	33	岡田嘉子	アンケート		キネマ俳優戸籍調べ	
写真	無署名	日活　酒井米子	33	酒井米子	アンケート		キネマ俳優戸籍調べ	
挿画	岩田専太郎	堅気地獄	33	森暁紅	新講談	情話	堅気地獄	
写真	無署名	帝キネ　杉村千恵子	34	杉村千恵子	アンケート		キネマ俳優戸籍調べ	
写真	無署名	帝キネ　藤間林太郎	34	藤間林太郎	アンケート		キネマ俳優戸籍調べ	
写真	無署名	日活　小村新一郎	34	小村新一郎	アンケート		キネマ俳優戸籍調べ	
絵画	名取春仙	赤とんぼ	34	森暁紅	新講談	情話	堅気地獄	
写真	無署名	アヅマ　佐久間八郎	35	佐久間八郎	アンケート		キネマ俳優戸籍調べ	
写真	無署名	日活　衣川光子	35	衣川光子	アンケート		キネマ俳優戸籍調べ	
写真	無署名	松竹　若林康雄	35	若林康雄	アンケート		キネマ俳優戸籍調べ	

画ジャンル	制作者	画題	頁	執筆者名	文ジャンル①	文ジャンル②	文題	備考
挿画	川口春波	大安寺大饗応	35	川口松太郎	新講談		大安寺大饗応（豊太閤と助左衛門）	
写真	無署名	松竹　森野五郎	36	森野五郎	アンケート		キネマ俳優戸籍調べ	
写真	無署名	日活　砂田駒子	36	砂田駒子	アンケート		キネマ俳優戸籍調べ	
写真	無署名	日活　市川春衛	36	市川春衛	アンケート		キネマ俳優戸籍調べ	
写真	無署名	日活　三枡豊	36	三枡豊	アンケート		キネマ俳優戸籍調べ	
絵画	高畠華宵	？（頁の一部欠）	36	川口松太郎	新講談		大安寺大饗応（豊太閤と助左衛門）	人物（和装の女性の後ろ姿）
写真	無署名	アヅマ　衣笠英子	37	衣笠英子	アンケート		キネマ俳優戸籍調べ	
写真	無署名	日活　小松みどり	37	小松みどり	アンケート		キネマ俳優戸籍調べ	
写真	無署名	松竹　国島荘一	37	国島荘一	アンケート		キネマ俳優戸籍調べ	
カット	無署名	無題	37	川口松太郎	新講談		大安寺大饗応（豊太閤と助左衛門）	植物（鉢植えの花）
カット	無署名	無題	37	柳家小さん	落語		天災	図案（花弁）
写真	無署名	日活　南部章三	38	南部章三	アンケート		キネマ俳優戸籍調べ	
写真	無署名	日活　浅野雪子	38	浅野雪子	アンケート		キネマ俳優戸籍調べ	
写真	無署名	日活　谷幹一	38	谷幹一	アンケート		キネマ俳優戸籍調べ	
挿画	前川千帆	天災	38	柳家小さん	落語		天災	
写真	無署名	帝キネ　山下澄子	39	山下澄子	アンケート		キネマ俳優戸籍調べ	
写真	無署名	マキノ　市川右太衛門	39	市川右太衛門	アンケート		キネマ俳優戸籍調べ	
写真	無署名	松竹　日守新一	39	日守新一	アンケート		キネマ俳優戸籍調べ	
写真	無署名	ダグラスの海賊	39		映画	誌上封切	ダグラスの海賊　ユナイテツト・アーチスツ映画　その一	
カット	無署名	無題	39	柳家小さん	落語		天災	人物（ワインを抜栓するエプロン姿の男性）
写真	無署名	帝キネ　松本田三郎	40	松本田三郎	アンケート		キネマ俳優戸籍調べ	
写真	無署名	松竹　横尾泥海男	40	横尾泥海男	アンケート		キネマ俳優戸籍調べ	
写真	無署名	松竹　伊東惇兆	40	伊東惇兆	アンケート		キネマ俳優戸籍調べ	
カット	無署名	無題	40	談洲楼燕枝	落語		囲ひ者	図案（花）
挿画	清水対岳坊	囲ひ者	40	談洲楼燕枝	落語		囲ひ者	
写真	無署名	松竹　尾上梅助	41	尾上梅助	アンケート		キネマ俳優戸籍調べ	
写真	無署名	東亜　露原桔梗	41	露原桔梗	アンケート		キネマ俳優戸籍調べ	
写真	無署名	日活　新妻四郎	41	新妻四郎	アンケート		キネマ俳優戸籍調べ	
写真	無署名	ダグラスの海賊	41		映画	誌上封切	ダグラスの海賊　ユナイテツト・アーチスツ映画　その二	
写真	無署名	日活　若葉馨	42	若葉馨	アンケート		キネマ俳優戸籍調べ	
写真	無署名	日活　秩父かほる	42	秩父かほる	アンケート		キネマ俳優戸籍調べ	

写真	無署名	日活　尾上華丈	42	尾上華丈	アンケート		キネマ俳優戸籍調べ	
写真	無署名	帝キネ　濵田格	42	濵田格	アンケート		キネマ俳優戸籍調べ	
写真	無署名	ダグラスの海賊	42		映画	誌上封切	ダグラスの海賊　ユナイテッド・アーチスツ映画　その三	
写真	無署名	マキノ　東郷久義	43	東郷久義	アンケート		キネマ俳優戸籍調べ	
写真	無署名	松竹　藤野秀夫	43	藤野秀夫	アンケート		キネマ俳優戸籍調べ	
写真	無署名	松竹　千代田秀一	43	千代田秀一	アンケート		キネマ俳優戸籍調べ	
カット	無署名	無題	43	今東光	小説		比丘尼人形	情景（２体の地蔵）
写真	無署名	松竹　藤田房子	44	藤田房子	アンケート		キネマ俳優戸籍調べ	
写真	無署名	松竹　藤田陽子	44	藤田陽子	アンケート		キネマ俳優戸籍調べ	
写真	無署名	妻三郎プロダクション中村琴之助	44	中村琴之助	アンケート		キネマ俳優戸籍調べ	
写真	無署名	帝キネ　明石綠郎	44	明石綠郎	アンケート		キネマ俳優戸籍調べ	
写真	無署名	ダグラスの海賊	44		映画	誌上封切	ダグラスの海賊　ユナイテッド・アーチスツ映画　その四	
写真	無署名	帝キネ　里見明	45	里見明	アンケート		キネマ俳優戸籍調べ	
写真	無署名	松竹　近藤伊與吉	45	近藤伊與吉	アンケート		キネマ俳優戸籍調べ	
写真	無署名	松竹　栗島すみ子	45	栗島すみ子	アンケート		キネマ俳優戸籍調べ	
挿画	名取春仙	囚人の紛失	45	高桑義生	新講談		囚人の紛失	
絵画	初山滋	夕暮	46	高桑義生	新講談		囚人の紛失	
写真	無署名	ダグラスの海賊	47		映画	誌上封切	ダグラスの海賊　ユナイテッド・アーチスツ映画　その五	
絵画	佐藤九二男	女	47	高桑義生	新講談		囚人の紛失	
絵画	初山滋	むし	48	宇野千代	小説		或る半日	
絵画	伊東深水	秋	49	宇野千代	小説		或る半日	
絵画	竹久夢二	読書	50	宇野千代	小説		或る半日	
カット	無署名	無題	50	宇野千代	小説		或る半日	植物（鉢植えの花）

【2】……戦前期『サンデー毎日』特別号の視覚表象データベースの特徴 ［中村 健］

2―1 概要

『サンデー毎日』特別号（詳細は、本書序章にて説明）に掲載された挿画・絵画・漫画・写真などの視覚表象データ約七〇〇〇点について、制作者名、画題／文題、掲載号、掲載頁などを採録した。採録にあたっては、本書に寄稿している荒井真理亜（一九二二～一九二六年）、中村健（一九二七～一九三一年）、副田賢二（一九三二～一九三六年）、富永真樹（一九三七～一九四一年）の四名が分担して行った。

このデータベースの特徴として、次の二点が挙げられる。

①制作者の検索が可能である。

文学通信リポジトリ（https://bungaku-report.com/sundaymainichi.html）に搭載したデータベースを使って、制作者で絞り込めば、担当した作品を検索できる。

②定量分析の基礎データとなりうる。

掲載ページ単位で記録しているので、掲載点数をカウントすることで、制作者、出版年、ジャンルごとの定量分析するための基礎データを作成することができる。掲載ページ単位で採録した理由であるが、ある長編作品に画家Aの挿画が五点、短編に画家Bが一点掲載された場合、作品単位でデータを作成すると、画家Aと画家Bの挿画は同数となり、画家Aの挿画五点と画家Bの挿画一点が同じ値になる。しかし、掲載点数でカウントすれば、画家Aの方が多く、制作者の存在感が見えてくる。そうした定量分析の基礎資料とすべく、掲載ページでカウントした。

なお、見開きで展開された挿画は一点としているが、掲載ページに22―23などと、連続するページ数を入れた。

次に、採録例を示す。

挿画・写真・絵画の三パターンの例を示した。①③は制作者が不明なので無署名としている。備考には、描かれた内容を記した。②の写真はどの作品／記事とも関係ないので無題としている。⑤は一見挿画のように見えるが、作品／記事とは直接関係がない絵である。②⑤の写真・絵画は作品／記事に直接関係しないが、誌面構成を示すため、同じ誌面に掲載された作品／記事を記載した。

次に、採録項目について説明しよう。

・「小説と講談」の巻号、特別号題、発行年月日、発行年月日（西暦）、

画ジャンル……採録者の判断で絵画、挿画、カット、漫画、写真などに分類した。

絵画……制作者の作品。作品／記事と直接関係しない画であることが多い。

挿画……挿絵のこと、作品／記事に関連のある画。なお、当時の表記である「挿画」を採用した。

カット……文題を飾る画、作品／記事と直接関係しない画。目次の画、誌面の埋め草やイラスト。制作者が記載されないことが多い。

漫画……漫画に加え、カリカチュアも含む。

写真……人物写真、映画のスチール、グラビア。

制作者……表象データの作者。絵画や挿画は画家、挿絵画家を指し、写真の場合は撮影者を指す。誌面に名前の記載がなければ「無署名」と記入している。

画題……表象データのタイトル。記載がなければ「無題」と記入している。

執筆者名……画とともに掲載されている作品／記事の執筆者名を転記。記載がなければ「無署名」と記入している。

第5年1号　大正15年1月1日発行

	画ジャンル	制作者	画題	頁	執筆者名	文ジャンル①	文ジャンル②	文題	備考
①	挿画	無署名	無題	40	無署名	小話		漫画膝栗毛	場面（梯子を持つ弥次郎兵衛と茶店の女）
②	写真	無署名	無題	40	渡辺黙禅	新講談		伊勢平出世物語	人形（歌舞伎）
③	挿画	無署名	無題	41	無署名	小話		漫画膝栗毛	場面（按摩と弥次北）
④	挿画	小田富弥	伊勢平出世物語	41	渡辺黙禅	新講談		伊勢平出世物語	

第3年1号　大正13年1月1日発行

	画ジャンル	制作者	画題	頁	執筆者名	文ジャンル①	文ジャンル②	文題	備考
⑤	絵画	田中良	花	5	高浜虚子	小説		英子	

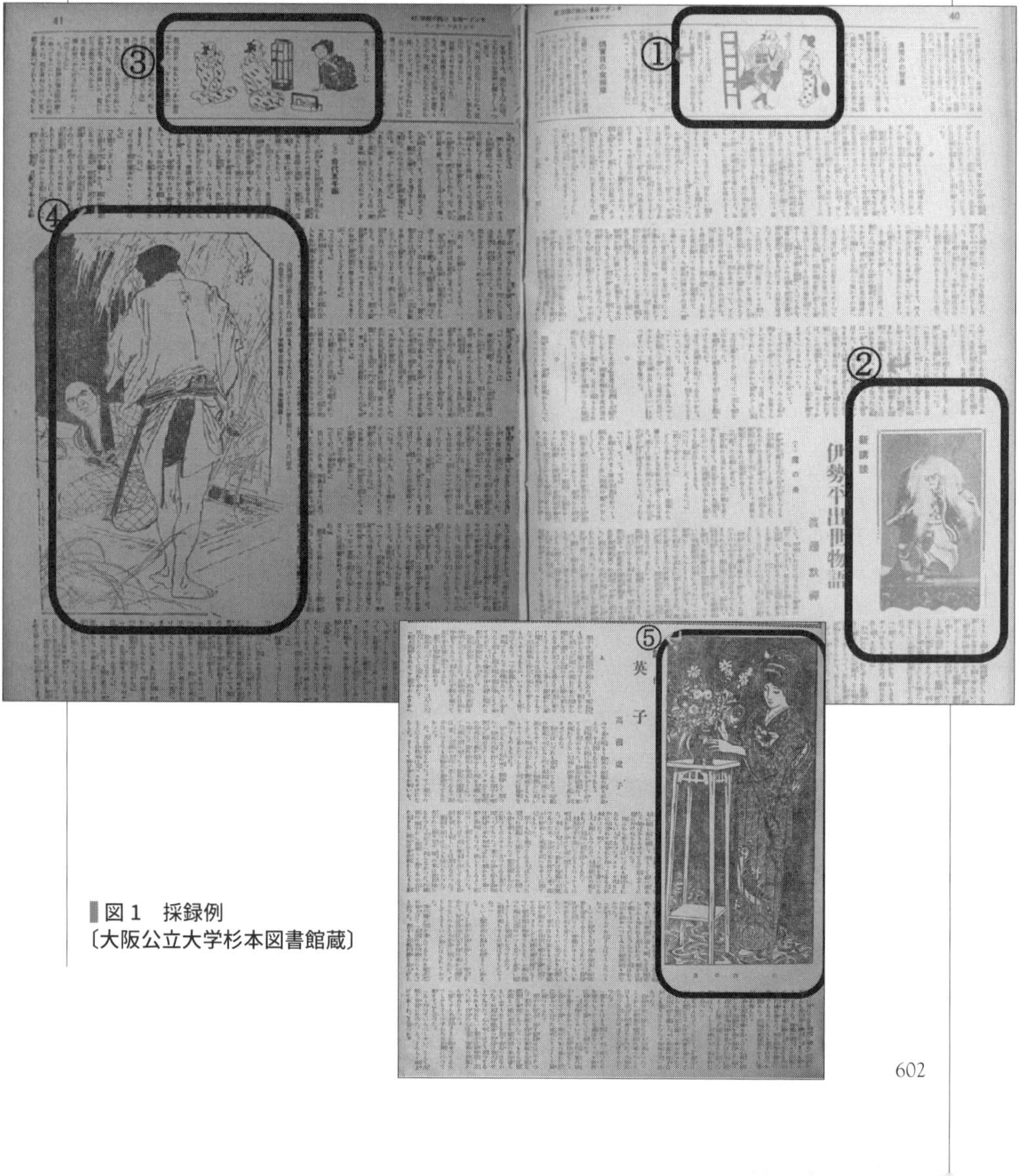

図１　採録例
〔大阪公立大学杉本図書館蔵〕

表1　データベースの収録点数（2024年6月2日時点）

画ジャンル/年	1922	1923	1924	1925	1926	1927	1928	1929	1930	1931	1932	1933	1934	1935	1936	1937	1938	1939	1940	1941	総計
挿画	20	51	72	72	99	95	143	135	135	140	160	168	170	201	191	254	207	227	197	136	2873
写真	5	10	33	56	170	356	31	30	200	36	27	44	27	24	34	346	279	305	243	110	2366
カット	17	28	8	19	27	5	7	10	15	22	63	53	69	20	16	81	50	63	54	56	683
絵画	15	87	76	64	56	31	28	28	30	9	19	10				19	32	31	32	31	598
漫画						10	18	45	53	92	53	27	29	32	31	41	44	42	53	18	588
その他												1				2					3
総計	57	176	189	211	352	497	227	248	433	299	322	303	295	277	272	743	612	668	579	351	7111

文ジャンル……転記を原則に、目次や題字の角書きを採録している。分類が難しいのが演芸や漫画で、挿画なのか漫画なのか判別がつかないものがある。

2―2　活用例

ここでは、文学通信リポジトリに公開したデータを使った事例を示す。なお、文学通信リポジトリでは【表1】の点数（二〇二四年六月二日現在の点数）を公開している。

全体を三期に分け、各期の掲載点数が多い制作者を抽出した。

（一期）一九二二～一九二八　名越国三郎、岩田専太郎、小田富彌、伊東深水、北野恒富、金森観陽

（二期）一九二九～一九三三　岩田専太郎、小田富彌、山名文夫、和田邦坊、堤寒三、田中比佐良

（三期）一九三四～一九四一　小村雪岱、植村俊、小山内龍、吉田貫三郎、小林秀恒、岩田専太郎

分類であるが、一期は日本画家の起用が多い時期、二期は漫画の掲載が増えた時期、三期は新しい制作者の起用が増えた時期とした。

岩田専太郎は全期間上位にあがっている唯一の制作者である。

三期に登場する植村俊はこれまで取り上げられることがほとんどなかった制作者である。植村俊については、本書収録のコラム①副田賢二「植村俊と『サンデー毎日』の視覚表象空間」に詳しい。

このように定量分析を行うことで、岩田専太郎の圧倒的な存在感とともに、植村俊という新しい画家の存在を見つけることができた。

【3】……戦前期『サンデー毎日』表紙データベースについて　［副田賢二］

3―1　概要

一九二二年から一九二六年までの『サンデー毎日』の通常号、特別号、臨時増刊の全ての表紙絵に関して、①巻・号、②発行年月日、③雑誌形態（無記載は通常号）、④表紙の意匠・女性、⑤表紙の意匠・その他、⑥表紙の種類（写真、絵画、その他）、⑦作画者・撮影者、⑧表紙に関する備考、⑨備考・掲載記事等、⑩調査施設（当該号所蔵施設の全てではない）の項目で採録した。このデータベースの全般的な特徴としては、『サンデー毎日』の表紙には、女性が登場することが多いため、採録にあたっても、女性に関するものとそれ以外の項目に分けている。

なお、『平成29年度科研費基盤研究（C）「戦前期『サンデー毎日』と大衆文化に関する総合的研究」（課題番号：17K02487）研究成果報告書　戦前期サンデー毎日研究成果報告資料集』非売品、二〇二〇年）に収録したデータベースに修正や追加を加えたものを、ここに掲載している。今後、文学通信リポジトリで、一九二二年から一九五一年の被占領期までの『サンデー毎日』全表紙データベースを公開する予定である。

3―2　活用例

このデータベースには、表紙の表象や判型、印刷の形態やタイトル表記、定価などの、雑誌メディア研究において不可欠な情報を可能な限り盛り込んでいる。また、その当該号（特別号、臨時増刊を含む）において特徴的な掲載コンテンツについても可能な限り備考に記載した。

よって、このデータベースは、文学研究のみならず、表象文化研究、社会学、メディア研究、フェミニズム研究・批評においても活用できるものであろう。

例えば、一九二〇年代の『サンデー毎日』表紙は写真中心であったが、それが三〇年代初頭からカラー刷りの絵画、そして絵画／写真が登場し、戦時下にはほぼ絵画／写真の表紙印刷となる。その表象の変化についても、様々な角度から分析、検討できるものであると考えられる。このデータベースについても、可能な限りオープンな活用を目指して、今後のデータ公開作業を進めてゆきたい。

なお、文学通信リポジトリでのデータ公開の段階では、全表紙のカラー図版（一九二二〜一九五一）をウェブ上で見ることができるようにしたいと考えている。

◆戦前期『サンデー毎日』表紙データベース（1922 ～ 1926）

・「調査施設」欄に挙げた施設名は副田が調査を実施した施設であり、その巻号を所蔵する施設の全てということではない。
・大阪公立大＝大阪公立大学杉本図書館、大宅文庫＝公益財団法人大宅壮一文庫、京都府立＝京都府立図書館、昭和館＝昭和館図書室（東京都千代田区九段南 1-6-1）、近代文学館＝日本近代文学館、国会＝国立国会図書館東京本館。ここに掲載した 1922 ～ 1926 年の間については、大阪公立大、大宅文庫、昭和館のみ。

巻・号	発行年月日	雑誌形態(無記載は通常号)	表紙の意匠・女性	表紙の意匠・その他	表紙の種類(写真,絵画,その他)	作画者・撮影者	表紙に関する備考	備考・掲載記事等	調査施設(当該号所蔵施設の全てではない)
1巻1号	1922.4.2			平和博覧会と上野広小路風景・俯瞰	写真		「毎日曜日発行」と雑誌タイトル右に記載（1924.3.30 まで）	創刊号。1940.9.29までダブロイド判。定価10銭(表紙に表記あり)	大阪公立大
1巻2号	1922.4.9		和装女性とチューリップ		写真		この号から 1930.4.6 まで、雑誌タイトル上 に「The Sunday Mainichi」と表記される		大阪公立大
1巻3号	1922.4.16			ユニオンジャックと帝都	写真		以降 1924.6.15 号までは、価格が上がる特別号以外、定価は表紙には記載されない		大阪公立大
1巻4号	1922.4.23			桜並木	写真				大阪公立大
1巻5号	1922.4.30			テーブルのデザート	写真				大阪公立大
1巻6号	1922.5.7			子供と「愛護の花」	写真				大阪公立大
1巻7号	1922.5.14			着物の生地色々	写真				大阪公立大
1巻8号	1922.5.21			庭園と池と橋	写真				大阪公立大
1巻9号	1922.5.28			花とテーブル	写真				大阪公立大
1巻10号	1922.6.4			簾と団扇のある庭	写真				大阪公立大
1巻11号	1922.6.11			娘道成寺	写真				大阪公立大
1巻12号	1922.6.18		海水浴の若い女性2人		写真				大阪公立大
1巻13号	1922.6.25			こちらを向いて撮影するカメラマンの群れ			表紙写真右下に「新聞社の写真班が一斉にレンズを向けてゐます。加藤首相始め新内閣の閣僚達は、みなこの前に。にこ／＼して立つたものでした。」と説明書きあり		大宅文庫 大阪公立大欠号
1巻14号	1922.7.2		和傘の和装女性		写真				大阪公立大
1巻15号	1922.7.9			立山の平蔵	写真		表紙下部に詳しい説明文あり		大阪公立大
1巻16号	1922.7.10	サンデー毎日特別号 小説と講談	洋傘の和装女性2人・窓枠状の切り抜きの中に		写真		「サンデー毎日特別号」とタイトル表記。表紙写真上部に「小説と講談」と表記	※「小説と講談」最初の号。この名称は 1929.9.10 まで続き (1930.1.1 と 3.20 のみ「創作と講談」)、以降「新春／春・夏・秋季特別号」となる。定価 15 銭	大阪公立大

1巻17号	1922.7.16			カッター競技	写真				大阪公立大
1巻18号	1922.7.23			収穫前のぶどう棚	写真				大阪公立大
1巻19号	1922.7.30		海水浴の若い女性3人・和傘で顔を隠す		写真				大阪公立大
1巻20号	1922.8.6			真夏の街	写真		「熱風」と題		大阪公立大
1巻21号	1922.8.13		高飛び込み競技の女性とアメリカ国旗のある建物		写真				大阪公立大
1巻22号	1922.8.20			帽子の子供	写真				大阪公立大
1巻23号	1922.8.27			夏草の草むら	写真				大阪公立大
1巻24号	1922.9.3		舞踊家ヒルダ・ブトリーヴ嬢		写真				大阪公立大
1巻25号	1922.9.10		提灯を吊す和装女性		写真				大阪公立大
1巻26号	1922.9.17		行灯と和装女性		絵画	大林千萬樹	「紅粧(院展出品)大林千萬樹氏」と表紙下に記載		大阪公立大
1巻27号	1922.9.24		舞踏女王バヴロヴア夫人とバレリーナのイラスト		写真／イラスト		「快よき疲れ」と題した長いキャプションが表紙左側に掲載		大阪公立大
1巻28号	1922.10.1			田んぼと案山子	写真		「みのる秋」と題		大阪公立大
1巻29号	1922.10.5	特別号秋季臨時増刊こどもの生活		洋装の女の子	写真	小澤完一郎	雑誌タイトル表記は「サンデー毎日特別号　こどもの生活」。「ホームポートレート入選印画　大阪小澤完一郎」とキャプション		大阪公立大
1巻30号	1922.10.8		和装の女性ポートレート・背景に布の意匠		写真	堀内琴平	「ポートレート入選印画 「含羞み」 大阪　堀内琴平」		大阪公立大
1巻31号	1922.10.15		和装の母と女の子・コスモス背景		写真	望月蘆都	「ホームポートレート入選印画　初秋の宵　大阪　望月蘆都」		大阪公立大
1巻32号	1922.10.22			子供の肖像画	絵画	コルネリス・デ・ボス(蘭)	「本社三階に開かれたる松方氏所蔵泰西名画展覧会より」		大阪公立大
1巻33号	1922.10.29			室内の光景	絵画	藤田嗣治	第四回帝展出品「わが画室の内にて」		大阪公立大
1巻34号	1922.11.5			泣く女児	写真	深掘秋濤	「かなしみ（ポートレート入選印画　京城　深掘秋濤」		大阪公立大
1巻35号	1922.11.12			芝居絵板画	絵画	鳥居清倍	「本社楼上に開会の松方氏所蔵板画展覧会出品」		大阪公立大
1巻36号	1922.11.19			西洋の女児	写真				大阪公立大
1巻37号	1922.11.26			新舞踊「野人創造」舞台シーン	写真		「新舞踊家石井真三氏の送別舞踊会」		大阪公立大

巻・号	発行年月日	雑誌形態(無記載は通常号)	表紙の意匠・女性	表紙の意匠・その他	表紙の種類(写真,絵画,その他)	作画者・撮影者	表紙に関する備考	備考・掲載記事等	調査施設(当該号所蔵施設の全てではない)
1巻38号	1922.12.3			ラクビーの試合	写真				大阪公立大
1巻39号	1922.12.10			蘭の花とキルト	写真				大阪公立大
1巻40号	1922.12.17	クリスマス号		サンタ人形とクリスマスの街のレリーフ	写真				大阪公立大
1巻41号	1922.12.24	歳晩号		歳末の商店街・俯瞰	写真				大阪公立大
2巻1号	1923.1.1	臨時増刊新春特別号 第二 小説と講談	和装女性・背後に羽子板の意匠		写真		表紙写真下部に「第二　小説と講談」と表記	※以下「小説と講談」号は、1929.4.7まで定価20 銭	大阪公立大
2巻2号	1923.1.7	新年増大号	山中の雪景色		写真				大阪公立大
2巻3号	1923.1.14			D・フェアバンクス、M・ピックフォード夫妻と子供	写真		表紙写真のキャプションあり		大阪公立大
2巻4号	1923.1.21			熊の敷物を囲む子供達	写真				大阪公立大
2巻5号	1923.1.28			神戸のダンスパーティ	写真		「白粉仮装ダンス会」		大阪公立大
2巻6号	1923.2.4			船上の男女・スイス人エグリーと芸妓富士松	写真		「高松情話」のタイトルの後、22行のキャプションあり		大阪公立大
2巻7号	1923.2.11		和装女性とうぐいす		写真				大阪公立大
2巻8号	1923.2.18			猪名川の朝の風景	写真				大阪公立大
2巻9号	1923.2.25			奈良法華寺の僧と燈籠	写真		同寺への皇后の参拝に関するキャプションあり		大阪公立大
2巻10号	1923.3.4			店頭の野菜	写真				以下大阪公立大欠号(23.9.30まで)
2巻11号	1923.3.11			窓外を除く子供達	写真				副田所蔵
2巻12号	1923.3.18		塔の上でポーズを取る白ドレスの女性		写真		活動写真「麗しき収穫」撮影シーンとのキャプションあり		副田所蔵
2巻13号	1923.3.20	春季特別号 第三 小説と講談号	ビリヤードする女性・夏川静江(日活)		写真		雑誌タイトル部分に「第三　小説と講談」と大書。雑誌名は、表紙写真下部に「サンデー毎日春季特別号」として小さめに表示。以降「小説と講談」号はその形のタイトル表記が続く		副田所蔵

2巻14号	1923.3.25			木花踊の衣裳	写真				副田所蔵
2巻15号	1923.4.1	一周年記念号	和装女性の舞		絵画	名越國三郎	目次に表紙題「春の人　名越國三郎」。「サンデー・ポスター」掲載(8頁)。「これはサンデー毎日の第一号から今日まで、一年間五十五号分の表紙画です、これを一ツ一ツ切ると、みなさんの雑記帳や、封筒の封じ目などに帖る、面白いサンデー・ポスターになります。」とキャプションあり		副田所蔵
2巻16号	1923.4.8			菜の花と里山	写真				副田所蔵
2巻17号	1923.4.15			洋館と桜	写真				副田所蔵
2巻18号	1923.4.22			大阪三越前の人々	写真				副田所蔵
2巻19号	1923.4.29		走り高跳びの女性(東京頌栄女学校選手御子柴初子嬢)		写真				副田所蔵
2巻20号	1923.5.6			THE OLYMPIC NUMBERの字と胸像	写真				副田所蔵
2巻21号	1923.5.13			東京新宿御苑の光景	写真		「若葉の雨」と題		副田所蔵
2巻22号	1923.5.20			日・米・五色旗と陸上競技	写真		「オリムビツクの夏」		副田所蔵
2巻23号	1923.5.27		女性水泳選手		写真		「健康美　日本女子水泳選手」		副田所蔵
2巻24号	1923.6.3		川辺を歩く和傘の和装女性2人		写真		「梅雨近し」		副田所蔵
2巻25号	1923.6.5	第六回極東選手権大会　オリムピック画報		会場正門前	写真		雑誌タイトルの部分に「第六回極東選手権大会　オリムピック画報」と大書。「サンデー毎日」の記載なし。題字の下に「大阪毎日新聞日曜附録」と記載あり		副田所蔵
2巻26号	1923.6.10			六月の後立山脈とウルップ草	写真	山口勝	目次に「山口勝撮影」とあり		副田所蔵
2巻27号	1923.6.17		庭のベンチに座る洋装女性		写真				副田所蔵
2巻28号	1923.6.24		和傘の和装女性・後姿		写真				副田所蔵
2巻29号	1923.7.5	夏季特別号　第四　小説と講談	横向きの和装女性・背景に布の意匠		写真		雑誌タイトル部分に「第四　小説と講談」と縦書き。その上に小さく「サンデー毎日夏季特別号」と表記		副田所蔵

巻・号	発行年月日	雑誌形態(無記載は通常号)	表紙の意匠・女性	表紙の意匠・その他	表紙の種類(写真,絵画,その他)	作画者・撮影者	表紙に関する備考	備考・掲載記事等	調査施設(当該号所蔵施設の全てではない)
2巻30号	1923.7.8		海辺の洋装女性と水着女性のイラスト		写真＋イラスト				副田所蔵
2巻31号	1923.7.15			メロンとカフェの女性のイラスト	写真＋イラスト				副田所蔵
2巻32号	1923.7.22			海水浴の風景	写真				副田所蔵
2巻33号	1923.7.29			橋上の人々	写真		「涼味　風に堪ふ人々」		副田所蔵
2巻34号	1923.8.5		和装女性		写真	片山精三	「サンデー毎日表紙画入選写真……片山精三氏（廣島）」		副田所蔵
2巻35号	1923.8.12			ハーディング大統領の肖像と供花	写真			「サンデー毎日表紙画 第一回入選印画」(27頁)。5点が掲載。この時は全て写真作品。「八月課題「海又は山」に関するもの九月課題「初秋に関するもの」」と説明書き	副田所蔵
2巻36号	1923.8.19		和傘の水着女性		写真				副田所蔵
2巻37号	1923.8.26			スワンボートで遊ぶ子供達	写真		「お池の夕」と題		副田所蔵
2巻38号	1923.9.2			松と船の遠景・背景に布の意匠	写真				副田所蔵
2巻39号	1923.9.9			東海道御殿場駅附近の大亀裂	写真			※関東大震災後の最初の号	副田所蔵・昭和館(1923.12.30まで所蔵)
2巻40号	1923.9.16	関東震災号		震災後の浅草・崩壊した凌雲閣	写真		裏表紙も全面被災地の光景の写真		副田所蔵
2巻41号	1923.9.23	帝都復興号		復興の気運を見せた神田須田町附近	写真		裏表紙は「東京市焼失地域略図」		副田所蔵
2巻42号	1923.9.30			内閣総理大臣山本権兵衛 後藤新平 渋沢栄一	写真				副田所蔵
2巻43号	1923.10.5	秋季特別号　小説と講談		炎の中の父と娘	絵画	名越國三郎	雑誌タイトル部分に「小説と講談」と大書。表紙に表紙画「火生」と表記。「小説と講談」号表紙で初の絵画		大阪公立大
2巻44号	1923.10.7			田と農夫	写真				副田所蔵 公立大欠号
2巻45号	1923.10.14			潜水艦引揚作業	写真				大阪公立大

2巻46号	1923.10.21		ゴルフをする女性		写真				大阪公立大
2巻47号	1923.10.28			野邊の花	写真				大阪公立大
2巻48号	1923.11.4		学ぶ娘と母親		写真	安本静子	「燈下したしむ　博多　安本静子」		大阪公立大
2巻49号	1923.11.11			籠網を準備する漁夫	写真				大阪公立大
2巻50号	1923.11.18		震災後の和装「東京婦人」		写真				大阪公立大
2巻51号	1923.11.25			日本美術展覧会の鑑査風景、告知の看板	写真				副田所蔵 公立大欠号
2巻52号	1923.12.2			里山の家と子供	写真				大阪公立大
2巻53号	1923.12.9		バレーボールする女学生写真２枚		写真		「大手前女学校における第一回大会の日」		大阪公立大
2巻54号	1923.12.16			火の用心の行進	写真				大阪公立大
2巻55号	1923.12.23	クリスマス号		眠る少女と玩具	写真				副田所蔵 公立大欠号
2巻56号	1923.12.30	歳暮号		大売り出しの幟	写真				副田所蔵 公立大欠号
3巻1号	1924.1.1	新春特別号　小説と講談	トランプする和装女性・柳さく子と梅村馨子(松竹シネマ)		写真				大阪公立大
3巻2号	1924.1.6			幼い良子女王と信子女王・和装	写真		「おもひでの春」と題		大阪公立大
3巻3号	1924.1.13			勧進帳	写真				大阪公立大
3巻4号	1924.1.20			セーター姿の子供2人	写真	山崎益蔵	「ハーモニカの稽古　山崎益蔵氏作」		大阪公立大
3巻5号	1924.1.27			東宮新御所の正門・赤坂離宮	写真				大阪公立大
3巻6号	1924.2.3			御成婚をめぐる光景	写真				大阪公立大
3巻7号	1924.2.10			護憲関西大会場に溢れる群衆・俯瞰	写真				大阪公立大
3巻8号	1924.2.17			中座二番目狂言「與話情浮名横櫛」舞台	写真				大阪公立大
3巻9号	1924.2.24		和装女性の鉛筆画		絵画	田中良			大阪公立大
3巻10号	1924.3.2			「仏蘭西みやげ」人形	写真				大阪公立大
3巻11号	1924.3.9		微笑む和装女性		写真	結城真之輔	「「頬白き」結城真之輔撮影」		大阪公立大
3巻12号	1924.3.16		野球ユニフォーム姿の女性3人・梅村蓉子、栗島すみ子、柳さく子		写真		「挑戦！ヒルムスター倶楽部」と見出し		大阪公立大

巻・号	発行年月日	雑誌形態(無記載は通常号)	表紙の意匠・女性	表紙の意匠・その他	表紙の種類(写真,絵画,その他)	作画者・撮影者	表紙に関する備考	備考・掲載記事等	調査施設(当該号所蔵施設の全てではない)
3巻13号	1924.3.23			籠の中の鳥	写真				大阪公立大
3巻14号	1924.3.30		桜の下の和装女性		写真	長谷川豊治	「“花下” サンデー毎日懸賞表紙写真 大阪　長谷川豊治氏撮影」と記載		大阪公立大
3巻15号	1924.4.1	特別号 小説と講談	和装女性		絵画		※以降、「小説と講談」号の表紙はほぼ絵画になる		大阪公立大
3巻16号	1924.4.6	二周年記念号	和装女性		写真				大阪公立大
3巻17号	1924.4.13			大阪のボーイスカウトを訪問する後藤新平・鳴尾の競馬	写真		それまでの「毎日曜日発行」表記が「週刊雑誌」(丸→四角囲み)に変更		大阪公立大
3巻18号	1924.4.20		和装女性・背後に花の意匠		絵画				大阪公立大
3巻19号	1924.4.27			本社放送無線電話機器を見る三越楼上の聴衆	写真				大阪公立大
3巻20号	1924.5.4		洋傘の和装女性2人		写真				大阪公立大
3巻21号	1924.5.11			ペリカン	写真				大阪公立大
3巻22号	1924.5.18			少女の人形	写真				大阪公立大
3巻23号	1924.5.25			保津川渓谷	写真			白井喬二「新撰組前篇」連載開始(~24.12.28　金森観陽画)	大阪公立大
3巻24号	1924.6.1			花・接写	写真		単色カラー刷(くすんだ赤)		大阪公立大
3巻25号	1924.6.8			皇太子・同妃	写真				大阪公立大
3巻26号	1924.6.15			2匹の子猫	写真				大阪公立大
3巻27号	1924.6.22		和傘の和装女性		写真				大阪公立大
3巻28号	1924.6.29		笠を持つ和装女性		絵画	伊東深水			大阪公立大
3巻29号	1924.7.1	特別号 小説と講談	梳る和装女性		絵画				大阪公立大
3巻30号	1924.7.6			花・接写	写真				大阪公立大
3巻31号	1924.7.13	旅行と温泉号	岩壁とかもめ		写真				大阪公立大
3巻32号	1924.7.20			バラの花	写真				大阪公立大
3巻33号	1924.7.27		海水浴の少女達		写真		「新講談　新撰組 白井喬二作」と表紙下部に表記		大阪公立大
3巻34号	1924.8.3	夏季運動号	テニスする若い女性		写真				大阪公立大
3巻35号	1924.8.10		和傘の海水着の女性		写真				大阪公立大

3巻36号	1924.8.17		洋傘の洋装女性		写真				大阪公立大
3巻37号	1924.8.24		虫籠を持つ和装女性・周囲に野草の線画の意匠		写真				大阪公立大
3巻38号	1924.8.31			機関車の動輪	写真		表紙左に大きく「大阪毎日 対抗 東京日日 一万哩鐵道競争記」と筆字		大阪公立大
3巻39号	1924.9.7	震災一周年　帝都復興号	牛込神楽坂の夜の賑い・背景に天の川の絵		写真				大阪公立大
3巻40号	1924.9.14			野草	写真				大阪公立大
3巻41号	1924.9.21			ワニと女性・コラージュ	写真				大阪公立大
3巻42号	1924.9.28			庭の花・背景に木目の意匠	写真				大阪公立大
3巻43号	1924.10.1	秋季特別号　小説と講談	セーラー服の女性・周囲に草花の線画の意匠		写真＋絵画				大阪公立大
3巻44号	1924.10.5	健康増進号	体操する女性		写真				大阪公立大
3巻45号	1924.10.12			川を覗き込む少女2人	写真				大阪公立大
3巻46号	1924.10.19		「ペルジヤダンス」舞台		写真				大阪公立大
3巻47号	1924.10.26		和装女性・背後にコスモス		写真				大阪公立大
3巻48号	1924.11.2	奮闘努力号	乗馬する女性達		写真				大阪公立大
3巻49号	1924.11.9		和装女性とその影		写真				大阪公立大
3巻50号	1924.11.16			菊花展・背景に麻布の意匠	写真				大阪公立大
3巻51号	1924.11.23		外套を着た和装女性・背景に線画の街と煙突の風景		写真				大阪公立大
3巻52号	1924.11.30			スキーをする人々	写真				大阪公立大
3巻53号	1924.12.7	「生活費の節約と整理」号	料理する割烹着女性2人		写真				大阪公立大
3巻54号	1924.12.14			柿の木	写真			以降定価12銭	大阪公立大
3巻55号	1924.12.21	クリスマス号		クリスマスの飾りと玩具	写真				大阪公立大
3巻56号	1924.12.28	歳晩号		羽子板の店飾り	写真				大阪公立大
4巻1号	1925.1.1	小説と講談	羽根を口につける和装女性		絵画				

巻・号	発行年月日	雑誌形態(無記載は通常号)	表紙の意匠・女性	表紙の意匠・その他	表紙の種類(写真,絵画,その他)	作画者・撮影者	表紙に関する備考	備考・掲載記事等	調査施設(当該号所蔵施設の全てではない)
4巻2号	1925.1.4	新春　室内遊戯号	羽子板を持つ和装女性2人		写真			白井喬二「新撰組後篇」連載開始(~25.6.28　金森観陽画)	大阪公立大
4巻3号	1925.1.11		羽根突きをする和装女性達		写真				大阪公立大
4巻4号	1925.1.18			大阪東消防署の出初式	写真				大阪公立大
4巻5号	1925.1.25			沢村宗之助の遺児2人	写真				大阪公立大・昭和館
4巻6号	1925.2.1		和装女性と梅		絵画		表紙下部に「本号特別記事『私も水を飲んでゐる』生水を常用してゐる人の実験報告」と表記		大阪公立大
4巻7号	1925.2.8			鉄橋からの跳込を見る観衆	写真		「写真説明　第十回大阪寒中水泳大会一月廿五日　天神橋上よりの飛込」	特集「日本の楽土・台湾の近況」	大阪公立大
4巻8号	1925.2.15		樹下で読書する和装女性		写真		表紙下に「結婚に必要な心の支度」と表記		大阪公立大
4巻9号	1925.2.22			小学生2人・手に「五六年の小学生」という雑誌を持つ	写真				大阪公立大
4巻10号	1925.3.1		雪中登山の女性2人		写真			「新知識遊戯クロス・ワード・パヅル」掲載開始	大阪公立大
4巻11号	1925.3.8		葵上　新町千代太郎		写真		「春のおどり」と題		大阪公立大
4巻12号	1925.3.15	本社主催大大阪記念博覧会案内号		「廉売館」	写真		「サラセン式を加味せる表現派図案に彩られし廉売館の壁」	「大大阪記念博覧会案内」掲載	大阪公立大
4巻13号	1925.3.22	大毎野球団亜米利加遠征号		選手達	写真				大阪公立大
4巻4号	1925.3.29		バレエバレツト・タカタ舞踊団		写真		「東京帝国ホテル演舞場にて」		大阪公立大
4巻15号	1925.4.1	春季特別号　小説と講談	和装女性のアップ		写真		この特別号は表紙が写真		大阪公立大
4巻16号	1925.4.5		身支度をする和装女性2人		写真				大阪公立大
4巻17号	1925.4.12			市村羽左衛門	写真		「東京歌舞伎座四月狂言」		大阪公立大
4巻18号	1925.4.19			満開の桜	写真		表紙右下に「新撰組後編」と表記		大阪公立大
4巻19号	1925.4.26		テニスする若い女性・甲南高女の羽山嬢		写真		表紙下部に「今日の満蒙　本社大連支局開設　記念特別号」と表記		大阪公立大

4巻20号	1925.5.3	今日の満蒙　本社大連支局開設記念特別号	和傘を見立てる和装女性		写真			特集「今日の満蒙」	大阪公立大
4巻21号	1925.5.10	奉祝銀婚式号		鳳凰のレリーフ	写真		表紙中央下に「奉祝銀婚式号」と縦書表記		大阪公立大
4巻22号	1925.5.17		庭で踊るバレリーナ		写真				大阪公立大
4巻23号	1925.5.24		和傘の和装西洋女性2人と和装女性と幼女		写真		「白耳義大使令嬢ギレー　ペテー」と「高橋元子嬢」		大阪公立大
4巻24号	1925.5.31			豊岡町の大火災・修学旅行帰りの女学生が泣く姿	写真				大阪公立大
4巻25号	1925.6.7		「トルトリーダンス」鳥に仮装した女性3人・河合ダンス		写真				大阪公立大
4巻26号	1925.6.14		甲子園でのカウガール馬術		写真				大阪公立大
4巻27号	1925.6.21			渡し船	写真				大阪公立大
4巻28号	1925.6.28		縁側の和装女性と団扇と簾		写真				大阪公立大
4巻29号	1925.7.1	特別号小説と講談	和装女性と団扇		写真		「小説と講談」号だが、この号は表紙が写真		大阪公立大
4巻30号	1925.7.5		ボートを押す海水着女性達		写真			国枝史郎「名人地獄」連載開始(~25.10.25　堂本印象画　但し9.6以降は山口草平画に変更？)	大阪公立大
4巻31号	1925.7.12			水泳する秩父宮殿下	写真		「筥崎丸船中で御水泳」		大阪公立大
4巻32号	1925.7.19		ヨットの上の海水着女性		写真				大阪公立大
4巻33号	1925.7.26			「サンデー毎日クロスワードコンテスト」光景	写真				大阪公立大
4巻34号	1925.8.2			クロスワードパズル	イラスト		表紙にクロスワードパズルの問題自体が掲載されている		大阪公立大
4巻35号	1925.8.9		海で水泳教練中の少女達		写真				大阪公立大
4巻36号	1925.8.16			背広に帽子、眼鏡の男性	写真		表紙に「最近この人に起つた大事件は何でせうか」という懸賞問題、及び懸賞応募方法が掲載されている		大阪公立大

巻・号	発行年月日	雑誌形態(無記載は通常号)	表紙の意匠・女性	表紙の意匠・その他	表紙の種類(写真,絵画,その他)	作画者・撮影者	表紙に関する備考	備考・掲載記事等	調査施設(当該号所蔵施設の全てではない)
4巻37号	1925.8.23			ダチョウの水浴び	写真				大阪公立大
4巻38号	1925.8.30			「大大阪のビルデイング」・コラージュ	写真				大阪公立大
4巻39号	1925.9.6			戦闘中の軍艦	絵画		表紙右に「日米戦争未来記」と大書		大阪公立大
4巻40号	1925.9.13			薄と鹿	写真				大阪公立大
4巻41号	1925.9.20			菊の花・接写	写真				大阪公立大
4巻42号	1925.9.27			槇有恒とアルバータ岸壁	写真				大阪公立大
4巻43号	1925.10.1	特別号 小説と講談	和装女性		絵画				大阪公立大
4巻44号	1925.10.4			大谷光演と夫人智子	写真		表紙下に「管長の法衣を脱ぎし　大谷句仏上人」と大書。枠外に小さく人名の説明あり。		大阪公立大
4巻45号	1925.10.11		書物を読む和装女性		絵画				大阪公立大
4巻46号	1925.10.18			保津川の流れ	写真				大阪公立大
4巻47号	1925.10.25		ゴルフする加賀正太郎夫人千代子		写真		表紙は「十八日大毎カツプ・ゴルフ・トーナメント」の写真		大阪公立大
4巻48号	1925.11.1			クロスワード動物園	写真＋イラスト		表紙にパズル掲載		大阪公立大
4巻49号	1925.11.8		ひのえうまの花嫁		写真				大阪公立大
4巻50号	1925.11.15			稲の収穫風景	写真			「中央公論主幹瀧田樗蔭氏は逝いた」掲載	大阪公立大
4巻51号	1925.11.22			運動会で弁当食べる子供達・背景に布の意匠	写真				大阪公立大
4巻52号	1925.11.29		洋装女性とバラ・コラージュ		写真			白井喬二「元禄快挙」連載開始(「新講談」と表記 ~26.3.21 金森観陽画)	大阪公立大
4巻53号	1925.12.6			白井喬二「元禄快挙」挿絵	絵画	金森観陽	「元禄快挙」タイトルとあらすじ、広告文も表紙に掲載		大阪公立大
4巻54号	1925.12.13		トランプする和装女性		写真				大阪公立大
4巻55号	1925.12.20			子供の楽隊	写真				大阪公立大
4巻56号	1925.12.27			張り子の牛	写真				大阪公立大

5巻1号	1926.1.1	新春特別号　小説と講談	墨を持つ和装女性		絵画	伊東深水	表紙右に「二千人大懸賞」の表記	表紙写真の制作過程を示した記事「表紙になるまで」が54-55頁に掲載	大阪公立大
5巻2号	1926.1.3	新年号　結婚して見たら	和装女性		写真		前号掲載記事「表紙になるまで」で制作過程を示したその写真を表紙に使用	江戸川乱歩「湖畔亭事件」(~26.5.2 名越國三郎画)が「探偵小説」として連載開始	大阪公立大
5巻3号	1926.1.10			雪山スキー	写真				大阪公立大
5巻4号	1926.1.17			幼女と「こども博覧会」ポスター	写真		単色カラー刷(くすんだ赤)		大阪公立大
5巻5号	1926.1.24			男の顔	絵画		進化論の予想図(五千年後の人間の顔)の写真版。「この顔は?」とその説明文が表記		大阪公立大
5巻6号	1926.1.31			患者輸送機	写真				大阪公立大
5巻7号	1926.2.7			内閣総理大臣　若槻礼次郎	写真		表紙左に「紙上人口調査入賞者発表」と表記		大阪公立大
5巻8号	1926.2.14		蘭の鉢植えの前の洋装女性		写真				大阪公立大
5巻9号	1926.2.21		抱擁する和装女性2人・背景に麻布の意匠		写真				大阪公立大
5巻10号	1926.2.28		バレリーナ		写真				大阪公立大
5巻11号	1926.3.7		映画「日輪」の徳恵子(夏川静江)と、大阪毎日新聞掲載小説挿絵の徳恵子		写真＋絵画(挿絵)	岩田専太郎	夏川の写真の左下に、切欠きで挿絵を配置		大阪公立大
5巻12号	1926.3.14			桜草の鉢	写真				大阪公立大
5巻13号	1926.3.21		ネクタイの女性		写真				大阪公立大
5巻14号	1926.3.28		洋傘の和装女性・背景に木枠状の線画の意匠		写真				大阪公立大
5巻15号	1926.4.1	春季特別号　小説と講談	和装女性		写真		表紙は写真。「春の人 京都十合徳太郎氏令嬢嘉壽子」。表紙に掲載作品名と執筆者名を掲載		大阪公立大
5巻16号	1926.4.4			鳥籠と子供2人・背景に斜線の布の意匠・その背後に桜の花の写真	写真				大阪公立大

巻・号	発行年月日	雑誌形態(無記載は通常号)	表紙の意匠・女性	表紙の意匠・その他	表紙の種類(写真,絵画,その他)	作画者・撮影者	表紙に関する備考	備考・掲載記事等	調査施設(当該号所蔵施設の全てではない)
5巻17号	1926.4.11		稲荷大明神の幟と狐面を持ち舞う女性・写真の枠外に幟のイラスト		写真		「春のをどり」と題		大阪公立大
5巻18号	1926.4.18		社交ダンスをする洋装女性		写真				大阪公立大
5巻19号	1926.4.25		ヒヤシンスと和装女性		写真				大阪公立大
5巻20号	1926.5.2		白い花と洋装少女		写真				大阪公立大
5巻21号	1926.5.9	第五年記念増大号		同号掲載読切長篇「悲恋心中ヶ丘」の挿絵	絵画	小田富彌	表紙左に「悲恋心中ヶ丘」と大書		大阪公立大
5巻22号	1926.5.16		和傘と和装女性・背後に柳の意匠		写真				大阪公立大
5巻23号	1926.5.23		洋館の窓から外を覗く少女達の後姿		写真				大阪公立大
5巻24号	1926.5.30			水鉢の金魚と睡蓮造花・背景に曲線線描の意匠	写真				大阪公立大
5巻25号	1926.6.6			ボールを投げる少年	写真				大阪公立大
5巻26号	1926.6.13		窓辺に座す和装女性		写真				大阪公立大
5巻27号	1926.6.20		ピストルを構える「心中ヶ丘」のお里(花柳章太郎)		写真		「角座」と題		大阪公立大
5巻28号	1926.6.27		洋髪の和装女性		写真				大阪公立大
5巻29号	1926.7.1	夏季特別号　小説と講談	和装女性		絵画	岩田専太郎	初の多色カラー刷。以降「小説と講談」号表紙は全て絵画となりカラー化される		大阪公立大
5巻30号	1926.7.4			おかっぱの幼女	写真				大阪公立大
5巻31号	1926.7.11			こども博記念館前の兵隊人形	写真				大阪公立大
5巻32号	1926.7.18		水蜜桃を剥く和装女性		写真			本誌懸賞募集「大衆文芸」甲種入選角田喜久雄「発狂」(「も生」画)掲載	大阪公立大

5巻33号	1926.7.25		和傘の和装女性と洋装女児		写真				大阪公立大
5巻34号	1926.8.1		飛び込む水着女性(石田茂登子さん)		写真	半田義士	※表紙に人名や身元情報記載なし		大阪公立大
5巻35号	1926.8.8	漫画　涼味号		丸眼鏡の少年とすいか	写真	鈴木鐵五郎			大阪公立大
5巻36号	1926.8.15			空也の滝しぶき	写真	半田義士			大阪公立大
5巻37号	1926.8.22		微笑む水着女性(宗家橘旭宗氏令妹行江さん)		写真	北尾鐐之助	※表紙に人名や身元情報記載なし		大阪公立大
5巻38号	1926.8.29		ゴルフ姿で芝に坐る女性(松方義雄氏夫人)		写真		※表紙に人名や身元情報記載なし		大阪公立大
5巻39号	1926.9.5		絵を描く若い和装女性(山根子規嬢・八千草会)		写真	鈴木鐵五郎	※表紙に人名や身元情報記載なし		大阪公立大
5巻40号	1926.9.12		笑顔の人見絹枝		写真			※以降、従来の「演芸のページ」が「映画と演芸のページ」になる	大阪公立大
5巻41号	1926.9.19		馬に頬摺りする乗馬服女性(九十九ふぢ子さん)		写真	三浦寅吉	※表紙に人名や身元情報記載なし		大阪公立大
5巻42号	1926.9.26			窓辺の女児2人	写真	松尾邦藏			大阪公立大
5巻43号	1926.10.1	秋季特別号　小説と講談	物憂げな和装女性		絵画	岩田専太郎	多色カラー刷　B4判		大阪公立大
5巻44号	1926.10.3		野外の和装女性(鈴木澄子)		写真	半田義士	※表紙に人名や身元情報記載なし		大阪公立大
5巻45号	1926.10.10			幼児群像の陶器壺	写真	小倉右一郎			大阪公立大
5巻46号	1926.10.17		狩猟する女性(杉田夫人)		写真	半田義士	※表紙に人名や身元情報記載なし		大阪公立大
5巻47号	1926.10.24			支那服の少女	写真	松尾邦藏			大阪公立大
5巻48号	1926.10.31		横座りする浴衣女性(財部海相令嬢愛子さん)		写真		※表紙に人名や身元情報記載なし		大阪公立大
5巻49号	1926.11.7	秋季拡大号	外套姿の和装女性と往来の和傘の子供達・コラージュ		写真		「懸賞「間違ひ探し」この表紙写真画について面白い懸賞答案を募ります。その方法規定は表紙裏にあります」と記載		大阪公立大
5巻50号	1926.11.14		100m走の寺尾文子		写真	松尾邦藏	表紙に、寺尾に関する説明文あり		大阪公立大
5巻51号	1926.11.21		和本を読む和装女性		写真	鈴木鐵五郎	目次に「鈴木鐵五郎「寒き日」」と記載		大阪公立大
5巻52号	1926.11.28							※未調査	大阪公立大

巻・号	発行年月日	雑誌形態(無記載は通常号)	表紙の意匠・女性	表紙の意匠・その他	表紙の種類(写真,絵画,その他)	作画者・撮影者	表紙に関する備考	備考・掲載記事等	調査施設(当該号所蔵施設の全てではない)
5巻53号	1926.12.5			ハットにコート姿の少年(西宮高島香作君)	写真	市田写真館	※表紙に人名や身元情報記載なし		大阪公立大
5巻54号	1926.12.12		三味線を弾く和装女性(柳まき子さん)		写真	半田義士	※表紙に人名や身元情報記載なし		大阪公立大
5巻55号	1926.12.19			外出着の幼女(金澤美都子さん　帝キネ)	写真	石川忠行	※表紙に人名や身元情報記載なし		大阪公立大
5巻56号	1926.12.26		柳原二位局(愛子)		写真			「聖上御不例」の特集記事掲載	大阪公立大

おわりに

副田賢二

「中途半端」な言説・表象の場と見なされ、「読み捨て」される雑誌メディアとして扱われてきた週刊誌、特に、新聞社系しか存在していなかった戦前期週刊誌に関する初の本格的な研究書／研究資料となることを目指し、「1920 ~ 1950年代の週刊誌メディアにおける文学テクストと視覚表象の総合的研究」（課題番号20K00361）構成メンバーの長年の研究成果をようやくこのような形でまとめ、刊行することができた。「大衆文学」ばかりに焦点が当てられがちな戦前期週刊誌の表現戦略と、その誌面の雑多な視覚表象という視座からの考察は、現在の文学研究における「テクスト」の概念にさらなる拡がりを与える可能性を持つと考えている。全集や文庫本における明朝体金属活字の連なりとしての文学テクストが高度に規範化、整序化されたものであるとしたら、戦前期『サンデー毎日』のレイアウトの内部に雑多な形で展開され、他の視覚表象とフラットなコンテンツとして配置されているテクストは、まさにメディア空間の一部として機能し、消費され、「使い捨て」られる「文学」の姿を露出させたものだろう。一部のカノン化された文学テクストや作家像を特権化、神話化させるような文学研究とは対極にある、言説と視覚表象の交錯の場への果てのない探究こそが戦前期週刊誌研究の可能性であり、また困難さでもある。本書は、そのための重要な一歩になるものであるが、依然としてやるべきこと、調査すべきことが、まさに山積している。今後も、この基礎的研究を基盤として、文学研究の場で、そのような雑誌メディアとテクストに対する検討が進むことを期待している。

なお、本書の第5部「データベース篇」で掲載したデータベースは、実際に作成したもののほんの一部である。紙の書籍に全てを掲載することは不可能なので、それらのデータベースは、今後文学通信のウェブサイト上で全て公開する予定である。それによって、戦前期・被占領期の週刊誌メディア研究の可能性は、さらに外に開かれることになるだろう。

そのような本書の研究成果をまとめるまでの過程で実施した複数回の研究会や調査、そして二〇二二年度日本近代文学会秋季大会におけるパネル発表に、本科研費研究の構成メンバー以外の方にも多くご参加戴き、様々な形でご協力戴いた。その全ての方に、心より御礼を申し上げたい。特に、この研究の立ち上げ当初の研究会でコメンテーターとしてご参加戴いた篠崎美生子氏、戦前期『サンデー毎日』を研究することの可能性について常に言葉を交わし、この研究を励まして下さった一柳廣孝氏、そして研究会やパネル発表で様々なご質問、ご教示を戴き、本書出版後における有意義な研究企画をご提示戴いている五味渕典嗣氏には、改めて深い感謝の念をお伝えしたい。また、ご多忙の中、戦後週刊誌と作家たちに関するコラムをご執筆戴いた尹芷汐氏に、改めて御礼申し上げたい。

そして、本書にご講演とインタビューを掲載させて戴いた青木康晋氏に、心からの感謝を申し上げたい。現在、スキャンダル・ジャーナリズムの側面ばかりがクローズアップされる週刊誌メディアであるが、青木氏の語る「ザラ紙」雑誌という自意識と、そこでの「さりげない正義感とヒューマニズム」は、まさに週刊誌メディアのアイデンティティであり、その遊撃的で柔軟なジャーナリズムの源泉であったことを、実感することができた。

また、多くの図版を掲載する本書は、その掲載許諾や著作権の確認などにおいて、毎日新聞社の関係者の皆様による様々な面でのご協力があってこそ刊行することができたものである。心より御礼申し上げたい。また、『週刊朝日』をめぐる研究に不可欠な様々な貴重な資料をご寄贈戴いた朝日新聞出版の関係者の皆様にも、心からの感謝を申し上げたい。また、本書の図版掲載を許可して戴いた全ての図書館、研究施設の関係者の皆様、そして会田誠氏とミヅマアートギャラリー様に、心からの感謝を申し上げたい。

また、戦前期『サンデー毎日』のほとんどを所蔵する大阪公立大学の関係者の方々には、本科研費研究の当初から、同大学所属の中村健氏の力強いサポートの下、資料調査や研究会の開催において多大なご協力を賜った。また、研究会や編集会議の際には、メンバーの荒井真理亜氏が勤務されている相愛大学の関係者の皆様の多大なるご協力を賜ったことで、円滑に研究活動を実施することができた。心より感謝申し上げたい。

そして、本書の出版を引き受けて戴いた文学通信の渡辺哲史氏、そして代表の岡田圭介氏に、心からの感謝の念をお伝えしたい。商業的ポピュラリティとはかけ離れたこの書籍化企画をご快諾戴き、企画会議での様々な記事の提案やアドバイスを戴いて、ともにこの書籍を生み出すことができたことに、心からの喜びと感謝を感じている。

そして、本科研費研究の実践において、そして構成メンバーにとって最も重要で、忘れられない大切なことを、最後に書いておきたい。本書の基盤となった、二〇一七年度科学研究費助成事業・基盤研究（C）「戦前期『サンデー毎日』と大衆文化に関する総合的研究」（課題番号 17K02487）の不可欠な構成メンバーであり、同科研費研究終了後、新たに採択された二〇二〇年度科学研究費助成事業・基盤研究（C）「1920 ～ 1950 年代の週刊誌メディアにおける文学テクストと視覚表象の総合的研究」（課題番号 20K00361）でも研究分担者として中心的役割を担って戴く予定であった村山龍さんが、二〇二〇年四月一四日に逝去された。その日以来、本研究の構成メンバーにとっても、そして村山さんと親しかった人たちにとっても、彼を失ってしまった喪失感、空白感はとてつもなく大きかった。その後、猛威を振るうCOVID-19パンデミックにより研究活動も人の交流もほとんど不可能になったが、村山さんを失った者たちにとっては、彼に現実世界で向き合ってお別れを伝え、ご家族とともにその場で涙を流し、ご冥福を祈ることができなかったことが、とてつもなく重く、苦しいことだった。その苦しみを乗り越えることが、本書を先に進める原動力ともなった。その意味でも、村山さんは、今もわれわれと共に、確かに歩んでいる。

宮澤賢治の受容史研究を中心に、モダニズム期の文学やメディアの様相を追究した優れた文学研究者であり、心優しい教育者でもあった村山さんは、本科研費研究の調査や研究発表に積極的にコミットしてくれた。二〇一九年三月三〇日、彼が勤務する法政大学を会場に開催された第二回研究成果発表会では、「1938年前後の『サンデー毎日』――〈統制〉とモダンの交差」と題し、白井喬二の連載小説「地球に花あり」(一九三九・四・二～同・一二・二六)を中心に、一九三〇年代後半のモダニズムの行方をめぐる考察を発表された。『サンデー毎日』におけるモダニズムの問題は本書の視座でも様々な形で捕捉されているが、今後も、村山さんが生み出した研究の可能性を継承し、さらに追究してゆきたい。

個人的感情を語るときりがないが、改めて、村山龍さんのご冥福と、ご家族の皆様のご健康を心よりお祈り申し上げたい。そして、本書『戦前期週刊誌の文学と視覚表象　『サンデー毎日』の表現戦略』を、遠くで暖かく見守ってくれているであろう村山さんに捧げる。村山さんを含めた多くの信頼する人たちと言葉を交わし、研究を互いに高めることで、驚きと感動、他者への感謝を、この文学研究の場で実感できることに、心から感謝したい。

執筆者プロフィール

※五十音順

青木康晋（あおき やすゆき）
※本書五四一頁参照

天野 知幸（あまの ちさ）
京都教育大学教育学部教授
共著『占領期雑誌資料大系 文学編Ⅳ「戦後」的問題系と文学 1948・8-1949・12』（山本武利・川崎賢子・十重田裕一・宗像和重編、岩波書店、二〇一〇年）、共著『敗戦と占領 戦後日本を読みかえる1』（坪井秀人編、臨川書店、二〇一八年）、「〈肉体〉の増殖、欲望の門：田村泰次郎「肉体の門」の受容と消費」（『日本近代文学』、二〇〇六年一一月）

荒井 真理亜（あらい まりあ）
相愛大学人文学部教授
『上司小剣文学研究』（和泉書院、二〇〇五年）、浦西和彦・増田周子・荒井真理亜 編『大阪文藝雑誌総覧』（和泉書院、二〇一三年）、倉敷市・薄田泣菫文庫調査研究プロジェクトチーム 編『薄田泣菫読本』（翰林書房、二〇一九年）

尹 芷汐（いん しせき）
椙山女学園大学講師
佐々木亜紀子・光石亜由美・米村みゆき編『ケアを描く：育児と介護の現代小説』（七月社、二〇一九年）、『社会派ミステリー・ブーム』（花鳥社、二〇二三年）、「Representing the Silk Road: Literature and Images between China and Japan during the Cold War」（『Humanities』、二〇二三年）

小澤 純（おざわ じゅん）
慶應義塾志木高等学校教諭・日本女子大学学術研究員
共編著『太宰治と戦争』（内海紀子・小澤純・平浩一編、ひつじ書房、二〇一九年）、論文「「ファース」を"LA MORT"に感染させる――葛巻義敏「一人」と坂口安吾「風博士」の論争的布置――」（『坂口安吾研究』、二〇二三年三月）、「芥川龍之介「羅生門」における〈情調〉と〈心理〉――森鷗外から志賀直哉の文学へ――」（『国語と国文学』、二〇二三年七月）

五島 慶一（ごとう けいいち）
熊本県立大学文学部准教授
「講談社的〈作家権〉ビジネスの一様相――野間文芸奨励賞とその周辺――」（『近代文学合同研究会論集』、二〇〇四年一〇月）、「「あの頃の自分の事」論」（『藝文研究』、二〇一五年一二月）、「芥川龍之介の「創作」」（『日本近代文学』、二〇二二年一一月）

副田 賢二（そえだ けんじ）
防衛大学校人間文化学科教授
『〈獄中〉の文学史 夢想する近代日本文学』（笠間書院、二〇一六年）、茂木謙之介・小松史生子・副田賢二・松下浩幸編著『〈怪異〉とナショナリズム』（青弓社、二〇二二年）、「差異を架橋する「メロドラマ的想像力」――大庭さち子の戦時下テクストにおける〈情動〉の機能」（『日本近代文学』、二〇二三年一一月）

富永 真樹（とみなが まき）
青山学院大学等非常勤講師
「書物という世界――小村雪岱の装幀から泉鏡花『日本橋』を見る――」（『日本近代文学』、二〇一六年）、泉鏡花研究会編『論集泉鏡花 第七集』（和泉書院、二〇二二年）、『鏡花文学の信仰と図像――物語ることへの意志――』（花鳥社、二〇二三年）

中村 健（なかむら たけし）
大阪公立大学学術情報課（図書館）職員
「白井喬二「新撰組」と『サンデー毎日』の関係性の検証と意義」（『出版研究』、二〇一二年）、「一九三〇年代の大佛次郎の新聞小説と編集者――『ポケット』（博文館）と「由比正雪」「雪崩」をつなぐ課題――」（『おさらぎ選書』、二〇一九年）、「新聞記者・雑誌記者としての子母澤寛」（『出版研究』、二〇二一年）

西山 康一（にしやま こういち）
岡山大学学術研究院社会文化科学学域准教授
倉敷市・薄田泣菫文庫調査研究プロジェクトチーム編『薄田泣菫読本』（翰林書房、二〇一九年）、「芥川龍之介の二つのシナリオについて：芥川にとっての表現主義（前・後篇）」（『岡大国文論稿』、二〇二〇年・二〇二二年）、西山康一・掛野剛史・竹本寛秋・荒井真理亜・庄司達也『『小天地』復刻版』（琥珀書房、二〇二二年）

原 卓史（はら たかし）
尾道市立大学芸術文化学部日本文学科教授
『坂口安吾　歴史を探偵すること』（双文社出版、二〇一三年）、『田中英光事典』（三弥井書店、二〇一四年）、『坂口安吾大事典』（勉誠出版、二〇二二年）

松村 良（まつむら りょう）
駒沢女子大学特任教授
共著『戦間期東アジアの日本語文学』（石田仁志・掛野剛史・渋谷香織・田口律男・中沢弥・松村良編、勉誠出版、二〇一三年）、共著『改造社のメディア戦略』（庄司達也・中沢弥・山岸郁子編、双文社出版、二〇一三年）、論文「横光利一「笑はれた子」論」（『駒沢女子大学 研究紀要』、二〇二三年一二月）

三浦 卓（みうら たく）
志學館大学人間関係学部教授
共著『〈転生〉する川端康成 Ｉ』（仁平政人・原善編　文学通信、二〇二二年）、論文「『少女の友』のコミュニティーと川端康成「美しい旅」――〈障害者〉から〈満洲〉へ――」（『日本近代文学』、二〇〇九年五月）、「文壇ゴシップとしての『文芸時代』／文壇ゴシップ誌としての『不同調』――一九二五年の文壇言説空間の中で」（『横光利一研究』、二〇二四年三月）

渡邊 英理（わたなべ えり）
大阪大学大学院人文学研究科教授
単著『中上健次論』（インスクリプト、二〇二二年、第14回表象文化論学会賞受賞）、共編著『クリティカル・ワード　文学理論』（三原芳秋・鵜戸聡との共編、フィルムアート社、二〇二〇年）、論文「戦争と女たち――鈴木忠志の演劇における「現代世界」と「戦後日本」」（『思想』、岩波書店、二〇二四年八月）

▷**ナ行**
名古屋新聞　260, 271, 281
なにはがた　60
人間　150, 153, 167, 341
ニューヨーク・タイムズ(The New York Times 1851 -)　549
野依雑誌　163

▷**ハ行**
話　22, 43, 386
富士　319
婦人倶楽部　22, 148, 149
婦人公論　149
婦人之友　344, 437, 438
ふた葉　69
不同調　175, 184, 185, 187, 198〜200, 203, 205〜207, 211
FRONT　14
文学　15
文学界　13
文芸　333
文芸戦線　153, 172, 199
文芸時代　2, 3, 18, 172, 175, 187〜189, 191〜203, 206, 208〜210, 219, 332〜341, 344
文芸春秋　13, 133, 136, 155, 157, 184, 187, 189〜191, 193, 196, 198, 200, 205, 206, 550
報知新聞　40, 439
ホトトギス　157

▷**マ行**
毎日新聞　105, 107, 504
都新聞　328
明星　233

▷**ヤ行**
夕刊ひろしま　484
読売新聞　40, 182, 187, 188, 199, 216, 529

▷**ワ行**
早稲田文学　182

「猟人の群」(豊島与志雄)　95
「ルポ　ずばり東京」(開高健)　524
「恋愛試験」(北町一郎)　456
「老車夫」(久米正雄)　151, 154
「六時三十七分」(H・ウエクナー)　458
「路上」(芥川龍之介)　108, 128, 137

▷ワ行
「若き読者に訴ふ」(片岡鉄兵)　334
『わが文芸陣』(菊池寛)　132
「「私」小説と「心境」小説」(久米正雄)　152
『私は漫才作者』(秋田實)　29
「和霊」(久米正雄)　152, 153

雑誌・新聞名

▷ア行
AERA　545, 548, 555
アサヒグラフ　15, 40, 408, 410
朝日ジャーナル　18, 503〜505, 548
朝日新聞　543, 549, 554
映画時代　260
映画と演芸　395
演芸画報　437, 438
大阪朝日新聞　24, 121, 137
大阪時事新報　400
大阪文芸　60, 61
大阪文芸雑誌　60
大阪毎日新聞　24, 40, 51〜54, 56〜62, 66, 68〜70, 77, 81, 83, 94, 95, 99〜101, 108〜111, 113〜123, 137, 138, 147, 148, 176, 201, 216, 237〜239, 292, 315, 316〜320, 327, 344, 364, 373, 388, (夕刊427)
オール松竹　395
オール読物　319, 322

▷カ行
改造　50, 125, 152, 153, 210, 216, 343, 344, 366
歌劇　400
活動画報　386, 395
キネマ　386, 395
キング　22, 39, 277, 337
苦楽　132, 133
暮しの手帖　550
群像　513
月刊百科　14
広告大福帳　61
講談倶楽部　22, 337
国民新聞　182
この花草紙　61

▷サ行
サンエス　102
産経新聞　504
サンデー・トリビューン　62, 63
サンデー　62〜68
時事新報　100, 112, 148
思想　15
芝居とキネマ　380, 395
写真週報　14, 15, 401, 410
写真報知　21
週　62, 63, 66〜68
週刊朝日　5, 13〜15, 17〜27, 31, 34, 43, 50, 60, 62, 63, 113, 150, 151, 165, 216, 260, 270〜272, 274, 281, 323, 324, 333, 377, 378, 386〜388, 391, 393, 394, 396, 397, 406, 408, 411, 412, 488, 504, 507, 508, 523〜526, 528, 541〜559, 563
週刊新潮　33
週刊文春　552, 553
主婦之友　22, 148, 149
旬刊朝日　21, 50, 545, 546
女性　114, 132, 133, 457〜459
小天地　69, 234
湘南文学　95
新愛知　264
新興大衆文芸　43
新思潮　18, 148, 150, 159
　第二次　147
　第三次　147, 166, 167
　第四次　2, 97, 130, 146〜148, 153, 158, 162
新小説　148, 149
新青年　259〜262, 266, 267, 269, 270, 272〜274, 281
新潮　125, 148, 153, 182, 184, 186, 189, 198, 205, 206
随筆　150
寸鉄　127
前衛　176, 212

▷タ行
大衆文芸(第一次)　262, 273, 280, 434
タイムス(The Sunday Times 1822-)　63, 64
太陽　441
旅　524
種蒔く人　200
中央公論　50, 97, 125, 146, 152, 164, 210, 366
帝国新聞　234, 235, 237〜239
東京朝日新聞　40, 121, 137, 155, 182, 236, 263
東京日日新聞　40, 52, 66, 94, 95, 99〜102, 108〜113, 115〜122, 128, 137, 138, 146〜148, 155, 201, 292, 302, 315, 318, 319, 327, 344, 388, (夕刊427)

「伴大納言絵詞」(倉田潔)　426
「火華」(菊池寛)　118
「日影月影」(片岡鉄兵)　334
「飛機睥睨」(耽綺社)　260, 263, 266〜269
「卑怯な毒殺」(小酒井不木)　458
「微笑」(芥川龍之介)　110
「微笑」(阿部知二)　156
「非常警戒(映画)」(耽綺社)　260
「人及び詩人としての薄田泣菫氏」(芥川龍之介)　139
「人でなしの恋」(江戸川乱歩)　78〜81
「被尾行者」(小酒井不木)　458
『批評メディア論』(大澤聡)　296〜298
「悲恋　心中ヶ丘」(沼田蔵六)　41
『百艸』(芥川龍之介)　112, 127, 132
『フォトグラフ・戦時下の日本』　15
「不壊の白珠」(菊池寛)　121
「不肖の子」(久米正雄)　163
「二人の弟子」(佐々木味津三)　336
「ふところ手」(平山蘆江)　261
「無頼三代」(子母澤寛)　303
「二人小町」(芥川龍之介)　129, 130
「吹雪の夜」(甲賀三郎)　458
『文壇今昔物語』(武野藤介)　171
『文壇太平記』(相馬健作)　171, 172
「平六成功奇談」(直木三十五)　35
「へそ」(佐々木味津三)　336
「法律」(菊池寛)　130, 132
『濹東綺譚』(永井荷風)　155
「墓参」(久米正雄)　152, 153, 157
「蛍草」(久米正雄)　148
「牡丹縁」(久米正雄)　95
「本郷五軒長屋」(尾崎聖二)　445
「本所両国」(芥川龍之介)　111, 113

▷マ行

『毎日新聞百年史』　34, 62, 433
『「毎日」の3世紀』　94, 96〜99, 102, 104〜107
「街の処女地」(片岡鉄兵)　334
「街の潜航艇」(直木三十五)　458
「街の横顔」(谷譲次)　458
「松五郎鴉」(子母澤寛)　296, 299, 314〜319
「窓」(芥川龍之介)　108
「真夏の盛装」(川端康成)　216
「瞼の母」(長谷川伸)　321
「万年大学生」(久米正雄)　153, 154
「万年大学生の作者に」(中野重治)　153
「見えぬ敵」(村田春樹)　454, 455
「味覚極楽」(子母澤寛)　302, 303
「道行袢の宿」　33
「三つのなぜ」(芥川龍之介)　113
「南伊予」(松本清張)　529
「三原山晴天」(井上靖)　42
「耳疣の歴史」(松岡譲)　148, 149
「昔を今に」(上司小剣)　180
「夢現」(久米正雄)　153
「娘」(加藤武雄)　75
「無名作家の日記」(菊池寛)　97, 146, 149
「村の活動」(横光利一)　341
『名作挿画全集』　313
「『名作モデル』五十年史」(神﨑清)　149
「眼の壁」(松本清張)　529
「桃太郎」(芥川龍之介)　139
「紋三郎の秀」(子母澤寛)　35, 291〜296, 299〜301, 303, 304, 307〜310, 314, 322, 325〜327

▷ヤ行

「柳生旅日記」(一龍齋貞山)　33
「弥次郎兵衛」(佐々木味津三)　336
「野人生計の事」(芥川龍之介)　138
「弥太郎笠」(子母澤寛)　29, 291〜295, 299, 300, 303〜315, 318〜324, 327
「山名耕作の不思議な生活」(横溝正史)　273
「闇は予言する」(甲賀三郎)　458
「憂鬱な恋人」(松岡譲)　148
「幽霊船S号」(北林透馬)　458
「幽鬼流尺八伝奇」(下村悦夫)　32
「夕霧物語」(広津柳浪)　234, 235
「悠々荘」(芥川龍之介)　113
「雪女郎」(木村富子)　425
『横光利一研究』　175
『横光利一事典』　342, 343
「横恋慕」(瀬戸英一)　427
『欲望の図像学』(柏木博)　14
「吉原図絵」(邦枝完二)　442

▷ラ行

「落語　猫退治」(蝶花楼馬楽)　456
「落城篇」(今東光)　182
「理学士の憂鬱」(甲賀三郎)　458
「陸の人魚」(菊池寛)　118, 121, 138
「流行歌歌手余譚」(石浜金作)　458

『薄田泣菫読本』 234
「鈴木春信」(瀧川虔) 447, 448
「砂の器」(松本清張) 529
「星座」(有島武郎) 179
「青春」(林芙美子) 456
『聖戦画譜』 415
「清流」(片岡鉄兵) 334
「宣言一つ」(有島武郎) 176
『戦後出版史』 16
『戦前期『サンデー毎日』総目次』 15, 50
『戦前期『週刊朝日』総目次』 15, 50
「仙人」(芥川龍之介) 116, 123, 131, 175, 237
「旋風」(伊藤貴麿) 338
「早春」(芥川龍之介) 110
『漱石全集物語』(矢口進也) 158
「漱石山房の秋」(芥川龍之介) 109
「漱石山房の冬」(芥川龍之介) 127
「僧兵サンタ・クルース」(萬里野平太) 458
「ソバージュばあさん」(ギ・ド・モーパッサン) 77
「素描三題」(芥川龍之介) 113
「染吉の朱盆」(国枝史郎) 36

▷タ行

「高町小屋の人々」(長谷川伸) 261, 274
「忠直卿行状記」(菊池寛) 97
「多忙な仲買人」(オ・ヘンリー) 75
「地球は廻る」(村田実) 41
「痴女」(伊藤貴麿) 337
「痴人の剣」(長濱勉) 426
「父の死」(久米正雄) 162〜167
『地の果て　至上の時』(中上健次) 519
「茶話」(薄田泣菫) 61, 234, 238
『忠次旅日記』〔映画〕 294, 295, 320, 327
「忠臣蔵」(矢田挿雲) 439
「長江遊記」(芥川龍之介) 113, 114, 116, 124, 129
「沈鐘と佳人」(白井喬二) 36
『詰将棋新題』(木見金次郎) 135
『貞操:他八編』(菊池寛) 132
「貞操問答」(菊池寛) 29, 121
「天衣無縫」(鈴木彦次郎) 334
「天狗の安」(子母澤寛) 296, 299
「点と線」(松本清張) 529
「藤十郎の恋」(菊池寛) 117, 137
「道祖問答」(芥川龍之介) 94
「都会の一隅で」(甲賀三郎) 458
「隣の部屋」(東郷青児) 458
『翔ぶが如く』(司馬遼太郎) 504
「友と友の間」(久米正雄) 148
「虎の話」(芥川龍之介) 111

▷ナ行

『中上健次論』(渡邊英理) 505
「長崎小品」(芥川龍之介) 116, 124
「長門守血判取」(桃川燕玉) 75
「夏姿團十郎」(邦枝完二) 427〜430
「夏日感傷図」(鈴木彦次郎) 334
「夏目漱石論」(赤木桁平) 157
「浪速百人斬」(旭堂南陵) 33
「鳴門秘帖」(吉川英治) 122
「南国太平記」(直木三十五) 36
「南方の秘宝」(耽綺社) 260, 271
「南北」(横光利一) 341
「日光山覆滅記」(三上於菟吉) 32
「日記」(中河与一) 182
「日本絵画論」(小泉八雲) 441 446
『日本近代文学』 233
『日本近代文学館』 214
『日本近代文学大事典』 13, 338
『日本人のすがたと暮らし』(大丸弘・高橋晴子) 313
「日本拝見」 507〜511, 513, 526
『日本橋』(泉鏡花) 424
「日本の断面」 507, 508
『人間失格』(太宰治) 167
「根来卜斎」(土師清二) 261
「眠狂四郎無頼控」(柴田錬三郎) 33
「寝雪」(林芙美子) 156
「残されたる一人」(耽綺社) 260, 262〜266, 271
「信康母子」(菊池寛) 118

▷ハ行

「敗者」(久米正雄) 152, 153
『敗北を抱きしめて』(ジョン・ダワー) 481
「白昼鬼語」(谷崎潤一郎) 95
「馬鹿と馬鹿」(横光利一) 340〜342
「袴」(佐々木味津三) 336
「白頭の巨人」(耽綺社) 260, 276, 277
『幕末淫祠論叢』(沖本常吉) 215
「馬車」(横光利一) 343
「破船」(久米正雄) 148〜150, 152, 154, 158, 159
「八代目團十郎」(邦枝完二) 427〜429
「初恋物語」(井上靖) 42
「鼻」(芥川龍之介) 146, 165, 166
「花花」(横光利一) 344
「母の上京」(佐々木味津三) 336
「霽れゆく船路」(村松駿吉) 444

「倉敷」(司馬遼太郎) 529
『倉敷市蔵 薄田泣菫宛書簡集』 234
「倉敷の若旦那」(司馬遼太郎) 529
『狂つた一頁』〔映画〕 216
「国定忠次」(伊藤大輔) 40
「国定忠治」(子母澤寛) 217, 293, 313, 315～319
「国定忠次 利根川べりの仕返し」(梅谷六九＝子母澤寛) 311, 323, 327
『熊野集』(中上健次) 506, 512, 513, 515～519
「久米正雄」(村松梢風) 148
『久米正雄伝』(小谷野敦) 148
「紅荘の悪魔たち」(井上靖) 42
「K市街の歴史の一頁」(伊藤貴麿) 338
「戯作三昧」(芥川龍之介) 94
「元禄快挙」(白井喬二) 32
「恋の猟人」(伊藤貴麿) 339
「恋文」(伊藤貴麿) 338
「後世」(芥川龍之介) 108
「江南遊記」(芥川龍之介) 110, 113, 114, 118
「五階の窓」 259
「心」(夏目漱石) 167
「古千谷」(芥川龍之介) 113
「滑稽な復讐」(横光利一) 340～342

▷**サ行**

「さいころの政」(陣出達男) 296, 300, 303～310, 314, 315, 322, 327
『坂崎出羽守』(沖本常吉) 215
『坂の上の雲』(司馬遼太郎) 504
「雑記三つ」(菊池寛) 138
『雑誌新聞発行部数事典』 22
『雑誌探索』(紅野敏郎) 12
『雑誌と読者の近代』(永嶺重敏) 12
『雑誌の時代』(尾崎秀樹・宗武朝子) 14
『雑誌メディアの文化史』 15
「薩南挙兵顛末」(鈴木彦次郎) 334
「沙漠の美姫」(国枝史郎) 261
「三郎爺」(中條百合子) 239
「猿」(中條百合子) 239
「残菊物語」(村松梢風) 427
「三四郎」(夏目漱石) 137
「三等重役」(源氏鶏太) 31, 33
「さんど笠」(子母澤寛) 319, 323
「山房の中」(芥川龍之介) 109
「鹿と産婆」(川端康成) 210, 211
「指揮力」(鈴木彦次郎) 334
「時雨の蝶」(大佛次郎) 156
『至誠院夫人の面影』(菊池寛) 130
『「時代映画」の誕生』(岩本憲児) 294
「質屋にて」(川端康成) 216
「實川延若色懺悔」(樋上子之介) 456
『支那遊記』(芥川龍之介) 113
「死の技巧」(甲賀三郎) 458
『子不語の夢』 271
『子母澤寛 — 人と文学』(尾崎秀樹) 294
「ジャズ結婚曲」(耽綺社) 260, 270, 271
「写真」(菊池寛) 130, 132
『『写真週報』とその時代(上)(下)』 15
『『写真週報』に見る戦時下の日本』 15
「上海遊記」(芥川龍之介) 110, 118
『週刊朝日の昭和史』 14
『週刊誌五十年』(野村尚吾) 14, 433
『週刊誌 — その新しい知識形態』 14, 486, 492, 499
『週刊誌風雲録』(高橋呉郎) 14
「重訳」(伊藤貴麿) 337
「純粋小説論」(横光利一) 344
「純文学余技説」(久米正雄) 155, 160
『肖像のなかの権力』(柏木博) 14
「上州巷説 ちりめん供養」(都島純) 326
「小説 老婆」(厨川白村訳) 77
「少年の脅迫」(谷崎潤一郎) 95
『少年の町』〔映画〕 496
『職業作家の生活と出版環境』 16
「抒情歌」(川端康成) 210, 218
「女性軽蔑家」(佐々木味津三) 336
「女妖正体」(三上於菟吉) 36
「寝園」(横光利一) 344
「真珠夫人」(菊池寛) 118, 137
「新女性鑑」(菊池寛) 121
「新撰組」(白井喬二) 31, 32, 37, 170, 171, 239, 432, 434
「新蔵兄弟」(子母澤寛) 217, 296, 315
「新道」(菊池寛) 122
「新・日本拝見」 507, 508, 526
「新日本名所案内」 5, 18, 523, 525～529
『親米と反米』(吉見俊哉) 481, 483, 495
『新聞小説の誕生』(本田康雄) 13
「新・平家物語」(吉川英治) 31, 33, 551
「水晶幻想」(川端康成) 210, 218
『〈スキャンダラスな女〉を欲望する 文学・女性週刊誌・ジェンダー』(井原あや) 15
「素戔嗚尊」(芥川龍之介) 109 137

430
「浅草紅団」(川端康成)　208, 210, 214〜216, 218
「浅草日記」(川端康成)　216
「浅草の姉妹」(川端康成)　217
『朝日新聞出版局史』　21 550
「頭ならびに腹」(横光利一) 194
「熱海と盗難」(川端康成)　211, 218, 219
『新しき天』〔映画〕　388
「阿地川盤獄」(白井喬二)　442
「兄馬鹿」(佐々木味津三)　336
「雨に散る」(邦枝完二)　439, 440
「誤りたる道」(甲賀三郎)　458
「或る秋の夜のこと」(久米正雄) 155〜159
「或敵打ちの話」(芥川龍之介) 138
「或旧友へ送る手記」(芥川龍之介)　139
「或る自殺者の手記」(小酒井不木)　458
「或社会主義者」(芥川龍之介) 111
「ある職工の手記」(横光利一) 340, 342
「或る博士の死」(伊藤貴麿) 337
「或人から聞いた話」(芥川龍之介)　111
「安政秘聞録」(村松梢風)　444
「意外な告白」(耽綺社)　260
「石本検校」(菊池寛)　132, 135, 136
「出雲のお札」(佐々木味津三) 336
『異族』(中上健次)　519
「苺狩」(村松梢風)　74, 75
「一挿話」(久米正雄)　148
「一宿一飯」(長谷川伸)　319
「一夕話」(芥川龍之介)　116, 126, 127, 131, 134
「美しき鷹」(菊池寛)　122
「海のほとり」(芥川龍之介)　164
「江戸役者」(邦枝完二)　37, 427〜429
「遠島船夜話」(邦枝完二)　444
「鸚鵡」(芥川龍之介)　134, 135, 137
「大久保彦左衛門御意見日記」(桃川若燕)　33
「大塩捕物帖」(神田山陽)　33
「大村鉄太郎」(子母澤寛)　296, 328
「幼い日のために」(片岡鉄兵) 334
「おせん」(邦枝完二)　427
「叔母さんのお人形」(ABC子) 175
「お初惣七　命の財布」(土師清二)　445
「帯」(岡田禎子)　458
「鬼火」(子母澤寛)　319
「小野小町」(菊池寛)　128, 132
『阿蘭陀の花』(永見徳太郎) 124, 125
「温泉場の事」(川端康成)　210
「女乞食」(薄田泣菫)　66
「女を売る女」(川端康成)　216

▷**カ行**

「街道をゆく」(司馬遼太郎)　504〜507
『科学漫画サバイバルシリーズ』　555
「鏡の中の恋」(龍膽寺雄)　458
「我鬼窟日録」(芥川龍之介)　102
「牡蠣船」(田中貢太郎)　175
「飾窓の中の恋人」(横溝正史) 458
「風と月と」(久米正雄)　2, 146, 147, 152, 155〜159, 162
『風と月と』(久米正雄)　157, 162, 167
「片恋」(芥川龍之介)　126
「形」(菊池寛)　117
「家庭服奇談」(中村正常)　458
「鴨と熊」(宇野浩二)　182
『川端文学への視界』　175
『川端康成短編集』　211
「鑑定」(芥川龍之介)　108
『完本　宮城前広場』(原武史) 494
「黄色の町」(小酒井不木)　261
「機械」(横光利一)　341, 344
「奇怪な再会」(芥川龍之介) 109, 118
「奇怪な再会」(佐々木味津三) 336
「機関車を見ながら」(芥川龍之介)　139
「帰郷」(久米正雄)　153
『紀州 — 木の国・根の国物語』(中上健次)　502〜505, 507, 509, 519
「北国五色墨」(邦枝完二)　425, 426
「消ゆる楽譜」(片岡鉄兵)　334
「兄弟」(子母澤寛)　296, 328
「恐怖」(谷崎潤一郎)　77
『禁じられた原爆体験』(堀場清子)　484
「銀の煙草入」(甲賀三郎)　458
「銀盤」(田山花袋)　67, 68
『「キング」の時代』(佐藤卓己) 12
「禽獣」(川端康成)　210
『近代日本の新聞読者層』　13
『近代日本文学誌』(紅野敏郎) 12
「偶然と男と女」(伊藤貴麿) 338, 339
『空中紳士』　263
「草の陰刻」(松本清張)　529
「群衆の人」(エドガー・アラン・ポー)　343

松川二郎　381
松重美人　484
松平節子　355, 356
松永秋子　213
松本華羊　74
松本清張　526, 529, 551
真鍋元之　292, 337
真野友二郎　125
間宮茂輔　151
真山青果　205
三上於菟吉　32, 36, 254
三島章堂　190
三島由紀夫　15, 166, 525, 555
水島爾保布　56, 57, 74, 459
水須詩織　446
満谷国四郎　70
水谷八重子　380
南幸夫　187, 193, 202
嶺田弘　444
三宅幾三郎　187
三宅やす子　172, 179
宮坂覺　106
宮崎美子　547, 548
宮島新三郎　109
宮田修　213
宮本三郎　334, 404～406, 410, 447
宮本(中條)百合子　154, 176, 179, 239
三芳悌吉　334
向井潤吉　404
武者小路実篤　133, 182
宗武朝子　14
村上粂太郎　400
村上元三　42
村田実　41
村田春樹　454, 455
村松駿吉　444
村松梢風　74, 148, 186, 427, 444
村山知義　211, 212, 219
室生犀星　107, 125
モーパッサン(ギ・ド・)　77
毛利宮彦　52
本山荻舟　434
桃川燕玉　75
桃川若燕　33
森下雨村　259
守田勘彌　128
森田恒友　74
森田草平　184
森戸辰男　213
森律子　58, 59

▷**ヤ行**
矢口進也　158
安岡章太郎　503
矢田挿雲　434, 439
柳川春葉　69
柳田邦夫　65
柳家雪江　39
柳原燁子(白蓮)　213
山岡荘八　42
山岡抱一　22, 43, 386
山川恭子　50, 488
山岸郁子　15, 167
山崎富栄　550
山崎豊子　525
山口草平　33, 275
山口俊雄　42
山口蓬春　432
山口百恵　547, 555
山下利三郎　261
山田順子　213
山田正佐　52
山田風太郎　293
山手樹一郎　42
山名文夫　276, 457～459
山藤章二　552
山前譲　268, 272, 274, 277
山本実彦　333
山本春挙　81
山本武利　13
山本冬郷　272
山本有三　60, 160
山六郎　457～459
結城礼一郎　235, 236
横溝正史　261, 266, 267, 273, 276, 281, 458
横光利一　18, 122, 155, 172, 187～189, 194, 196, 198, 200～202, 204, 205, 209, 247, 333, 335, 336, 337, 339～344
横山エンタツ　28, 29, 38, 39
与謝野晶子　234
与謝野鉄幹　115, 234
吉井勇　151
吉岡鳥平　40
吉川英治　31, 33, 36, 37, 122, 435, 509, 551, 562
吉高由里子　551
吉田貫三郎　423
吉田則昭　15
吉見俊哉　481, 483, 495
吉屋信子　122, 526
吉行淳之介　526

▷**ラ行**
李香蘭(山口淑子)　378
龍膽寺雄　217, 458

▷**ワ行**
若山牧水　176
和田敦彦　16
和田邦坊　40
渡瀬淳子　213
渡邊一夫　155
渡辺淳一　563
渡辺哲二　294
渡辺均　41, 52, 261, 263, 272, 273, 276, 278, 281

小説・評論（単行本を含む）・映画のタイトル

▷**ア行**
「青鷺の霊」(土師清二)　323
「淺右衛門の肝臓」(永島孫一)

中野重治　153, 212, 525
長野太郎　527
長濱勉　426
中丸宣明　39
中山昭彦　174
永見徳太郎　124, 125
中村克明　488
中村鴈治郎　117, 137
中村研一　404
中村大三郎　74, 75
中村健　427, 434
中村正常　458
中村武羅夫　184, 185, 197, 203, 205, 206
名越国三郎　37, 52, 74, 75, 77, 78, 80〜82, 456, 459
鍋井克之　182, 447
夏目伸六　159
夏目漱石　107, 120, 127, 137, 146〜148, 153, 154, 156〜167, 236, 563
名取春仙　74
成田龍一　504
成瀬正一　130, 158, 159, 163, 166
成瀬正恭　130
南部修太郎　117, 190, 202
新妻莞　22
西川一草亭　56
西川光二郎・文子　179
西村天囚　60
西山康一　123, 125, 129, 140
西山理治　368, 371
丹羽黙仙　70
沼田蔵六　41
乃木希典　167, 545
野島辰次　185, 197
野間仁根　416
野間宏　503
野村秋介　552
野村尚吾　14, 105, 213, 215, 217, 432, 433
野村治輔　52

▷ハ行

パール・(サイデンストリッカー・)バック　496〜499
土師清二　36, 258, 260〜264, 267, 269, 271〜273, 276, 280, 293, 323, 324, 434, 445
橋下徹　553, 554, 559
長谷川一夫(林長二郎)　294, 309
長谷川伸　36, 258, 260〜265, 267, 269, 271, 273, 275, 279, 280, 292, 295〜297, 299, 319〜321, 327, 434
長谷川天溪　441
畑耕一　102, 109, 120
初山滋　74, 82
花菱アチャコ　39
花森安治　507, 550
花柳章太郎　118
羽石弘志　319
林田五郎　39
林田十郎　39
林長二郎(長谷川一夫)　294
林房雄　211, 212, 219
林芙美子　156, 455, 456
林不忘(牧逸馬／谷譲次)　37
林唯一　443
原節子　378, 393, 394, 464
原武史　494
原卓史　434
番伸二　43
萬里野平太　458
樋上子之介　456
樋口富麻呂　74
樋口龍峡　233
久袖黙太郎　184
久松喜世子　213
日高昭二　517
日比嘉高　15, 150, 171
平林初之輔　212, 259
平林たい子　526
平山蘆江　258, 260, 261, 273, 276, 279, 280, 434
鰭崎英朋　82
広末涼子　546, 549
広津和郎　176, 182
広津柳浪　234, 235
深江彦一　52, 53, 62, 105, 237, 239
藤井浩祐　381
藤田嗣治　404
藤本健治　385
藤森淳三　190, 198
双葉山(定次)　335
フラナガン(エドワード・ジョセフ・)　495〜497
古沢岩美　410
古屋芳雄　184
ポー(エドガー・アラン)　343
保阪正康　15
保昌正夫　332
細川護熙　557
堀内治雄　384
堀場清子　484
本田康雄　13

▷マ行

前川千帆　40
前田河広一郎　200
前田三男　52
牧逸馬(林不忘／谷譲次)　37, 388, 458
牧野信一　187
正木不如丘　434
正宗白鳥　68
松井慶四郎　58, 59
松内則信　102, 101
松岡譲　148, 149, 151, 152, 156〜159, 176
松岡(夏目)筆子　148, 152
マッカーサー(ジーン・マリー・フェアクロス・)　494, 495
マッカーサー(ダグラス・)　482, 495

327
榛葉英治　16
神保喜利彦　39
神保朋世　445
菅忠雄　187, 196, 205, 333
菅楯彦　74, 205
杉浦エノスケ　29, 39
鈴木庫三　402
鈴木朱雀　33
鈴木春信　446～448
薄田泣菫(淳介)　18, 52, 53, 61～64, 66, 68～70, 77, 93～97, 99～101, 103～107, 111, 114, 115, 119, 123～126, 129, 133, 138～140, 146, 232～239
鈴木紀子　498, 499
鈴木彦次郎　187, 334
須田千里　139
スパックス(パトリシア・メイヤー・)　171, 172
須山計一　191, 193, 195
諏訪三郎　187
瀬川信一　74
関口安義　103, 104
瀬戸内晴美(寂聴)　525, 545, 546
瀬戸英一　427
千本健一郎　503
副田賢二　281, 296, 297, 437, 438, 447
曾我廼家五九郎　271
相田隆太郎　202
相馬健作　171, 190

▷タ行

ダイアナ妃(ウェールズ公妃ダイアナ)　555
大丸弘　313
高岡徳太郎　447
高木利太　61
高田保　122
高田稔　272
高見順　155
高橋是清　58, 59
高橋呉郎　14
高橋晴子　313, 442
高畠華宵　25, 408
高浜虚子　56
高峰秀子　378
瀧川虔　447, 448
滝田樗陰　333
田口律男　342
ダゲール(L・J・M・)　413
武川重太郎　198
武下智子　343
武田泰淳　525
竹中英太郎　408
武野藤介　172, 173
竹久夢二　186, 386, 459
太宰治　155, 167, 550
田島奈都子　391, 392
多田治　516
多田北烏　383, 408
多田北嶺　52, 74
龍村平蔵　109
田中貢太郎　175
田中比佐良　40
谷崎潤一郎　68, 77, 95, 140, 146, 172, 213
谷譲次(牧逸馬／林不忘)　458
玉井清　15
田村孝之介　334
田山花袋　67, 68, 69, 248
近松秋江　180, 196
秩父宮雍仁親王　354～356
秩父晴世　397～398
千葉亀雄　42, 105, 106, 111, 140, 148, 201, 213, 239, 297, 305, 332, 340
中條(宮本)百合子　154, 176, 179, 239
蝶花楼馬楽　456
月岡芳年　311
月形龍之介　42
月野花子　397～398
月村節子　272
辻平一　43, 402
辻吉郎　318
堤寒三(寒僧)　40, 74, 203, 204～207, 209
角田喜久雄　253
坪内節太郎　269
寺島しのぶ　546
田漢　186
土井晩翠　233
東郷青児　458
堂島裏二　180
堂本印象　307, 309, 310, 410, 431, 444, 456
十重田裕一　333
徳田秋声　68, 69, 176, 180
戸島逸郎　383
都島純　326
富田千秋　408
豊川悦司　546
豊島与志雄　95, 146
鳥居清長　446
鳥井守幸　62, 66

▷ナ行

直木三十五　35, 37, 73, 133, 188, 189, 190, 193, 434, 458, 474
永井荷風　69, 155
中上健次　18, 502～507, 509, 512, 513, 515, 517～519
中川正美　485
中河幹子　201
中河与一　182, 187, 196, 200～202, 209, 333, 335, 339
中島河太郎　322
永島孫一　430
永嶺重敏　12
中谷博　293
中戸川吉二　109
中西伊之助　200
中西靖忠　98～100
中野かほる　388

木見金次郎　135
木村毅　42, 122
木村荘八　155〜157, 160
木村富子　425, 426
旭堂南陵　33
日下三蔵　272
九条武子　381
久津見蕨村　60
邦枝完二　37, 328, 425〜430, 432, 435, 439, 440, 442, 444
国枝金三　216
国枝史郎　36, 258〜267, 269, 271, 273, 275, 280, 434
久米(奥野)艶子　150〜152, 154
久米正雄　18, 95, 96, 122, 146〜160, 162〜167, 176, 203
久米由太郎　162
倉田潔　426
倉田百三　190
栗島すみ子　527
栗田尚弥　482, 483
厨川白村　77
ゲッターズ飯田　555
源氏鶏太　31, 33, 42
小池百合子　553
小泉純一郎　552, 555
小泉八雲　441, 446
小磯良平　404
小出楢重　56, 182
甲賀三郎　259, 458
幸田露伴　101, 140
河内家一春　39
幸徳秋水　509
紅野敏郎　12, 173, 235
河野三通士　53
小酒井不木　255, 258〜267, 269, 271〜273, 275, 277〜280, 434, 458
小島烏水　186
小島徳弥　190
小島政二郎　109
小杉未醒　151
小寺鳩甫　40
小西久遠　446
小林秀恒　431, 445, 447
小林昌樹　22
小林洋介　343
小松左京　528
小宮豊隆　159
小村雪岱　18, 328, 423〜432, 435〜443, 447〜449, 464〜466
小谷野敦　148, 154, 158, 208, 209
金剛麗子　42
今東光　182, 187〜189, 193, 194, 196, 200, 201, 206, 207, 248

▷サ行

西郷隆盛　504, 506
斎藤五百枝　319, 323
酒井朝彦　338
堺利彦　176
酒井真人　187
阪本勝　61
坂本龍馬　504
相良徳三　52
笹岡一夫　276
佐々木味津三　187, 189, 193, 199, 200, 334〜337, 339, 344
佐佐木茂索　187, 192, 196, 199, 200, 202
佐佐木房子(大橋房子・ささきふさ)　199, 200, 202
五月信子　42
佐藤春夫　140, 186, 203〜206, 515〜517
佐藤卓己　12
里見弴　180
真田幸治　424, 431
佐野眞一　553
佐野洋　525
左文字勇策　43
佐山美佳　342
小夜福子　399, 400, 472
澤田撫松　297
澤本知彦　103
塩澤実信　16
志賀曉子　388
宍戸左行　40, 74
獅子文六　525
篠山紀信　547, 548
柴田錬三郎　33
司馬遼太郎　18, 504〜507, 525, 529, 551, 561
島崎藤村　69, 233
島田謹介　507
島田正吾　318
島田清次郎　190
島成園　77
島村抱月　234
清水藤子　402
清水よしを　70, 71
志村立美　310, 311
子母澤寛　18, 29, 31, 35, 217, 291〜299, 302〜305, 311, 314〜316, 319, 321, 322, 325〜329, 560
下島勲　108
下村悦夫　32
下村千秋　217
シャガール(マルク・)　416
十一谷義三郎　184, 187
庄司達也　95〜97, 104, 107, 120, 121, 234
美智子妃(正田美智子)　561
ジョセフ・ジョッフル　545
ジョン・ダワー　481, 482
ジョン・レノン　547
白井喬二　31, 32, 36, 37, 170, 239, 247, 432, 434, 435, 442, 624
白井千晶　506
陣出達男　296, 299, 305, 321,

江戸川乱歩　78, 80, 258～264, 267～269, 271～273, 277～280, 434
遠藤周作　528
小穴隆一　106
扇谷正造　523, 527, 549, 550, 559
大石泰蔵　52
大江健三郎　525, 527
大川幹　179
大木惇夫　412
大久保泰　155
大久保喬樹　208, 210
大澤聡　15, 51, 82, 296, 297, 314
太田喜二郎　57
太田三郎　216
大竹憲太郎　31, 261
大野木繁太郎　52
大橋敏郎　52
大原武夫　52
大町桂月　441
大矢市次郎　264
大宅壮一　122, 507, 509, 510, 550
岡田章子　15
岡田耕三　156, 157
岡田三郎　198
岡田三郎助　381
岡田純也　338
岡田禎子　458
緒方慎太郎　259
岡戸武平　268
岡本一平　190
岡本昌雄　171
小川未明　176
沖本常吉　210, 214～216
荻原井泉水　176
奥村信太郎　52, 62
小栗風葉　160, 174
尾崎紅葉　101
尾崎士郎　198
尾崎聖二　445
尾崎秀樹　14, 294, 432, 435
尾崎行雄　58, 59
小山内薫　68
大佛次郎　31, 32, 36, 156, 427
小沢得二　272
小塩義郎　52
尾関岩治(岩二)　52, 61, 62, 93, 199, 203
小田切進　13, 184
小田富彌　36, 41, 261, 277, 294, 295, 307, 309～311, 313, 314, 323, 325, 326, 327
小田光雄　16
小野田寛郎　555
オ・ヘンリー(オー・ヘンリー)　75
折井貴恵　436
折口信夫　512

▷**カ行**
海江田譲二　318
海音寺潮五郎　28, 36, 37, 42
開高健　524, 526
梶井基次郎　211
鹿島孝二　43
柏木博　14, 377, 378, 401, 409, 410
春日野緑　175
片岡千恵蔵　28, 29
片岡鉄兵　187, 189, 194, 196, 198, 200, 202, 203, 209, 334～336, 344
片多徳郎　157
勝田哲　80, 81
桂珠子　388
加藤武雄　74, 75, 109
加藤秀俊　54, 55
門田勲　507
金森観陽　35～37, 47～48, 263, 275, 307, 309, 310, 319, 459
金子洋文　187, 189, 200, 202
鏑木清方　381, 446
神近市子　179
上司小剣　68, 180, 181, 186, 247
加宮貴一　182, 187, 194, 196, 200, 202, 335, 336, 338, 339
鴨下晁湖　33
柄澤廣之　456
川口松太郎　36, 133
川崎賢子　398
川崎備寛　202
河瀬守二　52
川西政明　187, 188
川端康成　166, 172, 175, 182, 187～189, 192, 196, 198, 200～202, 205, 208～220, 339, 526, 527, 560
河原崎権三郎　311
神崎清　149
神田山陽　33
蒲原有明　233
木内愛渓　60
菊池寛　18, 29, 92, 94, 96～104, 108～110, 113, 116～123, 126, 128～130, 132～139, 146～148, 156, 158, 160, 166, 182, 187～190, 193, 199, 200, 203～207, 215, 234, 456
菊池幽芳　61
岸田国士　187, 196, 202, 339
岸田劉生　212
北尾鐐之助　42, 52, 105, 106, 239
北町一郎　456
喜多村緑郎　118, 262～265, 267
木谷千種　74
北野恒富　74
北林透馬　458
ギブソン(J・J・)　374

索引

※各章の本文、図版キャプションと「表象史」内の事項は採録したが、注やデータベースに記載されたものは除外した。
※本書の執筆者については、参考文献としてその論が引用された場合のみ記載した。
※「雑誌・新聞名」の項では、『サンデー毎日』は除外している。

人名・作家名

▷ア行
会田誠　415
青木瀧三郎　277
青木康晋　19, 27, 541～564
赤木桁平(池崎忠孝)　157
秋田實　29
明仁親王　538
芥川龍之介　18, 52, 92～108, 111～140, 146～149, 151, 154～166, 175, 186, 189, 204, 215, 219, 234, 237, 238, 248
浅原六朗　196
朝比奈知泉　65
芦の家雁玉　39
麻生豊　40
足立元　407, 408
阿部真之助　122
阿部知二　156
阿部豊　280
有島生馬　189
有島武郎　176, 179, 190
アルツイバーセフ(ミハエル・)　68
淡島テルホ　382, 383
飯沢匡　528
イー・ビー・オップンハイム　175
伊井蓉峰　118, 263, 264
池島信平　550
池善一　43
池田永一治　40
池田小菊　217
池田浩士　259
池谷信三郎　198
池波正太郎　551
石井鶴三　81, 294, 313, 315, 316, 319
石川一雄　503
石川達三　160
石黒定一　107
石浜金作　187, 194, 202, 205, 458
石割松太郎　52
泉鏡花　68, 69, 140, 180, 189, 424
磯貝勝太郎　313
市川潔　525
市川春代　391
一木弴　334
市橋一宏　43
一刀研二　209
一龍齋貞山　33
伊藤一郎　167
伊藤金次郎　105
伊東深水　71, 72, 75, 76
伊藤大輔　40, 294, 327
伊藤貴麿　187, 189, 335～339
伊藤博文　95
稲垣足穂　187
稲垣浩　29
犬養健　187
井上荒野　546
井上光晴　546
井上靖　6, 22, 41, 42, 526
猪熊弦一郎　404
井原あや　15
今井邦子　455
入江たか子　388～390, 461, 462
岩田準一　268, 269, 277
岩田専太郎　31, 32, 34, 35, 36, 37, 73, 82, 275, 277, 310, 402～404, 406～408, 410, 423, 431, 433, 444, 447, 456, 459
岩永眸　182
岩野泡鳴　118
岩本憲児　294, 309, 322
ウエクナー(H・)　458
上田慶治郎　52
上田敏　236
上ノ畑楠窓　340
上村松園　77
植村俊(俊郎)　18, 423, 453～457, 459
ウエルス(H・G・)　68
浮世亭出羽助　39
内田百閒　159
宇野浩二　182, 247
梅谷六九(子母澤寛)　311, 323
浦西和彦　68
浦松佐美太郎　507
江口渙　117, 154

［編　者］

荒井真理亜・副田賢二・富永真樹・中村健

［執　筆　者］

荒井真理亜・副田賢二・富永真樹・中村健・五島慶一・小澤 純・三浦 卓・西山康一・原 卓史・松村 良・天野知幸・渡邊英理・尹 芷汐・青木康晋

戦前期週刊誌の文学と視覚表象

──『サンデー毎日』の表現戦略

2024（令和6）年10月30日　第1版第1刷発行

ISBN978-4-86766-068-3　C0095

発行所　株式会社 **文学通信**

〒113-0022　東京都文京区千駄木2-31-3 サンウッド文京千駄木フラッツ1階101
電話 03-5939-9027　Fax 03-5939-9094
メール info@bungaku-report.com ウェブ https://bungaku-report.com

発行人　岡田圭介

印刷・製本　モリモト印刷

ご意見・ご感想はこちらからも送れます。上記のQRコードを読み取ってください。

※乱丁・落丁本はお取り替えいたしますので、ご一報ください。書影は自由にお使いください。

文学通信の本

職業作家の生活と出版環境
日記資料から研究方法を拓く

●和田敦彦【編】

作家、とりわけ、忘れられた作家やマイナーな著述を研究するとはどういうことか。どういう表現を、どういう作家や資料を、文学研究はとりあげるべきなのか。研究方法そのものを問い直し、文学研究の意義や方法を新たに見出していこうとする書。

ISBN978-4-909658-82-1
A5 判・並製・282 頁
定価：本体 2,700 円（税別）

中間小説とは何だったのか
戦後の小説雑誌と読者から問う

●小嶋洋輔・高橋孝次・西田一豊・牧野悠【編】

かつて多くの読者を引きつけ、多様なジャンルを呑み込んだ中間小説とは何だったのか。中間小説の生まれる場となった雑誌とはどのようなものだったのか。その誕生から読者層が形成され、市場が確立、拡大するまでを追う。

ISBN978-4-86766-051-5
A5 判・並製・368 頁
定価：本体 3,200 円（税別）